böhlau

Ruben Quaas

Fair Trade

Eine global-lokale Geschichte am Beispiel des Kaffees

2015
BÖHLAU VERLAG KÖLN WEIMAR WIEN

Gedruckt mit Unterstützung der Gerda Henkel Stiftung, Düsseldorf

Zugl. Diss. Univ. Bielefeld 2014

Bibliografische Information der Deutschen Nationalbibliothek:
Die Deutsche Nationalbibliothek verzeichnet diese Publikation in der
Deutschen Nationalbibliografie; detaillierte bibliografische Daten sind
im Internet über http://portal.dnb.de abrufbar.

Umschlagabbildungen:
GEPA – The Fair Trade Company; GEPA – The Fair Trade Company/A. Welsing; Wagner,
Regina: The History of Coffee in Guatemala, Villegas Editores, Bogotá, 2001, S. 198

© 2015 by Böhlau Verlag GmbH & Cie, Köln Weimar Wien
Ursulaplatz 1, D-50668 Köln, www.boehlau-verlag.com

Korrektorat: Meinrad Böhl, Leipzig
Satz: synpannier. Gestaltung & Wissenschaftskommunikation, Bielefeld
Druck und Bindung: Finidr, Cesky Tesin
Gedruckt auf chlor- und säurefreiem Papier
Printed in the EU

ISBN 978-3-412-22513-1

Inhalt

1 Einleitung: Der Kaffee der Gerechtigkeit?

1973 wurde in der Bundesrepublik Deutschland und in den Niederlanden erstmals ein Kaffee aus dem Hochland Guatemalas verkauft, der explizit als gerecht gehandelt beworben wurde. Gerecht gehandelt waren die Kaffee-bohnen aus Sicht der Beteiligten vor allem aus dem Grund, dass sie im Direkthandel von guatemaltekischen Kleinbauern-Genossenschaften bezo-gen wurden. Die einfache Rechnung der Abnehmer lautete damals: Wenn die Zwischenhändler ausgeschaltet werden, können die Produzenten in der Dritten Welt einen höheren Preis erhalten, ohne dass der Konsument mehr als gewöhnlich für den Kaffee zahlen muss.[1] Für die Bewerbung des Indio-Kaffees wurde das Bild einer über die Ware hergestellten direkten Verbindung der Konsumenten zu den Produzenten konstruiert: Der Kaffee sei, so eine zeitgenössische Werbung, „Bohne für Bohne von Indios für Sie geerntet".[2] Wenn heute für fair gehandelte Produkte geworben wird, sind meist Bilder von Bauern zu sehen, die die agrarischen Früchte ihrer Arbeit in die Kamera halten.[3] Zwar werden die Produzenten nicht mehr als Indios bezeichnet,

---

1 Mit dem Ausdruck „Produzenten" sind in dieser Arbeit diejenigen Akteure gemeint, die eine Ware in ihrem Ursprungszustand erzeugen – in diesem Fall also die Kaffeebauern in Guatemala. Dem steht der Begriff „Abnehmer" gegenüber, womit die Akteure im globalen Norden, beispielsweise Handelsorganisationen und Konsumenten, gemein-sam gefasst werden. Wenn Begriffe wie Dritte Welt, Erste Welt, Entwicklungs- oder Industrieländer im Folgenden Verwendung finden, dann als historische Begriffe mit der Bedeutung, die ihnen von den untersuchten Akteuren zugeschrieben wurde. Ich werde bevorzugt die Begriffe globaler Süden bzw. Norden verwenden, u.a. weil sie sich im Kontext der Entwicklungszusammenarbeit etabliert haben, vgl. z.B. Prashad, Vijay: The Poorer Nations. A Possible History of the Global South, London/New York, 2012. Zur Diskussion um die Verwendung der genannten Begriffe in historischen Studien vgl. u.a. Kalt, Monica: Tiersmondismus in der Schweiz der 1960er und 1970er Jahre. Von der Barmherzigkeit zur Solidarität, Bern u.a. 2010, S. 23–27.
2 Vgl. Abbildung 3.
3 Beispielhaft zeigt sich dies bei einer Bildersuche über http://www.google.de nach „Fairer Handel Kleinbauern" (zuletzt abgerufen im Februar 2015). Als weiteres Beispiel vgl. die Abbildungen von Produzenten in Fairtrade International: Unlocking the Power. Annual Report 2012–13; vgl. ferner Luetchford, Peter: The Hands that pick Fair Trade Coffee: Beyond the Charms of the Family Farm, in: De Neve, Geert, Luetchford, Peter und Pratt, Jeffrey (Hg.): Hidden Hands in the Market: Ethnographies of Fair Trade, Ethi-cal Consumption, and Corporate Social Responsibility, Bingley (UK), 2008, S. 143–169. Anders als im Buchtitel wird im Text in Anlehnung an den Sprachgebrauch der unter-suchten Akteure der deutsche Ausdruck Fairer Handel anstelle des englischsprachigen

dennoch hat die Ethnizität nicht an Bedeutung verloren: In aller Regel haben die abgebildeten Produzenten auffällig afrikanische, lateinamerikanische oder asiatische Wurzeln.[4] Und die Botschaft ist ganz offensichtlich dieselbe wie noch vor 40 Jahren: Die gezeigten Waren wurden „für Sie geerntet".

Die dieser Studie zugrunde liegende und im Folgenden noch zu erläuternde These lautet, dass das Bild einer globalen Verbundenheit zwischen Produzenten und Konsumenten stets zentraler Bestandteil des Fairen Handels auf Abnehmerseite war. Weshalb und wie das Bild einer solchen Verbundenheit zu welcher Zeit konstruiert und wie die Produzenten dabei repräsentiert wurden, ist ein wichtiger Gegenstand dieser Arbeit, in der die Geschichte des Fairen Handels untersucht wird. Der Schwerpunkt liegt dabei auf der Entwicklung in der Bundesrepublik Deutschland. Allerdings dient mir nicht der nationalstaatliche Rahmen zur Abgrenzung des Untersuchungsgegenstandes. Vielmehr richte ich den Blick auf einen bestimmten Akteurszusammenhang, den ich – darauf ist noch näher einzugehen – als soziales Feld fasse. Erst dadurch, dass der Faire Handel als Akteurszusammenhang verstanden wird, lässt sich, wie ich zeigen möchte, von einer zusammenhängenden Geschichte des Fairen Handels sprechen. Die akteursbezogene Perspektive ergänze ich durch den Fokus auf die sich wandelnden Wertzuschreibungen derjenigen Ware, die bis heute am stärksten mit dem Fairen Handel in Verbindung gebracht wird: des Kaffees.[5]

---

fair trade genutzt. Der Begriff Fairer Handel wird als Bezeichnung und Eigenname für ein bestimmtes Handelsmodell und einen bestimmten Akteurszusammenhang großgeschrieben. Vgl. dazu und zur Begriffsdefinition einführend Raschke, Markus: Fairer Handel. Engagement für eine gerechte Weltwirtschaft, Ostfildern, 2. Aufl. 2009, S. 21–24; Nicholls, Alex und Opal, Charlotte: Fair Trade. Market Driven Ethical Consumption, London u. a., 2005, S. 6–8.

4 Ethnizität als solche stellt natürlich keine objektive Kategorie dar, sondern ist, wie Maren Möhring betont, „in hohem Maße situativ bestimmt und stellt sich in Akten der Fremdzuschreibung, aber auch der Selbstdarstellung her", Möhring, Maren: Ethnizität und Konsum, in: Haupt, Heinz-Gerhard und Torp, Claudius (Hg.): Die Konsumgesellschaft in Deutschland 1890–1990. Ein Handbuch, Frankfurt am Main/New York, 2009, S. 172–189, hier: S. 173. Vgl. zur Bedeutung und Zuschreibung von Ethnizität auch Büschges, Christian und Pfaff-Czarnecka, Joanna (Hg.): Die Ethnisierung des Politischen. Identitätspolitiken in Lateinamerika, Asien und den USA, Frankfurt am Main/New York, 2007.

5 Reynolds und Long stellen beispielsweise fest: „Coffee represents the core of the certified Fair Trade system at global and national levels", Reynolds, Laura T. und Long, Michael A.: Fair/Alternativ Trade: Historical and Empirical Dimensions, in: Reynolds, Laura T., Murray, Douglas L. und Wilkinson, John (Hg.): Fair Trade. The Challenges of Transforming Globalization, London/New York, 2007, S. 15–32, hier: S. 23. Es ist daher

Die Gründe dafür, warum Kaffee und Fairer Handel in einer scheinbar so engen Beziehung standen und stehen, sollen in dieser Untersuchung herausgearbeitet werden. Doch vorab sei eine These erlaubt: Ich sehe den wichtigsten Grund darin, dass Kaffee aus Sicht der Akteure stets wie kein zweites Produkt geeignet zu sein schien, die Zielsetzungen des Handels und das Bild der globalen Verbundenheit zwischen Konsumenten und Produzenten abzubilden.

Bis in die frühen 1990er-Jahre hinein waren fair gehandelte Waren in Deutschland fast ausschließlich über die sogenannten Weltläden und an ehrenamtlich betriebenen Verkaufsständen erhältlich. Erst mit der Einrichtung eines Gütesiegels wurden die Voraussetzungen dafür geschaffen, dass fair gehandelter Kaffee in Supermärkten verkauft werden konnte.[6] Zur Markteinführung des deutschen Gütesiegels im Jahr 1992 sagte das Magazin Der Spiegel eine „Ethik-Welle" voraus[7] – und in der Tat erlangte die „Bohne mit Bonus"[8] in den folgenden Jahren schnell einen beachtlichen Marktanteil im konventionellen deutschen Kaffeemarkt. Doch die Erfolgsgeschichte des fair gehandelten Kaffees beschränkte sich nicht nur auf die Bundesrepublik: In den Niederlanden gab es bereits seit 1988 gerecht gehandelten Kaffee in Supermärkten zu kaufen, in Belgien kurz darauf, dann ab 1992 neben Deutschland in der Schweiz, in Frankreich, ein Jahr später in Japan, dann in Großbritannien und schließlich in weiteren europäischen und nordamerikanischen Ländern. Heute ist der Faire Handel zu einem Phänomen geworden, das sich in fast jedem Land des globalen Nordens findet und ständiges Wachstum verzeichnet.[9] Die vorliegende Arbeit ist daher nicht nur als Geschichte des

vergleichsweise beliebt, den Fairen Handel über den Fokus auf Kaffee zu untersuchen, vgl. als Beispiele Jaffee, Daniel: Brewing Justice. Fair Trade Coffee, Sustainability, and Survival, Berkeley/Los Angeles/London, 2007; Fridell, Gavin: Fair Trade Coffee. The Prospects and Pitfalls of Market-Driven Social Justice, Toronto/Buffalo/London, 2007.

6 Der Begriff Gütesiegel meint im Folgenden ein Zertifikat, mit dem den Konsumenten gegenüber eine bestimmte – in diesem Fall ethische – Warenqualität signalisiert werden soll. Auf die Einführung der Gütesiegel wird im letzten Hauptkapitel der Arbeit eingegangen. Den Begriff des konventionellen Markts beziehungsweise der konventionellen Unternehmen verwende ich in dieser Arbeit, um die herkömmlichen Wirtschaftsstrukturen zu bezeichnen, gegen die sich der Faire Handel mal mehr, mal weniger deutlich positionierte. Das waren beispielsweise Supermarktketten, Großunternehmen und Großröstereien, also Unternehmen, die im Massenmarkt konkurrierten und vor allem gewinnorientiert ausgerichtet waren.

7 O. V.: Bohne mit Bonus, in: Der Spiegel 36, 31. August 1992, S. 71–73, hier: S. 71.

8 Ebda.

9 Nach Auskunft von Fairtrade International lag der Umsatz mit fair gehandelten Waren 2011 bei über 3,4 Milliarden Euro und 2012 bei 4,8 Milliarden Euro. Der Absatz fair

Fairen Handels in Deutschland interessant: Wie noch zu zeigen sein wird, basieren fast alle weltweit existierenden Gütesiegel für Fairen Handel auf Organisationen, die in dieser Untersuchung im Mittelpunkt stehen.

Symbolische Wertzuschreibungen von Waren sind längst ein wichtiger Faktor im weltweiten Wettbewerb um Marktanteile geworden.[10] Die 1992 vom Spiegel prognostizierte Ethik-*Welle* scheint inzwischen zur Ethik-*Flut* angewachsen zu sein: Viele Konsumenten stehen hilflos vor der zunehmenden Zahl an Siegeln und Zertifikaten, die die Waren als gerecht, ökologisch, ressourcenschonend, regional oder Ähnliches auszeichnen. Mit der wachsenden Bedeutung dieser immateriellen Warenqualitäten steigt das Interesse an ihrer wissenschaftlichen Erforschung. Zahlreiche Disziplinen untersuchen den Prozess einer Moralisierung von Waren oder Märkten und das Phänomen, dass Konsum und politisches Handeln immer enger miteinander verknüpft zu sein scheinen.[11] Fairer Handel als eines der langlebigsten und erfolgreichsten Modelle ethischer Wertzuschreibung zieht dabei besonderes

---

gehandelter Produkte beschränkt sich nahezu ausschließlich auf Länder des globalen Nordens. Vgl. Fairtrade: Unlocking; European Fair Trade Association (Hg.): Fair Trade in Europe. Facts and Figures on the Fair Trade Sector in 14 European Countries, 1995; Linton, April: Fair Trade from the Ground Up. New Markets for Social Justice, Seattle, 2012, S. 57 und 145ff.

10 Zu symbolischen Wertzuschreibungen bei Waren vgl. einführend Reisch, Lucia A.: Symbols for Sale: Funktionen des symbolischen Konsums, in: Deutschmann, Christoph (Hg.): Die gesellschaftliche Macht des Geldes, Wiesbaden, 2002, S. 226–248; Schrage, Dominik: Die Verfügbarkeit der Dinge. Eine historische Soziologie des Konsums, Frankfurt am Main/New York, 2009; sowie die weitere Diskussion.

11 Die Untersuchung von Prozessen wie der Moralisierung oder Politisierung von Waren, von Konsum oder von Märkten hat mittlerweile aufgrund des interdisziplinären Interesses eine kaum mehr überschaubare Literaturlage produziert. Vgl. grundsätzlich das Literaturverzeichnis im Anhang dieser Arbeit und die weitere Diskussion. Im Folgenden seien dennoch einige einführende Beispiele genannt. Die These einer Moralisierung der Märkte führt beispielsweise Nico Stehr an, der den Prozess mit gesteigertem Wohlstand und Wissen begründet, vgl. Stehr, Nico: Die Moralisierung der Märkte. Eine Gesellschaftstheorie, Frankfurt am Main, 2007. Vgl. ferner Micheletti, Michele u.a. (Hg.): Politics, Products, and Markets. Exploring Political Consumerism in Past and Present, New Brunswick/London, 2004; Torp, Claudius: Wachstum, Sicherheit, Moral. Politische Legitimationen des Konsums im 20. Jahrhundert, Göttingen, 2012. Die Gründe für politisches Handeln über Konsum und Märkte werden vor allem in der angloamerikanischen Forschungslandschaft unter dem Begriff des *citizen consumer* untersucht, vgl. Brückweh, Kerstin (Hg.): The Voice of the Citizen Consumer. A History of Market Research, Consumer Movements, and the Political Public Sphere, Oxford/New York, 2011.

Interesse auf sich.[12] Nur wenige Untersuchungen betrachten den Fairen Handel allerdings selbst als soziokulturelles Konstrukt und historisches Phänomen, zumal an geschichtswissenschaftlichen Arbeiten zum Fairen Handel ohnehin Mangel herrscht.[13] Aus diesem Mangel resultiert, dass

---

12 Laut Kathryn Wheeler ist Fair Trade „the most well-known ethical consumer label across the globe", Wheeler, Kathryn: Fair Trade and the Citizen Consumer. Shopping for Justice?, Basingstoke/Hampshire, 2012, S. 2. Auch die Forschung zum Fairen Handel ist mittlerweile durch das internationale und interdisziplinäre Interesse kaum mehr überschaubar, wenngleich es sich meist um Publikationen in Artikelform handelt, eigenständige Monografien sind noch selten. Vgl. wiederum grundsätzlich das Literaturverzeichnis im Anhang, ferner die regelmäßig aktualisierte Online-Bibliografie wissenschaftlicher Literatur zum Fairen Handel unter http://www.fairtrade-institute. org/db/publications/index (zuletzt abgerufen am 21.1.2015). Interdisziplinär ausgerichtete Sammelbände jüngeren Datums sind beispielsweise Bowes, John (Hg.): The Fair Trade Revolution. London/New York, 2011; Granville, Brigitte und Dine, Janet (Hg.): The Processes and Practices of Fair Trade. Trust, Ethics, and Governance. London/New York, 2013. Lars Winterberg arbeitet an einem laufenden Dissertationsprojekt zum Thema Fairer Handel, vgl. Winterberg, Lars: Die Not der Anderen? Armut und Fairer Handel im globalisierten Alltag. Zur Ethnografie von Kulturen sozialer Ungleichheit (Arbeitstitel), lfd. Dissertationsprojekt, Universität Regensburg.

13 Es gibt nur wenige Untersuchungen, die Informationen zur Geschichte des Fairen Handels bieten. Als wichtigste in Bezug auf den Fairen Handel in Deutschland ist dabei die 2009 erschienene Monografie von Markus Raschke zu nennen, die auf dessen theologischer Dissertation basiert: Raschke: Fairer. Als Basis einer Grundlagentheorie des Fairen Handels widmet Raschke das zweite Kapitel der Geschichte des Fairen Handels in der Bundesrepublik. Von Raschkes Vorarbeiten profitiert die vorliegende Untersuchung mehr, als in einzelnen Nachweisen kenntlich gemacht werden kann. Allerdings muss Raschke aus Platzgründen vieles komprimiert behandeln, zudem liegt sein Schwerpunkt darauf, interne Entwicklungen der bundesdeutschen Bewegung nachzuzeichnen und zu beschreiben, wozu er fast ausschließlich publiziertes Material auswertet. Vor Raschke wurde die Geschichte des Fairen Handels nur ausschnitthaft in wenigen Untersuchungen beleuchtet, die auf angrenzende Themenbereiche fokussieren, so beispielsweise bei Hein, Bastian: Die Westdeutschen und die Dritte Welt. Entwicklungspolitik und Entwicklungsdienste zwischen Reform und Revolte 1959–1974, München, 2006; Olejniczak, Claudia: Die Dritte-Welt-Bewegung in Deutschland. Konzeptionelle und organisatorische Strukturmerkmale einer neuen sozialen Bewegung, Wiesbaden, 1999; Sigmund, Monika: Genuss als Politikum. Kaffeekonsum in beiden deutschen Staaten, Berlin/München/Boston, 2015, S. 233–239. Außerdem existieren wenige, bereits ältere universitäre Abschlussarbeiten, beispielsweise Hötzel, Peter: Die Aktion Dritte Welt Handel, Kiel, 1986, und Geßler, Katrin Simone: Zwischen Konkurrenz und Konzertierung – Entwicklung und Perspektiven der deutschen Fair-Handels-Akteure. Politikwissenschaftliche Diplomarbeit, Universität Passau, 2001. Für andere Länder liegen ebenfalls kaum Untersuchungen zur historischen Entwicklung

die historische Entwicklung des Fairen Handels in der Regel, wenn sie zur Sprache kommt, in ein oder zwei Sätzen abgehandelt wird. Meist wird dann kurz auf kleinere Modelle eines als gerechter verstandenen Handels in den 1960er-Jahren und auf die Gründung des ersten Gütesiegels für Fairen Handel in den Niederlanden im Jahr 1988 hingewiesen, jedoch kein historischer Zusammenhang zwischen beidem hergestellt.[14] Mit dem sogenannten Max Havelaar-Gütesiegel, das den Anstoß für mehrere Gütesiegelinitiativen in anderen Ländern (unter anderem in Deutschland) gab, konnten ab 1988 fair gehandelte Waren als solche gekennzeichnet werden. Damit wurde die ethische Wertzuschreibung des gerechteren Handels, wie noch zu zeigen sein wird, endgültig massenmarktkompatibel. Dazu kommt, dass der Begriff Fairer Handel erst in den späten 1980er- und frühen 1990er-Jahren seine heute geläufige Bedeutung bekam, während – zumindest in Westdeutschland – in den 1970er-Jahren vom Dritte-Welt-Handel und in den 1980er-Jahren vom Alternativen Handel die Rede war.[15] Dies erklärt, weshalb die

---

des Fairen Handels vor. Ausnahmen sind Kuhn, Konrad J.: Fairer Handel und Kalter Krieg. Selbstwahrnehmung und Positionierung der Fair-Trade-Bewegung in der Schweiz 1973–1990, Bern, 2005; Davies, Iain A. u.a.: The Rise and Stall of a Fair Trade Pioneer: The Cafédirect Story, in: Journal of Cusiness Ethics 92, 2010, S. 127–147; Arnold, Paul: 'Went v'r jet dunt dan dunt v'r 't jot!' De geschiedenis van de Kerkraadse Stichting Steun onderontwikkelde Streken, later S.O.S. Wereldhandel, 1959–1986, in: Knotter, Ad und Rutten, Willibrord (Hg.): Studies over de sociaal-economische geschiedenis van Limburg XLVI, Maastricht, 2001, S. 3–43. Den noch ausführlichsten Überblick über die internationale Entwicklung des Fairen Handels bietet Gavin Fridell, der allerdings auf die Zeit nach 1988 und auf die Entwicklung in Nordamerika, speziell Kanada, fokussiert und aus Platzgründen viele Details unberücksichtigt lässt, vgl. Fridell: Fair.

14 Auf diese frühen Modelle wird noch eingegangen. In der Forschung werden die unterschiedlichen Beispiele für fairen Handel in aller Regel additiv aneinandergereiht. Mal wird die Entwicklung in unterschiedliche, unzusammenhängende Phasen unterteilt (vgl. als Beispiel kürzlich von Hauff, Michael und Claus, Katja: Fair Trade. Ein Konzept nachhaltigen Handels, Köln/Weimar/Wien, 2012, S. 84–93), mal wird die Zeit zwischen den 1960er-Jahren und der Entstehung erster Gütesiegel mit wenigen Sätzen abgehandelt, als Beispiel: „Over the next 30 years, fair trade expanded in the United States, Canada, and throughout Western Europe with the birth of several large importing organizations", Grimes, Kimberly M.: Changing the Rules with Global Partnerships: The Fair Trade Movement, in: Nash, June (Hg.): Social Movements. An Anthropological Reader, Malden (USA), 2005, S. 237–248, hier: S. 238.

15 In den Hauptkapiteln dieser Arbeit werde ich die Begriffe klar unterscheiden. Wenn im Folgenden von der Entwicklung oder Geschichte des Fairen Handels die Rede ist, so bezieht sich dies auf den Akteurszusammenhang, es sind also der Dritte-Welt-, der Alternative und der Faire Handel inbegriffen.

meisten Untersuchungen die Geschichte des Fairen Handels mit der Etablierung von Gütesiegeln beginnen lassen, die Vorgeschichte nur anreißen
und so schildern, als habe die Entwicklung eine klare Zielrichtung gehabt:
die Integration in den Massenkonsum.[16] Was damit verkannt wird, ist die
historische Kontingenz. Wie noch zu zeigen sein wird, war es keineswegs so,
dass die Entwicklung des Fairen Handels schließlich und endlich im Super-
marktregal gipfelte.[17] Vielmehr verbanden sich, wie zu zeigen sein wird, mit
dem Handel vorher teils völlig unterschiedliche Zielsetzungen. Dennoch
kann der Faire Handel nicht von seinen „Vorgängern" – dem Dritte-Welt-
Handel und dem Alternativen Handel – getrennt untersucht werden. Wie
zu zeigen sein wird, gab es zahlreiche Kontinuitäten. Am auffälligsten ist
der Akteurszusammenhang, der unten noch näher abgegrenzt und als soziales Feld gefasst wird.

Ziel dieser Untersuchung ist es, zu untersuchen, warum ein als gerechter bewerteter Handel entstand, was darunter zu welcher Zeit verstanden
wurde und warum und wie sich dieses Verständnis wandelte. Indem der Faire
Handel somit als historisch gewachsenes Phänomen verstanden und nach

---

16 Nur als Beispiele, in denen ich eine solche Tendenz erkenne, seien genannt: Murray,
    Douglas L. und Raynolds, Laura T.: Globalization and its Antinomies: Negotiating
    a Fair Trade Movement, in: Raynolds/Murray/Wilkinson (Hg.): Fair, S. 5–9; Frundt,
    Henry J.: Fair Bananas! Farmers, Workers, and Consumers Strive to Change an Indus-
    try, Tucson, 2009, S. 30–33; Grimes: Changing, S. 238; Raschke, Markus: Fairer Handel
    am Scheideweg? Standortbestimmung zwischen Nischenexistenz und Massenmarkt,
    in: Stimmen der Zeit 11, 2010, S. 743–752, hier: S. 744 und 747; Nicholls/Opal: Fair,
    S. 16–31. Bennett betont die Notwendigkeit, die historische Entwicklung im Auge zu
    behalten, lässt diese aber erst mit der Einrichtung von Gütesiegeln um 1990 beginnen,
    vgl. Bennett, Elizabeth Anne: A Short History of Fairtrade Certification Governance,
    in: Granville/Dine (Hg.): Processes, S. 43–78.

17 Erhellend ist hier Bruce Robbins' launige, aber treffende Kritik, dass Schilderungen der
    historischen Entwicklung des Konsums bestimmer Genussmittel meist das Narrativ
    einer „commodity democratization" innewohne, das er als versteckte „capitalist propa-
    ganda" identifiziert: Die Genussmittel hätten anfangs nur wenigen Privilegierten zur
    Verfügung gestanden, wären dann aber gegen viele Widerstände schließlich doch einer
    breiten Abnehmerschicht verfügbar gemacht worden: „The commodity always arrives
    at its proper, mass destination", Robbins, Bruce: Commodity Histories, in: Publica-
    tions of the Modern Language Association of America 120, 2, 2005, S. 454–463, hier:
    S. 456. Vgl. ferner Frederick Coopers Kritik daran, dass Globalhistoriker dazu neig-
    ten, „Geschichte rückwärts zu schreiben, eine idealisierte Version der ‚globalisierten
    Gegenwart' zum Ausgangspunkt zu nehmen und sich dann zurückzuarbeiten", Cooper,
    Frederick: Kolonialismus denken. Konzepte und Theorien in kritischer Perspektive,
    Frankfurt am Main/New York, 2012, S. 181.

den Gründen für sein Entstehen, für Wandel und für Kontinuität in seiner Entstehungsgeschichte gefragt wird, soll die Untersuchung gegenwärtige Diskussionen um den Fairen Handel produktiv voranbringen. Die Erforschung der Geschichte des Fairen Handels ist aber nicht alleiniger Zweck dieser Arbeit. Vielmehr dient die Untersuchung dazu, mikrohistorisch zwei Anliegen zu verfolgen, die über den eigentlichen Untersuchungsgegenstand selbst hinausgehen. Erstens möchte ich in der Arbeit Wechselwirkungen zwischen Produzenten und Abnehmern in einen analytischen Zusammenhang bringen – wodurch zugleich, wie ich zeigen möchte, die Entwicklung des Fairen Handels erst wirklich verständlich wird.[18] Zweitens soll mir die Untersuchung der Geschichte des Fairen Handels dazu dienen, im Kleinen global-lokale Verflechtungen und die lokale, zeit- und kontextgebundene Repräsentation und Aushandlung von Globalität zu analysieren.

1.1   Die Relationalität globaler und lokaler Prozesse

Unser Alltag ist globalisiert. Wir tragen Hemden einer schwedischen Firma, die in Bangladesch genäht wurden, trinken italienischen Kaffee, der aus Äthiopien stammt, essen Müsli aus der Schweiz mit Nüssen aus der Türkei und schauen Hollywoodfilme auf einem in China hergestellten Fernseher. Globalität begegnet uns also schon im Alltag, im Kleinen, durch die Waren, die wir konsumieren und die nationale Grenzziehungen scheinbar unbedeutend werden lassen. Wenn Wissenschaftler sich in der Vergangenheit mit globalen Zusammenhängen beschäftigten, setzten sie aber fast immer im Großen, auf der Makroebene an. Soziologische Theorien untersuchten das Verhältnis beispielsweise zwischen Industrie- und Entwicklungsländern oder zwischen den so verstandenen Zentren und den Peripherien der Welt und versuchten damit, die vor allem auf wirtschaftlicher Ebene bestehenden Unterschiede zwischen verschiedenen Erdteilen und Ländern zu erklären. Die westlichen Gesellschaften wurden im Zuge dessen meist als entwickelt oder modern verstanden und als Referenzpunkt definiert, andere Gesellschaften als traditional und rückständig.[19]

---

18 Schon hier sei aber hervorgehoben, dass der Schwerpunkt der Untersuchung klar auf der Abnehmerseite liegt – die Gründe dafür werde ich noch erläutern.

19 Besonders die Modernisierungs- und Dependenztheorien spielten für die Entstehungsgeschichte des Fairen Handels eine große Rolle, weshalb ich darauf im Laufe dieser Untersuchung zurückkommen werde. Wolfgang Knöbl analysiert fundiert und kritisch

Nur langsam beginnt in den letzten Jahren in vielen Wissenschaftsdisziplinen der Glaube an die Vorbildfunktion des europäischen Modells zu schwinden. Dieser Perspektivenwechsel verdeutlicht sich beispielhaft an einigen einflussreichen Monografien. Edward Said legte in seiner Orientalismusstudie 1978 dar, dass der Orient vor allem eine in Europa geprägte gedankliche Konstruktion sei und zugleich für die Europäer als Negativfolie eine wichtige Rolle zur Konstruktion des Eigenen spielte.[20] Benedict Anderson hielt 1983 fest, dass auch Nationalstaaten nichts anderes als sozial konstruierte Gemeinschaften, „imagined communities", seien.[21] Vor allem unter Historikern wurde Dipesh Chakrabartys Forderung populär, Europa „zu provinzialisieren", wobei dieser Europa nicht als absoluten Raum entlang seiner kontinentalen Grenzen fasste, sondern als diskursives, übermächtig scheinendes „Subjekt aller Geschichte", das „ebenso wie der Westen nachweislich eine imaginäre Entität" darstelle.[22] Räume und räumliche Ordnungskonzepte wurden also verstärkt als soziale Konstruktionen verstanden und in ihrer Relationalität zu anderen Raumvorstellungen untersucht. In die Geschichtswissenschaft ging dieses Denken im Zuge des *spatial turn* ein.[23]

------

die Entwicklung der makrosoziologischen Theoriediskussionen und kommt zu dem Ergebnis, dass diese kontingente Entwicklungen in unterschiedlichen Weltregionen weder berücksichtigen noch erklären können. Daraus leitet Knöbl die Forderung ab, dass die Makrosoziologie sich verstärkt den Ergebnissen globalhistorischer Untersuchungen öffnen sollte. Vgl. Knöbl, Wolfgang: Die Kontingenz der Moderne. Wege in Europa, Asien und Amerika, Frankfurt am Main/New York, 2007.

20 Said, Edward: Orientalism, New York, 1978.

21 Anderson, Benedict: Imagined Communities. Reflections on the Origin and Spread of Nationalism, London, 1983. Vgl. ferner Kaltmeier, Olaf: Politische Räume jenseits von Staat und Nation, Göttingen, 2012; Grabbe, Katharina u. a. (Hg.): Das Imaginäre der Nation. Zur Persistenz einer politischen Kategorie in Literatur und Film, Bielefeld, 2012; für einen Überblick über die inzwischen reichhaltige Literatur zum Prozess des *nation-building* vgl. z. B. Jureit, Ulrike: Das Ordnen von Räumen. Territorium und Lebensraum im 19. und 20. Jahrhundert, Hamburg, 2012, S. 17.

22 Chakrabarty, Dipesh: Europa als Provinz. Perspektiven postkolonialer Geschichtsschreibung, Frankfurt am Main/New York, 2010, S. 42 und 62.

23 Vgl. zur Bedeutung des *spatial turn* in Bezug auf die Globalgeschichte einführend Middell, Matthias und Naumann, Katja: Global History and the Spatial Turn: From the Impact of Area Studies to the Study of Critical Junctures of Globalization, in: Journal of Global History 5, 2010, S. 149–170; zum *spatial turn* in verschiedenen Disziplinen Günzel, Stefan (Hg.): Raumwissenschaften, Reinbek bei Hamburg, 2009; Bachmann-Medick, Doris: Cultural Turns. Neuorientierungen in den Kulturwissenschaften, Reinbek bei Hamburg, 2006, S. 284–328; Döring, Jörg und Thielmann, Tristan (Hg.): Spatial Turn: Das Raumparadigma in den Kultur- und Sozialwissenschaften, Bielefeld, 2. Aufl. 2009;

An die Stelle der Erzählung vom Aufstieg des Westens trat in der Globalgeschichte das Bemühen, Verflechtungsprozesse herauszuarbeiten und sowohl
das nationalstaatliche Paradigma als auch eurozentrische Denkmuster zu
durchbrechen.[24] Der Blick wurde dabei oft weiterhin auf große Zusammenhänge gerichtet. Doch damit verbindet sich meiner Ansicht nach ein
Problem, das sich schon bei Edward Said, Benedict Anderson und Dipesh
Chakrabarty abzeichnete: Orient und Okzident, Europa und der Westen oder
die Nation als Einheit wurden zwar als soziokulturell konstruiert verstanden,
aber als Makroentitäten offensichtlich zugleich im Ergebnis mit gedacht.[25]
   Wird das Verständnis einer relationalen, soziokulturellen Konstruktion
von Einheiten konsequent weitergedacht, muss man im Kleinen ansetzen
und einzelne Akteure, ihre Handlungen und Deutungsmuster in den Blick
nehmen.[26] An dieser Stelle stimme ich mit der von Bruno Latour erho-

---

Belina, Bernd und Michel, Boris (Hg.): Raumproduktionen. Beiträge der Radical Geography. Eine Zwischenbilanz, Münster, 3. Aufl. 2011; für die Geschichtswissenschaften
   kürzlich Rau, Susanne: Räume. Konzepte, Wahrnehmungen, Nutzungen, Frankfurt
   am Main/New York, 2013; sowie Jureit: Ordnen, die allerdings betont, der *spatial turn*
   habe sich „trotz der Anstrengungen […] bislang nicht als Großparadigma" durchsetzen können, ebda., S. 14.

24 Für eine Einführung in die Entwicklung der globalgeschichtlichen Diskussionen
    vgl. Conrad, Sebastian und Eckert, Andreas: Globalgeschichte, Globalisierung, mul-
    tiple Modernen: Zur Geschichtsschreibung der modernen Welt, in: Conrad, Sebas-
    tian, Eckert, Andreas und Freitag, Ulrike (Hg.): Globalgeschichte. Theorien, Ansätze,
    Themen, Frankfurt am Main/New York, 2007, S. 7–49; Sachsenmaier, Dominic: Glo-
    bal Perspectives on Global History. Theories and Approaches in a Connected World,
    Cambridge u.a., 2011. Zum Schlagwort vom „Rise of the West" vgl. McNeill, William
    Hardy: The Rise of the West. A History of the Human Community, Chicago, 1963.

25 An Edward Saids Untersuchung wurde beispielsweise kritisiert, dass er die dichotome
    und homogenisierende Zuordnung durch die Annahme von Entitäten wie Orient und
    Okzident selbst fortführe, vgl. einführend in die Diskussion des Werks beispielsweise
    Scott, David: Kipling, the Orient, and Orientals: „Orientalism" Reoriented?, in: Journal
    of World History 22, 2, 2011, S. 299–328; Wiedemann, Felix: Orientalismus, Version 1.0,
    19.4.2012, in: Docupedia-Zeitgeschichte, URL: http://docupedia.de/zg/ (zuletzt abge-
    rufen am 28.8.2013).

26 Studien, die weltweite Verflechtungsprozesse in den Blick nehmen, können notge-
    drungen nur begrenzt auf lokale Entwicklungen eingehen und sind schon aufgrund des
    nötigen Detailwissens über die Entwicklung verschiedener Weltregionen selten. Als
    ebenso prominente wie beeindruckende Beispiele sei auf Jürgen Osterhammels „Die
    Verwandlung der Welt" und Christopher Baylys „Die Geburt der modernen Welt"
    verwiesen, vgl. Osterhammel, Jürgen: Die Verwandlung der Welt. Eine Geschichte
    des 19. Jahrhunderts, München, 3. Aufl. 2009; Bayly, Christopher A.: Die Geburt der
    modernen Welt. Eine Globalgeschichte 1780–1914, Frankfurt am Main/New York, 2006.

benen Forderung der Akteur-Netzwerk-Theorie überein, möglichst unvoreingenommen den Assoziationen und Kontroversen der Akteure zu folgen.[27] Richtet sich der Fokus allerdings nur auf die Details, fehlt die Rückbindung an die Makroebene und damit geht, so meine ich, viel Erkenntnispotenzial verloren. Daher spielt der Makrobezug in der vorliegenden Untersuchung der Geschichte des Fairen Handels eine wichtige Rolle. Indem der Blick bewusst auf den lokalen Kontext, auf einzelne Akteure und auf die Wertzuschreibung einer Ware gerichtet wird, soll untersucht werden, wie Globalität im Kleinen ausgehandelt wurde und welchen Einfluss globale Prozesse auf die lokale Aushandlung und Entwicklung des Handelskonzepts hatten.[28] Die Arbeit versteht sich damit als ein Beitrag zu dem noch jungen Forschungsfeld der globalen Mikrogeschichte, die die scheinbar gegensätzlichen Perspektiven einer an Makroprozessen orientierten Globalgeschichte und der auf das Handeln einzelner Akteure fokussierenden Mikrogeschichte produktiv vereinen möchte.[29]

Von großer Bedeutung für diese Untersuchung sind darüber hinaus die durch die *Postcolonial Studies* beeinflussten Ansätze einer Verflechtungsgeschichte.[30] Ziel dieser Ansätze ist es, wechselseitige Austauschprozesse –

27 Vgl. Latour, Bruno: Eine neue Soziologie für eine neue Gesellschaft, Frankfurt am Main, 2010, beispielsweise S. 44–45.

28 Vgl. zur Produktion von Lokalität und zum Verhältnis von Lokalem und Globalem besonders Appadurai, Arjun: Modernity at Large. Cultural Dimensions of Globalization, Minneapolis/London, 1996; Massey, Doreen: Keine Entlastung für das Lokale, in: Berking, Helmuth (Hg.): Die Macht des Lokalen in einer Welt ohne Grenzen, Frankfurt am Main/New York, 2006, S. 25–31; Brahm, Felix, Epple, Angelika und Habermas, Rebecca (Hg.): Lokalität und transnationale Verflechtungen, in: Historische Anthropologie 21, 1, 2013.

29 Synergiepotenziale zwischen beiden Ansätzen sieht Angelika Epple vor allem dann, wenn Einheiten als relational verstanden werden, vgl. dazu und zu dem dieser Arbeit zugrunde liegenden Forschungsansatz einer globalen Mikrogeschichte Epple, Angelika: Globale Mikrogeschichte. Auf dem Weg zu einer Geschichte der Relationen, in: Hiebl, Ewald und Langthaler, Ernst (Hg.): Im Kleinen das Große suchen. Mikrogeschichte in Theorie und Praxis, Innsbruck/Wien/Bozen, 2012, S. 37–47.

30 Vgl. Conrad, Sebastian und Randeria, Shalini: Einleitung. Geteilte Geschichte – Europa in einer postkolonialen Welt, in: Conrad, Sebastian und Randeria, Shalini (Hg.): Jenseits des Eurozentrismus. Postkoloniale Perspektiven in den Geschichts- und Kulturwissenschaften, Frankfurt am Main/New York, 2002, S. 9–49; Epple, Angelika, Kaltmeier, Olaf und Lindner, Ulrike: Entangled Histories. Reflecting on Concepts of Coloniality and Postcoloniality, in: Comparativ 21, 1, 2011; Werner, Michael und Zimmermann, Bénédicte: Beyond Comparison. Histoire Croisée and the Challenge of Reflexivity, in: History and Theory 45, 2006, S. 30–50. Für eine Einführung in die *Postcolonial Studies*

beispielsweise zwischen der europäischen und außereuropäischen Welt oder Kolonisierten und Kolonisierenden – in den Mittelpunkt der Analyse zu stellen, um so Hierarchisierungen und Eurozentrismen aus der Forscherperspektive vermeiden und zugleich im Untersuchungsgegenstand kenntlich machen zu können.

In der vorliegenden Untersuchung schlägt sich dies schon insofern nieder, als der Faire Handel auf der heuristischen Ebene grundsätzlich als verflochtenes Projekt zwischen Produzenten und Abnehmern verstanden wird. Zwar – und das ist an dieser Stelle wichtig zu betonen, um nicht falsche Erwartungen zu schüren – richtet sich der Blick vor allem auf den lokalen Kontext und die lokale Aushandlung auf der Abnehmerseite und nur begrenzt auf Prozesse, die auf Produzentenseite stattfanden. Das ergibt sich zum einen aus der mikrohistorischen Herangehensweise, außerdem spricht dafür schon, dass der Faire Handel, wie noch zu zeigen sein wird, ein vor allem auf Abnehmerseite ausgehandeltes Projekt ist. Ihn von vornherein als Ergebnis einer gleichberechtigten Verflechtung zwischen Produzenten und Abnehmern zu sehen, hätte die Gefahr geborgen, bestehende Machtverhältnisse zu verschleiern. Allerdings sollen immer wieder bewusst die im Fairen Handel kursierenden Vorstellungen und Bilder der Produzenten und deren vorhandene oder fehlende Einflussmöglichkeiten in den Fokus gestellt werden. Es muss sich dabei keineswegs immer um ein aktives, gezieltes Eingreifen gehandelt haben. Oft führte beispielsweise die Rezeption von Prozessen und Ereignissen auf Produzentenseite zu Anpassungsprozessen auf Abnehmerseite.

Der Vorteil dieser Perspektive erschöpft sich nicht darin, mit dem Fairen Handel ein Fallbeispiel für Verflechtungen zu haben. Die Untersuchung ist vielmehr von der Überzeugung getragen, dass es für das Verständnis der Geschichte des Fairen Handels eben nicht ausreichend ist, den Blick nur auf den europäischen oder deutschen Kontext zu richten.[31] Globale Prozesse und

---

vgl. beispielsweise Castro Varela, María do Mar und Dhawan, Nikita: Postkoloniale Theorie: eine kritische Einführung, Bielefeld, 2005.

31 Das sieht beispielsweise Markus Raschke anders, der bei seiner Untersuchung des Fairen Handels bewusst nur auf die Akteure und Prozesse in Deutschland fokussiert, vgl. Raschke: Fairer, hier: S. 39. Vgl. dazu generell auch Chakrabarty, Dipesh: Provincializing Europe. Postcolonial Thought and Historical Difference, Princeton, Neuauflage 2008; ferner die Kritik von Shalini Randeria und Sebastian Conrad an der Überzeugung, „die europäische/westliche Entwicklung sei abgekoppelt vom ‚Rest‘ der Welt verlaufen und könne daher aus abendländischen Besonderheiten heraus verstanden werden", Conrad/Randeria: Geteilte, S. 10.

lokale Aushandlung werden in dieser Arbeit als in engem Zusammenhang stehend verstanden. Durch den Blick auf das Kleine wird die lokale Aushandlung globaler Prozesse untersucht, der Blick auf globale Prozesse wiederum ist nötig, um die lokale Entwicklung nachvollziehen zu können. Wie ich zeigen möchte, wird die Geschichte des Fairen Handels erst verständlich, wenn man sie als global-lokale Verflechtungsgeschichte begreift.

1.1.1 Fairer Handel und die Dialektik von Distanz und Nähe

In der heutigen Definition des Fairen Handels heißt es, dieser sei „eine Handelspartnerschaft, […] die nach mehr Gerechtigkeit im internationalen Handel" strebe und den Fokus auf „benachteiligte ProduzentInnen und ArbeiterInnen – insbesondere in den Ländern des Südens" – richte.[32] Auch wenn diese Definition erst vor wenigen Jahren aufgestellt wurde, verweist sie doch auf ein dichotomes Verständnis der globalen Zusammenhänge und Raumordnungen sowie der in diesen Räumen verorteten Menschen, das – wie ich zeigen möchte – über die gesamte Geschichte des Fairen Handels Bestand hatte: Auf der einen Seite stehen die Abnehmer in den reichen, industrialisierten Wohlfahrtsstaaten des globalen Nordens, auf der anderen Seite die Produzenten in den wirtschaftlich nachrangigen, von Agrarwirtschaft geprägten Ländern des globalen Südens.[33]

Viele AutorInnen vertreten den Standpunkt, dass der Faire Handel eine direkte Beziehung zwischen Produzenten und Konsumenten aufbaue.[34] In

---

32 WFTO und FLO e. V.: Eine Grundsatz-Charta für den Fairen Handel, online verfügbar unter: http://www.fairtrade.de/cms/media/pdf/was_ist_fairer_handel/fairtrade_Grundsatz_Charta_des_fairen_Handels.pdf (zuletzt abgerufen am 28.10.2013), S. 6.

33 Noch deutlicher in diesem Zusammenhang ist beispielsweise die Definition, nach der der Faire Handel als Handel mit Waren von „excluded and/or disadvantaged producers in the Third World" verstanden wird, vgl. De Pelsmacker u.a.: Marketing Ethical Products: What can we learn from Fair Trade Consumer Behaviour in Belgium?, in: Zaccaï, Edwin (Hg.): Sustainable Consumption, Ecology and Fair Trade, London/New York, 2007, S. 109–126, hier: S. 109. Zur Trennung von Konsumenten im Norden und Produzenten im Süden vgl. ferner beispielsweise die „Fair Trade Policy" bei Pirotte, Gautier: Consumption as a Solidarity-Based Commitment: The Case of Oxfam Worldshops' Customers, in: Zaccaï (Hg.): Sustainable, S. 127–143, hier: S. 127.

34 Exemplarisch sei verwiesen auf Raynolds, Laura T.: Consumer/Producer Links in Fair Trade Coffee Networks, in: Sociologia Ruralis 42, 4, 2002, S. 404–424; Grimes: Changing, S. 237–238. In eine ähnliche Richtung geht das regelmäßig angeführte Argument, dass der Faire Handel Produzenten und Konsumenten enger miteinander verbinde, so beispielsweise bei Wheeler: Fair Trade, S. 2; Fridell: Fair, S. 16; Doherty, Bob und Huybrechts, Benjamin: Connecting Producers and Consumers through Fair and Sustainable Value

dieser Arbeit wird davon ausgegangen, dass das *Bild* einer globalen Verbundenheit zwischen Produzenten und Abnehmern stets zentrales Element des Fairen Handels war, dass es sich dabei aber im Wesentlichen nicht um eine *reale* Verbundenheit, sondern um eine lokale, auf Abnehmerseite erzeugte *Projektion* handelte. Ich möchte zeigen, dass die im Fairen Handel vermittelten Bilder der Produzenten, der Abnehmer und die damit verbundenen Raumvorstellungen in Relation zueinander zu sehen sind. So wird beispielsweise zu untersuchen sein, wie globale Zusammenhänge im Lokalen kontextgebunden gedeutet wurden und zu welchen Aushandlungsprozessen dies führte oder wie die Wahrnehmung von globalen Differenzen wie Arm und Reich in die Konstruktion von Selbst- und Fremdbildern einfloss.[35] Um die Relationalität und soziokulturelle Konstruktion der Raumvorstellungen deutlich zu machen, werden in der vorliegenden Arbeit die Begriffe des „Hier" und des „Dort" verwendet, die jeweils – dem Ausgangspunkt der Untersuchung gemäß – von der Warte der im Lokalen verorteten Akteure ausgehen. Das Hier kann vieles bezeichnen: die Bundesrepublik Deutschland, die westlichen Industrienationen, den Fairen Handel selbst als gedankliche Gemeinschaft, jedoch meint es stets den Raum, aus dem heraus ein Akteur sprach und dem er sich – wenngleich manchmal widerwillig – zugehörig fühlte.[36] Das Dort kann ebenso viele Bedeutungen tragen: der globale Süden,

Chains, in: Social Enterprise Journal 9, 1, 2013, S. 4–10. Vgl. Ferner Wright, Caroline: Fairtrade Food. Connecting Producers and Consumers, in: Inglis, David und Gimlin, Debra (Hg.): The Globalization of Food, Oxford/New York, 2009, S. 139–157, besonders S. 144; Zick-Varul, Matthias: Ethical Consumption: The Case of Fair Trade, in: Beckert, Jens und Deutschmann, Christoph (Hg.): Wirtschaftssoziologie, Wiesbaden, 2009, S. 366–385, hier: S. 378–379; Spiekermann, Uwe: From Neighbour to Consumer. The Transformation of Retailer-Consumer Relationships in Twentieth-Century Germany, in: Trentmann, Frank (Hg.): The Making of the Consumer. Knowledge, Power and Identity in the Modern World, Oxford/New York, 2006, S. 147–174.

35 Vgl. Ackermann, Andreas: Das Eigene und das Fremde: Hybridität, Vielfalt und Kulturtransfers, in: Jaeger, Friedrich und Rüsen, Jörn (Hg.): Handbuch der Kulturwissenschaften, Band 3. Themen und Tendenzen, Stuttgart/Weimar, 2004, S. 139–154; Baberowski, Jörg, Kaelble, Hartmut und Schriewer, Jürgen (Hg.): Selbstbilder und Fremdbilder. Repräsentationen sozialer Ordnung im Wandel, Frankfurt am Main/New York, 2008; Bruns, Claudia (Hg.): Bilder der ‚eigenen' Geschichte im Spiegel des kolonialen ‚Anderen' – Transnationale Perspektiven um 1900, in: Comparativ 5, 2009, S. 7–14.

36 Vgl. zu den Fragen der Zugehörigkeit in Bezug auf räumliche Einheiten Pfaff-Czarnecka, Joanna: Zugehörigkeit in der mobilen Welt. Politiken der Verortung, Göttingen, 2012; Kaelble, Hartmut u.a. (Hg.): Transnationale Öffentlichkeiten und Identitäten im 20. Jahrhundert, Frankfurt am Main/New York, 2002.

die Herkunftsregionen der jeweiligen Produzenten, ein bestimmtes Land wie Nicaragua oder auch nur eine kleinbäuerliche Genossenschaft. Es ist der Raum, der als Zielregion im Horizont der Akteure auf Abnehmerseite lag und in dem die Produzenten als personifiziertes Gegenüber im Fairen Handel verortet wurden. Hier und Dort sind in diesem Verständnis keine absoluten Räume, bezeichnen also nicht die Region der Produzenten und der Abnehmer, sondern sind relationale, soziokulturell konstruierte Raumvorstellungen.

Das Bild einer Verbundenheit mit den Produzenten hing, so möchte ich zeigen, eng mit der Wahrnehmung globaler Abstände zusammen. Durch schnellere Transportmittel verkürzte sich in den letzten Jahrzehnten zunehmend die zur Überwindung einer bestimmten Distanz nötige Zeit, zugleich war durch globale Vernetzung die persönliche, individuelle Überwindung der Distanz aber immer seltener erforderlich: Die mediale Berichterstattung holte die fernsten Orte der Welt auf Knopfdruck in die eigenen vier Wände.[37] David Harvey fasste dieses scheinbare Schrumpfen der Abstände mit der bekannten These der „Zeit-Raum-Verdichtung".[38] Damit ist allerdings noch nichts darüber gesagt, ob eine solche Wahrnehmung auf lokaler Ebene wirklich existierte, weshalb sie sich entwickelte und welche Handlungen daraus folgten. Auch hier möchte die Untersuchung ansetzen und zeigen, dass ein Kernelement des Fairen Handels das scheinbare Näherrücken des Dort, des gedachten Gegenübers auf globaler Ebene ist.

Sei es das Gefühl von Mitleid, Solidarität oder Unterstützungswille, wichtig war stets, dass die Abnehmer in einer emotionalen Beziehung zu den

---

37 Vgl. dazu Appadurai: Modernity; Orgad, Shani: Media Representation and the Global Imagination, Cambridge, 2012; Kießling, Friedrich: (Welt-)Öffentlichkeit, in: Dülffer, Jost und Loth, Wilfried (Hg.): Dimensionen internationaler Geschichte, München, 2012, S. 85–105; Nehring, Holger: Debatten in der medialisierten Gesellschaft. Bundesdeutsche Massenmedien in den globalen Transformationsprozessen der siebziger und achtziger Jahre, in: Reithel, Thomas, Rödder, Andreas und Wirsching, Andreas (Hg.): Auf dem Weg in eine neue Moderne? Die Bundesrepublik Deutschland in den siebziger und achtziger Jahren, München, 2009, S. 45–65.

38 Harvey, David: The Condition of Postmodernity. An Enquiry into the Origins of Cultural Change, Cambridge/Oxford, 1992; vgl. auch Gammerl, Benno: Gefühlte Entfernungen, in: Frevert, Ute u.a. (Hg.): Gefühlswissen. Eine lexikalische Spurensuche in der Moderne, Frankfurt am Main/New York, 2011, S. 179–200; Osterhammel, Jürgen und Petersson, Niels P.: Geschichte der Globalisierung. Dimensionen, Prozesse, Epochen, München, 2003.

Menschen im Dort standen.[39] Es handelte sich dabei um ein im Hintergrund der gedachten Verbundenheit mit den Produzenten stehendes Element, das ich im Folgenden als Bezugspol bezeichnen werde. Nur als Beispiele seien der Kampf gegen eine ungerechte Weltwirtschaft, die Hilfe beim Aufbau einer Kooperative oder der gemeinsame Widerstand gegen die imperialistische Bedrohung durch die USA genannt. Es wäre verkürzt, in diesem Zusammenhang nur beispielsweise von Zielsetzungen zu sprechen, denn das Bild einer Verbundenheit auf globaler Ebene ergab sich vor allem dadurch, dass die Abnehmer überzeugt waren, *gemeinsam* mit den im Dort verorteten Produzenten *für* oder *gegen* etwas Bestimmtes zu kämpfen oder auf etwas hinzuarbeiten. Diese vermeintliche, auf Abnehmerseite jedoch vorausgesetzte Gemeinsamkeit ist der Kern des Bezugspols. Wie ich zeigen möchte, hatte der Bezugspol entscheidende Bedeutung im Fairen Handel, da er die gedachte Verbundenheit mit den Produzenten legitimierte und ihr einen Sinn gab. Er war der Grund dafür, dass sich die Akteure auf Abnehmerseite mit dem Fairen Handel und den Produzenten der Waren im Dort identifizierten. Und er stand, wie ich zeigen möchte, in engem Zusammenhang mit den Präferenzen der Akteure auf der Abnehmerseite. Im Verständnis dieser Arbeit ist der Faire Handel daher nicht nur in Form eines Engagements für andere zu verstehen, sondern in der relationalen Aushandlung von Selbst- und Fremdbezogenheit.[40]

---

39 Vgl. zur noch vergleichsweise wenig erforschten Verbindung von Raumvorstellungen und Emotionen beispielsweise Lehnert, Gertrud (Hg.): Raum und Gefühl. Der Spatial Turn und die neue Emotionsforschung, Bielefeld, 2011; Thrift, Nigel: Intensitäten des Fühlens. Für eine räumliche Politik des Affekts, in: Berking (Hg.): Macht, S. 216–251; Langewiesche, Dieter: Gefühlsraum Nation, in: Zeitschrift für Erziehungswissenschaft 15, 1, 2012, S. 195–215.

40 In der Forschung zu Dritte-Welt-Bewegungen wird dagegen meist betont, dass die Motivation der Bewegten nicht aus dem Gefühl einer Selbstbetroffenheit hervorgehe, sondern aus dem Willen zum Engagement für andere, vgl. Olejniczak: Dritte-Welt-Bewegung, S. 35; Nuscheler, Franz u. a.: Christliche Dritte-Welt-Gruppen. Praxis und Selbstverständnis, Mainz, 1995, besonders S. 14; Weckel, Ludger und Ramminger, Michael: Dritte-Welt-Gruppen auf der Suche nach Solidarität, Münster, 1997, S. 38; Kuhn, Konrad J.: Entwicklungspolitische Solidarität. Die Dritte-Welt-Bewegung in der Schweiz zwischen Kritik und Politik (1975–1992), Zürich, 2011, S. 25.

1.1.2   Distanz, Vertrauen und Repräsentation

Entscheidende Bedeutung in der Entstehungsgeschichte des Fairen Handels kam der räumlichen Distanz zwischen Produzenten und Abnehmern zu. Ich gehe davon aus, dass der Faire Handel dieser Distanz überhaupt erst seine Existenz und Attraktivität verdankt: zum einen, weil er dadurch als Mittler zwischen Produzenten und Konsumenten auftreten und das Bild einer zwischen beiden bestehenden Verbundenheit etablieren konnte, zum anderen, weil die Distanz ein Informationsdefizit und damit eine Leerstelle produzierte, die in der lokalen Aushandlung mit Sinn gefüllt werden konnte und damit für die Wertzuschreibung der Waren verantwortlich war.[41] Eine symbolische Wertzuschreibung wie die der gerechteren Handelsbedingungen kann von den Käufern aber schon aufgrund der weiten Entfernung weder nach noch vor dem Kauf verifiziert werden und basiert daher voll und ganz darauf, dass die Käufer davon überzeugt sind, dass die Ware das mit ihr verbundene Versprechen hält.[42] Größere Distanz bedeutet zugleich mehr Ungewissheit, und damit wächst die Bedeutung des Vertrauens.[43] Dies verdeutlicht sich vor allem beim Handel: Wollte beispielsweise ein Käufer sich jedes Mal persönlich von der Qualität der Waren und der Zuverlässigkeit

41 Vgl. auch die Aussage Vramos: „the very distance between producer and shopper […] causes the ‚information deficit‘ and the impossibility of being fully informed [… and] makes it relatively easy for Northern actors involved in ethical trade to imagine those producers and their trade in ways that contain hope and meaning", Vramo, Lill: 'Trade, not Aid'. Imagining Ethical Economy, in: Carrier, James G. und Luetchford, Peter G. (Hg.): Ethical Consumption. Social Value and Economic Practice, New York/Oxford, 2012, S. 81–98, hier: S. 82.

42 Vgl. Gourevitch, Peter: The Value of Ethics: Monitoring Normative Compliance in Ethical Consumption Markets, in: Beckert, Jens und Aspers, Patrik (Hg.): The Worth of Goods. Valuation & Pricing in the Economy, New York, 2011, S. 86–105. Laut Birger Priddat wirkt die moralische Markierung von Gütern wie „eine Regel, an der sich unsichere Akteure eindeutig orientieren können", Priddat, Birger P.: Moral als Kontext von Gütern, in: Koslowski, Peter und Priddat, Birger P. (Hg.): Ethik des Konsums, München, 2006, S. 9–22, hier: S. 17 – doch darf dabei nicht außer Acht gelassen werden, dass eine solche Regel vorab erst etabliert werden muss.

43 Beispielsweise betont Anthony Giddens die wachsende Bedeutung von Vertrauen im „Zusammenhang mit zeitlicher und räumlicher Abwesenheit", Giddens, Anthony: Konsequenzen der Moderne, Frankfurt am Main, 1996, S. 48. Das wachsende Interesse an der Kategorie des Vertrauens zeigt sich auch in der Geschichtswissenschaft, vgl. Frevert, Ute (Hg.): Vertrauen. Historische Annäherungen, Göttingen, 2003; Berghoff, Hartmut: Vertrauen und soziales Kapital als Schlüsselkategorien der Wirtschaftsgeschichte, in: Essen, Karsten (Hg.): Vertrauen und das soziale Kapital unserer Gesellschaft, Freiburg, 2011, S. 30–41.

des Handelspartners vor Ort überzeugen, würden mit zunehmender Distanz die Transaktionskosten bald so immens steigen, dass ein Handel nicht mehr rentabel wäre.[44] Im Fall des Fairen Handels kam noch hinzu, dass die Produzenten nicht nur als Handelspartner vertrauenswürdig sein mussten, sondern außerdem in Bezug auf den erläuterten Bezugspol der Abnehmer. Wollten die Konsumenten beispielsweise benachteiligte Kleinbauern beim Aufbau einer Kooperative unterstützen, dann mussten sie darauf vertrauen, dass die Produzenten wirklich benachteiligte Kleinbauern waren, die sich um den Aufbau einer Kooperative bemühten. Wie ich zeigen möchte, lag die Grundlage für die Vertrauenswürdigkeit und für die Existenz des Fairen Handels stets darin, dass die Akteure im globalen Norden für sich in Anspruch nahmen, die Interessen der Produzenten im globalen Süden zu repräsentieren. Gayatri Chakravorty Spivak, einflussreiche Theoretikerin der Postcolonial Studies, betont in Anlehnung an Karl Marx, dass der Begriff der Repräsentation sowohl für Darstellen als auch für Vertreten stehen kann. Ihre Forderung lautet daher, bei der Untersuchung der Repräsentation stets das „Sprechen von" und das „Sprechen für" differenziert zu betrachten.[45] Dieses Verständnis von Repräsentation liegt auch dieser Arbeit zugrunde. Es wird stets zu untersuchen sein, wie die Produzenten im und durch den Fairen Handel repräsentiert wurden, welche Plausibilisierungsstrategien der Faire Handel zu welcher Zeit anwandte, um das Vertrauen der Abnehmer zu erlangen, und welche Konsequenzen sich daraus ergaben.

Ausgangspunkt der Untersuchung sind der lokale Kontext und die lokale Aushandlung des Fairen Handels und – wie genannt wurde – die Fragen danach, aus welchen Gründen er entstand und sich wandelte. Dabei spielten,

---

44 Das Verständnis von Vertrauen als Mittel zur Reduktion von Transaktionskosten findet sich vor allem in der Neuen Institutionenökonomik, vgl. North, Douglass C.: Institutionen, institutioneller Wandel und Wirtschaftsleistung, Tübingen, 1992; einführend Foltin, Oliver und Wachowiak, Marta: Vertrauen aus Sicht der Institutionenökonomik, in: Weingardt, Markus (Hg.): Vertrauen in der Krise. Zugänge verschiedener Wissenschaften, Baden-Baden, 2011, S. 205–222; Fiedler, Martin: Vertrauen ist gut, Kontrolle ist teuer: Vertrauen als Schlüsselkategorie wirtschaftlichen Handelns, in: Geschichte und Gesellschaft 27, 2001, S. 576–592.

45 Vgl. Spivak, Gayatri C.: Can the Subaltern Speak?, in: Nelson, Cary und Grossberg, Lawrence (Hg.): Marxism and the Interpretation of Culture, Urbana/Chicago, 1988, S. 271–313. Vgl. zur Bedeutung von Repräsentation ferner Hall, Stuart: The Spectacle of the ‚Other', in: Hall, Stuart (Hg.): Representation. Cultural Representations and Signifying Practices, London, 1997, S. 225–279; Barlösius, Eva: Die Macht der Repräsentation. Common Sense über soziale Ungleichheiten, Wiesbaden, 2005.

so soll gezeigt werden, die Wahrnehmung globaler Zusammenhänge und Prozesse sowie Veränderungen auf globaler Ebene eine entscheidende Rolle. Ferner wird besonderes Augenmerk darauf gelegt, welches Bild der Produzenten vermittelt wurde, wie der Faire Handel sich zwischen den Produzenten und den Konsumenten positionierte und welchen Einfluss die Produzenten auf die lokale Aushandlung des Fairen Handels nehmen konnten. Dies macht die Arbeit zu einer mikrohistorischen Untersuchung global-lokaler Verflechtungen und der Aushandlung und Repräsentation von Globalität.

Um die genannten Fragestellungen empirisch überprüfbar zu machen, liegt der Arbeit eine zweigleisige Herangehensweise zugrunde. Im Mittelpunkt stehen stets die handelnden Akteure, deren Zusammenhang, wie unten noch erläutert wird, als soziales Feld verstanden wird. Vorab möchte ich aber darauf eingehen, warum es mir sinnvoll erscheint, die Perspektive auf die Akteure mit dem Fokus auf eine Ware zu ergänzen.

1.2 Fairer Kaffee:
Lokale Wertzuschreibungen globaler Waren

Jede Tasse Kaffee, die in Deutschland getrunken wird, wurde aus Kaffeebohnen hergestellt, die zuvor in Form von Kaffeekirschen in einem Land, in dem Kaffee wächst, gepflückt wurden. Es ist der Handel, der seit jeher einen Ausgleich zwischen Angebot und Nachfrage herstellen möchte, indem er zeitliche oder räumliche Entfernungen zwischen Anbietern und Abnehmern überwindet.[46] So verwundert nicht, dass die Analyse von Handelsnetzen und globalen Waren- oder Güterketten früh zu einem beliebten Untersuchungsgegenstand wurde, wenn es darum ging, exemplarisch grenzüberschreitende Prozesse zu untersuchen.[47] Beliebt ist die Untersuchung von

---

46 Vgl. Pomeranz, Kenneth und Topik, Steven: The World that Trade Created. Society, Culture, and the World Economy, Armonk/London, 2. Aufl. 2006.

47 Eine aktuelle und ausführliche Einführung in die Untersuchung von Warenketten bzw. *commodity chains*, speziell aus geschichtswissenschaftlicher Sicht, findet sich bei Topik, Steven und Wells, Allen: Warenketten in einer globalen Wirtschaft, in: Irye, Akira und Osterhammel, Jürgen (Hg.): Geschichte der Welt, München, 2012, S. 589–814. Speziell in Bezug auf Kaffee werden Vor- und Nachteile bei der Anwendung der *commodity* bzw. *value chains*-Theorie intensiv diskutiert bei Talbot, John M.: Grounds for Agreement. The Political Economy of the Coffee Commodity Chain, Lanham (USA) u.a., 2004, Kap. 1; Topik, Steven und Samper, Mario: The Latin American Coffee Commodity

globalen Waren auch mit Blick auf die Wechselwirkungen von Globalität und Lokalität.[48] Den Grund dafür macht ein Beispiel verständlich. In Westafrika waren die leeren Gehäuse von Kaurischnecken im 19. Jahrhundert ein seltenes Gut und galten als begehrtes Zahlungsmittel. Das Hamburger Kaufmannsunternehmen O'Swald & Co. nutzte diese Tatsache aus, indem es unzählige Schnecken in Ostafrika und auf den Seychellen (wo sie so häufig vorkamen, dass sie zum Kalkbrennen genutzt wurden) günstig erwarb, nach Westafrika verschiffte und damit ein Vermögen verdiente.[49] In ihrer materiellen Qualität waren die Schnecken in West- und Ostafrika zwar identisch, doch der ihnen zugeschriebene Wert war es nicht. Das zeigt: Waren können als materielle Gegenstände Distanzen überwinden, doch die immateriellen Wertzuschreibungen sind stets abhängig vom lokalen, soziokulturellen Kontext. Arjun Appadurai schloss aus der Tatsache, dass Gegenstände im Lauf ihrer Existenz in verschiedenen Wertregimen („regimes of value") zu verkauf- oder tauschbaren Waren und mit unterschiedlichen Bedeutungen

---

Chain. Brazil and Costa Rica, in: Topik, Steven, Marichal, Carlos und Frank, Zephyr (Hg.): From Silver to Cocaine. Latin American Commodity Chains and the Building of the World Economy, 1500–2000, Furham u.a., 2006, S. 118–146; Daviron, Benoit und Ponte, Stefano: The Coffee Paradox. Global Markets, Commodity Trade and the Elusive Promise of Development, London/New York, 2005, vor allem S. 125–130. Auch Handelsnetzwerke wurden aufgrund ihrer grenzüberschreitenden Eigenschaften Gegenstand transnational orientierter Forschung, vgl. kürzlich beispielsweise Aslanian, Sebouh David: From the Indian Ocean to the Mediterranean. The Global Trade Networks of Armenian Merchants from New Julfa, Berkeley/New York/London, 2011.

48 Vgl. zu globalen Waren Epple, Angelika und Wierling, Dorothee: Editorial. Globale Waren, in: Globale Waren. Themenheft von WerkstattGeschichte 45, 2007, S. 3–4. Epple und Wierling definieren darin den Begriff der globalen Ware jedoch nicht näher und verstehen darunter offensichtlich „[g]lobal vertriebene Marken", vgl. ebda. Spittler definiert dagegen globale Waren als Waren, die „nicht für einen regional begrenzten Kundenkreis produziert werden, sondern tendenziell für die ganze Welt", Spittler, Gerd: Globale Waren – lokale Aneignungen, in: Hauser-Schäublin, Brigitta und Braukämper, Ulrich (Hg.): Die Sprache der Dinge – kulturwissenschaftliche Perspektiven auf die materielle Kultur, Berlin, 2002, S. 15–30, hier: S. 25. Beides ist für meine Untersuchung aber weniger einschlägig. Wie ich zeigen möchte, war im Fairen Handel ausschlaggebend, dass die Waren in jeweils unterschiedlichen Erdteilen produziert und konsumiert wurden.

49 Den Hinweis auf dieses Beispiel verdanke ich einem von dem Afrikawissenschaftler Heiko Möhle entworfenen „Hamburger Kolonial-Spaziergang", vgl. Möhle, Heiko: Kolonial-Spaziergang, in: Hamburg. 20 thematische Spaziergänge, Hamburg, 2009, S. 174–189, hier: S. 182–183. Vgl. zum Kaurischneckenhandel Hogendorn, Jan und Johnson, Marion: The Shell Money of the Slave Trade, Cambridge, 1986, dort speziell zu O'Swald S. 74–76.

und Wertzuschreibungen versehen werden können, dass diese ein soziales
Leben hätten. Er plädierte dafür, den Fokus auf die gehandelten Waren selbst
zu richten, da diese die ihnen jeweils zugeschriebenen Bedeutungen verkör-
perten und ablesbar machten.[50] Appadurai wies in diesem Zusammenhang
auch auf die Rolle der Distanz hin: Je weiter eine Ware räumlich von ihrem
Ursprungskontext entfernt sei, desto leichter könne sie in einem anderen
Kontext mit neuer Bedeutung versehen werden.[51] Dies zeigt sich in besonderer Weise an den Genussmitteln Kaffee, Tee, Schokolade oder Tabak.[52]
Diese verbindet unter anderem die Tatsache, dass sie als Konsumgüter auch in
Europa seit langer Zeit einen wichtigen Bestandteil des alltäglichen Lebens
darstellen, ihre Ursprungsprodukte aber nicht in Europa wachsen. Daraus
erklärt sich, dass bereits in mehreren historischen Untersuchungen in den
Blick genommen wurde, wie diesen Genussmitteln abhängig vom lokalen
und historischen Kontext Wert und Bedeutung zugeschrieben wurde, und
dass bereits Studien vorliegen, die explizit die lokale Aushandlung von Globalisierungsprozessen am Beispiel von Schokolade und Kaffee analysieren.[53]

---

50 Appadurai, Arjun: Introduction. Commodities and the Politics of Value, in: Appadurai,
   Arjun (Hg.): The Social Life of Things. Commodities in Cultural Perspective, Cam-
   bridge u.a. 1986, S. 3–63. Die Frage danach, weshalb Waren Wert zugeschrieben wird,
   ist u.a. in der Wirtschaftssoziologie ein viel diskutiertes Thema, vgl. einführend zu den
   Diskussionen beispielsweise Aspers, Patrik und Beckert, Jens: Value in Markets, in:
   Beckert/Aspers (Hg.): Worth, S. 3–38. Vgl. zur Bedeutung der soziokulturellen Kon-
   textualisierung und der Wirkmächtigkeit von Dingen auch Tietmeyer, Elisabeth u.a.
   (Hg.): Die Sprache der Dinge – kulturwissenschaftliche Perspektiven auf die materielle
   Kultur, Münster u.a., 2010.
51 Appadurai: Introduction, S. 41ff., speziell: „as the institutional and spatial journeys of
   commodities grow more complex, and the alienation of producers, traders, and consumers from one another increases, culturally formed mythologies about commodity
   flow are likely to emerge", ebda. S. 48.
52 Vgl. zur Kategorisierung der genannten Waren als Genussmittel Merki, Christoph
   Maria: Zwischen Luxus und Notwendigkeit. Genußmittel, in: Reith, Reinhold und
   Meyer, Torsten (Hg.): „Luxus und Konsum" – eine historische Annäherung, Münster,
   2003, S. 83–95; Schivelbusch, Wolfgang: Das Paradies, der Geschmack und die Vernunft. Eine Geschichte der Genußmittel, Frankfurt am Main, 6. Aufl. 2005; ferner die
   in den folgenden Fußnoten genannte Literatur.
53 Laura Rischbieter untersucht anhand von Kaffeehandel und -konsum im Deutschen
   Kaiserreich die „Mikro-Ökonomie der Globalisierung", Angelika Epple analysiert die
   Geschichte des Schokoladen-Unternehmens Stollwerck als „Mikrogeschichte der Globalisierung", vgl. Rischbieter, Julia Laura: Mikro-Ökonomie der Globalisierung. Kaffee,
   Kaufleute und Konsumenten im Kaiserreich 1870–1914, Köln/Weimar/Wien, 2011; Epple,
   Angelika: Das Unternehmen Stollwerck. Eine Mikrogeschichte der Globalisierung,

Die Differenz zwischen Produktions- und Konsumptionssphäre scheint ein wichtiger Grund dafür zu sein, dass die Genussmittel aus ihrem ursprünglichen Kontext herausgelöst und mit neuen Bedeutungen und Wertzuschreibungen versehen werden können – wie sich schon an Wortkombinationen wie Schweizer Schokolade, Ostfriesentee oder italienischer Kaffee zeigt. Bei der Konstruktion bestimmter Vorstellungen von Räumlichkeit, Zugehörigkeit und Fremdheit spielt der Konsum solcher Produkte oft eine entscheidende Rolle.[54] Dennoch wird die Herkunft in den Waren schon aufgrund ihrer Materialität immer manifest bleiben.[55] Und dies wiederum macht es ebenso reizvoll wie aussichtsreich, die zeit- und kontextabhängige lokale Bedeutung von globalen Waren mit dem Produktionskontext dieser Waren in einen analytischen Zusammenhang zu bringen.[56]

Frankfurt am Main/New York, 2010. Die Hoffnung, dass das Studium von Lebens- und Genussmitteln „ein tieferes Verständnis von Globalisierungsprozessen ermöglichen könne", äußerten bereits Hengartner und Merki: Hengartner, Thomas und Merki, Christoph Maria: Einleitung. Für eine Geschichte der Genußmittel, in: Hengartner, Thomas und Merki, Christoph Maria (Hg.): Genußmittel. Eine Kulturgeschichte, Frankfurt am Main/Leipzig, 2001, S. 9–26; vgl. ähnlich Möhring, Maren und Nützenadel, Alexander: Einleitung, in: Comparativ 17, 3, 2007, S. 7–11. Zur lokalen Bedeutung globaler Genussmittel vgl. ferner u.a. Schramm, Manuel: Konsum und regionale Identität in Sachsen 1880–2000, Stuttgart, 2002; Hochmuth, Christian: Globale Güter – lokale Aneignung. Kaffee, Tee, Schokolade und Tabak im frühneuzeitlichen Dresden, Konstanz, 2008.

54 Zur Verbindung von Raumvorstellungen und Konsum vgl. beispielsweise Goodman u.a. (Hg.): Consuming Space. Placing Consumption in Perspective, Farnham/Burlington, 2010. Wie eng Konsum und die Konstruktion von (hier nationalstaatlicher) Zugehörigkeit zusammenhängen können, zeigt eine Studie zum Teekonsum in Japan: Surak, Kristin: Making Tea, Making Japan. Cultural Nationalism in Practice, Stanford, 2013. Wie über Konsum kulturelle Stereotype und bestimmte nationale Zuschreibungen zwischen Gemeinsamkeit und Fremdheit (re-)produziert werden, zeigt anhand der Untersuchung der ausländischen Gastronomie in Deutschland Maren Möhring: Möhring, Maren: Fremdes Essen. Die Geschichte der ausländischen Gastronomie in der Bundesrepublik Deutschland, München, 2012.

55 Die Tatsache, dass der Ursprungskontext globaler Waren von den Waren selbst getragen wird, bezeichnen Breidenbach und Zukrigl als „Talk Back", vgl. Breidenbach, Joana und Zukrigl, Ina: Tanz der Kulturen. Kulturelle Identität in einer globalisierten Welt, Reinbek bei Hamburg, 2000, S. 129ff.; vgl. ferner Appadurai: Introduction, S. 35; Vramo: Trade, S. 82; Levi, Scott C.: Objects in Motion, in: Northrop, Douglas (Hg.): A Companion to World History, Oxford u.a., 2012, S. 321–338.

56 Auf die Notwendigkeit, den Produktionskontext verstärkt in konsumhistorische Untersuchungen aufzunehmen, verweisen auch Inglis und Gimlin, vgl. Inglis, David und Gimlin, Debra: Food Globalizations. Ironies and Ambivalences of Food, Cuisine and Globality, in: Inglis/Gimlin (Hg.): Globalization, S. 9. Klassisches Beispiel für den

Für die Untersuchung der Geschichte des Fairen Handels und der global-lokalen Wechselwirkungen bietet sich der Fokus auf eine globale Ware aus mehreren Gründen an. Erstens: Die Ware ist das verbindende Element zwischen Produzenten und Abnehmern und muss daher eine besondere Rolle spielen, wenn – wovon in dieser Arbeit ausgegangen wird – das Bild einer globalen Verbundenheit vermittelt wird. Zweitens: Der Fokus auf eine bestimmte Ware macht die Aushandlungsprozesse im Fairen Handel sichtbar und bietet zugleich die Möglichkeit, Wandel und Kontinuität der Wertzuschreibungen exemplarisch zu fassen. Drittens: Anhand einer Ware – deren Zweck letztlich auch darin liegt, verkauft zu werden – kann untersucht werden, ob und wie die Positionierung im marktwirtschaftlichen Wettbewerb mit Zielsetzungen wie mehr Gerechtigkeit in Einklang gebracht wurde. Und viertens: Indem eine globale Ware in den Mittelpunkt gestellt wird, lässt sich der Produktionskontext dieser Ware in die Untersuchung aufnehmen. So kann nicht nur die Repräsentation der Produzenten im Fairen Handel kontrastiert, sondern auch der Einfluss der Produzenten auf die Aushandlung des Fairen Handels exemplarisch untersucht werden.

Die Wahl fiel aus mehreren Gründen auf den Kaffee. Kaffee hat bis heute große weltwirtschaftliche Bedeutung, bis in die 1990er-Jahre hinein war er nach Erdöl das wichtigste Handelsgut im Nord-Süd-Handel.[57] Die ökonomische Bedeutung spiegelt sich, wie noch zu zeigen sein wird, im Fairen Handel wider, wo Kaffee seit seiner Einführung 1973 stets das umsatzstärkste

---

Nutzen, in einer historischen Untersuchung sowohl den Konsumptions- als auch den Produktionskontext einzubinden, ist immer noch Sidney Mintz' Untersuchung zum Zucker: Mintz, Sidney W.: Die süße Macht. Kulturgeschichte des Zuckers, Frankfurt am Main/New York, 1987. Annerose Menninger untersucht vier Genussmittel mit Blick auf die Wechselwirkungen von Konsum und Anbau: Menninger, Annerose: Genuss im kulturellen Wandel. Tabak, Kaffee, Tee und Schokolade in Europa (16.–19. Jahrhundert), Stuttgart, 2004. Vgl. als Beispiel für eine Studie, in der nicht nur der Produktionsprozess, sondern auch die soziokulturelle Bedeutung der Ware auf Produzentenseite in den Blick genommen wird: Robertson, Emma: Chocolate, Women and Empire. A Social and Cultural History, Manchester/New York, 2009.

57 Vgl. Daviron/Ponte: Coffee, S. 50; Topik, Steven und Clarence-Smith, William Gervase: Introduction. Coffee and Global Development, in: Clarence-Smith, William Gervase und Topik, Steven (Hg.): The Global Coffee Economy in Africa, Asia, and Latin America, 1500–1989, Cambridge u. a., 2003, S. 1–17, hier: S. 3. Für einen aktuellen, einführenden Überblick über die historische Forschung zum Thema Kaffee vgl. Berth, Christiane, Wierling, Dorothee und Wünderich, Volker: Einleitung, in: Berth, Christiane, Wierling, Dorothee und Wünderich, Volker (Hg.): Kaffeewelten. Historische Perspektiven auf eine globale Ware im 20. Jahrhundert, Göttingen, 2015, S. 7–19.

Handelsgut darstellte. Nicht zuletzt deswegen wurde Kaffee in der Geschichte des Fairen Handels fast immer als Speerspitze genutzt: Nahezu alle neuen Entwicklungen wurden, wie in dieser Arbeit zu zeigen sein wird, zuerst mit Kaffee angestoßen oder getestet.[58] Doch ich gehe davon aus, dass es noch einen weiteren, ungleich wichtigeren Grund dafür gibt, dass Kaffee und Fairer Handel scheinbar so eng in Beziehung zueinander stehen: Kaffee eignet sich hervorragend, um die Ziele und Inhalte des Fairen Handels und das Bild der Verbundenheit mit den Produzenten zu vermitteln.[59] Denn Kaffee trägt die Dichotomie in sich, er wird zu einem großen Teil in den Industrienationen konsumiert, wo er als Genussmittel und Luxusgut gilt, und stammt nahezu ausschließlich aus Ländern des globalen Südens, wo er in arbeitsintensiver landwirtschaftlicher und meist kleinbäuerlicher Produktion angebaut wird und für den Lebensunterhalt zahlreicher Menschen verantwortlich ist.[60] Dies gilt grundsätzlich auch beispielsweise für Tee und Schokolade, die allerdings in der Geschichte des Fairen Handels weder von den Absatzzahlen noch von den mit der Ware verbundenen Wertzuschreibungen an die Bedeutung des Kaffees heranreichten.[61]

Zum einen wird Kaffee in dieser Arbeit also als „Prisma" verwendet, um schlaglichtartig die einzelnen Aspekte der Aushandlung des Fairen Handels im Wechselverhältnis von Globalität und Lokalität exemplarisch fassen zu können.[62] Zum anderen wird danach gefragt, was den Kaffee selbst als Produkt im Fairen Handel auszeichnet und wie seine produktspezifischen Eigenschaften wiederum Einfluss auf Form und Gestalt des Fairen Handels

---

58 Vgl. zusammenfassend auch Quaas, Ruben: Der Kaffee der Gerechtigkeit. Wertzuschreibungen des fair gehandelten Kaffees zwischen 1973 und 1992, in: Berth/Wierling/Wünderich (Hg.): Kaffeewelten, S. 249–266.

59 Vgl. auch die Ansicht Carriers, Lebensmittel seien „things that can be imagined and presented as having been produced by a person": Carrier, James G.: Introduction, in: Carrier/Luetchford (Hg.): Ethical, S. 1–36, hier: S. 15.

60 Vgl. Daviron/Ponte: Coffee, Kap. 2; Talbot: Grounds, S. 36–41.

61 An dieser Stelle sei auf die Untersuchung Frundts hingewiesen, der den Fairen Handel am Beispiel der Bananen untersucht, Frundt: Fair. Bananen sind allerdings nicht lange lagerfähig, weshalb sie im Fairen Handel erst eine größere Rolle spielten, als die Handelsstrukturen stabilisiert waren.

62 Den Begriff entleihe ich von Laura Rischbieter, die darauf verweist, den Kaffee in ihrer Untersuchung „als Prisma" zu nutzen, „um Globalisierungsprozesse in die historische Analyse zu integrieren", Rischbieter: Mikro-Ökonomie, S. 20. Monika Sigmund nutzt den Fokus auf die Ware Kaffee auf ähnliche Weise, nämlich „als ‚Sonde' [...], um intensive Einblicke in Wirtschaft, Gesellschaft und Alltag [...] zu gewinnen", Sigmund: Genuss, S. 2.

hatten.[63] Diese produktzentrierte Perspektive wird in der Arbeit durch eine akteurszentrierte ergänzt, indem der Faire Handel als soziales Feld gefasst wird.

1.3   Der Faire Handel als soziales Feld

In Ablehnung neoklassischer Wirtschaftstheorien, die perfekte Märkte voraussetzen und die Marktakteure als voll informierte, stets rational handelnde und auf den eigenen Nutzen fokussierende *homines oeconomici* sehen, betont vor allem die Wirtschaftssoziologie die Bedeutung der soziokulturellen Rahmenbedingungen wirtschaftlichen Handelns.[64] Zur Beschreibung derselben hat sich der Begriff der Einbettung von Märkten etabliert.[65] Die Untersuchung der Einbettung von Märkten bietet sich damit auch für Historiker an, die von Haus aus an den sozialen und kulturellen Kontexten bestimmter Phänomene und Entwicklungen interessiert sind.[66] Allerdings hat der Einbettungsbegriff eine Schwäche, die gerade aus geschichtswissenschaftlicher Sicht problematisch ist: Er bietet kein Instrumentarium, mit dem analytisch gefasst und erklärt werden kann, weshalb Märkte entstehen und aus welchen Gründen sie sich wandeln.[67] Daher wurde in der Wirtschaftssoziologie die

---

63 Vgl. dazu beispielsweise die wesentlich von Bruno Latour geprägte Akteur-Netzwerk-Theorie, in der auch Dinge als Aktanten verstanden werden, Latour: Soziologie.

64 Zur kritischen Diskussion der neoklassischen Theoriemodelle aus wirtschaftssoziologischer Sicht vgl. beispielsweise Stehr: Moralisierung; Beckert, Jens: Die soziale Ordnung von Märkten, in: Beckert, Jens, Diaz-Bone, Rainer und Ganßmann, Heiner (Hg.): Märkte als soziale Strukturen, Frankfurt am Main/New York, 2007, S. 43–62; aus geschichtswissenschaftlicher Perspektive beispielsweise Engel, Alexander: Farben der Globalisierung. Die Entstehung moderner Märkte für Farbstoffe 1500–1900, Frankfurt am Main/New York, 2009, S. 25ff.

65 Der Begriff der Einbettung von Märkten geht grundsätzlich zurück auf Mark Granovetter, der ihn von Karl Polanyi übernahm, wurde aber inzwischen verschiedentlich fortentwickelt. Vgl. Granovetter, Mark: Economic Action and Social Structure. The Problem of Embeddedness, in: The American Journal of Sociology 91, 3, 1985, S. 481–510; Beckert, Jens: The Great Transformation of Embeddedness. Karl Polanyi and the New Economic Sociology, MPIfG Discussion Paper 07/1, 2007; Krippner, Greta R. und Alvarez, Anthony S.: Embeddedness and the Intellectual Projects of Economic Sociology, in: Annual Review of Sociology 33, 2007, S. 219–240.

66 Vgl. Kocka, Jürgen: History, the Social Sciences and Potentials for Cooperation. With Particular Attention to Economic History, in: InterDisciplines 1, 2010, S. 43–63.

67 Vgl. Nathaus, Klaus: Turning Values into Revenue. The Markets and the Field of Popular Music in the US, the UK, and West Germany (1940s to 1980s), in: Historical Social

Einbeziehung der Theorie von sozialen Feldern vorgeschlagen, um so die soziokulturellen Rahmenbedingungen von Markthandeln nicht nur beschreiben, sondern diese zugleich als Gründe für Dynamik fassen zu können.[68] Dabei wird aber meist davon ausgegangen, dass der Markt selbst als soziales Feld zu verstehen ist. In der vorliegenden Untersuchung wird zwischen beiden eine – nicht immer klar zu ziehende, aber grundsätzlich gedachte – analytische Trennung vorgenommen: Der Markt wird als Ort des ökonomischen Austausches verstanden, das soziale Feld als Ort der soziokulturellen Aushandlung.[69] So lassen sich die Gründe für Entstehen, Wandel und Kontinuität des Fairen Handels fassen und analysieren.

Soziale Felder und Kapital

Soziale Felder zeichnen sich nach Pierre Bourdieu, auf den der Begriff zurückgeht, dadurch aus, dass es Individual- oder Kollektivakteure gibt, die ein spezifisches Interesse verbindet und die ihre Handlungen in Bezug auf dieses Interesse aufeinander beziehen.[70] Unter diesen Akteuren bilden

---

Research 36, 3, 2011, S. 136–163, hier: S. 137; einführend zur Forschung zu Märkten aus kultur- und sozialhistorischer Perspektive vgl. Bevir, Mark und Trentmann, Frank: Markets in Historical Contexts. Ideas, Practices, and Governance, in: Bevir, Mark und Trentmann, Frank (Hg.): Markets in Historical Contexts. Ideas and Politics in the Modern World, Cambridge u.a., 2004, S. 1–24; Berghoff, Hartmut und Vogel, Jakob (Hg.): Wirtschaftsgeschichte als Kulturgeschichte. Dimensionen eines Perspektivenwechsels, Frankfurt am Main/New York, 2004.

68 Vgl. Beckert, Jens: How Do Fields Change? The Interrelations of Institutions, Networks, and Coginition in the Dynamics of Markets, in: Organization Studies 31, 2010, S. 605–627; Fligstein, Neil: Die Architektur der Märkte, Wiesbaden, 2011; Fourcade, Marion: Theories of Markets and Theories of Society, in: American Behavioral Scientist 50, 2007, S. 1015–1031. Vgl. dazu auch Nathaus, Klaus und Gilgen, David: Analysing the Change of Markets, Fields and Market Societies. An Introduction, in: Historical Social Research 36, 3, 2011, S. 7–16.

69 Vgl. auch Nathaus, Klaus und Gilgen, David: Analysing the Change of Markets, Fields and Market Societies. An Introduction, in: Historical Social Research 36, 3, 2011, S. 7–16.

70 Relativ kompakt und verständlich erläutert Bourdieu die zentralen Elemente seines Theoriegebildes – Feld, Habitus und Kapital – in Bourdieu, Pierre und Wacquant, Loïc J. D.: Reflexive Anthropologie, Frankfurt am Main, 1996. Ein Beispiel findet sich in der Erläuterung eines ökonomischen Felds bei Bourdieu, Pierre: Principles of an Economic Anthropology, in: Smelser, Neil J. und Swedberg, Richard (Hg.): The Handbook of Economic Sociology, Princeton u.a., 2. Aufl. 2005, S. 75–89. Einführungen finden sich ferner bei Barlösius, Eva: Kämpfe um soziale Ungleichheit. Machttheoretische Perspektiven, Wiesbaden, 2004; Schwingel, Markus: Pierre Bourdieu zur Einführung, Hamburg, 5. Aufl. 2005; für ein anschauliches Exempel für eine Feldanalyse aus geschichtswissenschaftlicher

sich bestimmte Regeln und Grundsätze heraus, die eine – oft unausgesprochene – Gültigkeit für alle Feldakteure haben und zugleich festlegen, wer an dem Feld beteiligt ist. Verbindendes Element zwischen den Akteuren ist außerdem deren gemeinsamer Habitus. Darunter fallen vor allem Persönlichkeitsmerkmale wie ein bestimmter Lebensstil, eine spezifische Weltanschauung, bestimmte Interessen oder ein verinnerlichter moralischethischer Verhaltenskodex.

Soziale Felder entstehen, sie bilden sich heraus, stabilisieren sich und können wieder vergehen, wenn sich kein Interesse mehr auf die für das Feld konstitutiven Inhalte richtet. Die Dynamik im Feld erklärt sich daraus, dass die Akteure sich – trotz des gemeinsamen Interesses – im ständigen Wettbewerb um die Definitionshoheit im Feld befinden. Diese Konkurrenz basiert vor allem darauf, dass es Akteure gibt, die bereits eine etablierte Position und die Definitionsmacht im Feld besitzen, und dass diese von anderen, noch nicht etablierten Akteuren herausgefordert werden.[71] Nach Bourdieu sind soziale Felder daher auch als „Kampffelder" zu sehen,[72] doch besser verständlich wird das Feldkonzept wohl, wenn man es wie Bourdieu mit einem Spiel vergleicht:

> Die Spieler sind im Spiel befangen, sie spielen […] gegeneinander, weil sie alle den Glauben (doxa) an das Spiel und den entsprechenden Einsatz, die nicht weiter zu hinterfragende Anerkennung teilen […] und dieses *heimliche Einverständnis* ist der Ursprung ihrer Konkurrenz und ihrer Konflikte.[73]

Sicht vgl. Blaschke, Olaf und Raphael, Lutz: Im Kampf um Positionen. Änderungen im Feld der französischen und deutschen Geschichtswissenschaft nach 1945, in: Eckel, Jan und Etzemüller, Thomas (Hg.): Neue Zugänge zur Geschichte der Geschichtswissenschaft, Göttingen, 2007, S. 69–109. Für das im Folgenden Erläuterte (das notgedrungen eine teils deutliche Verknappung darstellt) vgl. stets die genannten Texte.

71 Vgl. auch bei Fligstein: „Die soziale Struktur eines Feldes ist eine kulturelle Konstruktion, aufgrund derer die dominierenden und die dominierten Akteure eine Reihe von Vorstellungen darüber teilen, was eine Gruppe von Organisationen zu dominierenden Organisationen macht. […] Dominierende und dominierte Akteure sind in einem ‚Spiel' gefangen, in dem die Ersteren die Reproduktion ihrer Vorteile anstreben und die Letzteren entweder die dominierenden Akteure direkt herausfordern oder sich mit einer bescheideneren Rolle begnügen", Fligstein: Architektur, S. 80.

72 „The field of forces is also a field of struggles […] in which agents equipped with different resources confront each other […and] undertake actions there that depend, for their ends and effectiveness, on their position in the field of forces, that is to say, in the structure of distribution of capital in all its species", Bourdieu: Principles, S. 78; vgl. Bourdieu/Waquant: Reflexive, S. 132.

73 Bourdieu/Wacquant: Reflexive, S. 128, Hervorhebung im Original.

In den feldinternen Konkurrenzverhältnissen der Akteure liegen die Gründe
für Dynamik und Kontinuität eines Feldes. Der Kampf um die Definitionsmacht sorgt für Wandlungsprozesse, aber andererseits, so bringen es
Olaf Blaschke und Lutz Raphael griffig auf den Punkt, „stößt der Wandel
an seine Grenze, sobald das auf dem Spiel Stehende selber auf dem Spiel
steht", schließlich herrsche unter den Feldakteuren generell Einigkeit darüber, dass „die Dinge, um die sie streiten, ihnen wichtig und wertvoll sind".[74]
Das Feld selbst definiert also die Regeln und Grenzen des Spiels, die von
den Akteuren habituell internalisiert werden.

Um ihre Position zu verbessern und um die Definitionsmacht im Feld zu
erlangen, setzen die Akteure Kapital ein. Pierre Bourdieus Verständnis von
Kapital, das für die Feldtheorie einschlägig ist, weicht jedoch von der gewöhnlich damit verbundenen, aus der Wirtschaftstheorie bekannten Form des
Kapitalbegriffs ab.[75] Als Kapital wird in der Feldtheorie letztlich alles gefasst,
worüber ein Akteur verfügen kann und das geeignet ist, diesem Akteur auf
irgendeine Weise einen Vorteil gegenüber anderen Akteuren zu verschaffen.
Es werden dabei verschiedene Kapitalformen unterschieden, die jeweils mit
mehr oder weniger großem Aufwand ineinander transformierbar sind. Die
drei Grundformen sind das ökonomische, das kulturelle und das soziale
Kapital. Die Hierarchie der Kapitalsorten variiert dabei von Feld zu Feld.

Als ökonomisches Kapital lässt sich all das bezeichnen, was unmittelbar in
Geld konvertierbar ist. Ökonomisches Kapital sind vor allem Geld sowie alle
Waren und Dinge, die von einem Akteur (theoretisch) unmittelbar verkäuflich oder in Geld umzuwandeln sind, zum Beispiel Aktien, Wohnungseigentum und Verfügungsrechte über finanzielle Mittel.

Kulturelles Kapital kann in drei Formen auftreten. Verinnerlicht (beispielsweise in Form von Wissen), objektiviert (beispielsweise in Form von
kulturellen Gütern, Bildern oder Büchern) oder institutionalisiert (beispielsweise in Form eines akademischen Titels). Wenn ein Akteur eine Ausbildung absolviert, wird er danach mehr Wissen besitzen und ein Zertifikat
über diese Ausbildung bekommen. Beides kann ihm Vorteile verschaffen,
beides wird sich aber erst bei einer Gehaltserhöhung oder bei einer Beförderung ökonomisch auszahlen. Bücher oder im Wohnzimmer aufgehängte
Gemälde allerdings fallen sowohl in den Bereich des kulturellen als auch des

---

74 Blaschke/Raphael: Kampf, S. 74.
75 Vgl. zum Folgenden Bourdieu, Pierre: Ökonomisches Kapital, kulturelles Kapital,
    soziales Kapital, in: Kreckel, Reinhard (Hg.): Soziale Ungleichheiten, Göttingen, 1983,
    S. 183–198; Bourdieu/Wacquant: Reflexive, S. 151–152.

ökonomischen Kapitals, da sie nicht nur Wissen beziehungsweise Ansehen verschaffen können, sondern auch unmittelbar verkäuflich sind.

Das soziale Kapital umfasst Ressourcen, die einem Akteur aufgrund seiner Beziehungen zur Verfügung stehen.[76] Der gemeinhin als „Vitamin B" bekannte Wettbewerbsvorteil, den ein Akteur aus seinen persönlichen Bekanntschaften schlagen kann, fällt unter das Sozialkapital. Auch Vertrauen gilt als Sozialkapital und kann letztlich – wie angesprochen – als Reduktion der Transaktionskosten ökonomisch eine bedeutende Rolle spielen.[77]

Neben diesen drei Grundformen gibt es noch eine vierte wichtige Kapitalform, das symbolische Kapital. Dieses hat besondere Bedeutung, da es gewissermaßen über den drei anderen Kapitalsorten steht beziehungsweise auf diesen basiert. Es wird oft mit Prestige gleichgesetzt, das ein Akteur aufgrund der anderen Kapitalsorten besitzt. Ein Adelstitel ist beispielsweise eine Form kulturellen Kapitals, doch stattet er den Akteur darüber hinaus mit Ansehen und somit mit symbolischem Kapital aus. Ein weiteres Beispiel kann das Sponsoring von Veranstaltungen sein, wodurch sich ein Akteur mit ökonomischem Kapital symbolisches Kapital verschaffen möchte. In dieser Arbeit, das sei bereits gesagt, wird das symbolische Kapital in Form von Glaubwürdigkeit eine besondere Rolle spielen.

Das Feld des Fairen Handels

Meiner Arbeit liegt die Annahme zugrunde, dass sich ein auf einen als gerechter verstandenen Handel bezogenes Netz von Akteuren herausbildete und als solches untersucht werden kann. Dieses abstrakte, dynamische Gebilde wird über die gesamte Arbeit als Feld des Fairen Handels bezeichnet. Die an der Entstehung des Feldes beteiligten Akteure eint grundsätzlich ein auf den Fairen Handel bezogenes Interesse an den Themenkomplexen Dritte Welt, Entwicklungshilfe und Welthandel sowie die Überzeugung, an einem Konzept

---

76 Laut Bourdieu ist Sozialkapital „die Gesamtheit der aktuellen und potentiellen Ressourcen, die mit dem Besitz eines dauerhaften Netzes von mehr oder weniger institutionalisierten Beziehungen gegenseitigen Kennens oder Anerkennens verbunden sind", Bourdieu: Ökonomisches, S. 190.

77 Vgl. zu Vertrauen als Sozialkapital auch Berghoff: Vertrauen; Reichardt, Sven: Soziales Kapital „im Zeitalter materieller Interessen". Konzeptionelle Überlegungen zum Vertrauen in der Zivil- und Marktgesellschaft des langen 19. Jahrhunderts (1780–1914), Veröffentlichung der Arbeitsgruppe „Zivilgesellschaft: historisch-sozialwissenschaftliche Perspektiven" des Wissenschaftszentrums Berlin für Sozialforschung, Discussion Paper SP IV 2003–5043, 2003; einschlägig auch die Diskussion Aslanians zu Vertrauen als Sozialkapital mit besonderem Blick auf Handelsnetze, vgl. Aslanian: Indian, Kap. 7.

eines gerechteren Handels mitzuarbeiten oder sich darauf zu beziehen. Von
der angestrebten Form und den Zielen dieses gerechteren Handels hatten sie
zwar oft unterschiedliche, in den Grundzügen jedoch ähnliche Vorstellungen: Beispielsweise, dass das Wohlstandsgefälle zwischen den Ländern des
globalen Südens und des globalen Nordens ungerecht sei und dass man dieser Ungerechtigkeit mit einem gerechteren Handel begegnen könne. Indem
die Akteure ihre Handlungen aufeinander bezogen, bildete sich ein soziales
Feld. Es wird zu untersuchen sein, weshalb das Feld des Fairen Handels entstand, wie es sich etablierte und wie das Konzept eines gerechteren Handels
ausgehandelt wurde. Die Entscheidung, den Fairen Handel als soziales Feld
zu untersuchen, hat Gründe. Diese sollen im Folgenden dargestellt werden.

In der Forschung scheint man sich einig zu sein, dass der Faire Handel
eine Bewegung darstellt. Mal wird er als Konsumentenbewegung, mal als
globalisierte soziale Bewegung, mal als eine der seit den 1960er-Jahren entstandenen neuen sozialen Bewegungen verstanden.[78] Doch damit ergeben
sich aus meiner Sicht einige Probleme, so beispielsweise bei der Abgrenzung
des Untersuchungsgegenstandes. Geht man davon aus, dass der Faire Handel eine weltweite Bewegung ist, so lässt er sich als Untersuchungsgegenstand kaum fassen, außerdem wäre nur schwer erklärbar, weshalb der Faire
Handel in unterschiedlichen Regionen der Welt ganz unterschiedliche Entwicklungen durchlaufen hat. Andererseits gibt es, auch wenn dies meist so
gehandhabt wird, in meinen Augen keinen Grund, den Fairen Handel von
vornherein beispielsweise entlang nationalstaatlicher Grenzen zu umreißen.
Ferner entsteht die Frage, welche Akteure als Teil der Bewegung zu sehen
sind und welche nicht. So hat Claudia Olejniczak bereits in Bezug auf die von
ihr untersuchte Dritte-Welt-Bewegung das Problem beschrieben, dass „die
Kirchen etablierte Institutionen sind und aus dieser Perspektive nicht dem

---

78 Vgl. als Beispiele Grimes: Changing; Davenport, Eileen und Low, William: The World
Fair Trade Organization. From Trust to Compliance, in: Reed, Darryl u.a. (Hg.): Business Regulation and Non-State Actors. Whose Standards? Whose Development?,
London/New York, 2012, S. 288–299; Ruben, Ruerd: The development of Fair Trade.
From Discourse to data, in: Ruben, Ruerd (Hg.): The Impact of Fair Trade, Wageningen, 2009, S. 19–47, hier: S. 19; Jaffee: Brewing, S. 7. Für diejenigen Untersuchungen, die
speziell auf den Fairen Handel in der Bundesrepublik Deutschland fokussieren (und
den Untersuchungsgegenstand daher nationalstaatlich abgrenzen), ist der Faire Handel
meist eine soziale Bewegung, so beispielsweise für Raschke, vgl. Raschke: Fairer. Zum
Begriff der sozialen Bewegungen vgl. einführend Roth, Roland und Rucht, Dieter:
Einleitung, in: Roth, Roland und Rucht, Dieter (Hg.): Die sozialen Bewegungen in
Deutschland seit 1945. Ein Handbuch, Frankfurt am Main/New York, 2008, S. 9–36.

Bewegungsspektrum zugeordnet werden können".[79] Für den Fairen Handel gilt dieses Problem in besonderer Weise, da – wie zu zeigen sein wird – mehrere kirchliche Organisationen wesentliche Bedeutung für die Kreierung und Etablierung des Fairen Handels und der Nachfrage danach hatten. Markus Raschke beispielsweise macht erst für das Jahr 1978 den „Übergang von der Aktion zur Sozialbewegung" fest, fasst den Fairen Handel aber ab 1970 als soziale Bewegung.[80] Die Schwierigkeiten der Abgrenzung zeigen sich ferner in Bezug auf die Produzenten: Auch wenn dies nicht explizit ausgeschlossen wird, werden diese fast nie als Teil der Bewegung verstanden.[81] Noch schwieriger erscheint die Frage der Zugehörigkeit bestimmter Akteure zur Bewegung des Fairen Handels schließlich nach der Integration des Fairen Handels in den Massenkonsum in den frühen 1990er-Jahren. Ein mit dem Fairen Handel verbundenes „Wir-Gefühl" ist wohl nur wenigen Konsumenten im Supermarkt eigen.[82] Ein solches Wir-Gefühl kann auch bei großen Supermarktketten kaum von vornherein als gegeben angenommen werden. Matthew Hilton versteht diese allerdings unhinterfragt ebenfalls als Teil des „fairtrade movement"[83] – ein Urteil, welches viele Mitarbeiter in Weltläden

---

79 Olejniczak: Dritte-Welt-Bewegung, S. 76. Die umfangreiche Diskussion Olejniczaks zur Dritte-Welt-Bewegung lässt sich in weiten Teilen auf den Fairen Handel übertragen, vgl. ebda., S. 32–40. Vgl. ferner die Probleme bei Bräuer, die verschiedenen Akteure der Dritte-Welt-Bewegung als Bewegungskomplex zu fassen: Bräuer, Rolf: Zwischen Provinzialität und Globalismus. Die westdeutsche Dritte-Welt-Bewegung in den 80er und 90er Jahren, in: Forschungsjournal Neue Soziale Bewegungen 7, 3, 1994, S. 32–48, hier: S. 32. Ganz ähnliche Probleme beklagt – mit Blick auf die schweizerische Dritte-Welt-Bewegung – Konrad Kuhn, vgl. Kuhn: Solidarität, S. 12.

80 Raschke: Fairer, hier: S. 62.

81 Vgl. auch die Unterteilung in zwei Fair-Trade-Bewegungen: Barrientos, Stephanie, Conroy, Michael E. und Jones, Elaine: Northern Social Movements and Fair Trade, in: Raynolds/Murray/Wilkinson (Hg.): Fair, S. 51–62; Wilkinson, John und Mascarenhas, Gilberto: Southern Social Movements and Fair Trade, in: Raynolds/Murray/Wilkinson (Hg.): Fair, S. 125–137.

82 Das „Wir-Gefühl" definiert Joachim Raschke als wesentliches Element einer sozialen Bewegung, vgl. Raschke, Joachim: Soziale Bewegungen. Ein historisch-systematischer Grundriß, Frankfurt am Main/New York, 2. Aufl. 1988, S. 77–78. Bei Rucht ist die Rede von der Erfordernis einer kollektiven Identität, vgl. Rucht, Dieter: Modernisierung und neue soziale Bewegungen. Deutschland, Frankreich und die USA im Vergleich, Frankfurt am Main/New York, 1994, S. 76–77.

83 Hilton, Matthew: Consumer Activism. Rights or Duties?, in: Brückweh (Hg.): Voice, S. 99–116, hier: S. 114. Ebenfalls irritierend wirkt die Verwendung des Bewegungsbegriffs bei Davies/Doherty/Knox: Rise. An anderer Stelle wird die Problematik kurzerhand gelöst, indem vom „organised social movement" gesprochen wird, vgl. Ruben:

sicher zurückweisen würden. Weitere Probleme entstehen schließlich bei der Abgrenzung zu anderen Bewegungen, so beispielsweise zu verschiedenen Solidaritätsbewegungen, zur Weltladenbewegung oder zur Dritte-Welt-Bewegung.[84] Wie noch zu zeigen sein wird, verfolgten viele Akteure mit einem Engagement im Fairen Handel eigentlich Ziele, die sich eher dem Spektrum der anderen Bewegungen zuordnen lassen, womit ihnen nicht immer eine auf den Fairen Handel bezogene Mobilisierung oder ein ausgeprägtes Wir-Gefühl unterstellt werden kann.

Fasst man den Fairen Handel dagegen als soziales Feld, fallen solche Probleme kaum mehr ins Gewicht. Das Feld des Fairen Handels konstituierte sich eben durch die Akteure, die aktiv teilnahmen oder auf den Fairen Handel einwirkten, damit bestimmte Vorstellungen verbanden und sich in Bezug auf den Fairen Handel aufeinander bezogen. Zugleich geraten solche Akteure in den Blick, die Einfluss auf die Meinungsbildung im Feld hatten, ohne daran direkt beteiligt zu sein. Durch den Fokus auf das soziale Feld kann den Aushandlungsprozessen der Akteure, ihren Positionskämpfen und Deutungsmustern nachgespürt werden. Damit verbindet sich ein weiterer Vorteil: Indem auf die Assoziationen der Akteure fokussiert wird, lässt sich der Untersuchungsgegenstand abgrenzen, ohne dass von vornherein ein nationalstaatlicher „Container" vorausgesetzt wird.[85] Zugleich wird verhindert, dass beispielsweise transnationalen Prozessen aus der Rückschau mehr Bedeutung zugemessen wird, als sie besaßen: Indem der Entwicklung des Feldes gefolgt wird, bekommen bestimmte Prozesse oder Kategorisierungen dann Gewicht, wenn sie im Feld Bedeutung erlangen.

Mit der Untersuchung der Geschichte des Fairen Handels als soziales Feld soll also in dieser Arbeit der von Angelika Epple beschriebenen „doppelte[n] Herausforderung" der Globalgeschichtsschreibung begegnet werden. Diese sieht sie darin, die untersuchten Einheiten einerseits „als relational und

---

Development, S. 19. Die Schwierigkeiten der Abgrenzung zwischen einer vermeintlichen Bewegung und einem Marktinstrument zeigen sich im Titel des ersten Kapitels von Jaffees Monografie: „A Movement or a Market?", Jaffee: Brewing, S. 11.

84 Vgl. Olejniczak: Dritte-Welt-Bewegung; Kuhn: Solidarität; Balsen, Werner und Rössel, Karl: Hoch die internationale Solidarität. Zur Geschichte der Dritte-Welt-Bewegung in der Bundesrepublik, Köln, 1986; Kößler, Reinhart und Melber, Henning: „Hoch die …" Zur Geschichte, Aktualität und Problematik internationaler Solidarität, in: Gerlach, Olaf u. a. (Hg.): Globale Solidarität und linke Politik in Lateinamerika, Berlin, 2009, S. 19–32.

85 Vgl. zum Begriff Beck, Ulrich: Was ist Globalisierung? Irrtümer des Globalismus – Antworten auf Globalisierung, Frankfurt am Main, 2007.

damit als dynamisch, veränderlich, nicht abgeschlossen und nicht begrenzt" zu fassen, andererseits aber möglichst klar zu konturieren, „um Veränderungen, Dynamiken, Entwicklungen überhaupt erklären zu können".[86] Und so ist die hier vorliegende Geschichte des Fairen Handels nicht in erster Linie als (nationalstaatlich abgegrenzte) Geschichte des Fairen Handels in der Bundesrepublik Deutschland zu verstehen, sondern als die Geschichte eines sozialen Feldes, das seinen Kern – wie zu zeigen sein wird – zum größten Teil in der Bundesrepublik Deutschland hatte.[87]

Wenn der Faire Handel als soziales Feld zu fassen ist, müssen die Akteure im Feld Konkurrenten um die Definitionsmacht sein. Daher wird zu untersuchen sein, welche Vorstellungen und welche Zielsetzungen die jeweiligen Akteure mit dem Konzept eines gerechteren Handels verbanden und welches Kapital ihnen zur Verfügung stand, das sie einsetzten, um ihre Position im Feld zu verbessern und ihre jeweilige Sichtweise durchzusetzen. Ich gehe dabei davon aus, dass sowohl die Kapitalverteilung im Feld als auch das Verständnis dessen, was ein als gerechter verstandener Handel zu leisten habe, eminent von dem Wechselspiel globaler und lokaler Faktoren abhing. Da die Akteure im Feld des Fairen Handels sich in ihren Aktionen stets auf ein Dort bezogen, wurden Umbrüche und Ereignisse auf globaler Ebene von ihnen intensiv rezipiert. Die Rezeption und Aushandlung dieser globalen Ereignisse trug nach dem Verständnis dieser Arbeit erheblich zur Dynamik im Fairen Handel bei. Denn dadurch konnten, so möchte ich zeigen, einerseits bestimmte Deutungsmuster unterstützt und Akteure mit Kapital ausgestattet, andererseits andere Deutungsmuster delegitimiert

---

86 Epple, Angelika: Lokalität und die Dimensionen des Globalen. Eine Frage der Relationen, in: Brahm/Epple/Habermas (Hg.): Lokalität, S. 4–25, hier: S. 7.

87 Damit wird deutlich, dass die nationalstaatliche Abgrenzung zwar keine Vorannahme darstellt, aber mögliches Ergebnis der Arbeit sein kann. Das bedeutet zugleich, dass die Arbeit einerseits nicht den Anspruch hat, den gesamten Fairen Handel beispielsweise der Bundesrepublik vollständig zu beleuchten, da sie sich schwerpunktmäßig auf den als soziales Feld gefassten Akteurszusammenhang konzentriert, und dass andererseits die Bedeutung nationalstaatlicher Zuschreibungen keineswegs ausgeblendet werden soll. Wenn die vorliegende Dissertation auf Konferenzen vorgestellt wurde, kam regelmäßig die Frage auf, ob man nicht auch auf Beispiele eines fairen Handels in der ehemaligen DDR stärker eingehen müsse. Die Feldperspektive bewirkt, dass Prozesse in der ehemaligen DDR dann in den Fokus rücken, wenn sie für die Feldakteure bedeutsam wurden. Alles andere wäre aus meiner Sicht nur eine nachträgliche Reproduktion eines nationalstaatlichen Containerdenkens.

oder die Positionen von Akteuren geschwächt werden.[88] Wie noch zu zeigen
sein wird, standen diese Ereignisse und Prozesse bis 1990 häufig in engem
Zusammenhang mit dem Konflikt zwischen den Militärbündnissen NATO
und Warschauer Pakt. Das lag schon daran, dass der wichtigste Referenzpunkt im Fairen Handel der globale Süden war und der Kalte Krieg dort
keineswegs ein langer Frieden war, sondern im Gegenteil viele Stellver-
treter- und Bürgerkriege stattfanden, die mit der Auseinandersetzung der
Blockmächte in direktem Zusammenhang standen.[89] Ich möchte außerdem
zeigen, dass die globalen Ereignisse vor allem dann zu Dynamik im Feld
des Fairen Handels führten, wenn dieses in einer Phase der inhaltlichen
Neuausrichtung oder Krise steckte. Die Entwicklung des Feldes sehe ich
daher als ständige Abfolge von Orientierung, Stabilität, Krise und Neuorientierung.[90]

Auch wenn die am Feld des Fairen Handels beteiligten Akteure keineswegs immer die gleichen waren, gab es bestimmte Kollektivakteure, die die
meiste Zeit über mehr oder weniger stark am Feld des Fairen Handels beteiligt
waren und deshalb vorab vorgestellt werden sollen. Da wäre zum einen der
zahlenmäßig bedeutsamste und keineswegs immer einheitlich auftretende
Kollektivakteur – die Basis. Dazu gehörten die zahlreichen Gruppen und

88 Vgl. die Einschätzung von Frank Bösch zur Bedeutung globaler „Schlüsselereignisse":
    An diesen könnten „kondensierte Deutungen der Zeitgenossen freigelegt werden,
    die meist wirkungsmächtige Handlungen auslösten. Denn Ereignisse als solche gibt
    es nicht. Vielmehr basieren diese auf öffentlichen Zuschreibungen im Rahmen einer
    verdichteten Kommunikation", Bösch, Frank: Umbrüche in die Gegenwart. Globale
    Ereignisse und Krisenreaktionen um 1979, in: Zeithistorische Forschungen (Online-
    Ausgabe) 9, 1, 2012, Abschn. 4.
89 Die Untersuchung der Entwicklung des Felds des Fairen Handels ist daher in Teilen
    ebenfalls als mikrohistorische Untersuchung der lokalen Aushandlung des Kalten Kriegs
    zu sehen. Vgl. zum Überblick der Cold War Studies und dem wachsenden wissenschaft-
    lichen Interesse an der Kulturgeschichte des Kalten Kriegs Greiner, Bernd: Kalter Krieg
    und „Cold War Studies", Version 1.0, in: Docupedia Zeitgeschichte, 11.2.2010, URL: http://
    docupedia.de/zg (zuletzt abgerufen am 17.10.2013); Immerman, Richard H. und Goedde,
    Petra (Hg.): The Oxford Handbook of the Cold War, Oxford, 2013; Westad, Odd Arne:
    The Global Cold War. Third World Intervention and the Making of Our Times, Cam-
    bridge (USA), 2005; Vowinckel, Annette, Payk, Marcus M. und Lindenberger, Thomas
    (Hg.): Cold War Cultures. Perspectives on Eastern and Western European Societies,
    New York/Oxford, 2012. Auch Konrad Kuhn unterstreicht bei seiner Untersuchung des
    Fairen Handels in der Schweiz die Bedeutung des Kalten Krieges, vgl. Kuhn: Fairer.
90 Die Abfolge von Entstehen, Stabilität und Krise hat beispielsweise Fligstein als typisch
    für soziale Felder dargestellt, vgl. Fligstein: Architektur.

Vereinigungen, die sich (meist ehrenamtlich) im Dritte-Welt-, im Alternativen und im Fairen Handel engagierten und die für den Verkauf der Produkte in Weltläden oder an Aktionsständen verantwortlich waren, bevor die Produkte ab 1992 auch über andere Verkaufskanäle wie Supermärkte verfügbar waren.[91] Bei der Basis handelte es sich in den ersten Jahren fast ausschließlich und später noch zu einem großen Teil um kirchlich eingebundene Akteure und Gruppen.[92] Ferner traten verschiedene Organisationen auf, die mit dem Fairen Handel ein bestimmtes Interesse verbanden, das Konzept finanziell und organisatorisch förderten und voranbrachten. Die wichtigsten Beispiele dafür sind kirchliche Organisationen, so beispielsweise die Jugendverbände und die Hilfswerke der evangelischen und römisch-katholischen Kirche in der Bundesrepublik. Besonders wichtig waren der Bund der Katholischen Jugend Deutschlands (BDKJ), die Arbeitsgemeinschaft der Evangelischen Jugend (AEJ), das katholische Hilfswerk Misereor und auf evangelischer Seite die Hilfswerke Brot für die Welt (BfdW) und Kirchlicher Entwicklungsdienst (KED). Diese Organisationen traten im Feld zum einen in der Form von *Stakeholdern* auf, zum anderen entsandten sie mehrere Vertreter, die sich sowohl als Individualakteure als auch als Vertreter der sie entsendenden Organisationen am Feld des Fairen Handels beteiligten.[93] Außerdem gab es mehrere Organisationen, die aus dem Feld selbst hervorgingen und deren Existenz eng mit der Entwicklung des Fairen Handels verbunden war. Dies waren in den frühen Jahren besonders die Aktion Dritte Welt Handel (A3WH), die langjähriges Zentrum des Feldes wurde, sowie das größte bundesdeutsche Import- und Handelsunternehmen für fair gehandelte

---

91 Das Verständnis der Basis entspricht damit ungefähr dem, was Claudia Olejniczak unter dem Oberbegriff der Dritte-Welt-Gruppen fasst, vgl. Olejniczak: Dritte-Welt-Bewegung, S. 72–73.

92 Bis heute ist der Faire Handel im kirchlichen Umfeld verankert. Insofern profitiert die Untersuchung von zahlreichen Untersuchungen zur Sozial- und Kulturgeschichte von Religion, vgl. beispielsweise Hannig, Nicolai: Die Religion der Öffentlichkeit. Kirche, Religion und Medien in der Bundesrepublik, 1945–1980, Göttingen, 2010; Ziemann, Benjamin: Zwischen sozialer Bewegung und Dienstleistung am Individuum. Katholiken und katholische Kirche im therapeutischen Jahrzehnt, in: Archiv für Sozialgeschichte 44, 2004, S. 357–393.

93 Den Begriff des *Stakeholders* entleihe ich der Betriebswirtschaftslehre. Dort bezeichnet er diejenigen Akteure, die mit einem bestimmten Einsatz an einem Unternehmen oder Projekt beteiligt sind und daher ein berechtigtes Interesse an der Entwicklung desselben haben, wenngleich sie nur begrenzt aktiv in die Geschehnisse eingreifen.

Waren, die Gesellschaft zur Förderung der Partnerschaft mit der Dritten Welt (anfangs GFP, später GEPA).[94]

Eine besondere Rolle im Feld spielen die Konsumenten und die Produzenten. Beide Gruppen stellten zunächst keine unmittelbaren Feldakteure dar, wurden aber zu solchen, wenn Vertreter aktiv Einfluss zu nehmen suchten: Es gab einige Produzenten, die sich direkt an der Gestaltung des Fairen Handels beteiligten (oder beteiligen wollten), und besonders vor der Einführung des Fairen Handels in den Massenkonsum waren viele Konsumenten Teil der Basis und damit eines Kollektivakteurs im Feld. Zugleich spielten Konsumenten und vor allem Produzenten für die Feldakteure als Orientierungsgröße eine wichtige Rolle. Da der Faire Handel sich zwischen den Konsumenten und den Produzenten positionierte, tauchten beide Gruppen regelmäßig in den Diskussionen über Zielsetzung und Konzeption auf. Die Feldperspektive bietet somit die Möglichkeit, den Einfluss von Akteuren zu greifen, die selbst nicht immer direkt am Feld beteiligt waren, denen aber große symbolische Bedeutung zukam.[95]

Die Entscheidung, den Fairen Handel als soziales Feld zu verstehen und zu analysieren, begründet den gewählten Untersuchungszeitraum. In den

---

94 Die Schreibweise der „Aktion Dritte Welt Handel" war nicht immer einheitlich. Neben der GEPA gibt bzw. gab es in der Bundesrepublik Deutschland noch weitere Handelsorganisationen, die mit fairem Handel verbunden waren, beispielsweise die Mittelamerika Kaffee Im- und Export GmbH (MITKA), El Puente, Team Versand, Dritte Welt Partner Ravensburg oder die Welthungerhilfe. Diese Organisationen gingen teilweise bewusst einen eigenen Weg; sie spielen in der vorliegenden Arbeit vor allem dann eine Rolle, wenn sie direkt mit dem skizzierten sozialen Feld in Verbindung traten und für dessen Entwicklung bedeutsam wurden. Diese Eingrenzung ist im Zusammenhang damit zu sehen, dass hier, wie beschrieben, keine umfassende Geschichte des bundesdeutschen Fairen Handels geschrieben wird, sondern die Geschichte eines sozialen Felds des Fairen Handels. Für die genannten Organisationen und ihre jeweilige Entwicklung vgl. generell Arbeitsgemeinschaft Dritte-Welt-Läden e. V. (Hg.): Weltladen-Handbuch. Ein Wegweiser für MitarbeiterInnen von Weltläden und andere entwicklungspolitisch Interessierte, Wuppertal, 2. Aufl. 1989; Kessler, Wolfgang: Wie handeln andere?, in: epd-Entwicklungspolitik 7/8, 1985, S. 32–34; Raschke: Fairer; einführend zur Erforschung von Unternehmensgeschichten Berghoff, Hartmut: Moderne Unternehmensgeschichte. Eine themen- und theorieorientierte Einführung, Paderborn, 2004.

95 Vgl. dazu beispielsweise Nathaus: Turning, S. 160. Damit wird in dieser Arbeit auch dem neuralgischen Problem konsumhistorischer Forschung begegnet, dass die Konsumenten als Untersuchungsgegenstand nur schwer zu greifen sind, vgl. Brückweh, Kerstin: Perspectives for a History of Market Research, Consumer Movements, and the Political Public Sphere, in: Brückweh (Hg.): Voice, S. 3–26, hier: S. 19–20.

späten 1950er-Jahren bildete sich zwischen der niederländischen Organisation S.O.S. und dem Hilfswerk Misereor eine Kooperation, die den Grundstein für die Entstehung des Feldes legte. Der nächste Meilenstein war dann die Gründung der Aktion Dritte Welt Handel im Jahr 1970, die für mehrere Jahre das Zentrum des Feldes darstellte. Mit der Etablierung eines Gütesiegels 1992 wurde das Konzept des Fairen Handels auf den Massenmarkt übertragbar, fair gehandelte Güter waren nun in Supermärkten zu kaufen. Dies bedeutete für das Feld des Fairen Handels zahlreiche Umbrüche und spannungsreiche Anpassungsprozesse. Mit der Etablierung des Gütesiegels war – wie zu zeigen sein wird – der Faire Handel als Phänomen nicht mehr an den hier als Feld des Fairen Handels untersuchten Akteurszusammenhang gebunden, sondern wurde gewissermaßen zu einem gesamtgesellschaftlichen Diskurs. Dies bedeutete zwar nicht das Ende des Feldes, doch die Akteure verloren für die Entwicklung des Fairen Handels zunehmend an Bedeutung. Mit der Etablierung des Gütesiegels im Jahr 1992 endet daher der Untersuchungszeitraum dieser Arbeit.[96]

1.4 Quellen und Material

Nicht nur die Qualität, sondern auch die Realisierbarkeit einer historischen Untersuchung steht und fällt mit der Verfügbarkeit und Belastbarkeit des empirischen Materials. Auf der einen Seite kann jede Untersuchung daran scheitern, dass sie nicht ausreichend empirisch abgesichert werden kann, auf der anderen Seite besteht die Gefahr, dass durch eine vielschichtige Fragestellung so viel Material zur Auswertung bereitsteht, dass der Rahmen der Untersuchung überspannt wird. Bei beiden Punkten war die Entscheidung, die Untersuchung schwerpunktmäßig auf die Entwicklung des sozialen Feldes zu legen, äußerst hilfreich. Die höchste Priorität bei der Auswertung kam solchen Quellenbeständen zu, die Auskunft über diejenigen Akteure

---

96 Dies ergab sich auch aus der Materiallage, die aufgrund der Sperrfristen der Archive für die Zeit ab 1992 immer schlechter wurde. Den Abschluss des Untersuchungszeitraums auf das Jahr 1992 zu legen, bot sich außerdem an, da zum einen durch die Integration des Fairen Handels in den Massenkonsum der Untersuchungsgegenstand immens in die Breite gegangen wäre und da zum anderen die wissenschaftliche Aufarbeitung der Entwicklung des Fairen Handels nach 1992 bereits weiter fortgeschritten ist als für den Zeitraum davor.

geben, die im Zentrum des Feldes standen und direkt an dessen Entwicklung beteiligt waren.

Die Tatsache, dass im Fairen Handel früh größere und bereits etablierte
Organisationen eingebunden waren, erwies sich in diesem Zusammenhang
als Glücksfall. Der mit Abstand reichhaltigste und aussagekräftigste Quellenbestand konnte bei zahlreichen Besuchen im Archiv des Katholischen
Hilfswerks Misereor in Aachen gesichtet und ausgewertet werden. Das dort
lagernde Material war insofern einschlägig, als das Hilfswerk Misereor von
den Anfängen bis heute sowohl als Stakeholder als auch durch Einzelver-
treter am Feld des Fairen Handels beteiligt war. Dies führte dazu, dass die
im Misereor-Archiv gesammelten Akten Informationen bereithalten, die
über die Rolle des Hilfswerks selbst hinausgehen. Gleich mehrere am Feld
des Fairen Handels beteiligte Personen gaben ihre privaten, auf den Fairen
Handel bezogenen Korrespondenz- und Aktensammlungen zur Archivierung
an Misereor ab. Und da das Feld des Fairen Handels sich vor allem vor 1992
durch die enge Verbindung der Akteure untereinander auszeichnet, ließen die
bei Misereor lagernden Bestände auch die Untersuchung anderer Akteure zu.

Doch natürlich birgt die Tatsache, dass Misereor selbst ein Akteur im
Fairen Handel war und ist, auch ein Risiko: Wenn ein Forscher von einer
Organisation, die Gegenstand seiner Untersuchung ist, das Material für seine
Untersuchung bezieht, besteht die Gefahr, dass dieser Materialbestand nur
das erkennen lässt, was der Forscher aus Sicht der Organisation erkennen *soll*.
Trotz der Tatsache, dass aus meiner Sicht eine solche Selektion nach inhaltlichen Kriterien nicht vorgenommen wurde, war es erforderlich, die Bestände
des Misereor-Archivs besonders quellenkritisch auszuwerten und mit anderen
Archivbeständen zu kontrastieren. Als weiterer wichtiger Quellenbestand
konnten zahlreiche Akten des Handelsunternehmens GEPA in Wuppertal
ausgewertet werden. Ein großer Teil des dort vorhandenen Materials stammt
aus dem Besitz des ehemaligen Projektreferenten des Unternehmens Gerd
Nickoleit, der selbst als einer der einflussreichsten Individualakteure seit den
frühen 1970er-Jahren im Zentrum des Fairen Handels und darüber hinaus
in engem Kontakt zu Produzentenvertretern stand und dessen Stellungnahmen daher oft in der Untersuchung auftauchen. Bei einem Unternehmen
wie der GEPA, dessen Existenz eng mit dem Fairen Handel verbunden ist,
ist die Gefahr der vorherigen Quellenselektion natürlich nicht geringer als
beispielsweise im Fall von Misereor. Doch hier erwies es sich als Vorteil –
wenngleich dies aus arbeitspraktischer Sicht einen Nachteil darstellte –, dass
die Aktenbestände bei der GEPA zuvor weder gesichtet noch archiviert oder
erschlossen worden waren und daher eine Vorabselektion nach inhaltlichen

Kriterien kaum möglich war. Es liegt auf der Hand, dass die Quellenlage die Untersuchung beeinflusst. Misereor und GEPA werden als Akteure regelmäßig auftauchen – was aber nicht nur der Materialbasis, sondern auch ihrer Bedeutung im Feld des Fairen Handels geschuldet ist.

Viele Informationen bot auch das im Archiv der Hamburger Forschungsstelle für Zeitgeschichte lagernde Material aus dem Nachlass des ehemaligen GEPA-Mitarbeiters Jens Michelsen, vor allem, da dieser bei dem Unternehmen schwerpunktmäßig für den Bereich Kaffee zuständig war. Weiteres Aktenmaterial konnte im Archiv für Diakonie und Entwicklung in Berlin eingesehen werden. Dort werden unter anderem Bestände der evangelischen Hilfswerke KED und BfdW gesammelt. Zum Zeitpunkt der Untersuchung unterlagen allerdings die meisten einschlägigen Akten noch der Sperrfrist und waren nicht erschlossen. Darüber hinaus sichtete ich in den Archiven des Katholischen Jugendhauses in Düsseldorf und der AEJ in Hannover Akten. Für die Suche nach Material, über das sich die Positionen der Basisvertreter nachvollziehen lassen, stellte sich der Kooperationsverbund Archiv3 als unschätzbar wichtige Informationsquelle heraus, da dort die Bestände verschiedener Archive der Solidaritäts- und Dritte-Welt-Bewegung verzeichnet und recherchierbar sind.[97] Datenreihen und Statistiken zum Kaffeeweltmarkt bot der Bestand der International Coffee Organization in London.[98] Wichtige Informationsquellen waren ferner Zeitschriften, die mit dem Fairen Handel in Zusammenhang stehen und vollständig durchgesehen wurden.[99] Für die Entwicklung des Fairen Handels in den 1970er-Jahren ist die Dissertation Ernst Schmieds von 1977 eine wichtige Quelle. Schmied, der mehrere Jahre an der A3WH beteiligt war, wertete für seine Doktorarbeit zahlreiche Akten und Briefe von A3WH-Mitgliedern aus und führte wissenschaftliche Befragungen durch.[100]

---

97 Das Archiv3 ist online zugänglich unter http://www.archiv3.org.

98 Der zuvor genannte Materialbestand ließ es zu, detailliert die Entwicklung des fair gehandelten Kaffees und seiner Wertzuschreibungen zu untersuchen. Da diese Wertzuschreibungen vor 1992 vor allem im Feld des Fairen Handels ausgehandelt wurden und kaum Überschneidungen mit dem konventionellen Markt zu beobachten waren, schien es weder nötig noch hilfreich, weiteres Archivmaterial mit besonderem Bezug auf Kaffee von anderen Organisationen auszuwerten.

99 Die für diese Arbeit wichtigsten Zeitschriften sind im Quellenverzeichnis im Anhang aufgelistet. Artikel, die in einer dieser Zeitschriften erschienen und als Quellen anzusehen sind, werden nicht zusätzlich einzeln im Verzeichnis genannt, sondern sind mit der summarischen Nennung der jeweiligen Zeitschrift abgedeckt.

100 Schmied, Ernst: Die ‚Aktion Dritte Welt Handel‘ als Versuch der Bewußtseinsbildung. Ein Beitrag zur Diskussion über Handlungsmodelle für das politische Lernen, Aachen, 1977.

Um die Beweggründe der Akteure besser nachvollziehen zu können und um die aus dem überlieferten Schrifttum gewonnenen Erkenntnisse zu ergänzen, wurden mehrere Einzelinterviews mit ehemals oder noch immer Aktiven des Fairen Handels geführt und als Tondokumente aufgezeichnet. Der Schwerpunkt lag dabei auf solchen Akteuren, die eine Schlüsselposition im Feld besetzten. Aufgrund des besonderen Quellencharakters von Tondokumenten allgemein und von Interviews im Besonderen war eine spezifische quellenkritische Auswertung erforderlich.[101]

Mit den genannten Quellen ließ sich die lokale Aushandlung des Fairen Handels ausführlich analysieren. Ein wichtiges Anliegen dieser Arbeit liegt aber wie geschildert darin, Einflussmöglichkeiten und die Repräsentation der Produzenten im Feld des Fairen Handels zu untersuchen. Viele der genannten Materialbestände waren auch in diesem Zusammenhang hilfreich, liefern doch beispielsweise Diskussionen um die Zielsetzungen des Handels meist auch indirekt Informationen über das Bild der Produzenten oder deren Einflussmöglichkeiten. Darüber hinaus profitierte die Arbeit davon, dass sich viele Akteure im Fairen Handel häufig um eine selbstkritische Reflexion des Erreichten und der weiteren Ziele bemühten und dabei meist auch die Rolle der Produzenten – um die es im Fairen Handel letztlich immer ging – beleuchteten.

Allerdings wollte ich verhindern, die Rolle der Produzenten stets nur aus der sekundären Perspektive, also „durch die Brille" der Akteure im globalen Norden erfassen zu können. Damit hätte sich die Gefahr verbunden, die

---

101 So bestehen bei Interviews beispielsweise die Risiken, dass erstens der Fragende durch die Art der Gesprächsführung bestimmte Antworten herausfordert, dass zweitens der Befragte durch den Willen, eine zusammenhängende und stimmige Antwort zu geben, Entwicklungen überspringt oder verfälscht wiedergibt oder dass drittens das Vergangene von den Befragten nachträglich unbewusst in einen logisch scheinenden Zusammenhang gebracht wird. Vgl. dazu u.a. Erbar, Ralph: Zeugen der Zeit? Zeitzeugengespräche in Wissenschaft und Unterricht, in: Geschichte für heute 5, 3, 2012, S. 5–20; Mohrmann, Ruth-Elisabeth (Hg.): Audioarchive. Tondokumente digitalisieren, erschließen und auswerten, Münster, 2013; allgemein die Literatur zur Methodik der Oral History – einführend Wierling, Dorothee: Oral History, in: Maurer, Michael (Hg.): Aufriß der Historischen Wissenschaften, Band 7. Neue Themen und Methoden der Geschichtswissenschaft, Stuttgart, 2003, S. 81–151; DeBlasio, Donna M. u.a. (Hg.): Catching Stories. A Practical Guide to Oral History, Athens, Ohio, 2009. Den Nutzen von Interviews als Quellen unterstreicht Dejung, Christof: Oral History und kollektives Gedächtnis. Für eine sozialhistorische Erweiterung der Erinnerungsgeschichte, in: Geschichte und Gesellschaft 34, 2008, S. 96–115.

Repräsentation der Produzenten durch den Fairen Handel in der Untersuchung fortzuschreiben. Aus diesem Grund entschied ich mich für einen Feldforschungsaufenthalt in Zentralamerika. Auf einer mehrwöchigen Reise vor allem durch Nicaragua und Costa Rica besuchte ich mehrere Kleinbauerngenossenschaften, die mir die Möglichkeit boten, das Leben und Arbeiten von kleinbäuerlichen, genossenschaftlich organisierten Kaffeeproduzenten kennenzulernen. Unmittelbar in der Untersuchung zitierbares Material ließ sich dabei nur begrenzt erheben, denn erstens erwies es sich als äußerst schwierig, Kontakt zu Genossenschaften oder Produzentenvertretern zu finden, die vor 1992 im Fairen Handel aktiv waren, und zweitens wurde von den Kooperativen nur wenig schriftliches Material über mehrere Jahrzehnte aufbewahrt. Die Reise und vor allem die mit zahlreichen Kleinbauern und Kooperativenvertretern geführten Gespräche vermittelten aber unschätzbar wichtiges Hintergrundwissen darüber, wie der Kaffeeanbau und -handel im Allgemeinen und der Faire Handel im Besonderen auf Produzentenseite ablaufen. Und so leistete die Reise einen wesentlichen Beitrag dazu, dass die Untersuchung des Fairen Handels auf die nun vorliegende Art und Weise erfolgen konnte.

1.5 Gliederung der Arbeit

Die Aufteilung der Arbeit ergibt sich aus der gewählten Herangehensweise mit den Schwerpunkten sowohl auf dem sozialen Feld als auch auf dem Kaffee.[102] Grundsätzlich fächert sie sich in vier Hauptkapitel auf, denen eine sowohl thematische als auch chronologische Abfolge zugrunde liegt. Im ersten Hauptkapitel wird die Herausbildung und Etablierung des Feldes zwischen den 1950er-Jahren und 1973 untersucht. Dabei lege ich besonderes

---

102 Trotz der Bedeutung, die dem Kaffee in dieser Arbeit zukommt, habe ich mich entschieden, vorab kein Kapitel mit Hintergrundinformationen zu den Spezifika von Kaffeehandel und -anbau einzubinden, sondern stattdessen direkt mit der Geschichte des Fairen Handels zu beginnen. Dort, wo Hintergrundwissen über Kaffeehandel, -anbau, -konsum oder Ähnliches zum Verständnis nötig erschien, wurden diese Informationen direkt in das jeweilige Kapitel eingebaut. Ein- und weiterführende Informationen beispielsweise zu den verschiedenen Verarbeitungsstufen des Kaffees von der Ernte bis zum Konsum, zu Anbau- und Konsumpraktiken und zur historischen Entwicklung des Kaffeekonsums bieten Daviron/Ponte: Coffee; Talbot: Grounds; Rischbieter: Mikro-Ökonomie; Marshall, C. F.: The World Coffee Trade. A Guide to Production, Trading and Consumption of Coffee, Cambridge, 1983.

Augenmerk darauf, aus welchen Gründen offensichtlich ein Bedürfnis nach einem gerechteren Handel entstand, wie das Konzept eines gerechteren Handels entwickelt wurde, welche Ziele sich damit verbanden und wie es bekannt gemacht wurde. Das zweite Hauptkapitel beginnt mit 1973, als mit dem Indio-Kaffee der erste als gerecht gehandelt beworbene Kaffee auf den Markt kam. In diesem Kapitel werden die Gründe dafür untersucht, weshalb Kaffee als Produkt attraktiv für die Feldakteure erschien. Außerdem wird danach gefragt, wie der Handel mit Kaffee etabliert werden konnte, wie der Kontakt zu den Produzenten hergestellt wurde, welchen Einfluss diese im Feld hatten und welches Bild der Produzenten mit dem Kaffeeverkauf vermittelt wurde. Parallel dazu wird untersucht, wie das soziale Feld sich weiterentwickelte. Dieses geriet, wie zu zeigen sein wird, Ende der 1970er-Jahre aus verschiedenen Gründen in eine schwere Krise. Diese Krise führte dazu, dass die bisherige Konzeption des gerechteren Handels fragwürdig wurde und dass der Indio-Kaffee an Attraktivität verlor. Durch die Krise im Feld setzten Dynamikprozesse ein, die dazu führten, dass neue Zielsetzungen gesucht wurden und neue Akteure in das Feld eintraten: Aus dem Dritte-Welt-Handel ging der Alternative Handel hervor, der im dritten Hauptkapitel untersucht wird. Bedingt durch die Dynamikprozesse im Feld verlor der Indio-Kaffee im Alternativen Handel der 1980er-Jahre erheblich an Rückhalt, während erst Kaffee aus Nicaragua und später ein ökologisch angebauter Kaffee aus Mexiko beliebt wurden. Auf diese Prozesse der Wertzuschreibung und -aushandlung wird besonderes Augenmerk zu richten sein; wiederum wird dabei stets die Rolle der Produzenten beleuchtet. Ende der 1980er-Jahre geriet aber auch der Alternative Handel in eine schwere Krise. Diese Krise sorgte wiederum für erhebliche Desillusionierung bei zahlreichen Feldakteuren und war der Grund dafür, dass ein Schritt möglich wurde, der vorher regelmäßig ausgeschlossen worden war: die Ausweitung des Fairen Handels auf den Massenkonsum. Wichtigstes Instrument dafür war die Etablierung eines Gütesiegels, mit dem der Faire Handel in den Massenmarkt integriert werden sollte. Die Gründe für die Ausweitung des Handels auf den Massenkonsum, die Probleme und Voraussetzung bei der Kreation eines Gütesiegels und die zahlreichen Verwerfungen, die feldintern damit entstanden, sind Gegenstand der Untersuchung im letzten Hauptkapitel. Die Arbeit schließt mit einer Zusammenfassung der Ergebnisse und mit einem Ausblick auf die weitere Entwicklung des Fairen Handels nach 1992.

2 Die kleiner werdende Welt: Das Feld des Fairen Handels entsteht

Aus der Rückschau lässt sich nur noch schwer beurteilen, wann erste Modelle eines fairen Handels entstanden. Die explizite Verknüpfung des Konsums von Waren mit ethischen Aussagen – seien sie politisch, moralisch oder religiös motiviert – lässt sich über mehrere Jahrhunderte marktwirtschaftlichen Warentausches zurückverfolgen.[1] Dennoch lässt sich untersuchen, wann zuerst Modelle auftauchten, die mit dem, was heute als Fairer Handel verstanden wird, vergleichbar sind. Im ersten Teil des Kapitels wird kurz auf frühere Modelle eines als gerechter verstandenen Handels eingegangen und danach gefragt, weshalb diese aus der heutigen Sicht oft als „Vorgänger" des Fairen Handels verstanden werden. Daran anschließend wird untersucht, von welchen dieser frühen Modelle sich eine Kontinuität zum heutigen Fairen Handel beobachten lässt, und damit die Herausbildung des Feldes in den Blick genommen. Es lassen sich vor allem zwei Phasen der Entstehung des Feldes ausmachen, die eng mit Veränderungen und Prozessen auf globaler Ebene zusammenhingen. Die erste untersuchte Phase setzte um 1958/59 mit der Gründung des katholischen Hilfswerks Misereor in Aachen und der Organisation S.O.S. im niederländischen Kerkrade ein. Sie fiel in die Hochphase des Dekolonisationsprozesses. Die zweite Phase begann in den späten 1960er-Jahren mit der wachsenden Aufmerksamkeit für neue Anstöße in der Entwicklungstheorie. Die Ursachen dafür und die Auswirkungen davon werden in den Blick genommen, ebenso wird untersucht, weshalb ein Verkauf von Waren aus der Dritten Welt als Mittel der

---

1 So zeigt Matthew Hilton beispielsweise, dass der Protest gegen Sklavenhandel um 1800 ausschlaggebend dafür war, dass in Großbritannien und den USA bestimmte Produkte bewusst konsumiert oder boykottiert wurden, vgl. Hilton: Consumer, besonders S. 100–101; Hilton, Matthew: Prosperity for all. Consumer Activism in an Era of Globalization, Ithaca/London, 2009. Erhellend ist in diesem Zusammenhang auch der Schluss, zu dem Frank Trentmann bei der Untersuchung der Geschichte des britischen Freihandels kommt, dass nämlich die britische Öffentlichkeit in spätviktorianischer Zeit das „Feindbild" des späteren Fairen Handels, den Freihandel, für gerecht erachtete und durchzusetzen versuchte, vgl. Trentmann, Frank: Free Trade Nation. Commerce, Consumption, and Civil Society in Modern Britain, Oxford, 2008, S. 9–10; Trentmann, Frank: Before "Fair Trade". Empire, Free Trade, and the Moral Economies of Food in the Modern World, in: Environment and Planning 25, D, 2007, S. 1079–1102.

Bewusstseinsbildung an Attraktivität gewann. Daraus ging schließlich die anschließend analysierte Gründung der Aktion Dritte Welt Handel hervor, mit der sich das Feld des Fairen Handels in den frühen 1970er-Jahren ausdifferenzierte und stabilisierte. Um 1973 war die erste Konturierung des Feldes abgeschlossen. Mit dem Import und Verkauf des Indio-Kaffees seit 1973 beginnt das zweite Hauptkapitel dieser Arbeit.

2.1   Erste Modelle eines fairen Handels

Der Verweis auf eine lange Unternehmenshistorie suggeriert Stabilität und Vertrauenswürdigkeit und ist in der Werbung entsprechend beliebt. Das gilt auch für den Fairen Handel. Das nordamerikanische Unternehmen *Ten Thousand Villages* hat sich den Beinamen „Fair Trade Retailer since 1946" gegeben, die niederländische Organisation *Fair Trade Original* (ehemals S.O.S.) verweist darauf, dass sie seit 1959 „eerlijke producten" verkaufe, und die deutsche GEPA wirbt damit, „seit mehr als 35 Jahren fair" zu handeln.[2] In der wissenschaftlichen Forschung zum Fairen Handel wird gerne auf die historischen Wurzeln des Konzepts und dabei in der Regel auf Verkaufsaktionen von Mennoniten in den USA und von Oxfam in Großbritannien verwiesen.[3] Allerdings besteht eine Definition des Fairen Handels wie geschildert erst seit wenigen Jahren. Um zu verstehen, warum die genannten Modelle als frühe Beispiele des Fairen Handels begriffen werden, sollen diese kurz in den Blick genommen werden.[4]

---

2 Siehe dazu die Internetseiten der Unternehmen: http://www.tenthousandvillages.com, http://www.fairtrade.nl und „Die GEPA" auf http://www.gepa.de (jeweils zuletzt abgerufen im November 2014).

3 Als frühe Modelle eines Fairen Handels werden diese beispielsweise gefasst bei Nicholls/ Opal: Fair, S. 16–31; Raschke: Fairer, S. 40–41; Fridell: Fair, S. 39–42; Jaffee: Brewing, S. 12–13; Kocken, Marlike: Sixty Years of Fair Trade. A Brief History of the Fair Trade Movement, 2006, online verfügbar unter: http://www.european-fair-trade-association. org/efta/Doc/History.pdf (zuletzt abgerufen am 10.2.2015).

4 Vgl. dazu und zum Folgenden allgemein die Nachweise aus der letzten Fußnote; ferner Coote, Belinda: Der UnFaire Handel. Die „3. Welt" in der Handelsfalle und mögliche Auswege, Stuttgart, 1994, S. 190–201; Hockerts, Kai: CaféDirect. Fair Trade as Social Entrepreneurship, in: Perrini, Francesco (Hg.): The New Social Entrepreneurship. What Awaits Social Entrepreneurial Ventures?, Cheltenham u. a., 2006, S. 192–209; Bowes, John: Introduction. A Brilliant Idea, in: Bowes (Hg.): Fair, S. 1–18, hier: S. 3–4.

Die aus den USA stammende Edna Ruth Byler, eine Mennonitin, sah sich bei einem Besuch in Puerto Rico in den 1940er-Jahren angesichts der allgegenwärtigen Armut offensichtlich zum Handeln verpflichtet. 1946 organisierte sie den Ankauf von Waren aus Puerto Rico, die dann auf Kirchenbasaren in den USA verkauft wurden. 1952 wurde mit den Waren ein erster Verkaufsstand auf der Mennonitischen Weltkonferenz in Basel eingerichtet. 1962 wurde der Warenverkauf in das offizielle Programm des Mennonitischen Zentralkomitees aufgenommen, wiederum zehn Jahre später wurde in Ohio ein Einzelhandelsgeschäft eröffnet. 1996 erhielt das Projekt die Bezeichnung *Ten Thousand Villages*, heute eine der größten Fair-Trade-Organisationen Nordamerikas.

In Europa ging eines der ersten vergleichbaren Projekte aus den Aktivitäten des *Oxford Committee for Famine Relief*, kurz: Oxfam, hervor. Diese Organisation wurde 1942 von einer Gruppe von Quäkern gegründet, um die Hungersnöte in den vom Zweiten Weltkrieg betroffenen Ländern zu bekämpfen. Nach Kriegsende sammelte Oxfam vor allem Geld- und Kleiderspenden und wurde bald eine der größten Hilfsorganisationen Großbritanniens. Zum Verkauf der Kleider diente ein stetig wachsendes Netz von Läden. Über diese Läden begann Oxfam in den frühen 1960er-Jahren damit, unter dem Motto „Helping by Selling" Kunsthandwerk aus Ländern des globalen Südens, vor allem aus dem asiatischen Raum, zum Verkauf anzubieten.

Sowohl bei Oxfam als auch bei den mennonitischen Verkaufsaktionen handelte es sich um Aktivitäten, die in einem christlichen Umfeld entstanden, weshalb sie aus der Rückschau meist als nicht profitorientiert angesehen werden. Die Waren wurden direkt von als besonders benachteiligt verstandenen Kleinproduzenten im globalen Süden erworben und im globalen Norden zum Verkauf angeboten. Es wurde also eine klare Trennung zwischen armen Produzenten im Süden und reichen Abnehmern im Norden vermittelt, mit dem Handel sollten die Reichen den Armen Unterstützung leisten. In dieser Zuschreibung liegt meiner Ansicht nach der Grund, weshalb die beiden Modelle regelmäßig als frühe Beispiele des Fairen Handels angeführt werden.[5] Sucht man allerdings nicht nur nach frühen Beispielen, sondern richtet den Blick auf die historische Kontinuität, dann lässt sich erkennen, dass die mennonitischen Aktionen kaum und Oxfam nur indirekt

---

5 Frank Trentmann sieht in der klaren Trennung zwischen Produzenten im Süden und Konsumenten im Norden erst das Besondere des Fairen Handels, vgl. Trentmann, Frank: Multiple Spaces of Consumption. Some Historical Perspectives, in: Goodman u. a. (Hg.): Consuming, S. 41–56, hier: S. 49.

in die Entstehungsgeschichte des heutigen Fairen Handels eingeordnet werden können.[6] Die Anfänge des heutigen Fairen Handels und zugleich die Anfänge des im Folgenden untersuchten sozialen Feldes lassen sich zeitlich und geografisch recht genau eingrenzen: auf die Zeit um 1960 und auf das niederländisch-deutsche Grenzgebiet.

2.2 Die Keimzelle des Feldes

In den späten 1950er–Jahren stieg nahezu im gesamten globalen Norden die gesellschaftliche Aufmerksamkeit für die Vorgänge im globalen Süden. In diesem Zusammenhang wurden das deutsche katholische Hilfswerk Misereor und die niederländische S.O.S. gegründet. Wie ich zeigen möchte, legte die Entstehung und Kooperation dieser beiden Organisationen den Grundstein für das später entstehende Feld des Fairen Handels. Im Folgenden werden zuerst Veränderungen auf globaler Ebene in den Blick genommen und anschließend die Gründung von Misereor und S.O.S. untersucht.

2.2.1 Dekolonisation und der Beginn von Entwicklungshilfe
Noch unter dem Eindruck des Zweiten Weltkriegs war in der Charta der Vereinten Nationen das Selbstbestimmungsrecht der Völker festgeschrieben worden. Spätestens mit der UN-Resolution von 1960 verlor damit auch Kolonialherrschaft „jegliche Legitimität".[7] Im selben Jahr erlangten zahlreiche noch bestehende Kolonien in Afrika die Unabhängigkeit. Allerdings stellte sich schnell heraus, dass die jungen afrikanischen Staaten mit

---

6 Mit dem heutigen Fairen Handel meine ich hier besonders diejenigen Organisationen, die Konzept und Zielrichtung des Fairen Handels bestimmen, beispielsweise die Fair Trade Labelling Organizations (FLO) in Bonn als Zusammenschluss der Gütesiegelinitiativen. Diese haben, wie gezeigt werden soll, ihre historischen Wurzeln vor allem in dem hier untersuchten Akteurszusammenhang. Die Entwicklung von *Ten Thousand Villages* verlief lange Zeit unabhängig von den hier untersuchten Akteuren. Oxfam hatte dagegen vor allem für die Entwicklung des Fairen Handels in Großbritannien und Belgien Bedeutung und stand auch immer wieder mit dem hier untersuchten Feld des Fairen Handels in Kontakt.

7 Fisch, Jörg: Das Selbstbestimmungsrecht der Völker. Die Domestizierung einer Illusion, München, 2010, S. 235; vgl. ebda. auch allgemein für die Bedeutung des Selbstbestimmungsrechts der Völker im Prozess der Dekolonisation. Dazu ferner auch Burke, Roland: Decolonization and the Evolution of International Human Rights, Philadelphia, 2010.

erheblichen Problemen zu kämpfen hatten. Willkürliche Grenzziehungen ließen kriegerische Konflikte ausbrechen, ökonomisch blieben fast alle ehemaligen Kolonien in einem nachrangigen Abhängigkeitsverhältnis vor allem zu den westlichen Industriestaaten.[8] In diesem Zusammenhang erfuhr auch der Begriff Dritte Welt einen Bedeutungswandel. Er war ursprünglich von einem Zusammenschluss afrikanischer und asiatischer Länder als Selbstbezeichnung gewählt worden, um den Willen zu verdeutlichen, einen dritten Weg ohne Anbindung an die Sowjetunion oder die USA zu gehen.[9] Bald wurde er jedoch semantisch immer mehr zu einer Sammelbezeichnung für Staaten, deren Gemeinsamkeiten vor allem eine geringe wirtschaftliche Leistungsfähigkeit und ein hoher Armutsanteil in der Bevölkerung waren.[10] Der Begriff der Dritten Welt bekam damit eine hierarchisierende Konnotation, was der damaligen Bewertung durchaus entsprach. Die (vor allem ökonomische) Rückständigkeit der Dritten Welt wurde auf der Basis von westlich geprägten modernisierungstheoretischen Annahmen interpretiert. Sehr einflussreich war ein 1960 publiziertes Modell des US-amerikanischen Ökonomen Walt Whitman Rostow, dem zufolge eine Nation in fünf Stufen durch eine wirtschaftliche, technische und kulturelle Modernisierung von einer traditionellen Gesellschaft zu einer Wohlfahrts- und Massenkonsumgesellschaft gelangen könne.[11] Die Entwicklungsländer standen – dem

---

8 Zur Dekolonisation mit speziellem Fokus auf Afrika vgl. Young, Crawford: The Postcolonial State in Africa. Fifty Years of Independence, 1960–2010, Madison, Wisconsin, 2012, Kap. 3; Eckert, Andreas: Spätkoloniale Herrschaft, Dekolonisation und internationale Ordnung. Einführende Bemerkungen, in: Archiv für Sozialgeschichte 48, 2008, S. 3–20; McMichael, Philip: Development and Social Change. A Global Perspective, Thousand Oaks, 5. Aufl. 2012, S. 38–46; Hein: Westdeutschen.

9 Vijay Prashad beleuchtet die Entstehung der Dritten Welt explizit aus der Perspektive des globalen Südens und stellt klar: „The Third World was not a place. It was a project", Prashad, Vijay: The Darker Nations. A People's History of the Third World, S. XV. Vgl. Amin-Khan, Tariq: The Post-Colonial State. Historical, Political and Theoretical Approaches to State Formation, New York/London, 2012, Kap. 2; Burke: Decolonization.

10 Vgl. beispielsweise Westad: Cold War, Kap. 4.

11 Vgl. Rostow, Walt W.: Stages of Economic Growth. A Non-Communist Manifesto, Cambridge, 1960; einführend zur Bedeutung der Modernisierungstheorien im Entwicklungshilfediskurs vgl. Bachinger, Karl und Matis, Herbert: Entwicklungsdimensionen des Kapitalismus. Klassische sozioökonomische Konzeptionen und Analysen, Köln/Weimar/Wien, 2009, S. 97–122; McAnany, Emile G.: Saving the World. A Brief History of Communication for Development and Social Change, Urbana u.a., 2012, vor allem Kap. 1; Ziai, Aram: Entwicklung als Ideologie? Das klassische Entwicklungsparadigma

modernisierungstheoretischen Verständnis nach – schlicht am Anfang eines Prozesses, den die Industrienationen bereits erfolgreich durchlaufen hatten. In diesem Zusammenhang setzte sich auf globaler Ebene die Einschätzung durch, dass die reichen Länder den armen finanzielle Unterstützung zukommen lassen müssten. Die Entwicklungshilfe hatte ein klares Ziel: Die finanzielle Unterstützung sollte als Anschubfinanzierung dienen, damit die unterentwickelten Länder der Dritten Welt „die Errungenschaften der Ersten kopieren" könnten.[12] Die Vereinten Nationen riefen 1961 das sogenannte Jahrzehnt der Entwicklung aus. Für viele westliche Nationen wurde Entwicklungshilfe darüber hinaus ein Instrument der Sicherheits- und Rohstoffpolitik.[13] Nach der kubanischen Revolution wollten vor allem die USA verhindern, dass sich weitere Länder der Dritten Welt dem Sozialismus zuwenden könnten. US-Präsident Kennedy initiierte 1961 das Programm „Allianz für den Fortschritt", das umfangreiche Wirtschaftshilfen für lateinamerikanische Staaten vorsah.[14] Auch in der Bundesrepublik Deutschland wurde Entwicklungshilfe als wichtiges Tätigkeitsfeld begriffen, was sich an der Einrichtung des Bundesministeriums für wirtschaftliche Zusammenarbeit im Jahr 1961 zeigt.[15]

Wie in den meisten westeuropäischen Staaten war in der Bundesrepublik Deutschland und in den Niederlanden Ende der 1950er-Jahre das Niveau einer Wohlstandsgesellschaft erreicht. Vollbeschäftigung und ein vergleichsweise hohes Lohnniveau gaben den Bürgern existenzielle Sicherheit, wirkliche

---

und die Post-Development-Kritik. Ein Beitrag zur Analyse des Entwicklungsdiskurses, Hamburg, 2004, S. 108–110; Knöbl: Kontingenz.

12 Hein: Westdeutschen, S. 40.

13 Vgl. dazu grundsätzlich Westad: Cold War, besonders ab S. 131; Smith, Peter H.: Talons of the Eagle. Latin America, the United States, and the World, New York/Oxford, 4. Aufl. 2013.

14 Vgl. einführend dazu und allgemein zum Verhältnis der USA zu Lateinamerika im Kontext des Kalten Kriegs Smith: Talons, hier: S. 138–144; O'Brien, Thomas F.: Making the Americas. The United States and Latin America from the Age of Revolutions to the Era of Globalization, Albuquerque, 2007; Brands, Hal: Latin America's Cold War, Cambridge (USA)/London, 2010, Kap. 2; Rodríguez, Antonio Niño und Montero Jiménez, José Antonio (Hg.): Guerra fría y propaganda. Estados Unidos y su cruzada cultural en Europa y América Latina, Madrid, 2012.

15 Der Grund für das Engagement der BRD in der Entwicklungshilfe lag nicht zuletzt darin, dass verhindert werden sollte, dass die DDR international an Rückhalt gewinnen könnte. Vgl. dazu und zu den Anfängen der westdeutschen Entwicklungshilfe in den 1950er-Jahren Hein: Westdeutschen, S. 28–60; Slobodian, Quinn: Foreign Front. Third World Politics in Sixties West Germany, Durham/London, 2012; Eckert: Spätkoloniale.

Armut schien ein Relikt der Nachkriegszeit zu sein.[16] Die Situation der Menschen im globalen Süden, die in der Zeit der Dekolonisation durch Zeitungs- und Fernsehberichte Aufmerksamkeit erfuhr, stand zu dem Wohlstand im globalen Norden in einem offensichtlichen Gegensatz.

2.2.2 Die Einrichtung kirchlicher Hilfswerke in der Bundesrepublik

Besonders in den christlichen Kirchen wurden Ende der 1950er-Jahre immer mehr Stimmen laut, die eine kirchliche Armenfürsorge auf globaler Ebene forderten.[17] Die Forderung nach einer Neuorientierung zeigt sich beispielhaft in einer Rede des Kölner Erzbischofs Joseph Frings am 19. August 1958 vor der Vollversammlung der deutschen Bischöfe in Fulda. Darin hieß es:

> In den Jahren nach dem ersten Weltkrieg hatte das deutsche Volk mit seinem eigenen Massenelend genug zu tun. […] Die ersten Jahre nach dem zweiten Weltkrieg beschäftigte uns wieder die eigene Not. Nunmehr, fast plötzlich, tun sich uns die Tore zu aller Welt auf. Aber zu einer Welt, die in den letzten zwei Jahrzehnten ihr Antlitz völlig verändert hat. Die Kolonialzeit ist vorbei, und die farbigen Völker sind erwacht. Der Bolschewismus bietet sich ihnen […] als der Bundesgenosse im Kampfe um nationale Freiheit und wirtschaftlichen Aufschwung an. […] [E]rst seitdem uns durch die Erleichterung des Reisens, durch die neuen Möglichkeiten der Kontaktaufnahme, durch Schilderungen derjenigen von uns, die „drüben" waren, und der von „drüben", die zu uns kamen, die fernen Länder nahe gekommen sind, tritt uns ihre Not „vor die Augen": Was wir bisher gewußt haben, „sehen" wir jetzt.[18]

In diesem Ausschnitt spiegeln sich viele Gründe für die kirchliche Motivation zu einem Engagement für die Dritte Welt: Mitleid mit den Armen,

---

16 Vgl. jeweils einführend Schildt, Axel und Siegfried, Detlef: Deutsche Kulturgeschichte. Die Bundesrepublik – 1945 bis zur Gegenwart, München, 2009; Wielenga, Friso: Geschichte der Niederlande, Stuttgart, 2012, hier: S. 395–396.

17 Vgl. Hein: Westdeutschen, S. 60–62; dazu und zum Folgenden auch Tripp, Sebastian: Die Weltkirche vor Ort. Die Globalisierung der Kirchen und die Entstehung christlicher „Dritte-Welt"-Gruppen, in: Damberg, Wilhelm (Hg.): Soziale Strukturen und Semantiken des Religiösen im Wandel. Transformationen in der Bundesrepublik Deutschland 1949–1989, Essen, 2011, S. 123–136.

18 Frings, Joseph: Abenteuer im Heiligen Geist. Rede vor der Vollversammlung der deutschen Bischöfe in Fulda, 15.–21. August 1958, in: Bischöfliche Kommission für Misereor (Hg.): Misereor – Zeichen der Hoffnung. Beiträge zur kirchlichen Entwicklungsarbeit, München, 1976, S. 13–34, hier: S. 14.

aber auch eine Angst vor dem „Erwachen" der „farbigen Völker" und davor, dass diese sich dem Sozialismus zuwenden könnten, durch den sich vor allem die katholische Kirche in ihrer Existenz bedroht sah.[19] Die Aufmerksamkeit für die Vorgänge und für die Situation der Menschen im globalen Süden und die so gesehene Notwendigkeit zum Handeln basierten darüber hinaus offensichtlich auf der Wahrnehmung einer „fast plötzlich" sich verkleinernden, zusammenrückenden Welt, in der das vormals Ferne und Unbekannte näher zu sein schien und in der die Aufgaben der christlichen Kirchen neu zu bestimmen waren.

Mit seiner Rede wollte Kardinal Frings einen konkreten Vorschlag unterbreiten, wie die deutschen Katholiken der Not in den Entwicklungsländern begegnen könnten. Er forderte die Gründung eines Hilfswerks. Bezeichnend war sein Namensvorschlag: In Anlehnung an die im Markusevangelium übermittelten Worte Jesu „misereor super turbam" (Mk 8,2) – auf Deutsch etwa: „Mich erbarmt des Volkes" – schlug er den Namen *Misereor* vor.[20] Dies verweist auf die frühe Zielsetzung der kirchlichen Hilfe: Mit Almosen und Spenden sollte dem offensichtlich scheinenden Hunger in der Dritten Welt begegnet werden. Als zu Ostern 1959 bei einer ersten Sammlung unter dem Namen Misereor mehr als 35 Millionen Mark zusammenkamen, beschlossen die deutschen Bischöfe, dem Vorschlag zu folgen. Im Aachener Priesterseminar wurde 1960 eine feste Geschäftsstelle eingerichtet.[21] Die evangelische

---

19 Vgl. dazu Scheer, Monique: Catholic Piety in the Early Cold War Years – Or, How the Virgin Mary Protected the West from Communism, in: Vowinckel/Payk/Lindenberger (Hg.): Cold, S. 129–151; Preston, Andrew: Introduction: The Religious Cold War, in: Muehlenbeck, Philip E. (Hg.) Religion and the Cold War. A Global Perspective, Nashville, 2012, S. XI–XXII; zu den Repressionen, denen sich die Kirchen ausgesetzt sahen vgl. auch Maier, Hans: Die Kirchen im Diskurs mit den Dissidentenbewegungen und die Rolle des Papstes, in: Veen, Hans-Joachim, Mählert, Ulrich und März, Peter (Hg.): Wechselwirkungen Ost-West. Dissidenz, Opposition und Zivilgesellschaft 1975–1989, Köln/Weimar/Wien, 2007, S. 97–109, hier: S. 98–101; allgemein die länderbezogenen Beiträge bei Veen, Hans-Joachim, März, Peter und Schlichting, Franz-Josef (Hg.): Kirche und Revolution. Das Christentum in Ostmitteleuropa vor und nach 1989, Köln/Weimar/ Wien, 2009. Senft vermutet, dass eine „vorbehaltlose prowestliche Parteinahme […] die Einstellung der katholischen Meinungsschrittmacher im Verhältnis zu den nach und nach politisch unabhängig gewordenen ‚Entwicklungsländern'" bestimmt habe, Senft, Josef: Entwicklungshilfe oder Entwicklungspolitik. Ein interessenpolitisches Spannungsfeld – dargestellt am Kirchlichen Hilfswerk Misereor, Münster, 1978, S. 130, vgl. ebda., Kap. 5.1.1.

20 Vgl. Frings: Abenteuer, S. 29–30.

21 Vgl. Hein: Westdeutschen, S. 60; Angel, Hans-Gerd: Christliche Weltverantwortung. Misereor: Agent kirchlicher Sozialverkündung, Münster/Hamburg/London, 2002, S. 54.

Kirche griff das Vorbild auf und gründete im Juni 1959 die protestantische Spendensammlungs- und Hilfsaktion *Brot für die Welt*. Auch hier verweist der Name auf die frühe Fixierung auf die Hungerbekämpfung.[22] Die Tatsache, dass ab 1960 der regelmäßige Rundbrief von Brot für die Welt unter dem Titel *Der Ferne Nächste* veröffentlicht wurde, lässt vermuten, dass auch auf protestantischer Seite die Menschen im globalen Süden nähergerückt zu sein schienen.[23] Der Schwerpunkt der Hilfswerke lag anfangs vor allem auf der Bekämpfung des Hungers und darauf – hier ist die Nähe zu modernisierungstheoretischen Annahmen zu sehen –, Selbsthilfeprojekten im globalen Süden in einer Initialphase personelle, organisatorische und finanzielle Unterstützung zu leisten.[24]

2.2.3 Gründung und Aufbau der S. O. S.

Im niederländischen Kerkrade organisierten vor Weihnachten 1958 die Mitglieder einer Jugendgruppe der Katholischen Volkspartei (*Katholieke Volkspartij*, KVP) eine Spendensammlung, mit der eine Milchpulverlieferung nach Sizilien unterstützt wurde.[25] Motiviert durch den Erfolg dieser Sammlung entschloss sich die Gruppe dazu, weiter aktiv zu bleiben, und gründete im Januar 1959 die *Stichting Steun voor Onderontwikkelde Streken*, zu Deutsch etwa „Stiftung zur Hilfe für unterentwickelte Regionen". Abgekürzt wurde der Name von Beginn an als S.O.S., so wird die Organisation auch im Folgenden bezeichnet.[26] Zum Vorsitzenden der S.O.S. wurde der Leiter

---

Vgl. ferner dazu und zum Folgenden auch Raden, Friedhelm: Christliche Hilfswerke im Kalten Krieg, Herbolzheim, 2000. Radens Buch scheint allerdings Züge einer persönlichen „Abrechnung" mit den Institutionen der kirchlichen Entwicklungshilfe zu tragen.

22 Vgl. Hein: Westdeutschen, S. 61; Ernst, Jörg: Die entwicklungspolitische Öffentlichkeitsarbeit der evangelischen Kirchen in Deutschland und der Schweiz, Münster/Hamburg/London, 1999, S. 24–49; Kemnitzer, Konstanze E.: Der ferne Nächste. Zum Selbstverständnis der Aktion ‚Brot für die Welt', Stuttgart, 2008, S. 33–52; Willems, Ulrich: Entwicklung, Interesse und Moral. Die Entwicklungspolitik der Evangelischen Kirche in Deutschland, Opladen, 1998, S. 226–237.

23 Zum Rundbrief „Der Ferne Nächste" vgl. Kemnitzer: Nächste, Kap. 3.1.

24 Vgl. Angel: Misereor, S. 43–56; Senft: Entwicklungshilfe, S. 58–60.

25 Das im Folgenden Geschilderte basiert neben einschlägigem Material aus dem Archiv Misereor vor allem auf der Untersuchung von Arnold, vgl. Arnold: Went. Vgl. ferner dazu und zum Folgenden auch Schmied: Aktion, S. 43–55.

26 Während die Abkürzung S.O.S. über die Jahre beibehalten wurde, änderte sich der volle Name der Organisation mehrmals, woran sich auch der Wandel des Entwicklungshilfediskurses ablesen lässt. 1965 wurde aus der „Hilfe für unterentwickelte Regionen" die „Hilfe für Entwicklungsregionen", seit 1970 hieß die S.O.S. mit vollem Namen Stichting

der Jugendgruppe, Paul Meijs, der bis in die späten 1970er-Jahre hinein die nahezu unangefochtene Autoritätsperson der Stiftung blieb. Die Aktivitäten der Mitglieder beschränkten sich in den ersten Jahren vor allem auf das Spendensammeln. Paul Meijs ordnete die Motivation der Mitglieder der S.O.S. klar dem kirchlich-katholischen Kontext zu: Er sah in der S.O.S. ein Werk „der Christenpflicht" und „der wirksamen Abwehr des Kommunismus".[27] In den Worten sind inhaltliche Parallelen zu katholischen Positionen, wie sie sich beispielsweise in der Rede von Kardinal Frings niederschlugen, kaum zu übersehen. Dies war kein Zufall. Ab Mitte der 1950er-Jahre wuchs in der katholischen Kirche in den Niederlanden angesichts der steigenden Zahl von Kirchenaustritten und den Wahlerfolgen der Sozialdemokratischen Arbeiterpartei die Furcht vor einem „weitere[n] Abbröckeln der katholischen Einheit und Macht".[28] Die niederländischen Bischöfe bemühten sich daher intensiv um eine öffentliche Stärkung unter anderem der KVP, der auch die S.O.S. angehörte. Die von Paul Meijs betonte Einbindung der S.O.S. in den katholisch-kirchlichen Kontext lag aber wohl auch daran, dass Meijs früh auf eine Ausweitung der S.O.S.-Aktivitäten drängte. Dafür waren nicht nur finanzielle Unterstützung, sondern auch mehr Kontakte zu Projekten im globalen Süden nötig. Beides erhoffte er sich vor allem von dem in Aachen ansässigen katholischen Hilfswerk Misereor.[29] Dass der Niederländer Meijs das deutsche Hilfswerk kontaktierte, lag vor allem an der räumlichen Nähe. Zwar verläuft zwischen Kerkrade und Aachen die niederländisch-deutsche Landesgrenze, doch die Stadtzentren liegen nur etwa fünfzehn Kilometer voneinander entfernt. Misereor wiederum zeigte an einer Zusammenarbeit mit der S.O.S. schnell Interesse.[30] Durch die Kooperation mit Misereor konnte die S.O.S. unter anderem auf das umfassende Netzwerk des Hilfswerks zurückgreifen. Dies erwies sich in den folgenden Jahren als ein

---

Ontwikkelings-Samenwerking, also Stiftung für Entwicklungszusammenarbeit. Vgl. dazu MAA, ZA: SR: Organisationen 284 S.O.S. Kerkrade, Paul Meijs/Harry Haas: Developing Policy of S.O.S. Stichting Ontwikkelings Samenwerking for the Period 1970–1980, undatiert, S. 1.

27 Original: „een werk van christelijke naastenliefde, een werk van christenplicht. Een werk ook van effectieve afweer van het communisme", in: Joker, Maandblad van der K.V.P.-Jongeren in Limburg 4, Juni 1959, S. 2, zit. nach Arnold: Went, S. 14. Vergleichbare Äußerungen finden sich u.a. in MAA, FH 2, Satzung der Stiftung SOS vom 1. Februar 1965, S. 1.

28 Wielenga: Geschichte, S. 392; vgl. Arnold: Went, S. 3–15.

29 Vgl. Arnold: Went, S. 17; Schmied: Aktion, S. 44; Koch, Ulrich: Meine Jahre bei Misereor 1959–1995, Aachen, 2003, S. 218–219; Interview Mock.

30 Vgl. Arnold: Went, S. 17; MAA, ZA: SR: Organisationen 284 S.O.S. Kerkrade.

Eckpfeiler der weiteren S. O. S.-Arbeit. Erstens bekam man so Kontakt zu Projekten im globalen Süden, die gefördert werden konnten, zweitens profitierte davon die Vertrauenswürdigkeit gegenüber den Spendern: Dadurch, dass sich die S. O. S. darauf berufen konnte, Projekte zu unterstützen, die von einem kirchlichen Hilfswerk gefördert wurden, profitierte sie sicherlich von dem der Kirche in Form von Prestige und Glaubwürdigkeit zugeschriebenen symbolischen Kapital.[31] Die S. O. S.-Gelder gingen dementsprechend anfangs in aller Regel an Projekte, die von europäischen Missionaren oder Priestern aufgebaut worden waren oder geleitet wurden.[32]

Die Förderpraxis der S. O. S. und der Einfluss der Modernisierungstheorie

In der Konzeption der S.O.S. ist der Einfluss des modernisierungstheoretischen Denkens offensichtlich. Laut Satzung sollten mit den gesammelten Geldern Projekte in Entwicklungsländern eine einmalige Anschubfinanzierung erhalten.[33] Die Gelder wurden von der S.O.S. in Form zinsloser Darlehen vergeben, die möglichst bald ganz oder teilweise zurückgezahlt werden sollten. Demgemäß fanden vor allem solche Projekte Unterstützung, bei denen abzusehen war, dass sie sich nach einer einmaligen Zahlung selbst finanzieren könnten.[34] Dies wiederum hatte zur Folge, dass der Schwerpunkt der Förderung auf dem Aufbau von Produktionsstätten für Kunsthandwerksprodukte oder Textilien lag, da dafür am wenigsten Expertenwissen nötig war.[35] An dieser Förderpraxis der S.O.S. lässt sich beispielhaft der Einfluss

---

31 Vgl. zum Vertrauen in religiösen Netzwerken speziell Berghoff: Vertrauen, S. 35.

32 Vgl. Schmied: Aktion, S. 45–46 und 51. Bei den Hilfswerken war es üblich, dass zu unterstützende Projekte von Angehörigen der Kirche vorgeschlagen werden oder dass sich Kirchenmitglieder für diese Projekte verbürgen mussten. Auch bei Misereor ging daher bis 1978 weit mehr als die Hälfte der gezahlten Summen an kirchliche Stellen, vgl. Senft: Entwicklungshilfe, S. 170. Zur Antragstellung bei Misereor vgl. Koch, Ulrich: Misereor. Geschichte – Struktur und Organisation, in: Misereor (Hg.): Misereor, S. 129–162; Misereor Bischöfliches Hilfswerk e. V. (Hg.): Der Weg entsteht beim Gehen. Beispiele und Erfahrungen kirchlicher Entwicklungsarbeit, Aachen, 1989, S. 25; für Brot für die Welt vgl. beispielsweise ADE, HGSt 3308, Brot für die Welt Jahresbericht 1973, S. 8.

33 Vgl. MAA, FH 2, Satzung der Stiftung SOS vom 1. Februar 1965, S. 1.

34 Vgl. MAA, ZA: SR: Organisationen 284 S.O.S. Kerkrade, Paul Meijs/Harry Haas: Developing Policy of S.O.S. Stichting Ontwikkelings Samenwerking for the Period 1970–1980, undatiert, S. 1 und 10–11; ferner Arnold: Went, S. 18–20.

35 Vgl. MAA, ZA: SR: Organisationen 284 S.O.S. Kerkrade, Paul Meijs/Harry Haas: Developing Policy of S.O.S. Stichting Ontwikkelings Samenwerking for the Period 1970–1980, undatiert, S. 20.

des modernisierungstheoretischen Verständnisses von Entwicklungshilfe ablesen, das zwischen Unterentwickelt und Entwickelt trennte, die Industrienationen zum alleinigen Vorbild erhob und davon ausging, dass es ausreiche, den Unterentwickelten den richtigen Weg zu weisen und finanzielle Anschubunterstützung zu leisten. Bei der S. O. S. war man offensichtlich davon überzeugt, dass die Menschen im globalen Süden vor allem einen Anstoß aus dem globalen Norden bräuchten, um den Weg der Entwicklung selbst in Angriff nehmen zu können. Wie S. O. S.-Direktor Paul Meijs erläuterte, sah er das Ziel der Spendensammlungen darin, „die Menschen aus den unterentwickelten Regionen" in die Lage zu versetzen, „auf eigenen (ökonomischen) Beinen zu stehen".[36] Daraus erklärt sich auch, weshalb den Produzenten die Gründung von Genossenschaften nahegelegt wurde. Dahinter stand der Grundgedanke, den Menschen vor Ort eine Hilfe zur Selbsthilfe geben zu wollen. Das – ursprünglich westlich geprägte – Modell einer Genossenschaft schien dafür ideal zu sein.[37]

Das Problem der Absatzmöglichkeiten

Allerdings zeichneten sich aus Sicht der S. O. S. bald Probleme ab. Viele Produzenten standen einem Zusammenschluss in einer Genossenschaft offensichtlich ablehnend gegenüber.[38] Manche befürchteten, dadurch die Möglichkeit des Direktverkaufs an Zwischenhändler zu verlieren, oder waren diesen Zwischenhändlern über zuvor aufgenommene Kredite verpflichtet. Um zu erreichen, dass mehr Produzenten sich auf die Mitgliedschaft in einer

---

36 Das Zitat lautet im Original: „Bovendien zijn de mensen uit de onderontwikkelde streken met deze steun straks in staat op hun eigen (economische) benen te staan", in: Joker, Maandblad van de K. V. P.-Jongeren in Limburg 5, Februar 1960, S. 1–2, zit. nach Arnold: Went, S. 18. Vgl. auch den der S. O. S. zugeschriebenen Grundsatz „Mensen leren zichzelf te helpen", auf Deutsch etwa: Menschen beibringen, sich selbst zu helfen, zit. nach Arnold: Went, S. 25.

37 Zur zeitgenössischen Konzeption und zur Erwartungshaltung an die Gründung von Genossenschaften in Entwicklungsländern vgl. Benecke, Dieter W.: Kooperation und Wachstum in Entwicklungsländern. Eine Analyse des Beitrags der Genossenschaften zur wirtschaftlichen Entwicklung, Tübingen, 1972; Matus Lazo, Javier, Capietto, Francois und Cerrato, Marisol: El Cooperativismo Agropecuario en Nicaragua, Managua, 1990, S. 9ff.; Schneider, Hermann: Genossenschaftswesen in Guatemala, in: Zeitschrift für das gesamte Genossenschaftswesen 20, 1, 1970, S. 165–177; Fals Borda, Orlando: El Reformismo por dentro en América Latina, México/Madrid/Buenos Aires, 1972. Zur Geschichte des Genossenschaftswesens vgl. Birchall, Johnston: The International Co-Operative Movement, Manchester/New York, 1997.

38 Vgl. dazu und zum Folgenden Arnold: Went, S. 23–25.

Kooperative einließen, erachtete es die S.O.S. als unabdingbar, den Produzenten einen langfristigen Absatz ihrer Produkte zu einem angemessenen Preis zu garantieren. Dies allerdings wurde dadurch erschwert, dass sich bei fast allen unterstützten Projekten herausstellte, dass die heimischen Märkte für die gefertigten Waren schnell gesättigt waren und dass bei vielen Genossenschaften der Mangel an Erfahrung und die Konkurrenz von gewerblichen Zwischenhändlern die Eigenständigkeit belasteten. Bei Misereor war inzwischen ebenfalls erkannt worden, dass die vom Hilfswerk geförderten Projekte in den Entwicklungsländern ihre Produkte nur schlecht verkaufen konnten.[39] Mit einem niederländischen Priester, der auf Haiti eine Genossenschaft gegründet hatte, vereinbarte Paul Meijs von der S.O.S. im Jahr 1966, dass die nicht verkauften Waren in die Niederlande verschifft und dort von der S.O.S. zum Verkauf angeboten werden sollten.[40] Im Juli 1967 traf in Kerkrade eine erste Ladung Holzschnitzereien aus Haiti, Flechtwerk von den Philippinen und Schmuck aus Macau ein. Die Waren konnten über die S.O.S. innerhalb kurzer Zeit abgesetzt werden, was vor allem an der Exotik und Unbekanntheit der Artikel lag: Kunsthandwerkliche Gegenstände aus dem globalen Süden standen zu jenem Zeitpunkt in Europa den Quellen zufolge kaum zum Verkauf.[41] Angesichts des Erfolges legte die S.O.S. diesen Weg der Darlehensrückzahlung weiteren Produzentengruppen nahe und war bald auf dem Weg, ein Handelszentrum für Waren aus Genossenschaften in Entwicklungsländern zu werden. Die Bilanzen zeigen, dass die Einnahmen die Ausgaben spätestens ab 1969 übertrafen.[42]

---

39 Vgl. MAA, FH 1, Vorlage für die Bischöfliche Kommission zum mündlichen Vortrag in der Sitzung vom 19. Dezember 1968, S. 1.

40 Vgl dazu und zum Folgenden MAA, ZA: SR: Organisationen 284 S.O.S. Kerkrade, Paul Meijs/Harry Haas: Developing Policy of S.O.S. Stichting-Ontwikkelings-Samenwerking for the period 1970–1980, undatiert, S. 1; Arnold: Went, S. 23ff.

41 Vgl. MAA, FH 1, Vorlage für die Bischöfliche Kommission zum mündlichen Vortrag in der Sitzung vom 19. Dezember 1968, S. 1.

42 Bei der folgenden Grafik wurde den Zahlen aus einer Primärquelle der Vorzug gegeben. Bei Arnold und Schmied finden sich leicht abweichende, in der Tendenz aber ähnliche Angaben zu den Einnahmen und Ausgaben der S.O.S, vgl. Arnold: Went, S. 26; Schmied: Aktion, S. 47.

Grafik 1   Ausgaben und Einnahmen der S.O.S., 1967–1970

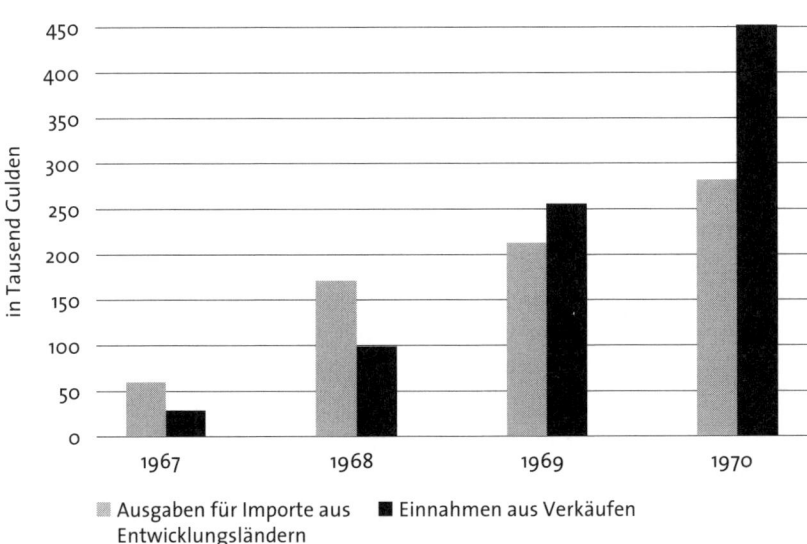

■ Ausgaben für Importe aus   ■ Einnahmen aus Verkäufen
Entwicklungsländern

Angesichts des ökonomischen Erfolgs der S.O.S. waren bei Misereor inzwischen Überlegungen gereift, auch in der Bundesrepublik eine „Vermarktungshilfe für Produktionsgenossenschaften in Entwicklungsländern" aufzubauen, da es „im Interesse der weiteren Entwicklung der bereits früher von Misereor unterstützten Projekte" sei, wenn versucht werde, nach dem Vorbild der S.O.S. in Deutschland einen Absatzmarkt für die Produkte zu schaffen.[43] S.O.S.-Direktor Paul Meijs seinerseits dachte allerdings daran, die Handelstätigkeit seiner Organisation auf die Beneluxstaaten und die nahen Regionen der Bundesrepublik auszuweiten.[44] Wie zu zeigen sein wird, lagen in diesen Expansionsbestrebungen der S.O.S. und in dem Interesse Misereors an weiteren Vermarktungsmöglichkeiten zwei Gründe dafür, dass in der Kooperation der beiden Organisationen in der Rückschau der Grundstein und die Keimzelle für das Feld des Fairen Handels zu sehen sind. Ein weiterer Grund dafür lag darin, dass der Verkauf von Waren aus dem globalen Süden um 1970 für viele vor allem junge Menschen eine neue Wertzuschreibung bekam: Er sollte als Aufhänger zur Information über

---

43 MAA, FH 1, Vorlage für die Bischöfliche Kommission zum mündlichen Vortrag in der Sitzung vom 19. Dezember 1968, S. 3; vgl. MAA, FH 1, Brief von Misereor vom 13. Dezember 1968; Interview Neckenig.

44 Vgl. Arnold: Went, S. 28–33.

weltwirtschaftliche Zusammenhänge dienen. Als S.O.S.-Direktor Paul
Meijs im Januar 1970 zu einem Treffen mit Misereor nach Aachen fuhr, lud
er auch Vertreter der Aachener katholischen Studentengemeinde ein. Diese
planten für den Sommer 1970 den Verkauf von Waren aus dem Sortiment
der S.O.S., um damit „das Bewußtsein und die Verantwortung für die Dritte
Welt" zu wecken.[45] Verantwortlich für diese neue, mit dem Warenverkauf
verbundene Wertzuschreibung wiederum war, dass Ende der 1960er-Jahre
auf globaler Ebene ein Umdenken in der Theorie der Entwicklungspolitik
und -hilfe einsetzte.

2.3   Neue Denkanstöße in der Entwicklungstheorie

In den frühen 1960er-Jahren basierte das Bild angemessener Entwicklungshilfe auf der Annahme, dass die Entwicklungsländer durch finanzielle Unterstützung in die Lage versetzt würden, sich selbstständig zu Industrienationen
zu entwickeln. Im Laufe der 1960er-Jahre stellte sich aber immer klarer heraus, dass die bisherigen Hilfsmaßnahmen kaum geeignet waren, die globalen
wirtschaftlichen Ungleichheitsverhältnisse nachhaltig zu beseitigen. Um zu
verstehen, weshalb in diesem Zusammenhang schließlich der Verkauf von
Waren aus Entwicklungsländern an Attraktivität gewann, und um den kon-
textuellen Rahmen der Entstehung des Felds des Fairen Handels zu erörtern,
werde ich zunächst darauf eingehen, weshalb auf globaler Ebene Veränderungen im Entwicklungshilfediskurs einsetzten und worin diese bestanden,
um anschließend deren lokale Aushandlung zu untersuchen.

2.3.1   Dependenztheorie, UNCTAD und Pearson-Bericht
Spätestens 1969 war deutlich geworden, dass die von John F. Kennedy initiierte „Allianz für den Fortschritt" – 1961 von lateinamerikanischen Regie-
rungschefs noch euphorisch begrüßt – nicht die erhofften Erfolge erzielte.
Nachhaltige Reformen waren nur selten eingeleitet worden, und die gezahlten Gelder hatten kaum dazu beigetragen, die ökonomische Kluft zwischen
Nord- und Südamerika zu schließen.[46]

---

45 MAA, FH 2, Aktennotiz zu einer Besprechung am 26. Januar 1970.
46 Vgl. beispielsweise die zeitgenössische Berichterstattung bei Schwelien, Joachim:
    Washingtons arme Nachbarn, in: Die Zeit 16, April 1969, S. 9; ferner Rinke, Stefan:
    Lateinamerika und die USA. Eine Geschichte zwischen Räumen – von der Kolonial-
    zeit bis heute, Darmstadt, 2012, S. 109–110; Brands: Latin, Kap. 2.

Dieses Ergebnis schien die Hypothesen der Dependenztheorie zu bestätigen, die in den 1960er-Jahren von hauptsächlich aus Lateinamerika stammenden Wirtschafts- und Sozialwissenschaftlern entwickelt worden war.[47] Die Dependenztheoretiker untersuchten die Situation der – vor allem lateinamerikanischen – Entwicklungsländer unter anderem aus historischer Perspektive und kamen zu dem Schluss, dass es nicht ausreiche, finanzielle Unterstützung zu leisten und auf eine nachholende Entwicklung zu hoffen. Vielmehr gingen sie davon aus, dass die Entwicklungsländer trotz formeller Unabhängigkeit weiterhin in einer strukturellen, auf vielen Ebenen fortbestehenden Abhängigkeit von den Industriestaaten verblieben. Im Dependenzmodell stellten die Entwicklungsländer die Peripherie der Weltwirtschaft dar, die reichen Industrienationen dagegen die Zentren. Durch eine protektionistische Import- und Zollpolitik sowie durch Subventionierung der heimischen Wirtschaft sorgten aus Sicht der Dependenztheorie die Industrienationen dafür, dass sich an ihrer dominanten Position auf lange Sicht nichts ändere. Gegenüber der bislang in der Entwicklungspolitik dominierenden Modernisierungstheorie vollzogen die Dependenztheoretiker also eine Kehrtwende: Sie machten nicht interne Faktoren für die Rückständigkeit von Nationen oder Gesellschaften verantwortlich, sondern externe Abhängigkeiten. Bestätigt sahen sie sich unter anderem durch die sogenannte Prebisch-Singer-These, die auf Forschungen der Ökonomen Raúl Prebisch und Hans Wolfgang Singer basierte. Dieser These nach war eine starke Einbindung in den Welthandel nachteilig für Entwicklungsländer, die vor allem Primärgüter exportierten und verstärkt verarbeitete Industriegüter importieren mussten. Während die Primärgüter durch Überangebot und wenig Verarbeitungsstufen einem schwankenden, prinzipiell sinkenden Preisgefüge unterlägen, würden die Preise für verarbeitete Produkte tendenziell steigen. Im Ergebnis bedeutete dies eine aus Sicht der Entwicklungsländer stetige Verschlechterung der Austauschverhältnisse, der *Terms of Trade*. Die Schlussfolgerungen, die die

---

47 Die Dependenztheorie ist nicht als einheitliches Theoriegebilde zu verstehen. Eine Diskussion der verschiedenen Strömungen wäre an dieser Stelle aber nicht zielführend. Da es vor allem um die von den meisten Dependenztheoretikern geteilten Kernaussagen geht, wird im Folgenden weiterhin von der Dependenztheorie im Singular gesprochen. Einführend zu den dependenztheoretischen Ansätzen, ihrer Bedeutung für den Entwicklungshilfediskurs und generell zum Folgenden vgl. Bachinger/Matis: Entwicklungsdimensionen, S. 123–140; Hein: Westdeutschen, S. 129–135; McAnany: Saving, S. 66–86; Kesselring, Thomas: Ethik der Entwicklungspolitik. Gerechtigkeit im Zeitalter der Globalisierung, München, 2003, S. 134–153; Ziai: Entwicklung, S. 110–111.

Dependenztheoretiker daraus zogen, unterschieden sich.[48] Einige glaubten grundsätzlich nicht an eine Reformierbarkeit des Weltwirtschaftssystems, da die Stabilität der Zentren auf den in der Peripherie gemachten Gewinnen basiere und daher die Industrienationen ihre Vormachtstellung verteidigen würden. Andere dagegen glaubten an die Reformierbarkeit des bestehenden Systems und plädierten dafür, auf eine Stärkung der Position der Entwicklungsländer im Welthandel hinzuarbeiten und ihnen zumindest für einen gewissen Zeitraum bestimmte Privilegien zuzusprechen. Diese Forderungen wurden von Vertretern aus dem globalen Süden erhoben, die von März bis Juni 1964 in Genf zusammentrafen. Von der UN-Generalversammlung wurde im selben Jahr beschlossen, daraus eine ständige Organisation mit regelmäßigen Versammlungen zu machen: die *United Nations Conference on Trade and Development* (UNCTAD).[49] Der Abschlussreport, den der erste Generalsekretär der UNCTAD, Raúl Prebisch, unter dem Titel „Towards a new trade policy for development" veröffentlichte, unterstrich die Hoffnung auf eine Änderung der weltwirtschaftlichen Strukturen.[50]

Ebenfalls in die zweite Hälfte der 1960er-Jahre fällt die Entstehung des Pearson-Berichts, benannt nach dem ehemaligen kanadischen Premierminister und Friedensnobelpreisträger Lester Bowles Pearson.[51] Unter seiner Leitung legte eine Gruppe von Vertretern aus Wissenschaft, Politik und Wirtschaft 1969 eine Bestandsaufnahme zur bisherigen Entwicklungshilfe vor. Dem Bericht zufolge war ein großer Teil der geleisteten Hilfen durch die sich verschlechternden Terms of Trade aufgebraucht worden. Der positive Effekt von steigender Wirtschaftskraft werde darüber hinaus durch das rasante Bevölkerungswachstum zunichtegemacht. Nur durch eine gezielte

---

48 Vgl. Hein: Westdeutschen, S. 130.

49 Vgl. dazu und zum Folgenden Hein: Westdeutschen, S. 131–132; Kunkel, Sönke: Zwischen Globalisierung, Internationalen Organisationen und „global governance". Eine kurze Geschichte des Nord-Süd-Konflikts in den 1960er und 1970er Jahren, in: Vierteljahreshefte für Zeitgeschichte 60, 4, 2012, S. 555–577; für weitere Verweisen sowie zu der gewachsenen Bedeutung der Entwicklungsländer in den Vereinten Nationen vgl. auch Sluga, Glenda: The Transformation of International Institutions. Global Shock as Cultural Shock, in: Ferguson, Niall u.a. (Hg.): The Shock of the Global. The 1970s in Perspective, Cambridge (USA)/London, 2010, S. 223–236.

50 Prebisch, Raúl Secretary General of the United Nations Conference on Trade and Development: Towards a New Trade Policy for Development. Report, Genf, 1964.

51 Vgl. Kommission für Internationale Entwicklung: Der Pearson-Bericht. Bestandsaufnahme und Vorschläge zur Entwicklungspolitik, Wien/München/Zürich, 1969; zum Folgenden vgl. Hein: Westdeutschen, S. 134–135.

Stärkung der Position der Entwicklungsländer im Welthandel, so die Ergebnisse des Pearson-Berichts, könnten Änderungen bewirkt und langfristig der Weltfriede erhalten werden. Um dies zu erreichen, seien aber weitreichende handels- und entwicklungspolitische Reformen und Zugeständnisse der Industrieländer nötig.

Der Bericht war durch die Weltbank in Auftrag gegeben worden, sechs der acht Experten der Kommission stammten aus Ländern des globalen Nordens. Dies hatte für die öffentliche Wahrnehmung erhebliche Bedeutung, denn damit waren die Ergebnisse – so Bastian Hein – nicht einfach als „einseitiger Wunschzettel der Dritten Welt" abzutun.[52] Die Reformhoffnungen wurden allerdings in der Folgezeit durch den vehementen Widerstand der meisten Industrienationen konterkariert. Auch die Bundesregierung scheute sich vor Zugeständnissen und legte den Schwerpunkt auf den Aufbau einer Verteidigungsposition. So gelang es in den kommenden Jahren nicht, wirkliche Reformen anzustoßen. Im Vorfeld der zweiten UNCTAD-Versammlung, die im Februar und März 1968 in Neu-Delhi stattfand, wurden durch die Vertreter der Entwicklungsländer konkrete Forderungen gestellt, unter anderem nach Rohstoffabkommen für Exportgüter wie Kakao und Zucker. Doch die UNCTAD II wurde „eine Konferenz großer Ambitionen und bescheidener Resultate", da die Industrieländer es mittlerweile verstanden, die Forderungen routiniert abzuschwächen.[53]

2.3.2 Die Kirchen und die Weltwirtschaft

Zwar war die Entwicklungshilfe von den Kirchen bereits als mögliches Tätigkeitsfeld erkannt worden – wie sich unter anderem an der Einrichtung der Hilfswerke in der Bundesrepublik zeigt –, doch erst ab Mitte der 1960er-Jahre bekam die Thematik kirchenintern breite Aufmerksamkeit.[54] Ein besonderes Gewicht besaßen die Fragen der Entwicklungshilfe für die römisch-katholische Kirche, da schon damals der überwiegende Teil der Katholiken in Ländern des globalen Südens lebte. Beim Zweiten

---

52 Hein: Westdeutschen, S. 135.
53 Vgl. Hein: Westdeutschen, S. 132–134. Das Zitat ist ein von 1968 stammendes Resümee Alfons Lempers, zit. nach Hein: Westdeutschen, S. 133.
54 Vgl. dazu und zum Folgenden Tripp: Weltkirche; Hein: Westdeutschen, S. 135–139; Weitbrecht, Dorothee: Aufbruch in die Dritte Welt. Der Internationalismus der Studentenbewegung von 1968 in der Bundesrepublik Deutschland, Göttingen, 2012, S. 53–56; zeitgenössisch Osner, Karl: Kirchen und Entwicklungshilfe. Ziele, Leistungen und Arbeitsweise kirchlicher Organisationen in Deutschland, Bonn, 2. Aufl. 1967.

Vatikanischen Konzil von 1962 bis 1965 machten katholische Geistliche aus
Asien, Afrika und Lateinamerika auf die Probleme ihrer Länder aufmerksam.[55]
Im Anschluss daran gab Papst Paul VI. – unter dem Eindruck verschiede-
ner Reisen in Länder des globalen Südens – zu Ostern 1967 die Enzyklika
Populorum progressio heraus, welche bis heute eine Leitlinie der katholischen
Entwicklungshilfe darstellt.[56] Der Papst argumentierte darin als Oberhaupt
der weltumspannenden Gemeinschaft der Katholiken und beanspruchte für
sich aus diesem Verständnis heraus die Rolle als „Anwalt der armen Völker".[57]
Angesichts der Erkenntnis, dass „die soziale Frage weltweit geworden" sei[58],
drängte er auf eine neue Form von Entwicklungspolitik, schließlich habe
der „ungehemmte Liberalismus […] zu jener Diktatur" geführt, welche „mit
Recht als die Ursache des finanzkapitalistischen Internationalismus oder
des Imperialismus des internationalen Finanzkapitals" bezeichnet worden
sei.[59] Wenngleich diese Worte eine Nähe zu linkspolitischen Positionen vermuten lassen, zog der Papst diesbezüglich eine klare Grenze und forderte
schon deshalb mehr Gerechtigkeit im Welthandel, weil er revolutionäres
Gedankengut gar nicht erst entstehen lassen wollte. Wie noch zu zeigen sein
wird, war das Interesse an einem Wandel ohne Umsturz stets ein wichtiger
Eckpfeiler des Fairen Handels. In Bezug auf seine spätere Entstehung war
ferner entscheidend, dass der Papst in der Enzyklika wirtschaftspolitische
Positionen bezog. Eine inhaltliche Nähe zur Dependenztheorie ist dabei

---

55   Großbölting zufolge stellt das Konzil „das bedeutendste Großereignis der Kirchenge-
     schichte des 20. Jahrhunderts" dar, das auch beträchtliche Ausstrahlungskraft auf die
     evangelische Kirche gehabt habe, s. dazu Großbölting, Thomas: Der verlorene Him-
     mel. Glaube in Deutschland seit 1945, Göttingen/Bristol, 2013, hier: S. 150. Pascal Eitler
     traf zuvor eine sehr ähnliche Einschätzung, indem er das Konzil als Startpunkt eines
     „Dialog[s] der Kirche mit der Welt" bezeichnet: Eitler, Pascal: Konziliare Aufbrüche und
     kontestative Umbrüche. Die Politisierung des Katholizismus um 1968 – eine diskurshis-
     torische Perspektive, in: Fitschen, Klaus u.a. (Hg.): Die Politisierung des Protestantismus.
     Entwicklungen in der Bundesrepublik während der 1960er und 70er Jahre, Göttingen,
     2011, S. 249–271, hier: S. 252–253. Ähnlich konstatiert Tripp, dass die katholische Kirche
     sich seit dem Konzil als Weltkirche verstanden habe, vgl. Tripp: Weltkirche.

56   Vgl. zum Folgenden Paul PP. VI.: Enzyklika Populorum progressio über die Entwicklung
     der Völker, 26. März 1967, in: AAS 59, 1967, S. 257–299, online verfügbar unter: http://
     www.vatican.va/holy_father/paul_vi/encyclicals/documents/hf_p-vi_enc_26031967_
     populorum_ge.html (zuletzt abgerufen am 27.9.2013); vgl. ferner Hein: Westdeutschen,
     S. 136–137.

57   Paul PP. VI.: Enzyklika, Abschn. 4.

58   Paul PP. VI.: Enzyklika, Abschn. 3.

59   Paul PP. VI.: Enzyklika, Abschn. 26.

zwar nicht zu belegen, aber kaum zu übersehen. Das Problem sei, so heißt
es in der Enzyklika, dass die „hochindustrialisierten Nationen […] vor allem
Fertigprodukte […], die unterentwickelten Wirtschaften nur Agrarprodukte
und Rohstoffe exportieren" würden, Letztere jedoch „breiten und jähen
Preisschwankungen" unterlägen: „Die armen Völker werden dabei immer
ärmer, die reichen immer reicher".[60] Die „Begüterten" in den Industrienationen nahm er deshalb in die „Pflicht zur Solidarität" und forderte von
ihnen, „das, was an den Wirtschaftsbeziehungen zwischen den mächtigen
und schwachen Völkern ungesund ist, abzustellen".[61]

An den Zitaten zeigt sich zum einen, dass die unter anderem von der
Dependenztheorie und der UNCTAD angestoßene Neubewertung des
Verhältnisses von Industrie- und Entwicklungsländern in der katholischen
Kirche auf- und angenommen wurde. Zum anderen zeigt sich, dass die Kraft
zur Änderung der weltwirtschaftlichen Verhältnisse in erster Linie den Men-
schen im globalen Norden zugesprochen wurde, während den Menschen im
Süden aufgrund der so verstandenen Abhängigkeit vom Norden scheinbar
vor allem eine notgedrungen passive Beobachterrolle zugeschrieben wurde.

Mit dem Zweiten Vatikanischen Konzil und der Enzyklika Populorum
progressio gewann in der katholischen Kirche die sogenannte Theologie der
Befreiung an Rückhalt – eine theologische Richtung, die in den 1960er-Jahren
in Lateinamerika, vor allem in Brasilien, entstanden war.[62] Die Befreiungstheologen sahen die Rolle der Kirche vor allem darin, Sprachrohr der Armen
zu sein und diesen zur Befreiung von Unterdrückung zu verhelfen. Dazu
gehörte, dass die Bibelauslegung aus befreiungstheologischer Sicht stets an
den Lebensumständen der Ärmsten orientiert sein müsse. Viele Vertreter der
Befreiungstheologie gingen bewusst auf die armen Bevölkerungsschichten
zu und nahmen selbst eine politische Position ein, kritisierten wiederholt
offen Regierungen oder schlossen sich sogar Revolutionsbewegungen an. Der
Durchbruch der Befreiungstheologie gelang 1968 auf der zweiten lateinamerikanischen Bischofskonferenz CELAM im kolumbianischen Medellín, wo
das befreiungstheologische Prinzip im Beisein des Papstes zur kirchlichen
Leitlinie erhoben wurde.

---

60 Paul PP. VI.: Enzyklika, Abschn. 57.
61 Paul PP. VI.: Enzyklika, Abschn. 44.
62 Vgl. dazu und zum Folgenden einführend Lühring, Mareike: Befreiungstheologie, in:
    Huffschmid, Anne und Rauchecker, Markus (Hg.): Kontinent der Befreiung? Auf
    Spurensuche nach 1968 in Lateinamerika, Berlin, 2010, S. 28–31; Hein: Westdeutschen,
    S. 135–136; Eitler: Aufbrüche, S. 261ff.; Ziemann: Zwischen.

Die Wahrnehmung, dass die Befreiungstheologen einen offensichtlich lebens- und weltzugewandten Glauben vertraten und vor allem selbst praktizierten, sorgte für eine große Popularität der Befreiungstheologie im globalen Norden. Benjamin Ziemann sieht in der „ökumenische[n] Aufbruchbewegung im Zeichen der befreiungstheologisch motivierten Kapitalismuskritik" gar einen „der wichtigsten Ideenspender für die Linke".[63] Speziell für die Entstehung des Felds des Fairen Handels sollte darüber hinaus die Wahrnehmung entscheidend werden, dass mit der Befreiungstheologie – und ebenso mit der Dependenztheorie – Menschen aus der Dritten Welt auftraten, ihre Meinung äußerten und nach praktischen Lösungsmöglichkeiten zur Beseitigung der Armut suchten.[64] Vor allem der brasilianische Erzbischof Dom Hélder Câmara, einer der einflussreichsten Befreiungstheologen, wurde für viele junge Christen in Europa zur Identifikationsfigur.[65]

Auch im Ökumenischen Rat der Kirchen (ÖRK) – und damit auch in den evangelischen Kirchen – zog das Thema Entwicklungspolitik immer stärker das Interesse auf sich.[66] Auf der Genfer Konferenz zu Kirche und Gesellschaft im Juli 1966 gehörte es zu den wichtigsten Themenbereichen. Von Vertretern sowohl aus dem globalen Norden als auch dem Süden wurde darauf gedrängt, dass die Kirchen für mehr Gerechtigkeit im Welthandel einzutreten hätten und dass dazu ein handelspolitisches Umdenken in den Industrieländern nötig sei.[67] Im Juli 1968 bekräftigte und verstärkte die

---

63 Ziemann, Benjamin: Säkularisierung und Neuformierung des Religiösen. Religion und Gesellschaft in der zweiten Hälfte des 20. Jahrhunderts, in: Archiv für Sozialgeschichte 51, 2011, S. 3–36, hier: S. 32.

64 Vgl. u. a. Interview Piepel; Interview Nickoleit.

65 Vgl. beispielsweise epd-Interview mit Erzbischof Dom Hélder Câmara (Recife/Brasilien) zur UNCTAD III, in: epd-Entwicklungspolitik 5, 1972, S. 2–3; ferner Ziemann: Zwischen, S. 377–378; zur Person Dom Hélder Câmaras vgl. Toulat, Jean: Helder Camara. Zeichen der Hoffnung und Stein des Anstosses, München/Zürich/Wien, 1990.

66 Die römisch-katholische Kirche ist nicht Mitglied des ÖRK. Vgl. dazu und zum Folgenden Frieling, Reinhard: Die Aufbrüche von Uppsala 1968, in: Hermle, Siegfried, Lepp, Claudia und Oelke, Harry (Hg.): Umbrüche. Der deutsche Protestantismus und die sozialen Bewegungen in den 1960er und 70er Jahren, Göttingen, 2007, S. 176–188; Willems: Entwicklung, Kap. 4; Tripp: Weltkirche; Hein: Westdeutschen, S. 136–138; Ernst: Entwicklungspolitische, vor allem S. 119 ff.; Hauschild, Wolf-Dieter: Evangelische Kirche in der Bundesrepublik Deutschland zwischen 1961 und 1979, in: Hermle/Lepp/Oelke (Hg.): Umbrüche, S. 51–90, hier: S. 57 ff.

67 Vgl. Ökumenischer Rat der Kirchen (Hg.): Appell an die Kirchen der Welt. Dokumente der Weltkonferenz für Kirche und Gesellschaft, Stuttgart/Berlin, 3. Aufl. 1968, vor allem S. 109–150.

Vollversammlung des ÖRK in Uppsala die Forderungen der Genfer Konferenz. Die bisherige Entwicklungspolitik der Industrieländer wurde mit deutlichen Worten kritisiert. Außerdem griff man das Weltwirtschaftssystem als Ganzes an, das durch seine ungerechten Handelsbedingungen jede Hilfe zunichtemache. Die Kirchen wurden aufgefordert, Anteile ihrer Haushalte für die Entwicklungshilfe zur Verfügung zu stellen, die Mitglieder wurden um Spenden zugunsten der Entwicklungshilfe gebeten. Dem schloss sich die Evangelische Kirche Deutschlands auf einer Tagung im Oktober 1968 in Berlin-Spandau an und gab die Forderungen an die Landeskirchen und Kirchenmitglieder weiter.[68]

Spätestens damit erreichten die Diskussionen um angemessene Entwicklungshilfe die lokale Ebene einzelner Kirchengemeinden in der Bundesrepublik. Und auch in den Niederlanden, wo die S. O. S. ihren Sitz hatte, hatten sich die Kirchen seit den späten 1960er-Jahren verstärkt der Thematik Dritte Welt zugewandt.[69]

Insgesamt zeigt sich, dass sowohl auf katholischer als auch auf evangelischer Seite die Entwicklungshilfe inzwischen regelmäßig als *Pflicht* der Christen in den Industrienationen angesehen wurde. Bislang war dagegen bei Spendensammlungen der kirchlichen Hilfswerke vor allem an Mitleid und Barmherzigkeit der Christen in den Industrienationen appelliert und damit Entwicklungshilfe eher als karitative *Option* vermittelt worden.[70] Außerdem ging es in der kirchlichen Entwicklungshilfe der 1960er-Jahre vor allem um Maßnahmen zur Bekämpfung des Hungers, wovon man sich nun lösen wollte.[71] Bei Brot für die Welt beispielsweise wurde im Jahr 1970 zum

---

68 Vgl. Hein: Westdeutschen, S. 137–138; außerdem den Abdruck der Erklärung in: Dienste in Übersee/Klaus Wilkens: Weltweite Partnerschaft. Zehn Jahre Kirchlicher Entwicklungsdienst, Frankfurt am Main, 1979, S. 130–131.

69 Vgl. Hellema, Duco: Die langen 1970er Jahre – eine globale Perspektive, in: Hellema, Duco, Wielenga, Friso und Wilp, Markus (Hg.): Radikalismus und politische Reformen. Beiträge zur deutschen und niederländischen Geschichte in den 1970er Jahren, Münster, 2012, S. 15–32, hier: S. 18–19.

70 Vgl. allgemein zum bundesdeutschen Spendenmarkt und zur Rhetorik der Spendensammlungen Lingelbach, Gabriele: Spenden und Sammeln. Der westdeutsche Spendenmarkt bis in die 1980er Jahre, Göttingen, 2009.

71 Zur Ende der 1960er-Jahre zunehmenden Kritik an dem Hungermotiv vgl. Balsen/Rössel: Solidarität, S. 282–283; Olejniczak: Dritte-Welt-Bewegung, S. 75–76; Tripp: Weltkirche, S. 132ff. Zur Bedeutung des Hungermotivs für die Erzeugung von Mitleid und Solidarität vgl. auch die auf Großbritannien ausgerichtete Studie Vernon, James: Hunger. A Modern History, Cambridge (USA)/London, 2007.

letzten Mal das seit den späten 1950er-Jahren dominante Motiv der scheinbar um Almosen bittenden „Hungerhand" verwendet. Diese habe, so hieß es zur Begründung, nur dazu geführt, dass das Hilfswerk als reine Spendenorganisation wahrgenommen worden sei.[72] Inzwischen setzte sich zunehmend das Verständnis durch, dass nicht der Hunger bekämpft, sondern vor allem im globalen Norden politische Veränderungen herbeigeführt werden müssten. Insgesamt zeichnete sich damit eine immer deutlichere Verflechtung von religiösen und politischen Stellungnahmen ab. Wie selbstverständlich wurden nun von kirchlicher Seite Forderungen nach politischen und ökonomischen Veränderungen erhoben.[73]

2.3.3 Bewusstseinsbildung als Entwicklungshilfe in den Industrienationen

Gegen Ende der 1960er-Jahre hatte sich die Aufmerksamkeit für den globalen Süden in den Kirchen wie gezeigt nochmals erhöht, zugleich veränderte sich die Bewertung unter dem Einfluss der Rezeption von UNCTAD, Dependenztheorie und Pearson-Bericht.[74] Die Rückständigkeit der Dritten Welt wurde nun von vielen nicht mehr dadurch begründet, dass die Länder bloß auf einer frühen Stufe eines Entwicklungsprozesses stünden, sondern dadurch, dass sie von den Industrienationen weiterhin abhängig seien. Nach diesem Verständnis konnte sich Entwicklungshilfe nicht länger nur auf Projekte im globalen Süden beschränken. Mindestens ebenso nötig schien zu sein, auf politische Veränderungen in den Ländern des globalen Nordens zu drängen. Daraus resultierte, dass in den westdeutschen Kirchen vor allem

---

72 ADE, BfdW-S 95: epd KP Sonderausgaben „Brot für die Welt", epd Ausgabe für kirchliche Presse 42a, 23.10.1970, S. 16.

73 Vgl. zum Verhältnis und zur Verbindung von Religion und Politik beispielsweise Eitler, Pascal: „Gott ist tot – Gott ist rot": Max Horkheimer und die Politisierung der Religion um 1968, Frankfurt am Main/New York, 2009, vor allem S. 263 ff.; Gerster, Daniel: Von Pilgerfahrten zu Protestmärschen? Zum Wandel des katholischen Friedensengagements in den USA und der Bundesrepublik Deutschland 1945–1990, in: Archiv für Sozialgeschichte 51, 2011, S. 311–342; Widmann, Christian A.: Der ‚Linksprotestantismus' und die evangelischen Kirchen in den 1960er und 1970er Jahren, in: Baumann, Cordia, Gehrig, Sebastian und Büchse, Nicolas (Hg.): Linksalternative Milieus und Neue Soziale Bewegungen in den 1970er Jahren, Heidelberg, 2011, S. 211–236.

74 Vgl. u. a. Kemnitzer: Nächste, S. 62 ff.; Kunkel: Globalisierung, S. 566; Vesper, Michael: Misereor und die Dritte Welt. Zur entwicklungspolitischen Ideologie der katholischen Kirche, Saarbrücken, 1978; Spliesgart, Roland: Theologie und ‚Dritte Welt', in: Hermle/Lepp/Oelke (Hg.): Umbrüche, S. 189–209.

um 1969 eine Kurskorrektur stattfand. Sowohl auf katholischer als auch auf evangelischer Seite wurde es als Aufgabe der Kirchen gesehen, entwicklungspolitische Öffentlichkeitsarbeit zu leisten oder, wie es in einem Aufruf von 1970 hieß, die „neue[n] Denkanstöße zum Thema Entwicklungshilfe in die Öffentlichkeit zu bringen".[75] Hans-Otto Hahn, Direktor von Brot für die Welt, unterstrich, dass die Kirchen die Pflicht hätten, die Forderungen des Pearson-Berichts nach handels- und entwicklungspolitischen Reformen und nach einer Stärkung der Position der Entwicklungsländer aufzunehmen, weiterzugeben und auf eine Durchsetzung derselben zu drängen.[76] Die Neuorientierung zeigt sich ferner daran, dass sowohl bei Brot für die Welt als auch bei Misereor 1969 und 1970 Referate für entwicklungspolitische Bildungsarbeit eingerichtet wurden.[77] Auf katholischer Seite übernahm den Posten Erwin Mock, auf evangelischer Seite Berthold Burkhardt – zwei Personen, die im Feld des Fairen Handels eine bedeutende Rolle einnehmen sollten. Wie Berthold Burkhardt 1971 in einem Brief betonte, arbeite man bei Brot für die Welt „stark darauf hin, den Gedanken des gerechten Ausgleichs anstelle der milden Gabe in das Bewußtsein der Bevölkerung zu tragen". Die „Hauptprobleme der Entwicklungsländer" lägen „auf weltwirtschaftlicher Ebene", daher sei Lobbyarbeit nötig, um den Druck auf die Politik zu erhöhen und darüber Änderungen zu bewirken.[78]

Auf der Tagung in Berlin-Spandau 1968 entschloss sich die Evangelische Kirche in Deutschland dazu, als Ergänzung zu Brot für die Welt den Kirchlichen Entwicklungsdienst zu gründen. Ein Grund dafür war die Erkenntnis, dass verstärkt entwicklungsbezogene Bildungs- und Öffentlichkeitsarbeit in Deutschland nötig war. Bei Brot für die Welt sollten erstens keine Mittel aus der Kirchensteuer verwaltet werden, da man befürchtete, dass der Staat dann möglicherweise auf Einflussmöglichkeiten bei der Projektförderung drängen könnte, zweitens wurde regelmäßig betont, dass jede gespendete Mark in die Dritte Welt gehe.[79] Die Einrichtung des KED sollte es unter

---

75 ADE, BfdW-S103, Der Ferne Nächste 1/70, 1970. Vgl. ferner die Erklärung „Partner in der Weltwirtschaft" in epd-Entwicklungspolitik 2, 1972, S. 31–35; Ernst: Entwicklungspolitische; Lepp, Claudia: Zwischen Konfrontation und Kooperation: Kirchen und soziale Bewegungen in der Bundesrepublik (1950–1983), in: Zeithistorische Forschungen (Online-Ausgabe) 7, 3, 2010, hier: Abschn. 9; Angel: Misereor, S. 17–19.

76 Vgl. ADE, BfdW-S103, Hans-Otto Hahn: „Brot für die Welt im Spiegel des Pearson-Berichtes", in: Der Ferne Nächste 2/70, 1970; ferner Schmied: Aktion, S. 15.

77 Vgl. Interview Mock; Interview Burkhardt.

78 ADE, HGSt 3379, Brief von Berthold Burkhardt, 7. Januar 1971.

79 Vgl. Interview Burkhardt; ADE, HGSt 3379, Brief von Berthold Burkhardt, 16. April 1971.

anderem ermöglichen, mit den an die kirchlichen Werke gezahlten Mitteln aus Steuergeldern Projekte zu fördern, die auf eine entwicklungspolitische Informationsarbeit in Deutschland zielten.[80]

In den 1970er-Jahren bildete sich – wie in vielen anderen Industrienationen – in der Bundesrepublik besonders unter jungen Menschen ein immer deutlicher werdendes Interesse an Themen heraus, die nicht in erster Linie der materiellen Existenzsicherung, sondern der Selbstentfaltung zuzurechnen waren.[81] Dazu kam, wie es Niels Petersson formuliert, die Herausbildung eines in den 1970er-Jahren „immer selbstverständlicheren transnationalen Denkens, Fühlens und Handelns im Alltag".[82] Dies zeigte sich unter anderem in der wachsenden Aufmerksamkeit für den globalen Süden. Wenngleich dies nicht nachweisbar ist, so ist doch davon auszugehen, dass die schulische Bildung in dieser Hinsicht eine bedeutende Rolle spielte.[83] Spätestens in

---

80 Zur Entstehung des KED vgl. Ernst: Entwicklungspolitische, S. 76–81.

81 Vgl. beispielsweise Siegfried, Detlef: Time Is On My Side. Konsum und Politik in der westdeutschen Jugendkultur der 60er Jahre, Göttingen, 2006; ferner die inzwischen nur noch schwer überschaubare Diskussion zu der Frage, ob in den 1960er- und 1970er-Jahren ein Wertewandel eingesetzt habe, bei dem postmaterialistische Einstellungen und das Streben nach Selbstentfaltung gegenüber materialistisch geprägten Lebenszielen immer mehr an Relevanz gewannen. Der Beginn dieser Diskussion wird meist bei der 1977 von Ronald Inglehart lancierten These einer „stillen Revolution" gesehen, vgl. Inglehart, Ronald: The Silent Revolution. Changing Values and Political Styles among Western Publics, Princeton, 1977; zur Diskussion um die Studie und allgemein um die Frage nach einem einsetzenden Wertewandel vgl. Heinemann, Isabel: Wertewandel, Version 1.0, 22.10.2012, in: Docupedia-Zeitgeschichte, http://docupedia.de/zg/ (zuletzt abgerufen am 28.8.2013); Doering-Manteuffel, Anselm und Raphael, Lutz: Nach dem Boom. Perspektiven auf die Zeitgeschichte seit 1970, Göttingen, 2008, hier: S. 61–66; Klein, Markus und Pötschke, Manuela: Gibt es einen Wertewandel hin zum „reinen" Postmaterialismus? Eine Zeitreihenanalyse der Werteorientierungen der westdeutschen Bevölkerung zwischen 1970 und 1997, in: Zeitschrift für Soziologie 29, 3, 2000, S. 202–216; Sander, Tobias: Der Wertewandel der 1960er und 1970er Jahre und soziale Ungleichheit. Neue Befunde zu widersprüchlichen Interpretamenten, in: Comparativ 17, 1, 2007, S. 101–118.

82 Petersson, Niels P.: Globalisierung, in: Dülffer/Loth (Hg.): Dimensionen, S. 271–291, hier: S. 288.

83 Vgl. Haas, Gerhard: Dem Fremden begegnen. Die „Dritte Welt" im Deutschunterricht, in: Praxis Deutsch 138, 23, 1996, S. 10–18; MAA, FH 29, EPA-Sitzung 4./5. September 1987, TOP 4.3: „Thesen zu Rahmenbedingungen entwicklungspolitischer und entwicklungspädagogischer Bildungsarbeit". Belinda Davis unterstreicht auch die Bedeutung von Reisen und Auslandsaufenthalten: „This kind of transnational exposure and

den 1960er-Jahren wurden von der UNESCO, der die BRD 1951 beigetreten war, Themen wie Dekolonisation, Menschenrechte und Dritte Welt auf die Unterrichtsagenda gesetzt.[84]

In den späten 1960er-Jahren entstanden in Westdeutschland zahlreiche von Schülern oder Studenten initiierte Solidaritäts- oder Dritte-Welt-Gruppen. Für die studentische 68er-Bewegung waren Ereignisse und Prozesse in Ländern des globalen Südens – beispielsweise der Krieg in Vietnam oder die kubanische Revolution – wichtige Bezugs- und Orientierungspunkte.[85] Ein weiterer Schwerpunkt des wachsenden Interesses für den globalen Süden zeichnete sich unter christlichen Jugendgruppen ab, die sich oft mit studentischen Gruppen überschnitten. Von großer Bedeutung waren in diesem Zusammenhang Ereignisse wie der nigerianische Biafra-Krieg und der Bau des Cabora-Bassa-Staudamms in der portugiesischen Kolonie Mosambik, an dem auch deutsche Unternehmen beteiligt waren. Die Berichterstattung zu diesen Ereignissen machte den Kontrast zwischen einem Leben im globalen Süden und einem Leben im Norden offensichtlich, das Gefühl von Ungerechtigkeit und Willkür bildete für viele junge Bundesdeutsche den Beginn eines entwicklungspolitischen Engagements.[86] Die christliche

---

experience [...] was a fundamental component in shaping the worldview of hundreds of thousands of young West Germans, which in turn became central in their politicization", Davis, Belinda: A Whole World Opening Up. Transcultural Contact, Difference, and the Politicization of 'New Left' Activists, in: Davis, Belinda u. a. (Hg.): Changing the World, Changing Oneself. Political Protest and Collective Identities in West Germany and the U. S. in the 1960s and 1970s, New York/Oxford, 2010, S. 255–273, hier: S. 261.

84 Vgl. beispielsweise UNESCO: Education for International Understanding. Examples and Suggestions for Class-Room Use, Tournai, 1959; Bosse, Hans und Hamburger, Franz: Friedenspädagogik und Dritte Welt. Voraussetzungen einer Didaktik des Konflikts, Stuttgart/Berlin u. a., 1973; ferner Deutsche UNESCO Kommission e. V. (Hg.): 60 Jahre deutsche Mitarbeit in der UNESCO, Hachenburg, 2011.

85 Vgl. Juchler, Ingo: Die Studentenbewegungen in den Vereinigten Staaten und der Bundesrepublik Deutschland der sechziger Jahre. Eine Untersuchung hinsichtlich ihrer Beeinflussung durch Befreiungsbewegungen und -theorien aus der Dritten Welt, Berlin, 1996; Hein: Westdeutschen, S. 139–147; Weitbrecht: Aufbruch; Slobodian: Foreign; Olejniczak: Dritte-Welt-Bewegung, S. 93–108. Vgl. auch die von Felix Brahm dargelegten Diskussionen im universitären Kontext der Afrikawissenschaften: Brahm, Felix: Wissenschaft und Dekolonisation. Paradigmenwechsel und institutioneller Wandel in der akademischen Beschäftigung mit Afrika in Deutschland und Frankreich, 1930–1970, Stuttgart, 2010, S. 219–240.

86 Vgl. Schmied: Aktion, S. 23; Balsen/Rössel: Solidarität, S. 282 ff.; Olejniczak: Dritte-Welt-Bewegung, S. 116–120; Hierlmeier, Josef: Internationalismus. Eine Einführung in die Ideengeschichte des Internationalismus, von Vietnam bis Genua, Stuttgart, 2002,

Überzeugung spielte dabei allem Anschein nach eine besondere Rolle. Dieter Gawora sieht die damalige Motivation der entwicklungspolitisch Aktiven generell in einer „moralische[n] Empörung" begründet, die aus seiner Sicht „zum großen Teil aus christlicher Verantwortung kam".[87]

Das als ungerecht verstandene Verhalten der Industrienationen ergänzte sich einerseits mit den Aussagen von Dependenztheorie, UNCTAD und Pearson-Bericht, die jeweils die Abhängigkeit der Entwicklungsländer von den Industrienationen kritisierten, und andererseits mit der Erkenntnis, dass die Blockadetaktik der Industrienationen jegliche Bemühungen der Entwicklungsländer im Keim zu ersticken schien. Die Gesamtheit dieser Faktoren war meines Erachtens verantwortlich dafür, dass viele jüngere Menschen in den Industrienationen sich in den späten 1960er-Jahren innerlich vom Hier distanzierten: Sie gingen in eine kritische Position zur Politik des globalen Nordens, dem sie selbst angehörten, und sahen sich verstärkt in der Pflicht, dem Dort – dem gedachten Gegenüber im globalen Süden – solidarisch beizustehen. Aus dieser Haltung heraus entstand der Wunsch, Veränderungen im Hier herbeizuführen, ein „weltinnenpolitisches' Denken"[88] im globalen Norden durchzusetzen und dadurch dem Gefühl einer eigenen, unfreiwilligen Mitverantwortung aktiv zu begegnen.[89] Vor allem mit dem seit 1968 amtierenden Entwicklungshilfeminister Erhard Eppler, bekennender Protestant, verbanden sich Hoffnungen auf eine Entwicklungspolitik, die nicht nur an den Interessen der Bundesrepublik ausgerichtet war.[90] Beim Evangelischen Kirchentag in Stuttgart 1969 sprach Eppler vor

S. 94–95. Zum Hintergrund der Cabora-Bassa-Kampagne vgl. Seibert, Niels: Vergessene Proteste. Internationalismus und Antirassismus 1964–1983, Münster, 2008, S. 71–97.

87 Gawora, Dieter: Lateinamerika hier. Zur Entwicklung der internationalen Solidaritätsarbeit in der Bundesrepublik, Kassel, 1983, S. 31; vgl. Schmied: Aktion, S. 58–61; Lepp: Konfrontation, Abschn. 10.

88 Weber, Hartwig: Schalom – Schalom. Eine Einführung in Theorie und Praxis der Schalomarbeit, Freiburg i. Ue., 1972, S. 18.

89 Vgl. beispielsweise die Schilderung Rolf Bräuers, der selbst in der Dritte-Welt-Bewegung aktiv war: „durch die Rezeption und Bearbeitung der lateinamerikanischen Dependenztheorien [... wurde der] Blick [...] auf den ursächlichen Zusammenhang zwischen dem hohen Entwicklungsstand der Industrieländer und der Unterentwicklung in der Dritten Welt gelenkt. Damit rückte die (Mit-)Verantwortung der Industrieländer [...] in den Mittelpunkt", Bräuer: Zwischen, S. 34.

90 Vgl. Siegfried, Detlef: Politisierungsschübe in der Bundesrepublik 1945–1980, in: Fitschen u. a. (Hg.): Politisierung, S. 31–50, hier: S. 42; Balsen/Rössel: Solidarität, S. 291–292; Olejniczak: Dritte-Welt-Bewegung, S. 108–112; Hein: Westdeutschen, S. 190–211.

2500 Zuschauern.[91] Wie Richard Bruns, der früh im Feld des Fairen Handels aktiv war, aus der Rückschau berichtete, lag für ihn und die anderen Mitglieder seiner Jugendgruppe der Auslöser für das entwicklungspolitische Engagement darin, dass Eppler auf einer Veranstaltung in Hannover 1969 von den Jugendlichen gefordert habe, eine „Lobby für die Dritte Welt" zu bilden.[92] Auch die aus einer kirchlichen Studentengruppe hervorgegangene Aktion Dritte Welt Freiburg, seit den frühen 1970er-Jahren eine der wichtigsten entwicklungspolitisch aktiven Gruppen in der Bundesrepublik, sah die wichtigste Aufgabe darin, „eine ‚Lobby für die Dritte Welt' aufzubauen" und das „beschämende Informationsdefizit in der BRD über Themen der Dritten Welt anzugehen".[93] Der zweite Teil verweist auf den Aspekt, den die meisten damals Aktiven mit dem Engagement für die Dritte Welt angehen wollten. Aus der Rückschau wird immer wieder betont, dass Ende der 1960er-Jahre in der bundesdeutschen Öffentlichkeit so gut wie kein Wissen über entwicklungspolitische und weltwirtschaftliche Zusammenhänge existiert habe. In diesem Zusammenhang gewann bald das Schlagwort der entwicklungspolitischen Bewusstseinsbildung an Popularität. Dies verdankte sich dem *Conscientização*-Modell des brasilianischen Pädagogen Paulo Freire.[94] Freire zielte auf die Herausbildung eines kritischen Bewusstseins in der Bevölkerung der Entwicklungsländer, damit diese sich ihrer eigenen Unterdrückung bewusst werde und dagegen ankämpfen könne.[95] Dieses Ziel wurde von den Aktiven im globalen Norden umgewandelt und auf die Bevölkerung in den Industrienationen bezogen. Durch Bewusstseinsbildung, so war man überzeugt, bot sich eine Möglichkeit der aktiven Entwicklungshilfe im Hier, die einer weiteren Entwicklung im Dort vorauszugehen habe.

---

91   Vgl. Hein: Westdeutschen, S. 138.

92   Interview Bruns.

93   Zit. nach Balsen/Rössel: Solidarität, S. 292; Hein: Westdeutschen, S. 143; Olejniczak: Dritte-Welt-Bewegung, S. 120–121. Vgl. zur Aktion Dritte Welt Freiburg allgemein Hein: Westdeutschen, S. 139–147; Gawora: Lateinamerika, S. 24–32.

94   Vgl. MAA, FH 2, Aktion DritteWelt Handel: Entwicklung der Unterentwicklung. Eine Analyse angefertigt im Auftrag der Aktion Dritte Welt Handel von Gerd Nickoleit, undatiert; Schmied: Aktion, S. 135–138 und 169–173.

95   Vgl. zum Konzept und zu dessen Rezeption Freire, Paulo: Pädagogik der Unterdrückten, Stuttgart/Berlin, 2. Aufl. 1972; Funke, Kira: Paulo Freire. Werk, Wirkung und Aktualität, Münster, 2010; McAnany: Saving.

2.3.4 Aktionen als Form praktischer Entwicklungshilfe

Es war kaum zu übersehen, dass Ende der 1960er-Jahre entwicklungspolitische Themen unter jungen Christen in Westdeutschland ein erhebliches Mobilisierungspotenzial besaßen. Das wachsende Interesse an entwicklungspolitischen Themen spiegelte sich in den kirchlichen Jugendverbänden wider: Der BDKJ und die AEJ bildeten um 1970 ein „besonders aktives Element der entwicklungspolitischen Avantgarde".[96] In den Gremien der Jugendverbände reiften bald Überlegungen, den Mitgliedern Möglichkeiten anzubieten, mit denen sie das entwicklungspolitische Interesse in konkrete Handlungen umsetzen könnten. Damit verband sich aus Sicht der Verantwortlichen in den Jugendverbänden zugleich die Hoffnung, die Gruppen wieder in das kirchliche Umfeld einbinden zu können, denn inzwischen war mit Sorge festgestellt worden, dass sich viele – vor allem junge – Bundesbürger Ende der 1960er-Jahre von den Kirchen abgewandt hatten.[97] 1969 wurde von beiden Jugendverbänden ein ökumenischer Entwicklungspädagogischer Arbeitskreis (EPA) gegründet, dessen Vorsitz Ernst-Erwin Pioch vom AEJ und Harry Neyer vom BDKJ übernahmen.[98] Die entwicklungspolitische Arbeit der Jugendverbände war also von Beginn an ökumenisch aufgestellt, generell hatte sich der Wille zur ökumenischen Zusammenarbeit in den Kirchen vor allem im Bereich der Entwicklungshilfe gezeigt.[99] Die wichtigste Aufgabe des EPA lag darin, eine Aktionsform zu entwickeln, die nicht nur „den gegenwärtigen entwicklungspolitischen Notwendigkeiten" – womit die Anstöße aus Dependenztheorie und Pearson-Bericht gemeint waren – entsprechen,

---

96 Hein: Westdeutschen, S. 144.

97 Für den Umbruch, den die 1960er- und 1970er-Jahre für die Kirchen und allgemein die Religiosität in der bundesdeutschen Gesellschaft bedeuteten, vgl. beispielsweise Großbölting: Himmel, Kap. 2. Die Zahl der Kirchenbesucherzahlen ging allein zwischen 1968 und 1973 um ein Drittel zurück, bei jüngeren Leuten sogar um die Hälfte, vgl. ebda., S. 97–98; ferner Gabriel, Karl: Entkirchlichung und (neue) Religion, in: Raithel/Rödder/Wirsching (Hg.): Weg, S. 99–111, hier: S. 100; McLeod, Hugh: The 1960s and 1970s as a Period of Basic Change, in: Kunter, Katharina und Schjørring, Jens Holger (Hg.): Europäisches und Globales Christentum. Herausforderungen und Transformationen im 20. Jahrhundert, Göttingen, 2011, S. 42–61, hier: S. 49. Vgl. aber die Kritik bei Ziemann: Zwischen; sowie die Untersuchung von Nicolai Hannig, in der dieser darlegt, dass die öffentliche Bedeutung von Religion und Kirche trotz der Kirchenaustritte nicht ab-, sondern noch zunahm: Hannig: Religion.

98 Vgl. Interview Neyer; Interview Pioch; ferner BDKJ Informationsdienst XIX. Jahrgang, 19/20, vom 31. Oktober 1970, S. 149; ADE, BfdW-S103, Der Ferne Nächste 1/70, 1970; sowie Schmied: Aktion, S. 58–59.

99 Vgl. Ernst: Entwicklungspolitische, S. 95ff.; Raden: Hilfswerke, S. 150–151.

sondern vor allem „dem Engagement der Jugend einen Weg zur praktischen Mitarbeit" eröffnen sollte.[100] Wichtig war demzufolge vor allem die Verbindung von theoretischer Beschäftigung mit entwicklungspolitischen Themen und praktischen Handlungsmöglichkeiten, denn erst dadurch erhoffte man sich eine breite Beteiligung der Mitglieder.

Die erste vom EPA organisierte Aktion war ein bundesweit organisierter Friedensmarsch, der im Mai 1970 stattfand und auf Aktionen von Jugendgruppen aus Kiel und Karlsruhe im Jahr 1969 aufbaute.[101] Der Marsch stieß auf breite Unterstützung. In rund 70 Städten nahmen insgesamt etwa 30.000 Menschen teil, womit der Marsch eine der bis dahin größten koordinierten Solidaritätsaktionen für die Dritte Welt in der westdeutschen Geschichte darstellte. Die Teilnehmer hatten sich im Vorfeld Unterstützer gesucht, die ihnen pro gewandertem Kilometer Sponsorengelder auszahlten. Diese Gelder wurden danach einem von vier Projekten der „Aktion Brüderlich Teilen" gespendet, die von den beiden kirchlichen Hilfswerken und der Welthungerhilfe getragen wurde.[102] Allerdings wurde regelmäßig betont, dass es nicht nur um die finanzielle Förderung von Entwicklungsprojekten gehe. Die wichtigsten Ziele des Friedensmarsches sah man darin, die Aussagen der Dependenztheorie und des Pearson-Berichts in die Öffentlichkeit zu bringen und zu „verdeutlichen, daß Entwicklungshilfe primär eine politische und nicht eine caritative Angelegenheit" sei.[103] Dementsprechend war von den Organisatoren des Marsches ein Katalog mit Forderungen an die Bundesregierung ausgearbeitet worden: eine Erhöhung des Entwicklungshilfe-Etats, die Öffnung der Märkte und eine Reduktion der Zoll- und Handelsbeschränkungen in den Industrienationen für Halb- und Fertigfabrikate aus den Entwicklungsländern sowie Subventionsstreichungen für Produkte, die in Entwicklungsländern billiger hergestellt werden könnten.[104] Minister

100 MAA, FH 6, Brief von Ernst-Erwin Pioch, 23. Februar 1970.

101 Ebenfalls beteiligt waren die action365, Terre des Hommes und die Aktion Selbstbesteuerung. Vgl. dazu und zum Folgenden MAA, FH 20, Impuls Information und Beiträge zur kirchlichen Jugendarbeit, Beilage 3/70, 1970; Schmied: Aktion, S. 58–63; Raschke: Fairer, S. 46–47; Hein: Westdeutschen, S. 144.

102 Vgl. MAA, FH 20, Rundschreiben, 29. November 1969; zur Aktion Brüderlich Teilen vgl. Angel: Misereor, S. 54–55; ADE, S-97/S-98: Arbeitsgemeinschaft „Miteinander teilen – gemeinsam handeln".

103 Kirchner, Margrit: Hungermarsch – ein Scheinerfolg?, in: E+Z 10/70, Oktober 1970, S. 5; vgl. ADE, BfdW-S103, Der Ferne Nächste 1/70, 1970.

104 Vgl. MAA, FH 2, Harry Neyer: Drucksache Nr. 5 zu Antrag Nr. 2 zur Hauptversammlung im Mai 1971 vom 5. Mai 1971, S. 1; Sonntag im Bild 7, 1970, S. 7.

Erhard Eppler bekundete in einer offiziellen Reaktion seine Zustimmung und äußerte die Hoffnung, dass die Friedensmarsch-Aktivisten „in Ihren Anstrengungen nicht nachlassen" mögen.[105]

Allerdings wurde der Friedensmarsch aus der Rückschau von vielen Teilnehmern in Bezug auf das eigentliche Ziel der entwicklungspolitischen Bewusstseinsbildung nur als „Scheinerfolg" gewertet.[106] Mit den einmaligen Demonstrationszügen habe man, so wurde kritisiert, zu wenige Menschen erreicht und vor allem kaum wirkliches Interesse geweckt, geschweige denn Verständnis geschaffen.[107] Daraus folgte schließlich, dass man beim EPA eine Nachfolgeaktion suchte, die langfristiger angelegt sein sollte, um zum einen eine dauerhafte Beteiligung der Jugendgruppen und zum anderen einen nachhaltigeren Erfolg der Bewusstseinsbildung zu ermöglichen. Bereits vor dem Friedensmarsch war im EPA die Idee aufgekommen, Waren aus Entwicklungsländern zu importieren und in Verbindung mit entwicklungspolitischen Botschaften zu vermarkten.[108] Diese Idee war nicht völlig aus der Luft gegriffen. Schon 1968 hatten junge Niederländer und Deutsche in kurzfristigen Verkaufsaktionen Rohrzucker angeboten, um entwicklungspolitische Aussagen „in möglichst verständlicher Sprache den Einkäufern der Stadt klarzumachen" und damit „zur Änderung dieses ungerechten Welthandels beizutragen".[109] Um die Möglichkeiten eines Warenverkaufs auf bundeswei-

---

105 Materialien des Bundesministeriums für wirtschaftliche Zusammenarbeit, Referat Öffentlichkeitsarbeit und Entwicklungspolitik, Nr. 3, September 1970, S. 15. In einem Brief an Bundeskanzler Brandt vom 16. Oktober 1969 äußerte Erhard Eppler die Hoffnung, dass das Thema Dritte Welt „eine unserer Brücken zur jungen Generation" sein könne, zit. nach Hein, Bastian: Entwicklungshilfe, internationale Solidarität oder Weltinnenpolitik? Der Umgang mit der „Dritten Welt" als Gradmesser des Reformklimas, in: Wengst, Udo (Hg.): Reform und Revolte. Politischer und gesellschaftlicher Wandel in der Bundesrepublik vor und nach 1968, München, 2011, S. 31–44, hier: S. 37.

106 Kirchner, Margrit: Hungermarsch – ein Scheinerfolg?, in: E+Z 10/70, Oktober 1970, S. 5; vgl. Schmied: Aktion, S. 60–61.

107 Vgl. MAA, FH 20, Impuls Information und Beiträge zur kirchlichen Jugendarbeit, Beilage 3/70, 1970; Röhl, Albert: „Langer Marsch. 30000 demonstrieren für Gerechtigkeit. Bevölkerung weitgehend ohne Verständnis", in: Junge Stimme 11/70, 6. Juni 1970, S. 3; Pioch, Ernst-Erwin: Latsch-In oder Bewußtseinsolympiade? Friedensmarsch '70 in der Diskussion, in: E+Z 10/70, Oktober 1970, S. 8–10.

108 Vgl. MAA, FH 6, Brief von Ernst-Erwin Pioch vom 23. Februar 1970.

109 Syring, Ralf: Uns hilft auch keiner – Scheitern Aktionsgruppen am Bundesbürger?, in: epd-Entwicklungspolitik 12, 1975, S. 15; vgl. Holzbrecher, Alfred: Dritte-Welt-Öffentlichkeitsarbeit als Lernprozeß. Zur politischen und pädagogischen Praxis von Aktionsgruppen, Frankfurt am Main, 1978, S. 148; Schmied: Aktion, S. 27. Der Verkauf von

ter Ebene auszuloten, wollte man in den Reihen des EPA zuerst weitere
Informationen über mögliche Vorbildprojekte einholen. Gedacht war dabei
an Oxfam in Großbritannien und an einen „holländischen Versuch".[110] Mit
Letzterem war ganz offensichtlich nicht nur die S.O.S. gemeint, sondern
auch die „Wereldwinkels", zu Deutsch: Weltläden, die inzwischen in mehreren niederländischen Städten entstanden waren.

2.3.5   Das Vorbild der Wereldwinkels

Im Anschluss an die UNCTAD II von 1968 rief im selben Jahr in den Niederlanden der Journalist Dick Scherpenzeel dazu auf, sogenannte UNCTAD-
Läden einzurichten.[111] Dort sollten Freiwillige Produkte aus der Dritten Welt
verkaufen und gezielt anhand der Waren auf die hohen Zollbelastungen der
Industrienationen hinweisen. Im Jahr 1969 wurde im Zentrum von Breukelen
der erste Laden dieser Art von einer kirchlichen Jugendgruppe als „Wereldwinkel" eröffnet. In verschiedenen Zeitungen und im Fernsehen wurde bald
darauf über den Laden aus Breukelen berichtet. Das starke Medienecho
war verantwortlich dafür, dass sich die Idee rasch ausbreitete: Ende 1970
gab es in den Niederlanden bereits mehr als fünfzig Weltläden, 1971 waren
es schon 170.[112] Die meisten Läden verkauften Rohrzucker und Handwerk-
sprodukte, die über die S.O.S. bezogen wurden. Wie ein Mitarbeiter eines

---

Rohrzucker mündete schließlich in einer längerfristigen „Rohrzuckerkampagne", die
in Deutschland vor allem von der Aktion Selbstbesteuerung durchgeführt wurde. Vgl.
dazu Weber: Schalom – Schalom, S. 81–89; Stelck, Edda: Zehn Jahre Aktion Selbstbesteuerung, in: epd-Entwicklungspolitik 12/13, 1979, S. 19–21; ASB Aktion Selbstbesteuerung e. V. (Hg.): Festschrift 40 Jahre Aktion Selbstbesteuerung. Friede durch gerechte
Entwicklungspolitik, Stuttgart, 2009. Im Leitungskreis der Aktion Dritte Welt Handel
entschied man sich später zunächst zur inhaltlichen und organisatorischen Unterstützung der Rohrzuckerkampagne, zeigte sich dann aber doch zurückhaltend, vgl. MAA,
FH 2, Protokoll der Sitzung des Leitungskreises der Aktion Dritte Welt Handel vom
24. Juni 1971, S. 4–5; MAA, FH 2, Protokoll zur Sitzung des Leitungskreises der Aktion
DritteWelt Handel am 2. November 1971, S. 2.

110 MAA, FH 6, Protokoll zur Konsultation des EPAK am 14. März 1970.

111 Vgl. dazu und zum Folgenden das ohne Verfasserangabe erschienene Werk En het begon
in Breukelen … De geschiedenis van Wereldwinkel Breukelen 1969–2009, undatiert,
online verfügbar unter http://www.wereldwinkel-breukelen.nl/downloads/geschiedenis.
pdf (zuletzt abgerufen am 16.8.2013); Weber: Schalom – Schalom, S. 90–100; Lockefeer,
Harry: Ausgangspunkt: Rohrzuckerkampagne, in: epd-Entwicklungspolitik 12/13, 1979,
S. 17–19; Holzbrecher: Dritte, S. 149–155 und 165–167; generell zu den 1970er-Jahren in
den Niederlanden Hellema: 1970er.

112 Vgl. o. V.: Breukelen, S. 2; Arnold: Went, S. 27.

niederländischen Weltladens allerdings betonte, legte man wenig Wert auf „möglichst großen Umsatz", sondern viel mehr auf „das Gespräch über den Ladentisch [...], in dem das Problem der armen Länder verdeutlicht" werde.[113] Diese Priorisierung der entwicklungspädagogischen Bewusstseinsbildung traf auf den größten Teil der Aktiven in den Wereldwinkels zu. Da die von der S.O.S. importierten Waren im Direktkontakt von Kleinproduzenten abgenommen wurden, schienen sie besonders gut als Aufhänger für ein bewusstseinsbildendes Gespräch über Welthandelsprobleme geeignet zu sein. Das Konzept der Wereldwinkels, in dem die Zielsetzungen Bewusstseinsbildung und Verkauf verbunden wurden, wirkte beispielhaft und fand bald Nachahmer in fast allen Ländern Westeuropas. Auch wenn in Großbritannien schon zuvor direkt gehandelte Waren aus dem globalen Süden über das dichte Ladennetzwerk von Oxfam verkauft worden waren, liegt der Ursprung der Weltladenbewegung meines Erachtens in den Niederlanden.

Insgesamt gesehen hatten bis 1970 verschiedene Prozesse eingesetzt oder stattgefunden, die für die Entstehung des Felds des Fairen Handels entscheidende Bedeutung haben sollten. Durch die Dependenztheorie, die UNCTAD und den Pearson-Bericht war nicht nur ein verstärktes Interesse am globalen Süden geweckt, sondern auch eine geänderte Bewertung der weltwirtschaftlichen Zusammenhänge etabliert worden. Dabei wurden nicht mehr interne Faktoren in den Entwicklungsländern für deren Rückständigkeit verantwortlich gemacht, sondern externe Abhängigkeiten, vor allem zu den Industriestaaten. Daraus ergab sich, dass der entwicklungspolitischen Bewusstseinsbildung von vielen – vor allem jungen – Bundesbürgern höchste Priorität zugesprochen wurde, um darüber politische Änderungen in den Industrienationen herbeizuführen. Besonders aus dem christlichen Glauben heraus entstand offensichtlich der Wunsch nach politischer Einflussnahme als so verstandene Lobby für die Dritte Welt. Dies war ein Grund dafür, dass sich die kirchlichen Jugendverbände von dem Angebot einer praktischen Handlungsmöglichkeit im entwicklungspolitischen Kontext erhofften, viele Jugendliche ansprechen und wieder in die kirchlichen Strukturen einbinden zu können. Die niederländischen Weltläden hatten unter Beweis gestellt,

---

113 Stellungnahme eines Weltladenmitarbeiters, abgedruckt in der tijdschrift Bijeen, April 1974, zit. nach Van der Stelt, Judith: Since 59. 50 Jaar Fair Trade Original (gekürzte Übersetzung aus dem Niederländischen von S. Stricker und E. Rasp), Aachen, 2009 (2011), S. 26.

dass sich mit direkt aus Ländern der Dritten Welt importierten Waren eine langfristige, auf Bewusstseinsbildung zielende Aktion durchführen ließ.

Damit ist der kontextuelle Rahmen gespannt, innerhalb dessen sich im Folgenden die Entstehung des Feldes und die Gründung der Aktion Dritte Welt Handel untersuchen lassen.

2.4 Ein neues Zentrum: Die Aktion Dritte Welt Handel

Es wurde gezeigt, wie die Kooperation zwischen der S.O.S. und dem Hilfswerk Misereor zustande kam und wie die Idee entstand, Waren aus dem globalen Süden zu verkaufen, um Produzenten zu einem besseren Einkommen zu verhelfen. Diese Kooperation zwischen Misereor und S.O.S. bedeutete noch nicht die Entstehung des in dieser Arbeit untersuchten Felds des Fairen Handels, doch wie zu zeigen wird, legte sie den Grundstein für die Gründung der Aktion Dritte Welt Handel. Diese bildete den Ausgangspunkt und das Zentrum eines sozialen Feldes, bei dem sowohl die S.O.S. als auch Misereor eine Rolle als Stakeholder spielten: Die S.O.S. wurde zum Alleinimporteur der Aktion, Misereor wiederum stellte den Kontakt zu den deutschen Akteuren her und beteiligte sich früh am Aufbau der Strukturen.

2.4.1 Die Gründung der Aktion Dritte Welt Handel

Schon vor dem Friedensmarsch waren im EPA die ersten Ideen diskutiert worden, auf bundesweiter Ebene einen Verkauf von Waren aus der Dritten Welt durchzuführen. Um die Überlegungen zu konkretisieren, erstellte Ernst-Erwin Pioch vom evangelischen Jugendverband im Juni 1970 für den EPA eine „Problemskizze zur Gründung einer ‚Aktionsgemeinschaft Dritte Welt-Handel‘", in der die Grundlagen des Handelsmodells festgelegt wurden.[114] Vor allem kleineren Produktionsgenossenschaften, die unter Absatzschwierigkeiten litten, sollte ein Weg zum Absatzmarkt in Deutschland eröffnet werden, sodass diese dazu bewegt würden, „für Europa marktgerecht zu produzieren".[115] Doch der eigentliche Schwerpunkt lag von Anfang an auf der Bewusstseinsbildung. Pioch betonte, dass die Jugendorganisationen vor allem

---

114 MAA, FH 2, Ernst-Erwin Pioch: Problemskizze zur Gründung einer ‚Aktionsgemeinschaft Dritte Welt-Handel‘, 8. Juni 1970; vgl. zum Folgenden ferner Schmied: Aktion, S. 64–72; Raschke: Fairer, S. 47–51.

115 MAA, FH 2, Ernst-Erwin Pioch: Problemskizze zur Gründung einer ‚Aktionsgemeinschaft Dritte Welt-Handel‘, 8. Juni 1970, S. 1.

„an dem pädagogischen Impuls" interessiert seien, der Verkauf von Waren sei nur Mittel zum Zweck.[116] Dementsprechend vermutete Pioch, dass das Konzept der niederländischen Wereldwinkels am ehesten den Intentionen der Jugendverbände entspreche, während Oxfam vor allem eine Aktion zur Spendengewinnung ohne bewusstseinsbildenden Effekt betreibe. Er habe Verbindung nach Holland aufgenommen, „um zu prüfen, ob ein gemeinsames Vorgehen sinnvoll und möglich" sei.[117]

Wie genau der EPA von den Aktionen in den Niederlanden erfuhr, lässt sich aus der Rückschau nicht mehr zweifelsfrei klären. Möglicherweise hatte Edda Stelck, Jugendbeauftragte einer Frankfurter Gemeinde, bereits 1969 damit begonnen, Waren von der S.O.S. zu kaufen, die dann von Jugendgruppen zum Verkauf angeboten wurden, und hatte diese Aktionsform dem EPA nahegelegt.[118] Ebenso möglich ist es, dass der EPA über Mitarbeiter des Hilfswerks Misereor von der S.O.S. erfuhr. Wie Erwin Mock, Bildungsreferent von Misereor, betont, war man bei dem katholischen Hilfswerk auf der Suche nach Aktionsformen, die die entwicklungspolitische Bewusstseinsbildung zum Ziel hatten, weshalb man bereits vor 1969 auf den katholischen Jugendverband zugegangen sei.[119] Jedenfalls zeigte das Vorbild der Wereldwinkels den Mitgliedern des EPA, dass der Warenverkauf eine geeignete Nachfolgeaktion für den Friedensmarsch zu sein schien.

Wie später geäußert wurde, hoffte man im EPA darauf, das „hierzulande verbreitete Konsumbedürfnis und Kaufinteresse als Anknüpfungspunkt" nutzen zu können.[120] Diese Einschätzung ist vor dem Hintergrund zu sehen, dass die Bundesrepublik um 1970 – ebenso wie die meisten anderen westlichen Industrienationen – den Status einer Wohlstands- und Massenkonsumgesellschaft erreicht hatte.[121] Die Kombination aus Überschuss und freier Wählbarkeit evozierte – vor allem im Kontrast zur offensichtlich scheinenden

116 MAA, FH 2, Ernst-Erwin Pioch: Problemskizze zur Gründung einer ‚Aktionsgemeinschaft Dritte Welt-Handel', 8. Juni 1970, S. 4.
117 MAA, FH 2, Ernst-Erwin Pioch: Problemskizze zur Gründung einer ‚Aktionsgemeinschaft Dritte Welt-Handel', 8. Juni 1970, S. 3.
118 Vgl. Interview Burkhardt; Interview Stelck.
119 Vgl. dazu Interview Mock; Interview Pioch.
120 MAA, FH 10, Harry Neyer: Kurzbericht über die Aktion Dritte Welt Handel, 5. November 1972, S. 4.
121 Vgl. zum Begriff der Konsumgesellschaft und zur Wohlstandsgesellschaft der Bundesrepublik nach dem „Wirtschaftswunder" einführend Haupt, Heinz-Gerhard und Torp, Claudius (Hg.): Die Konsumgesellschaft in Deutschland 1890–1990. Ein Handbuch, Frankfurt am Main/New York, 2009; Kleinschmidt, Christian: Konsumgesellschaft,

Mangelwirtschaft in den Gesellschaften des globalen Südens – Fragen nach Sinn und Ethik des Konsums, die vor allem im linkspolitischen und studentischen Umfeld immer wieder diskutiert wurden.[122] Der Verkauf von Konsumwaren aus Entwicklungsländern bot also aus Sicht des EPA zahlreiche Möglichkeiten für eine theoretische Auseinandersetzung mit Entwicklungspolitik und -hilfe, mit weltwirtschaftlichen Machtverhältnissen, mit den Lebensbedingungen der Menschen in der Dritten Welt und für eine Hinterfragung des eigenen Konsumverhaltens. Er schien daher besonders gut als Auslöser für eine bewusstseinsbildende Aktion geeignet zu sein, zumal sich über die Waren eine persönliche Verbindung der Konsumenten zu den Menschen im globalen Süden aufbauen ließ.

Am 20. Juli 1970 kamen in Bonn zehn Personen zusammen, darunter Vertreter des EPA, die Bildungsreferenten von Misereor und Brot für die Welt sowie Paul Meijs von der S.O.S.[123] Ziel des Treffens war es, Möglichkeiten für einen Verkauf von Waren aus der Dritten Welt mit dem Ziel einer entwicklungspolitischen Bewusstseinsbildung zu erarbeiten. In dem Gespräch stellte es sich allen Beteiligten so dar, dass eine Kooperation viele Vorteile bot. Für die kirchlichen Hilfswerke stand in Aussicht, weitere Absatzmöglichkeiten für die unterstützten Produzentengenossenschaften zu erschließen. Zugleich könnten sie mit der Aktion die entwicklungspolitische Bewusstseinsbildung und die Arbeit von Projektgruppen in der Bundesrepublik fördern.[124] Paul Meijs baute darauf, die Tätigkeiten der S.O.S. ausweiten

---

Göttingen, 2008; König, Wolfgang: Kleine Geschichte der Konsumgesellschaft. Konsum als Lebensform der Moderne, Stuttgart, 2008.

122 Vgl. dazu beispielsweise Siegfried: Time; Schildt, Axel und Siegfried, Detlef (Hg.): Between Marx and Coca-Cola. Youth Cultures in Changing European Societies, 1960–1980, New York/Oxford, 2006; Gasteiger, Nepomuk: Der Konsument. Verbraucherbilder in Werbung, Konsumkritik und Verbraucherschutz 1945–1989, Frankfurt am Main/New York, 2010, S. 162ff.; Torp: Wachstum.

123 Vgl. dazu und zum Folgenden Schmied: Aktion, S. 67–68; Raschke: Fairer, S. 48.

124 Am 17. Juni 1970 hatte Horst Neckenig bereits im Auftrag von Misereor die S.O.S. besucht und sich „sehr beeindruckt von dem Umfang und der Größe des Sortiments des Lagers der Stiftung" gezeigt. Dennoch war der Vorschlag zur Einrichtung einer Vermarktungshilfe (vgl. oben) inzwischen abgelehnt worden, da man bei Misereor darin offensichtlich die Gefahr sah, die eigentliche Aufgabe zu vernachlässigen. Die Gründung der Aktion Dritte Welt Handel kam daher sehr gelegen. Vgl. MAA, FH 2, Horst Neckenig an Paul Meijs, 13. Juli 1970. Zur Bedeutung der Basisgruppenförderung bei Misereor vgl. Angel: Misereor, S. 39 und 80–82. Zu dem Ziel der Bewusstseinsbildung und der Förderung von Projekten in der Bundesrepublik bei Misereor vgl. Koch: Misereor, vor allem S. 132, 137–138; Raden: Hilfswerke, S. 141ff.

zu können und Zugang zum deutschen Markt zu bekommen. Er bot die Abwicklung des Warenimports über die S.O.S. an. Den Mitgliedern des EPA kam dieses Angebot entgegen, da damit nicht die umständliche und kostenintensive Einrichtung einer eigenen Handelsgesellschaft nötig wurde.[125] Als der EPA-Vorsitzende Ernst-Erwin Pioch kurz darauf die S.O.S. in Kerkrade besuchte, äußerte er sich anschließend begeistert gegenüber seinen Kollegen im EPA und zeigte sich überzeugt, dass die angebotenen Waren „sehr schnell ihren Käufer finden" würden.[126] Nachdem die Rahmenbedingungen geklärt waren, wurde am 20. September 1970 die Aktion Dritte Welt Handel gegründet. Diese wurde schon von den Zeitgenossen mit dem Kürzel A3WH bezeichnet. Mit der A3WH war das Zentrum gesetzt, um welches das Feld des Fairen Handels in den frühen 1970er-Jahren entstand.

Organisation und Aufbau der A3WH

Der EPA schaltete Anzeigen in kirchlichen Zeitschriften, in denen die A3WH vorgestellt wurde. Interessierte Gruppen – in den ersten Jahren fast ausschließlich kirchliche Schüler- und Studentengruppen – kontaktierten den EPA und gaben an, wann und in welchem Umfang sie einen Verkauf planten.[127] Die Waren wurden daraufhin von den Gruppen entweder direkt bei der S.O.S. in Kerkrade oder in den bald eingerichteten A3WH-Warenlagern in Frankfurt und Stuttgart abgeholt, später kamen noch Lager in Wuppertal und Hamburg hinzu. Anschließend wurden die Waren von den Gruppen im Rahmen einer kurzfristigen Aktion zum Verkauf angeboten. In den 1970er-Jahren lief dieser Verkauf fast ausschließlich über Straßenstände, Basare oder im Anschluss an einen Gottesdienst. Bis 1973 der erste Kaffee importiert wurde, standen nur handwerklich gefertigte Waren wie Kunstgegenstände, Lederwaren und Holzschmuck zum Verkauf.[128]

Schnell stellte sich heraus, dass die A3WH auf breites Interesse stieß. Zwischen September und Dezember 1970 wurden 78 Verkaufsaktionen

---

125　Die Einrichtung einer Handelsgesellschaft, für die ein Kapitalbedarf von etwa 560.000 DM veranschlagt wurde, war noch in der Problemskizze als nötiger nächster Schritt beschrieben worden, vgl. MAA, FH 2, Ernst-Erwin Pioch: Problemskizze zur Gründung einer ‚Aktionsgemeinschaft Dritte Welt-Handel', 8. Juni 1970, S. 3–4; MAA, FH 6, Protokoll zur Konsultation des EPAK am 14. März 1970.

126　MAA, FH 6, Brief von Ernst-Erwin Pioch an Teilnehmer der Aktion 3. Welt-Handel, 10. August 1970.

127　Vgl. dazu und zum Folgenden MAA, FH 3, Auswertung der Fragebogenaktion für 1971, S. 2; ferner Schmied: Aktion, S. 296–308.

128　Auf die Gründe dafür wird im nächsten Kapitel noch genauer eingegangen.

durchgeführt und dabei Waren im Wert von knapp 200.000 DM verkauft. Etwa vierzig Gruppen, die darüber hinaus um Waren angefragt hatten, konnten keine mehr erhalten.[129] Fast alle beteiligten Gruppen gaben an, an nachfolgenden Aktionen erneut teilnehmen zu wollen.[130] Damit stellte sich für die Organisatoren im EPA dar, dass die Aktion eine langfristige Beteiligung und damit eine verstärkte Bindung der Jugendgruppen versprach. 1971 fanden 176 Verkaufsaktionen statt, 1972 bereits 360 und 1973 dann circa 500.[131] Bereits im Jahr 1971 konnten Waren im Wert von 865.000 DM verkauft werden, von denen 20 Prozent für Projekte der Entwicklungshilfe zur Verfügung gestellt wurden.[132] Die Auswahl darüber, welches Projekt zu unterstützen sei, wurde grundsätzlich den Gruppen selbst überlassen. Wenn diese jedoch keinen eigenen Wunsch äußerten, konnten sie aus Vorschlägen der A3WH auswählen. Dies waren in der Regel Genossenschaften, die von Brot für die Welt oder Misereor finanziert wurden. Als Alternative wurde von der A3WH 1971 ein sogenannter Investitionsfonds eingerichtet, dessen Mittel dazu verwendet werden sollten, Produzenten Hilfestellungen zur Verbesserung ihrer Produktionsbedingungen zu geben.[133]

Aus dem EPA ging am 24. Juni 1971 der Leitungskreis der A3WH hervor. Unter den zehn bei kirchlichen Organisationen angestellten Mitgliedern waren Jugendverbandsvertreter – Harry Neyer und Helmut Klimke für die katholische und Ernst-Erwin Pioch sowie Harm de Vries für die evangelische Seite –, ferner die Bildungsreferenten von Brot für die Welt und Misereor, Berthold Burkhardt und Erwin Mock.[134] Dazu kamen bald

---

129 Vgl. MAA, FH 2, Harry Neyer: Drucksache Nr. 5 zu Antrag Nr. 2 zur Hauptversammlung im Mai 1971 vom 5. Mai 1971, S. 2.

130 Vgl. MAA, FH 3, Auswertung der Fragebogenaktion für 1971, S. 4; Hötzel: Aktion, S. 13.

131 Vgl. MAA, FH 10, Harry Neyer: Kurzinformation über die Aktion Dritte Welt Handel, Februar 1974, S. 3.

132 Vgl. MAA, FH 10, Harry Neyer: Kurzbericht über die Aktion Dritte Welt Handel, 5. November 1972, S. 3; Walbrach, Wolfram: Aktion Dritte Welt Handel. Hoffnung oder Resignation?, in: eji 11, 1972, S. 22.

133 Vgl. MAA, FH 10, Harry Neyer: Kurzbericht über die Aktion Dritte Welt Handel, 5. November 1972, S. 4.

134 Weitere Mitglieder des Leitungskreises waren Warner Conring von den Diensten in Übersee, Willi Manderfeld von der Arbeitsgemeinschaft Entwicklungshilfe, Wilhelm Aselmann von der Wirtschaftsstelle Evangelischer Missionsgesellschaften und Horst Neckenig von der BEGECA, vgl. MAA, FH 2, Harry Neyer: Drucksache Nr. 5 zu Antrag Nr. 2 zur Hauptversammlung im Mai 1971 vom 5. Mai 1971, S. 3–4; MAA, FH 10, Harry Neyer: Kurzbericht über die Aktion Dritte Welt Handel, 5. November 1972.

mehrere Ausschüsse mit verschiedenen Aufgabenbereichen. Der wichtigste war anfangs der Pädagogik-Ausschuss, dessen Aufgabe darin lag, eine Strategie der A3WH und Materialien zu entwickeln, die den Aktionsgruppen für die Bewusstseinsbildung zur Verfügung gestellt werden sollten.[135] In den Warenlagern Stuttgart und Frankfurt arbeiteten ab 1971 Gerd Nickoleit und Edda Stelck als hauptamtliche Mitarbeiter. Edda Stelck war und blieb bis in die späten 1970er-Jahre hinein eine der wenigen Frauen in dem von Männern dominierten Feld des Fairen Handels.

Durch die Verkäufe der A3WH stiegen die Umsatzzahlen der S.O.S. Den Stellenwert der Expansion über die Niederlande hinaus verdeutlichen die Bilanzzahlen: Während in den Niederlanden der S.O.S.-Umsatz zwischen 1971 und 1973 von 358.000 Gulden auf 442.000 Gulden gestiegen war, betrug der Umsatz im Ausland 822.000 Gulden im Jahr 1971 und 2.114.000 Gulden im Jahr 1973. Den mit Abstand größten Anteil daran hatte der Verkauf in der Bundesrepublik.[136]

Grafik 2   Umsatzentwicklung der S.O.S., 1969–1973

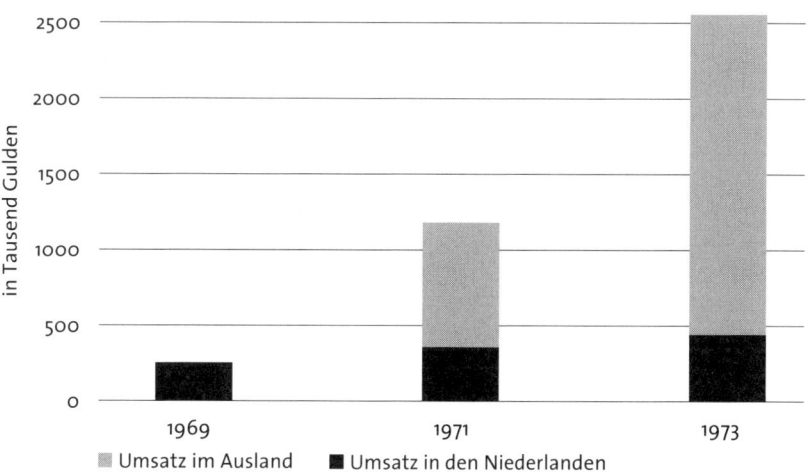

135 Vgl. Raschke: Fairer, S. 49.
136 Vgl. MAA, ZA: SR: Organisationen 284 S.O.S. Kerkrade, Moret & Limperg aan Stichting Ontwikkelings Samenwerking, 25. September 1975; Arnold: Went, S. 30; MAA, FH 2, Sitzung des Leitungskreises der A3WH am 8. Februar 1972; sowie Interview Hissel (Jan Hissel war in den frühen 1970er-Jahren für die Verkaufsabteilung der S.O.S. zuständig).

2.4.2 Reformen ohne Revolution

Wie bereits genannt, teilten sich die Dependenztheoretiker in zwei Flügel. Während der eine systemimmanente Änderungen der weltwirtschaftlichen Verhältnisse für unmöglich erachtete, suchte der andere nach Lösungsmöglichkeiten im Rahmen des Gegebenen. In der Einrichtung der UNCTAD manifestierte sich diese Hoffnung auf Reformierbarkeit der bestehenden weltwirtschaftlichen Strukturen. Eine ähnliche Spaltung wie bei den Dependenztheoretikern lässt sich auch unter den entwicklungspolitisch Aktiven in der Bundesrepublik ausmachen.[137] Die kirchlichen Jugendverbände und die meisten entwicklungspolitischen Gruppierungen aus dem kirchlichen Umfeld waren eindeutig einem gemäßigten, konstruktiv orientierten Flügel zuzuordnen.[138] Auch das Modell der A3WH basierte grundlegend auf der Überzeugung, durch Bewusstseinsbildung im Hier langfristig die Situation im Dort verbessern zu können – und zwar innerhalb der bestehenden Strukturen. Darin ist wohl ein Grund dafür zu sehen, dass viele nicht-kirchliche Gruppen der A3WH mit Ablehnung begegneten, während auf der anderen Seite die Theorielastigkeit und die Sympathie für sozialistische Gesellschaftsentwürfe vieler studentisch geprägter Gruppierungen unter Jugendlichen des christlichen Umfelds und in den Jugendverbänden auf Skepsis stießen.[139] Exemplarisch erhellt das Misstrauen ein Bericht über das Zusammentreffen

---

137 Vgl. Hein: Westdeutschen, S. 139–147.

138 Dies wird in der weiteren Untersuchung noch zu zeigen sein, lässt sich aber beispielsweise schon bei Schmied: Aktion, S. 23–24, erkennen; sowie in verschiedenen Interviews, z.B. Interview Stricker; Interview Burkhardt; Interview Bruns.

139 Vgl. dazu beispielsweise das Urteil Alfred Holzbrechers, dem zufolge die Proteste gegen den Cabora-Bassa-Staudamm „gerade vielen christlichen und liberalen Gruppen verschiedene Einstiegs- und Anknüpfungspunkte [geboten hätten], ohne daß sozialistische Imperialismusinterpretationen von vornherein akzeptiert werden mußten", Holzbrecher: Dritte, S. 168–169; vgl. ferner dazu Balsen/Rössel: Solidarität, S. 284. Auch wenn in den kirchlichen Jugendverbänden viele Studenten vertreten waren und vor allem in der Zeit zwischen 1965 und 1975 intensiv über das Verhältnis von Kirche und Marxismus diskutiert wurde (vgl. dazu Schildt/Siegfried: Deutsche, S. 357–358), ist das Urteil Bastian Heins, dass in den kirchlichen Jugendorganisationen „die Fäden der studentischen und der kirchlichen Kritik an der Entwicklungshilfe" zusammengelaufen seien (Hein: Westdeutschen, S. 144), skeptisch zu sehen. Vgl. dazu auch Mausbach, Wilfried: Von der ‚zweiten Front' in die friedliche Etappe? Internationale Solidaritätsbewegungen in der Bundesrepublik 1968–1983, in: Reichardt, Sven und Siegfried, Detlef (Hg.): Das Alternative Milieu. Antibürgerlicher Lebensstil und linke Politik in der Bundesrepublik Deutschland und Europa, 1968–1983, Göttingen, 2010, S. 423–444, hier: S. 441f.; generell zur Bedeutung von „1968 in den Kirchen" vgl. Großbölting: Himmel, S. 137ff.;

von fünfundfünfzig Vertretern von A3WH-Gruppen und – im Bericht so bezeichneten – „Einzelkämpfer[n]', die sich als oppositionelle Kräfte gegen die Entwicklungsländerpolitik der BRD" ausgaben. Letztere lehnten das A3WH-Modell eines gerechteren Handels rundweg ab, da es nur den Status quo der Weltwirtschaft stabilisiere. Die Förderung von Genossenschaften wurde „als illusionär beurteilt" und das Ziel, diesen in Europa einen Markt zu erschließen, als „gefährlich eingestuft", da der Absatzmarkt bald gesättigt sei und außerdem kein „künstlich erzeugter Absatz geschaffen werden solle". Und schließlich sei die Hoffnung auf eine Bewusstseinsbildung nicht mehr als ein „frommer Wunsch". S. O. S.-Direktor Paul Meijs, der ebenfalls bei der Diskussion anwesend war, fragte, ob man denn das Mögliche gleich sein lassen solle, nur weil das Bessere unerreichbar sei.[140] Daran zeigt sich beispielhaft die Orientierung am konkret Mach- und Erreichbaren, mit der meist eine Skepsis gegenüber theoriegesättigten Diskussionen einherging – eine Tendenz, die den Fairen Handel in meinen Augen bis heute bestimmt.

In den ersten Jahren lief der Warenverkauf dementsprechend fast ausschließlich über Aktionsgruppen aus dem kirchlichen Bereich. Wie Harry Neyer, Vorsitzender des A3WH-Leitungskreises, noch 1973 konstatierte, war es der A3WH bis dato nicht gelungen, über den „Kreis der christlich oder kirchlich motivierten Gruppen hinaus auf Interesse zu stoßen".[141] Anschlusspotenzial außerhalb des kirchlichen Umfelds sahen die Initiatoren der A3WH vor allem bei der Aktion Dritte Welt Freiburg, die Bastian Hein bezeichnenderweise als „Paradebeispiel für die [...] gemäßigten und konstruktiv-kritischen Gruppen" in der Dritte-Welt-Bewegung ausmacht.[142] Aus der Freiburger Gruppe ging bald darauf das Informationszentrum Dritte Welt hervor, deren regelmäßig erscheinende Zeitschrift, die „blätter des iz3w", für die Meinungsbildung der Basisgruppen im Feld des Fairen Handels herausragende Bedeutung bekommen sollte.[143]

Hager, Angela: Westdeutscher Protestantismus und Studentenbewegung, in: Hermle/Lepp/Oelke (Hg.): Umbrüche, S. 111–130.

140　MAA, FH 7, Bericht von Gerd Nickoleit, undatiert, vor 1974.

141　Neyer, Harry: „Vom Bastkorb zum Guatemala-Kaffee. Trends, Tendenzen und offene Fragen bei der Aktion Dritte Welt Handel", in: E+Z 4, 1973, S. 19–21, hier: S. 19.

142　Hein: Westdeutschen, S. 143. Als 1971 im Leitungskreis der A3WH darüber nachgedacht wurde, auf weitere, weniger kirchlich orientierte Gruppen zuzugehen, sah man vor allem bei der Aktion Dritte Welt Freiburg Potenzial zur Kooperation, vgl. MAA, FH 2, Protokoll der Sitzung des Leitungskreises der Aktion Dritte Welt Handel vom 24. Juni 1971, S. 2.

143　Vgl. AG3WL (Hg.): Weltladen-Handbuch, S. 79.

2.4.3 Das Gefühl von Verantwortung
in einer sich verkleinernden Welt

Versucht man, genauer herauszuarbeiten, worin die eigentliche Motivation zur Durchführung des Dritte-Welt-Handels lag, tritt ein Motiv klar hervor, das A3WH-Mitglied Berthold Burkhardt im Nachhinein treffend auf den Punkt bringt: das Gefühl, dass „eben die Welt immer kleiner wurde".[144] Aus dieser Wahrnehmung einer kleiner werdenden, zusammenrückenden Welt entstand offensichtlich das Gefühl einer Verbundenheit mit den Menschen in den Ländern des globalen Südens und daraus wiederum die Motivation zum eigenen Engagement. Matthew Connelly urteilt in Bezug auf die 1970er-Jahre:

> What made the global seem local, and shocking, was [...] that the world – all of it – was rapidly changing, but with radically different effects for rich and poor, the "developed" and the "underdeveloped".[145]

Diese Aussage findet sich in den Quellen bestätigt. Schon in dem Pearson-Bericht hieß es, die „Sorge um das Wohlergehen anderer und ärmerer Nationen" sei Ausdruck „des Bewußtseins, in einer kleiner gewordenen Welt zu leben und einer Weltgemeinschaft anzugehören".[146] Die Bedeutung, die dieser neuen Wahrnehmung globaler Zusammenhänge und dem daraus entstehenden Gefühl christlicher Verantwortung zukam, lässt sich an fast allen Dokumenten ablesen und spiegelt sich in fast allen geführten Interviews.[147] Einige Beispiele mögen dies belegen. Paul Meijs schrieb 1970 im Projektplan der S.O.S. für das anbrechende Jahrzehnt:

---

144 Interview Burkhardt, 36:10.

145 Connelly, Matthew: Future Shock. The End of the World as They Knew It, in: Ferguson u.a. (Hg.): Shock, S. 337–350, hier: S. 338. Die These eines „Schock des Globalen" verdankt sich dem genannten Sammelband Ferguson u.a. (Hg.): Shock. Zur kritischen Diskussion um den deutlich US-zentrierten und politik- und wirtschaftsgeschichtlich ausgerichteten Sammelband und um die Tragfähigkeit der These eines Globalschocks vgl. Maddux, Thomas und Labrosse, Diane (Hg.): H-Diplo Roundtable Review. Niall Ferguson u.a. (ed.): The Shock of the Global. The 1970s in Perspective, in: www.h-net. org/~diplo/XI, 49, 2010. Vgl. zu der sich ändernden Wahrnehmung der Welt beispielsweise auch Kießling: (Welt-)Öffentlichkeit, speziell S. 99; Davis: Whole; Ziemann: Säkularisierung, hier: S. 22.

146 Kommission: Pearson-Bericht, S. 27.

147 Vgl. beispielsweise Interview Neyer; Interview Pioch; Interview Stricker; Interview Bruns; Interview Mock.

We must recognise that we Christians have failed both personally and as a community. We live in a small world in which distance does not count anymore. We cannot say that problems of other people do not touch us: they are close, therefore, they are our problems.[148]

Ähnlich klingt es in einem A3WH-Flugblatt von 1971:

Aktion Dritte Welt Handel erinnert Sie an eine klein gewordene Welt: In 48 Stunden rund um den Erdball ist längst keine Zukunftsvision mehr. Entwicklungshilfe ist Nachbarschaftshilfe geworden. […] Der in Not geratene Nachbar hat seine Lage nicht selbst verschuldet. Ihm helfen Sie zu Hause doch auch. Aktion Dritte Welt Handel […] versteht sich als Appell an das christliche Gewissen […]. Sie haben gelesen, Sie haben verstanden, werden Sie mit Ihrem Kauf helfen?[149]

In diesen Texten tritt das Gefühl einer Nähe und Verbundenheit hervor, aus dem eine global orientierte Verantwortung der Christen abgeleitet wurde. Das Motiv der Nachbarschaft findet sich auch in einem Flyer vom September 1970, mit dem Aktionsgruppen zur Mithilfe an der A3WH bewegt werden sollten. Darin heißt es, Bezug nehmend auf die Botschaft der vierten Vollversammlung des ÖRK in Uppsala von 1968, jeder sei inzwischen „jedermanns Nachbar geworden", weshalb vor allem die Christen „für die Sicherung der Menschenrechte in einer gerechten Weltgemeinschaft eintreten" müssten.[150]

Aus diesem scheinbaren Näherrücken entstand das Gefühl von Verantwortung. Ernst Schmied, der 1977 eine Dissertation über die Entwicklung der A3WH veröffentlichte und selbst lange Zeit in Aktionsgruppen des Dritte-Welt-Handels aktiv war, charakterisierte die Stimmung der frühen 1970er-Jahre als eine „neue Sicht von Weltverantwortung des Christen".[151]

---

148 MAA, ZA: SR: Organisationen 284 S.O.S. Kerkrade, Paul Meijs: Developing Policy of S.O.S. Stichting-Ontwikkelings-Samenwerking for the period 1970–1980, translated by Harry Haas, S. 2.

149 MAA, ZA: 2012/4 Aktion Dritte Welt Handel A3WG Leitungskreis Korrespondenz Hilfswerke AEJ/BDKJ, A3WH Wetzlar Merkblatt „Sieben Tage – Sieben Thesen", 1971.

150 MAA, FH 2, Aktionsgruppe 3. Welt-Handel (Hrsg.): ‚Aktion Dritte Welt Handel', September 1970, S. 2–3.

151 Schmied: Aktion, S. 61. Eine „christliche Weltverantwortung" machen offensichtlich auch Markus Raschke und Hans-Gerd Angel zum Auslöser kirchlicher Entwicklungshilfe bzw. eines entwicklungspolitischen Engagements, ohne darauf aber konkreter einzugehen. Vgl. den Titel von Angels Habilitationsschrift: „Christliche Weltverantwortung" (Angel: Misereor) sowie Raschke: Fairer, S. 19–20.

Seine Forschungsarbeit begründete er damit, dass sich „die Bevölkerung der Industrie-Nationen ihrer Entwicklungsverantwortung bewußt" werden müsse.[152] A3WH-Mitglied Harry Neyer sah den Sinn des Dritte-Welt-Handels darin, durch „Bewußtseinsbildung die Mitverantwortung unserer Gesellschaft für die Menschen in der Dritten Welt zu wecken".[153]

Die bewusstseinsbildende Arbeit wurde mithin als Möglichkeit gesehen, sich der so wahrgenommenen Verantwortung gegenüber der Welt und den Menschen im globalen Süden zu stellen. Die Arbeit im Hier, in der Bundesrepublik, war für die Ausführenden ein elementarer Teil der Entwicklungshilfe und gehörte ebenso dazu wie die Arbeit im Dort, in der näher gerückt scheinenden Dritten Welt. Im Leitungskreis der A3WH äußerte man sich überzeugt, dass die „Bewusstseinsbildung Kräfte auslösen" könne, die „um vieles größer und wirksamer" seien als die A3WH selbst.[154] Dementsprechend lag das Ziel der A3WH nicht auf einer Steigerung der Umsatzzahlen, sondern – wie schon in Piochs Projektskizze angedeutet worden war – auf der entwicklungspädagogischen Arbeit. Das schlug sich dann beispielsweise darin nieder, dass die A3WH klare Vorgaben zur Organisation des Warenverkaufs machte, um eine bestmögliche Bewusstseinsbildung zu ermöglichen. Beim Verkauf sollte sich die Gruppe aufteilen: Während die eine Hälfte Waren anbiete, solle die andere versuchen, „die Käufer in Gespräche zu verwickeln" und darüber „die politische Motivierung zugunsten einer Verbesserung der Handelsbedingungen für die Dritte Welt zu erreichen".[155] Hinter solchen Empfehlungen stand die in den frühen 1970er-Jahren dominierende Gewissheit, dass die bewusstseinsbildende Arbeit aus sich heraus erfolgreich sein würde. Da die zu verkaufenden Gegenstände „kulturell interessant" seien, ging man in der A3WH davon aus, dass die Käufer von selbst nach den Produktionsbedingungen fragen würden. Darin sah man den „Ansatz zu weiterführenden Gesprächen".[156]

---

152 MAA, ZA: GF HAV: GEPA I, Ernst Schmied: Beschreibung des Projekts: Die ‚Aktion-Dritte-Welt-Handel' als ‚Modell der Bewußtseinsbildung', 3. Juli 1975, S. 2.

153 MAA, FH 3, Harry Neyer: Vom Bastkorb zum Guatemala-Kaffee, S. 3–4.

154 MAA, FH 2, Harry Neyer: Drucksache Nr. 5 zu Antrag Nr. 2 zur Hauptversammlung im Mai 1971 vom 5. Mai 1971, S. 1; vgl. auch MAA, FH 2, Aktion Dritte Welt Handel: Entwicklung der Unterentwicklung. Eine Analyse angefertigt im Auftrag der Aktion Dritte Welt Handel von Gerd Nickoleit, undatiert, S. 15.

155 MAA, FH 2, Fahrplan der Aktion DritteWelt Handel vom 8. März 1971, S. 3, vgl. ebda., S. 2.

156 MAA, FH 10, Harry Neyer: Kurzbericht über die Aktion Dritte Welt Handel, 5. November 1972, S. 4.

Die Priorisierung der Bewusstseinsbildung ergab sich für die A3WH-Aktiven aus der Dependenztheorie, da dieser zufolge für einen Erfolg von Entwicklungshilfe zwingend politische Reformen im globalen Norden erfolgen müssten. Erst auf dieser Basis könnten sich die Gesellschaften des globalen Südens weiterentwickeln. Die Bedeutung der Dependenztheorie für die Entstehung der Aktion Dritte Welt Handel ist kaum zu überschätzen.[157] „Handel statt Hilfe", eine der zentralen Forderungen der UNCTAD, wurde zugleich zum Schlagwort des entstehenden Felds des Fairen Handels. Auch an vielen anderen Stellen zeigt sich der Einfluss der dependenztheoretischen Argumentation. Als theoretisches Fundament des Dritte-Welt-Handels sollte ein von dem A3WH-Mitarbeiter Gerd Nickoleit erstelltes Strategiepapier dienen. Es war mit „Entwicklung der Unterentwicklung" überschrieben.[158] Dies entsprach exakt dem Titel einer viel gelesenen Theorieschrift des Dependenztheoretikers André Gunder Frank von 1969.[159] In dem Abschlussbericht eines A3WH-Seminars wurde festgehalten, dass „die Entwicklung der Unterentwicklung" ohne die Analyse „von Strukturen, Institutionen und Machtverhältnissen in den Industrienationen" nicht zu erklären sei, weshalb Strukturveränderungen in den Entwicklungs- und

---

157 Die Bedeutung der Dependenztheorie und der neuen Ansätze in der Entwicklungshilfetheorie spiegelt sich in fast allen geführten Interviews, vgl. z.B. Interview Nickoleit; Interview Bruns; Interview Piepel; Interview Pioch. Vgl. zur Bedeutung des Pearson-Berichts für die A3WH auch Geßler: Konkurrenz, S. 10–12; vgl. ferner zur Bedeutung dependenztheoretischer Ansätze bei der Konzeption der A3WH MAA, ZA: GF HAV: GEPA I, Ernst Schmied: Beschreibung des Projekts: Die ,Aktion-Dritte-Welt-Handel' als Modell der Bewußtseinsbildung, 3. Juli 1975; Hierlmeier: Internationalismus, S. 104–107; Olejniczak: Dritte-Welt-Bewegung, S. 116. Besondere Bedeutung bei der Rezeption der Dependenztheorie kam in Westdeutschland den Publikationen von Dieter Senghaas zu, eine der ersten war: Senghaas, Dieter: Imperialismus und strukturelle Gewalt. Analysen über abhängige Reproduktion, Frankfurt am Main, 1972.
158 MAA, FH 2, Entwicklung der Unterentwicklung. Eine Analyse angefertigt im Auftrag der Aktion Dritte Welt Handel von Gerd Nickoleit, undatiert. Vgl. dazu ferner MAA, FH 2, Ernst-Erwin Pioch an Leitungskreis der A3WH, 27. August 1971; Interview Nickoleit; sowie die detaillierten und oft kritischen Ausführungen zu dem Papier bei Schmied: Aktion, S. 153–173; ferner Hötzel: Aktion, S. 10.
159 Frank, André Gunder: Die Entwicklung der Unterentwicklung, in: Echeverrí, Bolívar und Kurnitzky, Horst (Hg.): Kritik des bürgerlichen Anti-Imperialismus. Entwicklung der Unterentwicklung, Berlin, 1969, S. 30–45. Zur Rezeption Franks in der Bundesrepublik Deutschland vgl. Hein, Wolfgang: André Gunder Frank (1929–). Metropolen, Satelliten und das Weltsystem, in: E+Z 3, 2000, S. 80–83; Bachinger/Matis: Entwicklungsdimensionen, S. 124ff.

in den Industrienationen erforderlich seien.[160] Und als Anschlussaktion an den Friedensmarsch und die A3WH wurde vom EPA eine sogenannte UNCTAD-Kampagne durchgeführt.[161]

Ernst-Erwin Pioch vom EPA hatte bereits 1971 klargestellt, dass die A3WH „eindeutig politisch Stellung nehmen und zur politischen Stellungnahme aufrufen" wolle.[162] Allerdings war im Leitungskreis der A3WH vorgesehen, dass die politischen Stellungnahmen und die Aussagen der Dependenztheorie nur in konzentrierter Form weitergegeben würden. Um eine erfolgreiche Bewusstseinsbildung zu ermöglichen, so schienen die A3WH-Verantwortlichen überzeugt zu sein, dürften die Informationen die Konsumenten nicht überfordern. In der konsequenten Reduzierung der Informationsmenge sah man offensichtlich die einzige Möglichkeit, bei den Käufern Interesse hervorrufen zu können, und traf damit auf den Zuspruch vieler Aktionsgruppen. Ein Dritte-Welt-Arbeitskreis begründete den Willen zur Durchführung einer A3WH-Aktion damit, dass man die Käufer nicht mit einem „Wust an Informationen", sondern „in einfacher Form mit einigen leicht durchschaubaren praktischen und praktikablen Hilfsmaßnahmen" konfrontieren wolle.[163] Dass mit einer solchen Vereinfachung die Gefahr einherging, die komplexe Thematik weltwirtschaftlicher Zusammenhänge kaum adäquat erfassen zu können, hatte man bei der Konzeption der A3WH bereits vermutet und in Kauf genommen. So wurde gemutmaßt, dass „notwendigerweise die sehr komplizierten Handelsprobleme sehr stark vereinfach[t]" werden müssten, wodurch möglicherweise „die wirklichen Probleme verschleiert" würden.[164] Dies wurde aber allem Anschein nach nicht als problematisch angesehen, schließlich sollte der Verkauf von Waren bei den Konsumenten nur den Anstoß geben zu einer eigenen und dann tiefer greifenden Beschäftigung mit den weltwirtschaftlichen Zusammenhängen und dem Verhältnis von Industrie- und Entwicklungsländern. Wie es Dieter Gawora auf den Punkt bringt, herrschte schlicht die Überzeugung,

---

160 MAA, FH 2, Anlage zu Protokoll Höchster Seminar, 15.–17. Oktober 1971.

161 Vgl. MAA, FH 18, UNCTAD-Kampagne 1972. Die UNCTAD-Kampagne wurde immer wieder aufgegriffen und fortgeführt, vgl. FH 19 UNCTAD-Kampagne 1979 etc.

162 MAA, FH 2, Ernst-Erwin Pioch an die Mitglieder der Aktionsgemeinschaft ‚Dritte-Welt Handel', 5. Mai 1971, S. 2.

163 ADE, HGSt 3368: Brot für die Welt/Presse- und Informationsreferat: Allgemeiner Schriftwechsel L–Z, Brief an Brot für die Welt, 8. August 1971.

164 MAA, FH 2, Ernst-Erwin Pioch: Problemskizze zur Gründung einer ‚Aktionsgemeinschaft Dritte Welt-Handel' vom 8. Juni 1970, S. 2–3.

„niemand könne die Augen verschließen vor den Lebensverhältnissen der Menschen in der Dritten Welt".[165]

Das Bild der Produzenten

Es wurde bereits gezeigt, dass die bisherige, auf das Sammeln von Spenden und die Bekämpfung des Hungers zielende kirchliche Entwicklungshilfe um 1970 in die Kritik geraten war. Auch die A3WH wandte sich gegen die Fokussierung auf karitative Maßnahmen zur Hungerbekämpfung. Wie der A3WH-Vorsitzende Harry Neyer feststellte, war die Wahrnehmung der Entwicklungsländer in der deutschen Bevölkerung immer noch „auf das Hungerproblem eingeengt", obwohl Entwicklungshilfe doch „viel mit Weltwirtschaft, Welthandel und Zollpolitik zu tun" habe.[166] Als den Gruppen Ratschläge zur Dekoration des Verkaufsstands gegeben wurden, hieß es, auf „Plakate, die Hunger und Verelendung darstellen", sei unbedingt zu verzichten.[167] Damit verband sich ein weiteres, mit dem Dritte-Welt-Handel verbundenes Motiv: Es ging darum, das von den Menschen im globalen Süden vermittelte Bild der bloßen Hilfeempfänger zu überwinden. Der Verkauf von Waren bot sich aus Sicht der A3WH-Verantwortlichen für dieses Ziel an, hoffte man doch darauf, die Produzenten in erster Linie als Handelspartner darstellen und dadurch der „Stilisierung des Europäers zum weißen Wohltäter" entgegentreten zu können.[168] Allerdings schlug der A3WH früh die Kritik entgegen, dass ein solches Ziel kaum mit dem Verkauf von kunsthandwerklichen Waren zu erreichen sei. Kurz nach dem Start der A3WH im Jahr 1970 wurde in einem Artikel kritisch gefragt, ob „der Verkauf von Drittwelt-Nippes ein Modell zukunftsweisender Bewußtseinsbildung" sein könne oder ob das Sortiment nicht vielmehr das „weitverbreitete Vorurteil" bestätige, „billige Bastwaren, Masken und folkloristisches Tonwerk seien die für die Dritte Welt typischen Produkte".[169] Dass diese Kritik offensichtlich nicht ganz an der Realität vorbeiging, zeigen die Erfahrungsberichte von Verkaufsgruppen.

---

165 Gawora: Lateinamerika, S. 25; vgl. ähnlich beispielsweise Interview Stelck.

166 So Harry Neyer aus der Rückschau ein Jahr nach dem Friedensmarsch in: MAA, FH 2, Harry Neyer: Drucksache Nr. 5 zu Antrag Nr. 2 zur Hauptversammlung im Mai 1971 vom 5. Mai 1971, S. 1.

167 MAA, FH 2, Fahrplan der Aktion DritteWelt Handel vom 8. März 1971, S. 3.

168 BMZ Bundesministerium für wirtschaftliche Zusammenarbeit u.a. (Hg.): Aktionshandbuch für alle, die etwas für die Dritte Welt tun wollen, Troisdorf, 4. Aufl. 1977, S. 40; vgl. ferner Interview Mock; Interview Bruns.

169 Dreesmann, Bernd: Bazare zur Bewußtseinsbildung? Neue ,Aktion 3. Welt-Handel' geplant, in: E+Z 10/70, Oktober 1970, S. 10–11.

In einem hieß es beispielsweise, von vielen Käufern sei gefragt worden, ob denn „die ‚Wilden‘ im Urwald überhaupt fähig seien, so schöne Salatbestecke zu schnitzen".[170] In einem weiteren Erfahrungsbericht zu einem A3WH-Stand wurde so zynisch wie kritisch reflektiert:

> Der Käufer, der die „schönen, handgeschnitzten" Artikel sieht, assoziiert sofort einen Neger, der mit primitiven Mitteln diese Figuren schnitzt. Hier regt sich nun des Käufers Spendenmentalität, geschaffen von den kirchlichen Entwicklungshilfeinstitutionen, und er ist gerne bereit[,] 30 % mehr für diese Waren zu zahlen, um dem armen Neger die Möglichkeit zu geben[,] sich selbst zu entwickeln.[171]

Die Kritiker befürchteten also, dass durch den Verkauf von kunsthandwerklichen Waren ein vereinfachendes Bild der Menschen in der Dritten Welt vermittelt würde. Bei der A3WH stimmte man der Kritik der Gruppen am Kunsthandwerk zwar durchaus zu, andererseits hielt man – wie gezeigt wurde – die Vereinfachung der Botschaften für eine Voraussetzung für das Ziel der Bewusstseinsbildung und für die Beteiligung der Jugendgruppen. In dem „folkloristisch-exotischen Anknüpfungspunkt" des Kunsthandwerks sah man dementsprechend bei der A3WH auch einen willkommenen „Abholeffekt" zum bewusstseinsbildenden Gespräch.[172] Da die Waren in erster Linie der Bewusstseinsbildung dienen sollten, wurde dies auf die Produzenten übertragen. Es ging in erster Linie darum, klare Botschaften vermitteln zu können. Im „Aktionshandbuch Dritte Welt" wurde unterstrichen, je „farbiger" die Informationsvermittlung auch in Bezug auf die Produzenten geleistet werde, desto leichter sei es, „ein persönliches Verhältnis" herzustellen, und desto leichter entstehe beim Käufer „das Gefühl von Solidarität und Verantwortung".[173] Auf Nachfragen von Gruppen stellte die Arbeitsgruppe Pädagogik der A3WH früh klar, dass man die Waren nur von solchen Produzentengenossenschaften beziehen wolle, die „die ungerechten Handelsstrukturen" aufzeigten und „leicht darstellbar" seien.[174]

---

170 MAA, FH 2, o. V.: Aktion 3. Welt-Handel in Augsburg, undatiert, S. 2.
171 MAA, FH 2, Brief vom Förderkreis Entwicklungshilfe e. V. Sögel vom 2. Januar 1972.
172 MAA, FH 3, Harry Neyer: Vom Bastkorb zum Guatemala-Kaffee. Trends, Tendenzen und offene Fragen bei der Aktion Dritte Welt Handel, 1973, S. 7.
173 BMZ u. a. (Hg.): Aktionshandbuch, S. 22.
174 MAA, FH 7, Protokoll der Sitzung der ‚Arbeitsgruppe Pädagogik‘ des EPA vom 29. Januar 1971, S. 2.

In den Quellen stellt sich das in der A3WH von den Produzenten ver-
mittelte Bild sehr einseitig dar. Verschiedene Regionen wurden unter dem
Sammelbegriff der Dritten Welt zusammengefasst und auf einheitliche
Darstellungsmuster reduziert. Dies war unter anderem der Orientierung an
der Dependenztheorie zu verdanken, die die Welt in dichotome Paare von
Peripherie und Zentrum, Arm und Reich, mächtig und benachteiligt teilte.[175]
Darüber hinaus war die Dependenztheorie offensichtlich dafür verantwortlich,
dass das in der A3WH existente Bild der Produzenten einem tendenziellen
Paternalismus unterworfen war. Indem von der Dependenztheorie betont
wurde, dass der globale Süden in der Abhängigkeit vom globalen Norden
gefangen sei, wurde den Menschen im Süden grundsätzlich die Möglichkeit
zur Änderung der Verhältnisse aus eigener Kraft abgesprochen. Dieses Denken spiegelt sich in mehreren Dokumenten der frühen A3WH-Zeit wider.
In einem Aufruf der A3WH heißt es:

> Die Menschen in der Dritten Welt wollen nicht ewig als Bettler vor unserer Türe
> stehen. Sie wollen kein Almosen, für das man „Danke schön" zu sagen hat. Sie
> wollen sich selber helfen. Aber alleine schaffen sie es nicht. Sie möchten, daß
> ihre menschliche Würde geachtet wird; sie wollen als Partner ernstgenommen
> werden. Sie sind angewiesen auf unsere solidarische Hilfe, vor allem auf die Hilfe
> der Christen.[176]

In dem Aufruf wird ein Bild der Produzenten gezeichnet, nach dem diese
erst durch die Hilfe von außen, von Menschen im globalen Norden den Weg
einer eigenen Entwicklung gehen können. Ihr Leben und Denken scheint
der Darstellung nach nur auf diesen Norden hin orientiert zu sein: Sie stehen offensichtlich seit Langem „vor unserer Türe" und warten darauf, endlich von den Menschen in der Ersten Welt eingelassen zu werden – wofür
wiederum den Christen eine besondere Verantwortung zugesprochen wird.

Noch deutlicher zeigt sich meines Erachtens der durchscheinende Paternalismus in dem Strategiepapier der A3WH. Darin heißt es:

> Es wäre unsinnig und im höchsten Grade schädlich, wollte man […] versu-
> chen, für die Produktionsunternehmen ein windgeschütztes Eckchen auf dem

---

175 Vgl. auch Conrad/Randeria: Geteilte, S. 16.
176 MAA, FH 2, Aktionsgruppe 3. Welt-Handel (Hrsg.): ‚Aktion Dritte Welt Handel',
      September 1970, S. 2–3.

europäischen Markt zu finden […], denn eines Tages müssen die Produzenten in Übersee mit der Struktur des Welthandels leben.[177]

Die Vorstellung, dass man den Produzenten zur nicht vorhandenen Eigenständigkeit verhelfen müsse, zieht sich wie ein roter Faden durch die frühen Stellungnahmen der A3WH. Vor allem die vermeintliche Schicksalsergebenheit und Passivität der Produzenten wurde dabei regelmäßig unterstrichen. Der Pädagogik-Ausschuss der A3WH hoffte darauf, „marginale Gruppen aus ihrer Isolierung und ihrem Fatalismus zu befreien".[178] Ein Vertreter des Katholischen Jugendverbands befürwortete die Förderung von Genossenschaften, da diese „der Beginn einer Partizipation der Marginalschichten" seien.[179] Ähnliche Äußerungen finden sich im Strategieplan der S.O.S.[180] Dass dieses Bild in engem Zusammenhang mit der Dependenztheorie zu sehen ist, zeigt wiederum die Ankündigung eines A3WH-Podiumsgesprächs im Jahr 1971. In dem Schreiben wird die Frage nach den Lebensbedingungen in der Dritten Welt aufgeworfen und mit folgenden Worten beantwortet:

> Die meisten Menschen sind durch ständige Unterernährung für ihr Leben geschädigt. Sie sind krank und durch den Hunger hilflos, fügsam, apathisch, arbeitsunfähig. […] Ein Teil unseres Reichtums entsteht auf Kosten der Menschen aus den unterentwickelten Ländern. Die Industrienationen – und zu ihnen gehören wir – diktieren die Rohstoffpreise, erheben hohe Zölle auf die Waren aus der Dritten Welt und verlangen ständig höhere Preise für ihre eigenen Erzeugnisse. [….] Wir müssen uns informieren! Denn nur, wer von der Not der anderen weiß, wird nach den Ursachen des Elends fragen und sich um Möglichkeiten der Hilfe bemühen.[181]

---

177 MAA, FH 2, Aktion DritteWelt Handel: Entwicklung der Unterentwicklung. Eine Analyse angefertigt im Auftrag der Aktion Dritte Welt Handel von Gerd Nickoleit, undatiert, S. 17.

178 MAA, FH 7, Protokoll der Sitzung der Arbeitsgruppe Pädagogik vom 29. Januar 1971, S. 1.

179 MAA, FH 11, George Arickal: Kaffee – ein politisch-gärendes Getränk – gehört zum Warenkatalog ‚Dritte-Welt-Handel', 24. Oktober 1973, S. 2.

180 Vgl. MAA, ZA: SR: Organisationen 284 S.O.S. Kerkrade, Paul Meijs/Harry Haas: Developing Policy of S.O.S. Stichting Ontwikkelings Samenwerking for the Period 1970–1980, undatiert, S. 12–13.

181 MAA, ZA: 2012/4: Aktion Dritte Welt Handel A3WG Leitungskreis Korrespondenz Hilfswerke AEJ/BDKJ, Faltblatt Jugend verkauft: Waren aus Entwicklungsländern für die „Aktion Dritte Welt", Podiumsgespräch am 22. Oktober 1971.

Daran lässt sich zugleich ein bestimmtes Bild der Dritten Welt ablesen – und dass die unterschiedlichen Gesellschaften der Dritten Welt diesbezüglich offensichtlich vor allem auf ihre wirtschaftliche Rückständigkeit reduziert wurden, die vermeintlich Passivität und Schicksalsergebenheit zur Folge hatte. Es ist davon auszugehen, dass solche Aussagen durch die Tatsache befördert wurden, dass die Mitglieder des A3WH-Leitungskreises in den ersten Jahren nur selten selbst das Leben in einer Region des globalen Südens kennengelernt hatten – was ihnen auch als Manko bewusst war.[182] Für 1974 war beispielsweise eine Reise nach Indien geplant, um dem Leitungskreis die Möglichkeit zu geben, „die reale Lage in einem sog. Entwicklungsland zu erleben und zu erfahren".[183] Und ein Koordinator verschiedener Produktionsstellen in Kenia beklagte sich, dass der Informationsaustausch zwischen den Produzenten in Kenia und den Verkaufenden in der BRD leider sehr zu wünschen übrig lasse.[184] Dies alles zeigt, dass der Austausch zwischen den Produzenten und den Akteuren in der Bundesrepublik vor allem in den ersten Jahren nur sehr begrenzt vorhanden war. Angesichts dessen, dass der Schwerpunkt der A3WH nicht auf dem Dort, sondern auf einer Bewusstseinsbildung im Hier lag, scheint dieser fehlende Austausch aber nicht als schwerwiegend erachtet worden zu sein.

2.4.4　Der Dritte-Welt-Handel zwischen Wirtschaft und Pädagogik

Wie gezeigt wurde, gewann die A3WH bald nach ihrer Gründung an Popularität, die Verkaufszahlen stiegen schnell. Die bewusstseinsbildende Arbeit war dagegen mit Problemen behaftet. 1971 gaben die meisten Aktionsgruppen, die eine Verkaufsaktion durchgeführt hatten, in einem Fragebogen rückblickend zu, sich nur mangelhaft vorbereitet zu haben. Sie wiesen aber auch darauf hin, dass die Versorgung mit Informationsmaterialien unzureichend gewesen sei.[185] Eine Aktionsgruppe beschwerte sich, dass mit der von der A3WH bereitgestellten „Schmalspurinformation […] jegliche Bewußtseinsbildung unmöglich" sei.[186] In den Gremien der A3WH bemühte man sich, auf diese Kritik zu reagieren. Allerdings monierten die Mitglieder des A3WH-Leitungskreises ihrerseits, von den Hilfswerken und der S. O. S. nur

---

182　Vgl. MAA, FH 3, Ergebnisprotokoll zur Klausurtagung am 27./29. Januar 1973.

183　MAA, FH 3, Wolfram Walbrach: Vorlage zur Sitzung des Leitungskreises am 2. Juni 1973.

184　MAA, FH 2, Protokoll der Sitzung des Leitungskreises der A3WH vom 5. Mai 1972, S. 10–11.

185　Vgl. MAA, FH 3, Auswertung der Fragebogenaktion für 1971, S. 2–3.

186　MAA, FH 2, Brief vom Förderkreis Entwicklungshilfe e. V. Sögel vom 2. Januar 1972.

sehr wenig Informationen zu den Produktionsumständen der verkauften Waren zu bekommen.[187] Während das Erreichen der pädagogischen Ziele mit erheblichen Schwierigkeiten verbunden war, lief der Warenverkauf flüssig. Wie der Organisator eines Verkaufsstands vermutete, war das Interesse der Konsumenten in erster Linie auf das „Interesse an schönen Sachen" zurückzuführen. Der Verkauf sei daher problemlos vonstattengegangen, der „bewußtseinsbildende Effekt" allerdings „geringer als wünschenswert" gewesen.[188] Zugleich stellte sich heraus, dass offensichtlich für viele Aktionsgruppen der gute Zweck der Verkaufsaktion bereits durch den Warenverkauf an sich erfüllt zu sein schien.[189] Die Organisatoren der A3WH wollten allerdings unbedingt verhindern, dass Verkaufsaktionen ohne das vordringliche Ziel der Bewusstseinsbildung unter dem Schirm der A3WH durchgeführt wurden – zu sehr befürchtete man, wieder in das karitative Denken der früheren kirchlichen Entwicklungshilfe zu verfallen.[190] Auch hier sah man sich durch die Rückmeldungen der Verkaufsgruppen bestärkt. In einem Erfahrungsbericht wurde beschrieben, dass man als Verkäufer bei großem Kundenandrang schnell in die Versuchung gerate, die Waren „marktschreierisch anzupreisen", doch damit verbinde sich die Gefahr, „rein caritativ zu wirken".[191] Das Spannungsverhältnis zwischen dem leichter erreichbaren Ziel des Warenverkaufs und dem abstrakteren, aber eigentlichen Ziel der Bewusstseinsbildung brach vor allem in der Weihnachtszeit auf. Zu dieser Zeit planten viele Gruppen eine Aktion, denn aufgrund der höheren Kaufbereitschaft und der größeren Nachfrage vor den Feiertagen konnten die angebotenen Waren meist problemlos abgesetzt werden. Die Mitarbeiter in den A3WH-Warenlagern fühlten sich allerdings durch den plötzlichen Andrang überfordert. Die Waren reichten nicht aus, um alle Gruppen zu

---

187 Vgl. MAA, FH 2, Protokoll der Sitzung des Pädagogik-Ausschusses der A3WH vom 24. Januar 1972, S. 1; MAA, FH 2, Sitzung des Leitungskreises der A3WH am 8. Februar 1972; MAA, FH 2, Protokoll der Sitzung des Pädagogik-Ausschusses der A3WH vom 26. Mai 1972, S. 4; ferner Schmied: Aktion, S. 98–100.

188 MAA, FH 2, Aktennotiz zu einem Gespräch über eine Verkaufsveranstaltung Aktion Dritte Welt Handel in Aachen vom 24. August 1972; vgl. auch den ähnlichen Bericht einer anderen Gruppe in MAA, ZA: 2012/4: Aktion Dritte Welt Handel A3WG Leitungskreis Korrespondenz Hilfswerke AEJ/BDKJ, Brief an Pioch, 1. Dezember 1971.

189 Vgl. MAA, FH 3, Auswertung der Fragebogenaktion für 1971, S. 3–4; vgl. Schmied: Aktion, S. 225–226.

190 Vgl. MAA, FH 2, Sitzung des Leitungskreises der A3WH am 8. Februar 1972.

191 MAA, FH 2, Aktion 3.-Welt-Handel – Ökumenisches Pfingsttreffen Augsburg, Erfahrungsbericht, undatiert.

beliefern, und vor allem schien eine erfolgreiche Bewusstseinsbildung bei der durchführenden Gruppe sowie den Käufern auf diese Weise unmöglich.[192] Dies macht verständlich, warum der Leitungskreis es als Erfolg wertete, dass bei Wiederholungsaktionen vieler Gruppen der Umsatz geringer ausfiel, stattdessen aber die Verkaufenden besser vorbereitet gewesen seien.[193]

Im Gegensatz zu den Verkaufszahlen ließ sich der Effekt der Bewusstseinsbildung nicht präzise messen. Um dennoch den vermeintlichen Nutzen des Dritte-Welt-Handels in dieser Hinsicht zu unterstreichen, wurden teils utopische Rechnungen bemüht. Obwohl aus den Rückmeldungen der Gruppen hervorging, dass diese bei Verkaufsaktionen meist zwischen zehn und 20 Teilnehmern hatten[194], rechnete man im Leitungskreis offensichtlich mit einer durchschnittlichen Gruppenstärke von 34 Personen. In einer Pressemitteilung wurde verlautbart, im Jahr 1971 hätten 176 Gruppen mit „rund 6000 Mitgliedern" eine Aktion durchgeführt. Da man sicher zu sein schien, dass „jedes Mitglied einer Aktionsgruppe durchschnittlich 15 bis 20 Mitbürger informierte", wurde geschlussfolgert, dass „die Aktion Dritte Welt Handel im Jahr 1971 über 100.000 Personen angesprochen" habe.[195] Zwei Jahre später wurde auf dieser Grundlage davon ausgegangen, dass man rund 380.000 Bundesbürger erreicht habe – diese Zahlen seien noch dazu „nur vorsichtig geschätzt".[196] Derlei Berechnungen dienten dazu, den erhofften Erfolg der Bewusstseinsbildung zu veranschaulichen, denn trotz aller auftretenden Schwierigkeiten wollte man bei der A3WH an diesem Ziel unbedingt festhalten.

2.4.5 Kämpfe im Feld

Das Feld des Fairen Handels steckte in den frühen 1970er-Jahren in einer Phase der ersten Konturierung. Unter dem Dach der Aktion Dritte Welt Handel verkauften kirchliche Aktionsgruppen Waren, im Leitungskreis der

---

192 Vgl. MAA, FH 2, Brief von Edda Stelck vom 5. November 1971; MAA, FH 2, Sitzung des Leitungskreises der A3WH am 8. Februar 1972; MAA, FH 2, Edda Stelck an Aktionsgruppen, Februar 1972; sowie Schmied: Aktion, S. 298–299.

193 Vgl. MAA, FH 2, Protokoll der Sitzung des Leitungskreises der A3WH vom 16./17. Juni 1972, S. 1.

194 Vgl. MAA, FH 2, Vorläufige Auswertung von 30 Berichten der Aktion Dritte Welt Handel, 2. April 1971.

195 Vgl. o. V.: Über 100 000 Mitbürger informiert. Aktion Dritte Welt Handel zieht Zwischenbilanz, in: Katholische Nachrichten-Agentur KNA, Nr. 257, 3. November 1972.

196 Neyer, Harry: Vom Bastkorb zum Guatemala-Kaffee. Trends, Tendenzen und offene Fragen bei der Aktion Dritte Welt Handel, in: E+Z 4, 1973, S. 19–21, hier: S. 19.

Aktion saßen Vertreter verschiedener kirchlicher Organisationen wie der Hilfswerke und vor allem der Jugendverbände, die niederländische S.O.S. importierte Waren von Produzentengenossenschaften, die zuvor von den deutschen Hilfswerken unterstützt worden waren, und verteilte sie über Warenlager an die Gruppen in Deutschland.[197] Verbindender Kern des Feldes war die Ablehnung eines weltwirtschaftlichen Systems, das die Entwicklungsländer benachteilige, sowie die Überzeugung, dass man dagegen mit Bewusstseinsbildung und einem gerechteren Handel angehen könne. Dies waren die Spielregeln des Feldes; wer an der A3WH beteiligt sein wollte, musste zumindest signalisieren, diese Überzeugungen zu teilen. In den ersten Jahren war es nahezu unumstritten, dass mit dem Dritte-Welt-Handel vor allem das Ziel einer Bewusstseinsbildung verfolgt werde. Dies war von den Vertretern der Jugendverbände mehrfach deutlich gemacht worden – und da die A3WH auf Initiative der Jugendverbandsvertreter gegründet worden war und diese im Leitungskreis die wichtigsten Positionen besetzten, lag in den ersten Jahren die Definitionsmacht im Feld in ihrer Hand. Mit dem Erfolg der A3WH und der wachsenden Bedeutung setzten allerdings bald die ersten Streitigkeiten um die Prioritätensetzung des Dritte-Welt-Handels ein. Dies betraf vor allem die Frage, ob der Schwerpunkt auf der bewusstseinsbildenden Aktion oder auf dem Verkauf von Waren zu liegen habe.[198] Die Diskussionen spielten sich in den ersten Jahren vor allem zwischen den Vertretern des A3WH-Leitungskreises auf der einen und der S.O.S. auf der anderen Seite ab. Während man bei der A3WH die bewusstseinsbildende Arbeit der Aktionsgruppen in den Mittelpunkt stellte, fokussierte die ein Jahrzehnt früher entstandene S.O.S. auf den Verkauf, um darüber den Produzenten mehr direkte Unterstützung leisten zu können.[199] Schon 1963 hatte S.O.S.-Direktor Paul Meijs die Ziele seiner Organisation ausdrücklich als unpolitisch charakterisiert.[200] Für ihn war die Arbeit der S.O.S. den

---

197 Natürlich verkaufte die S.O.S. weiterhin Waren in den Niederlanden und inzwischen auch in Belgien, doch da diese Verkaufsaktionen unabhängig von der A3WH liefen, werden sie hier als nicht zum Feld zugehörig gerechnet.

198 Raschke, Geßler und Hötzel halten diese Frage offensichtlich für den zentralen Konfliktherd in der gesamten Entwicklung des Fairen Handels, vgl. Raschke: Fairer; Geßler: Konkurrenz; Hötzel: Aktion. Wie allerdings noch zu zeigen ist, verlor das Ziel der Bewusstseinsbildung Ende der 1970er-Jahre völlig an Rückhalt, sodass andere Zielsetzungen in den Vordergrund und ins Zentrum der Konflikte rückten.

199 Vgl. MAA, FH 2, Protokoll der Sitzung des Leitungskreises der A3WH vom 5. Mai 1972, S. 2; Raschke: Fairer, S. 50.

200 Vgl. Van der Stelt: Since, S. 8.

Quellen zufolge in erster Linie darauf ausgerichtet, Waren abzusetzen und den Produzenten neue Absatzmöglichkeiten zu eröffnen. Als eine niederländische Verkaufsgruppe forderte, dass die S. O. S. nur noch mit Produzenten aus „fortschrittlichen Ländern" zusammenarbeiten solle, erwiderte Meijs, dass ein solcher Boykott auch die dort lebenden Menschen betreffe, doch diesen zu helfen, sei „das Wichtigste, was geschehen sollte".[201] Das Zitat belegt, wie stark die S. O. S.-Arbeit zu der Zeit am Ziel der unmittelbaren und ökonomischen Hilfe orientiert war.

Mit der immer stärkeren Bedeutung des Verkaufs über die A3WH war diese Ausschließlichkeit nicht mehr so leicht vertretbar. Nur zögerlich ließ sich Paul Meijs darauf ein, der Bewusstseinsbildung als Entwicklungshilfe im Hier größeren Stellenwert einzuräumen.[202] In einem 1971 veröffentlichten Strategieplan der S. O. S. für die 1970er-Jahre wurde eine dreifache Zielsetzung angegeben, wobei allerdings die Reihenfolge zu beachten ist: erstens die konkrete Hilfe für die Produzenten, zweitens die Förderung eines „bewustwordingsproces" in den Entwicklungsländern sowie drittens die Stimulierung einer „mentaliteitsverandering" in den westlichen Ländern.[203]

Diese Neuorientierung verdankte sich allem Anschein nach im Wesentlichen dem Druck aus den Reihen des A3WH-Leitungskreises in Deutschland. Angesichts der stetig wachsenden Bedeutung des deutschen Absatzmarktes forderten die A3WH-Vertreter bald selbstbewusst mehr Einflussmöglichkeiten bei der S. O. S. Im Mai 1971 schlugen sie fünf Vertreter für den erweiterten Vorstand der niederländischen Organisation vor. Dem Wunsch wurde entsprochen: Ab 1972 bestand dieser Vorstand aus elf Niederländern, fünf Deutschen und fünf Belgiern, bis zu vier Österreicher und Schweizer nahmen außerdem als Gäste an den Sitzungen teil.[204] Die zwischen A3WH-

201 Original: „Een boycot van landen, die niet volgens een bepaalde methode gestructureerd zijn, betekent automatisch bet boycotten van de mensen die er leven. […] Een wereldstructuur veranderen kan slechts door het stellen van daden. […] Die mensen helpen is mogelijk wel het voornaamste wat dient te geschieden", Paul Meijs an die Zeitschrift De Tijd, 24. April 1974, zit. nach Arnold: Went, S. 36–37.

202 Im Eindhovens Dagblad vom 9. Oktober 1970 äußerte er sich beispielsweise: „De SOS stelt zich in politieke zin neutraal op ook al erkent de stichting de noodzaak van een mentaliteitsverandering in de westerse wereld", zit. nach Arnold: Went, S. 29.

203 Zit. nach Arnold: Went, S. 29. Vgl. auch MAA, ZA: SR: Organisationen 284 S.O.S. Kerkrade, Paul Meijs: Developing Policy of S.O.S. Stichting Ontwikkelings Samenwerking for the Period 1970–1980, translated by Harry Haas, undatiert, S. 24.

204 Es handelte sich dabei von deutscher Seite um Harm de Vries, Ernst-Erwin Pioch (beide AEJ), Helmut Klimke, Harry Neyer (beide BDKJ) und Erwin Mock (Misereor), vgl.

Vertretern und S. O. S. auftretenden Differenzen über die Zielsetzung erwiesen sich in der folgenden Zeit dennoch immer wieder als äußerst konfliktreich. Regelmäßig entzündete sich außerdem Unmut an dem offensichtlich als zu autoritär und uneinsichtig empfundenen Vorgehen des Direktors der S. O. S., Paul Meijs.[205] So hatte dieser es beispielsweise scheinbar als legitim erachtet, ohne Rücksprache mit dem Leitungskreis der A3WH direkt von Kerkrade aus Abnehmer in Deutschland zu beliefern, die nicht im unmittelbaren Grenzraum angesiedelt waren. Dies sorgte auf deutscher Seite für erhebliche Verstimmung. Grund dafür war, dass man vor allem „von der pädagogischen Seite her" darauf zielte, dass die Verkaufsaktionen in Deutschland unter dem Schirm der A3WH liefen.[206] Die A3WH-Vertreter pochten im S. O. S.-Vorstand vehement darauf, dass für den Warenverkauf in Deutschland stets der Umweg über die Warenlager in Deutschland gemacht werden müsse, um einen Erfolg der Bewusstseinsbildung zu ermöglichen – denn in den Warenlagern wurden den Gruppen nicht nur die Waren, sondern auch die pädagogischen Materialien der A3WH mitgegeben.[207] Die Probleme mit der S. O. S. waren schließlich ein Grund dafür, dass der A3WH-Leitungskreis in Wuppertal ein weiteres Warenlager einrichtete, damit auch die Aktionsgruppen im Westen Deutschlands nicht mehr nach Kerkrade fahren mussten.

Die Gründe dafür, dass die Priorität bei der S. O. S. auf dem Absatz der Waren lag, sind vermutlich zum einen in dem Entstehungskontext der Organisation zu sehen, zum anderen darin, dass das Handelsunternehmen im unmittelbaren Kontakt zu Produzenten stand und daher für diese mehr Absatz erwirken wollte. Ähnlich war dies bei den kirchlichen Hilfswerken. So drängte Werner Rostan, der Lateinamerika-Referent von Brot für die Welt, gegenüber seinem Kollegen und A3WH-Leitungskreismitglied Berthold Burkhardt anscheinend darauf, „Wege zu einer Absatzsteigerung" zu suchen, schließlich sei es im Interesse der Produktionsgenossenschaften, „in Europa stärker auf kommerziellen Wegen zu arbeiten".[208] In einem späteren Schreiben

---

MAA, FH 2, Harry Neyer: Drucksache Nr. 5 zu Antrag Nr. 2 zur Hauptversammlung im Mai 1971 vom 5. Mai 1971, S. 3–4.

205 Vgl. beispielsweise MAA, FH 2, Protokoll der Sitzung des Leitungskreises der A3WH, 5. Mai 1972; MAA, FH 2, Berthold Burkhardt an Wolfram Walbrach, Juni 1972; ferner Arnold: Went, S. 32; Interview Bruns; Interview Neyer.

206 MAA, FH 2, Harry Neyer an Horst Neckenig, 11. September 1971.

207 Vgl. MAA, FH 2, Protokoll der Sitzung des Leitungskreises der A3WH vom 5. Mai 1972, S. 2.

208 MAA, FH 2, Berthold Burkhardt an Wolfram Walbrach, 7. Juni 1972.

verwies Burkhardt selbst gegenüber seinen Kollegen im A3WH-Leitungskreis darauf, dass die A3WH für die Ausführenden selbst kaum wirtschaftlichen Wert habe, für die Produzenten in den Entwicklungsländern dagegen umso mehr. Er warnte aus diesem Grund eindringlich davor, dass „Information und Bewußtseinsbildung […] als das Heil", „die ökonomische Seite [hingegen] als eine Art von Sündenfall" gesehen werden könnte.[209]

Auf der Gegenseite wurde die Forderung, den Fokus nicht auf den Verkauf zu legen, ebenfalls mit den Interessen der Produzenten begründet. In einem Rundbrief an Aktionsgruppen sprach sich der Verfasser gegen das Ziel einer Absatzsteigerung aus. Er erinnerte an die „Verantwortung unseren Partnern in Übersee gegenüber", da es seiner Ansicht nach eine Überforderung der Produzenten darstelle, „mehr und bessere Ware in immer größeren Mengen" liefern zu müssen: „Es bedarf hier großer Vorsicht und eines organischen Wachstums, will man nicht Schäden bei den Partnern anrichten, die nie wieder ausgeglichen werden können."[210] Das Zitat zeigt, dass man sich bei der A3WH offensichtlich in der Pflicht sah, die Produzenten vor den vermeintlich schädlichen Kräften des Marktes zu schützen – eine Sichtweise, die sich wiederum durch die theoretische Basis der A3WH in der Dependenztheorie erklären lässt.

In den Argumentationen lässt sich außerdem bereits in Ansätzen ein Muster erkennen, das in Diskussionen später noch große Bedeutung bekommen sollte. Da das Ziel des Dritte-Welt-Handels letztlich immer darin lag, den Produzenten im globalen Süden eine bessere Lebenssituation zu ermöglichen – auch die Bewusstseinsbildung sollte schließlich langfristig diesem Ziel dienen, indem Einfluss auf die Politik der Industrienationen ausgeübt würde –, besaßen die Interessen der Produzenten im Feld des Fairen Handels erhebliches Gewicht. Anders gesagt: Den Produzenteninteressen wurde im Feld eine große Legitimationskraft – also symbolisches Kapital – zugeschrieben. Dieses symbolische Kapital versuchten die Akteure im Feld immer wieder zu nutzen, um bestimmte Argumente mit Glaubwürdigkeit oder Dringlichkeit auszustatten. Vor allem in Diskussionen darüber, ob das Ziel des Dritte-Welt-Handels der Verkauf von Waren oder die Bewusstseinsbildung sein solle, versuchten beide Seiten, glaubwürdig zu machen, dass ihre eigene Argumentation mehr im Interesse der Produzenten sei als die Argumentation der Gegenseite.

---

209 MAA, FH 3, Berthold Burkhardt an Harry Neyer, 24. April 1973, S. 2.
210 MAA, FH 3, Dritte Welt Handel-GmbH und ‚Hilfe durch Handel', S. 1–3, Anhang zu Gruppenrundbrief, März 1973, S. 20–22.

Die Inanspruchnahme der Produzenteninteressen zur Stärkung der eigenen Position wurde dadurch erleichtert, dass sie kaum zu widerlegen war: Was sich langfristig wirklich als das Beste für die Produzenten herausstellen würde, konnte schließlich niemand im Voraus wissen.

Als die deutsche Wirtschaftsstelle Evangelischer Missionsgesellschaften (WEM) Mitte 1971 signalisierte, ebenso wie die S.O.S. Importe von genossenschaftlich produzierten Waren aus Entwicklungsländern durchführen zu wollen, verwies der A3WH-Leitungskreis darauf, dass eine solche Konkurrenzsituation „zum Schaden der Partner in der Dritten Welt" ausfallen könne, da nicht gewährleistet sei, „daß mit diesen Waren eine entwicklungspolitische Linie verfolgt" werde.[211] Aus Sicht des Leitungskreises ließ sich mit Bewusstseinsbildung langfristig für die Menschen im globalen Süden viel mehr verändern als allein mit dem Verkauf von Waren. Das vor allem von der WEM in der Folgezeit regelmäßig geäußerte Drängen auf eine stärkere wirtschaftliche Orientierung der A3WH beantwortete der Leitungskreis konsequent damit, dass man kaum daran interessiert sei, ein Wirtschaftsunternehmen zu betreiben. Nur zur Absicherung der Bewusstseinsbildung nähmen die Jugendverbände „die Last der wirtschaftlichen Seite mit in Kauf und mit in ihre Verantwortung".[212] Dass hier von einer Last die Rede war, zeigt aber, dass allen im Leitungskreis der A3WH bewusst war, dass das Warenangebot die Grundlage der bewusstseinsbildenden Arbeit darstellte. Je stärker die A3WH wuchs, desto nötiger schien den Beteiligten eine rechtliche und institutionelle Fixierung der Aktion zu sein. Damit einher ging der Wille, Handel und Bewusstseinsbildung in der A3WH zu vereinen, zugleich aber organisatorisch zu trennen.[213]

---

211 MAA, FH 2, Protokoll der Sitzung des Leitungskreises der Aktion Dritte Welt Handel vom 24. Juni 1971. Die WEM sollte dennoch in den Import von Waren einsteigen und eine bis Ende 1972 befristete Kooperationsvereinbarung mit der S.O.S. unterzeichnen, vgl. MAA, FH 2, Vereinbarungen über die Zusammenarbeit zwischen der WEM und der S.O.S. vom 21. Juli 1971, 11. September 1971 und 2. November 1971; MAA, FH 2, Harry Neyer an Horst Neckenig, 11. September 1971. Im Feld des Fairen Handels spielte die WEM aber vor allem als Betreiberin des Hamburger A3WH-Warenlagers eine Rolle. Vgl. dazu ferner Raschke: Fairer, S. 51–52; Schmied: Aktion, S. 76–84.

212 MAA, FH 2, Harry Neyer an die WEM, 30. August 1972; vgl. auch MAA, FH 2, WEM an Neyer, 14. Juli 1972; MAA, FH 2, Kurzprotokoll der Sitzung der deutschen Mitglieder des Internationalen Vorstands der S.O.S. am 10. September 1971, S. 2; MAA, FH 4, Harry Neyer an Berthold Burkhardt, 28. Mai 1973.

213 Vgl. MAA, FH 2, Harry Neyer an Horst Neckenig, 17. Februar 1972; MAA, FH 3, Protokoll der Sitzung des Leitungskreises der A3WH vom 31. Oktober 1972, S. 1.

2.4.6 Der wirtschaftliche Arm der Aktion: Die Gründung der GFP

Bald nach der Gründung der A3WH im Jahr 1970 forderte der Leitungskreis gegenüber der S.O.S. vehement mehr Einfluss bei der Auswahl der
Produzenten. Erstens drängten die deutschen Hilfswerke darauf, dass mehr
Genossenschaften gefördert würden, die vorher von ihnen unterstützt worden
waren, zweitens wollte man im Leitungskreis aus Gründen der Bewusstseinsbildung offensichtlich Produzenten bevorzugen, deren Struktur – wie bereits
zitiert wurde – „leicht darstellbar" war.[214] Als der Leitungskreis der A3WH bei
der S.O.S. seine Unzufriedenheit mit den bisherigen Einflussmöglichkeiten
auf die Preisgestaltung der Waren und die „Auswahl der Partner in Übersee"
kundtat, wurde dies damit begründet, dass „gerade in den pädagogischen
Fragen die Frage der Partnerschaft und der Finanzierung eine bedeutende
Rolle" spiele.[215] Spätestens seit 1971 diskutierte der Leitungskreis der A3WH
daher die Gründung einer eigenen, deutschen Importgesellschaft, die ihre
Waren zwar vorrangig, aber nicht ausschließlich über die S.O.S. beziehen
sollte.[216] Davon erhoffte man sich vor allem Unabhängigkeit von der S.O.S.,
aber auch ein Fortbestehen des Dritte-Welt-Handels, wenn das Interesse der
Jugendgruppen oder die Mitarbeit der Jugendverbände nachlassen würden.
Dies war nicht zuletzt für die Hilfswerke von Bedeutung, die auf langfristige Absatzmöglichkeiten für die von ihnen unterstützten Genossenschaften
setzten. In Kerkrade stieß der Plan einer deutschen Handelsgesellschaft allerdings auf Ablehnung, vermutlich da eine Schwächung der S.O.S. befürchtet wurde. Erst als die A3WH-Vertreter deutlich machten, dass man eine
deutsche Handelsgesellschaft nur in enger Kooperation mit der niederländischen Seite aufbauen wolle, lenkten die S.O.S.-Verantwortlichen ein.[217]
Sie legten Wert darauf, dass die S.O.S. Hauptgesellschafter der deutschen
GmbH werden müsse, unter anderem da man „gegenüber den Partnern in
Übersee […] als geschlossene internationale Grösse [sic!] auftreten" wolle.[218]

---

214 MAA, FH 7, Protokoll der Sitzung der ‚Arbeitsgruppe Pädagogik' vom 29. Januar 1971,
     S. 2.
215 MAA, FH 2, Brief von Ernst-Erwin Pioch an die Mitglieder der Aktionsgemeinschaft
     ‚Dritte-Welt Handel' vom 5. Mai 1971, S. 2.
216 Vgl. dazu und zum Folgenden MAA, FH 2, Kurzprotokoll der Sitzung der deutschen
     Mitglieder des Internationalen Vorstands der S.O.S. am 10. September 1971, S. 1–2;
     MAA, FH 2, Harry Neyer an Horst Neckenig, 11. September 1971; MAA, FH 2, Harry
     Neyer an Willi Manderfeld, 11. September 1971; MAA, FH 2, Protokoll der Sitzung
     des Leitungskreises der A3WH vom 5. Mai 1972, S. 4–6; Schmied: Aktion, S. 84–90.
217 Vgl. MAA, FH 2, Harry Neyer an S.O.S., 31. August 1972.
218 MAA, FH 3, S.O.S. an Harry Neyer, 2. Oktober 1972.

Auch hier zeigt sich wieder, dass die Berufung auf die Produzenten von den Feldakteuren zur Legitimation eigener Ziele genutzt wurde.

Der Leitungskreis der A3WH entschloss sich schließlich, den Vorschlag der S. O. S. anzunehmen, machte aber seinerseits zur Bedingung, dass wirtschaftliche und pädagogische Zielsetzungen gleichberechtigt verfolgt würden und dass ein gemeinsames „Kontrollinstrument zur Überprüfung und Beurteilung neu in die Partnerschaft […] zu nehmender Produktionsgenossenschaften" geschaffen werde.[219] Um die Einflussmöglichkeiten des A3WH-Leitungskreises rechtlich abzusichern und da eine Handelsgesellschaft mit nur einem Gesellschafter aus rechtlichen Gründen nicht möglich war, sollte neben der S. O. S. eine Person aus dem Leitungskreis der A3WH als Treuhänder der A3WH Anteile des Unternehmens zeichnen.[220] Am 27. Dezember 1972 wurde die Gesellschaft für Partnerschaft mit der Dritten Welt mbH (GFP) gegründet. Paul Meijs und seine Mitarbeiterin Enny Wolak übernahmen die Gesellschafteranteile in Vertretung der S. O. S., der Misereor-Bildungsreferent Erwin Mock die des A3WH-Leitungskreises. Mock hinterlegte 1000 DM Stammkapital, die S. O. S. übernahm 19.000 DM.[221] Damit existierte nun eine deutsche Handelsorganisation im Feld des Fairen Handels.

Von Anfang an hatte der Leitungskreis der A3WH vorgesehen, einen Verein zu gründen, der als pädagogisches Gegengewicht zur GmbH wirken sollte, um die eigentliche Zielsetzung der Bewusstseinsbildung ebenfalls institutionell zu verankern.[222] Dass die Zielsetzungen der Jugendverbände – die Einbindung der Aktionsgruppen und die bewusstseinsbildende Arbeit – das bestimmende Element waren, zeigt die Erläuterung des angestrebten Vereinszwecks. Es gehe vor allem darum, „bewußtseinsbildende Arbeit […] unter der evangelischen und katholischen Jugend sowie unter weiteren Bevölkerungsschichten […] im Rahmen von Verkaufsaktionen" anzuregen und durchzuführen.[223] Die besondere Bedeutung der Aktionsgruppen zeigt sich

---

219 MAA, FH 3, Protokoll der Sitzung des Leitungskreises der A3WH vom 31. Oktober 1972, S. 2.

220 Vgl. MAA, FH 3, S. O. S. an Harry Neyer, 2. Oktober 1972.

221 Vgl. MAA, ZA: 2012/4: Aktion Dritte Welt Handel A3WH Gesellschaft zur Förderung der Partnerschaft mit der Dritten Welt mbH GEPA Korrespondenz Gesellschafter-Versammlung Gründung GmbH, Gesellschaftsvertrag, 27. Dezember 1972; ferner Schmied: Aktion, S. 89; Raschke: Fairer, S. 51–54; Interview Mock.

222 Vgl. MAA, FH 2, Protokoll der Sitzung des Leitungskreises der A3WH am 5. Mai 1972, S. 9; zum Folgenden Schmied: Aktion, S. 90–94.

223 MAA, FH 2, Entwurf zur Satzung Aktion Dritte Welt Handel e. V., 16. Mai 1972, S. 1; vgl. MAA, FH 2, Protokoll Nr. 6 der Sitzung des Ausschusses für Pädagogik am

ferner daran, dass der Basis ebenfalls eine feste Position im Feld zugewiesen wurde. Eine Verkaufsgruppe aus Worms hatte mehr basisdemokratische Mitbestimmungsmöglichkeiten in der A3WH gefordert und dazu konkrete Vorschläge eingereicht, denen sich der Leitungskreis der A3WH grundsätzlich anschloss.[224] Nach dem Wormser Modell wurden vier Regionalkonferenzen – Nord, West, Mitte und Süd – gebildet, zu denen alle Aktionsgruppen der jeweiligen Region eingeladen wurden, die im vergangenen Jahr eine A3WH-Veranstaltung durchgeführt hatten.[225] Von diesen Regionalkonferenzen wurden je drei Vertreter gewählt, die an den A3WH-Sitzungen teilnahmen.[226] Dennoch dauerte es noch einige Zeit, bis der pädagogische Arm der A3WH offiziell aus der Taufe gehoben wurde: Am 4. Mai 1974 übernahm der A3WH e. V. als Zusammenschluss der A3WH-Regionalkonferenzen und des EPA die Rechtsnachfolge des A3WH-Leitungskreises.[227]

2.5 Entstehung und Stabilisierung des Dritte-Welt-Handels: Zusammenfassung und Fazit

Der Prozess der Dekolonisation, um 1960 auf dem Höhepunkt, lenkte die Aufmerksamkeit im globalen Norden auf die Vorgänge in den ehemaligen Kolonien. In diesem Zusammenhang entstanden unter anderem das katholische Hilfswerk Misereor und die niederländische Stichting S.O.S. Aus der Kooperation beider Organisationen resultierte, dass die S.O.S. Waren von Genossenschaften aus der Dritten Welt importierte und in den Niederlanden verkaufte, um so den Produzenten zu einem besseren Einkommen zu verhelfen. Aus der Rückschau ist darin die Keimzelle des Felds des Fairen Handels zu sehen. Das Feld entstand allerdings erst ab 1970. Wesentliche Bedeutung hatten dabei diskursive Verschiebungen auf globaler Ebene, die

---

26. Mai 1972, S. 2–3.

224 Vgl. MAA, FH 2, Arbeitskreis Dritte Welt Handel Worms: Organisation der inneren Struktur der Aktion Dritte Welt Handel, undatiert; ferner Raschke: Fairer, S. 52–53.

225 Vgl. MAA, FH 2, Protokoll der Sitzung des Leitungskreises der A3WH am 5. Mai 1972, S. 10.

226 Vgl. MAA, FH 2, Protokoll Nr. 6 der Sitzung des Ausschusses für Pädagogik am 26. Mai 1972, S. 2–3; ferner Hötzel: Aktion, S. 7.

227 Die Eintragung in das Vereinsregister erfolgte allerdings erst im Dezember des Jahres, vgl. Schmied: Aktion, S. 91.

lokal rezipiert und ausgehandelt wurden. Vor allem durch die Dependenz-
theorie, die UNCTAD und den Pearson-Bericht hatte sich bei vielen jungen
Menschen im globalen Norden die Überzeugung durchgesetzt, dass auf eine
Veränderung der Politik der Industrienationen hingearbeitet werden müsse.
Dazu diente das Ziel der entwicklungspolitischen Bewusstseinsbildung. Die
Vertreter der kirchlichen Jugendverbände in der Bundesrepublik suchten nach
einem Modell, mit dem sich dieses Ziel in praktische Tätigkeit umsetzen
ließ. Der Verkauf von Waren aus der Dritten Welt schien dafür geeignet zu
sein. Durch die so wahrgenommene Verkleinerung der Welt entstand das
Gefühl einer globalen Verbundenheit mit den Menschen im Süden, daraus
wiederum wurde die Verantwortung abgeleitet, in den Industrienationen auf
politische Änderungen hinarbeiten zu müssen. Im Hintergrund dieser Verbundenheit stand die Ablehnung der Politik der Industrienationen, gegen
die man sich gemeinsam mit den Menschen im Süden in der Opposition sah.
Diese Ablehnung war der Bezugspol, der die vermeintliche Verbundenheit
mit den Produzenten im Süden legitimierte und festigte.

Mit der Gründung der Aktion Dritte Welt Handel 1970 war der Grundstein des Feldes gelegt. Von den beiden Jugendverbänden der evangelischen
und der katholischen Kirche gemeinsam ins Leben gerufen, war die A3WH
von Anfang an ein ökumenisches Projekt. Sie war auf die Bundesrepublik
Deutschland ausgerichtet, schon da die Jugendverbände als Gründungsorganisationen ihre Mitglieder in der Bundesrepublik hatten. Aber durch
die Beteiligung der S.O.S., die für den Import der Waren zuständig war,
war das Feld kein rein bundesdeutsches. Die Ausrichtung der Akteure am
nationalstaatlichen Rahmen zeichnete sich aber früh ab, als der Leitungskreis der deutschen A3WH auf eine eigene Importorganisation drängte, um
unabhängiger von der niederländischen S.O.S. zu werden. Die Unzufriedenheit über die Zusammenarbeit basierte unter anderem darauf, dass die
S.O.S. auf den Verkauf der Waren fokussiert war, während die A3WH in
der Bewusstseinsbildung das wichtigste Ziel sah. Diese Orientierung geriet
allerdings unter den Akteuren im Feld früh in die Kritik, erste Kämpfe um
die Definitionsmacht wurden ausgefochten. Dabei etablierte sich ein Muster
der Argumentation: Durch die Berufung auf die vermeintlichen Interessen
der Produzenten sollten die eigenen Argumente mit besonderer Glaubwürdigkeit ausgestattet werden.

Die A3WH hatte das Ziel, die Menschen im globalen Süden nicht mehr
als Hilfeempfänger, sondern als Hersteller von Waren zu präsentieren.
Das von den Produzenten vermittelte Bild war in der Frühzeit des Dritte-
Welt-Handels allem Anschein nach dennoch ein sehr einfaches. Die Welt

wurde – wie in der Dependenztheorie – in Reich und Arm, Unterdrückt und Mächtig, Peripherie und Zentrum unterteilt, der globale Süden auf ökonomische Rückständigkeit reduziert und die vermeintlich notgedrungene Passivität der dort lebenden Menschen betont, die keine Möglichkeit zur Änderung der Verhältnisse hätten.

Mitte der 1970er-Jahre war im Feld des Fairen Handels die Phase der ersten Konturierung abgeschlossen. Kirchliche Aktionsgruppen verkauften die Waren, mit dem A3WH e. V. und der GFP waren die beiden Zielsetzungen des Dritte-Welt-Handels – Warenverkauf und Bewusstseinsbildung – institutionell verankert. Die S. O. S., die kirchlichen Hilfswerke und die Jugendverbände waren Stakeholder des Feldes. Die Definitionsmacht lag in den Händen der Jugendverbandsvertreter. Für diese stand im Vordergrund, den Jugendgruppen ein Handlungsmodell anbieten zu können und bewusstseinsbildende Arbeit in der Bundesrepublik zu ermöglichen, durch die politische Veränderungen herbeigeführt werden sollten. Damit war der Dritte-Welt-Handel in den frühen 1970er-Jahren primär auf das Hier ausgerichtet und nur sekundär auf das Dort. Bereits früh machte sich aber unter den Aktionsgruppen Unzufriedenheit mit dem Warensortiment der A3WH breit. Das Kunsthandwerk schien nur begrenzt bewusstseinsbildende Arbeit zu erlauben. Wie zu zeigen sein wird, erhoffte man sich in dieser Hinsicht weitaus mehr von einer Ware, die sich ab 1973 im Verkaufssortiment der A3WH fand, schnell zum wichtigsten Verkaufsgut im Feld des Fairen Handels wurde und dies bis heute blieb: dem Kaffee. Diese Entwicklung wird im folgenden Kapitel untersucht.

3 Dependenztheorie und Kleinbauern: Der Dritte-Welt-Handel mit dem Indio-Kaffee aus Guatemala

Als 1970 die Aktion Dritte Welt Handel gegründet wurde, lag das oberste Ziel der Jugendverbandsvertreter – die die A3WH ins Leben riefen – darin, eine langfristige Aktionsmöglichkeit für die Jugendgruppen zu schaffen. In den frühen 1970er-Jahren standen der Aufbau und die Konsolidierung der A3WH im Vordergrund. Um 1973 trat das Feld des Fairen Handels in eine Phase der Stabilität ein. Der Warenverkauf lief problemlos, das theoretische Fundament war gelegt, mehrere Gruppen hatten bereits die zweite oder dritte Verkaufsaktion hinter sich gebracht. Damit blieben Raum und Zeit zur kritischen Reflexion. Diese betraf auch das zu verkaufende Warensortiment: Aus verschiedenen Gründen erschien es bald fast allen am Dritte-Welt-Handel Beteiligten dringend erforderlich, eine sogenannte politische Konsumware zum Verkauf anbieten zu können. Die Wahl fiel schließlich auf den Kaffee: Im Sommer 1973 traf die erste Lieferung Rohbohnen von der guatemaltekischen Kooperativenvereinigung Fedecocagua ein, die bald darauf als „Indio-Kaffee" verkauft wurden.

Diese Entwicklung und die Einführung des Kaffees stehen im Mittelpunkt des folgenden Kapitels. Parallel dazu wird die Entwicklung des Feldes in den 1970er-Jahren weiterverfolgt. Zu Beginn des Kapitels wird analysiert, weshalb der Import einer politischen Konsumware aus Sicht der Feldakteure überhaupt attraktiv war und welche Zielsetzungen sich damit verbanden. Darauf folgend wird der Entstehungskontext der Fedecocagua in den Blick genommen und gezeigt, wie der Kontakt zum Feld des Fairen Handels aufgebaut wurde. Der nächste Teil nimmt die Marktetablierung des Indio-Kaffees und die damit verbundenen Botschaften in den Blick. Anschließend wird untersucht, weshalb und wie sich – unter anderem ausgelöst durch den Verkauf des Indio-Kaffees – das Feld des Fairen Handels stabilisierte und zugleich zu einem spezifisch deutschen Feld wurde. Bald nach der Markteinführung des Indio-Kaffees verzeichneten die Kaffeebörsen weltweit rasante Preissteigerungen, ausgelöst vor allem durch einen Frost in Brasilien. Die Turbulenzen des Kaffeeweltmarkts verdienen genauere Betrachtung, da sie erhebliche Auswirkungen auf den Dritte-Welt-Handel hatten. Ende der 1970er-Jahre schließlich geriet das Feld des Fairen Handels in eine Krise, die für zahlreiche Dynamikprozesse verantwortlich war

und letztlich auch die Kooperation mit der Fedecocagua fragwürdig werden
ließ. Aus dieser Krise ging schließlich der Alternative Handel hervor, der
im nächsten Hauptkapitel der Arbeit im Fokus steht.

3.1   Auf der Suche nach einem „politischen Konsumgut"

In den frühen 1970er-Jahren wurden von den A3WH-Gruppen fast ausschließlich kunsthandwerkliche Gegenstände wie Lederwaren, Holzschnitzereien und Schmuck zum Verkauf angeboten. Doch bereits in den ersten Jahren stellte sich immer eindeutiger dar, dass das Warensortiment von vielen
Akteuren als zu einseitig empfunden wurde.

3.1.1   Kritik am Warensortiment

Bereits bei der Konzeption der A3WH war der Verkauf von Kunsthandwerk
als unumgänglich erachtet worden, da er mit vergleichsweise wenig Arbeits-
aufwand organisiert werden konnte: Die Artikel trafen bereits verkaufsfertig
in Deutschland ein, eine Weiterverarbeitung war nicht erforderlich und vor
dem Verkauf waren nur wenig staatlich festgelegte Auflagen zu erfüllen –
anders als beispielsweise beim Verkauf von Lebensmitteln.[1] Dazu kam,
dass man mit dem Verkauf von Kunsthandwerk Vorteile in Bezug auf die
Produzenten verband. Wie im letzten Kapitel beschrieben wurde, hatte die
S.O.S. meist den Aufbau von Produktionsstätten für Handwerk unterstützt,
da dafür wenig Expertenwissen und wenig bürokratischer Aufwand nötig
war. Mit dem Verkauf von Kunsthandwerk wurden aus Sicht der A3WH-
Verantwortlichen also gerade die wenig organisierten und marktwirtschaftlich
benachteiligten Produzenten erreicht, um die es vorrangig ging.[2] Außerdem sah man sich im Leitungskreis der A3WH verpflichtet, die von den
Gruppen produzierten Waren abzunehmen.[3] Dieses Verantwortungsgefühl
resultierte zum einen aus der von der S.O.S. und den Hilfswerken geleisteten Aufbauhilfe und zum anderen aus der geschilderten Überzeugung,
die Produzenten zur Selbstständigkeit heranführen und zugleich vor den

---

1 Vgl. MAA, FH 6, Protokoll zur Konsultation des EPAK am 14. März 1970.

2 Vgl. MAA, FH 7, Protokoll der Sitzung der Arbeitsgruppe Pädagogik vom 29. Januar
1971, S. 1.

3 Vgl. MAA, FH 2, Ernst-Erwin Pioch an die Mitglieder der Aktionsgemeinschaft
‚Dritte-Welt Handel', 5. Mai 1971, S. 2–3; MAA, FH 3, Dritte Welt Handel GmbH
und ‚Hilfe durch Handel', S. 1, Anhang zu Gruppenrundbrief, März 1973, S. 20.

vermeintlich schädlichen Marktkräften schützen zu müssen. Mit dem Blick
auf die Konsumenten schien Kunsthandwerk dann schließlich vor allem aus
dem Grund interessant zu sein, dass es, wie bereits gezeigt wurde, Fremdheit und Exotik symbolisierte. Mit Handwerkswaren ließ sich scheinbar der
Produktionskontext unmittelbar vermitteln und eine emotionale Beziehung
des Käufers zu den Produzenten aufbauen.

Dennoch hatte man sich bei der A3WH – anders als bei der S. O. S. – von
Anfang an darauf verständigt, langfristig Verbrauchsgüter verkaufen zu wollen. Dies hatte wiederum verschiedene Ursachen. Schon die Orientierung
an der Dependenztheorie ließ einen Fokus auf Kunsthandwerk eigentlich
nicht zu. Wie der Pädagogische Ausschuss der A3WH 1971 feststellte, führen
der Aufbau und die Unterstützung von Heimindustrie in den Ländern der
Dritten Welt in eine Sackgasse, da diese vor allem Konsum- und Investi-
tionsgüterindustrie benötigten.[4] Außerdem sah man deutliche Probleme in
Bezug auf den Warenabsatz auf sich zukommen. Schon 1970 zeigte man
sich in der A3WH überzeugt, dass der Verkauf von Kunsthandwerk den
potenziellen Käuferkreis erheblich eingrenze.[5] In der Tat zeigte sich bei
wiederholten Verkaufsaktionen, dass der Absatz immer schleppender von-
stattenging.[6] Von den Aktionsgruppen trafen außerdem Beschwerden ein,
dass das Sortiment zu einseitig und qualitativ nicht ausreichend sei, zumal
vergleichbare Waren bereits vereinzelt – und dann meist günstiger – im konventionellen Einzelhandel angeboten würden.[7] In einer Zusammenfassung
der frühen A3WH-Entwicklung hieß es, ein geschnitzter Affenkopf sei zum
„Verkaufsschlager" geworden, da mit diesem „der angebliche Publikumsge-
schmack […] vom Produzenten in Übersee genau getroffen" worden sei.
Doch gleichzeitig werde daran erkenntlich, dass „die Multiplizierung von
Ursprünglichkeit" sich nicht beliebig fortsetzen lasse: „Die Vergrößerung des
Absatzmarktes zwingt zu notwendigen Anpassungen und Rationalisierun-
gen, dem sich Kunsthandwerk widersetzt."[8] Aufs Ganze gesehen schien der
Verkauf von Kunsthandwerk allein kaum dazu geeignet zu sein, langfristig

---

4 Vgl. MAA, FH 7, Protokoll der Sitzung der Arbeitsgruppe Pädagogik vom 29. Januar
   1971, S. 1.
5 Vgl. MAA, FH 6, Protokoll Aktion 3. Welt-Handel, Sitzung vom 3. September 1970,
   S. 1.
6 Vgl. MAA, FH 7, Protokoll des Auswertungsseminars vom 1.–3. Februar 1974.
7 Vgl. MAA, FH 3, Erfahrungsbericht für das Lager Frankfurt 1972, Januar 1973.
8 MAA, FH 3, Harry Neyer: Vom Bastkorb zum Guatemala-Kaffee. Trends, Tendenzen
   und offene Fragen bei der Aktion Dritte Welt Handel, 1973, S. 7.

die Zielsetzungen der A3WH zu erfüllen, langfristigen Absatz zu sichern
und den Genossenschaften eine dauerhafte Absatzmöglichkeit zu bieten.

3.1.2 Politische Waren zur Bewusstseinsbildung

Der wichtigste Grund für die wachsende Unzufriedenheit mit dem Warensortiment lag allerdings darin, dass damit das eigentliche Ziel einer Bewusstseinsbildung zu Welthandelsfragen nur begrenzt realisierbar zu sein schien.
Damit war aus Sicht der Verantwortlichen in der A3WH die entwicklungspolitische Arbeit im Hier gefährdet, auf der in den frühen Jahren der
A3WH aber der Schwerpunkt lag. Inzwischen war wie im letzten Kapitel
gezeigt von mehreren Gruppen bereits die Kritik laut geworden, dass das
kunsthandwerkliche Warensortiment nur Vorurteile über die Menschen in
der Dritten Welt bestätige. In den Gremien der A3WH war man sich außerdem darüber einig, dass mit Kunsthandwerk nur wenig „Information über
ökonomische Machtverhältnisse" möglich sei.[9] Dies lag darin begründet,
dass Handwerkswaren beim Import keinen speziellen Zollbeschränkungen
unterlagen, während beispielsweise im Fall von Kaffee die Zollbelastung
stieg, je weiter dieser zum Zeitpunkt des Imports bereits verarbeitet war. War
Kaffee beispielsweise zum Zeitpunkt des Imports bereits geröstet, konnten
15 Prozent Zollsatz erhoben werden, auf löslichen Kaffee gar 30 Prozent.[10]
Der größte Teil der Wertschöpfungskette fand damit allein schon aus Preis-
gründen im Abnehmerland statt. Dazu kam die Steuerlast, die mit knapp
7 DM pro Kilogramm Kaffee in der Bundesrepublik so hoch wie in keinem
anderen europäischen Land war. Der für das Ausgangsprodukt an die Produzenten gezahlte Preis machte nur einen kleinen Teil des Verkaufspreises
aus. Bedingt durch Spekulationen und die durch Wettereinflüsse schwankenden Ernteergebnisse unterlag dieser Preis für Rohkaffee darüber hinaus
erheblichen Schwankungen, jedoch waren die Produzenten und teils gar
ganze Länder in aller Regel davon abhängig.

Kaffee schien somit ein handfestes Beispiel für fast alle wesentlichen Kri-
tikpunkte der Dependenztheorie zu sein: für die restriktive Zollpolitik der
Industrienationen, für die notgedrungene Fixierung der Entwicklungsländer auf den Export von Primär- und den Import von Industriegütern, für

---

9 MAA, FH 3, Harry Neyer: Vom Bastkorb zum Guatemala-Kaffee. Trends, Tendenzen
und offene Fragen bei der Aktion Dritte Welt Handel, 1973, S. 7.

10 Vgl. Talbot: Grounds, S. 62; Herbig, Jutta: TransFair im deutschen Kaffeehandel,
Berlin, 1995, S. 21; Hasselmann, Erwin: Welt-Kaffeemarkt – Welt-Kaffeemisere, in:
Gewerkschaftliche Monatshefte 6, 1962, S. 345–347.

die damit verbundene negative Entwicklung der Terms of Trade aus Sicht der Entwicklungsländer und für deren Abhängigkeit vom Welthandel. Mit einer daher so bezeichneten politischen Konsumware wie Kaffee ließ sich, so waren fast alle im Feld des Fairen Handels überzeugt, viel besser aufzeigen, wie wenig des Kaufpreises beim Erzeuger ankomme und wie viel dagegen „in die Taschen der Verarbeiter, Händler und des Fiskus" gingen.[11] Die Hoffnung lag darauf, dass man mit Kaffee leicht verständlich „die Zuspitzung der politischen Forderungen ausdrücken" könne.[12] Das zeigt sich schon an dem bekannten Lkw-Kaffeesack-Vergleich, der sich im Dritte-Welt-Handel schnell wachsender (und bis heute andauernder) Beliebtheit zur Verdeutlichung der Terms of Trade erfreute: In ihm wird gezeigt, dass ein Kaffeebauer zum jeweils gegenwärtigen Zeitpunkt viel mehr Kaffeesäcke verkaufen muss als zu einem früheren Zeitpunkt, um den Gegenwert eines Lkws zu bekommen. In der Zeitschrift Alternativ Handeln wurde später rückblickend resümiert: „Kaffeesäcke und Lastwagen – endlich hatte man etwas, an dem man die Nord-Süd-Beziehungen anschaulich, sozusagen handgreiflich darstellen konnte."[13]

Neben diesen vermuteten Vorteilen aus entwicklungspädagogischer Sicht bot Kaffee schlicht den Vorteil, ein Verbrauchsgut zu sein und dadurch einen kontinuierlichen Absatz und eine dauerhafte Präsenz der A3WH zu ermöglichen. In den frühen 1970er-Jahren stieg der Pro-Kopf-Verbrauch von Bohnenkaffee in Westdeutschland von jährlich vier Kilogramm im Jahr

---

11 Dreesmann, Bernd: Bazare zur Bewußtseinsbildung? Neue ‚Aktion 3. Welt-Handel' geplant, in: E+Z 10/70, Oktober 1970, S. 10–11. Vgl. auch die Erläuterungen im BMZ-Aktionshandbuch: „Durch den Verkauf dieser Waren wird nicht nur auf den Informationseffekt, sondern auch auf den Politisierungseffekt abgezielt, da sich an ihnen die Abhängigkeit der Entwicklungsländer von den Industrieländern im Welthandel dokumentieren läßt", BMZ u.a. (Hg.): Aktionshandbuch, S. 49; vgl. ferner MAA, FH 3, Harry Neyer: Vom Bastkorb zum Guatemala-Kaffee. Trends, Tendenzen und offene Fragen bei der Aktion Dritte Welt Handel, 1973, S. 7; Arnold: Went, S. 33–35; Weber: Schalom – Schalom, S. 92–93.

12 MAA, FH 2, Ernst-Erwin Pioch an die Mitglieder der Aktionsgemeinschaft ‚Dritte-Welt Handel', 5. Mai 1971, S. 2; vgl. „Aktion Dritte Welt Handel", in: eji 2, 1972, S. 26.

13 O. V.: Die Preisfrage ist meistens der Preis, in: Alternativ Handeln 16, S. 22. Für weitere Beispiele, in denen dieser Vergleich genutzt wird, vgl. Baum, Holger und Offenhäußer, Dieter: Kaffee. Armut, Macht, Märkte. Ein Produkt und seine Folgen, Unkel, 1994, S. 62–63; Hammelehle, Jürgen: Transfair – ein Gütesiegel findet seinen Platz am Markt, in: Landeszentrale für politische Bildung Baden-Württemberg und Wirtschaftsministerium Baden-Württemberg (Hg.): UmweltGerechte Zukunft. Entwicklung und Wandel in Nord und Süd, Stuttgart, 1995, S. 156–159.

1970 auf fast fünfeinhalb Kilogramm im Jahr 1975, wodurch Kaffee Mitte der 1970er-Jahre das Bier endgültig als „Volksgetränk Nr. 1" ablöste.[14] Außerdem hoffte man bei der A3WH offensichtlich, mit Kaffee der wachsenden Kritik der Kunden an der Warenqualität begegnen zu können, da die endgültige Verarbeitung wie beschrieben erst in Europa stattfand und so eine Anpassung an die Nachfrage unkomplizierter möglich war als bei Waren, die fertig verarbeitet importiert wurden.[15] Eigentlich widersprach dies dem Anspruch der A3WH, möglichst viele Verarbeitungsschritte im Erzeugerland stattfinden zu lassen, doch diesen Kompromiss nahm man mit Blick auf das eigentliche Ziel der Bewusstseinsbildung allem Anschein nach in Kauf.[16] Die Kritik des A3WH-Mitglieds Berthold Burkhardt, die A3WH habe sich „total verrannt in der Absicht, nur Waren zu importieren, die in Entwicklungsländern fertig verarbeitet wurden", obwohl man doch anhand der aus dem globalen Süden importierten Rohprodukte „handelspolitische Probleme auf einfache Weise einer breiten Bevölkerungsschicht nahebringen" könne, war zum Zeitpunkt der Äußerung, 1973, bereits überholt.[17] Mitte 1972 war im Leitungskreis der A3WH bereits festgestellt worden, dass aufgrund der erhofften Vorteile bei der Bewusstseinsbildung „die Forderung der Aktionsgruppen nach dieser Art von Waren immer größer und stärker" werde.[18] Der Grund dafür, dass trotzdem bis 1973 kein Verbrauchsgut im Sortiment verfügbar war, lag schlicht an den zahlreichen Risiken und Unsicherheiten, die sich im Vorfeld der Markteinführung eines solchen Produkts für die S.O.S., die GFP und die A3WH ergaben und die hier am Beispiel des Kaffees dargestellt werden sollen.

---

14 Vgl. Sigmund: Genuss, S. 203.

15 Vgl. MAA, FH 11, Gruppeninfo zum neu einzuführenden Kaffee, Juni 1973; vgl. Talbot: Grounds, S. 35. Zu der Entwicklung von national geprägten Vorlieben bei den Kaffeeröstungen in den Abnehmerländern vgl. ebda., S. 51–52.

16 Es wird noch näher auf den Import einiger Gruppen von Instant-Kaffee aus Tansania eingegangen. Die Produktion von Instant-Kaffee war durch die längere Lagerfähigkeit in den Erzeugerländern möglich, doch sind dafür bestimmte Produktionsmittel nötig, vgl. Daviron/Ponte: Coffee, S. 56; Talbot: Grounds, S. 61–62.

17 MAA, FH 3, Berthold Burkhardt an Harry Neyer, 24. April 1973, S. 2.

18 MAA, FH 2, Protokoll der Sitzung des Leitungskreises der A3WH am 16./17. Juni 1972, S. 6; vgl. auch MAA, ZA: 2012/4: Aktion Dritte Welt Handel A3WH Stichting Ontwikkelings-Samen Werking Nederland SOS Internationaler Vorstand Geschäftsführender Vorstand, Bericht über zweite internationale Vorstandssitzung der S.O.S., 15. Mai 1971.

3.1.3   Die ökonomischen Risiken des Kaffeeimports

Zwar ließ der Absatzmarkt für Kaffee in der Bundesrepublik aufgrund seiner schieren Größe Hoffnungen zu, eine Nische erobern zu können.[19] Allerdings war er in den frühen 1970er-Jahren bereits unter wenigen Konkurrenzunternehmen – vor allem Großröstereien – aufgeteilt und zeichnete sich durch eine hohe Markentreue der Konsumenten aus.[20] Der Kaffeemarkt war ein klassischer Verdrängungsmarkt: Marktanteile erobern zu wollen, bedeutete, Konsumenten anderer Kaffeesorten abwerben zu müssen. Anders als bei den kunsthandwerklichen Gegenständen, die meist Unikate darstellten, war es bei einem weiterverarbeiteten, standardisierten Produkt wie Kaffee schwierig, ein Alleinstellungsmerkmal zu finden. Ob die Positionierung im Markt über das Argument eines gerechteren Handels gelingen könnte, war für die A3WH-Verantwortlichen völlig ungewiss. Die ersten Jahre der A3WH ließen wie gezeigt im Gegenteil vermuten, dass viele Käufer die Waren vor allem aufgrund der unmittelbar auszumachenden Qualitäten – beispielsweise Schönheit, Nützlichkeit und Exotik – gekauft hatten. Daher hielt man es für nötig, ein in Bezug auf Geschmack und Preis konkurrenzfähiges Produkt anbieten zu können – doch in den Reihen der S.O.S. und der A3WH verfügte offensichtlich niemand über wirkliches Kaffee-Expertenwissen.

Die enge Konkurrenzsituation im Kaffeemarkt bewirkte außerdem, dass die Gewinnspannen der Großröstereien äußerst knapp kalkuliert waren. Die Großröstereien konnten aber schon allein aufgrund ihrer Größe die fixen Stückkosten viel niedriger ansetzen, als es im Dritte-Welt-Handel möglich war. Im Leitungskreis der A3WH wurde daher befürchtet, dass man einen Kaffee trotz der Ausschaltung von Zwischenhändlern und trotz der ehrenamtlichen Mitarbeit der Verkaufenden stets teurer anbieten müsse als die Konkurrenz. Deshalb wurde sogar überlegt, den Verkaufspreis unter dem eigentlichen Einkaufspreis anzusetzen und die Differenz aus den Verkäufen von Kunsthandwerk zu finanzieren.[21] Da darüber hinaus die Preise für

---

19 Zur Größe des westdeutschen Kaffeemarkts im globalen Vergleich vgl. u.a. ICO Disappearance (Consumption) in importing countries, Calendar years 1964 to 1979. Vgl. zum Folgenden auch die von der Wirtschaftssoziologie herausgearbeiteten Koordinationsprobleme von Märkten, einführend Beckert: Soziale. Auf die Lösung dieser Koordinationsprobleme vor dem Verkaufsstart des Indio-Kaffees bin ich bereits in einer früheren Veröffentlichung eingegangen, vgl. Quaas, Ruben: Selling Coffee to Raise Awareness for Development Policy. The Emerging Fair Trade Market in Western Germany in the 1970s, in: Historical Social Research 36, 3, 2011, S. 164–181.
20 Vgl. Sigmund: Genuss, vor allem S. 128ff. und 203ff.
21 Vgl. MAA, FH 3, Bericht der Tagung des Ausschusses Projektpartner vom 7. Oktober 1972.

Rohkaffee erheblichen Schwankungen unterlagen, stellte das von der S. O. S. bislang praktizierte Prinzip der Vorabfinanzierung ein erhebliches finanzielles Risiko dar. Schließlich konnte damit der Preis zum Zeitpunkt des Verkaufs niedriger liegen als zum Zeitpunkt des Einkaufs, womit dann wiederum die Wettbewerbsfähigkeit des Verkaufspreises gefährdet wäre. Diese Faktoren bedeuteten aber zugleich, dass es nur wenig Spielraum für einen Aufpreis gab. Um wirtschaftlich den Produzenten eine Unterstützung zu sein, war im Fall von Kaffee nicht daran zu denken, vergleichsweise kleine Import-mengen abzunehmen, wie dies beispielsweise bei Kunsthandwerk möglich war. Große Importmengen erforderten aber wiederum einen entsprechend großen Absatzmarkt, einen stärkeren Einsatz von Kapital und Personal und den Ausbau der Lagermöglichkeiten. Für die Verantwortlichen blieb es eine offene Frage, ob bei einer Ausweitung des Imports der Absatz auf Dauer nur über Aktionsgruppen laufen könne. Jede Überlegung der Aus-weitung über die Gruppen hinaus stellte dann aber die eigentlichen Ziele der A3WH – eine Einbindung der Gruppen und die entwicklungspolitische Bewusstseinsbildung – infrage.[22]

Zusammengefasst: Die aus Sicht des Dritte-Welt-Handels mit dem Kaffeeimport verbundenen Probleme lagen auf allen Ebenen der Warenkette, im Handel, in der Verarbeitung, im Verkauf, im Konsum – und in der Pro-duktion. Denn die größte Schwierigkeit lag schlicht darin, geeignete Produ-zenten zu finden. Anfang 1972 wurde im Leitungskreis der A3WH konstatiert, die politischen Konsumwaren kämen fast ausschließlich von kapitalistisch ausgerichteten Betrieben.[23] Angesichts der Tatsache, dass die Priorität auf einer Bewusstseinsbildung im Hier und nur sekundär auf dem Dort – und damit auf einer wirtschaftlichen Unterstützung der Produzenten – lag, wurde zwar zunächst darüber nachgedacht, Waren über konventionelle Kanäle zu beziehen. Doch letztlich fiel die Entscheidung des A3WH-Leitungskreises dahin gehend, den Direkteinkauf bei Genossenschaften bevorzugen zu wol-len.[24] Damit blieb aber das Problem bestehen, dass keine Importmöglichkeit

---

22 Vgl. Neyer, Harry: Vom Bastkorb zum Guatemala-Kaffee. Trends, Tendenzen und offene Fragen bei der Aktion Dritte Welt Handel, in: E+Z 4, 1973, S. 19–21, hier: S. 21; ferner Arnold: Went, S. 33.

23 Vgl. MAA, FH 2, Protokoll der Sitzung des Leitungskreises der A3WH am 8. Feb-ruar 1972, S. 5; MAA, FH 2, Protokoll der Sitzung des Leitungskreises der A3WH am 16./17. Juni 1972, S. 5–6.

24 Vgl. MAA, FH 2, Aktennotiz über ein Gespräch am 9. Juni 1972 im Auslieferungslager Frankfurt; MAA, FH 3, Ergebnisprotokoll zur Klausurtagung vom 27./29. Januar 1973, S. 2.

für politische Konsumwaren existierte. Erst Mitte des Jahres 1973 bahnte sich eine Lösung an, als das Feld des Fairen Handels mit der guatemaltekischen Kaffeebauern-Vereinigung Fedecocagua in Kontakt kam.

3.2 Kleinbauern und Kaffeekrisen: Die Gründung der Fedecocagua in Guatemala

Der Verkauf von Kaffee von der Fedecocagua, dies die Kurzform für *Federación de Cooperativas Agrícolas de Productores de Café de Guatemala*, begann 1973 und sollte bis in die 1980er-Jahre hinein eine wichtige Rolle im Feld des Fairen Handels spielen. Um die Hintergründe der Zusammenarbeit nachvollziehen und einordnen zu können, ist es nötig, die Entwicklung dieses 1969 gegründeten Dachverbands kleinbäuerlicher Kaffeegenossenschaften zu kennen. Die Gründe für die Einrichtung einer solchen Organisation und deren frühe Entwicklung sollen im Folgenden näher untersucht werden.

3.2.1 Die Entwicklung des Kaffeeweltmarkts bis 1969

Aufgrund der stetig wachsenden Nachfrage verzeichneten die Kaffeebörsen weltweit in den ersten Jahren nach dem Zweiten Weltkrieg eine ständige Steigerung der Rohkaffeepreise.[25] In allen Kaffee produzierenden Ländern wurden Kleinbauern wie Großgrundbesitzer dazu animiert, auf Kaffeeanbau umzustellen oder diesen zu intensivieren. Dazu kam, dass spätestens ab 1960 viele inzwischen unabhängige afrikanische Staaten verstärkt Kaffee exportierten. Die Menge des weltweit verfügbaren Kaffees stieg somit immer weiter an, schon ab 1954 erreichte der globale Kaffeemarkt den Zustand einer ständigen und massiven Überproduktion. Die Folge war, dass ab Mitte der 1950er-Jahre bis etwa 1969 die an den Börsen gehandelten Kaffeepreise kontinuierlich sanken.

---

25 Vgl. dazu und zum Folgenden Daviron/Ponte: Coffee, S. 85–88; Talbot: Grounds, S. 36–41; Wagner, Regina: The History of Coffee in Guatemala, Bogotá, 2001, S. 177–190; Sigmund: Genuss, S. 123–126; ferner ICO Disappearance (Consumption) in importing countries, Calendar years 1964 to 1979; ICO Importing Members, Imports of all forms of coffee from all origins, Calendar years 1964 to 1969.

Grafik 3   Durchschnittspreis Kaffee, 1945–1960
Current Prices of Coffee Imported into the United States

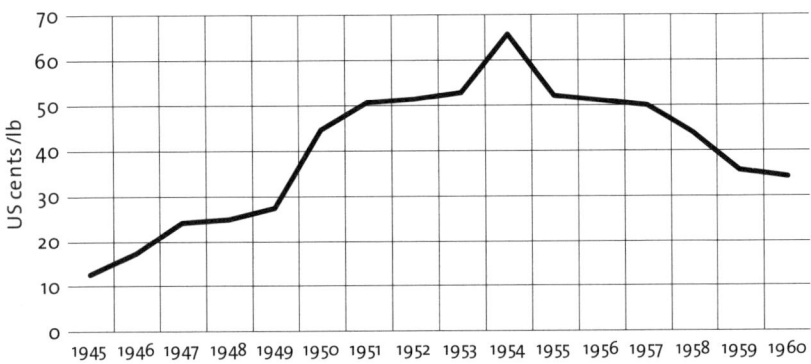

Kaffee besaß für viele Länder des globalen Südens existenzielle Bedeutung. Die Exporterlöse und damit die gesamte Wirtschaftsleistung vieler Länder hingen unmittelbar von dem Preis des Kaffees an der New Yorker Börse ab. Spätestens seit den frühen 1960er-Jahren wurde, wie bereits geschildert, in den westlichen Industrienationen befürchtet, dass Länder des globalen Südens sich bei zu großer Armut oder plötzlich eintretenden Wirtschaftskrisen der Sowjetunion zuwenden könnten. Der Stabilisierung des Kaffeepreises wurde daher besondere Bedeutung zugemessen, zumal sich immer wieder herausgestellt hatte, dass plötzlich steigende Kaffeepreise oder gar Engpässe bei der Kaffeeversorgung zu heftigen Protesten der Konsumenten in den Industrienationen führten.[26] Dies alles trug dazu bei, dass 1962 unter Federführung der Vereinten Nationen zwischen 22 Konsumenten- und 35 Produzentenländern das Internationale Kaffeeabkommen (*International Coffee Agreement*, ICA) eingeführt und 1963 für zunächst fünf Jahre ratifiziert wurde.[27] Kern des ICA war die Festlegung von Exportquoten, die für jedes

---

26 Vgl. u.a. Pendergrast, Mark: Kaffee. Wie eine Bohne die Welt veränderte, Bremen, 3. Aufl. 2006; Talbot: Grounds; Sigmund: Genuss.

27 Vgl. dazu International Coffee Organization ICO: International Coffee Agreement, London, 1962; sowie zum Folgenden International Coffee Organization ICO: International Coffee Agreement, London, 1968; Dejung, Christof: Staatliche Interventionen und multinationale Handelsfirmen. Der globale Kaffeehandel nach 1945, in: Berth/Wierling/ Wünderich (Hg.): Kaffeewelten, S. 201–224; Talbot: Grounds, S. 58–61; Johnson, David Conrad: The International Coffee Agreement and the Production of Coffee in Guatemala, 1962–1989, in: Latin American Perspectives 37, 2, 2010, S. 34–49, hier vor allem S. 35; Marshall: World, S. 106–127.

exportierende Land einzeln über die Berechnung eines Zwischenwertes aus den Ausfuhren der vergangenen drei Jahre festgelegt wurden. Dadurch sollten die Kaffeepreise stabilisiert und Angebot und Nachfrage auf globaler Ebene in Einklang gebracht werden. Zur Ermittlung der Exportquoten wurde 1963 von den am ICA teilnehmenden Staaten die *International Coffee Organization* (ICO) gegründet. Die Stimmrechte in der Organisation wurden aufgeteilt, eine Hälfte wurde an die exportierenden, eine an die importierenden Nationen vergeben. Innerhalb dieser Blöcke wurden die Stimmrechte dann nach dem Volumen des gehandelten Kaffees aufgeteilt. Die meisten Stimmen hatten Brasilien als wichtigstes Exportland und die USA als größter nationaler Absatzmarkt.

3.2.2 Die Situation der guatemaltekischen Kleinbauern

Guatemala war eines derjenigen Länder, deren Stabilität unmittelbar vom Kaffeepreis abhängig war: Mehr als ein Drittel der nationalen Wirtschaft basierte Ende der 1960er-Jahre auf der Kaffee-Ernte und -verarbeitung.[28] Doch das ICA sorgte im Land für Unmut, da die zugestandenen Exportquoten aus guatemaltekischer Sicht stets zu niedrig angesetzt waren. Dieses Problem verschärfte sich in der zweiten Hälfte der 1960er-Jahre, denn 1966 setzte die ICO die guatemaltekische Quote so niedrig an, dass nur etwa 60 Prozent der gesamten nationalen Ernte an Mitgliedsländer des Kaffeeabkommens verkauft werden konnten. Der Rest musste, wenn überhaupt, zu einem niedrigen Preis im Markt der Nicht-ICA-Mitglieder abgesetzt werden.

Für die Verteilung der zugeteilten Exportquoten auf die Kaffeeproduzenten mit Exportlizenz war in Guatemala die *Asociación Nacional del Café* (Anacafé) verantwortlich. Da die Großgrundbesitzer etwa 80–85 Prozent der Kaffee-Ernte Guatemalas einbrachten, stand die Organisation vermutlich stark unter ihrem Einfluss. Den Kleinbauern mangelte es dagegen an einer wirksamen Interessenvertretung, weshalb sie bei den Quotenverteilungen

---

28 Vgl. dazu und zum Folgenden generell Wagner: History, S. 201ff.; Johnson: International; Biechler, Michael J.: The Coffee Industry of Guatemala. A Geographical Analysis, Diss. phil., Mikrofilm (reproduziert 1981), Michigan State University, Dep. of Geography, 1970. Für einen Überblick über den Kaffeeanbau in Guatemala vor 1960, speziell in Bezug auf die indigene Landbevölkerung, vgl. McCreery, David: Coffee and Indigenous Labor in Guatemala, 1871–1980, in: Clarence-Smith, William Gervase und Topik, Steven (Hg.): The Global Coffee Economy in Africa, Asia, and Latin America, 1500–1989, Cambridge u.a., 2003, S. 191–208. Diese Abhängigkeit Guatemalas vom Kaffee hat sich bis heute nicht wesentlich verändert, vgl. Wild, Antony: Black Gold. A Dark History of Coffee, London, 2005, S. 237.

regelmäßig das Nachsehen hatten.[29] Zwar informierte die Anacafé schriftlich über die Beschlüsse der ICO, doch nur die wenigsten Kleinbauern
konnten davon profitieren: Um 1960 lag die Analphabetenrate in Guatemala bei 60–70 Prozent, auf dem Land und vor allem unter der indigenen
Bevölkerung meist noch weit darüber.[30] Für die meisten Kleinbauern bedeutete dies, dass sie aufgrund von mangelnder Information den zukünftigen
Bedarf an Kaffee nur schlecht abschätzen konnten. Das führte dazu, dass
sie entweder bei einer Produktion, die unter den bewilligten Exportmengen
lag, Absatzmöglichkeiten ungenutzt ließen, oder bei Überproduktion einen
Teil der Bohnen nicht verkaufen konnten. Darüber hinaus bekamen Kleinbauern für ihren Kaffee in aller Regel einen erheblich geringeren Preis als
Großgrundbesitzer.[31] Dies ist unter anderem darauf zurückzuführen, dass
sie keine eigenen Möglichkeiten zur Weiterverarbeitung des Kaffees hatten, vor allem aber auf die Abhängigkeit von den Zwischenhändlern. Sehr
viele Kaffeebauern lebten in unzugänglichen Gebieten und hatten keine
Transportmöglichkeiten, sodass die Aufkäufer ihnen die Preise diktieren
konnten. Es erwies sich für die Kleinbauern als nahezu unmöglich, selbstständig der Abhängigkeit vom Kaffee zu entkommen. Erschwert wurde die
wirtschaftliche Rückständigkeit dadurch, dass die Großgrundbesitzer in den
1960er-Jahren neue Kaffeeanbaumethoden einsetzten, die ihnen etwa drei-
mal höhere Gewinne im Vergleich zur bisherigen Produktion ermöglichten.[32]
Fehlende Investitions- und Ausbildungsmöglichkeiten bei den Kleinbauern sorgten allerdings dafür, dass diese von den Neuentwicklungen kaum
profitierten, sondern im nationalen Konkurrenzmarkt weiter zurückfielen.

Zusammengefasst betrachtet gründeten die Probleme der Kleinbauern
auf mehreren Faktoren: dem fehlenden Zugang zu Weiterbildungsmög-
lichkeiten und zu finanziellen Mitteln, einer schwachen Interessenvertretung

---

29 Vgl. zum Folgenden Johnson: International, S. 37ff.; Hernández Contreras, Alfredo
   Bartolome: El cooperativismo cafetalero guatemalteco federado. Una experiencia en el
   ambito de la cooperación económica externa, Tesis Lic., Unversidad Rafael Landívar,
   Guatemala de la Asunción, 1987; Streeter, Stephen M.: Managing the Counterrevolution. The United States and Guatemala, 1954–1961, Athens/Ohio, 2000, S. 150–163;
   Paige, Jeffrey M.: Coffee and Power. Revolution and the Rise of Democracy in Central
   America, Cambridge (USA)/London, 1999, S. 60.
30 Vgl. Schneider: Genossenschaftswesen, S. 167; Johnson: International, S. 43.
31 Vgl. die Tabelle bei Johnson: International, S. 44.
32 Erreicht wurde dies beispielsweise durch bessere Beschattung, optimierte Beschneidung,
   den Einsatz von Dünge- und Pflanzenschutzmitteln und den Anbau neu gezüchteter,
   besonders ertragreicher Kaffeevarietäten, vgl. dazu Johnson: International, S. 47.

und mangelnden Möglichkeiten der Kaffeeweiterverarbeitung und -vermarktung. Ein probates Mittel, diese Probleme in den Griff zu bekommen, schien in einem Zusammenschluss der Kleinbauern zu liegen. Die Förderung von Genossenschaften gewann daher immer mehr Befürworter.

3.2.3 Das Genossenschaftswesen Guatemalas und die Gründung der Fedecocagua

Schon 1945 war von der Regierung Guatemalas das *Departamento de Fomento Cooperativo* eingerichtet worden, um die Ausbreitung des Kooperativenwesens in Guatemala voranzutreiben. Der Erfolg des Programms blieb jedoch beschränkt.[33] Zum einen wollten viele Bauern schon angesichts der stetig steigenden Kaffeepreise nach dem Zweiten Weltkrieg nicht die Möglichkeit des Verkaufs an die freien Zwischenhändler verlieren. Zum anderen befürchteten viele offensichtlich, dass das Kooperativenwesen als sozialistisch ausgelegt werden könnte.[34] Welches Risiko sich damit verband, hatte den Guatemalteken die jüngere Vergangenheit eindrücklich gezeigt. 1951 war der guatemaltekische Präsident Jacobo Árbenz unter anderem mit dem Ziel angetreten, eine Landreform durchsetzen, von der vor allem die ärmeren Bevölkerungsschichten profitieren sollten.[35] Offensichtlich sah die nordamerikanische *United Fruit Company*, größter Landbesitzer und Arbeitgeber in Guatemala, ihre Geschäftsgrundlage bedroht und erhöhte den Druck auf die US-amerikanische Politik. Vom US-Geheimdienst CIA wurden Árbenz und seine Landreformbestrebungen als sozialistisch inspiriert bezeichnet. Ein mit Billigung von Präsident Eisenhower initiierter Putsch stürzte 1954 die guatemaltekische Regierung.[36] Auf Árbenz folgten mehrere rechtsgerichtete, diktatorische Präsidenten. Guatemala geriet in den frühen 1960er-Jahren in einen Bürgerkrieg, der bis in die Mitte der 1990er-Jahre

---

33 Vgl. dazu und zum Folgenden Schneider: Genossenschaftswesen, S. 165–166; Wagner: History, S. 197ff.; Johnson: International, S. 38–39.

34 Vgl. Biechler: Coffee, S. 64; Johnson: International, S. 39.

35 Vgl. Handy, Jim: Revolution in the Countryside. Rural Conflict and Agrarian Reform in Guatemala, 1944–1954, Chapel Hill/London, 1994.

36 Die als *PBSUCCESS* codierte Operation stellt einen der am intensivsten erforschten Vorgänge der US- und lateinamerikanischen Politikgeschichte dar. Vgl. dazu u.a. Westad: Cold War, S. 146–148; Streeter: Counterrevolution; Cullather, Nick: Secret History. The CIA's Classified Account of its Operations in Guatemala, 1952–1954, Stanford, 1999; sowie das eher populärwissenschaftliche Buch Schlesinger, Stephen und Kinzer, Stephen: Bananen-Krieg. CIA-Putsch in Guatemala, Hamburg 1984; zusammenfassend auch Rinke: Lateinamerika, S. 107.

andauern sollte und in dem unzählige guatemaltekische Zivilisten entführt, gefoltert oder ermordet wurden.[37] Jegliche als sozialistisch zu verstehende Aktivität wurde damit nach 1954 in der guatemaltekischen Öffentlichkeit zum Tabu – besonders für die Landbevölkerung, die am schwersten von den Gewalttaten betroffen war.[38]

In der Armut der Landbevölkerung wurde allerdings ein erhebliches Risiko für die Stabilität der Kaffeeländer gesehen, weshalb im ICA von den Exportländern Diversifikationsprogramme gefordert wurden. Darüber hinaus brachten die 1960er-Jahre verstärkte Aktivitäten kirchlicher Entwicklungs- hilfeorganisationen, die nach förderbaren Projekten suchten oder selbst die Förderung von Genossenschaften als Projekte kirchlicher Entwicklungs- hilfe vorantrieben.[39] Spätestens mit dem Sinken der Kaffeepreise Mitte der 1950er-Jahre nahm die Zahl der Kooperativengründungen zu und ging dann in den 1960er-Jahren steil nach oben: Zwischen 1959 und 1963 wurden jährlich im Schnitt fünf neue Genossenschaften gegründet, zwischen 1964 und 1967 waren es pro Jahr 35. Im April 1968 waren in Guatemala offiziell 189 Kooperativen eingetragen.[40] Da den Kleinbauern der Beitritt nahege- legt werden sollte, galt angesichts der verbreiteten Skepsis gegenüber dem Kooperativenwesen das Prinzip der freiwilligen Mitgliedschaft: Es stand den Bauern frei, jederzeit ein- oder auszutreten. Eine gemeinsam getragene Verantwortlichkeit, wie sie später im Kooperativenwesen grundlegendes Prinzip wurde, bestand zu dieser Zeit anscheinend nicht.[41]

Zentrale Bedeutung für die Ausbreitung des Genossenschaftswesens in Guatemala hatte Alfredo Hernández Contreras, Ende der 1950er-Jahre

---

37 Vgl. dazu Schlesinger/Kinzer: Bananen-Krieg, S. 259–269; Streeter: Counterrevolution, S. 239 ff.; Brands: Latin, z.B. S. 189.

38 Vgl. Konefal, Betsy: For Every Indio Who Falls. A History of Maya Activism in Guatemala, 1960–1990, Albuquerque, 2010, S. 22 ff.; Johnson: International, S. 38–39; Hernández Contreras: Cooperativismo, S. 1–2 und 68.

39 Da das Hilfswerk Misereor für das Folgende am relevantesten ist, mag ein Verweis auf dessen Grundsätze der Projektförderung genügen. Die zuerst genannten Ziele lauteten, „die Menschen auf dem Lande zu befähigen und zu ermutigen, sich in Selbsthilfebe- wegungen, wie Genossenschaften, Bauernvereinen und ländlichen Gewerkschaften zusammenzuschließen", sowie „die Kleinbauern und ihre Familienangehörigen in der Beherrschung besserer landwirtschaftlicher und hauswirtschaftlicher Techniken aus- zubilden", Koch: Misereor, S. 139; vgl. Misereor (Hg.): Weg, S. 11.

40 Vgl. Schneider: Genossenschaftswesen, S. 165 und 170–171; Biechler: Coffee, S. 70–74; Wagner: History, S. 199; Hernández Contreras: Cooperativismo, S. 22–25, 43, 51.

41 Vgl. Hernández Contreras: Cooperativismo, S. 51.

Regionalagent der Anacafé für die Region Suchitepéquez und verantwortlich für die Durchführung von Informations- und Ausbildungsangeboten für Kleinbauern.[42] Zuvor hatte Hernández unter anderem als Stipendiat der Konrad-Adenauer-Stiftung ein Jahr lang in Deutschland studiert.[43] Verantwortlich für die Ausbreitung des Kooperativenwesens waren aus seiner Sicht vor allem das von den Vereinten Nationen initiierte Jahrzehnt der Entwicklung, die US-amerikanischen Interessen in Zentralamerika nach der kubanischen Revolution, das Zweite Vatikanische Konzil und die Episkopalkonferenz in Medellín. Als Kerngedanken einer Kooperative zählte Hernández die Würde des Einzelnen, die Stimulierung humaner Werte, Demokratie, Verantwortung und ökonomische Freiheit auf.[44] An all diesen Punkten zeigt sich, wie sehr das Genossenschaftswesen, im Ursprung ein europäisches Konzept, in der westlichen und kirchlichen Entwicklungshilfe verankert war. In einer Studie zu einigen Genossenschaften Lateinamerikas urteilte der kolumbianische Soziologe Orlando Fals Borda 1972, das Kooperativenwesen sei in Form eines „paternalistischen und autoritären Aktes" „von oben" aufgesetzt worden und nicht Zeichen eines Willens zu demokratischer Mitwirkung.[45] Weniger deutlich, aber in der Tendenz ähnlich konstatiert eine deutsche Untersuchung von 1970, dass Genossenschaftsgründungen in Guatemala vor allem „auf Initiativen und Hilfen von ‚oben' zurückgehen" würden.[46] Diese Urteile sind insofern wichtig, als die Frage nach dem Entstehungskontext der Fedecocagua – dies sei vorweggenommen – im Feld des Fairen Handels noch besondere Bedeutung bekommen sollte.

Auch für den Aufbau der Fedecocagua war die finanzielle Unterstützung von ausländischen Organisationen, hier vor allem durch Misereor, entscheidend.[47] Bereits 1968 hatte das deutsche Hilfswerk die Errichtung von drei

---

42 Vgl. auch Abbildung 1.

43 Vgl. Hernández Contreras: Cooperativismo; MAA, Neuantrag Projekt Nr. 213–0/16, Bewilligung am 29. Juni 1968; Wagner: History, S. 197ff.; Biechler: Coffee, S. 70.

44 Vgl. Hernández Contreras: Cooperativismo, S. 2–3, 18–22, 30–31.

45 Original: „En todo caso, el movimiento cooperativo fue impuesto desde arriba como acto paternalista y autoritario; no fue el resultado de un convencimiento derivado de la participación democrática o de la ilustración popular", Fals Borda: Reformismo, S. 22–23. In der Studie werden elf Kleinbauerngenossenschaften in Kolumbien, Ecuador und Venezuela untersucht.

46 Schneider: Genossenschaftswesen, S. 167.

47 Vgl. Hernández Contreras: Cooperativismo, S. 117–118 und 147–148. Den Unterlagen von Misereor ist zu entnehmen, dass allein in den 1970er-Jahren insesamt 2.843.500 DM an

Kaffeeverarbeitungsanlagen in Guatemala initiiert, um das Genossenschaftswesen und die Qualität des von den Kleinbauern produzierten Kaffees zu
fördern und so deren „Lebensniveau zu heben".[48] Dieses Projekt war durch
Alfredo Hernández ausgearbeitet und geleitet worden.[49] Hernández' eigenen,
nicht überprüfbaren Aussagen zufolge wurde ihm bald darauf der Posten
bei der Anacafé gekündigt, da seine Gedanken als zu links eingeschätzt
worden seien. Jedenfalls stand er ab 1968 nicht mehr in Diensten der guatemaltekischen Kaffeeorganisation und trieb die Gründung eines Koopera-
tivendachverbands voran.[50] Dieser stand früh eng mit der katholischen Kirche
in Verbindung: Ende des Jahres 1968 trafen sich Vertreter von neunzehn
Kaffeekooperativen in der von der Kirche getragenen Universität Rafael
Landívar in Guatemala-Stadt und einigten sich auf die Einrichtung der
Fedecocagua. Offizieller Gründungstermin war der 26. März 1969, im Juni
1971 erhielt sie behördliche Anerkennung. Ihr Leiter wurde Alfredo Hernández.

Im Herbst 1972 bewilligte das Bundesministerium für wirtschaftliche
Zusammenarbeit auf Antrag der Katholischen Zentralstelle für Entwicklungshilfe e. V. (KZE), die wiederum mit der Misereor-Geschäftsstelle in
Verbindung stand, eine Beihilfe in Höhe von 600.000 DM zum Ausbau
der Fedecocagua.[51] Der Antragstext gibt nicht nur Hinweise auf den Hintergrund der Förderung des Dachverbandes, sondern zeigt auch, welche
Bewertung dieser Entwicklungshilfe offensichtlich zugrunde lag. So ist in
ihm die Rede von über 50.000 Kleinbauern, „die sozial und wirtschaftlich
am Rande" existierten. Die kleinbäuerliche Wirtschaftsweise sei „primitiv
geblieben", es fehle an Zugang zu Krediten und an schulischer Bildung,

---

Fedecocagua gezahlt wurden, vgl. MAA, ZA: 2003/21 GF HAV: GEPA Gewürzaktion
1979–1982/Fedecocagua 1979–80, Bisherige Förderung von Fedecocagua, 16. Januar 1980.

48 MAA, Neuantrag Projekt Nr. 213–0/16, S. 1 und 3.

49 Vgl. MAA, Neuantrag Projekt Nr. 213–0/16, Deckblatt.

50 Vgl. MAA, ZA: GF HAV: GEPA II, Treffen mit Alfredo Hernandez am 27. und
28. Februar 1975; Hernández Contreras: Cooperativismo, S. 25 und 47–49. Im Misereor-
Antrag war die Rede von einer „Konfrontation mit den Problemen an der Basis", welche
Hernández dazu gebracht habe, „auf nationaler Ebene den Problemen der kleinen
Kaffeeproduzenten Guatemalas zu Leibe rücken" zu wollen, MAA, Neuantrag Pro-
jekt Nr. 213–0/16 A, hier: S. 4. Bei Regina Wagner findet sich nur der Hinweis, dass
Hernández bei der Gründung der Fedecocagua anwesend gewesen sein soll, vgl. Wag-
ner: History, S. 198.

51 Vgl. MAA, Neuantrag Projekt Nr. 213–0/16 A. Die KZE befindet über die Verteilung
der staatlichen Gelder für die kirchliche Entwicklungsarbeit. In ihrem Auftrag nimmt
die Misereor-Geschäftsstelle die entsprechende Projektarbeit wahr.

Abbildung 1   *Asamblea General* (Hauptversammlung) einer guatemaltekischen Kooperative, undatiert [um 1969]. Rechts stehend Alfredo Hernández.

„Gesundheit, Unterernährung, Wohnverhältnisse" entsprächen „den übri-
gen Symptomen ländlicher Marginalität". Ziele der Fedecocagua seien die
Förderung der Kaffeequalität und des Genossenschaftswesens sowie die
„Hebung des Lebensstandards und des Selbstbewußtseins der indianischen
Kleinbauern". Alfredo Hernández, auf dessen Studium in Deutschland und
Zusammenarbeit mit Misereor nochmals hingewiesen wird, habe durch seine
beruflichen Erfahrungen die Möglichkeit, „die Kleinbauern aus der Gewalt
der Zwischenhändler und der Willkür der Großproduzenten zu befreien".[52]
Auch hier wurde also das Bild von Kleinbauern gezeichnet, die aus der
vermeintlichen völligen Unselbstständigkeit herausgeführt werden müssten.

Noch deutlicher tritt dies in dem Film „Guatemala 1. Sorte" zutage, der
vom NDR unter Mithilfe von Misereor produziert und in der Fastenzeit
1973 im ARD-Programm ausgestrahlt wurde.[53] Zu Bildern von mürrisch
und teilnahmslos blickenden Kaffeebauern, die von dem agil und tatkräftig
auftretenden Alfredo Hernández besucht werden, gibt eine Erzählstimme
die „Geschichte von Alfredo H." wieder, oft nur „Alfredo" genannt. Dieser
bemühe sich selbstlos durch den Aufbau von Kaffeegenossenschaften um
„die Integration der Indios in die moderne Gesellschaft", sei dabei aber mit

52 MAA, Neuantrag Projekt Nr. 213–0/16 A.
53 Vgl. Schmied: Aktion, S. 219.

zahlreichen Problemen konfrontiert. So liege beispielsweise das Stocken beim Aufbau der Genossenschaften daran, dass „die Außenseiter [...] nur langsam den Sinn genossenschaftlicher Arbeit begreifen" lernten, weshalb man „vor einer großen Erziehungsaufgabe" stehe.[54] Eine der Genossenschaften sei „ein besonderes Sorgenkind von Alfredo H. [...] trotz der immer guten Laune ihrer spanisch sprechenden Mestizen". Laut dem Film war es in diesem Fall aber „nicht die Apathie der Genossen", sondern ihre

> südländische Sorglosigkeit, die den Fortschritt erschwert. [...] Alfredo H. musste auch hier lernen. Er erkannte: Wirtschaftliche Verlockung allein reicht nicht aus, um die Indios aus ihrer passiven Lebenseinstellung herauszuführen.[55]

Im Film werden die Kleinbauern beim Vornamen genannt und dadurch infantilisiert, fehlende Mitarbeit wird als Verweigerung begriffen oder auf die „südländische Sorglosigkeit" zurückgeführt, mangelnde Begeisterung gegenüber dem genossenschaftlichen Zusammenschluss mit Apathie und Passivität begründet.

Auf europäischer Seite sah man sich offensichtlich in der Verantwortung, diesen attestierten Missständen durch Erziehung der Kleinbauern abzuhelfen. Derlei Urteile, die wie gezeigt Anfang der 1970er-Jahre ähnlich lautend im Feld des Fairen Handels kursierten, zeigen, wie sehr das Bild der Produzenten zu dieser Zeit durch dependenz- und modernisierungstheoretische Einflüsse geprägt war. Die Dependenztheorie argumentierte, dass Änderungen in den Entwicklungsländern zuerst Anpassungen in den Industrieländern erforderten und sprach daher den Menschen im globalen Süden grundsätzlich eine passive Rolle zu. Die Modernisierungstheorien gingen davon aus, dass die Gesellschaften der Dritten Welt sich im Vergleich zu denen der Ersten Welt schlicht auf einer primitiveren, traditionelleren Stufe befänden. In Bezug auf die Fedecocagua kam aber hinzu, dass die Rückständigkeit der Bauern nicht nur auf deren vermeintlichen Fatalismus bezogen wurde, sondern ganz offensichtlich auch auf ihre Ethnizität. Dies zeigt der gehäufte Verweis darauf, dass es sich bei den Bauern um „Indios" handele.[56] Alfredo Hernández

---

54 Das Genossenschaftswesen setzte sich in Guatemala allerdings aus bestimmten, bereits geschilderten Gründen nur langsam durch.

55 Norddeutscher Rundfunk NDR: Guatemala 1. Sorte. Die Versuche des Alfredo H., 1973.

56 Wie sich später herausstellen sollte (dies wird noch behandelt), waren die in den Fedecocagua-Kooperativen organisierten Kleinbauern allerdings nur zu einem geringen Teil indigener Herkunft.

schien demgegenüber nach seinem Studium in Deutschland und durch seine Tätigkeit bei der Anacafé bereits einen Schritt aus der Apathie getan zu haben und dementsprechend in einer Zwischenposition angesiedelt zu sein.

3.3 „Brüderschaft trinken" mit dem Indio-Kaffee

3.3.1   Die Markteinführung des Indio-Kaffees

Das Filmteam des NDR wurde auf der Reise nach Guatemala von dem Bildungsreferenten von Misereor, Erwin Mock, begleitet, der schon im November 1972 mit Mitgliedern der Fedecocagua zusammengetroffen war.[57] Mock war zugleich Mitglied im Leitungskreis der A3WH. Ihm war daher bewusst, dass in der A3WH ein dringender Wunsch nach einer zuverlässigen Importmöglichkeit einer politischen Konsumware bestand. Vor der Reise mit dem NDR hatte Mock an seinen Leitungskreiskollegen Harry Neyer geschrieben, er hoffe auf Auftragsunterlagen von S.O.S.-Direktor Paul Meijs, denn „von seiten der Guatemalteken wäre es ohne Schwierigkeiten möglich", Kaffee an die S.O.S. und A3WH zu liefern.[58] Die S.O.S. setzte sich mit der Fedecocagua und Röstereien in den Niederlanden in Verbindung, und am 30. Januar 1973 wurde verkündet, dass einem „Kaffee-Import […] nichts mehr im Wege" stehe.[59] Von der S.O.S. wurden bei der Fedecocagua 52.000 Kilogramm Kaffee bestellt, die im August 1973 im Hafen von Amsterdam eintrafen. Diese Menge diente als erste Probelieferung, um herausfinden zu können, wie groß die Nachfrage war. Überführung, Verarbeitung, Verpackung und Lagerung machten für diese Lieferung bereits eine Investition von etwa 500.000 Gulden erforderlich.[60]

Die Verantwortlichen in der A3WH stellten derweil Überlegungen an, wie der Kaffee möglichst erfolgreich im Markt positioniert werden könne. Als prägnantes Schlagwort entschied man sich für die Bezeichnung

---

57 Vgl. MAA, ZA: 2012/4: Aktion Dritte Welt Handel A3WH Stichting Ontwikkelings-Samen Werking Nederland SOS Internationaler Vorstand Geschäftsführender Vorstand, Bericht der Tagung des Geschäftsführenden Vorstands vom 20. November 1972.

58 MAA, ZA: 2012/4: Aktion Dritte Welt Handel A3WH Leitungskreis Korrespondenz Hilfswerke AEJ/BDKJ, Erwin Mock an Harry Neyer, 23. Januar 1973.

59 Vgl. MAA, ZA: 2012/4: Aktion Dritte Welt Handel A3WH Stichting Ontwikkelings-Samen Werking Nederland SOS Internationaler Vorstand Geschäftsführender Vorstand, Meijs an Geschäftsführenden Vorstand, 30. Januar 1973.

60 Vgl. Arnold: Went, S. 33.

„Indio-Kaffee".[61] Das zeigt bereits, dass die Ethnizität der Produzenten als Grundlage für die Legitimation des Kaffeeverkaufs eine besondere Rolle spielen sollte. In einem Faltzettel, der den Kaffeepackungen beilag, wurde unter dem Titel „Juan R. aus San Antonio Huista kann lachen" das fiktive Schicksal eines Kleinbauern nacherzählt. Durch den Zusammenschluss in der Fedecocagua gehe es Juan inzwischen besser als den anderen Kleinbauern, die „[i]soliert und alleingelassen […] billige Opfer für Händler und Geschäftemacher" seien. Die Vereinigung in der Kooperative habe bereits Wirkung gezeigt:

> Indios, die nicht mal lesen und schreiben können. […] Zufriedenheit zeigt sich auf ihren Gesichtern. Sie haben begriffen, daß sie ihr Schicksal nur gemeinsam meistern können. […] Jetzt hat die Aktion Dritte Welt Handel direkt von Fedecocagua gekauft und damit Juan R. und seinen Freunden neue Absatzkanäle erschlossen.[62]

„Juan R." wurde ebenfalls – wie Alfredo Hernández in dem zitierten NDR-Film – beim Vornamen genannt und durch die Wendung „und seinen Freunden" zusätzlich in einer infantilen Rolle verortet. Diese Darstellung verdankte sich, so meine ich, nicht zuletzt dem Bezugspol der Akteure im Dritte-Welt-Handel, also dem Element, das dem Warenverkauf einen Sinn gab. Ein solcher Bezugspol lag im Fall des Indio-Kaffees darin, dass die Kleinbauern auf dem Weg zur Selbstständigkeit unterstützt werden sollten. Diese Zielsetzung legitimierte den Kaffeeverkauf und begründete die vermeintliche Verbundenheit der Abnehmer mit den Produzenten. Das Bild einer direkten Verbundenheit wurde früh als ein – wenn nicht das – entscheidende Merkmal des Indio-Kaffees aufgebaut und zur Legitimation genutzt. Dies zeigt bereits ein früher Entwurf für den Text, der auf die Kaffeeverpackungen aufgedruckt werden sollte:

> Viele Jahre lang wurden die Indios um die Früchte ihrer Arbeit betrogen. Von einflußreichen Großgrundbesitzern und Händlern, die den […] Indios den

---

61 Vgl. MAA, FH 11, Erwin Mock an Harry Neyer, 17. Mai 1973.
62 A3WH Aktion Dritte Welt Handel/GEPA Gesellschaft für Handel mit der Dritten Welt mbH (Hg.): „Kennen Sie die Geschichte vom Indio-Kaffee aus Guatemala?", Wuppertal, 2. Aufl. 1974.

Abbildungen 2 und 3   Plakate für Indio-Kaffee, undatiert [um 1973].

Exportweg versperrten. Das wollen wir ändern. Wir schlagen eine Brücke vom indianischen Kaffeebauern direkt zum europäischen Verbraucher.[63]

Das Bild einer direkten Brücke zwischen Verbrauchern und Produzenten spiegelte sich auch in der Bewerbung des Kaffees wider. Ein Plakat, auf dem eine verbeulte Blech- neben einer Porzellantasse zu sehen war, trug den Slogan „Brüderschaft trinken". Ein weiteres, bereits zu Beginn dieser Arbeit zitiertes Plakat versprach, der Indio-Kaffee sei „Bohne für Bohne von Indios für Sie geerntet".

Doch das Bild einer direkten Verbundenheit überspielte, dass der Kaffee auch im Dritte-Welt-Handel notgedrungen einige Stationen absolvieren musste: Die Kleinbauern lieferten an die Kooperative, diese an die Fedecocagua, diese wiederum brachte den Kaffee zum Hafen, von dort ging er nach Rotterdam an einen Lageristen, weiter zu einer Rösterei in Aachen und danach zur S.O.S. in Kerkrade. Wenn der Kaffee für Deutschland bestimmt war, lieferte ihn die S.O.S. noch zur GFP, die den Kaffee schließlich an die verschiedenen Aktionsgruppen der A3WH oder an die ökumenische action365, deren Gruppen sich ebenfalls im Verkauf des Indio-Kaffees engagierten,

---

63 MAA, FH 11, Entwurf für Packungsaufdruck, undatiert.

verteilte. Direkt gehandelt war der Kaffee also nur insofern, als man den
Kaffee bewusst von Kleinbauern bezog und so die Zwischenhändler in den
Erzeugerländern ausschaltete. Dadurch allerdings ließ sich die wirtschaftliche
Situation der Kleinbauern in der Tat erheblich verbessern, was sich schon
daran zeigt, dass es der A3WH anfangs möglich war, einen Erzeugerpreis
von etwa 5,60 DM je Kilo Rohkaffee zu zahlen. Im konventionellen Markt
lag dieser mit etwa 2,40 DM darunter.[64] Marktwirtschaftlich gesehen ließ
sich die Preiskalkulation des Indio-Kaffees allerdings kaum mit der im konventionellen Handel vergleichen, denn der niedrige Preis basierte zum einen
auf Synergieeffekten – beispielsweise auf der erheblichen finanziellen und
organisatorischen Vorarbeit und Unterstützung der Hilfswerke – und zum
anderen darauf, dass den Verkaufenden kein Lohn gezahlt werden musste,
da diese ehrenamtlich tätig waren.[65]

3.3.2   Die Politisierung des Kaffees

Anders als man aus heutiger Sicht möglicherweise vermuten könnte, richtete sich der Dritte-Welt-Handel mit dem Verkauf des Indio-Kaffees nur
begrenzt gegen die konventionellen Kaffeeunternehmen und Großröstereien
in der Bundesrepublik. Für diese These spricht schon, dass die Gewinnmarge
der Unternehmen im Kaffeehandel sehr klein ausfiel. In den 1970er-Jahren
opponierte die A3WH mit dem Verkauf des Indio-Kaffees vor allem erstens gegen die Großgrundbesitzer und Kaffeeaufkäufer im globalen Süden
sowie zweitens gegen die Wirtschaftspolitik der Industrienationen. Letzteres ergab sich aus der Rezeption der Dependenztheorie. Dementsprechend
lag der Schwerpunkt des Kaffeeverkaufs in den frühen Jahren vor allem auf
dem Hier, auf der entwicklungspolitischen Bewusstseinsbildung. In einer
weiteren Werbung für den Indio-Kaffee hieß es:

> Wir liefern Ihnen Kaffee ohne Beigeschmack. Von bester Qualität. Direkt von
> den kleinen Kaffeebauern für guten Preis gekauft. […] Sie zahlen trotzdem den
> normalen Preis. Wir arbeiten auch nicht mit Verlust. Irgendwo muss da etwas
> nicht stimmen. Wollen Sie nicht mit uns darüber nachdenken?[66]

---

64 Vgl. MAA, FH 11, Pooth: Betreff: Kaffeekalkulation, 31. Juli 1973; ICO Prices Paid to
    Growers in Current terms, Calendar year average 1970 to 1975.
65 Vgl. MAA, FH 11, Pooth: Betreff: Kaffeekalkulation, 31. Juli 1973; sowie A3WH/GEPA
    (Hg.): Kennen.
66 MAA, FH 11, Werbung für Indio-Kaffee, undatiert.

Daran zeigt sich: Vom (Ver-)Kauf des Kaffees, dessen Verpackung auf der einen Seite mit einem niederländischen, auf der anderen Seite mit einem deutschen Informationstext bedruckt war[67], sollte vor allem ein bewusstseinsbildender Impuls ausgehen. Wie sehr man vom Erfolg überzeugt war, zeigt die Ankündigung des zitierten und jeder Packung beiliegenden Faltzettels mit der Geschichte von „Juan R.".[68] Wer diesen Faltzettel lese und sich dabei mit den Verkäufern unterhalte, so hieß es, werde von selbst „zum ‚bewußten' Kaffeetrinker" und denke darüber nach, warum der Anteil an Steuern und Zöllen noch höher sei als der Erzeugerpreis, den die A3WH „ohnehin enorm hoch angesetzt" habe.[69] Auch George Arickal, Vertreter des katholischen Jugendverbands bei der A3WH, zeigte sich überzeugt, dass der Indio-Kaffee eine Gelegenheit biete, „über den langfristigen politisch-gärenden Effekt der Grundzusammenhänge der Unterentwicklung der Welt zu reflektieren".[70] Der Kaffeeverkauf wurde von Beginn an mit dependenztheoretischen Aussagen und so mit einer politischen Botschaft verbunden. Und noch etwas war spezifisch für den Indio-Kaffee: Während in der Bundesrepublik der 1970er-Jahre für die meisten Konsumenten der Kaffee nach wie vor aus Hamburg oder Bremen kam, wurde beim Indio-Kaffee explizit der Produktionskontext thematisiert. Die Bedeutung der Herkunft zeigt sich schon daran, dass der GFP-Geschäftsführer Bernd-Reinhard Pooth damit beauftragt wurde, bis zum Frühjahr 1974 gemeinsam mit der S.O.S. weiteren Kaffee von der Fedecocagua zu beschaffen, „auch wenn er anderer Qualität als der jetzt vertriebene" sei.[71] Die geschmackliche Qualität war demzufolge nur zweitrangig gegenüber der Herkunft, schließlich hatte man lange Zeit nach einem Kaffee gesucht, der von Kleinbauern-Genossenschaften in der Dritten Welt produziert wurde. Dabei wiederum war nicht ausschlaggebend, dass der Kaffee aus Guatemala kam. Er hätte aus jedem anderen Land der Dritten Welt stammen können – der Kontakt zur Fedecocagua verdankte sich schlicht der Tatsache, dass das Feld des Fairen Handels über

---

67 Vgl. Abbildung 4.
68 A3WH/GEPA (Hg.): Kennen; siehe auch Abbildung 5.
69 Neyer, Harry: Vom Bastkorb zum Guatemala-Kaffee. Die Aktion Dritte Welt Handel weitet sich aus, in: Pax Christi 5/73, September/Oktober 1973, S. 15–16, hier: S. 15.
70 MAA, FH 11, George Arickal: Kaffee – ein politisch-gärendes Getränk – gehört zum Warenkatalog ‚Dritte-Welt-Handel', 24. Oktober 1973, S. 2.
71 MAA, FH 4, Kurzprotokoll der 6. GV vom 31. Oktober 1973, vgl. MAA, FH 3, Der Indio-Kaffee ist alle!, undatiert; MAA, FH 3, Vorlage zur Sitzung des Leitungskreises am 19./20. Januar 1974.

das Netzwerk der katholischen Kirche mit der guatemaltekischen Vereinigung in Verbindung stand.

Kurz nach dem ersten Import des Kaffees plante man bei der A3WH bereits die nächste Kaffeelieferung. Dies lag an dem „überaus positiven Anfang" der Indio-Kaffee-Aktion.[72] Das auf Deutschland entfallende Kaffeekontingent der ersten Lieferung – ca. 21.000 Kilogramm Kaffee – war innerhalb von sechs Wochen verkauft worden.[73] Dabei profitierte die Vertrauenswürdigkeit der Aktion sicherlich von ihrem Rückhalt in den Kirchen: Das den Kirchen zugeschriebene symbolische Kapital war wohl ein wesentlicher Grund dafür, dass viele Konsumenten auf die Zuverlässigkeit des Dritte-Welt-Handels und die von ihm gemachten Versprechungen vertrauten. GFP-Geschäftsführer Pooth berichtete Ende 1973 von einer „ungemein stark expandierende[n] Nachfrage", obwohl noch nicht ansatzweise alle Möglichkeiten der Werbung und Öffentlichkeitsarbeit genutzt worden seien.[74] Auch von der action365 trafen Erfolgsmeldungen zum Kaffeeverkauf ein.[75] Harry Neyer, Vorsitzender des A3WH-Leitungskreises, hoffte, dass die A3WH mit der Indio-Kaffee-Aktion bald in der Lage sein könne, „wirkliche Handelshilfe zu leisten".[76] Nichtsdestotrotz: Am wichtigsten war aus Sicht der Verantwortlichen den Quellen zufolge der bewusstseinsbildende Effekt. Während der Verkauf von Kunsthandwerk 1973 in eine Stagnationsphase geraten war, bewertete man den Verkauf des Indio-Kaffees sowohl aus wirtschaftlicher Sicht als auch hinsichtlich seiner Funktion als „Brücke zur entwicklungspolitischen Bewußtseinsbildung" als vollen Erfolg.[77] GFP-Geschäftsführer Pooth äußerte die Hoffnung, dass mit dem Kaffee ein kontinuierlich absatzfähiges Produkt gefunden sei, welches „mit seinen bewusstseinsbildenden Inhalten" nicht nur die Mitglieder der jeweiligen Aktionsgruppe, „sondern auch und gerade in starker Weise den Konsumenten" erreiche. Er empfahl daher dringend, Kaffee dauerhaft in das Verkaufsprogramm der A3WH

---

72 MAA, FH 4, Zusammenfassender Erstbericht über die angelaufene Kaffee Aktion/ Regionallager Mitte, 22. Oktober 1973.

73 Vgl. MAA, FH 3, Der Indio-Kaffee ist alle!, undatiert.

74 Vgl. MAA, FH 5, Pooth an Vorsitz der Gesellschafterversammlung, 25. November 1973, S. 1.

75 Vgl. MAA, FH 11, Pooth an action 365, 9. Januar 1974.

76 Neyer, Harry: Vom Bastkorb zum Guatemala-Kaffee. Die Aktion Dritte Welt Handel weitet sich aus, in: Pax Christi 5/73, September/Oktober 1973, S. 15–16, hier: S. 16.

77 MAA, FH 7, Protokoll des Auswertungsseminars vom 1.–3. Februar 1974, S. 1.

Abbildung 4   Zweisprachige Verpackung für Indio-Kaffee, 1973.

aufzunehmen.[78] Diesem Drängen schloss sich der Leitungskreis der A3WH im Frühjahr 1974 an.[79] Insgesamt wurden 1974 etwa 400.000 Kilogramm Rohkaffee importiert – fast achtmal so viel wie im Vorjahr.[80] Der Direktor der S. O. S., Paul Meijs, hatte Ende 1973 offensichtlich sogar überlegt, die gesamte Fedecocagua-Ernte für 1974 – insgesamt etwa zwei Millionen Kilogramm Kaffee – aufzukaufen. Doch dies wurde von den S. O. S.-Verantwortlichen schließlich mit der Begründung abgelehnt, dass die Fedecocagua „sich sonst

---

78 MAA, FH 11, Situationsbericht über den Stand der Vorplanung für den Dauerabsatz von Indio-Kaffee, 18./19. Februar 1974, S. 1; vgl. MAA, FH 3, Zwischenbericht des Geschäftsführers zur Tätigkeit und Situation der Gesellschaft, 8. September 1973, S. 5; MAA, FH 10, Pooth an Mock, 4. Februar 1974.

79 Vgl. MAA, FH 3, Der Indio-Kaffee ist alle!, undatiert.

80 Vgl. MAA, FH 11, Pooth an die treuhänderischen Gesellschafter, 18. Februar 1974, S. 3; MAA, FH 3, Vorlage zur Sitzung des Leitungskreises am 19./20. Januar 1974; Arnold: Went, S. 33–35; Schmied: Aktion, S. 220.

nicht völlig anstrengen würde[,] um ihren Kaffee zu verkaufen".[81] Dies
wollte man allerdings verhindern, denn das Ziel lag darin, die Fedecocagua
an den konventionellen Markt heranzuführen. Hier sah sich offensichtlich
nicht zuletzt Paul Meijs vor einer aus seiner Sicht nötigen Erziehungsaufgabe, ferner wollte er wohl auch die Existenz seiner Organisation sichern.
Als er von einem Misereor-Vertreter gefragt wurde, ob die Fedecocagua
nicht direkt mit Großabnehmern verhandeln sollte, verneinte Meijs dies:
Es sei nötig, dass immer ein Umweg über die S. O. S. erfolge, um sicherzustellen, dass der Importeur die Kleinbauernvereinigung nicht unter Druck
setzen könne.[82] Wenige Monate später bekräftigte Meijs, dass die S. O. S.
die Rolle einer „Handelspolizei" ausüben müsse, die auch nach Übertragung der Fedecocagua an den Normalhandel sicherzustellen habe, dass die
Kleinbauern nicht ausgebeutet würden.[83] Wiederum zeigt sich daran – wie
auch schon dargestellt wurde –, dass man sich auf europäischer Seite als
verantwortlich dafür sah, die Kleinbauern vor vermeintlichen Gefahren des
Weltmarktes zu beschützen. Aus diesem Verständnis der Handelsbeziehung
zu den Guatemalteken resultierte ebenfalls ein Verantwortungsgefühl dafür,
den Aufbau des guatemaltekischen Dachverbands mitzutragen. Hernández
drängte 1974 angesichts finanzieller Probleme in seiner Organisation bei
Misereor und S. O. S. auf weitere Unterstützung, um den Bauern einen
höheren Preis zahlen zu können. Paul Meijs stimmte dem zu, damit „das
Vertrauen der Bauern nicht erschüttert" werde. Bei Misereor zeigte man
sich skeptisch, ob die Probleme nicht auf Fehlplanungen hindeuten könnten. Meijs versicherte aber, dass es sich dabei um einmalige Schwierigkeiten
handele, die nur im ersten Jahr auftreten würden. So konnte offensichtlich
erreicht werden, dass sich das katholische Hilfswerk und die niederländische S. O. S. an dem Verlust des guatemaltekischen Dachverbandes mit je
15.000 US-Dollar beteiligten.[84] Wie noch zu zeigen sein wird, waren die

81 MAA, ZA: 2012/4: Aktion Dritte Welt Handel A3WH Stichting Ontwikkelings-
    Samen Werking Nederland SOS Korrespondenz Ausschüsse: Projektpartner Pädagogik
    Finanzen, Bericht der Tagung des Ausschusses Projektpartner vom 12. Juli 1974.
82 Vgl. MAA, ZA: 2012/4: Aktion Dritte Welt Handel A3WH Stichting Ontwikkelings-
    Samen Werking Nederland SOS Korrespondenz Ausschüsse: Projektpartner Pädagogik
    Finanzen, Bericht der Tagung des Finanziellen Ausschusses vom 26. Oktober 1973.
83 Vgl. MAA, ZA: 2012/4: Aktion Dritte Welt Handel A3WH Stichting Ontwikkelings-
    Samen Werking Nederland SOS Korrespondenz Ausschüsse: Projektpartner Pädagogik
    Finanzen, Bericht der Tagung des Ausschusses Projektpartner vom 12. Juli 1974.
84 Vgl. MAA, ZA: 2012/4: Aktion Dritte Welt Handel A3WH Stichting Ontwikkelings-
    Samen Werking Nederland SOS Korrespondenz Ausschüsse: Projektpartner Pädagogik

Abbildung 5   Kaffee-Dose und Flugblatt für Indio-Kaffee, undatiert [um 1974].

wirtschaftlichen Probleme der Fedecocagua allerdings keineswegs nur auf das erste Jahr beschränkt, sondern gewannen mit dem rasanten Anstieg der Kaffeepreise ab 1975 eine ganz eigene Dynamik.

3.3.3   Instant-Kaffee aus Tansania

Der Indio-Kaffee wird immer wieder als weltweit erstes fair gehandeltes Lebensmittel – und damit zugleich als erster fairer Kaffee – bezeichnet.[85] Neu war daran in der Tat, dass eine ethische Wertzuschreibung zur Marktpositionierung genutzt wurde, indem der Produktionsprozess und der ökonomische sowie politische Kontext des Kaffeehandels explizit thematisiert wurden. Das unterscheidet den Indio-Kaffee aus der Rückschau von anderen globalen Waren, bei denen den Produzenten von den Aufkäufern ein

---

Finanzen, Bericht des Besuches des Herrn Hernandez am 15., 16. und 23. Juli 1974.

85 Vgl. beispielsweise die Pressemitteilung der GEPA: Gesellschaft zur Förderung der Partnerschaft mit der Dritten Welt mbH: FAIRissimo! – Gut gemacht! – 40 Jahre Fairer Kaffee in Deutschland, Wuppertal, 2013. Darin ist allerdings vom ersten fairen Lebensmittel *Deutschlands* die Rede. Als ersten fair gehandelten Kaffee *der Welt* fassen den Indio-Kaffee aber beispielsweise: Fridell: Fair, S. 41; Kocken: Sixty, S. 2.

höherer und als gerechter verstandener Preis gezahlt wurde, weil man sich durch den persönlichen Kontakt verantwortlich sah – was aber nicht zur Positionierung im Markt genutzt wurde.[86]

Angesichts der Tatsache, dass die Aktionsgruppen der A3WH im Vorfeld so sehr auf den Import einer politischen Konsumware zur Bewusstseinsbildung gedrängt hatten, überrascht es aber nicht, dass die Idee, Kaffeeverkauf mit politischen Botschaften zu verbinden, auch anderswo aufkam. So wurde in Deutschland beispielsweise auf dem Evangelischen Kirchentag Ende Juni 1973 ein Instant-Pulverkaffee aus Tansania verkauft, dessen Packungsaufdruck das „Aroma der Selbstbefreiung" versprach.[87] Hier war mit dem Kaffeeverkauf ebenfalls eine politische Stellungnahme verbunden: Ähnlich wie die A3WH-Gruppen wollten die Verkaufenden „aufzeigen, daß Länder der Dritten Welt, die sich eine eigene Veredelungsindustrie aufbauen, durch Einfuhrzölle bestraft werden".[88] Darüber hinaus sollten mit dem Verkauf sowohl Aufmerksamkeit als auch Unterstützung für Tansania erreicht werden. In dem afrikanischen Land wurde seit 1967 unter Präsident Julius Nyerere ein eigenes, sozialistisch geprägtes Gesellschaftsmodell verfolgt.[89] Unter dem Schlagwort „Ujamaa" erlangte dieses Modell bald weit über Tansania hinaus als „afrikanischer Sozialismus" Bekanntheit und fand auch in Deutschland unter anderem in den Kirchen – vor allem den evangelischen – positive Resonanz.[90] Der Kaffee, der auf dem Kirchentag 1973 verkauft wurde, war in einer verstaatlichten Fabrik in Tansania hergestellt worden, die zuvor dem Unternehmen Nestlé gehört hatte.[91] Für den Verkauf

---

86 Nur als ein Beispiel sei genannt, dass die Stuttgarter Rösterei Hochland Kaffee Hunzelmann angibt, ihren Kaffee seit Mitte der 1960er-Jahre im „partnerschaftlichen Handel" direkt von costa-ricanischen Kooperativen zu einem über dem Weltmarktniveau liegenden Preis zu beziehen, was aber vor allem an dem persönlichen Direktkontakt gelegen habe und offensichtlich nicht zur Marktpositionierung genutzt wurde, vgl. http://www.hochland-kaffee.de/?page=unternehmen/partnerschaftlicher_handel (zuletzt abgerufen am 29.10.2013).

87 O. V.: Hohlspiegel, in: Der Spiegel 26, 25. Juni 1973, S. 146; vgl. ASB e. V.: Festschrift, S. 5; Schmied: Aktion, S. 146.

88 Zit. nach o. V.: Hohlspiegel, in: Der Spiegel 26, 25. Juni 1973, S. 146.

89 Vgl. dazu einführend z. B. Kunkel: Globalisierung; Breitinger, Jan C.: „Ujamaa Revisited". Zur entwicklungstheoretischen Verankerung und politischen Wahrnehmung eines spezifisch tansanischen Entwicklungsmodells, in: Comparativ 23, 1, 2013, S. 89–111.

90 Vgl. beispielsweise epd-Entwicklungspolitik 6/7, 1971; ferner o. V.: „Ujamaa"-Bauernkollektive, in: blätter des iz3w 26/27, 1973, S. 29–35.

91 Später waren offensichtlich auch Nestlé-Mitarbeiter beratend in der Fabrik tätig, was zu erheblichen Protesten bei europäischen Gruppen führte. Vgl. dazu o. V.: A3WH:

des Kaffees sorgten Gruppen der Aktion Selbstbesteuerung. Diese wiederum war aus der Schalom-Bewegung hervorgegangen, einer Bewegung, die vor allem in der Schweiz und in den Niederlanden populär und in den Niederlanden eng mit der Verbreitung der Wereldwinkels verbunden war.[92] Das Schalom-Netzwerk hatte bereits 1972 Kontakt nach Tansania aufgenommen, um den Import von Instant-Kaffee zu ermöglichen; ab 1973 wurde dieser in der Schweiz und den Niederlanden und über das Nürnberger Schalom-Zentrum in Deutschland verkauft.[93] Bevor der Kontakt zur Fedecocagua hergestellt wurde, war im Feld des Fairen Handels darüber nachgedacht worden, Ujamaa-Kaffee aus Tansania anzubieten.[94] Die Gründe dafür, dass dies nicht geschah, sind aus der Rückschau nicht zweifelsfrei zu klären. Die Abgrenzung scheint auch den Zeitgenossen nicht immer bewusst gewesen zu sein. So wurde beispielsweise 1977 in den Blättern des iz3w behauptet, dass über die A3WH auch Kaffee aus Tansania vermarktet würde.[95] Dies wurde aber in der nächsten Ausgabe durch einen Weltladenmitarbeiter deutlich zurückgewiesen und von der Redaktion der Blätter korrigiert.[96] Angesichts dessen, dass das Ujamaa-Modell in der evangelischen Kirche in den frühen 1970er-Jahren viel Popularität besaß[97], ist zu vermuten, dass vor allem die auf katholischer Seite dominante Skepsis gegenüber dem Sozialismus verantwortlich dafür war, dass der tansanische Kaffee nicht den Weg in das Feld des Fairen Handels fand. Auch bei den Verkaufsaktionen in der Schweiz bemühten sich viele Gruppen bald darum, das Wort „Sozialismus" nach

Kritik eines „entwicklungspolitischen Modells", in: blätter des iz3w 59, 1977, S. 22–28, hier: S. 25; o. V.: Tanica – die Geschichte einer Kaffeefabrik, in: Alternativ Handeln 8, Dezember 1981, S. 25–26; Kalt: Tiersmondismus, S. 509–514.

92 Vgl. ASB e. V.: Festschrift. Vgl. zur Schalom-Bewegung Weber: Schalom – Schalom; Holzbrecher: Dritte, S. 149–155.

93 Vgl. Weber: Schalom – Schalom, S. 92. Zu den Ujamaa-Aktionen in der Schweiz vgl. Kuhn: Fairer; Kalt: Tiersmondismus, S. 509–514; Breitinger: Ujamaa.

94 Vgl. beispielsweise MAA, FH 2, Aktennotiz über ein Gespräch am 9. Juni 1972 im Auslieferungslager Frankfurt; MAA, ZA: 2012/4: Aktion Dritte Welt Handel A3WH Leitungskreis Korrespondenz Auslieferungslager, Meier an Neyer, 23. Mai 1973.

95 Vgl. o. V.: A3WH: Kritik eines „entwicklungspolitischen Modells", in: blätter des iz3w 59, 1977, S. 22–28, hier: S. 25.

96 Vgl. o. V.: Leserbriefe, in: blätter des iz3w 60, 1977, S. 54.

97 So empfahl beispielsweise Berthold Burkhardt, Bildungsreferent von Brot für die Welt und Vorstandsmitglied des A3WH e. V., einem Pfarrer auf dessen Nachfrage hin ausdrücklich den Konsum von Kaffee aus Tansania, vgl. ADE, HGSt 3381, Brief von Berthold Burkhardt, 20. Mai 1974.

Möglichkeit zu vermeiden.[98] Erst in den 1980er-Jahren schließlich wurde von der GEPA Kaffee aus Tansania angeboten. Wie noch zu zeigen sein wird, fiel dies in eine Zeit, in der der Verkauf von Kaffee aus so bezeichneten „progressiven Staaten" für viele Feldakteure erhebliche Attraktivität bekam. Heute ist der tansanische Kooperativenverband *Kagera Cooperative Union*, in dessen Gebiet die Instant-Kaffee-Fabrik liegt, eine der wichtigsten Produzentenvereinigungen im Fairen Handel.

3.4 Stabilisierung und Ausdifferenzierung: Die Entwicklung des Feldes

Die Markteinführung des Indio-Kaffees fiel zeitlich in eine Phase, die in den meisten westlichen Industriegesellschaften die Zeit „nach dem Boom" einleitete.[99] Als Reaktion auf den Jom-Kippur-Krieg im Herbst 1973 hatten mehrere Erdöl exportierende Länder Ausfuhrbeschränkungen für Rohöl vereinbart. Der Ölpreis kletterte in der Folge in nie gekannte Höhen.[100] Unter anderem dadurch geriet die bundesdeutsche Wirtschaft in eine Krise, deren Auswirkungen auf gesellschaftlicher Ebene spürbar waren: Sonntagsfahrverbote und steigende Arbeitslosenzahlen machten den Zeitgenossen deutlich, dass der Bundesrepublik keineswegs ein stetiges Wirtschaftswachstum beschieden war. Die Ölkrise von 1973 bestätigte scheinbar die These von den „Grenzen des Wachstums", die im Jahr zuvor vom *Club of Rome* veröffentlicht und in der Bundesrepublik breit diskutiert worden war.[101] Spätestens 1973 war damit auch in der Entwicklungshilfe der Euphorie der Vorjahre ein Ende gesetzt.[102]

---

98 Vgl. Kuhn: Fairer, S. 23–47.

99 Doering-Manteuffel/Raphael: Boom; Raithel, Thomas, Rödder, Andreas und Wirsching, Andreas: Einleitung, in: Raithel/Rödder/Wirsching (Hg.): Weg, S. 7–14.

100 Vgl. Hohensee, Jens: Der erste Ölpreisschock 1973/74. Die politischen und gesellschaftlichen Auswirkungen der arabischen Erdölpolitik auf die Bundesrepublik Deutschland und Westeuropa, Stuttgart, 1996.

101 Vgl. Club of Rome: Die Grenzen des Wachstums. Bericht des Club of Rome zur Lage der Menschheit, Stuttgart, 1972; zur Rezeption vgl. beispielsweise Glaeser, Bernd: Die Wachstumsthesen des Club of Rome, in: epd-Entwicklungspolitik 8, 1972, S. 30–36; ferner Freytag, Nils: „Eine Bombe im Taschenbuchformat"? Die „Grenzen des Wachstums" und die öffentliche Resonanz, in: Zeithistorische Forschungen (Online-Ausgabe) 3, 3, 2006.

102 Vgl. Hein: Westdeutschen, S. 289 ff.

In den Äußerungen der Akteure des Felds des Fairen Handels lassen sich jedoch kaum Reaktionen auf die Ölkrise und ihre Auswirkungen finden. Daher ist davon auszugehen, dass man sich bei der A3WH dadurch im Grunde nur auf dem eingeschlagenen Weg bestätigt sah. Dafür spricht auch, dass das Feld des Fairen Handels in den frühen 1970er-Jahren die Phase der ersten Konturierung hinter sich gelassen hatte – und zwar in Bezug auf die beteiligten Akteure, das Warensortiment und die theoretische Grundlegung. Diese Stabilität sorgte im Feld des Fairen Handels für eine grundsätzlich erkennbare Pfadabhängigkeit.[103] Der Verkauf des Indio-Kaffees hatte an der Stabilisierung der Strukturen großen Anteil. Mit ihm gab es im Feld des Fairen Handels eine Ware, die einen kontinuierlichen Absatz, ökonomischen Erfolg und damit eine dauerhafte Präsenz der A3WH in Aussicht stellte. Dies war ein wesentlicher Grund dafür, dass Prozesse im Feld einsetzten, die letztlich stabilisierende Wirkung entfalteten und zugleich dazu führten, dass das Feld des Fairen Handels Mitte der 1970er-Jahre immer deutlicher zu einem spezifisch *deutschen* Feld wurde und sich von den niederländischen Wurzeln entfernte.

3.4.1 Konflikte mit der S. O. S. und die Gründung der GEPA

Mit dem sich früh abzeichnenden Erfolg der Kaffeeaktion entstand zwischen der S. O. S. und ihrer deutschen Tochterorganisation GFP erhebliches Konfliktpotenzial. Dies lag vor allem daran, dass ungeklärt war, welcher Feldakteur die Ausrichtung der GFP bestimmen durfte. Die S. O. S. war Hauptgesellschafter, doch die GFP war gegründet worden, um der deutschen A3WH Möglichkeiten zur eigenen Importpolitik und damit eine stärkere Unabhängigkeit von der niederländischen Organisation zu verschaffen. GFP-Geschäftsführer Bernd-Reinhard Pooth stellte früh klar, dass er sich stärker den deutschen Gesellschaftern verpflichtet fühle als den niederländischen, was augenscheinlich nicht zuletzt an dem Auftreten von S.O.S.-Direktor

---

103 Mit diesem Begriff wird in den Sozialwissenschaften das Phänomen bezeichnet, dass kleine Störungen und Abweichungen große Bedeutung erlangen, wenn eine von Akteuren befolgte Entwicklung sich noch nicht als stabil erwiesen hat (die Entwicklung also sinnbildlich an einer Kreuzung steht). Wenn eine Entwicklung aber bereits vorangegangen ist – also ein bestimmter Pfad beschritten wird –, können selbst größere Störungen oftmals nichts mehr an der grundsätzlichen Ausrichtung ändern. Ein klassisches Beispiel dafür ist die QWERTZ/Y-Tastaturbelegung, die als Reaktion auf bestimmte mechanische Eigenschaften von Schreibmaschinen konzipiert, aber auch bei Computertastaturen übernommen wurde, obwohl dafür technisch gesehen keine Notwendigkeit mehr bestand.

Paul Meijs lag.[104] Im September 1973 beklagte Pooth, Debatten mit Meijs seien stets von „vordergründigen taktischen Überlegungen und einem tiefen Misstrauen" geprägt.[105] Pooths Vorwürfe basierten darauf, dass er die wirtschaftliche Situation der GFP trotz der erfolgreichen Kaffeeaktion als äußerst schwierig einschätzte. Die Bilanz wurde schon dadurch belastet, dass die Hauptaufgabe des deutschen Handelsunternehmens aus Sicht der A3WH die ökonomische Absicherung der bewusstseinsbildenden Aktion darstellte. Der Haushaltsplan der A3WH für 1974 sah dementsprechend vor, dass von der GFP fast die Hälfte der anfallenden Kosten für Geschäftsführung und Materialien zur Bewusstseinsbildung zu übernehmen seien – immerhin eine Summe von rund 145.000 DM.[106] So wurde errechnet, dass die GFP einen Jahresumsatz von etwa 1,8 Millionen DM brauche, um die festen Kosten zu erwirtschaften. Dies allerdings war kaum möglich, da die S.O.S. der deutschen GmbH anscheinend nur eine minimale Ertragsspanne zugestand.[107] Im ersten Rumpfgeschäftsjahr von Juli bis Dezember 1973 hatte die GFP trotz der erfolgreichen Kaffeeaktion einen Bilanzverlust von 39.000 DM zu verzeichnen, für 1974 wurde Ähnliches befürchtet.[108] Dementsprechend warnte Pooth bald darauf, dass sich in jüngster Zeit „die Verwundbarkeit der GmbH in ihrer fast vollständigen Abhängigkeit von der S.O.S." gezeigt habe und diese die deutsche GFP „nicht mehr als zu stützende Tochter" sehe.[109] Verstärkt wurden diese Warnungen dadurch, dass Meijs inzwischen offensichtlich vorläufig alle Warenlieferungen an die GFP gesperrt hatte. Zum einen begründete er

---

104 Vgl. beispielsweise MAA, ZA: 2012/4: Aktion Dritte Welt Handel A3WH Stichting Ontwikkelings-Samen Werking Nederland SOS Internationaler Vorstand Geschäftsführender Vorstand, Bericht der Tagung des Geschäftsführenden Vorstands, 26. September 1973.

105 MAA, FH 5, Zwischenbericht des Geschäftsführers zur Tätigkeit und Situation der Gesellschaft, 8. September 1973, S. 6.

106 Vom restlichen Betrag sollten fast 94.000 DM durch den KED und Misereor sowie 66.000 DM durch einen Antrag beim BMZ aufgebracht werden, vgl. MAA, FH 10, Haushaltsplan 1974, 20. Januar 1974.

107 Vgl. MAA, FH 5, Zwischenbericht des Geschäftsführers zur Tätigkeit und Situation der Gesellschaft, 8. September 1973, S. 5–6.

108 Vgl. MAA, FH 10, Harry Neyer, Aktion Dritte Welt Handel (A3WH) und Gesellschaft für Handel mit der Dritten Welt mbH, 7. Oktober 1974, S. 3.

109 MAA, FH 5, Pooth an Vorsitz der Gesellschafterversammlung, 25. November 1973, S. 1–2; vgl. MAA, FH 5, Betreff: Finanzabwicklung mit der SOS, 20. November 1973; MAA, ZA: 2012/4: Aktion Dritte Welt Handel A3WH Gesellschaft zur Förderung der Partnerschaft mit der Dritten Welt mbH GEPA Korrespondenz Gesellschafter-Versammlung Gründung GmbH, Pooth an Gesellschafter, 20. November 1973.

dies mit den Verbindlichkeiten der GFP gegenüber der S.O.S., die Meijs – anders als Pooth – auf über eine Million Gulden bezifferte. Zum anderen empfand Meijs das Vorgehen des deutschen Geschäftsführers anscheinend als zu eigensinnig.[110] Pooth bat die deutschen Gesellschafter der GFP daher dringend um eine Strukturänderung und darum, seinem Unternehmen die Möglichkeit für eigene Importe – wobei er besonders an den Kaffee dachte – einzuräumen.[111] Die Unabhängigkeitsbestrebungen weckten aber wohl vor allem bei Paul Meijs weiteres Misstrauen gegenüber dem deutschen Geschäftsführer.[112] Dies lag nicht zuletzt an der wirtschaftlichen Bedeutung: Etwa drei Viertel der S.O.S.-Verkäufe wurden 1974 in der Bundesrepublik realisiert.[113] Da sich die Konflikte nicht beilegen ließen, kündigte Pooth zu Ende September 1974 seinen Posten als Geschäftsführer der GFP. Von den deutschen Gesellschaftern wurde daraufhin vorgeschlagen, die Geschäftsführung der GFP auf Jan Hissel zu übertragen.[114] Der Niederländer Hissel war bislang bei der S.O.S. für den Bereich Verkauf verantwortlich gewesen, inzwischen aber offensichtlich aufgrund von Differenzen mit Paul Meijs zur deutschen Organisation gewechselt.[115] Der geschäftsführende Vorstand der S.O.S. folgte der Bitte allerdings nicht, sondern setzte stattdessen

---

110 Vgl. MAA, FH 5, Betreff: Finanzabwicklung mit der SOS, 20. November 1973; ferner MAA, ZA: 2012/4: Aktion Dritte Welt Handel A3WH Stichting Ontwikkelings-Samen Werking Nederland SOS Internationaler Vorstand Geschäftsführender Vorstand.

111 Vgl. MAA, FH 5, Pooth an Vorsitz der Gesellschafterversammlung, 25. November 1973, S. 3.

112 Vgl. MAA, FH 11, Pooth an Meijs, 16. Januar 1974; MAA, ZA: 2012/4: Aktion Dritte Welt Handel A3WH Stichting Ontwikkelings-Samenwerking Nederland SOS Internationaler Vorstand Geschäftsführender Vorstand, Meijs an Neyer, 15. November 1974.

113 Vgl. MAA, ZA: 2012/4: Aktion Dritte Welt Handel A3WH Gesellschaft zur Förderung der Partnerschaft mit der Dritten Welt mbH GEPA Korrespondenz Gesellschafter-Versammlung Gründung GmbH, Die Kooperation zwischen der Aktion Dritte Welt Handel (A3WH) und der Stichting Ontwikkelings-Samenwerking (SOS), 20. Februar 1974; MAA, FH 10, Harry Neyer: Aktion Dritte Welt Handel und Gesellschaft für Handel mit der Dritten Welt mbH, 7. Oktober 1974, S. 4; Interview Hissel.

114 Vgl. MAA, ZA: 2012/4: Aktion Dritte Welt Handel A3WH Gesellschaft zur Förderung der Partnerschaft mit der Dritten Welt mbH GEPA Korrespondenz Gesellschafter-Versammlung Gründung GmbH, Neyer an Pioch, 3. August 1974; MAA, ZA: 2012/4: Aktion Dritte Welt Handel A3WH Gesellschaft zur Förderung der Partnerschaft mit der Dritten Welt mbH GEPA Korrespondenz Gesellschafter-Versammlung Gründung GmbH, Pioch an Gesellschafter, 23. Juli 1974.

115 Vgl. Interview Hissel; Interview Neyer.

S.O.S.-Direktor Paul Meijs als Geschäftsführer der GFP ein.[116] Dieses Vorgehen sorgte im Leitungskreis der A3WH für erhebliche Verärgerung, war die GFP doch nicht zuletzt deswegen eingerichtet worden, um unabhängiger von der niederländischen S.O.S. zu werden.[117] Im Leitungskreis der A3WH wurde nun überlegt, die GFP auf deutsche Kapitalgeber zu übertragen – wobei man vor allem an die kirchlichen Hilfswerke Misereor und KED dachte. Beide Hilfswerke zeigten Interesse, aber erstens zögerte sich die endgültige Entscheidung darüber hinaus, zweitens signalisierte die S.O.S., der Übertragung nicht zustimmen zu wollen.[118]

Daher wurde auf deutscher Seite eine neue Lösung erwogen: die Neugründung einer eigenen deutschen Handelsorganisation.[119] Während sich Misereor anfangs zögerlich zeigte, da die Aberkennung der Gemeinnützigkeit des Hilfswerks befürchtet wurde, war es vor allem Harald Bilger vom KED, der diesen Plan forcierte.[120] Am 14. Mai 1975 wurde die Gesellschaft zur Förderung der Partnerschaft mit der Dritten Welt mbH gegründet, abgekürzt als GEPA. Von dem Stammkapital in Höhe von 38.000 DM übernahm Harald Bilger als Treuhänder des KED 20.000 DM und Berthold Burkhardt als Treuhänder des A3WH e. V. 18.000 DM. Als Geschäftsführer wurde Jan Hissel eingesetzt.[121] Um Konkurrenz zu vermeiden und die

116 Vgl. MAA, ZA: 2012/4: Aktion Dritte Welt Handel A3WH Stichting Ontwikkelings-Samen Werking Nederland SOS Internationaler Vorstand Geschäftsführender Vorstand, Brief von S.O.S. an Internationalen Vorstand, 9. September 1974.

117 Vgl. MAA, FH 10, Harry Neyer: Aktion Dritte Welt Handel und Gesellschaft für Handel mit der Dritten Welt mbH, 7. Oktober 1974; MAA, FH 10, Brief von Harry Neyer, 20. September 1974; Schmied: Aktion, S. 108–115; Arnold: Went, S. 35.

118 Vgl. MAA, FH 10, Harry Neyer: Aktion Dritte Welt Handel und Gesellschaft für Handel mit der Dritten Welt mbH, 7. Oktober 1974, S. 2–3.

119 Vgl. MAA, ZA: 2012/4: Aktion Dritte Welt Handel A3WH Gesellschaft zur Förderung der Partnerschaft mit der Dritten Welt mbH GEPA Korrespondenz Gesellschafter-Versammlung Gründung GmbH, Conring an Neyer, 6. November 1974.

120 Vgl. MAA, ZA: 2012/4: Aktion Dritte Welt Handel A3WH Vorstand Leitungskreis Mitgl.-Versammlung Korrespondenz Katholikentag 1974 Gründung e. V. 1973–1975, Misereor an Neyer, 29. November 1974; Interview Neckenig.

121 Vgl. MAA, ZA: 2012/4: Aktion Dritte Welt Handel A3WH Gesellschaft zur Förderung der Partnerschaft mit der Dritten Welt mbH GEPA Korrespondenz Gesellschafter-Versammlung Gründung GmbH, Nr. 107 der Urkundenrolle für 1975, 14. Mai 1975; MAA, ZA: GF HAV: GEPA I, Vorlage an Misereor zur Beteiligung an der Neugründung der GEPA, undatiert; MAA, ZA: GF HAV: GEPA I, Schreiben an Industrie- und Handelskammer Frankfurt, 19. Juli 1976; MAA, ZA: GF HAV: GEPA I, Protokoll der Außerordentlichen Gesellschafterversammlung am 13. Oktober 1976, S. 2; Raschke: Fairer, S. 54.

weitere Zusammenarbeit zu ermöglichen, einigten sich die GEPA und die
S.O.S. auf einen Kooperationsvertrag. Neben der Übernahme der Warenlager in Frankfurt, Wuppertal und Stuttgart durch die GEPA wurden für
die ersten Jahre Abnahmeverpflichtungen festgeschrieben: Vorgesehen war,
dass die GEPA im zweiten Halbjahr 1975 Waren im Wert von 900.000 DM
von der S.O.S. übernahm. 1976 sollte der Warenimport der GEPA noch zu
80 Prozent über die S.O.S. erfolgen, 1977 zu 60 Prozent und 1978 zu 30 Prozent.[122] Damit sollte das Überleben der S.O.S. gesichert und gleichzeitig
der deutschen GmbH den Weg in die Unabhängigkeit geebnet werden.
Bald darauf fiel auch bei Misereor die Entscheidung zur Beteiligung an
der GEPA. Horst Neckenig übernahm als Treuhänder des Hilfswerks mit
10.000 DM die Hälfte des KED-Anteils am Stammkapital.[123]

Dies bedeutete eine wichtige feldinterne Verschiebung: Während die Hilfs-
werke zuvor nur über die Bildungsreferenten indirekt am Feld des Fairen
Handels beteiligt waren, waren sie nun über die GEPA direkt eingebunden.
Mehr noch: Sie besaßen bei der GEPA gemeinsam über die Hälfte des
Stammkapitals und damit die Entscheidungskompetenz. Dies war bewusst
so geplant worden, da man davon ausging, dass durch die Hilfswerke auf die
wirtschaftliche Solidität der Aktion geachtet würde.[124] Damit wurden der
KED und Misereor zu Stakeholdern im Feld, die über ihr ökonomisches
Gewicht eine entscheidende Rolle bekamen.

Und noch eine weitere Verschiebung lässt sich 1975 beobachten. Mit der
Gründung der GEPA war der Grundstein dafür gelegt, dass das Feld des
Fairen Handels sich von seinen Ursprüngen in der S.O.S. emanzipierte. Es
wurde nun zunehmend entlang des nationalstaatlichen Rahmens der Bundesrepublik Deutschland abgesteckt. Erst jetzt lässt sich also von einem spezifisch bundesdeutschen Feld des Fairen Handels sprechen. Diese Tendenz
zur Renationalisierung lässt sich bei weiteren S.O.S.-Tochterorganisationen
ebenfalls erkennen. Direktor Paul Meijs hatte seit den späten 1960er-Jahren
regelmäßig das Ziel ausgegeben, aus der S.O.S. eine große westeuropäische
Handelsorganisation für Waren aus der Dritten Welt mit Sitz in Kerkrade
zu machen.[125] Er hatte dementsprechend die Bemühungen intensiviert, in

122 Vgl. MAA, ZA: GF HAV: GEPA I, GFP-Vertrag, eingeg. 2. Juli 1975.

123 Vgl. Interview Neckenig.

124 Vgl. Interview Neckenig und Interview Burkhardt.

125 „De strategie van S.O.S. is voortdurend gericht op één ‚handelsorganisatie‘ voor West-
Europa in een samenwerking met andere organisaties", in: Sociaal Historisch Centrum
voor Limburg, Jaarverslag S.O.S. 1971, zit. nach Arnold: Went, S. 30–31; vgl. auch MAA,

anderen europäischen Ländern Ableger der S. O. S. zu initiieren. Im August
1975 wurde die österreichische „Entwicklungszusammenarbeit mit der Dritten Welt GmbH" (EZA) auf Initiative von Paul Meijs als S. O. S.-Tochter-
organisation gegründet.[126] Auch in der Schweiz wurden seit 1973 über eine
Niederlassung der S. O. S., die „Organisation Schweiz Dritte Welt" (OS3),
Waren aus dem globalen Süden verkauft.[127] In den frühen 1970er-Jahren
bahnte sich also durchaus noch ein größeres, internationales Feld des Fairen Handels an. Doch der Wille zur Emanzipation von der S. O. S., der sich
in der deutschen Aktion Dritte Welt Handel schon früh angedeutet hatte,
breitete sich aus. Auch von den Österreichern und Schweizern wurden früh
die mangelnden Mitsprachemöglichkeiten bei der S. O. S. beklagt.[128] Am
22. Juni 1977 wurde die schweizerische OS3, aus der inzwischen die „claro
GmbH" hervorgegangen ist, selbstständig.[129] In Österreich trat die S. O. S.
ab 1978 notgedrungen immer mehr Geschäftsanteile an österreichische Ent-
wicklungshilfeorganisationen ab, 1983 wurde die EZA endgültig unabhängig
von den Niederländern. Damit entstanden in mehreren Ländern Europas
eigenständige, national abgegrenzte Felder, und auch die Tätigkeit der S. O. S.
beschränkte sich immer mehr auf die Niederlande.

3.4.2 Stabilisierungstendenz an der Basis

In den ersten Jahren der A3WH war der Verkauf von Waren in Deutschland
fast ausschließlich über kurzfristig organisierte Aktionen von Jugendgruppen erfolgt. Der Wunsch nach möglichst kontinuierlicher Präsenz, der wie

---

ZA: 2012/4: Aktion Dritte Welt Handel A3WH Stichting Ontwikkelings-Samen
Werking Nederland SOS Internationaler Vorstand Geschäftsführender Vorstand,
Tagung des Internationalen Vorstands vom 9. Dezember 1972.

126 Vgl. http://www.eza.cc →„Über uns" →„Chronik der EZA" →„1975 bis 1989" (zuletzt
abgerufen am 8. 11. 2013).

127 Die Abkürzung wurde gewählt, weil sich damit der Name der Organisation auch
auf Französisch und Italienisch ausschreiben ließ: Organisation Suisse Tiers Monde,
Organizzazione Svizzera Terzo Mondo. Vgl. MAA, ZA: 2012/4: Aktion Dritte Welt
Handel A3WH Stichting Ontwikkelings-Samen Werking Nederland SOS Internationaler Vorstand Geschäftsführender Vorstand, Bericht einer Besprechung am 26. April
1973 in Malleray; ferner verschiedene Unterlagen in MAA, FH 15; Schmied: Aktion,
S. 102–103; Van der Stelt: Since, S. 20.

128 Vgl. MAA, ZA: GF HAV: GEPA II, Harry Haas: Bericht über die europäische Konferenz über ,alternative marketing organisations', Belgien, 27. und 28. April 1976; MAA,
FH 3, Brief von S. O. S. an Harry Neyer vom 2. Oktober 1972, S. 2; Arnold: Went, S. 31
und 35.

129 Vgl. dazu Kuhn: Fairer.

gezeigt ein Grund für den Start der Indio-Kaffee-Aktion war, führte dazu, dass die unregelmäßigen Aktionen und Verkaufsstände nicht mehr für ausreichend gehalten wurden. Denn da man nun beim Dritte-Welt-Handel mit dem Kaffee ein Verbrauchsgut im Sortiment hatte, war es aus der Sicht vieler Beteiligter an der Basis nötig, verlässliche Strukturen auf der Verkaufsebene zu schaffen.[130] Dazu kam, dass viele Unterstützer die Hoffnung hatten, in einem Verkaufsraum besser Gespräche führen und Bewusstseinsbildung betreiben zu können als an einem Verkaufsstand mit ständigem Publikumsverkehr. Ab 1971 wurden zwar bereits erste Läden in Deutschland eröffnet, die das Konzept der niederländischen Wereldwinkels übernahmen, doch handelte es sich dabei um Verkaufsräume mit unregelmäßigen, oft auf das Wochenende beschränkten Öffnungszeiten.[131] Der erste dauerhaft bestehende A3WH-Laden in Deutschland war der 1973 eingerichtete „Weltmarkt" Stuttgart. A3WH-Mitglied Berthold Burkhardt gehörte zu den Gründern.[132] Der Weltmarkt hatte jeden Wochentag für mehrere Stunden am Nachmittag geöffnet. Das nötige Grundkapital war von den Mitgliedern selbst und durch Darlehen aus privater Hand aufgebracht worden.[133] Dem Stuttgarter Weltmarkt folgten bald weitere Initiativen in anderen Städten. 1975 lag die Zahl der bundesweit bestehenden Läden noch bei etwa zehn, wuchs jedoch ab dann jährlich um etwa zwanzig bis dreißig Läden.[134] Über die Rolle des Indio-Kaffees in diesem Prozess wurde 1982 aus der Rückschau geurteilt, er sei „bestes Zugpferd" für die zahlreichen Ladengründungen gewesen.[135]

Die Läden verkauften zum größten Teil Waren der GEPA, doch viele begannen darüber hinaus früh mit Eigenimporten.[136] Meist handelte es sich

---

130 Vgl. Interview Burkhardt.

131 Vgl. Weber: Schalom – Schalom, S. 95.

132 Laut Berthold Burkhardt wurde die Vereinseintragung auf dem Amt anfangs abgelehnt, da der Begriff „Weltmarkt" als anmaßend eingeschätzt wurde. Daran zeigt sich meines Erachtens beispielhaft die semantische Differenz des „Welt"-Begriffs. Vgl. Interview Burkhardt.

133 Vgl. Interview Burkhardt; Interview Bruns; ADE, HGSt 3379: Brot für die Welt/ Presse- und Informationsreferat: Korrespondenz A–Z, Briefe von Berthold Burkhardt vom 25. Oktober 1974 und 12. Februar 1975.

134 Vgl. Olejniczak: Dritte-Welt-Bewegung, S. 123. Auch 1976 fand aber noch der größte Teil der Verkaufsaktionen in kirchlichen Räumen oder vor Kirchen statt, vgl. Schmied: Aktion, S. 297.

135 Seiterich, Thomas: Arglose Kunden getäuscht?, in: Publik-Forum 7, 9. April 1982, S. 7.

136 Vgl. MAA, FH 29, Bericht ‚Ladenkonferenz', 6. Juli 1974, S. III; Kunz, Martin: Dritte Welt-Läden. Einordnung und Überprüfung eines entwicklungspolitischen

dabei ebenfalls um Waren aus Projekten, die von den Hilfswerken unterstützt wurden, die aber aufgrund ihrer geringen Größe nicht als Handelspartner der GEPA auftreten konnten. Damit die Läden als Verkaufsstellen Einfluss auf die Politik der Handelsorganisation nehmen könnten, war früh daran gedacht worden, ihnen bei der GEPA den Gesellschafterstatus zuzusprechen.[137] Um aber Gesellschafter werden zu können, mussten sich die Weltläden erst als Verein zusammenschließen. 1974 verschickte der Weltmarkt Stuttgart daher die Einladung zu einem Treffen aller in Westdeutschland existierenden A3WH-Läden, und am 26. April wurde von sieben Ladengruppen die Arbeitsgemeinschaft Dritte-Welt-Läden e. V., abgekürzt als AG3WL, gegründet. Gründungsmitglieder waren Weltladeninitiativen und Gruppen aus Rastatt, Hamm, West-Berlin, Hildesheim, Herne, Stuttgart und Herrenberg.[138] Damit verfestigten sich die Strukturen an der Basis, die nun nicht mehr nur aus sporadisch tätigen Aktionsgruppen bestand.[139] Auch die Dritte-Welt-Läden waren aber in den 1970er-Jahren in aller Regel eng in das kirchliche Umfeld eingebunden.

Bildungsmodells anhand der Fallbeispiele der Leonberger und Ludwigsburger Ladeninitiativen, Darmstadt, 1987, S. 46.

137 Anders als die Weltläden waren die Aktionsgruppen bereits über die Vertreter der Regionalkonferenzen am A3WH e. V. beteiligt, der wiederum Gesellschafter der GEPA war. Vgl. MAA, ZA: AA: 516 Niederlande 1973–1978 S.O.S. Kerkrade, Burkhardt: Endlich … klare Strukturen bei A3WH, undatiert, S. 2.

138 Interessante Randnotiz: Einer der Vertreter des Herrenberger Ladens war offensichtlich der spätere Bundespräsident Horst Köhler. Vgl. zur Gründung der AG3WL MAA, FH 29, Bericht ,Ladenkonferenz', 6. Juli 1974, S. III; MAA, ZA: 2012/4: Aktion Dritte Welt Handel A3WH Vorstand Leitungskreis Mitgl.-Versammlung Korrespondenz Katholikentag 1974 Gründung e. V. 1973–1975, Protokoll der ersten Vorstandssitzung der Arbeitsgemeinschaft Dritte-Welt-Läden am 29. Mai 1975 in Herne; Weltladen-Dachverband (Hg.): Generation Weltladen. 30 Jahre Weltladenbewegung in Deutschland, Mainz, 2005, S. 8–9; Raschke: Fairer, S. 56–57.

139 Vgl. MAA, FH 9, Protokoll des Gesprächs ,Zukunftsmöglichkeiten der A3WH' am 25. April 1978, S. 2.

3.5 Ungeahnte Probleme:
Die Berg- und Talfahrt des Kaffeepreises

Mit der Gründung der GEPA war der Weg frei zur Ablösung von der S.O.S., doch bis 1978 war man auf deutscher Seite über einen Kooperationsvertrag noch an die niederländische Organisation gebunden. Der Bezug des Indio-Kaffees lief daher bis 1978 ausschließlich über Kerkrade. Es stellte sich bald heraus, dass durch diese fortbestehende Abhängigkeit trotz der Neugründung der GEPA die Differenzen zwischen den deutschen und den niederländischen Akteuren nicht aus der Welt geschafft waren. Besondere Brisanz erhielten diese durch Veränderungen, die außerhalb des Feldes eintraten, aber auf die Feldstrukturen und auf die mit dem Indio-Kaffee verbundene Wertzuschreibung Auswirkungen haben sollten: die Turbulenzen des Kaffeeweltmarkts seit Mitte der 1970er-Jahre.

3.5.1 Der Anstieg des Kaffeepreises
und Probleme bei der Fedecocagua

Um 1975/76 fanden in mehreren Kaffee-Exportländern Ereignisse statt, die die Ausfuhrzahlen drückten: Bürgerkriege in Äthiopien und Angola, ein schweres Erdbeben in Guatemala (von dem auch die Fedecocagua betroffen war[140]) und starke Regenfälle in Kolumbien, um nur einige Beispiele zu nennen. Die gravierendsten Auswirkungen in Bezug auf den globalen Kaffeemarkt gingen allerdings von einer Kälteperiode aus, die im Juli 1975 die brasilianische Kaffeeprovinz Paraná heimsuchte. Zwar war diese Region schon zuvor immer wieder von Kälteperioden betroffen gewesen, doch der Wetterumschwung des Jahres 1975 war so verheerend, dass er in der Erinnerung der brasilianischen Kaffeebauern bis heute den Namen Schwarzer Frost behalten hat: Etwa 1,5 Milliarden Kaffeebäume fielen ihm zum Opfer.[141]

---

140 Vgl. o. V.: Misereor informiert über Fedecocagua, in: Unsere Dritte Welt, März 1976.

141 Vgl. Talbot: Grounds, S. 68–71; Pendergrast: Kaffee, S. 347ff.; ICO Total Exports to all Destinations Crop Years 1970/71 to 1979/80; ICO Disappearance (Consumption) in importing countries, Calendar years 1964 to 1979. Zur Situation in Guatemala vgl. speziell Johnson: International, S. 40–41; zur Bedeutung des Preisanstiegs in Deutschland vgl. Sigmund: Genuss, S. 203ff.; ferner die Berichterstattung bei Otte, Frank: Teuer wie nie zuvor, in: Die Zeit 23, 1976; zur zeitgenössischen Wahrnehmung der Ursachen im Feld des Fairen Handels vgl. MAA, FH 8, Gesellschaft zur Förderung der Partnerschaft mit der Dritten Welt mbH: Ursachen der Kaffeepreiserhöhung, 20. Mai 1976.

Immerhin war die Ernte des Jahres bereits zu einem großen Teil eingefahren, doch da neu gepflanzte Kaffeebäume etwa vier bis fünf Jahre bis zum ersten Ertrag brauchen, war klar, dass die nächsten Jahre eine deutliche Knappheit auf dem Kaffeemarkt herrschen würde. Dem Rückgang auf der Angebotsseite stand eine weltweite Nachfragesteigerung gegenüber, bedingt durch die beginnende Konjunkturbelebung in den Industrienationen nach dem Ölpreisschock. Viele Verkäufer hielten ihre Überschüsse in der Erwartung steigender Preise zurück, während auf Käuferseite versucht wurde, die Lager möglichst schnell zu füllen. Die Folge war, dass die Rohkaffeepreise von Ende 1975 bis Mitte 1977 rasant anstiegen.

Grafik 4   Durchschnittspreis Kaffee, 1969–1979
ICO Composite Indicator Price, Annual Averages

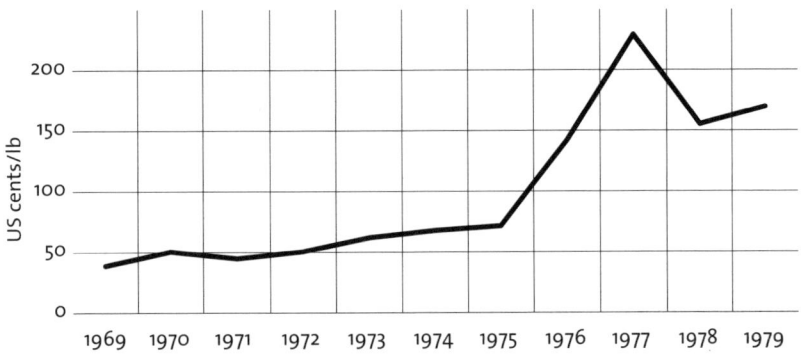

Man könnte erwarten, dass die Fedecocagua von den hohen Kaffeepreisen profitierte. Doch im Gegenteil geriet der guatemaltekische Kooperativenverband dadurch in schwerwiegende Probleme. Wie üblich hatte Alfredo Hernández, der Leiter des Verbands, bereits Anfang 1975 Abnahmemengen und -preise für die kommende Saison mit den Käufern ausgehandelt. Die S.O.S. hatte beispielsweise Anfang Januar 10.000 Sack Kaffee à 69 Kilogramm zum Preis von je 66 US-Dollar bestellt.[142] Diese fixierten Preise wurden im Sommer 1975 allerdings durch die nach oben schnellenden Börsenpreise weit übertroffen.[143] Die freien Zwischenhändler in Guatemala, die

---

142 Vgl. MAA, ZA: GF HAV: GEPA II, Treffen mit Alfredo Hernandez am 27. und 28. Februar 1975.
143 Vgl. ICO Prices Paid to Growers in Current Terms, Calendar year average 1975 to 1989.

sich an den aktuell gültigen Marktpreisen orientierten, fuhren direkt zu den Kleinbauern und boten ihnen höhere Preise als die Fedecocagua, weshalb viele Kleinbauern offensichtlich an dem Dachverband vorbei verkauften. Dass ihnen dies überhaupt möglich war, lag im Entstehungskontext der Fedecocagua begründet: Angesichts der Skepsis vieler Kleinbauern gegenüber der Kooperativenmitgliedschaft war ihnen – wie bereits beschrieben wurde – vor dem Beitritt zugesichert worden, dass sie jederzeit frei über Bei- und Austritt entscheiden durften und keine Verpflichtungen eingingen. Die Folge war schließlich, dass die Fedecocagua viel weniger Kaffee von den Genossen erhielt als geplant.[144] GEPA-Geschäftsführer Jan Hissel überzeugte sich bei einer Reise nach Guatemala selbst von der Situation und sah entgegen den Beteuerungen von Hernández die versprochenen Lieferungen in Gefahr. Hissels Befürchtungen stellten sich bald als zutreffend heraus: Da S.O.S. und GEPA gegenüber Hernández und anderen Verantwortlichen der Fedecocagua immer wieder den eigenen Anspruch der Solidarität betont hatten, war man auf guatemaltekischer Seite offensichtlich überzeugt, hier keine Sanktionen erwarten zu müssen. Die Fedecocagua bemühte sich in der Folge zuerst darum, die Verpflichtungen gegenüber den konventionellen Abnehmern einzuhalten. In Kerkrade erklärte man sich schließlich bereit, mehr als die Hälfte der Order zu annullieren. Allerdings war es der S.O.S. aufgrund des eigenen Anspruchs nicht möglich, den Kaffee-Engpass einfach durch den Kauf von konventionell gehandeltem Kaffee zu umgehen. Insgesamt bedeutete dies, dass der S.O.S. – und damit letztlich auch der GEPA – ab 1975 ein deutlich geringeres Kontingent an Kaffee zur Verfügung stand, darüber hinaus allem Anschein nach in einer schlechteren Qualität als bisher.[145] Als sich die Situation 1976 immer noch nicht entspannt hatte, konnte die Fedecocagua auch die Kontrakte mit dem konventionellen Handel nicht mehr voll erfüllen. Die Sanktionskosten resultierten für die Fedecocagua schließlich in einem Verlust von rund 100.000 US-Dollar. Darüber hinaus musste der Genossenschaftsverband einen Kredit über eine Million Quetzales bedienen, der im Vorjahr bei der staatlichen Bank Bandesa aufgenommen worden war. Nur mit Mühe konnte die Verlängerung der Rückzahlungsfrist um ein Jahr erreicht werden. Die wirtschaftliche Situation der Fedecocagua

---

144 Vgl. dazu und zum Folgenden Hernández Contreras: Cooperativismo, S. 51; o. V.: „Der Weltmarkt des Kaffees", in: Unsere Dritte Welt 9, November 1976, S. 5; MAA, FH 9, GEPA/A3WH: Zur Kaffeesituation, undatiert; MAA, FH 9, Kaffeepreiserhöhung Indio-Kaffee, undatiert; MAA, ZA: GF HAV: GEPA II, Meijs an Hissel, 26. April 1976.

145 Vgl. GEPA/Jan Hissel: Guatemala Kaffee Information, Wuppertal, Juli 1977, S. 10–11.

war augenscheinlich verheerend, durch die Kaffeekrise war die Existenz des Dachverbandes ernsthaft gefährdet.[146]

3.5.2 Kaffeekonflikte zwischen Niederländern und Deutschen

Die Probleme wirkten sich bald auf das Verhältnis zwischen der GEPA und der S.O.S. aus, da Letztere nach wie vor für den Import des Kaffees verantwortlich war. Noch im August 1975, so schrieb GEPA-Geschäftsführer Jan Hissel, habe er zu S.O.S.-Direktor Paul Meijs Kontakt aufgenommen, um den Bezug von Kaffee für die nächsten vier Monate – etwa 40.000 Kilogramm – sicherzustellen. Allerdings sei ihm ein Darlehen von Misereor nicht gewährt worden, mit dem er eigentlich gerechnet habe, sodass er nicht früh genug Kaffee habe kaufen können.[147] Nun sei er abhängig von Meijs – und obwohl dieser selbst den Kaffee für 66 US-Dollar pro Sack importiert habe, wolle er ihn nur noch für den inzwischen geltenden Weltmarktpreis von 90 US-Dollar an die GEPA abtreten. Meijs verwies zur Begründung darauf, dass er den Kaffee inzwischen selbst für 90 US-Dollar einkaufen müsse, ohnehin von der GEPA zu spät Geld bekommen habe und darüber hinaus auch Großkunden beliefere, die ihm einen höheren Preis zahlen würden.[148]

Offensichtlich sah sich Paul Meijs der GEPA gegenüber nicht verpflichtet, da die S.O.S. an der deutschen Handelsorganisation nicht mehr als Gesellschafter beteiligt war. Von deutscher Seite forderte man aber weiterhin eine Sonderrolle und stellte verärgert fest, dass die S.O.S. die GEPA dazu zwinge, die für konventionelle Kunden geltenden Preise zu zahlen. Für die GEPA war dies vor allem deshalb ein Problem, weil das Ziel darin lag, einen gegenüber dem „Normalhandel" „preis- und qualitätsmäßig konkurrenzfähigen Kaffee" anbieten zu können.[149] 1975 war dies aber kaum mehr möglich. Hatte der Verkaufspreis des Indio-Kaffees bei der Markteinführung

---

146 Vgl. Hernández Contreras: Cooperativismo, S. 125; MAA, ZA: 2003/21 GF HAV: GEPA Gewürzaktion 1979–1982/Fedecocagua 1979–80, Hissel an Geschäftsführung Misereor, 12. November 1979, S. 2.

147 Vgl. MAA, ZA: GF HAV: GEPA II, Jan Hissel an Geschäftsführung Misereor, 17. Oktober 1975; MAA, ZA: GF HAV: GEPA I, Hissel/GFP an Beirat der GFP, 15. September 1975, S. 1–2.

148 Vgl. MAA, ZA: GF HAV: GEPA II, Meijs an Hissel, 3. November 1975. Ab August bestellte Meijs in der Tat zum Preis von 90 US-Dollar pro Sack, vgl. MAA, ZA: SR: Organisationen 284 S.O.S. Kerkrade, Meijs an Fedecocagua, 11. August 1975.

149 MAA, ZA: GF HAV: GEPA I, Hissel/GFP an Beirat der GFP, 15. September 1975, S. 2; vgl. MAA, ZA: GF HAV: GEPA I, Protokoll der Beiratssitzung vom 15. November 1975, S. 2.

1973 noch bei 8,90 DM pro 500 Gramm gelegen, war er inzwischen bereits auf 9,60 DM gestiegen. Der durchschnittliche Endverbraucherpreis im konventionellen Handel lag dagegen noch immer bei nur 7,83 DM je Pfund.[150] Die großen Konzerne konnten zum einen leichter gegenüber den Produzenten die Lieferung des Kaffees zu den vorher vertraglich vereinbarten Preisen durchsetzen, zum anderen verfügten sie über Lagerbestände, mit denen sie den Verkaufspreis des Kaffees noch einige Zeit niedrig halten konnten. Viele Großröstereien begannen darüber hinaus bald offensichtlich damit, ihren Kaffee mit Getreide zu mischen.[151] Sowohl die Lagerkapazitäten als auch die Finanzsituation der GEPA waren aber dafür in keiner Weise ausreichend, sodass ein höherer Einkaufspreis unmittelbar an die Konsumenten weitergegeben werden musste.[152] Erschwerend kam hinzu, dass die wichtigste Wertzuschreibung, der gerechtere und höhere Preis, gefährdet war. Wie in einem GEPA-Infoheft angemerkt wurde, erzielten „viele kleine Kaffeepflanzer auch in Guatemala im Moment einen gerechten Preis für ihren Rohkaffee".[153] Den Botschaften an die Konsumenten war die Notlage der GEPA bald anzumerken. So wurde in einem Schreiben versichert, dass der Indio-Kaffee preislich gegenüber qualitativ vergleichbarem Kaffee des Normalhandels „noch gut im Rennen" liege, zumal man davon ausgehe, dass „die bundesdeutschen Marktriesen sobald wie möglich die Preise anheben werden".[154] Die sich aus der Kaffeekrise ergebende problematische Wettbewerbssituation hatte also zur Folge, dass zur Positionierung im Markt ein neues und bald dominantes Argumentationsmuster etabliert wurde. Anders als zu Beginn der Indio-Kaffeeaktion nutzte man den Verweis auf den eigenen, als gerechter beworbenen Handel nun direkt zur Abgrenzung von der konventionellen Konkurrenz der „Marktriesen" und positionierte sich im innerdeutschen Konkurrenzmarkt als „gerechtere Alternative".

---

150 Vgl. MAA, ZA: GF HAV: GEPA I, Hissel/GFP an Beirat der GFP, 15. September 1975; MAA, FH 11, Pooth: Betreff: Kaffeekalkulation, 31. Juli 1973; Sigmund: Genuss, S. 203–205.

151 Vgl. Sigmund: Genuss, S. 205–207. Darüber beschwerte sich auch GEPA-Geschäftsführer Jan Hissel, da eine Mischung der Bohnen für sein Unternehmen nicht infrage komme und die GEPA daher im Nachteil sei, vgl. MAA, ZA: GF HAV GEPA IV, Geschäftsbericht der GEPA für das Jahr 1978, S. 4.

152 Vgl. MAA, ZA: GF HAV: GEPA I, Bericht der Tagung der GEPA und SOS am 28. Oktober 1976, S. 1; MAA, FH 9, Kaffeepreiserhöhung Indio-Kaffee, undatiert.

153 MAA, FH 9, GEPA/A3WH: Zur Kaffeesituation, undatiert.

154 MAA, FH 8, GEPA: Ursachen der Kaffeepreiserhöhung, 20. Mai 1976.

Eine weitere Erhöhung des Verkaufspreises lehnte Jan Hissel von der GEPA ab.[155] Die GEPA bekam bei dem Streit mit der S. O. S. Unterstützung aus den Reihen der Weltläden. Vertreter der AG3WL schrieben an Paul Meijs von der S. O. S., eine weitere Erhöhung des Kaffeepreises könne „unter gar keinen Umständen" akzeptiert werden. Sie unterstellten der S. O. S., durch Aufkauf der gesamten Produktion von Fedecocagua anderen Abnehmern „den Zugang zum Kaffee unmöglich zu machen und den Kaffee der Fedecocagua zu monopolisieren".[156] Daran zeigt sich nochmals, wie wichtig vor allem die Herkunft des Kaffees aus genossenschaftlicher Produktion war. In seiner Antwort verwies Meijs auf den hohen Weltmarktpreis und auf eine angeblich sehr hohe Gewinnspanne der deutschen GEPA, die den Kaffee unnötig verteuere.[157] Die Stimmung zwischen der S. O. S. und der GEPA schien endgültig von Misstrauen dominiert zu sein. Jan Hissel sprach bald davon, dass die S. O. S. eine „Preisdiktatur" betreibe, die es der GEPA unmöglich mache, kostendeckend zu arbeiten. Während die S. O. S. vor allem Großabnehmer beliefere, sei die GEPA viel stärker auf Kleinabnehmer wie Gruppen und Läden spezialisiert. Dieser arbeitsintensivere Verkaufsvorgang verteuere den Produktpreis auf deutscher Seite zusätzlich. Als Abnehmer blieben der GEPA daher, so Geschäftsführer Hissel, nur Kunden, die aus „karitativen Gründen" mehr bezahlen würden.[158] Hissel formulierte diesen Vorwurf sicher bewusst mit dem Wissen, dass eine als karitativ verstandene Entwicklungshilfe für die Aktiven im Dritte-Welt-Handel – wie gezeigt – ein rotes Tuch darstellte. Insgesamt sprach aus Sicht von Hissel offensichtlich vieles dafür, dass die Geschäfte der S. O. S. inzwischen nur noch „unter dem Deckmantel der Gemeinnützigkeit" getätigt würden.[159]

Am 3. März 1976 trafen sich Vertreter der S. O. S. und der GEPA, um den Umgang mit der Situation auf dem Kaffeemarkt zu koordinieren. Der niederländische Direktor Paul Meijs erläuterte, dass die Fedecocagua Schwierigkeiten mit den beteiligten Kooperativen habe, da inzwischen auch der vereinbarte Preis von 90 US-Dollar von dem Niveau des Weltmarktpreises

155 Vgl. MAA, ZA: GF HAV: GEPA I, Hissel/GFP an Beirat der GFP, 15. September 1975.
156 MAA, ZA: GF HAV: GEPA II, Stellungnahme der Herner Ladenkonferenz zur Kooperation mit der S. O. S., 25./27. Januar 1976; vgl. MAA, ZA: GF HAV: GEPA II, Brief von Treffpunkt Dritte Welt Darmstadt an A3WH, undatiert.
157 Vgl. MAA, ZA: GF HAV: GEPA II, Brief von Paul Meijs, 21. Februar 1976.
158 MAA, ZA: GF HAV: GEPA II, Hissel an Meijs, 17. Februar 1976.
159 MAA, ZA: GF HAV: GEPA II, Hissel an Meijs, 17. Februar 1976.

überholt worden sei. Um zu verhindern, dass die Kooperativen vertragsbrüchig würden, hatte Alfredo Hernández die S.O.S. um eine Anhebung des Preises gebeten.[160] Paul Meijs erläuterte gegenüber den A3WH-Vertretern, er sei bereit, zehn US-Dollar Aufschlag pro Zentner zu zahlen. Erwin Mock vom Hilfswerk Misereor widersprach dem, da dies in seinen Augen eine unzulässige Vermischung von Geschäft und Caritas bedeutete. Er schlug vor, einen Teil der Order zurückzustellen, um den Kooperativen die Möglichkeit zum Direktverkauf zu geben. Dies wiederum lehnte allerdings Paul Meijs ab. Er ging von einer wachsenden Nachfrage aus, sah das Kaffeekontingent ohnehin als knapp an und plädierte für eine Anhebung des Verkaufspreises. Die GEPA-Verantwortlichen wehrten sich dagegen und beschwerten sich außerdem darüber, dass auf deutscher Seite im Verkaufspreis des Indio-Kaffees Aufschläge sowohl für die S.O.S. als auch für die GEPA eingepreist seien. Dies sei den deutschen Konsumenten nur schwer zu vermitteln, die davon ausgingen, dass der Mehrpreis allein den Produzenten zugutekomme. Gegen den Wegfall der Vermittlungsgebühr verwahrte sich dann Paul Meijs. Er verwies auf die kürzlichen Personalausweitungen seiner Organisation und meinte, dass die GEPA einen Verlust eher verkraften könne als die S.O.S., eine Auffassung, der natürlich der Geschäftsführer der GEPA widersprach.[161]

Meijs wusste zu diesem Zeitpunkt sicherlich um die wirtschaftliche Situation der S.O.S.: Der Absatzmarkt in den Niederlanden war gesättigt, die europäischen Tochterorganisationen drängten immer stärker auf Unabhängigkeit. Der Verlust der wichtigen Absatzmärkte, vor allem des westdeutschen, brachte das Kerkrader Unternehmen Ende der 1970er-Jahre in erhebliche wirtschaftliche Schwierigkeiten. Mitte des Jahres 1976 lagerte Paul Arnold zufolge ein Warenvorrat im Wert von ca. drei Millionen Gulden bei der S.O.S., der nicht abgesetzt worden war. Paul Meijs vertrat offensichtlich trotzdem die Ansicht, weiter aufkaufen zu sollen, um die Handelspartner im globalen Süden nicht im Stich zu lassen. Dagegen regte sich in seiner Organisation Widerstand, viele kehrten daraufhin der S.O.S. den Rücken.[162] Bei der GEPA hatte man angesichts der Probleme begonnen, offen die

---

160 Vgl. dazu MAA, ZA: AA: 516 Niederlande 1973–1978 S.O.S. Kerkrade, Paul Meijs an Alfredo Hernández, 21. November 1975.
161 Vgl. MAA, ZA: GF HAV: GEPA II, Besprechung aktueller Fragen zwischen der S.O.S. und der GEPA in Kerkrade am 3. März 1976.
162 Vgl. Arnold: Went, S. 36–40; Interview Hissel.

Kooperation mit den Niederländern infrage zu stellen und über einen Direkteinkauf bei der Fedecocagua nachzudenken.[163]

3.5.3 Unverständnis und Erklärungsversuche

Es wird ersichtlich, dass nicht nur die Fedecocagua, sondern auch die Akteure im Feld des Fairen Handels mit dem rasanten Anstieg der Kaffeepreise in vielfältige Probleme gerieten. Diese schienen letztlich allesamt eine Folge davon zu sein, dass viele Kleinbauern es vorgezogen hatten, ihren Kaffee im freien Markt statt über die Fedecocagua zu verkaufen. Bei dem Leiter der Fedecocagua, Alfredo Hernández, war noch etwa zehn Jahre später die Enttäuschung über das Verhalten der Genossen zu spüren. Er konstatierte, dass in Zeiten hoher Kaffeepreise offensichtlich Gefühle wie Identität, Loyalität und Solidarität verloren gingen, obwohl sie für die Existenz einer Kooperative doch Voraussetzung seien.[164] Auch bei vielen Akteuren im Feld des Fairen Handels in Deutschland zeichneten sich angesichts des Verhaltens der Kleinbauern Frustration und Ernüchterung ab. Dies belegen exemplarisch zwei Zitate aus den Reihen der GEPA. 1977 hieß es in einem Informationsblatt des Unternehmens:

> Es wird deutlich, daß viele Mitglieder der Kooperation nicht genügend Einblick in die eigene Problematik haben und ebenfalls die Solidarität nicht ausreicht, um in schwierigen Zeiten zusammenzuhalten und sich gegenseitig zu unterstützen. Wir sind manchmal verwundert und verärgert über den Mangel an Einsicht und Solidarität. Doch man sollte nicht vergessen, daß der Kleinbauer eine Geschichte von jahrhundertelanger Ausbeutung und Elend hinter sich hat. […] Solidarität kann man nicht in ein paar Jahren erlernen, denn sie […] muß im Laufe von vielen Jahren erst gebildet werden.[165]

Ganz ähnlich klang es in einem Brief, mit dem der Geschäftsführer der GEPA 1979 gegenüber Misereor die problematische Situation erklären wollte:

---

163 Vgl. MAA, ZA: GF HAV: GEPA I, Protokoll zur Beiratssitzung der GEPA vom 7. September 1976; MAA, ZA: GF HAV: GEPA I, Bericht der Tagung der GEPA und SOS am 28. Oktober 1976, S. 1.

164 Im Original: „De ordinario en estos períodos se pierde el sentido de identidad, lealtad y solidaridad características de una buena cooperativa", Hernández Contreras: Cooperativismo, S. 51.

165 GEPA: Guatemala.

Wir, in Europa, wundern uns über das Fehlen von gegenseitiger Solidarität. Wir verstehen nicht, daß der Kaffeebauer nicht begreift, wie er mit seinem Verhalten die eigene Kooperative zerstört. Ebenfalls begreift der Kaffeebauer in Guatemala nicht, aus welchem Grunde er als gutes Mitglied der Kooperative soviel weniger für seinen Kaffee bekommt. Auch die Bauern, die ihren Kaffee an die Aufkäufer abgeben, begreifen nicht, warum die Kooperative sich deshalb aufregt; es ging ja schließlich nur darum, möglichst viel für den Kaffee zu bekommen.[166]

Die Zitate zeigen das Bemühen und zugleich die Probleme, das Verhalten der Kleinbauern zu begründen und nachzuvollziehen. In den ersten Jahren des Dritte-Welt-Handels waren die Produzenten anonym geblieben, dienten vor allem als Botschaftsträger der angestrebten Bewusstseinsbildung und existierten lediglich als gedankliches, im Dort verortetes Gegenüber der Akteure im Feld des Fairen Handels. Nun allerdings traten die guatemaltekischen Kaffeebauern in der Preiskrise zum ersten Mal als handelnde Subjekte in den Horizont der Akteure auf Abnehmerseite. Darüber hinaus zeigen die Zitate aber das damals im Feld dominante Verständnis, dass die Produzenten aus der vermeintlichen Apathie, Passivität und Unmündigkeit herausgeführt werden müssten. Die Ursachen der entstandenen Probleme wurden konsequenterweise mit dieser so verstandenen Unselbstständigkeit und einer vermeintlich schlicht noch nicht erlernten Solidarität begründet. Zugleich wurde dieses Argumentationsmuster genutzt, um den Weiterverkauf des Kaffees, der inzwischen zum wichtigen ökonomischen und konzeptionellen Standbein des Dritte-Welt-Handels geworden war, trotz der gegenwärtig hohen Kaffeepreise zu legitimieren. Die Situation, so hieß es, könne sich schnell wieder ins Gegenteil verkehren, und dann werde aufseiten der Produzenten dringend ein „starker Partner" gebraucht.[167]

3.6 Krisen, Kämpfe und Neuorientierung

Trotz aller Probleme hatte die Indio-Kaffee-Aktion dem Dritte-Welt-Handel bislang ungeahnte Absatzzahlen beschert. Dieser Erfolg wurde aber keineswegs von allen im Feld mit Begeisterung aufgenommen. Denn

---

166 MAA, ZA: 2003/21 GF HAV: GEPA Gewürzaktion 1979–1982/Fedecocagua 1979–80, Hissel an Geschäftsführung Misereor, 12. November 1979, S. 4.
167 MAA, FH 9, Kaffeepreiserhöhung Indio-Kaffee, undatiert.

damit brachen feldintern bald schwerwiegende Streitigkeiten um die Prioritätensetzung zwischen Bewusstseinsbildung und Verkauf aus – oder anders gesagt: um die Frage, ob der Fokus der Arbeit auf dem Hier oder dem Dort zu liegen habe.

3.6.1 Unsicherheiten über die Ausrichtung des Dritte-Welt-Handels

Wie Harry Neyer, Vorsitzender des A3WH-Leitungskreises (dem vor der Gründung des A3WH e. V. im Mai 1974 wichtigsten Gremium im Feld), schon 1974 verlauten ließ, konnte das pädagogische Programm mit den Verkaufserfolgen „nicht Schritt halten". Daher seien „Anstöße zur Bewußtseins- und Verhaltensänderung" auf den Kreis der bei der Aktion aktiv Beteiligten beschränkt geblieben.[168] George Arickal, Bundesreferent für Entwicklungszusammenarbeit beim Katholischen Jugendverband und Vorstandsmitglied des A3WH e. V., rief im April 1976 in Erinnerung:

> Die Hilfe für die Selbsthilfegruppen in den Entwicklungsländern war ein sekundäres Ziel […], das Hauptziel heißt immer noch: entwicklungspolitische Bewußtseinsbildung. […] Das Ergebnis ist es, daß die GFP [d.h. die GEPA, *Anm. RQ*] sehr schnell wächst und die Pädagogik nicht mitkommt und nachhinkt. Dies ist das eigentliche Problem.[169]

Mit der Befürchtung, dass die wirtschaftliche Orientierung das Ziel der Bewusstseinsbildung verdrängen könnte, stand Arickal nicht allein. Zuspruch erhielt er vor allem von seinen Kollegen im A3WH e. V., der als pädagogischer Arm der A3WH gegründet worden war und aus Sicht des Vereinsvorstands die „zentrale Leitungsinstanz"[170] im Feld des Fairen Handels darstellte. Kritisch sah man offensichtlich besonders, dass die GEPA „einen Weg ohne pädagogisches Engagement" gehe.[171] Der Vorstand des A3WH e. V. beschwerte sich mehrfach über die aus seiner Sicht katastrophale Kooperation mit dem Handelsunternehmen und warf diesem vor, „sich immer mehr zu einem nach Gewinn ausgerichtete[n] Unternehmen" zu entwickeln,

---

168 MAA, FH 10, Harry Neyer, Kurzinformation über die Aktion Dritte Welt Handel, Februar 1974, S. 4.

169 MAA, FH 8, Arickal an den Vorstand des A3WH e. V., 21. April 1976, S. 1.

170 Raschke: Fairer, S. 57.

171 MAA, FH 8, Schmied an Burkhardt, 2. Mai 1976; vgl. MAA, FH 8, Protokoll der Vorstandssitzung des A3WH e. V. am 1. Mai 1976, S. 4.

welches „die A3WH als notwendiges Übel" betrachte.[172] Die Vertreter des A3WH e. V. forderten vehement eine Sonderrolle unter den GEPA-Gesell-schaftern, zumal die hohe Nachfrage nur durch die Forderungen der Läden und Aktionsgruppen entstehe, für die sich der Verein als Repräsentant sah.[173]

Allerdings wurde die Position des A3WH e. V. im Feld dadurch geschwächt, dass bald immer fraglicher wurde, ob die bewusstseinsbildende Arbeit über-haupt von Nutzen sei. Die Auswertung einer Umfrage von 1976 brachte zutage, dass sich nur zwei von insgesamt fast dreihundert befragten A3WH-Gruppen zur „wichtigsten Aufgabe, über die ungerechten Verhältnisse in der Weltwirtschaft aufzuklären", bekannt hatten und der Verkaufserfolg oft über „sachliche Unsicherheiten" hinwegtäusche.[174] Vom Informationszentrum Dritte Welt Freiburg wurde 1977 kritisiert, dass die Verkäufer „in den meisten Fällen nicht ausreichend informiert" seien und allgemein der bewusstseins-bildende Effekt einer Verkaufsaktion kaum messbar sei.[175] Die Unsicherhei-ten über den eingeschlagenen Weg traten ab 1978 immer deutlicher zutage. In einem Gespräch über „Zukunftsmöglichkeiten der A3WH" im April des Jahres wurde zusammengefasst, man habe inzwischen erkannt, dass ein Warenverkauf kaum „als Anknüpfungspunkt für eine Bewußtseinsbildung" dienen könne. Analysen hätten gezeigt, dass „der Aufwand in keinem Verhält-nis zum Ergebnis" stehe.[176] Ein Artikel in der epd-Entwicklungspolitik von Juli 1978 begann mit der Klarstellung, Informationen zu verbreiten bedeute noch nicht, Wirkung zu erzielen.[177] Dies war eine Umkehr gegenüber den frühen 1970er-Jahren, in denen die Akteure der A3WH noch davon ausgegan-gen waren, dass die bewusstseinsbildende Arbeit aus sich selbst heraus erfolg-reich sei. Gerd Nickoleit, Mitarbeiter der GEPA, stellte dementsprechend

---

172 MAA, FH 9, Vorstand der A3WH an die Mitgliederversammlung des A3WH e. V., 10. Februar 1977.

173 MAA, FH 8, Protokoll der Vorstandssitzung des A3WH e. V. am 1. Mai 1976, S. 5.

174 MAA, FH 14, Hermann-J. Wirtz: Lernen durch Handel(n)? Grundsätze entwick-lungspolitischer Bildungsarbeit und Folgerungen für die Aktion Dritte Welt Handel, undatiert, nach Februar 1977; vgl. Hötzel: Aktion, S. 17.

175 O. V.: A3WH: Kritik eines „entwicklungspolitischen Modells", in: blätter des iz3w 59, 1977, S. 22–28, hier: S. 25–27.

176 MAA, FH 9, Protokoll des Gesprächs ‚Zukunftsmöglichkeiten der A3WH' am 25. April 1978, S. 2. Vgl. auch die kritische Sicht Schmieds in Bezug auf die Zielsetzungen in: Schmied: Aktion, S. 332 ff.

177 Heesemann, Diether: Entwicklungspolitische Bildungsarbeit, in: epd-Entwicklungs-politik 14, 1978, S. 14a–17b, hier: S. 14a; vgl. auch Wirtz, Hermann-Josef: Umdenken in der Entwicklungsdidaktik, in: epd-Entwicklungspolitik 17, 1978, S. 8–12, hier: S. 9.

1979 in einem Referat den Dritte-Welt-Handel in seiner aktuellen Form generell infrage:

> Die politischen Waren […] sind in der Regel nur für „entwicklungspolitisch Fortgeschrittene" von Nutzen, kulturelle Waren ([…] an denen aufgezeigt wird, daß andere Kulturen gar nicht so „unterentwickelt" sind), brauchen pädagogisch ausgefeilte Konzepte, Gebrauchsartikel […] fördern sehr stark das Konsumdenken. […] Die Betroffenheit der Gruppen und Käufer wird nicht genügend erreicht. Das eigene Selbstverständnis wird zu wenig angekratzt. Es beeinflußt nicht genügend das eigene Verhalten.[178]

Die sich ab 1976 abzeichnende Fragwürdigkeit der bewusstseinsbildenden Arbeit wiederum stärkte die Position der Feldakteure, die den Schwerpunkt auf die wirtschaftliche Funktion des Dritte-Welt-Handels legten. Erneut diente dabei die Berufung auf die vermeintlichen Interessen der Produzenten dazu, die eigene Argumentation mit symbolischem Kapital auszustatten. GEPA-Geschäftsführer Hissel plädierte dafür, die Prioritätensetzung zu überdenken. In einem Artikel mit der Überschrift „Geht es uns um die Partner?" schrieb er:

> Es ist uns aufgefallen, daß Gespräche und Besprechungen über die Aktion Dritte Welt Handel […] immer mit den Partnern anfangen, um deren Zusammenarbeit mit uns es uns geht, daß sie aber dann – buchstäblich – bald unter den Konkurrenztisch fallen. Eines [sic!] der Gründe, weshalb dies immer wieder passiert, scheint uns die unterschiedliche Position zu sein, in der sie sich und wir uns befinden. […] Grob gesagt, geht es unseren Partnern bei diesen Vermarktungsfragen um ihre Existenz, uns bei unserem Dritte Welt Handel um eine Nebenbeschäftigung.[179]

Harry Haas, der in den ersten Jahren für die Betreuung der Produzenten bei der GEPA zuständig war, beschwerte sich in ganz ähnlichem Wortlaut wie Hissel, dass die Produzenten in der Arbeit des A3WH e.V. „unter den Tisch" fielen und zu „Objekten reduziert" würden, die ihre Finanzen „bis zum letzten Pfennig verantworten" müssten. Der A3WH e.V. dagegen sei,

---

178 GA, PPA ab 10.09.88 bis 09.03.90, 1 1/2 Jahre Arbeit mit den Projektkriterien – Anspruch und Wirklichkeit. Referat von Gerd Nickoleit am 24. Mai 1979, S. 4.

179 Jan Hissel: Geht es uns um die Partner?, in: GFP-Informationsdienst Mitteilungen 1/Juli 1976, S. 1–3, hier: S. 1.

so Haas, zu einer „eigenen anonymen Instanz" geworden und „intern total zerstritten".[180]

Die Zitate deuten darauf hin, dass die wirtschaftlichen Effekte des Handels im Dort, bei den Produzenten, umso stärker in den Fokus gerieten, je mehr der Erfolg der Bewusstseinsbildung im Hier fraglich wurde. Dazu trug bei, dass im Feld des Fairen Handels immer mehr Individual- und Kollektivakteure auftraten, die den Schwerpunkt nicht mehr in erster Linie auf die Bewusstseinsbildung legten, da sie sich stärker der Produzentenseite verpflichtet fühlten. Ein Beispiel dafür ist Gerd Nickoleit, der im Feld des Fairen Handels über fast die gesamte Zeit einflussreiche Positionen besetzte. Nach einem längeren Aufenthalt für den Deutschen Entwicklungsdienst im Iran war Nickoleit zunächst Anfang der 1970er-Jahre für die A3WH, dann aber über die evangelische Organisation Dienste in Übersee mehrere Jahre in Peru als Genossenschaftsberater tätig gewesen. Ab dem 1. April 1978 wurde er bei der GEPA als Projektreferent eingestellt. Ein solcher Posten war bis dato noch nicht besetzt worden. Erst nach der Kaffeepreiskrise ab 1975 war dies den Verantwortlichen in der GEPA offensichtlich nötig erschienen, womit sich wiederum zeigt, dass dadurch die Produzenten als handelnde Akteure in den Fokus rückten.[181] Aufgrund seiner beruflichen Vergangenheit bewertete Nickoleit den Dritte-Welt-Handel nicht bloß als Mittel zur Bewusstseinsbildung, sondern rückte die Produzentenseite stärker in den Fokus. Anschaulich zeigt sich dies in einer Kritik, die er nach seiner Rückkehr aus Peru 1977 äußerte:

> Die Idealpartner, die man wünscht, gibt es nicht, und immer werden Schwierigkeiten mit Partnern auftreten, die […] dem Durchschnitts-Dritte-Welt-Händler nicht einleuchten werden. Dazu ist er zu weit von der ‚anderen Realität' entfernt. Auch aufgrund sachlicher Berichte wird er nicht in der Lage sein, seine Maßstäbe bezüglich Zeitvorstellungen, Qualitätsanforderungen und Partnerverhalten zu ändern. Um das zu können, muß er sich in die Rolle des Partners einfühlen, und er muß selber einmal dessen Angst gespürt, seinen Hunger ertragen und seine Ausweglosigkeit erlitten haben. […] Der Kriterienkatalog […] ist so sauber; er läßt m. E. den Gruppen, die ich im Produktionsbereich kenne,

---

180 MAA, FH 9, Harry Haas an die MV des A3WH e.V. vom 24. September 1977.

181 Vgl. MAA, ZA: GF HAV: GEPA I, Kurzprotokoll über Kontaktgespräch der GEPA bei Dienste in Übersee und Brot für die Welt am 26. März 1976; MAA, ZA: GF HAV: GEPA I, Dienste in Übersee an GEPA, 22. November 1976.

kaum einen Spielraum [...,] da sich in Deutschland niemand in die hiesige Lage versetzen kann.[182]

Nickoleit kritisierte also, dass sich die Akteure im Feld des Fairen Handels realitätsferne Vorstellungen von der Situation auf der Produzentenseite machten und dass die gesamte Konzeption des Dritte-Welt-Handels auf solchen Idealvorstellungen basiere. Die Tatsache, dass die Produzenten in den frühen 1970er-Jahren vor allem eine anonym bleibende Projektionsfläche der bewusstseinsbildenden Arbeit darstellten, geriet im Feld zumindest bei manchen Akteuren immer stärker in die Kritik. Das lag daran, dass der Nutzen der bewusstseinsbildenden Arbeit fraglich wurde, und daran, dass der theoretische Grundstock der Bewusstseinsbildung, die Dependenztheorie, an Rückhalt verlor. Die Erkenntnis, dass die Entwicklungsdekade der 1970er-Jahre nahezu keine Verbesserung für die Länder des globalen Südens bewirkt hatte, führte zu Ernüchterung unter den Akteuren im Feld des Fairen Handels.[183] Im April 1978 äußerte sich Ernst-Erwin Pioch, Mitbegründer der A3WH, dazu wie folgt:

Als die A3WH gegründet wurde, wollte man „Handel statt Hilfe". Dieser Slogan ist heute fragwürdig. Es gibt neue Ideen, diese sind aber noch nicht pädagogisch umgesetzt. Das alte Konzept wird so weiter durchgeschleppt.[184]

Das Zitat zeigt, dass sowohl das theoretische Fundament als auch die Zielsetzung des Dritte-Welt-Handels für die Akteure im Feld immer ungewisser wurden. Vom iz3w Freiburg wurde das Strategiepapier der A3WH, die „Entwicklung der Unterentwicklung", gar als „Verbalradikalismus" gebrandmarkt.[185] Doch trotz aller Kritik gelang es den Akteuren im Feld des Fairen Handels lange nicht, sich von den dependenztheoretischen Grundfesten zu lösen.[186]

---

182 GA, PPA ab 10.09.88 bis 09.03.90, Gerd Nickoleit: Betr. Projektkriterien, 1977; vgl. auch GA, PPA ab 10.09.88 bis 09.03.90, 1 1/2 Jahre Arbeit mit den Projektkriterien – Anspruch und Wirklichkeit. Referat von Gerd Nickoleit am 24. Mai 1979, S. 1.
183 Vgl. Kunz: Läden, S. 66–79.
184 MAA, FH 9, Protokoll des Gesprächs ‚Zukunftsmöglichkeiten der A3WH' am 25. April 1978, S. 2; vgl. dazu auch Kleinert, Uwe: Inlandswirkungen des Fairen Handels, in: Misereor, Brot für die Welt und Friedrich-Ebert-Stiftung (Hg.): Entwicklungspolitische Wirkungen des Fairen Handels. Beiträge zur Diskussion, Aachen, 2000, S. 21–110, hier: S. 26.
185 O. V.: A3WH: Kritik eines „entwicklungspolitischen Modells", in: blätter des iz3w 59, 1977, S. 22–28, hier: S. 25–27.
186 Vgl. auch Bräuer: Zwischen.

Meines Erachtens sind die der Dependenztheorie entliehenen Argumentationsmuster und das damit verbundene dichotome Weltbild von Arm und Reich, Entwickelt und Unterentwickelt grundsätzlich bis heute im Fairen Handel existent. Den Grund dafür sehe ich in der Pfadabhängigkeit des Feldes.[187]

3.6.2　Die Auflösung des A3WH e.V.

Obwohl die Konzeption des Dritte-Welt-Handels inzwischen fragwürdig war, hatte sich eine breite Basis im Feld des Fairen Handels etabliert. Die A3WH war „zur beherrschenden Form entwicklungspolitischen Engagements von Jugendlichen in der Bundesrepublik geworden".[188] Aus diesem Grund erreichte der Dritte-Welt-Handel nun immer mehr Gruppen, die nicht dem kirchlichen, sondern eher dem linkspolitischen Spektrum zuzuordnen waren. Dies zeigen schon die Rückmeldungen zu den Verkaufsaktionen. Während Edda Stelck 1973 noch berichtete, dass lediglich einige Gruppen angemerkt hätten, dass die Verpackungen des Indio-Kaffees zu unpolitisch gewesen seien[189], war die 1976 an der Kaffeeaktion laut werdende Kritik schon deutlich tiefer greifend. Dem Dritte-Welt-Handel wurde vorgeworfen, er ignoriere die Notwendigkeit einer Landreform in Guatemala, fördere Monokulturen und gaukele den Produzenten einen künstlichen Marktzugang vor.[190] Und auch das Logo des Kaffees – ein Arbeiter, der einen Kaffeesack auf dem Rücken trägt[191] –, wurde kritisiert. Dieses würde „den Indio entwerten und die westliche Überheblichkeit darstellen, die sich gerne von Farbigen bedienen" lasse.[192] Aus den Reihen des iz3w hieß es 1977 schließlich, der Handel mit dem Indio-Kaffee bewirke „keine Beseitigung der Armut der Indio-Bauern, sondern eine Festschreibung dieser Armut auf etwas höherem Niveau".[193] Insgesamt konstatierte das iz3w, die A3WH

---

187 Vgl. zur Bedeutung der Dependenztheorie für die Entwicklung des Fairen Handels generell auch Fridell: Fair.

188 O. V.: Aktionen: Dritte Welt-Handel, in: blätter des iz3w 59, 1977, S. 9.

189 Vgl. MAA, FH 4, Edda Stelck: Zusammenfassender Erstbericht über die angelaufene Kaffee Aktion/Regionallager Mitte, 22. Oktober 1973.

190 Raschke: Fairer, S. 64, mit dem Hinweis auf einen Brief des Informationszentrums Dritte Welt Freiburg an Ernst Schmied vom 2. April 1976; vgl. auch Schmieds kritische Sicht auf die Indio-Kaffee-Aktion in: Schmied: Aktion, S. 226–230.

191 Vgl. Abbildungen 4 und 5.

192 O. V.: Indio Kaffeematerial – Hier Handelsmarke, in: Unsere Dritte Welt 6, März 1976.

193 O. V.: A3WH: Kritik eines „entwicklungspolitischen Modells", in: blätter des iz3w 59, 1977, S. 22–28, hier: S. 24.

habe „die von ihr selbst gestellten Ansprüche nicht oder nur sehr unvollständig eingelöst".[194]

Es zeigt sich, dass die Kritik am Dritte-Welt-Handel Ende der 1970er-Jahre zunahm. Dies hing auch damit zusammen, dass immer mehr Gruppen aus dem linken Spektrum im Verkauf der Waren engagiert waren. Dagegen jedoch regte sich offensichtlich spätestens ab Mitte 1977 Widerstand in denjenigen kirchlichen Organisationen, die – wie vor allem die GEPA und den A3WH e. V. – den Dritte-Welt-Handel organisatorisch und finanziell unterstützten. Aus Sicht der Hilfswerke beispielsweise diente die GEPA dem Verkauf der Waren der unterstützten Genossenschaften, während der A3WH e. V. vor allem als Forum und Aktionsangebot für kirchliche Jugendgruppen angesehen wurde. Ein Vertreter von Misereor beschwerte sich, seit 1976 sei eine „rasche Politisierung" des A3WH e. V. festzustellen: „So fordern einige Personen jetzt für die A3WH ein politisches Mandat und scheinen durch die GEPA die Kirchen vor ihren politischen Karren spannen zu wollen."[195] Auch die „pädagogische Effizienz" des A3WH e. V. wurde von den Hilfswerken augenscheinlich in Zweifel gezogen.[196] Der Verein war allerdings auf die finanzielle Unterstützung der Hilfswerke angewiesen: Der Haushaltsplan des A3WH e. V. für 1976 zeigt, dass von den geplanten Ausgaben in Höhe von etwa 223.000 DM – vor allem für Gehälter und Infomaterialien – allein 120.000 DM durch Misereor und den KED übernommen wurden. Etwa 63.000 DM wurden von der GEPA gestellt, die aber wie gezeigt ebenfalls die Existenz des Vereins immer kritischer sah.[197] Wie George Arickal, Vorstandsmitglied des A3WH e. V., berichtete, war der A3WH e. V. spätestens im Spätsommer 1977 „finanziell nicht mehr in der Lage […], die im Haushalt 1977 vorgesehenen Maßnahmen in der geplanten Weise durchzuführen".[198] Im Zuge dessen hatte der Vorstand des A3WH e. V. drei hauptamtliche

---

194 Müller, Wolfgang: Handel zwischen Barmherzigkeit und Profit, in: blätter des iz3w 59, 1977, S. 9–21, hier: S. 16.

195 MAA, ZA: GF HAV: GEPA I, Aktennotiz Hausinterne Besprechung am 28. April 1977, S. 3.

196 Vgl. MAA, FH 9, George Arickal: Lernen und Helfen als Aktionseinheit. Aktuelles aus der Aktion Dritte Welt-Handel, 15. Oktober 1977, S. 183.

197 Ferner sollten 30.000 DM über einen Antrag beim BMZ und 10.000 DM durch die Aktionsgruppen gestellt werden, vgl. MAA, FH 10, A3WH e. V. Haushaltsplan 1976; zur finanziellen Situation des Vereins MAA, ZA: GF HAV: GEPA I, Aktennotiz „Betrifft A3WH e. V." vom 23. Juni 1977, S. 2–3.

198 MAA, FH 9, George Arickal: Lernen und Helfen als Aktionseinheit. Aktuelles aus der Aktion Dritte Welt-Handel, 15. Oktober 1977, S. 183.

Mitarbeiter des Vereins entlassen – unter anderem Edda Stelck, die sich von Beginn der A3WH an regelmäßig als Basisvertreterin positioniert hatte.[199] Begründet wurde die Entlassung vor allem mit der finanziell schwierigen Lage des Vereins.[200] Allerdings vermuteten viele Basisgruppen, dass die kirchlichen Jugendverbände den A3WH e. V. unter ihre Kontrolle bringen wollten. In einer Reaktion auf einen Brief von Basisvertretern bestritt Harry Neyer, Vertreter des katholischen Jugendverbands und Mitbegründer der A3WH, dass die Jugendverbände die Macht an sich reißen wollten, doch fügte er an, dass diese den Hilfswerken gegenüber in der Verantwortung stünden.[201] Tatsächlich war inzwischen in vertraulichen Gesprächen zwischen Misereor- und KED-Vertretern darüber nachgedacht worden, den Verein aufzulösen, da sich dadurch die nach der Kündigung entstandenen Probleme „von ganz alleine" lösen würden. Den Vertreter des KED störte es dem Bericht zufolge „in unerträglichem Maße", dass der A3WH e. V. sich so sehr verselbstständigt habe, „daß nunmehr die beiden Jugendverbände offenbar gar keinen Einfluß mehr auf ihn nehmen können". Er erklärte sich offensichtlich im Namen der evangelischen Seite dazu bereit, die Auflösung des Vereins mitzutragen, auch wenn diese „sicher nicht geräuschlos vonstatten" gehen werde: „Vorwürfe des Tenors, die Kirchen hätten mit der aus dem ‚großen Geld' kommenden Macht den Verein kaputt gemacht, nur weil er Ihnen unbequem gewesen sei", könne man gewiss nicht ganz verhindern.[202] Das Ende des A3WH e. V. schien vorprogrammiert und nahm in den folgenden Monaten seinen Lauf. Der Vereinsvorsitzende schob die Schuld an den Querelen auf die Aktionsgruppenvertreter, die sich weigerten, mit den Jugendverbänden weiter zusammenzuarbeiten. Verschiedene Mitglieder des A3WH e. V. lehnten es anschließend ab, erneut für einen Posten zu kandidieren.[203] Und

---

199 Vgl. dazu und zum Folgenden auch Kerschgens, Dorothea: Aktion Dritte Welt Handel. Vielleicht ein Lehrstück über Abhängigkeit, in: epd-Entwicklungspolitik 20, 1977, S. 10–12; Raschke: Fairer, S. 59–62; Interview Stelck.

200 Vgl. MAA, FH 9, Schmieder an Mitglieder des A3WH e. V. vom 29. August 1977.

201 Vgl. MAA, FH 9, Brief von Harry Neyer, 22. November 1977, S. 1.

202 MAA, ZA: GF HAV: GEPA I, Aktennotiz „Betrifft A3WH e. V." vom 23. Juni 1977, S. 1–2.

203 Vgl. o. V.: Aktion Dritte Welt Handel. Öffentliche Auseinandersetzung, in: eji 10/77, Oktober 1977, S. 5–6; MAA, FH 9, Protokoll der Mitgliederversammlung des A3WH e. V. vom 25./26. November 1977, S. 9–10; MAA, FH 9, Erklärung der Regionalsprecher des ‚Aktion 3. Welt-Handel e. V.' zur Mitgliederversammlung am 17./18. März 1978; o. V.: A3WH: Jugendverbände haben jetzt Mehrheit, in: epd-Entwicklungspolitik 24, 1977, S. 4.

von der Basis wurde berichtet, dass die Aktionsgruppen befürchteten, „zu Helfershelfern der großen Werke zu werden".[204] In den Hilfswerken wuchs anscheinend gleichzeitig der Unmut über die weitere finanzielle Beteiligung am A3WH e.V.[205] Mit Blick auf die Verantwortung den Spendern gegenüber äußerte ein Vertreter von Misereor, das Hilfswerk dürfe sich „nicht so ans Schlepptau nehmen lassen, nur damit andere springen können".[206] Ohne den finanziellen Rückhalt in den Hilfswerken war der A3WH e.V. allerdings nicht mehr handlungsfähig. Nachdem im März 1978 eine größere Zahl Vorstandsmitglieder des A3WH e.V. ihren Rücktritt bekannt gegeben hatte, wurde am 3. April 1978 die Auflösung des Vereins beantragt.[207]

3.6.3 Dynamische Prozesse im Feld

Aus einer feldtheoretischen Perspektive werden die Verschiebungen, die letztlich zur Auflösung des A3WH e.V. führten, noch besser ersichtlich. In der zweiten Hälfte der 1970er-Jahre geriet das Feld des Fairen Handels in eine sich immer klarer abzeichnende Phase der Instabilität. Die trotz der Kaffeepreiskrise wachsende ökonomische Bedeutung des Dritte-Welt-Handels hatte generell fraglich werden lassen, ob die bislang so eindeutig festgeschriebene Priorität der Bewusstseinsbildung weiter gültig sein könne. Diese Verschiebung schwächte die Position des A3WH e.V., dessen Hauptzweck in der Förderung der entwicklungspolitischen Bewusstseinsbildung lag. Da in der zweiten Hälfte der 1970er-Jahre ohnehin immer zweifelhafter wurde, ob eine Bewusstseinsbildung überhaupt sinnvoll oder möglich sei, schwankte die wichtigste Legitimationsgrundlage des Vereins. Dies war insofern entscheidend, als der A3WH e.V. von der Finanzierung der Hilfswerke und der GEPA abhing, beide diese Finanzierung aber allem Anschein nach immer unwilliger leisteten. Im Fall der GEPA belasteten die Zahlungen an den Verein die Bilanz erheblich, die Hilfswerke dagegen sahen es kritisch, dass die Basis des Feldes sich immer weiter von den kirchlichen Wurzeln zu

---

204 MAA, ZA: GF HAV: GEPA I, Brief von Erwin Mock/Misereor, 24. Oktober 1977, S. 2.
205 Vgl. MAA, FH 9, Brief von Misereor Geschäftsstelle, 24. Oktober 1977; MAA, FH 9, Die Regionalsprecher der A3WH (Hrsg.): Untergrundbrief 4. Betrifft: A3WH, undatiert, S. 3–4.
206 MAA, ZA: GF HAV: GEPA Allgemeine Korrespondenz 1977–1989, Notiz vom 2. Juni 1978.
207 Vgl. MAA, FH 9, Antrag auf Auflösung des e.V., 3. April 1978; o. V.: Aktion-Dritte Welt-Handel, in: epd-Entwicklungspolitik 7, 1978, S. 3.

entfernen schien. Während der A3WH e.V. massiv an symbolischem Kapital verlor, konnten die Hilfswerke durch ihr ökonomisches und soziales Kapital – die Vertreter des A3WH e.V. waren schließlich alle Mitarbeiter kirchlicher Organisationen und damit in das kirchliche Netzwerk eingebunden – im Feld offensichtlich ihre Interessen durchsetzen. Der Verein wurde aufgelöst; damit verlor das Feld des Fairen Handels sein eigentliches Zentrum.

Jedoch waren die Feldstrukturen inzwischen so gefestigt und konturiert, dass die Auflösung des A3WH e.V. nicht das Aus des Feldes bedeutete. Denn nach wie vor gab es zahlreiche Akteure, die ein Interesse am Dritte-Welt-Handel hatten. So existierte inzwischen eine beachtliche Basisbeteiligung: 1978 waren mehr als 1500 Aktionsgruppen und über fünfzig ständig arbeitende Weltläden im Warenverkauf tätig, die – so A3WH-Mitbegründer Ernst-Erwin Pioch – inzwischen das „Skelett" des Dritte-Welt-Handels darstellten.[208] Darüber hinaus waren die kirchlichen Hilfswerke an einer weiteren Existenz der GEPA interessiert, da sie darin den Quellen zufolge eine gute Absatzmöglichkeit für die unterstützten Produzentenorganisationen und eine Werbemöglichkeit für die Kirche sahen.[209] Die Finanzsituation des Handelsunternehmens war konsolidiert, für das Geschäftsjahr 1976/77 wurde mit einem Umsatz von vier Millionen DM und einem Rohgewinn von 326.000 DM gerechnet.[210] Satzungsgemäß konnten die Gewinne allerdings nicht in Stammkapital umgewandelt werden; daher stieg mit dem steigenden Handelsvolumen das Risiko: Durch das Prinzip der Warenvorfinanzierung und den Kommissionsverkauf über die Aktionsgruppen war der Kapitalbedarf hoch, der Kapitalumschlag dagegen verhältnismäßig langsam. Für die Produzenten musste die GEPA aber, das war den Hilfswerken klar, ein vertrauenswürdiger und liquider Partner bleiben.[211] Anfang 1978 wurde das Stammkapital der GEPA von zuvor 38.000 DM auf 300.000 DM aufgestockt.[212] Die gewachsene Bedeutung der GEPA im Feld wird ferner

---

208 MAA, FH 9, Protokoll des Gesprächs über ‚Zukunftsmöglichkeiten der A3WH' am 25. April 1978, S. 2; vgl. Holzbrecher: Dritte, S. 185; ferner die Auflistung in BMZ u.a. (Hg.): Aktionshandbuch, S. 163ff.

209 Vgl. MAA, ZA: GF HAV: GEPA I, Aktennotiz betr. GEPA, Hier: Hausinterne Besprechung am 28. April 1977, S. 3; MAA, ZA: GF HAV: GEPA I, Protokoll der GEPA-Beiratssitzung vom 29. Januar 1979.

210 Vgl. MAA, ZA: GF HAV: GEPA I, Aktennotiz betr. GEPA, Hier: Hausinterne Besprechung am 28. April 1977, S. 2.

211 Vgl. MAA, ZA: GF HAV: GEPA I, Brief von KED, 24. Januar 1977.

212 Vgl. MAA, ZA: GF HAV: GEPA IV, Protokoll der Gesellschafterversammlung GEPA am 25. Januar 1978, S. 2–3.

dadurch belegt, dass nach der Auflösung des A3WH e.V. damit begonnen wurde, die Koordination der bewusstseinsbildenden Arbeit ebenfalls auf die GEPA zu übertragen.[213] Den Jugendverbänden und den Regionalkonferenzen, die bislang über den A3WH e.V. Einflussmöglichkeiten bei der GEPA wahrnehmen konnten, wurde nach der Vereinsauflösung der Gesellschafterstatus bei dem Handelsunternehmen zugesprochen.

Die Existenz des Feldes war damit grundsätzlich gesichert. Allerdings erwies sich das bisherige Konzept als dringend erneuerungsbedürftig. Dafür sprach auch, dass der GEPA-Umsatz nach 1976 in eine Phase wirtschaftlicher Stagnation geriet.[214]

Grafik 5   Umsatzentwicklung der GFP/GEPA, 1974–1979

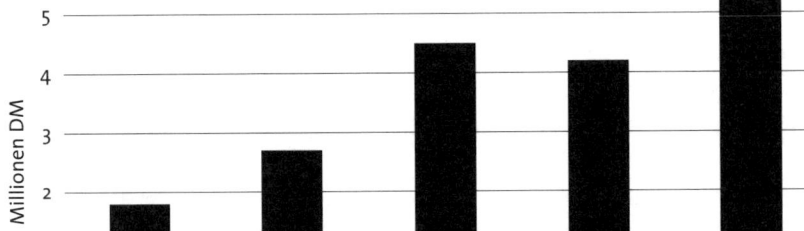

Eine Lösung für die bisherigen Probleme sah beispielsweise GEPA-Mitarbeiter Gerd Nickoleit darin, den Handel auszuweiten und auf eine größere Breitenwirkung zu zielen. Er dachte dabei vor allem an solche Gruppen, die den Dritte-Welt-Handel bislang aufgrund „der vermeintlichen Widersprüche" abgelehnt hatten.[215] Im Bild von Feldtheorie und Pfadabhängigkeit gesprochen: Durch die inhaltliche Krise wurde der eingeschlagene

---

213 Vgl. o. V.: A3WH: Bis November soll ein Konzept vorliegen, in: epd-Entwicklungspolitik 17, 1978, S. 4–5; Wirtz, Hermann-Josef: Das unterentwickelte „pädagogische Bein", in: epd-Entwicklungspolitik 7/8, 1985, S. 26–28; MAA, FH 9, George Arickal: Lernen und Helfen als Aktionseinheit. Aktuelles aus der Aktion Dritte Welt-Handel, 15. Oktober 1977, S. 183.

214 Vgl. MAA, ZA: GF HAV: GEPA IV, GEPA Geschäftsbericht für das Jahr 1978.

215 GA, PPA ab 10.09.88 bis 09.03.90, Gerd Nickoleit: 1 1/2 Jahre Arbeit mit den Projektkriterien – Anspruch und Wirklichkeit, Referat am 24. Mai 1979, S. 6.

Weg fraglich, das Feld kam dadurch an die nächste Wegkreuzung, an der die Feldstrukturen durchlässiger und die Akteure offen für neue Anregungen von außen wurden.

3.6.4 Erneute Probleme mit der Fedecocagua

Nach den immensen Preissteigerungen im Kaffeeweltmarkt, die auf den Frost im brasilianischen Paraná 1975 gefolgt waren, war in dem 1976 neu verhandelten Internationalen Kaffeeabkommen das bisherige System von Exportquoten durch die Festlegung einer Preisspanne ergänzt worden.[216] Übertraf der Preis an der New Yorker Börse die Obergrenze dieser Spanne für mindestens 15 Tage, wurden die Quotenbeschränkungen gelockert oder aufgelöst, um den exportierenden Ländern die Möglichkeit zu geben, die Ausfuhrmenge zu erhöhen. Das höhere Angebot sollte dann den Preis drücken. Lag der Preis mindestens 15 Tage unter der festgelegten Grenze, wurden die Exportquoten nach unten korrigiert und dadurch künstlich das Angebot verringert.

Die Angebotsknappheit ab 1975 hatte die Internationale Kaffeeorganisation veranlasst, die Quotenbeschränkungen aufzuheben. In den ersten Jahren bedeutete dies für die Kaffeebauern eine Kombination aus hohem Verkaufspreis und nahezu freier Exportmöglichkeit – was sie wiederum zu Produktionssteigerungen veranlasste. Das Jahr 1978 brachte unter anderem in Costa Rica, Honduras, Ecuador, Peru und Nicaragua neue Rekordernten, auch in Guatemala wurde die Produktion um 22 Prozent gesteigert.[217] Als dann noch der brasilianische Export wieder das Niveau der Zeit vor 1975 erreicht hatte, war klar, dass das Angebot im Kaffeeweltmarkt die Nachfrage bald erneut übertreffen musste. Dazu kam, dass viele Unternehmen ihre Lager nach der Preiskrise der Vorjahre vorsorglich überfüllt hatten. Während 1976 weltweit noch über 58 Millionen Sack Kaffee gekauft wurden, lag der Wert 1977 nur noch bei knapp über 48 Millionen Sack.[218] Daraus folgte – der ewige Zyklus des Kaffees –, dass die Preise erneut nach unten fielen.[219]

---

216 Vgl. ICO International Coffee Organization: International Coffee Agreement, London, 1976; dazu und zum Folgenden auch Talbot: Grounds, S. 70; Baum/Offenhäußer: Kaffee, S. 55–56.
217 Vgl. Johnson: International, hier: S. 41–45.
218 Vgl. ICO, Importing Members, Imports of all forms of coffee from all origins, Calendar years 1970 to 1979.
219 Vgl. Talbot: Grounds, S. 35–36; Daviron/Ponte: Coffee, S. 110–121.

Für die Fedecocagua, die durch die Steigerung der Kaffeepreise in erhebliche Probleme geraten war, brachte diese Situation keine Besserung. Um zu
verhindern, dass erneut Verträge durch ausbleibende Lieferungen der Bauern nicht eingehalten werden könnten, wartete die Fedecocagua seit Mitte
1977 mit dem Kaffeeverkauf offensichtlich stets, bis die verhandelten Mengen wirklich im Lager vorhanden waren. Der Genossenschaftsdachverband
übernahm somit auf eigene Rechnung den Kaffee von den Kooperativen
zum aktuellen Weltmarktpreis, lagerte ihn ein und versuchte dann, Käufer
zu finden. Da dies aber nur selten auf Anhieb gelang, blieb der zwischenzeit-
liche Preisverfall bei der Fedecocagua.

Bei Verhandlungen zwischen den Guatemalteken und der GEPA wurde
grundsätzlich der in New York zum Zeitpunkt des Vertragsabschlusses geltende Preis als Richtpreis genommen, dazu kam ein Solidaritätszuschlag von
zehn Prozent für gemeinschaftliche Investitionen. In der Zeit der fallenden
Kaffeepreise wurde außerdem festgelegt, dass mindestens die Untergrenze
der im ICA festgelegten Preisspanne gezahlt würde. Diese lag bei 1,20 US-
Dollar pro Pfund. Erst in dieser Zeit entstand die heute im Fairen Handel
verankerte Idee eines festgelegten Mindestpreises.[220]

Auch derlei Vereinbarungen konnten die Fedecocagua aber augenscheinlich nicht konsolidieren. Ein deutscher Wirtschaftsprüfer hatte 1979 im Auftrag des katholischen Hilfswerks Misereor die ökonomische Situation des
guatemaltekischen Dachverbandes untersucht und war zu sehr negativen
Schlussfolgerungen gelangt. Im Ergebnis hielt er die Fedecocagua für nicht
wettbewerbsfähig und sah sogar Nachteile für die Genossenschaften, wenn
sie über den Verband ihren Kaffee vermarkteten.[221] Erschwerend für den
Dachverband kam hinzu, dass die politische Situation in Guatemala wenig
Unterstützung von staatlicher Seite erhoffen ließ. Über ein neu verabschie-
detes Gesetz zum Kooperativenwesen äußerte Alfredo Hernández später,

---

220 Die Orientierung an der unteren Schwellengrenze des Kaffeeabkommens hatte die
GEPA zuerst als Kriterium herangezogen und im Handel mit der Fedecocagua als
Mindestpreisschwelle festgelegt, vgl. u.a. GA, PPA ab: 19.03.1982 bis: 17.12.1983, Jan
Hissel: Vorlage GV/PPA/PA Top 6, 16. Februar 1983, S. 2.

221 Vgl. MAA, ZA: 2003/21 GF HAV: GEPA Gewürzaktion 1979–1982/Fedecocagua
1979–80, Betr. Analyse der finanziellen Lage von FEDECOCAGUA, 9. Dezember
1979; ferner MAA, ZA: 2003/21 GF HAV: GEPA Gewürzaktion 1979–1982/Fede-
cagua 1979–80, Ergebnisprotokoll über die Sitzung am 16. Januar 1980, Betr. Kaffee-
genossenschaftsverband FEDECOCAGUA; MAA, ZA: 2003/21 GF HAV: GEPA
Gewürzaktion 1979–1982/Fedecocagua 1979–80, Entwurf eines Briefes von Misereor
an Fedecocagua, 25. Februar 1980.

dieses habe so gut wie gar nichts zur Lösung der Probleme beigetragen.[222] Die staatliche Bank Bandesa verweigerte der Fedecocagua darüber hinaus 1979 einen neuen Kredit. Wie Hernández berichtete, lag dies zum einen daran, dass man bei den staatlichen Stellen überzeugt war, dass der *cooperativismo* generell schädlich und belastend für die nationale Wirtschaft sei.[223] Zum anderen machte man bei der Fedecocagua hierfür politische Gründe verantwortlich: Angesichts der Revolution im benachbarten Nicaragua – auf die im nächsten Kapitel näher eingegangen wird – wage es die Regierung zwar nicht, die Fedecocagua zu schließen, doch werde immer wieder versucht, Kooperativen zum Ausstieg zu überreden, Mitglieder zu bedrohen oder eben Förderungen zu streichen.[224] Ein Vertreter von Misereor sprach nach einem Besuch bei der Fedecocagua von einer „von den Beamten des Landwirtschaftsministeriums gegen die Führungskräfte der Fedecocagua-Zentrale geführte[n] Hetzkampagne".[225] Im Juni 1980 hieß es, Hernández habe von der Anacafé bereits offene Drohungen erhalten, da seine Organisation als kommunistisch angesehen werde, weshalb er inzwischen offenbar an eine Flucht nach Mexiko dachte.[226]

Zugleich wurde aber auf europäischer Seite die Förderungswürdigkeit der Fedecocagua immer fraglicher. Als der GEPA-Geschäftsführer Jan Hissel gemeinsam mit einem Vertreter der S. O. S. im Februar 1978 die Fedecocagua besuchte, nahm er ernüchternde Eindrücke mit: Es gebe diverse Interessengegensätze zwischen Basisgenossenschaften und der Geschäftsleitung; Hernández verhalte sich autoritär und nehme Kritik der Basis nicht zur Kenntnis, entlasse Mitarbeiter nach Belieben und gebe sich ein zu hohes Gehalt; außerdem werde die Aus- und Weiterbildung der Kleinbauern vernachlässigt. In dem Bericht brachte man zum Ausdruck, „daß das Projekt

---

222 Hernández Contreras: Cooperativismo, S. 125.

223 „Es criterio generalizado en Bandesa por ejemplo, que el cooperativismo es mal usuario, que por lo común mantiene una cartera morosa altamente significativa y que sus estructuras económico crediticias manifiestan una debilidad real", Hernández Contreras: Cooperativismo, S. 124.

224 Vgl. MAA, ZA: 2003/21 GF HAV: GEPA Gewürzaktion 1979–1982/Fedecocagua 1979–80, Hissel an Geschäftsführung Misereor, 12. November 1979, S. 4–5; GA, P. P. A. ab: 23. Apr. 1979 bis: 14. Dez. 1981, Brief von Fedecocagua an Gerd Nickoleit, 3. Dezember 1981.

225 MAA, ZA: 2003/21 GF HAV: GEPA Gewürzaktion 1979–1982/Fedecocagua 1979–80, Memorandum zu einer Reise nach Guatemala, Gespräche mit Fedecocagua am 27. und 28. November 1979, S. 12.

226 Vgl. MAA, ZA: 2003/21 GF HAV: GEPA Gewürzaktion 1979–1982/Fedecocagua 1979–80, Friedrich-Naumann-Stiftung Guatemala an BMZ, 24. Juni 1980, S. 2.

Fedecocagua derzeitig nicht mit den Kriterien der GEPA zu vereinbaren" sei.[227] Ähnliches wurde in dem genannten Wirtschaftsprüfungsbericht konstatiert: Dem Dachverband fehle jeglicher Bezug zur Basis, finanzielle Mittel seien nicht zweckgebunden verwendet worden und die Bildungsarbeit werde kaum mehr geleistet.[228] Angesichts der offenbar erheblichen wirtschaftlichen Probleme der Fedecocagua machte sich in Deutschland darüber hinaus die Befürchtung breit, dass der guatemaltekische Dachverband starke Genossenschaften gezielt fördern werde, um konkurrenzfähig zu bleiben, wodurch die schwächeren Produzenten benachteiligt würden.[229] Im Februar 1980 meldete Jan Hissel als Geschäftsführer der GEPA ernste „Zweifel und Vorbehalte" an, ob man weiterhin mit der Fedecocagua zusammenarbeiten könne. Angesichts der finanziellen Situation der Fedecocagua und der politischen Lage in Guatemala sei eine Vorfinanzierung für sein Unternehmen zu riskant.[230] Die niederländische S.O.S. hatte aus diesen Erkenntnissen offensichtlich bereits die Konsequenzen gezogen und die Zusammenarbeit mit der Fedecocagua beendet.[231] Auch in Deutschland war der Schritt ins Auge gefasst worden. Bereits im Juni 1978 hatte sich der Projektpartnerausschuss der GEPA gegen eine weitere Kooperation mit der Fedecocagua ausgesprochen.[232] Ein Problem daran war allerdings, dass keine Alternativen in Aussicht waren. Aus den Reihen der GEPA war wenige Monate zuvor verlautbart worden, dass man sich zwar intensiv, aber bislang erfolglos darum bemühe, „andere Kaffeequellen zu finden".[233]

---

227 GA, PPA von 1976 bis 6.10.1978, Diskussionspapier für den PPA am 9. Juni 1978.

228 Vgl. MAA, ZA: 2003/21 GF HAV: GEPA Gewürzaktion 1979–1982/Fedecocagua 1979–80, Ergebnisprotokoll über die Sitzung am 16. Januar 1980; Ähnliches berichteten auch Mitarbeiter von Misereor 1980, vgl. MAA, ZA: 2003/21 GF HAV: GEPA Gewürzaktion 1979–1982/Fedecocagua 1979–80, Bericht zur Feldarbeit des Genossenschaftsverbandes FEDECOCAGUA anläßlich eines Projektbesuches vom 9. bis 18. September 1980.

229 Vgl. MAA, ZA: 2003/21 GF HAV: GEPA Gewürzaktion 1979–1982/Fedecocagua 1979–80, Aktennotiz betr. Kaffeevermarktung durch FEDECOCAGUA. Ergänzende Bemerkungen zum Gespräch vom 26. November 1979, S. 1.

230 MAA, ZA: 2003/21 GF HAV: GEPA Gewürzaktion 1979–1982/Fedecocagua 1979–80, Jan Hissel an Geschäftsführung Misereor, 28. Februar 1980.

231 Vgl. MAA, ZA: 2003/21 GF HAV: GEPA Gewürzaktion 1979–1982/Fedecocagua 1979–80, Fedecocagua an S.O.S., 29. August 1980.

232 Vgl. MAA, ZA: GF HAV: GEPA III, Protokoll der Sitzung des Projektpartner-Ausschusses vom 9. Juni 1978.

233 GA, PPA von 1976 bis 6.10.1978, Grundsatzfragen seitens der Geschäftsstelle für die Sitzung des PPA am 17. Januar 1978.

3.7 Ausdifferenzierungen im Feld und die Einführung des Kaffees: Zusammenfassung und Fazit

In den ersten Jahren nach Gründung der Aktion Dritte Welt Handel wuchs im Feld des Fairen Handels der Wunsch nach einer Importmöglichkeit für ein politisches Konsumgut wie Kaffee. Das Politische daran war aus Sicht der Akteure, dass sich mit Kaffee die Aussagen der Dependenztheorie viel anschaulicher darstellen ließen und daher die bewusstseinsbildende Arbeit viel besser möglich zu sein schien als mit den bislang ausschließlich verkauften kunsthandwerklichen Gegenständen. Allerdings standen dem Import zahlreiche Probleme entgegen: Der Verkaufserfolg schien unsicher, das finanzielle Risiko zu groß und vor allem war den Akteuren im Feld des Fairen Handels keine Importmöglichkeit für ein politisches Konsumgut aus genossenschaftlicher Produktion im globalen Süden bekannt. Diese Herkunft war aber für die Wertzuschreibung elementar wichtig. Über Misereor konnte schließlich der Kontakt zum guatemaltekischen Genossenschaftsverband Fedecocagua hergestellt werden. Auch ansonsten profitierte das Feld des Fairen Handels von der Einbindung in das kirchliche Umfeld. Die finanziellen Risiken des Kaffeeimports wurden durch den Rückhalt bei den kirchlichen Hilfswerken gemindert, zumal die Hilfswerke die Vorauszahlung des Kaffees finanzierten. Die Positionierung des Indio-Kaffees erfolgte vor allem über die Betonung der ethischen Wertzuschreibung, dass mit dem Kauf des Kaffees Kleinbauern in der Dritten Welt unterstützt würden und dass sie einen höheren Erzeugerpreis erhielten als im konventionellen Markt. Zur Plausibilisierung diente nicht zuletzt die vermeintliche Ethnizität der Produzenten, die explizit als Indios dargestellt wurden. Über den Kaffee wurde das Bild einer direkten Verbundenheit zwischen den Konsumenten und den Produzenten hergestellt, das sich in der Bewerbung des Kaffees widerspiegelte.

Blickt man auf die 1970er-Jahre, so scheint der Dritte-Welt-Handel primär von Männern betrieben worden zu sein. An der Aktion Dritte Welt Handel waren auf leitender Ebene – mit Ausnahme von Edda Stelck – ausschließlich Männer beteiligt, die Produzenten wurden durchweg als männlich dargestellt und der Spruch „Brüderschaft trinken" zeigt, dass man offensichtlich von einem rein männlichen Verbund zwischen Konsumenten und Produzenten ausging.

Der Verkauf des Indio-Kaffees leitete eine Phase der Stabilisierung ein. Durch die Gründung der GEPA löste sich das Feld des Fairen Handels von den niederländischen Ursprüngen in der S.O.S. Dadurch, dass die

Hilfswerke KED und Misereor die Anteilsmehrheit bei der GEPA übernahmen, wurden diese Stakeholder, die mit dem Handelsmodell bestimmte
Interessen verbanden. Vor allem drängten sie auf die ökonomische Stabilität der GEPA sowie auf bessere Absatzmöglichkeiten für die Produzenten.
Während in den ersten Jahren der A3WH das Dort die vermeintliche und
nicht näher umrissene Dritte Welt war, erfuhr dieses Bild spätestens Mitte
der 1970er-Jahre eine Korrektur. Die rasant steigenden Kaffeepreise führten
dazu, dass viele Kleinbauern ihren Kaffee nicht mehr an die Fedecocagua
lieferten, wodurch die S.O.S. und die GEPA in erhebliche Probleme gerieten. Damit trat die Handlungsmacht der Produzenten zum ersten Mal in
Erscheinung. So wurde zugleich die bislang so klare Priorität der A3WH
auf dem Hier – der Bewusstseinsbildung in Deutschland – infrage gestellt,
die Wirkungen im Dort rückten stärker in den Fokus. Mit der wachsenden
ökonomischen Bedeutung des Dritte-Welt-Handels für die Produzenten
verlor die Überzeugung an Rückhalt, dass die eigentliche Zielsetzung einer
Bewusstseinsbildung im Hier das oberste Ziel der A3WH sein müsse. Dazu
kam die Erkenntnis, dass die bewusstseinsbildende Arbeit mit vielen Problemen verbunden war und überhaupt Ende der 1970er-Jahre infrage gestellt
wurde, ob entwicklungspolitische Bewusstseinsbildung generell möglich sei.
Das Ziel der Bewusstseinsbildung verlor also erheblich an Legitimationskraft und somit an symbolischem Kapital. Dieser Wandel führte dazu, dass
die Position des A3WH e.V. im Feld geschwächt wurde. Dazu kam, dass der
Verein von den Hilfswerken und der GEPA finanziert wurde, die offensichtlich einerseits die Priorität der Bewusstseinsbildung kritisch sahen und andererseits eine Vereinnahmung des Vereins durch nicht-kirchliche Basisgruppen vermuteten. Aus Sicht der Hilfswerke diente der Dritte-Welt-Handel
dazu, einerseits Produzenten mehr Absatzmöglichkeiten zu erschließen,
andererseits kirchlichen Jugendgruppen eine Aktionsform zu bieten. Für
Letzteres war der A3WH e.V. zuständig, der aber immer mehr von nicht-
kirchlichen Gruppen dominiert wurde. Die Konflikte im Feld des Fairen
Handels endeten schließlich in der Auflösung des A3WH e.V. im Jahr 1978,
unter anderem da die Hilfswerke ihr ökonomisches und soziales Kapital
einsetzten, um die Entwicklung ihren Vorstellungen gemäß auszurichten.
Allerdings hatten sich inzwischen die Strukturen so stabilisiert, dass das
Feld des Fairen Handels weiter Bestand haben sollte. Die Krise Ende der
1970er-Jahre sorgte dafür, dass im Feld viele dynamische Prozesse einsetzten.
Wie zu zeigen sein wird, resultierten diese schließlich darin, dass aus dem
Dritte-Welt-Handel der Alternative Handel hervorging, der im nächsten
Hauptkapitel der Arbeit untersucht wird.

4 Die Revolution in der Kaffeetasse: Der Alternative Handel mit Kaffee aus Nicaragua, Guatemala und Mexiko

Gegen Ende der 1970er-Jahre steckte das Feld des Fairen Handels in einer tief greifenden Krise. Konzept, Zielsetzung und theoretische Basis waren fragwürdig geworden, mit der Auflösung des A3WH e. V. im Jahr 1978 war das Zentrum nicht mehr existent und bei der GEPA bestand große Unsicherheit, ob die Fedecocagua weiter ein geeigneter Handelspartner sei. Diese Krise sorgte dafür, dass die vormals stabilen Strukturen brüchig wurden und eine Neuausrichtung nötig zu sein schien. Ab 1979 verschmolz das Feld des Fairen Handels immer stärker mit dem sogenannten Alternativen Milieu – die bald durchgängig verwendete Bezeichnung Alternativer Handel anstelle der bislang genutzten Bezeichnung Dritte-Welt-Handel ist dafür auffälliger Beleg.[1]

Dieser Prozess und die Entwicklung des Alternativen Handels in den 1980er-Jahren stehen in diesem Hauptkapitel im Mittelpunkt. Darin werden, vergleichbar dem letzten Hauptkapitel, parallel zueinander der Wandel der mit dem Kaffee verbundenen Wertzuschreibungen und die Entwicklungen im Feld des Fairen Handels untersucht. Die Ausbreitung des Alternativmilieus, vor allem ab 1979, wird zu Beginn behandelt. Ich zeige, dass dies wesentlich auf der lokalen Aushandlung von globalen Prozessen und Ereignissen basierte. Das für das Feld des Fairen Handels wichtigste Ereignis war in diesem Zusammenhang die sandinistische Revolution in Nicaragua, die gemeinsam mit der entstehenden Solidaritätsbewegung in den Blick genommen wird.

---

1 Die Bezeichnungen überschnitten sich, teilweise war weiterhin vom Dritte-Welt-Handel oder, beides verbindend, vom „Alternativen Dritte-Welt-Handel" die Rede. Zur Abgrenzung wird aber in diesem Kapitel nur noch der Begriff Alternativer Handel verwendet. Zum Begriff des Alternativen Milieus vgl. Reichardt/Siegfried: Alternative; Rucht, Dieter: Das alternative Milieu in der Bundesrepublik. Ursprünge, Infrastruktur und Nachwirkungen, in: Reichardt/Siegfried (Hg.): Alternative, S. 35–59; Stamm, Karl-Heinz: Alternative Öffentlichkeit. Die Erfahrungsproduktion neuer sozialer Bewegungen, Frankfurt am Main/New York, 1988, S. 99–109. Zum Begriff des Milieus vgl. ferner Hradil, Stefan: Arbeit, Freizeit, Konsum: Von der Klassengesellschaft zu neuen Milieus?, in: Raithel/Rödder/Wirsching (Hg.): Weg, S. 69–82; Vester, Michael: Alternativbewegungen und neue soziale Milieus. Ihre soziale Zusammensetzung und ihr Zusammenhang mit dem Wandel der Sozialstruktur, in: Reichardt/Siegfried (Hg.): Alternative, S. 27–59.

Darauf folgend wird untersucht, welche Bedeutung der Konsum alternativ gehandelter Waren im Alternativmilieu bekam, wobei speziell auf die Rolle des Nicaragua-Kaffees eingegangen wird. Die Verfügbarkeit dieses Kaffees und der Handel mit Nicaragua sorgten im Feld des Fairen Handels bald für erhebliche Kontroversen mit verschiedenen Ursachen und Auswirkungen. Diese Kontroversen waren mitverantwortlich dafür, dass vor allem die GEPA eine Neuorientierung verfolgte. Mitte der 1980er-Jahre bemühten sich die GEPA-Verantwortlichen um Importmöglichkeiten eines von Kleinbauern produzierten Bio-Kaffees und wurden schließlich in Mexiko fündig. Nichtsdestotrotz schien Ende der 1980er-Jahre die Konzentration auf die Abnehmer im Alternativmilieu vielen Akteuren zu einengend zu sein, weshalb man sich um die Erschließung weiterer Konsumenten bemühte. Das Kapitel endet mit einer kurzen Zusammenfassung.

4.1 Globale Ereignisse und die Ausbreitung des Alternativen Milieus

In den 1970er-Jahren war das Feld des Fairen Handels vor allem auf kirchliche Gruppen beschränkt und über diese hinaus kaum auf Resonanz gestoßen. Das änderte sich Ende der 1970er-Jahre, wofür vor allem zwei Gründe verantwortlich waren: Erstens sorgte die Krise im Feld des Fairen Handels dafür, dass die Akteure sich aktiv um eine Neuorientierung und Ausweitung bemühten; zweitens trat Ende der 1970er-Jahre das Alternative Milieu in eine von Dieter Rucht so bezeichnete Hochphase ein, in welcher sich mehrere vormals heterogene, tendenziell linksorientierte Strömungen verbanden.[2]

---

2 Vgl. Rucht: Das alternative Milieu. Zwar wird in der Forschung auch auf die Heterogenität der alternativen Lebensformen hingewiesen, doch stellen Reichardt und Siegfried dagegen, dass sich die Alternativen durchaus als Angehörige des gleichen Milieus sahen und von außen auch als diesem Milieu zugehörig eingeordnet wurden, vgl. Reichardt/ Siegfried: Alternative, S. 16. Konkretere Zahlen zur Stärke des Alternativmilieus finden sich ebda., S. 11–12; dabei ist für 1980 die Rede von etwa 80.000 Aktivisten und 11.500 alternativen Projekten, wobei von zahlreichen weiteren „Sympathisanten und Mitläufern" ausgegangen werden müsse. Laut Rucht lässt sich von einer „Größenordnung von etwa zwei bis drei Millionen Menschen und [...] einer weit verbreiteten Zustimmung unter den Jugendlichen in den frühen 1980er Jahren ausgehen", Rucht, Dieter: Linksalternatives Milieu und Neue Soziale Bewegungen in der Bundesrepublik. Selbstverständnis und gesellschaftlicher Kontext, in: Baumann/Gehrig/Büchse (Hg.): Linksalternative,

Die Herausbildung eines gesellschaftlich breiten Alternativmilieus wurde wesentlich durch Ereignisse und Verschiebungen auf globaler Ebene befördert, die gehäuft im Jahr 1979 auftraten und mehr oder weniger direkte Bedeutung für das Feld des Fairen Handels hatten. Dies waren beispielsweise der Einmarsch der Sowjetunion in Afghanistan, der NATO-Doppelbeschluss, eine erneute Ölpreis- und Wirtschaftskrise und die sandinistische Revolution in Nicaragua. Diese Ereignisse wurden auch in Deutschland breit rezipiert und diskutiert und fanden dadurch Eingang in das Selbstverständnis und die Weltwahrnehmung vieler Bundesbürger.[3]

Unter anderem ausgelöst durch die islamische Revolution im Iran 1979 und den darauf folgenden Krieg des Landes mit dem Irak stiegen die Rohölpreise ab Ende der 1970er-Jahre rasant an. In seiner Studie zur Ölkrise von 1973 bilanziert Jens Hohensee, dass es „schon eines zweiten Ölpreisschocks 1979/80" bedurft habe, „um eine langfristige Veränderung in der Einstellung des Menschen zur Natur, zur Umwelt und zu den Grenzen der Rohstoffe und des Fortschritts zu bewirken".[4] Der ebenfalls auf 1979 fallende Einmarsch der Sowjetunion in Afghanistan zeigte, dass die Entspannungspolitik der Blockmächte gescheitert war. Gemeinsam mit dem NATO-Doppelbeschluss wurde damit den Bürgern in der Bundesrepublik vor Augen geführt, welches Bedrohungspotenzial der Kalte Krieg nach wie vor besaß. Der Protest gegen die folgende Stationierung von Pershing-II-Raketen in Westdeutschland bedeutete einen Höhepunkt der Friedensbewegung.[5] Die Friedensbewegung

---

S. 35–59, hier: S. 39. Für eine Darstellung des linken Spektrums und die Situation nach 1977 vgl. März, Michael: Linker Protest nach dem Deutschen Herbst. Eine Geschichte des linken Spektrums im Schatten des ‚starken Staates', 1977–1979, Bielefeld, 2012.

3   Vgl. Bösch: Umbrüche; zur Bedeutung des Jahrs 1979 vgl. auch Caryl, Christian: Strange Rebels. 1979 and the Birth of the 21st Century, New York, 2013; vgl. ferner Schildt/Siegfried: Deutsche, S. 365–385; speziell in Bezug auf das Alternativmilieu vgl. Hierlmeier: Internationalismus, Kap. 3.

4   Hohensee: Ölpreisschock, S. 240; vgl. Süß, Dietmar und Woyke, Meik: Schimanskis Jahrzehnt? Die 1980er Jahre in historischer Perspektive, in: Archiv für Sozialgeschichte 52, 2012, S. 3–20, hier: S. 15ff.

5   Vgl. Becker-Schaum, Christoph u. a. (Hg.): „Entrüstet Euch!" Nuklearkrise, NATO-Doppelbeschluss und Friedensbewegung, Paderborn u. a., 2012; Gassert, Philipp, Geiger, Tim und Wentker, Hermann (Hg.): Zweiter Kalter Krieg und Friedensbewegung. Der NATO-Doppelbeschluss in deutsch-deutscher und internationaler Perspektive, München, 2011; Buro, Andreas: Friedensbewegung, in: Roth/Rucht (Hg.): Sozialen, S. 267–292, hier vor allem S. 274–284; Schregel, Susanne: Der Atomkrieg vor der Wohnungstür. Eine Politikgeschichte der neuen Friedensbewegung in der Bundesrepublik 1970–1985, Frankfurt am Main/New York, 2011; Lipp, Karlheinz, Lütgemeier-Davin,

fand nicht zuletzt im christlichen Umfeld Rückhalt, die Kirchen bildeten laut Kalden und Wiechmann einen „der wichtigsten Resonanzräume für die friedens- und sicherheitspolitischen Debatten" der Zeit.[6] Zugleich gewannen religiöse Tendenzen in der Gesellschaft wieder mehr Popularität.[7] Dies zeigt sich, besonders mit Blick auf den Alternativen Handel, eindrücklich an der Solidarität mit der nicaraguanischen Revolution, in der sich friedensbewegte, christlich-religiöse und linkspolitische Strömungen verbanden und auf die unten noch näher eingegangen wird.

Friedrichs und Balz sehen ein verbindendes Charakteristikum vieler Bewegungsrichtungen der frühen 1980er-Jahre darin, dass im Gegensatz zu den Jahren zuvor ein „Wandel der Präfixe von ‚Gegen' zu ‚Alternativ'" stattgefunden habe.[8] Einer der wichtigsten Auslöser für die fast plötzlich steigende Bedeutung des „Alternativen" war meines Erachtens die lokale Rezeption der unterschiedlichen globalen Ereignisse, denn durch das Gefühl einer nahezu omnipräsenten und umfassenden Krisensituation verlagerte sich die Stimmung hin zur „Rückbesinnung auf das Kleine und Überschaubare, zur ‚Wende nach innen'" und rückte das Bedürfnis nach einer neuen, als

---

Reinhold und Nehring, Holger: Frieden und Friedensbewegungen in Deutschland 1892–1992. Ein Lesebuch, Essen, 2010.

6 Kalden, Sebastian und Wiechmann, Jan Ole: Kirchen, in: Becker-Schaum u. a. (Hg.): Entrüstet, S. 247–261, hier: S. 247. Das Verbindende zwischen Friedensbewegungen und christlichen Strömungen thematisiert Helmut Zander: Zander, Helmut: Die Christen und die Friedensbewegungen in den beiden deutschen Staaten. Beiträge zu einem Vergleich für die Jahre 1978–1987, Berlin, 1989; vgl. auch Lepp: Konfrontation, Abschn. 12ff. Von großer Bedeutung, vor allem für die römisch-katholischen Christen, waren nicht zuletzt die Berichte über Reisen und Auftritte von Papst Johannes Paul II. in osteuropäischen Staaten, vgl. dazu Maier: Kirchen.

7 Die Zahl der Kirchenaustritte nahm in den 1980er-Jahren zwar weiterhin zu, allerdings machte sich eine Individualisierung der Religion bemerkbar, vgl. Gabriel: Entkirchlichung, S. 100ff.; Hannig: Religion, hier speziell S. 305ff.; ferner Ringshausen, Gerhard: Zwischen Weltveränderung und Innerlichkeit. Denken, Glauben und Handeln in den achtziger Jahren, in: Faulstich, Werner (Hg.): Die Kultur der achtziger Jahre, München, 2005, S. 21–37. Laut Frank Bösch gewann auf globaler Ebene um 1979 „die Religion schlagartig an Sichtbarkeit und politischer Wirkungsmacht", was er beispielsweise mit den Auftritten von Johannes Paul II., der iranischen und der nicaraguanischen Revolution belegt, s. Bösch: Umbrüche, hier: Abschn. 10.

8 Balz, Hanno und Friedrichs, Jan-Henrik: Individualität und Revolte im neoliberalen Aufbruch. Annäherungen an eine Kultur- und Sozialgeschichte der europäischen Protestbewegungen der 1980er Jahre, in: Balz, Hanno und Friedrichs, Jan-Henrik (Hg.): „All We Ever Wanted …" Eine Kulturgeschichte europäischer Protestbewegungen der 1980er Jahre, Berlin, 2012, S. 13–35, hier: S. 17.

authentisch wahrgenommenen Lebensweise in den Vordergrund.[9] So standen beispielsweise mehrere jährliche Fastenaktionen der katholischen Kirche Ende der 1970er- und Anfang der 1980er-Jahre unter dem Motto „Anders leben", womit auf einen schonenderen Umgang mit natürlichen Ressourcen und auf Alternativen zum westlichen Lebensstil verwiesen werden sollte.[10] Auf evangelischer Seite wurde von Brot für die Welt ab 1978 die „Aktion e" durchgeführt, die für einen „neuen Lebensstil und für einen haushalterischen Umgang mit den Gütern der Erde" warb.[11] Die Suche nach Alternativen erfasste zahlreiche Lebensbereiche und überraschte in der Intensität auch die Zeitgenossen. Edda Stelck, die seit den frühen 1970er-Jahren an der A3WH beteiligt gewesen und inzwischen im Bundeskongress entwicklungspolitischer Aktionsgruppen tätig war, schilderte 1979, das Wort „alternativ" geistere „durch die bundesrepublikanische Landschaft wie ein Rettungsanker inmitten einer von der Gesellschaft ‚verordneten Lebensform"".[12] Verantwortlich dafür, dass schließlich auch das Feld des Fairen Handels im Alternativen Milieu aufging, war vor allem die Solidarität mit den Revolutionären in Nicaragua.

4.2 Solidarität mit den Sandinisten

Im Jahr 1979 eroberte die *Frente Sandinista de Liberación Nacional* (FSLN) die nicaraguanische Hauptstadt Managua und setzte damit der Herrschaft des Diktators Anastasio Somoza Debayle ein Ende. In zahlreichen Ländern entstanden bald Solidaritätsbewegungen, so auch in der Bundesrepublik. Für viele Westdeutsche wurde die Solidarität mit Nicaragua mehr als eine Freizeitbeschäftigung, sie schien oft fast existenzielle Züge zu tragen.

---

9 Brand, Karl-Werner: Kontinuität und Diskontinuität in den neuen sozialen Bewegungen, in: Roth, Roland und Rucht, Dieter (Hg.): Neue soziale Bewegungen in der Bundesrepublik Deutschland, Frankfurt am Main/New York, 1987, S. 30–44, hier: S. 35; vgl. Balz/Friedrichs: Individualität; Stamm: Alternative, S. 99–100 und 105–107; Saupe, Achim: Authentizität, Version 2.0, in: Docupedia-Zeitgeschichte, 22.10.2012, URL: http://docupedia.de/zg/ (zuletzt abgerufen im August 2013), vgl. ebda. auch für eine nähere Begriffsbestimmung von Authentizität.

10 Vgl. Misereor (Hg.): Weg, S. 26 und 101–102.

11 Vgl. Kemnitzer: Nächste, S. 70–71; vgl. auch die verschiedenen Berichte zur Alternativbewegung und zum alternativen Lebensstil in epd-Entwicklungspolitik 7, 1979; epd-Entwicklungspolitik 12/13, 1979.

12 Stelck, Edda: Alternative Aktionsgruppen?, in: epd-Entwicklungspolitik 12/13, 1979, S. 15–16, hier: S. 16.

Dies schlug sich darin nieder, dass Diskussionen um das Pro und Kontra des nicaraguanischen Gesellschaftsmodells stets sehr emotional geführt wurden. Auch Literatur mit wissenschaftlichem Anstrich trat (und tritt bis heute) teils parteiisch auf – mal für, mal wider die Sandinisten.[13] Bei Gesprächen in Nicaragua stellte ich ebenfalls fest, dass man meist entweder auf glühende Befürworter oder auf entschiedene Gegner der Sandinisten trifft. Dies macht es schwierig, sich ein möglichst neutrales Bild über die Geschehnisse in Nicaragua zwischen 1979 und 1990 zu verschaffen. Ähnliches gilt für die Solidaritätsbewegung in Westdeutschland: Bislang liegen dazu nur vereinzelt Untersuchungen vor, die zudem explizit aus der Perspektive von an der Solidaritätsbewegung Beteiligten geschrieben wurden.[14] Diese Forschungslücke kann im Folgenden nur begrenzt geschlossen werden, denn der Schwerpunkt liegt darauf, die Bedeutung der nicaraguanischen

13 Dazu seien nur ein paar Beispiele genannt: In einem Buch von W. Dietrich (Dietrich, Wolfgang: Nicaragua. Entstehung, Charakter und Hoffnung eines neuen Weges, Heidelberg, 1985), das in der von mehreren Universitätsprofessoren herausgegebenen Reihe „Heidelberger Dritte Welt Studien" erschien, wird eine meiner Ansicht nach oft unreflektiert pro-sandinistische und anti-US-amerikanische Sichtweise vertreten, vgl. nur die Beschreibung des Besuchs von Johannes Paul II. in Nicaragua auf S. 309–311. Auch bei Kinloch Tijerino (Kinloch Tijerino, Frances: Historia de Nicaragua, Managua, 3. Aufl. 2008) und Gawora (Gawora: Lateinamerika) lässt sich eine teils deutlich pro-sandinistische Grundeinstellung erkennen. Auf der anderen Seite sind in meinen Augen die Bücher von Smith (Smith, Calvin L.: Revolution, Revival, and Religious Conflict in Sandinista Nicaragua, Leiden/Boston, 2007) und Heinen (Heinen, Guido: „Mit Christus und der Revolution". Geschichte und Wirken der „iglesia popular" im sandinistischen Nicaragua 1979–1990, Stuttgart/Berlin/Köln, 1995) Beispiele dafür, dass negativen Stimmen eine schon überbordende Erklärungskraft zugeschrieben und die sandinistische Regierung zwischen 1979 und 1990 einseitig im dualistischen Weltbild des Kalten Krieges als sozialistisch und unterdrückend interpretiert wird.

14 Beispielsweise verweisen sowohl Michael Förch als auch Rosemarie Karges darauf, ihre Motivation zur wissenschaftlichen Arbeit aus der vorherigen oder noch andauernden Solidaritätsarbeit für Nicaragua zu schöpfen, vgl. die jeweiligen Einleitungen: Förch, Michael: Zwischen utopischen Idealen und politischer Herausforderung. Die Nicaragua-Solidaritätsbewegung in der Bundesrepublik. Eine empirische Studie, Frankfurt am Main u. a., 1995; Karges, Rosemarie: Solidarität oder Entwicklungshilfe? Nachholende Entwicklung eines Lernprozesses am Beispiel der bundesdeutschen Solidaritätsbewegung mit Nicaragua, Münster/New York, 1995. Ähnliches gilt für Balsen/ Rössel: Solidarität; Harzer, Erika und Volks, Willi (Hg.): Aufbruch nach Nicaragua. Deutsch-deutsche Solidarität im Systemwettstreit, Berlin, 2008.

Revolution und der Solidaritätsbewegung für das Feld des Fairen Handels zu erfassen.[15]

4.2.1 Die sandinistische Revolution in Nicaragua und die Entstehung der Solidaritätsbewegung

Seit 1934 hatte in Nicaragua faktisch die Macht in den Händen des Somoza-Clans gelegen.[16] Trotz massiver Menschenrechtsverletzungen und großer Armut im Land beschränkte sich der Widerstand aus der nicaraguanischen Bevölkerung meist auf kleinere, unzusammenhängende Aktionen. Dies änderte sich jedoch, als im Januar 1978 Pedro Joaquín Chamorro, der Führer der bürgerlich-liberalen Opposition und Herausgeber der regierungskritischen Zeitung *La Prensa*, ermordet wurde – dem Anschein nach im Auftrag von Diktator Somoza.[17] Da weite Teile der Bevölkerung die Regierungsmilizen dafür verantwortlich machten, entstand eine schnell wachsende Oppositionsbewegung. Im Zuge dessen gewann die bereits seit 1961 existierende sandinistische Befreiungsfront FSLN rasant Zulauf und Rückhalt. Benannt war sie nach Augusto César Sandino, einem nicaraguanischen Guerillaführer, der 1934 durch Somozisten umgebracht worden war.[18] Im August 1978 besetzte ein FSLN-Kommando den Nationalpalast in Managua und nahm dort mehrere prominente Personen als Geiseln. Das Ereignis rief nicht nur im Land selbst, sondern auch international große Aufmerksamkeit hervor. Nach weiteren Angriffen der FSLN begann Diktator Somoza mit dem Beschuss und der Bombardierung mehrerer nicaraguanischer Städte. Dabei wurden auch Zivilpersonen und -ziele angegriffen. Kurz darauf startete Somozas Sohn eine Reihe von *operaciones de limpieza*, Säuberungsaktionen, denen viele, überwiegend junge Nicaraguaner zum Opfer fielen.[19] Der Widerstand aus

---

15 Der geschichtswissenschaftlichen Erforschung der Nicaragua-Solidaritätsbewegung in der Bundesrepublik widmen sich – soweit mir bekannt ist – gegenwärtig zwei laufende Promotionsprojekte, eines von Christian Helm (Universität Hannover) und eines von Benjamin Kireenko (Universität Mannheim).

16 Vgl. dazu und zum Folgenden Ferrero Blanco, Dolores: La Nicaragua de los Somoza 1936–1979, Huelva, 2010; Kinloch Tijerino: Historia, besonders S. 298–303; Staten, Clifford L.: The History of Nicaragua, Santa Barbara u.a., 2010; Förch: Idealen, S. 70–80; Close, David, Martí i Puig, Salvador, McConnell, Shelley A. (Hg.): The Sandinistas and Nicaragua since 1979, Boulder/London, 2012.

17 Vgl. Peace, Roger C.: A Call to Conscience. The Anti-Contra War Campaign, Amherst/Boston, 2012, S. 12; Kinloch Tijerino: Historia, S. 299.

18 Vgl. Wünderich, Volker: Sandino. Eine politische Biographie, Wuppertal, 1995.

19 Vgl. Kinloch Tijerino: Historia, S. 301.

den Reihen der Bevölkerung wuchs, eine Stadt nach der anderen fiel den Sandinisten zu. Am 17. Juli 1979 sah sich Diktator Somoza gezwungen, mit Familie und Anhängern ins US-amerikanische Miami zu fliehen, am 19. Juli 1979 nahmen die Sandinisten den Nationalpalast in Managua ein. Damit begann die bis 1990 andauernde Regierungszeit der FSLN. Der Begriff sandinistische Revolution bezieht sich in der Regel auf diesen gesamten Zeitraum zwischen 1979 und 1990, während die Eroberung des Nationalpalasts als *el triunfo* bekannt ist.

Dass Nicaragua für die linke Öffentlichkeit in der Bundesrepublik vor 1978 – wie Dieter Gawora behauptet – „bestenfalls auf der Landkarte" existierte, lässt sich nicht bestätigen.[20] Doch in der Tat wurden vielen Bundesbürgern die Vorgänge in Nicaragua erst nach dem Attentat an Chamorro bekannt. Die Berichte über den anschließenden Volksaufstand ließen deutlich werden, dass der Protest gegen den Diktator nicht nur durch eine Guerillatruppe geführt, sondern von weiten Teilen der nicaraguanischen Bevölkerung getragen wurde. In Nicaragua, so die Berichterstattung, kämpfe eben „nicht Bürger gegen Bürger", sondern „ein Volk gegen den Diktator", der zudem für seine unmenschliche Regentschaft bekannt war.[21] Daraus resultierte, dass sich bei den Konfliktparteien aus Sicht der Außenstehenden zwischen Gut und Böse sowie Unterdrückt und Mächtig unterscheiden ließ. Dies war ein wichtiger Grund für die anlaufende Welle der Solidarität mit den Sandinisten.[22] Mehrere FSLN-Mitglieder beriefen sich außerdem öffentlich auf die Befreiungstheologie, machten christliche Motive zum Ausgangspunkt der revolutionären Bewegung und sahen sich darüber hinaus von den nicaraguanischen Bischöfen unterstützt, die sich im November 1979 in

---

20 Gawora: Lateinamerika, S. 71. Frühere Beispiele für eine Aufmerksamkeit für die Vorgänge in Nicaragua sind: o. V.: Anklage der Befreiungsfront FSLN gegen das Somoza-Regime, in: blätter des iz3w 45, 1975, S. 38–40; o. V.: Dokument Nicaragua, in: blätter des iz3w 51, 1976, S. 13–16; vgl. dazu und zum Folgenden Förch: Idealen, S. 92–97; Lucas, Barbara: „Die Solidarität ist die Zärtlichkeit der Völker". Überblick über die bundesdeutsche Solidaritätsbewegung, in: Harzer/Volks (Hg.): Aufbruch, S. 56–62.

21 Schmidt, Heinz G.: „Blutige Rebellion" gegen Somoza, in: epd-Entwicklungspolitik 22, 1978, S. 7–8, hier: S. 7; vgl. auch o. V.: Dollars für Kugeln, in: Der Spiegel 4/78, 23. Januar 1978, S. 119–120; o. V.: Nikaragua: Schluss mit den Somozas?, in: Die Zeit 7, 10. Februar 1978, S. 8; o. V.: Nicaragua. Fällt mit dem Diktator auch die Diktatur?, in: blätter des iz3w 72, September 1978, S. 22–29.

22 Vgl. Gawora: Lateinamerika, S. 71; Förch: Idealen, S. 93; Balsen/Rössel: Solidarität, S. 404; Olejniczak: Dritte-Welt-Bewegung, S. 143–149. In allen Untersuchungen werden aber teils sehr ähnlich klingende Formulierungen und Argumentationsmuster verwendet.

einer Erklärung öffentlich hinter die FSLN stellten.[23] In einem Interview
von Juli 1979, das auch in Deutschland veröffentlicht wurde, bezeichnete
Miguel Obando, Erzbischof von Managua, den „Krieg gegen die Gewalt in
Nicaragua" als „gerecht".[24]

Dementsprechend sprach die sandinistische Revolution in der Bundesrepublik auch viele junge Christen an. Einen Monat nach dem Chamorro-Attentat
besetzten Studenten und Pfarrer am 21. Februar 1978 die nicaraguanische
Botschaft in Bonn, auf dem Katholikentag in Freiburg wurde im gleichen
Jahr ein hoher Spendenbetrag für Nicaragua gesammelt.[25] Das „antikoloniale
Verständnis der christlichen Symbolik" faszinierte zugleich Menschen aus
dem linkspolitischen Umfeld, für die sich in der sandinistischen Revolution
die revolutionäre Kraft des christlichen Glaubens zu manifestieren schien.[26]
Besondere Bedeutung bei der Verbindung von christlichen und linkspoli-
tischen Motiven kam darüber hinaus dem nicaraguanischen Priester und
FSLN-Mitglied Ernesto Cardenal zu. Dieser hatte Philosophie, Literatur-
wissenschaften und Theologie studiert und war 1965 in Managua zum katholischen Priester geweiht worden. Er hatte zahlreiche Reisen unternommen,
Bücher und Gedichte verfasst und sich bereits früh im Widerstand gegen
Somoza engagiert. Selbst die Durchführung militanter Aktionen sah er als
vereinbar mit seinem christlichen Glauben an. Als prominentester nicaraguanischer Vertreter der Befreiungstheologie war er schon seit längerer Zeit in
der Bundesrepublik Deutschland auf Resonanz gestoßen.[27] Da sich in seiner
Person christlicher Glaube, literarisch-philosophische Orientierung und
revolutionärer Aktivismus zu vereinen schienen, wurde Cardenal früh für

---

23 Vgl. Koberstein, Gerhard (Hg.): Nicaragua. Revolution und christlicher Glaube, Frank-
furt/Main, 1982; der Hirtenbrief der Bischöfe Nicaraguas vom 17. November 1979 fin-
det sich ebda., S. 160–170; Heinen bezeichnet die Periode zwischen Sommer 1979 und
Frühjahr 1980 als „honeymoon'-Periode" zwischen der Kirche und der FSLN, siehe:
Heinen: Christus, S. 90–91; vgl. auch Staten: History, S. 71ff.; Ferrero Blanc: Nicaragua,
S. 455ff.

24 Interview mit Miguel Obando, Erzbischof von Managua, vom 8. Juli 1979, in: blätter
des iz3w 79, 1979, S. 6.

25 Vgl. Meinke, Thomas: Solidaritätsaktionen für Nicaragua, in: epd-Entwicklungspolitik
21, 1978, S. 7; Balsen/Rössel: Solidarität, S. 402.

26 Vgl. Bösch: Umbrüche, Abschn. 11; Hierlmeier: Internationalismus, S. 98–100.

27 Vgl. beispielsweise o. V.: Ein Christ kann sich frei und logisch als Marxist verstehen.
epd-Interview mit dem Lyriker, Priester und Revolutionär Ernesto Cardenal, in: epd-
Entwicklungspolitik 1, 1974, S. 3–4; Solidaritätsbrief junger Christen für Ernesto Cardenal, in: blätter des iz3w 64, 1977, S. 58.

weite Teile der Solidaritätsbewegung in westlichen Ländern eine der zentralen Identifikationsfiguren.[28] Bereits 1978 wurde – offensichtlich in Absprache mit Ernesto Cardenal – das Wuppertaler „Informationsbüro Nicaragua" gegründet, das bald zur zentralen Koordinationsstelle der Solidaritätsbewegung wurde und in engem Kontakt mit nicaraguanischen Stellen stand.[29] Bis zur Eroberung Managuas durch die Sandinisten am 19. Juli 1979 war in der Bundesrepublik bereits eine Solidaritätsbewegung entstanden, die ein „breites politisches Spektrum, von den Kirchen über Teile der Gewerkschaften und der SPD bis zu linken Gruppierungen und Basisgruppen" einbezog.[30] Sie trug damit selbst zu einem Verschmelzen unterschiedlicher Gruppierungen zu einem Alternativen Milieu bei und wurde zugleich dadurch gestärkt – in ihrer gesellschaftlichen Breite wird „das herausragende Charakteristikum" der Solidaritätsbewegung gesehen.[31]

4.2.2 Zuflucht bei einer „zutiefst menschlichen" Revolution

Im Anschluss an die Machtübernahme lag der Schwerpunkt der FSLN darauf, den ärmeren Bevölkerungsschichten bessere Lebensbedingungen zu verschaffen und die sozialen Ungleichheiten zu verringern.[32] Die nicaraguanische

---

28 Vgl. Karges: Solidarität, S. 45–47; Lucas: Solidarität. Frank Bösch sieht Ernesto Cardenal in einer Reihe von „Führungsfiguren" wie Margaret Thatcher, Ruhollah Chomeini, Johannes Paul II., Deng Xiaoping oder Ronald Reagan, die um 1979 „auf die weltpolitische Bühne" getreten seien: „Zahlreiche Menschen schrieben ihnen aus der Krisenkonstellation heraus die Macht zu, Gesellschaften zu verändern, wozu sie dann tatsächlich beitrugen. Diese global rezipierte Personalisierung ging mit einer starken Emotionalisierung und Polarisierung einher – mit einer ebenso starken Verehrung wie Ablehnung", Bösch: Umbrüche, Abschn. 9. Eine ähnliche Symbolfigur wie Cardenal für die revolutionäre Kraft der Befreiungstheologie wurde der Erzbischof von El Salvador, Oscar Arnulfo Romero. Romero, ein bedeutender Befreiungstheologe, wurde am 24. März 1980 bei einer Messfeier niedergeschossen. Vgl. beispielsweise Ringshausen: Weltveränderung.

29 Vgl. o. V.: Nicaragua Informationsbüro in der BRD eröffnet, in: blätter des iz3w 67, Februar 1978, S. 13–14; Förch: Idealen, S. 92–93; von der Absprache mit Cardenal wird berichtet in o. V.: „Büro Nicaragua" eröffnet, in: epd-Entwicklungspolitik 3, 1978, S. 3; vgl. dazu auch Ferrero Blanco: Nicaragua, S. 494–498.

30 Förch: Idealen, S. 94.

31 Gawora: Lateinamerika, S. 71; vgl. Kreis, Reinhild: „Eine Welt, ein Kampf, ein Feind"? Amerikakritik in den Protesten der 1980er Jahre, in: Balz/Friedrichs (Hg.): All, S. 136–155, hier: S. 140; Karges: Solidarität, S. 22, 44–48.

32 Vgl. dazu und zum Folgenden die Beiträge in Bujard, Otker und Wirper, Ulrich (Hg.): Die Revolution ist ein Buch und ein freier Mensch. Die politischen Plakate des befreiten Nicaragua 1979–1990 und der internationalen Solidaritätsbewegung, Köln, 2007;

Wirtschaft wurde zu einem erheblichen Teil verstaatlicht. Nach 1979 kamen 154 Großunternehmen und etwa 20 Prozent der Anbaufläche unter Staatskontrolle (vor allem handelte es sich dabei um ehemalige Besitztümer der Somozas), ebenso Banken, Finanzierungsgesellschaften sowie der Binnen- und Außenhandel. Nach 1981 wurde durch die Sandinisten die Verteilung von Land an Kooperativen vorangetrieben.[33] Die Bevölkerung wurde in sandinistischen Vereinigungen organisiert – für den Alternativen Handel spielte später vor allem die Bauernvereinigung UNAG eine Rolle –, Beschäftigungsprogramme wurden initiiert, Grundnahrungsmittel subventioniert, Preiskontrollen und Minimallöhne eingeführt, das Gesundheitswesen in den ländlichen Regionen ausgebaut und medizinische Versorgung kostenfrei angeboten. In seiner Position als Kulturminister bemühte sich Ernesto Cardenal um die Stärkung einer traditionellen Kultur Nicaraguas und um gezielte Bildungs- und Alphabetisierungskampagnen. Zwischen März und August 1980 zogen unzählige nicaraguanische Freiwillige, vor allem Studenten, in Dörfer und Fabriken, um Lese- und Schreibunterricht zu erteilen.

Diese Bemühungen machten im Ausland Eindruck. Da sich in Nicaragua auch nach der Eroberung des Nationalpalasts in Managua noch das Bild einer „zutiefst menschlichen, weil christlich motivierten Revolution" bot und die neuen Machthaber wirklich am Aufbau einer gerechteren Gesellschaft interessiert zu sein schienen, nahm die Unterstützung für die Sandinisten nach 1979 kaum ab.[34] Dazu trug bei, dass die FSLN ankündigte, auf Vergeltungsaktionen verzichten zu wollen. Fast schon ungläubig titelte Der Spiegel: „Barmherzig im Sieg. Die Revolution hat kein Blutbad gebracht. Die neuen Machthaber wollen auf Rache verzichten".[35]

Für die Faszination für Nicaragua war meiner Einschätzung nach die in der Bundesrepublik weit verbreitete Angst vor einem alles vernichtenden

Spalding, Rose J.: Poverty Politics, in: Close/Martí i Puig/McConnell (Hg.): Sandinistas, S. 215–225; Kinloch Tijerino: Historia, S. 309–318; Staten: History, Kap. 6; Förch: Idealen, S. 80–85; Blanco, Myriam: Die Wirtschaftspolitik der Sandinisten, Anspruch und Wirklichkeit, Berlin, 1996, S. 116ff.

33 Vgl. Matus Lazo u. a.: Cooperativismo, vor allem S. 127ff.; Rojas Meza, Jairo: Cooperativismo y desarrollo humano. Una propuesta metodológica para su medición, Managua, 2009; Baumeister, Eduardo: The Politics of Land Reform, in: Close/Martí i Puig/ McConnell (Hg.): Sandinistas, S. 245–268.

34 Balsen/Rössel: Solidarität, S. 413; vgl. Karges: Solidarität, S. 46–50; Heß, Klaus und Lucas, Barbara: Die bundesdeutsche Solidaritätsbewegung, in: Bujard/Wirper (Hg.): Revolution, S. 306–322.

35 O. V.: Barmherzig im Sieg, in: Der Spiegel 34/79, 20. August 1979, S. 93–96, hier: S. 93.

Atomkrieg ein entscheidender Antrieb, nachdem der Kalte Krieg durch den Einmarsch der Sowjetunion in Afghanistan und den NATO-Doppelbeschluss einen neuen bedrohlichen Höhepunkt erreicht hatte.[36] Die Angst und die daraus resultierende Entfremdung vom Hier führten, so meine ich, dazu, dass viele Bundesbürger in einem Dort jenseits der europäischen Grenzen und vor allem im globalen Süden nach Vorbildern für vermeintlich authentische Lebensformen suchten.[37] Das Bild einer humanen Revolution und die Ankündigung der Sandinisten, einen eigenen Weg ohne Anbindung an die USA oder die Sowjetunion verfolgen zu wollen, weckten bei vielen Bundesbürgern große Hoffnungen. Ein Basisvertreter schrieb später:

> Erwarten wir nicht unbewußt, als Gegenleistung für unsere Solidarität, die Erfüllung unserer Träume? Eine gesellschaftliche Veränderung in der Bundesrepublik erscheint uns zu schwierig, der Kampf zu aussichtslos. Hoffen wir nicht, daß dann wenigstens andere, in ihren Ländern, gesellschaftliche Veränderungen erkämpfen, an denen wir auf dem Wege der Identifikation teilhaben können?[38]

Nicaragua wurde zur Projektionsfläche für die Hoffnungen auf eine friedliche Zukunft und zu einem Dort mit der „Aura der Authentizität und der Unmittelbarkeit", das die vermeintliche Flucht aus dem mit Angst und Beklemmung verbundenen Hier ermöglichte.[39] Auch Förch urteilt aus der

---

36 Das Gefühl der Angst im Kalten Krieg wurde inzwischen bereits von mehreren Untersuchungen beleuchtet, vgl. Greiner, Bernd, Müller, Christian T. und Walter, Dierk (Hg.): Angst im Kalten Krieg, Hamburg, 2009; Zepp, Marianne: Ratio der Angst. Die intellektuellen Grundlagen der Friedensbewegung, in: Becker-Schaum u. a. (Hg.): Entrüstet, S. 135–150; Loth, Wilfried: Angst und Vertrauensbildung, in: Dülffer/Loth (Hg.): Dimensionen, S. 29–46.

37 Auch Reichardt und Siegfried konstatieren: „Nicht-weiße Ethnien in allen Teilen der Welt gerieten zu Projektionsobjekten für eigenen Wünsche und Gesellschaftskonzepte", s. Reichardt/Siegfried: Alternative, S. 17–18; vgl. Balz/Friedrichs: Individualität, S. 30ff.; auch Hierlmeier meint, dass Anfang der 1980er-Jahre die „sog. Dritte Welt [...] zunehmend als letzte Zufluchtsstätte des Natürlichen und Organischen wahrgenommen [wurde], in der noch ein nicht entfremdetes Leben möglich war", Hierlmeier: Internationalismus, S. 88.

38 R. Nestvogel in: Der Überblick 3, 1983, zitiert in und nach Alternativ Handeln 17, März/April 1986, S. 8.

39 Hierlmeier: Internationalismus, S. 108. Die bei vielen Akteuren so starke Emotionalität in Bezug auf Nicaragua war allerdings nicht spezifisch für die Bundesrepublik. Wie in vielen anderen Ländern verband sich beispielsweise auch in Ostdeutschland mit Nicaragua für viele entwicklungspolitisch Aktive die emotionale „Utopie einer ‚besseren'

Rückschau, dass die Faszination, die für viele von der sandinistischen Revolution ausging, in direktem Zusammenhang „mit politischen Ohnmachtserfahrungen und Entfremdungserlebnissen in der Bundesrepublik und der gleichzeitigen Wahrnehmung sich in Nicaragua erfüllender Utopien" stand.[40] In einem Spiegel-Artikel wurde festgestellt, dass nicht die eigentliche Realität „mit allen Widersprüchen und Schattierungen" gefragt sei, „sondern eine Vision", Nicaragua schließe „eine emotionale Lücke im Gefühlsleben".[41] Ähnlich hieß es in den Reihen der GEPA, der Wunsch vieler Gruppen nach Direktkontakt mit den Produzenten sei „auch ein Wunsch nach der Berührung mit Exotik" und „eine Flucht vor den Problemen, die wir sichtbar vor unserer Haustür haben".[42] Daraus wird verständlich, weshalb die Solidaritätsbewegung bald von dem Bild einer direkten Verbundenheit mit Nicaragua und von der Überzeugung durchdrungen war, direkt an der sandinistischen Revolution beteiligt zu sein.[43] Klaus Heß und Barbara Lucas, beide seit den späten 1970er-Jahren in der Solidaritätsbewegung für Nicaragua aktiv, sehen aus der Rückschau in der sandinistischen Revolution eine „gemeinsam geteilte Utopie".[44] In diesem Gefühl der eigenen Teilhabe liegt meiner Ansicht nach der wichtigste Grund dafür, dass einer Kritik an den

---

Gesellschaft", s. Verburg, Maria Magdalena: Ostdeutsche Dritte-Welt-Gruppen vor und nach 1989/90, Göttingen, 2012, S. 196.

40 Förch: Idealen, S. 348.

41 Janssen-Jurreit, Marielouise: „Wir pflücken schon mehr als die Nicas", in: Der Spiegel 5, 30. Januar 1984, S. 113–116, hier: S. 113.

42 GA, PPA ab 10.09.88 bis 09.03.90, 1 1/2 Jahre Arbeit mit den Projektkriterien – Anspruch und Wirklichkeit. Referat von Gerd Nickoleit am 24. Mai 1979, S. 6; Auch bei Bräuer heißt es, der „größere Teil der Dritte-Welt-Bewegten" sei vor allem „von Exotik, von Revolutionsromantik, von scheinbar einfachen Lösungen für scheinbar einfache Probleme" angezogen worden, Bräuer: Zwischen, S. 37.

43 Die Bedeutung, sich selbst „als Teil einer globalen Bewegung und eines weltumfassenden Konfliktes zu verstehen", heben Balz und Friedrichs als elementar für das Alternativmilieu hervor, s. Balz/Friedrichs: Individualität, S. 31; vgl. Karges: Solidarität, S. 52–55 und 308–309.

44 Heß/Lucas: Bundesdeutsche, S. 309; Balsen und Rössel, ebenfalls selbst in der Solidaritätsbewegung aktiv, äußern die Überzeugung, dass der Beitrag bundesdeutscher Gruppen „sicher mit zum Sturz Somozas beigetragen" habe, s. Balsen/Rössel: Solidarität, S. 406. Aufschlussreich sind in dieser Hinsicht auch das Buch von Reimar Paul (Paul, Reimar: Zwischen den Jahren. Mit den Arbeitsbrigaden in Nicaragua, Göttingen, 1984), das oft zur Mithilfe auffordernde Buch von Dieter Gawora (Gawora: Lateinamerika, vgl. z. B. S. 71–98) sowie Artikel wie Foth, M.: Die Solidaritätsbewegung auf der Suche nach der eigenen Revolution, in: Forum entwicklungspolitischer Aktionsgruppen 103/104, April 1986, S. 18–19.

Sandinisten – wie noch zu zeigen sein wird – teils heftige Reaktionen aus den Reihen der Solidaritätsbewegten entgegenschlugen, da sich die Solidaritätsbewegten dadurch persönlich betroffen sahen.[45] Das auf Nicaragua projizierte Bedürfnis nach Verbundenheit und nach menschlicher Wärme im Kalten Krieg verdeutlichen die Plakate der Solidaritätsbewegung, in denen meist bunte Landschaften und lachende Menschen – sehr oft Frauen und Kinder – gezeigt wurden.[46] Erkennbar wird das Bedürfnis nach Nähe und Zusammenhalt auch durch die Tatsache, dass ein Spruch, der Che Guevara zugeschrieben wurde, bald zum Motto der Nicaragua-Solidarität wurde: „La solidaridad es la ternura de los pueblos", auf Deutsch: „Die Solidarität ist die Zärtlichkeit der Völker".[47]

4.3 Alternativer Konsum und der Kaffee aus Nicaragua

Mit dem im Alternativen Milieu immer wichtiger werdenden Ziel einer „Veränderung des unmittelbaren persönlichen Umfeldes" gewann der Konsum bestimmter Produkte immens an Bedeutung.[48] Die vormals im linkspolitischen Spektrum gängige Radikalkritik am westlichen Konsummodell wurde durch „die Vorstellung einer ‚richtigen‘, politischen Form des Konsums" abgelöst.[49] Eine besondere Rolle kam dabei früh den Weltläden zu, die für viele im Alternativmilieu Inseln der Persönlichkeit und Authentizität bedeuteten – schon deshalb, weil sie über die unmittelbare Funktion eines Verkaufsortes in aller Regel weit hinausgingen. Die meisten Weltläden verfügten über eine Bibliothek mit entwicklungspolitischer Literatur, organisierten regelmäßig Konzerte, Lesungen oder andere Veranstaltungen und wurden zu Anlauf- und Versammlungsorten der Alternativen. Die wachsende Bedeutung spiegelt sich in der Zahl der Ladengründungen wider. Die Weltläden verkauften vor allem Waren aus dem Sortiment der GEPA. Dies

---

45 Zumindest für die Nicaragua-Solidarität gilt daher in meinen Augen nicht das Urteil, das Bastian Hein noch über die 1970er-Jahre fällt: Er sieht das „entscheidende Defizit der Dritte-Welt-Gruppen" darin, dass ihnen die unmittelbare persönliche Betroffenheit gefehlt habe, Hein: Westdeutschen, S. 251.

46 Vgl. Abbildung 6; ferner die zahlreichen Abbildungen bei Bujard/Wirper (Hg.): Revolution.

47 Vgl. Heß/Lucas: Bundesdeutsche, S. 309.

48 Hierlmeier: Internationalismus, S. 107.

49 Balz/Friedrichs: Individualität, S. 30.

ergänzte sich damit, dass im Alternativmilieu der Blick auf den globalen Süden gerichtet wurde. Aus diesem Grund entfalteten, wie noch zu zeigen sein wird, gleich mehrere alternativ gehandelte und in den Weltläden verkaufte Waren stilbildende Wirkung für das Alternativmilieu.

Grafik 6   Weltläden in der Bundesrepublik, 1977–1988

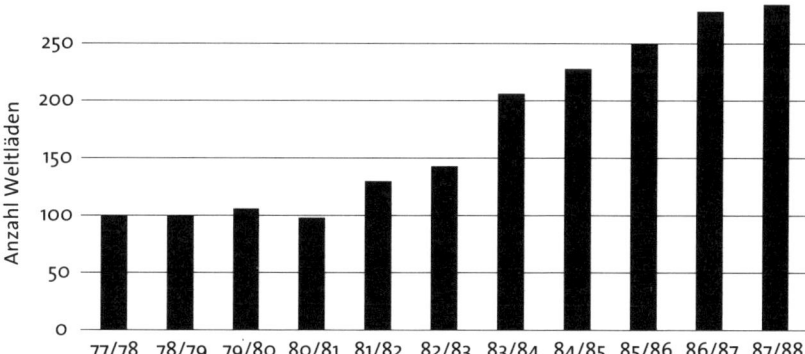

4.3.1 Jute statt Plastik

Eines der ersten Produkte, das selbst eine konstitutive Wirkung für das Alternativmilieu bekam, war der Jutebeutel. Ähnlich wie der Indio-Kaffee, der zuerst in Deutschland und den Niederlanden, später in Österreich, der Schweiz und Belgien auf den Markt gebracht wurde, war auch die Aktion „Jute statt Plastik" ein grenzüberschreitendes Projekt.[50] In der Schweiz war Mitte der 1970er-Jahre die Idee aufgekommen, Jutebeutel aus Bangladesch zu importieren und über Aktionsgruppen zu verkaufen. Einer der Initiatoren, Rudolf Strahm, suchte schließlich den Kontakt nach Deutschland und schlug vor, den in der Schweiz sehr erfolgreich gelaufenen Verkauf in der Bundesrepublik fortzuführen.[51] Die Aktion wurde in der Bundesrepublik am 11. Februar 1978 gestartet und die Beutel wurden schnell zu einem Symbol des alternativen Lebensstils. Dies lag vor allem daran, dass der Jutebeutel verschiedene Wertzuschreibungen in sich vereinte. Explizit wurde darauf

---

50 Vgl. dazu und zum Folgenden Raschke: Fairer, S. 67–70; Kuhn: Fairer, vor allem S. 83ff.; Kalt: Tiersmondismus, S. 514–518; o. V.: „Jute statt Plastic". In der Schweiz erfolgreich, in: epd-Entwicklungspolitik 8, 1977, S. 3.

51 Vgl. MAA, FH 9, Ergebnisprotokoll des Gespräches mit R. Strahm am 4. Mai 1977. Es gab aber bereits 1976 Überlegungen zur Übernahme der Aktion, vgl. MAA, FH 8, Protokoll der Vorstandssitzung des A3WH e.V. am 1. Mai 1976, S. 5.

hingewiesen, dass mit dem Verkauf weibliche Näherinnen in Bangladesch unterstützt würden. Im Alternativen Handel traten also zum ersten Mal explizit Frauen als Produzenten auf – allerdings bezeichnenderweise nicht mit einem Kaffee aus dem Revolutionsgebiet, sondern mit einem Einkaufsbeutel, der noch dazu durch die weiblich konnotierte Tätigkeit des Nähens hergestellt wurde.[52] Das Material Jute zusammen mit dem Aufdruck „Jute statt Plastik" stand stellvertretend für eine Kritik am ressourcenintensiven Lebensstil der westlichen Welt und als Signal „richtiger umweltpolitischer Gesinnung".[53] In einem Artikel von 1984 wurde festgestellt, dass, wenn „Umweltschutz- und Frauengruppen, Friedens- und Dritte-Welt-Freunde" zusammenkämen, ein „Gebrauchsgegenstand stets dabei [sei]: die Tasche mit dem Aufdruck ‚Jute statt Plastik'".[54] Die Jutetasche war damit weit mehr als ein Transportutensil, sie war Botschaftsträger und zugleich Zeichen für den Willen zu einem alternativen Lebensstil. Die GEPA befürchtete – zu Recht, wie sich einige Jahre später zeigen sollte –, dass der Verkauf des Jutebeutels sehr stark modeabhängig sein und die Nachfrage plötzlich einbrechen könnte.[55] Man bemühte sich daher zum einen, die Produzentinnen aktiv vor Ort bei der Diversifikation zu unterstützen, um zu verhindern, dass sie völlig

---

52 Natürlich lag dies auch daran, dass es beispielsweise nur wenige weibliche Kaffeeproduzentinnen gab. Dennoch lässt sich festhalten, dass Frauen in der Darstellung damit scheinbar der häusliche Bereich zugewiesen wurde. Vgl. dazu auch die in der Geschlechtergeschichte geführten Debatten um die dichotome Zuordnung von Frauen und privater Häuslichkeit sowie Männern und Öffentlichkeit, einführend: Opitz, Claudia: Geschlechtergeschichte, Frankfurt am Main, 2010.

53 Engels, Jens Ivo: Umweltschutz in der Bundesrepublik – von der Unwahrscheinlichkeit einer Alternativbewegung, in: Reichardt/Siegfried (Hg.): Alternative, S. 405–422, hier: S. 420.

54 O. V.: Gift im Sack, in: Der Spiegel 8, 20. Februar 1984, S. 108; Doering-Manteuffel und Raphael sehen die verschiedenen ethischen Wertzuschreibungen „zur Chiffre geronnen im ubiquitären Jutebeutel mit all seinem ethisch korrekten Inhalt", Doering-Manteuffel/Raphael: Boom, S. 107.

55 Diese Befürchtungen nährten sich nicht zuletzt aus den Erfahrungen mit der sogenannten „Wollekrise" des Alternativen Handels. Bis in die frühen 1980er-Jahre hinein waren Alpaka-Wollwaren aus Bolivien in mehreren Läden für den größten Umsatz verantwortlich. Anfang der 1980er-Jahre jedoch wurden sie „von einem Tag auf den anderen von einem Zugpferd zur größten Belastung": Die Nachfrage ging drastisch zurück, die Läden blieben auf nicht mehr verkäuflichen Lagerbeständen von Wollwaren sitzen. Der Stuttgarter Laden musste nicht zuletzt deshalb 1985 schließen, viele andere Läden gerieten in deutliche finanzielle Probleme. Siehe dazu: Kunz: Läden, hier: S. 30; vgl. ferner Interview Burkhardt. Bei dem Jutebeutel hielten die guten Verkaufszahlen zwar sehr lange an, doch 1987 wurde gemeldet, dass man zwar mehr Taschen habe bestellen wollen, aber

von der Jutebeutelproduktion abhängig würden und dann möglicherweise plötzlich ohne Aufträge dastünden.[56] Zum anderen war man früh darauf bedacht, ein weniger von Modeschwankungen abhängiges Verkaufsgut in das Sortiment aufzunehmen, das ebenso für das Alternativmilieu Attraktivität besitzen könnte.[57]

4.3.2 GEPA-Kaffee aus Nicaragua

Die Entwicklung in Nicaragua war bei der GEPA schon vor 1979 aufmerksam verfolgt worden. Dies lag unter anderem daran, dass die GEPA mit dem ebenfalls in Wuppertal ansässigen Infobüro Nicaragua offensichtlich in engem Kontakt stand. Wenige Monate nach dem *triunfo*, der Eroberung des Nationalpalasts durch die Sandinisten 1979, flog der GEPA-Projektreferent Gerd Nickoleit nach Nicaragua, um Möglichkeiten einer „solidarischen Zusammenarbeit" auszuloten.[58] Dabei profitierte er von seinen persönlichen Beziehungen. Das Infobüro in Wuppertal hatte den Kontakt zur Leiterin des Auslandssekretariats der FSLN hergestellt, hilfreich war auch Nickoleits frühere berufliche Tätigkeit beim Deutschen Entwicklungsdienst (DED). Berthold Leimbach, der für die Vorbereitung von DED-Arbeitseinsätzen in Nicaragua zuständig war, verschaffte Nickoleit Kontakte unter anderem zu dem Kulturminister Ernesto Cardenal, außerdem erhielt der GEPA-Vertreter Gelegenheit, mit der staatlichen Organisation Encafé zu sprechen, die das Ausfuhrmonopol auf Kaffee hielt. Nickoleits Schilderungen zufolge beteuerten Vertreter sowohl der sandinistischen Regierung als auch von kirchlichen Organisationen Nicaraguas, dass der Verkauf von in Nicaragua hergestellten Produkten ein wichtiger Beitrag für die weitere Entwicklung Nicaraguas sei. Ernesto Cardenal bat darum, dass die GEPA vor allem handwerkliche Produkte importieren möge, um den Aufbau eines traditionellen Handwerks in Nicaragua zu fördern. Auch der Vertreter der Encafé äußerte Interesse an einem Handel mit der GEPA.

---

inzwischen die Nachfrage danach „drastisch zurückgegangen" sei, s. GA, PPA ab 10.09.88 bis 09.03.90, Bericht der GEPA aus Anlaß des Jahresabschlusses 1987/88, S. 7.

56 Vgl. MAA, ZA: GF HAV: GEPA IV, Zur Vorlage bei der Beiratssitzung am 17. November 1978; Spengler, Elisabeth: Wahrheiten von Waren: Jute statt Plastik, in: epd-Entwicklungspolitik, 7/8, 1985, S. m–p; Interview Nickoleit.

57 Vgl. GA, PPA ab: 19.03.1982 bis: 17.12.1983, Ist die Aktion Dritte Welt Handel am Ende oder am Anfang?, 3. Mai 1982.

58 GA, PPA ab: 23. Apr. 1979 bis: 14. Dez. 1981, Gerd Nickoleit: Bericht über meinen Besuch in Nicaragua vom 15.–22. Nov. 1979, S. 1; vgl. zum Folgenden ebda.; Interview Nickoleit; o. V.: Demnächst „Kaffee aus Nicaragua", in: Katholische Nachrichtenagentur KNA Westdeutscher Dienst 118, 12. Juni 1980.

Nach der Rückkehr nach Deutschland plädierte Nickoleit vehement dafür, in den Handel mit Nicaragua einzusteigen. Den Import von Handwerksprodukten hielt Nickoleit aber anders als Cardenal anscheinend nicht für sinnvoll, da diese Produkte in Deutschland seiner Ansicht nach nicht konkurrenzfähig waren.[59] An einem Import von Kunsthandwerk war die GEPA darüber hinaus schlicht weniger interessiert, vielmehr suchte man angesichts der Schwierigkeiten mit der Fedecocagua dringend nach einer alternativen Bezugsmöglichkeit für Kaffee. Nickoleit empfahl den Import des Kaffees von der nicaraguanischen Encafé, in den Reihen der GEPA stimmte man zu.[60] Da die Kaffee-Ernte durch die politischen Umsturzprozesse kaum beeinträchtigt war, stand der Kaffee ab Ende Juni 1980 zum Verkauf.[61]

4.3.3 Besonderheiten des alternativ gehandelten Nicaragua-Kaffees

Mit dem Angebot von Kaffee aus Nicaragua war der Schritt vom Dritte-Welt- zum Alternativen Handel endgültig vollzogen. Dies belegen mehrere Veränderungen gegenüber den zuvor im Feld des Fairen Handels angebotenen Waren, vor allem zum Indio-Kaffee der Fedecocagua. In den frühen 1970er-Jahren war der eigentliche Ausgangspunkt für den Import des Indio-Kaffees die Suche nach einer politischen Ware zur Bewusstseinsbildung gewesen. Dies ging der Auswahl der Produzenten voraus. Wichtig war nur, dass der Kaffee aus genossenschaftlicher Produktion aus einem Land des globalen Südens stammte und damit als Botschaftsträger zur Bewusstseinsbildung genutzt werden konnte. Nun war es genau umgekehrt: Wichtig war vor allem die Herkunft der Ware aus Nicaragua. Dieser Priorität folgte die Auswahl des Produktes, die hier wiederum auf den Kaffee fiel. Der deutlichste Umbruch lag aber darin, dass der Kaffee nicht mehr direkt von Kleinbauern gekauft wurde, sondern über die staatliche Exportorganisation Encafé. Gerd Nickoleit konnte nach der Rückkehr aus Nicaragua nur vermuten, dass der Kaffee zum größten Teil aus kleinbäuerlicher Produktion stamme.[62] Vertreter der Encafé versicherten

---

59 GA, PPA ab: 23. Apr. 1979 bis: 14. Dez. 1981, Gerd Nickoleit: Bericht über meinen Besuch in Nicaragua vom 15.–22. November 1979, S. 3.

60 Vgl. GA, PPA ab: 23. Apr. 1979 bis: 14. Dez. 1981, Protokoll des PPA am 25. Januar 1980.

61 Vgl. o. V.: Demnächst „Kaffee aus Nicaragua", Katholische Nachrichtenagentur KNA Westdeutscher Dienst 118, 12. Juni 1980.

62 Vgl. GA, PPA ab: 23. Apr. 1979 bis: 14. Dez. 1981, Gerd Nickoleit: Bericht über meinen Besuch in Nicaragua vom 15.–22. November 1979, S. 4.

später, dass Kleinbauern mindestens 60 Prozent der Ernte erzeugten.[63] Das bedeutete aber zugleich: Der von der GEPA verkaufte Nicaragua-Kaffee unterschied sich nicht von dem Kaffee, der im konventionellen Markt gehandelt wurde, denn auch dieser wurde über die Encafé vertrieben. Der einzige Unterschied lag darin, dass die GEPA den Kaffee unvermischt anbot und an die Encafé einen Aufpreis von zehn Prozent auf den Weltmarktpreis zahlte. Dieser Mehrpreis, so wurde mit der Encafé vereinbart, sollte von der Bauernorganisation UNAG verwaltet und vor allem in der wichtigsten Kaffeeregion im Norden des Landes eingesetzt werden, da dort die meisten Kleinbauern lebten. Im Kaffeejahr 1981/82 berichtete die UNAG, mit den Mehrpreiszahlungen in Höhe von knapp 80.000 US-Dollar seien Weiterbildungskurse, landwirtschaftliche Geräte und ein Lastwagen gekauft worden.[64] Kontrolliert werden konnten diese Aufzählungen von deutscher Seite allerdings nicht – man vertraute offensichtlich darauf, dass es in Nicaragua „schon alle gut meinen".[65] Das Ziel lag demzufolge nicht mehr primär darin, Kleinproduzenten einen Marktzugang zu verschaffen, sondern eine als progressiv verstandene Regierung zu unterstützen. Allerdings schien der Handel mit Kaffee aus Nicaragua mit den ursprünglichen Prinzipien der GEPA vereinbar zu sein, schließlich demonstrierte die sandinistische Regierung mehrfach ihren Willen zur Verbesserung der Lebenssituation der Ärmsten und die Verstaatlichung von Binnen- und Außenhandel sollte der Ausschaltung von Zwischenhändlern dienen.[66]

Anders als beim Indio-Kaffee unterschied sich der alternativ gehandelte Nicaragua-Kaffee in seiner Herkunft nicht mehr von dem im konventionellen Markt gehandelten Kaffee. Umso wichtiger wurde die symbolische Wertzuschreibung. Indem der Kaffee aus Nicaragua unvermischt und mit einem Aufpreis für die Unterstützung Nicaraguas angeboten wurde, ließ er sich explizit als Solidaritätskaffee verkaufen – und damit, dies sei bereits vorweggenommen, erhielt der Nicaragua-Kaffee der GEPA sein wichtigstes Alleinstellungsmerkmal: In den 1980er-Jahren existierte zumindest in der konventionellen Wirtschaft kein Konkurrenzprodukt zu dem von der GEPA verkauften Nicaragua-Kaffee; dieser erzeugte einen eigenen Markt mit einem festen Konsumentenkreis. Der Konsum von Kaffee als Ausdruck der Solidarität mit Nicaragua war übrigens

---

63 Vgl. FZH Michelsen E.1, Besuche bei ENCAFE und ENAZUCAR. Gespräch mit Señor Buitrago von ENCAFE, undatiert.
64 Vgl. FZH Michelsen E.1, Besuche bei ENCAFE und ENAZUCAR. Gespräch mit Señor Buitrago von ENCAFE, undatiert.
65 Interview Nickoleit, 52:00–52:30.
66 Vgl. Förch: Idealen, S. 81–83.

keineswegs allein ein bundesdeutsches Phänomen. In der Schweiz wurde seit 1980 über die mit der GEPA kooperierende Importgesellschaft OS3 ebenfalls Kaffee aus Nicaragua verkauft.[67] Auf dem Evangelischen Kirchentag 1987 in Erfurt boten ostdeutsche Dritte-Welt-Gruppen nicaraguanischen Kaffee unter dem aus der Bundesrepublik entlehnten Motto „Statt Jacobs Krönung trink Sandino Dröhnung" an.[68] Und in den USA führte der Wunsch nach einer Direktimportmöglichkeit von nicaraguanischem Kaffee im Jahr 1986 zur Gründung der mittlerweile größten US-amerikanischen Fair-Trade-Organisation „Equal Exchange", die den Kaffee angesichts des damals bestehenden Handelsembargos offenbar über die Niederlande und Kanada importierte.[69]

Die Tatsache, dass der Kaffee aus Nicaragua kein Kleinbauernkaffee war, belegt die geänderten Wertzuschreibungen. Denjenigen, die alternativen Kaffee aus Gründen der Solidarität mit Nicaragua kauften, ging es weniger um die Unterstützung einer kleinbäuerlichen Existenz als vielmehr um die Unterstützung eines politischen Systems, mit dem die Konsumenten selbst bestimmte Hoffnungen auf eine bessere Gesellschaft verbanden. Die gestiegene Bedeutung des Alternativmilieus im Feld des Fairen Handels zeigt sich zugleich an der Umsatzentwicklung der GEPA, für die der Verkauf über Weltläden immer wichtiger wurde.

Grafik 7   Entwicklung des GEPA-Umsatzes über Aktionsgruppen und Weltläden, 1977–1988

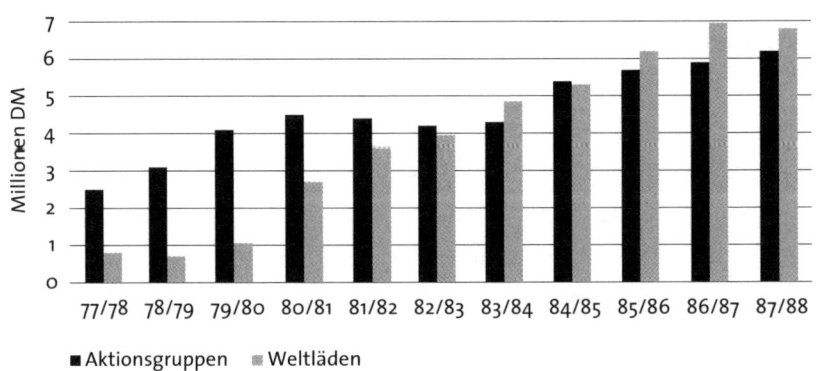

- Aktionsgruppen   ▪ Weltläden

67 Vgl. Kuhn: Fairer, S. 48–61.

68 Verburg: Ostdeutsche, S. 68; vgl. zur Solidaritätsbewegung mit Nicaragua in der DDR ferner Harzer/Volks (Hg.): Aufbruch.

69 Vgl. Haslam, Pedro und Hoskyns, Nicholas: Nicaragua. The Road to Freedom, in: Bowes (Hg.): Fair, S. 55–70; Talbot: Grounds, S. 204; Pendergrast: Kaffee, S. 383–385.

Abbildung 6 Plakat der Nicaragua-
Solidaritätsbewegung, undatiert.

Abbildung 7 Schaufenster-Auslage eines Weltladens aus den 1980er-Jahren.

Die wachsende Bedeutung der Weltläden für das Alternative Milieu bewirkte, dass die Basis des Alternativen Handels immer weniger von kirchlichen Gruppen bestimmt wurde. Durch die Einbindung in das Alternativmilieu bezog der Alternative Handel nun verstärkt diejenigen ein, deren Interesse an einer Beschäftigung mit dem globalen Süden aus einer linkspolitischen Haltung rührte. Da diese Unterstützer bald einen großen Teil der Konsumenten ausmachten, bekamen sie im Feld eine stetig wachsende Menge an ökonomischem, sozialem und symbolischem Kapital. Dies schlug sich auch institutionell nieder: Nach der Auflösung des A3WH e.V. übernahm der Dachverband der Weltläden immer stärker die Rolle des Basisrepräsentanten. Der Ruf nach einem Gegengewicht zur wirtschaftlichen Ausrichtung des Alternativen Handels war nun regelmäßig mit linkspolitischen Stellungnahmen verbunden.

4.4 Guatemala ist nicht Nicaragua

Ab 1980 hatte die GEPA sowohl Kaffee aus Guatemala als auch aus Nicaragua im Angebot. Dennoch bedeutete das nicht, dass der Indio-Kaffee unmittelbar abgesetzt wurde. Die Umsatzzahlen der GEPA für das Geschäftsjahr 1980/81 zeigen, dass der Kaffee aus Nicaragua zwar bereits im ersten Jahr 12,8 Prozent der Umsatzerlöse einfuhr (direkt nach dem Jutebeutel mit 14 Prozent), dass der Indio-Kaffee aus Guatemala aber weiterhin mit 22,9 Prozent an der Spitze lag.[70] Doch mit dem Angebot sowohl von guatemaltekischem als auch von nicaraguanischem Kaffee und vor allem mit der dadurch wachsenden Bedeutung linkspolitischer Orientierungen geriet das Feld des Fairen Handels bald in schwerwiegende Auseinandersetzungen um die „richtige Solidarität' am Beispiel Kaffee".[71]

4.4.1 Wachsende Kritik an der Fedecocagua
Die GEPA hoffte, mit dem Kaffee aus Nicaragua einen Kaffee gefunden zu haben, zu dem man offen stehen konnte.[72] Mit dem Indio-Kaffee aus Guatemala schien dies nur noch begrenzt möglich zu sein, denn die Probleme

---

70 Vgl. GA, PPA ab: 23. Apr. 1979 bis: 14. Dez. 1981, Diskussionspapier für den PPA am 14. Dezember 1981.

71 Raschke: Fairer, S. 82; vgl. zum Folgenden auch die zahlreichen Stellungnahmen in: Arbeitsgemeinschaft Dritte-Welt-Läden e.V. (Hg.): Fedecocagua/Indio-Kaffee, Informationen/Dokumente, 2. Aufl. Januar 1982.

72 Vgl. Interview Nickoleit, 57:05–57:30.

bei der Fedecocagua hatten inzwischen wie gezeigt für die GEPA-Mitarbeiter die Förderungswürdigkeit des Dachverbands fraglich werden lassen. Zwar war die Nachfrage nach Indio-Kaffee nach wie vor vorhanden und der Gesellschafter Misereor drängte darauf, dass die GEPA weiterhin Kooperationspartner des guatemaltekischen Dachverbands bleiben solle.[73] Jedoch wuchs sowohl bei dem Hilfswerk in Aachen als auch bei dem Wuppertaler Handelsunternehmen die Unsicherheit über die Situation in Guatemala. Bei der GEPA wurde bereits im Juni 1978 vermutet, dass „bei einem Bekanntwerden der derzeitigen Situation" in der Fedecocagua die GEPA „unter starken Beschuß geraten" könne.[74] Ähnlich äußerte sich ein Mitarbeiter Misereors.[75] Hissel schrieb daher an Misereor, bei der GEPA habe man zwar aufgrund der Unsicherheit über die Lage in Guatemala bislang Informationen über die Fedecocagua zurückgehalten, doch die Aktionsgruppen hätten das Recht, „über die Wahrheit informiert zu werden", schließlich verkauften diese „in Wind und Wetter bei Aktionen und Basaren in voller Überzeugung den Kaffee von Fedecocagua".[76] Deren „volle Überzeugung" basierte darauf, dass der Indio-Kaffee über jeden Zweifel erhaben war. Wie GEPA-Mitarbeiter Gerd Nickoleit Ende 1981 berichtete, häuften sich aber bei dem Wuppertaler Unternehmen inzwischen die kritischen Anfragen von Aktionsgruppen.[77] Doch auch der GEPA fehlten zuverlässige Informationen über die Situation in Guatemala, weshalb unter den Akteuren im Feld des Fairen Handels das Bedürfnis nach möglichst verlässlichen Einschätzungen wuchs. Die blätter des iz3w druckten im Juni 1979 ein Interview mit einem guatemaltekischen Gewerkschafter ab. Darin forderte dieser angesichts von Unterdrückungen und Morden in Guatemala die Gruppen in Deutschland auf, den Guatemalteken in ihrem Widerstand gegen die Regierung beizustehen.[78] Auch

---

73 Vgl. MAA, ZA: 2003/21 GF HAV: GEPA Gewürzaktion 1979–1982/Fedecocagua 1979–80, Misereor an GEPA/Hissel, 22. Januar 1980; MAA, ZA: 2003/21 GF HAV: GEPA Gewürzaktion 1979–1982/Fedecocagua 1979–80, Jan Hissel an Geschäftsführung Misereor, 28. Februar 1980.

74 GA, PPA 1976 bis 6.10.1978, Diskussionspapier für den PPA am 9. Juni 1978.

75 Vgl. MAA, ZA: 2003/21 GF HAV: GEPA Gewürzaktion 1979–1982/Fedecocagua 1979–80, Aktennotiz betr. Kaffeevermarktung durch Fedecocagua, 27. November 1979.

76 MAA, ZA: 2003/21 GF HAV: GEPA Gewürzaktion 1979–1982/Fedecocagua 1979–80, Jan Hissel an Geschäftsführung Misereor, 28. Februar 1980.

77 Vgl. MAA, ZA: 2003/21 GF HAV: GEPA Gewürzaktion 1979–1982/Fedecocagua 1979–80, Gerd Nickoleit an Misereor, 20. November 1981.

78 Vgl. o. V.: Guatemala: Interview mit einem Gewerkschaftler, in: blätter des iz3w 78, Juni 1979, S. 50–53.

bei der Fedecocagua trafen immer mehr von Skepsis geprägte Nachfragen ein. Ein Vertreter des katholischen Hilfswerks berichtete von einer Reise im November 1979 nach Guatemala, Vertreter der Fedecocagua hätten sich beschwert, dass die alternativen Handelsorganisationen aus Europa „sich sogar in die internen Angelegenheiten des Verbandes mischten und Einsicht in sämtliche Dokumente und finanzielle Angelegenheiten forderten".[79] Auf Nachfragen Misereors antwortete Alfredo Hernández, Leiter der Fedecocagua, im März 1980 ausweichend und abweisend. Für ihn sei unverständlich, dass die Honorabilität seiner Organisation in Zweifel gezogen werde, schließlich hätten mehrere Vertreter aus Europa das Leben in den Genossenschaften geteilt. Er weigerte sich, Weiteres zu seiner Verteidigung anzuführen.[80] Damit konnten aber die Unsicherheiten verständlicherweise kaum beseitigt werden.

Die wachsenden Zweifel an der Förderungswürdigkeit der Fedecocagua deuten auf eine feldinterne Verschiebung der Wertzuschreibungen hin, die bald mit der Verfügbarkeit von Nicaragua-Kaffee dominant wurde. Für die Frage nach dem Sinn und Nutzen des Kaffeeverkaufs wurde immer entscheidender, in welchem politischen Kontext der Kaffee produziert worden war. Während Kaffee aus Nicaragua in diesem Zusammenhang eine positive Identifikationsmöglichkeit bot, sah es im Fall des Indio-Kaffees ganz anders aus. In der Frankfurter Rundschau erschien im März 1981 ein Artikel mit der Überschrift: „Warum Guatemalas Indio-Kaffee nicht nur befreiend wirkt".[81] Darin wurde unter anderem kritisiert, dass man mit dem Kaffeeverkauf über die Exportsteuer die guatemaltekische Militärregierung mitfinanziere. Vor allem dieser Vorwurf war es, der in der Folge in den Basisgruppen immer mehr Zweifel wachsen ließ, ob der Verkauf des Indio-Kaffees wirklich noch gerechtfertigt sei. Die Informationsstelle Guatemala Bonn hoffte auf die besondere Erklärungskraft von „authentischen Aussagen von Menschen aus dem Volk" und veröffentlichte im März 1981 einen Erfahrungsbericht von einem Mitglied der Guatemala-Solidaritätsbewegung, welches sich „mehrere Monate in einer Kooperative in Guatemala aufgehalten und dort aktiv mitgearbeitet" habe. Der Bericht bescheinigte der Fedecocagua eine

---

79 MAA, ZA: 2003/21 GF HAV: GEPA Gewürzaktion 1979–1982/Fedecocagua 1979–80, Memorandum zu einer Reise nach Guatemala, Gespräche mit Fedecocagua am 27. und 28. November 1979, S. 3.

80 Vgl. MAA, ZA: 2003/21 GF HAV: GEPA Gewürzaktion 1979–1982/Fedecocagua 1979–80, Alfredo Hernández an Misereor, 22. März 1980.

81 Bunzenthal, Roland: Warum Guatemalas Indio-Kaffee nicht nur befreiend wirkt, in: Frankfurter Rundschau 59, 11. März 1981, S. 9.

hierarchische Organisation, ungerechte Geldverteilung, mangelhafte Bindung der Basisgenossenschaften an den Dachverband und einen fehlenden politischen Anspruch.[82] Weitergehende Empfehlungen wurden aber angesichts der Komplexität und Undurchschaubarkeit der Situation nicht ausgesprochen. Auch der Projektpartnerausschuss der GEPA sah sich im September 1981 nicht in der Lage, „richtungsweisende Empfehlungen zu geben".[83]

Damit zeigt sich, dass die Legitimationsgrundlage des Indio-Kaffee-Verkaufs sich innerhalb weniger Jahre verschoben hatte. In den frühen 1970er-Jahren war es noch darum gegangen, durch die Ausschaltung von Zwischenhändlern einen höheren Preis an benachteiligte Kleinbauern zahlen zu können, um damit deren Existenzgrundlage zu sichern und ihnen beim Aufbau eigener Strukturen zu helfen. Die Tatsache, dass es sich bei der Fedecocagua um einen Dachverband von Kleinbauern handelte, hatte zur Legitimation des Handels ausgereicht. Dieser Hintergrund der Fedecocagua hatte sich Anfang der 1980er-Jahre nicht grundlegend geändert. Zwar war inzwischen fraglich geworden, wie viel Unterstützung die Fedecocagua den Kleinbauern leistete, doch dies war bei dem Handel mit dem Kaffee aus Nicaragua – der von einer staatlichen Organisation kam und nur zu einem Teil von Kleinbauern produziert wurde – noch weniger mit Gewissheit zu beantworten. Die Revolution in Nicaragua war aber mit so vielen positiven Hoffnungen verbunden, dass die Akteure in Deutschland daraus wie geschildert anscheinend von vornherein eine besondere Glaubwürdigkeit der Nicaraguaner ableiteten. Bei dem Indio-Kaffee sah dies inzwischen anders aus. Dazu kam, dass viele Basisgruppen der Solidaritätsbewegung ein grundsätzlich anderes Verständnis von den Zielen entwicklungspolitischer Arbeit hatten. Für sie ging es nicht darum, Kleinbauern auf dem Weg zur Eigenständigkeit zu unterstützen, sondern darum, ihre Solidarität mit revolutionären Befreiungsbewegungen im globalen Süden zu bekunden.[84] Die Hoffnung auf eine bessere Gesellschaft und auf eine Verwirklichung der Utopien war eine der wichtigsten ethischen Wertzuschreibungen

---

82 Vgl. GA, PPA ab: 23. Apr. 1979 bis: 14. Dez. 1981, Informationsstelle Guatemala e.V.: Fedecocagua – Kaffee aus Guatemala, 18. März 1981.

83 GA, PPA ab: 23. Apr. 1979 bis: 14. Dez. 1981, Protokoll PPA-Sitzung vom 7. September 1981; vgl. GA, PPA ab: 23. Apr. 1979 bis: 14. Dez. 1981, Protokoll der gemeinsamen Sitzung von Projektpartner- und Informationsausschuss am 19. Dezember 1981 in Schwelm.

84 Beispielsweise fand unter dem Motto „Entwicklung heißt Befreiung" der sechste Bundeskongress entwicklungspolitischer Aktionsgruppen statt, vgl. den Bericht dazu in: Forum entwicklungspolitischer Aktionsgruppen 64, Februar 1983.

des Nicaragua-Kaffees, an dem auch der Indio-Kaffee gemessen wurde. Und während in Nicaragua die sandinistischen Revolutionäre an die Macht gekommen waren, herrschten in Guatemala weiterhin eine rechtsgerichtete Regierung und ein blutiger Bürgerkrieg. In diesem Zusammenhang erhielt die Frage, ob man mit der Exportsteuer die Militärregierung unterstütze, besondere Brisanz. Feldtheoretisch gesprochen lässt sich festhalten, dass durch die wachsende Bedeutung der linkspolitischen Orientierung im Feld der Indio-Kaffee in dem Maße an symbolischem Kapital verlor, in dem es der Nicaragua-Kaffee gewann.

4.4.2 „Terrorregimes" und „Blutkaffees"

Im Oktober 1981 gewannen die Diskussionen um die Fedecocagua erheblich an Schärfe. In mehreren deutschen Zeitungen wurde berichtet, dass die guatemaltekische Regierung zweihundertfünfzig landwirtschaftliche Genossenschaften aufgelöst habe, da diese „marxistisch inspiriert" seien.[85] Nun schienen viele an der Basis sicher zu sein, dass der Verkauf des Indio-Kaffees der guatemaltekischen Bevölkerung nicht nur nicht nützlich, sondern sogar schädlich sei. Da die Fedecocagua von der Schließung nicht betroffen zu sein schien, folgerten Solidaritätsgruppen in Deutschland, dass diese der Militärregierung als „Aushängeschild, Kontrollmechanismus und Geldquelle" dienen müsse. Daher wurde dazu aufgefordert, den Indio-Kaffee „zu boykottieren, da hier auf Kosten der revolutionären Kräfte in Guatemala ein pseudo-reformerisches Projekt der Militärs und diese selbst" unterstützt würden.[86] Daran zeigt sich, dass die mit dem Nicaragua-Kaffee verbundenen Zielsetzungen auf den Indio-Kaffee übertragen wurden. Den Solidaritätsgruppen ging es nicht in erster Linie um die Unterstützung von Kleinbauern, sondern um die Unterstützung eines politischen Systems.

Um den Jahreswechsel 1981/82 schlug die Stimmung gegenüber der Fedecocagua bei vielen Basisgruppen endgültig in blanke Ablehnung um, was vor allem daran lag, dass immer mehr Meldungen durchsickerten, dass in Guatemala vor allem an der indigenen Landbevölkerung völkermordähnliche Gräueltaten begangen wurden.[87] Die Diskussionen im Feld des Fairen

---

85 Süddeutsche Zeitung vom 16. Oktober 1981, S. 10; Raschke: Fairer, S. 82–88.

86 O. V.: Indio-Kaffee, in: IDES Informationsdienst El Salvador 59/47, 1981, S. 4.

87 Die Unterdrückung der Maya erreichte in Guatemala spätestens 1981 einen neuen Höhepunkt, vgl. Higonnet, Estelle (Hg.): Quiet Genocide. Guatemala 1981–1983, New Brunswick/London, 2009; Mosch, Carlos und Höweling, Klaus: Guatemala: Der Völkermord wird fortgesetzt, in: blätter des iz3w 103, 1982, S. 10–12.

Handels kannten nun meist nur noch eine Richtung und wurden immer deutlicher von Allgemeinplätzen linker Rhetorik beherrscht. In der Dezemberausgabe der Zeitschrift des Bundeskongresses entwicklungspolitischer Aktionsgruppen wurden 1981 mehrere Argumente gegen den Verkauf des Indio-Kaffees aufgelistet: Die Exportsteuer stütze das „Terrorregime", die Fedecocagua habe „nicht Stellung bezogen zu den Morden der Herrschenden und Großgrundbesitzer", obwohl sie doch „für die kleinen Leute" da sei, der Staat kontrolliere das Genossenschaftssystem, die Basis habe kein Mitspracherecht und der „Verelendungsprozeß" sei nur weiter fortgeschritten. Die Fedecocagua wurde also diskursiv in die Nähe von klaren Feindbildern der linken Gruppen – dem „Terrorregime", den „Herrschenden", den „Großgrundbesitzern" und dem Staat – gerückt. Damit war der Konsum von Indio-Kaffee nicht mehr mit dem Bezugspol dieser Gruppen vereinbar. Die Empfehlung war folgerichtig „ein entschiedenes Nein" zum Indio-Kaffee; als Alternative solle man den Verkauf von Nicaragua-Kaffee ins Auge fassen.[88] In einer Veröffentlichung der Informationsstelle Guatemala Bonn hieß es, die Fedecocagua sei durch einen „Zusammenschluß ultrakonservativer Plantagenbesitzer und -exporteure" gegründet worden. Alfredo Hernández' ehemalige Anstellung bei der staatlichen Kaffeeorganisation Anacafé galt als Beleg für seine Zusammenarbeit mit den Großgrundbesitzern, von denen die Fedecocagua aus reinem Eigeninteresse und „als Alibi" gegründet worden sei. Seine Auslandskontakte habe Hernández dazu genutzt, um noch mehr Geld zu bekommen, denn was „das Gesetz als Abgabe von den Großverdienern" verlangt habe, sei „nun noch einmal von mildtätigen Auslandsorganisationen erbeten" worden. Erst im Anschluss an diese wie Tatsachen dargestellten Beschuldigungen wurde darauf hingewiesen, dass es sich dabei um Angaben eines nicht näher benannten „Informanten" handele. Auch hier lautete der Rat, den Konsum des Indio- zugunsten des Nicaragua-Kaffees einzustellen.[89] Ähnlich harsch wurde der Fedecocagua im Publik-Forum vom März 1982 vorgeworfen, ein „von oben" gegründeter Zweckverband

---

88 O. V.: Argumente gegen den Verkauf des Indiokaffees der Fedecocagua, in: Forum entwicklungspolitischer Aktionsgruppen 49, Dez. 1981, S. 13; vgl. auch: Sakic, Rainer/ AG3WL: Fedecocagua?, in: Forum entwicklungspolitischer Aktionsgruppen 51, Februar 1982, S. 8–9; o. V.: Resolution der Regionalkonferenz Nord zum GEPA-Kaffee-Import aus Guatemala, in: Alternativ Handeln 8, Dezember 1981, S. 7.

89 MAA, ZA: 2003/21 GF HAV: GEPA Gewürzaktion 1979–1982/Fedecocagua 1979–80, Informationsstelle Guatemala e. V. im Oscar-Romero-Haus Bonn: Liebe AG3WLler …, undatiert.

mit strenger Hierarchie zu sein. Unter Berufung auf die „guatemaltekische Befreiungsbewegung" konstatierte die Autorin, das Kooperativenwesen in Guatemala wirke „stabilisierend als scheindemokratische Legitimation der Regierung" und trage dazu bei, dass „wir Kaffeetrinker […] ungewollt eines der repressivsten und blutigsten Regime des amerikanischen Kontinentes" finanzierten.[90] Die Metapher der Blutigkeit hatte unter den Gruppen seit 1981 an Beliebtheit gewonnen und sollte offensichtlich helfen, den Konsumenten den Geschmack an Kaffees aus Staaten, die von Militärregierungen geführt wurden, zu verderben. In eigens geschalteten Anzeigen und Texten wurde darauf hingewiesen, Kaffee aus Guatemala – und ebenso aus El Salvador – sei „Kaffee, an dem Blut klebt".[91]

An der Diskussion um die Fedecocagua zeigt sich die ganze Problematik, die sich durch die räumliche Distanz der Abnehmer zu den Produzenten im globalen Süden ergeben konnte. Fehlendes Wissen wurde oft dadurch kompensiert, dass Gerüchte in vermeintliche Fakten umgemünzt wurden, und Informationen wurden der eigenen Position gemäß interpretiert und zur Untermauerung der eigenen Argumentation genutzt. Die Tatsache, dass es sich bei den Mitgliedern der Fedecocagua um Kleinbauern handelte, reichte zur Legitimation nicht mehr aus. Wichtiger war nun für viele Abnehmer die Frage nach der politischen Positionierung (und Positionierbarkeit) der Produzenten. Der Kaffee wurde vor allem danach bewertet, ob er sich mit dem Ziel einer Unterstützung von Befreiungsbewegungen vereinbaren ließ. Dementsprechend wurde Kaffee aus Nicaragua dem Indio-Kaffee stets als positives Beispiel gegenübergestellt.

4.4.3 Vermittlungsversuche für die Kleinbauern

Angesichts der immer heftiger werdenden Vorwürfe schaltete sich schließlich der Leiter der Fedecocagua, der von der GEPA auf dem Laufenden gehalten wurde, selbst in die Diskussion ein. In einem Brief an die GEPA vermutete Alfredo Hernández, dass die Konflikte von solchen Personen ausgingen, die nichts mit der Arbeit der Kaffeebauern zu tun hätten und nichts von deren Realität verstünden.[92] Als Antwort auf den Artikel im Publik-Forum wurde ein Brief von ihm auf Deutsch veröffentlicht, in dem stand:

90 Amedick, Christiane: Indio-Kaffee. Bitterer Nachgeschmack, in: Publik-Forum 6, 26. März 1982, S. 13.

91 FZH Michelsen E.2, o. V.: Info Wissen Sie eigentlich …, undatiert.

92 Original: „los conflictos que se estaben dando, entre los diversos grupos que hacen posible nuestra mutua colaboración, originados como siempre por las informaciones

Meiner Meinung nach würde ich sehr viel Unheil anrichten, wenn ich Defekte in einer Organisation aufzeigen wollte, die in meiner eigenen Gesellschaft üblich sind, und ich ein Verfahren als negativ aufzeigen würde, wenn ich nicht den Mut habe, es in meiner eigenen Umwelt infrage zu stellen und anzuprangern. Ich glaube, unter diesem Aspekt gesehen mangelt es an Respekt […]. Fedecocagua hat niemals von sich behauptet, der Weg zur Durchbrechung des in Guatemala herrschenden kapitalistischen Regimes zu sein. Das wäre verlogen und utopisch.[93]

Hernández betonte also die Differenz zwischen der Lebenswelt der Konsumenten und der der guatemaltekischen Kleinbauern und lehnte aus seiner Sicht überzogene Forderungen ab. Das Problem daran war, dass Hernández selbst bei vielen Basisgruppen keine Glaubwürdigkeit mehr besaß, da ihm wie gezeigt mal eine Nähe zu Großgrundbesitzern, mal zu Regierungskreisen oder zu europäischen Hilfsorganisationen unterstellt wurde. Je weniger eindeutig Hernández von den Basisgruppen als Vertreter der Produzenten identifiziert werden konnte, desto stärker verlor er für sie an symbolischem Kapital in Form von Glaubwürdigkeit und Prestige. Bezeichnend ist in diesem Zusammenhang auch der Bericht eines Basisgruppenmitglieds über ein Treffen verschiedener Gruppen mit Alfredo Hernández und Vertretern der GEPA. Darin wurde empört berichtet, dass Alfredo Hernández Deutsch verstehen und sprechen könne. Dies lag schlicht an dessen Studienaufenthalt in Deutschland in den 1960er-Jahren, wurde in diesem Zusammenhang von dem Basisvertreter aber offensichtlich als Beleg für eine mangelnde Glaubwürdigkeit Hernández' gewertet.[94]

Mehrere Akteure – vor allem aus Organisationen, die in direktem Kontakt zur Fedecocagua standen – bemühten sich darum, die eindeutig negativen Urteile zu relativieren. Die österreichische Handelsorganisation EZA bezeichnete die Vorwürfe gegen die Fedecocagua als unbewiesene und fragwürdige Behauptungen. Die Tatsache, dass die Fedecocagua 1981 nicht

---

desorientadoras y no con buenas intenciones que llegan a ustedes, por personas que no tienen absolutamente nada que ver con nuestro trabajo y que ni siquiera conocen nuestra verdadera realidad", GA, PPA ab: 23. Apr. 1979 bis: 14. Dez. 1981, Fedecocagua an GEPA, 3. Dezember 1981.

93 MAA, ZA: 2003/21 GF HAV: GEPA Gewürzaktion 1979–1982/Fedecocagua 1979–80, Brief von Alfredo Hernández, 2. April 1982.

94 Vgl. den Bericht eines Gruppenvertreters in MAA, ZA: 2003/21 GF HAV: GEPA Gewürzaktion 1979–1982/Fedecocagua 1979–80.

geschlossen worden sei, erklärte sie sich durch die guten Kontakte ins Ausland, vor allem nach Westeuropa.[95] Karl Linnartz von der GEPA erinnerte daran, dass „wir im Warmen sitzen", während für die Kleinbauern die Entscheidung zum Widerstand „eine Entscheidung über Leben und Tod" sei.[96] Allen Vermittlungsversuchen war gemein, dass sie auf die früher im Dritte-Welt-Handel dominierende Zielsetzung verwiesen, nämlich die Unterstützung von Kleinbauern. Im Dezember 1981 gaben die GEPA und Misereor schließlich bekannt, dass die Bezeichnung Indio-Kaffee nicht zutreffend sei, da in der Fedecocagua kaum indigene Produzenten vertreten seien – allerdings fast ausschließlich Kleinbauern.[97] Daher wurde schließlich der Indio-Kaffee umgetauft und unter dem Namen Fedecocagua-Kaffee in neuer Verpackung angeboten. Damit wollte man zugleich die Lebensbedingungen der Kleinbauern erneut in den Fokus rücken, denn deren Leben habe nur „wenig mit dem zu tun, was der exotische Hauch des Wortes Indio vermittelt. Exotik aber, die vermittelt eben ‚weit weg'".[98] Daran lässt sich erkennen, dass offensichtlich bezweckt wurde, denjenigen Legitimationsmustern wieder mehr Bedeutung zu geben, die in den 1970er-Jahren dominiert hatten: der Unterstützung der Existenz und Vereinigung von Kleinbauern und der dazu dienenden Erzeugung einer emotionalen Verbundenheit und Nähe mit den Kleinbauern. Dass die Zielsetzungen der unterschiedlichen Akteure im Feld auseinandergingen, zeigt sich in weiteren Stellungnahmen. Von Misereor wurde betont, für das Hilfswerk sei Kaffee eben nicht eine politische Ware, sondern das „Hauptanbauprodukt der Kleinbauern, ihre Existenz-Grundlage", und es sei „zynisch, dem Verband und damit den Basiskooperativen vorzuwerfen, sich nicht blindlings aufopfern zu wollen".[99] Auch die GEPA rief dazu auf, mit utopischen Forderungen zurückhaltend zu sein: Es sei schließlich „Ignoranz[,] zu glauben,

---

95 Vgl. GA, PPA ab: 23. Apr. 1979 bis: 14. Dez. 1981, o. V.: Ohne Beweise sind Anschuldigungen nur fragwürdige Behauptungen. EZA-Stellungnahme zu „Neues von Guatemala-Soldariitätskomittee", 12. November 1981.

96 Linnartz, Karl: Ein paar polemische Gedanken zum „Fedecocagua-Kaffee" und dem Aufruf zum Import-Stop, in: Alternativ Handeln 8, Dezember 1981, S. 7.

97 Vgl. GA, PPA ab: 23. Apr. 1979 bis: 14. Dez. 1981, Protokoll der gemeinsamen Sitzung von Projektpartner- und Informationsausschuss am 14. Dezember 1981.

98 O. V.: Indio-Kaffee ist tot – es lebe Fedecocagua-Kaffee aus Guatemala, in: Alternativ Handeln 8, Dezember 1981, S. 27.

99 MAA, ZA: 2003/21 GF HAV: GEPA Gewürzaktion 1979–1982/Fedecocagua 1979–80, Stellungnahme zur Dokumentation der AG3WL über Fedecocagua durch das Referat für ländliche Entwicklung vom 25. Januar 1982, S. 2.

mit dem Kaffeeverkauf w[ü]rden große Veränderungen bewirkt und aufgrund dessen könne man sich guten Gewissens zurücklehnen und in Ruhe den bekömmlichen, magenschonenden Fedecocagua-Kaffee trinken".[100]

Die Versuche der Vermittlung wurden aber schnell von der Wirklichkeit überholt, als in Guatemala am 23. März 1982 der „General und Sektenprediger" Efraín Ríos Montt an die Macht kam, dem von Menschenrechtsorganisationen eine besonders blutige Unterdrückung der Mayas vorgeworfen wurde.[101] Daraufhin hieß es selbst aus den Reihen der GEPA, man wolle zwar nicht die Unterstützung für die Menschen aufgeben, die sie dringend bräuchten, aber auch nicht ein System unterstützen, welches eben diese Menschen auf brutale Weise unterdrücke.[102] Das Spannungsfeld der Zielsetzungen zwischen der Unterstützung von Kleinbauern auf der einen und der Unterstützung von politischen Systemen auf der anderen Seite wurde zur feldinternen Zerreißprobe.

4.4.4 Wertzuschreibungen des Kaffees und der Bezugspol der Abnehmer

Die Diskussionen um den Indio-Kaffee belegen, wie fragil die symbolische Wertzuschreibung einer Ware sein kann. Eingangs wurde die These aufgestellt, dass das Modell eines gerechteren Handels stets darauf basierte, dass das Bild einer globalen Verbundenheit zwischen Abnehmern und Produzenten aufgebaut wurde und dass dafür ein im Hintergrund stehender Bezugspol entscheidend war, in Bezug auf den sich die Abnehmer mit den Produzenten einig sahen und der die gedachte Verbindung legitimierte und stabilisierte. Im Fall des Indio-Kaffees war dieser Bezugspol in den 1970er-Jahren vor allem die Opposition gegen die Wirtschaftspolitik der Industrienationen und die Zwischenhändler und Großgrundbesitzer im globalen Süden sowie die Unterstützung von Kleinbauern im Aufbau einer eigenen Existenz. Beim Nicaragua-Kaffee war der Bezugspol für viele Unterstützer ein anderer. Ihnen

---

100 Vgl. MAA, ZA: 2003/21 GF HAV: GEPA Gewürzaktion 1979–1982/Fedecocagua 1979–80, Stellungnahme der GEPA-Geschäftsstelle zu Fedecocagua, 12. Februar 1982.

101 O. V.: „Die Indianer noch einmal besiegen", in: Der Spiegel, 25/83, 20. Juni 1983, S. 90–91, hier: S. 90; vgl. Brands: Latin, S. 206ff.; Konefal: Every; Gabriel, Leo: Aufstand der Kulturen. Konflikt-Region Zentralamerika. Guatemala, El Salvador, Nicaragua, Hamburg, 1987, S. 60–65; Kron, Stefanie: Guatemala. Paramilitarismus und sozialer Widerstand, in: Kaltmeier, Olaf, Kastner, Jens und Tuider, Elisabeth (Hg.): Neoliberalismus – Autonomie – Widerstand. Soziale Bewegungen in Lateinamerika, Münster, 2004, S. 101–119.

102 GA, PPA ab: 19.03.1982 bis: 17.12.1983, Guatemala und die Aktion Dritte Welt Handel, undatiert, S. 1.

ging es vor allem um den Aufbau und die Unterstützung einer revolutionären Befreiungsbewegung. Dieser Bezugspol wurde von ihnen in der Folge auf den Indio-Kaffee übertragen. Da sich aber die Unterstützung der Kleinbauern der Fedecocagua nicht mit der Unterstützung von Befreiungsbewegungen vereinbaren ließ, verlor der Verkauf von Indio-Kaffee für viele Basisgruppen jegliche Legitimation; erst recht, als vermutet wurde, dass mit dem Indio-Kaffee eine Militärregierung unterstützt werde – was dem Bezugspol diametral entgegenstand. Es zeigt sich: Je eindeutiger die Produzenten von den Abnehmern auf einer gedachten Linie zu dem Bezugspol verortet werden konnten, desto einfacher war die Identifikation. Umgekehrt schwand die Identifikation, wenn die Produzenten nicht mehr eindeutig zu verorten waren. Als Gerüchte umgingen, dass Alfredo Hernández möglicherweise Großgrundbesitzern oder westlichen Organisationen nahestehe, und bekannt wurde, dass er sogar Deutsch sprach, verlor er für viele Basisvertreter vollends an Glaubwürdigkeit. Noch 1985 hieß es von der Guatemala-Informationsstelle Bonn, man erwarte von der Fedecocagua „eine konsequente politische Haltung, die an emanzipatorischen Vorstellungen orientiert" ist.[103] Sie übersah, dass der guatemaltekische Dachverband diesen Anspruch nie erfüllen wollte und konnte. Treffend wurden die Diskussionen in einem Artikel im Publik-Forum zusammengefasst. Viele Verkaufsgruppen an der Basis, so der Autor, übertrügen „Revolutionsträumereien auf wehrlose, arme Kaffeebauern in Zentralamerika".[104]

Die Streitigkeiten um den Indio-Kaffee sorgten im Feld des Fairen Handels für Ernüchterung. Der Projektpartnerausschuss der GEPA forderte dazu auf, „[n]icht mehr so ‚blauäugig' über die Vorzüge ‚Alternativer Handel' zu reden" und die Produzenten „nicht mit so großer Arroganz zu behandeln und zu beurteilen".[105] Die Geschäftsstelle der GEPA stellte fest, wie schwer es sei, die „Bedürfnisse der Partner in der Dritten Welt und Bedürfnisse der Aktions- und Ladengruppen miteinander in Einklang zu bringen", und dass der Handel mit Fedecocagua „die Grenzen des Alternativen Handels" deutlich gemacht habe.[106]

---

103 GA, PPA ab: 16.3.1984 bis: 15.6.1985, Informationsstelle Guatemala Bonn an GEPA, 31. Mai 1985, S. 2.

104 Seiterich, Thomas: Arglose Kunden getäuscht?, in: Publik-Forum, 7, 9. April 1982, S. 7.

105 GA, PPA ab: 19.03.1982 bis: 17.12.1983, Protokoll PPA-Sitzung vom 19./20. März 1982, S. 3.

106 GA, PPA ab: 19.03.1982 bis: 17.12.1983, Begründung für eine Klausurfachtagung im April 1983, 7. September 1982, und GA, PPA ab: 19.03.1982 bis: 17.12.1983, Stellungnahme der GEPA-Geschäftsstelle zu Fedecocagua, 12. Februar 1982, S. 3.

Friedrichs und Balz sehen in dem Konsum bestimmter Produkte für das Alternative Milieu eine Doppelbedeutung: Durch manche Produkte habe man sich gefühlt „an der Ausbeutung" beteiligt, der Boykott ebendieser Produkte habe es aber ermöglicht, „im Kleinen politisch handlungsfähig zu werden und sich dadurch nicht zuletzt der Richtigkeit der eigenen – politischen, moralischen, stilistischen – Position zu versichern". Der bewusste Konsum anderer Produkte wiederum habe bedeutet, „aktiv an politischen Auseinandersetzungen in der globalen ‚Peripherie' teilzuhaben".[107] Beide Einschätzungen werden durch die Wertzuschreibungen und Diskussionen um den Indio- und den Nicaragua-Kaffee bestätigt.

4.5 Erste Risse im Gruppenbild der Revolution

Als Alternative zum Indio-Kaffee wurde von den Fedecocagua-kritischen Gruppen fast immer der Nicaragua-Kaffee ins Spiel gebracht. Vor allem nach den Boykottaufrufen gegen den guatemaltekischen Kaffee im März 1981 schwenkten viele Konsumenten an der Basis auf den Konsum von nicaraguanischem Kaffee um. Dieser Effekt wurde noch verstärkt durch die im Juni 1981 bundesweit organisierte Kaffee-Kampagne „Boykottiert die Kaffeekonzerne". Unter diesem Motto riefen zahlreiche entwicklungspolitische Gruppen in der Bundesrepublik dazu auf, den Kaffee der großen Röstereien zu meiden und zum alternativ gehandelten Kaffee aus Nicaragua zu greifen.[108] Da die GEPA allerdings schon im Dezember 1980 in Nicaragua den Kaffee für das kommende Jahr bestellt und dabei die Verkaufszahlen des Vorjahres als Grundlage genommen hatte, überstieg die Nachfrage 1981 schnell das Angebot. Bereits im Juli 1981 war der Kaffee ausverkauft.[109]

---

107 Balz/Friedrichs: Individualität, S. 29–30.

108 Vgl. beispielsweise o. V.: Boykottiert die Kaffeekonzerne!, in: blätter des iz3w 93, Mai 1981, S. 58. Die Aktion wurde unter dem Motto „Gegen die Macht der Kaffeekonzerne – Die Gewinne denen, die den Kaffee anbauen" im Oktober 1985 ähnlich wiederholt, vgl. dazu und zu der Aktion von 1981 u.a. Glöge, Michael: Kaffee-Kampagnen. Gegen die Macht der Kaffeekonzerne – die Gewinne denen, die den Kaffee anbauen!, in: AG3WL (Hg.): Weltladen-Handbuch, S. 232–237.

109 Vgl. GA, PPA ab: 23. Apr. 1979 bis: 14. Dez. 1981, GEPA Information: „Nicaragua-Kaffee ist knapp!", undatiert; FZH Michelsen E.1, Kaffee aus Nicaragua, undatiert; AG3WL: Kaffee aus Nicaragua – die Nachfrage ist nicht zu befriedigen, in: Forum entwicklungspolitischer Aktionsgruppen 49, Dezember 1981, S. 13.

In den ersten beiden Jahren nach dem *triunfo* von 1979, der „Jubelzeit' der Solidaritätsbewegung"[110], war das Bild der nicaraguanischen Revolution kaum getrübt. Allerdings stellte sich ab 1981 immer klarer heraus, dass die ausschließlich positive Identifikation mit den Sandinisten gefährdet war – womit die Wertzuschreibung des Nicaragua-Kaffees brüchig wurde. Einen ersten Dämpfer erhielt die Nicaragua-Solidarität, als ab 1981 das Vorgehen der FSLN gegenüber den Miskitos in die Kritik geriet.

4.5.1 Die Brisanz der Miskito-Frage

Die Miskitos sind ein indigener Volksstamm, der in Nicaragua in der nördlichen Grenzregion zu Honduras und vor allem an der Karibikküste siedelte.[111] Die als Miskito-Küste bezeichnete Karibikregion liegt für nicaraguanische Verhältnisse weit von der Hauptstadt Managua entfernt und war noch in den 1980er-Jahren sehr schlecht vom Landesinneren aus zugänglich. Indigene und Afroamerikaner, die insgesamt nur neun Prozent der Gesamtbevölkerung Nicaraguas ausmachten, stellten hier die absolute Bevölkerungsmehrheit von bis zu 90 Prozent. Da die Region lange Zeit unter englischer Herrschaft stand, werden dort bis heute vor allem indianische Dialekte und Englisch gesprochen. Insgesamt bedeutete dies, dass die Miskito-Region vor 1979 nur eine geringe Bindung an Zentralnicaragua aufwies. Im Anschluss an die Machteroberung bemühten sich die Sandinisten aber, die staatliche Kontrolle in der Region zu festigen, offensichtlich nicht zuletzt, da sie das Entstehen von Widerstandsbewegungen und ein Einfallstor für die CIA befürchteten. Der Konflikt spitzte sich zu, als die Sandinisten begannen, Edelhölzer in der Miskito-Region abzubauen. Auf die folgenden Proteste aus den Reihen der Miskitos antworteten die Sandinisten im Februar 1981 mit der Inhaftierung mehrerer Anführer der Miskito-Organisation Misurasata.[112] Ende 1981 folgten in der nördlich gelegenen Region Nicaraguas militärische Aktionen und ab Anfang 1982 Zwangsumsiedlungen der Indigenen. Mehrere Tausend Miskitos flohen, zahlreiche davon über die Grenze nach Honduras.

---

110 Gawora: Lateinamerika, S. 75.

111 Vgl. zum Folgenden stets González, Miguel und Figueroa, Dolores: Regional Autonomy on the Caribbean Coast, in: Close/Martí i Puig/McConnell (Hg.) Sandinistas, S. 161–184; Kinloch Tijerino: Historia, S. 318–321; Staten: History, S. 109–111; o. V.: „Kampf um das Überleben der Indianer", in: Der Spiegel 43/82, 25. Oktober 1982, S. 174–181.

112 Diese Organisation war ursprünglich 1979 als sandinistische Organisation der Miskito, Sumu und Rama gegründet worden, vgl. González/Figueroa: Regional, S. 165.

Das Verhalten der Sandinisten rief den Protest mehrerer Menschenrechts- und Indigenenorganisationen sowie der katholischen Kirche hervor.[113] Außerdem wurde bekannt, dass die FSLN 1981 offensichtlich mehrere Oppositionelle als Konterrevolutionäre verurteilt und wiederholt beispielsweise die Veröffentlichung der Zeitung *La Prensa* verhindert hatte. Angesichts dessen wuchs auch in der Bundesrepublik die Unsicherheit. Im März 1981 wurde in den blättern des iz3w berichtet, dass die Sandinisten den „Menschenrechtlern des Landes einen Maulkorb verpaßt" hätten.[114] Für die Solidaritätsbewegung in der Bundesrepublik war der Umgang mit den Miskitos nur schwer mit der utopischen Vorstellung von Nicaragua zu vereinbaren, das Bild der scheinbar einwandfreien Revolution wurde getrübt. Viele Solidaritätsbewegte gingen auf Distanz oder sahen ihre Aufgabe in der Ausübung einer „kritischen Solidarität".[115] Eine solche betonte bald darauf auch Gerd Nickoleit als Aufgabe der GEPA, um dem Verdacht zu entgehen, „auf dem linken Auge blind zu sein".[116]

Erneut zeigt sich die Bedeutung des Bezugspols. Je eindeutiger man sich mit den Produzenten auf einer Linie zu diesem Bezugspol sah, desto positiver war die Wertzuschreibung. Während anfangs im Feld noch die breite Überzeugung geherrscht hatte, gemeinsam mit den Nicaraguanern an einem „neuen Aufbau" zu arbeiten,[117] wurde diese Überzeugung brüchiger, je mehr zu vermuten stand, dass das Verhalten der Sandinisten nicht mit den eigenen Idealvorstellungen übereinstimmte. Doch trotz der früh einsetzenden Unsicherheiten über die Verortung der Sandinisten sollte der Verkauf von Nicaragua-Kaffee erst noch seine eigentliche Blütezeit erleben. Verantwortlich dafür war wiederum der Bezugspol der gedachten Verbundenheit mit den Produzenten, denn seine wichtigste Wertzuschreibung bekam der Kaffee aus Nicaragua vor allem im linkspolitischen Umfeld erst um 1983. Dies lag

---

113 Vgl. Kinloch Tijerino: Historia, S. 323–326; Heinen: Christus, vor allem S. 67ff.; Smith: Revolution, S. 169–170.

114 O. V.: Nicaragua: Maulkorb fürs Menschenrecht, in: blätter des iz3w 92, März 1981, S. 24.

115 Vgl. Heß/Lucas: Bundesdeutsche, S. 312–313, hier: S. 313; Breidenstein, Gerhard: Nicaragua – bröckelt die Solidarität ab?, in: blätter des iz3w 86, 1980, S. 14–16; Rediske, Michael und Schneider, Robin: Nicaragua. Zwischen Kolonialismus und Revolution, in: blätter des iz3w 98, 1981, S. 28–29; Balsen/Rössel: Solidarität, S. 416–423; Gawora: Lateinamerika, S. 82–87; Gabriel: Aufstand, S. 231–246.

116 GA, GEPA Grundsatz/Bildungsarbeit/Selbstdarstellung, Interview mit dem Projektreferenten der GEPA, Gerd Nickoleit, undatiert, S. 3.

117 Vgl. Abbildung 7.

daran, dass der Kalte Krieg in den 1980er-Jahren in eine besonders kritische Phase eintrat und Zentralamerika Schauplatz der machtpolitischen Auseinandersetzung wurde.

4.5.2 Die CIA, die Contras und die Solidaritätsbewegung

Offensichtlich erschien es der Reagan-Administration zu riskant, nach Kuba mit Nicaragua noch ein zweites durch Revolutionäre regiertes Land im unmittelbaren geografischen Umfeld zu haben – zumal Nicaragua anders als Kuba auf dem amerikanischen Festland lag und befürchtet wurde, dass dadurch andere revolutionäre Bewegungen in Zentralamerika Aufwind bekommen könnten.[118] Außerdem hatte Somoza zum Machterhalt auf die Unterstützung der USA bauen können und nordamerikanischen Investoren anscheinend viele Zugeständnisse gemacht, die zum Teil durch die Sandinisten wieder außer Kraft gesetzt worden waren.[119] Aus der US-amerikanischen Wirtschaft wuchs der Druck auf die Regierung, in Nicaragua für die Durchsetzung der eigenen Interessen zu sorgen. Bald nach seiner Amtseinführung im Jahr 1981 unterzeichnete US-Präsident Reagan eine Bewilligung über 19 Millionen Dollar, die für politische und paramilitärische Operationen gegen die „kubanische Präsenz" in Zentralamerika zur Verfügung gestellt werden sollten.[120] Das Ziel war unter anderem eine Stärkung der nicaraguanischen Opposition. Dazu sollten die Aktivitäten der US-Geheimdienste in Mittelamerika intensiviert und geheime, gegen die Sandinisten gerichtete Militäroperationen in Nicaragua aufgebaut werden. Die von der CIA unterstützten Truppen wurden als „Contras" bekannt und griffen, meist von Honduras aus operierend, Verkehrswege, Brücken und wirtschaftliche Ziele in Nicaragua an. Offensichtlich zielten die Maßnahmen direkt auf die Demoralisierung der Bevölkerung: Immer wieder wurde berichtet, dass die Contras gezielt gegen nicaraguanische Zivilisten mit besonders grausamen Foltermethoden vorgingen. Im Jahr 1982 wurde vom US-amerikanischen Kongress das sogenannte Boland Amendment

---

118 Vgl. dazu und zum Folgenden Peace: Call, S. 19ff.; Staten: History, S. 98ff.; Brands: Latin, vor allem Kap. 6 und 7; O'Brien: Making, S. 267ff. Peter H. Smith sieht die US-Außenpolitik gegenüber Lateinamerika generell von dem Willen geprägt, die Hegemonie über den südlichen Teil des Kontinents zu bekommen und zu erhalten, vgl. Smith: Talons, hier vor allem S. 168ff.

119 Zum Verhältnis der USA zu Somoza vgl. Solaún, Mauricio: U. S. Intervention and Regime Change in Nicaragua, Lincoln/London, 2005.

120 Peace: Call, S. 20.

verabschiedet, mit dem jegliche finanzielle oder militärische Unterstützung von Contra-Truppen durch die USA untersagt wurde. Wie jedoch
erst Ende 1985 bekannt wurde, wurden weiterhin von der CIA mit Billigung der US-Regierung Mittel anderer Bestimmung kurzerhand zweck-
entfremdet und zur Unterstützung der Contras umgeleitet. Die Guerillas
konnten außerdem ungehindert durch die CIA über Drogengeschäfte
ihre Finanzen aufbessern. Die Truppenstärke der Contras wuchs weiter
an, Ende 1983 sollen bereits 10.000–12.000 Mann einsatzfähig gewesen
sein.[121] Zum großen Teil rekrutierten sie sich aus ehemaligen Mitgliedern
der Nationalgarde Somozas, aber inzwischen hatten sich viele geflohene
Miskitos den Truppen angeschlossen. Die Angriffe der Contras machten
es erforderlich, dass teilweise bis zu 50 Prozent des nicaraguanischen Brut-
toinlandsprodukts für den Militärhaushalt aufgewandt wurden. Verbunden
mit den massiven wirtschaftlichen Repressionen der USA, denen sich verschiedene zentralamerikanische Staaten anschlossen, führte dies bald dazu,
dass die sandinistische Wirtschaft in eine tief greifende Rezession geriet.[122]
  Als in westlichen Medien durchsickerte, dass die USA an den Contra-
Angriffen unmittelbar beteiligt sein könnten[123], gab dies der Solidaritätsbewegung neuen Auftrieb. Viele Bundesbürger sahen sich in der Pflicht, dem
nicaraguanischen Volk im Widerstand gegen die USA beizustehen – erst
recht, als bei den nicaraguanischen Präsidentschaftswahlen von 1984, die
von zahlreichen unabhängigen Wahlbeobachtern als regulär und frei beurteilt wurden, die Sandinisten mit fast zwei Dritteln der Stimmen im Amt
bestätigt wurden.[124] Damit waren für viele Solidaritätsbewegte „die Verhältnisse wieder klarer".[125] Die Unterscheidung zwischen Gut und Böse,
zwischen Unterdrückern und Befreiungsbewegung, zwischen Arm und
Reich war wieder scheinbar eindeutig zu treffen. Auch wenn der Umgang
der FSLN mit den Miskitos ein ständiger neuralgischer Punkt der Solidaritätsbewegung blieb, konnte deren Widerstand zumindest in der Tendenz

---

121 Vgl. Förch: Idealen, S. 86–87.
122 Speziell dazu Blanco: Wirtschaftspolitik, vor allem S. 134 ff.; Staten: History, S. 103 ff.
123 Vgl. beispielsweise o. V.: Töricht und dumm, in: Der Spiegel 45/82, 8. November 1982,
     S. 147–151.
124 Allerdings hatte die wichtigste Oppositionspartei zuvor ihre Wahlbeteiligung aus Protest
     zurückgezogen. Vgl. McConnell, Shelley A.: The Uncertain Evolution of the Electo-
     ral System, in: Close/Martí i Puig/McConnell (Hg.): Sandinistas, S. 121–135; Kinloch
     Tijerino: Historia, S. 311–312.
125 Balsen/Rössel: Solidarität, S. 428.

der Gegenseite zugeordnet werden, da sich viele Miskitos an den Contra-Aktivitäten beteiligten.[126]

Es dauerte nicht lange, bis sich die Wertzuschreibung des Nicaragua-Kaffees wandelte. Bei der GEPA zeigte man sich bald überzeugt, in einem Einwirken auf die politischen Entscheidungen in den USA liege „der Haupthebel", mit dem die Situation der Bevölkerung in den „mittelamerikanischen Staaten verbessert werden" könne: „Kaffee aus Guatemala kann gleichermaßen wie der Kaffee aus Nicaragua als Medium für die Bildungsarbeit [...] genutzt werden".[127] Diese Hoffnung erfüllte sich zwar nicht ganz, denn der Indio-Kaffee aus Guatemala hatte wie gezeigt inzwischen so sehr an Rückhalt verloren, dass er sich nicht in diesen Kontext einschreiben ließ. Beim Kaffee aus Nicaragua dagegen gelang dies weitaus besser: Seine mit Abstand wichtigste Wertzuschreibung lag bald darin, dass er den Käufern zur Sichtbarmachung der eigenen Solidarität und zur Unterstützung Nicaraguas im Kampf gegen die USA diente. Die Tatsache, dass erneut der Kaffee in den Mittelpunkt rückte, hatte nicht nur den Grund, dass er in der Bundesrepublik bereits als Solidaritätsprodukt importiert und verkauft wurde. Seine Eignung für die Wertzuschreibung lag vielmehr darin, dass er in dem Konflikt selbst eine besondere Rolle spielte.

4.5.3 Der Kaffee und die Revolution

Da die Contra-Truppen meist aus dem nördlichen Nachbarland Honduras nach Nicaragua einfielen und Kaffee als wichtigstes Exportgut das Rückgrat der nicaraguanischen Wirtschaft war, waren die im schwer zugänglichen Norden des Landes gelegenen Kaffeeanbaugebiete besonders oft von Angriffen betroffen.[128] Immer wieder wurden Zivilisten sowie Gebäude von Kooperativen, Zentren zur Kaffeeverarbeitung, medizinische Einrichtungen und Schulen zu Zielen der Contras. Dazu kam, dass die meist mannshohen Stauden des Kaffeebusches den Contras ein Versteck boten, aus dem heraus sie unbemerkt angreifen konnten. In mehreren Gebieten Nicaraguas stellten

---

126 Vgl. beispielsweise Werz, Nikolaus: Revolution und Konterrevolution, in: blätter des iz3w 109, Mai 1983, S. 3–9; o. V.: „Hände weg von Nicaragua", in: Der Spiegel 25/83, 20. Juni 1983, S. 88–97.

127 GA, PPA ab: 19.03.1982 bis: 17.12.1983, Guatemala und die Aktion Dritte Welt Handel, undatiert, S. 6.

128 Vgl. Kinloch Tijerino, S. 277; Förch: Idealen, S. 88; Paige: Coffee, vor allem S. 272ff.; generell zur Bedeutung des Kaffees in Nicaragua vgl. Kühl Arauz, Eddy: Nicaragua y su café, Managua, 2004.

die Bauern auf den Anbau von Feldfrüchten mit niedrigeren Pflanzen wie Kartoffeln um. Dies geschah verstärkt, als durch die Wirtschaftsboykotte westlicher Staaten auch Grundnahrungsmittel im Land knapp wurden.[129] Das nicaraguanische Kaffeeangebot wurde dadurch noch zusätzlich verringert. Im Erntejahr 1982/83 exportierte Nicaragua noch 1,13 Millionen Sack Kaffee, 1984/85 konnten dann nur noch knapp 660.000 Sack ausgeführt werden.[130] Wie Vertreter der nicaraguanischen Exportorganisation Encafé gegenüber der GEPA verlauten ließen, sei schon der Kaffee der Ernte 1982/83 „unter schwierigsten Bedingungen herausgeschafft" worden.[131] Zwei Jahre später betonten Vertreter der nicaraguanischen Bauernvereinigung UNAG auf einer Rundreise durch Deutschland die Rolle des Kaffees als wichtigster Devisenbringer für Nicaragua, wiesen aber zugleich auf die Probleme hin. In den letzten Jahren seien allein in den nördlichen Kaffeeanbauregionen achthundert Bauern erschossen worden, über siebentausend abgewandert. Der Kaffee werde von den Contras regelmäßig systematisch vernichtet, sechs Kaffeesammelstellen und achtzehn Verarbeitungsanlagen seien zerstört worden. Dennoch habe man sich zum Ziel gesetzt, im kommenden Jahr fast 650.000 *quintales* Kaffee zu produzieren, obwohl man sich im Klaren sei, „daß dies viele Menschenopfer kosten" werde. Der Grund dafür sei, dass man einer Demoralisierung der Bevölkerung entgegenwirken wolle, weshalb den Kaffeebauern Sonderprämien gezahlt würden, die wiederum aus den Mehrpreiszahlungen der Solidaritätsbewegungen finanziert werden könnten.[132] Doch trotz dieser Sonderzahlungen bestand bei der Kaffee-Ernte erhebliche Personalnot. Die Angriffe der Contras und die Tatsache, dass vielen Bauern von den Sandinisten nun Land in Kooperativen zugeteilt worden war, hatten zur Folge, dass immer weniger Erntehelfer zur Verfügung standen.[133]

---

129 Dies ging aus mehreren Gesprächen mit Kleinbauern in Nicaragua hervor. Vgl. ferner Süllow, Angelika: Abschlussbericht Deutscher Entwicklungsdienst Zentralamerika, Kooperation mit UCA Miraflor, Zeitraum 1. September 1991 bis 31. August 1997, Estelí, 1997, S. 4–7; Interview Süllow.

130 Vgl. International Coffee Organization, Total Exports to all Destinations, Crop Years 1980/81 to 1989/90.

131 GA, PPA ab: 19.03.1982 bis: 17.12.1983, Nicaragua, undatiert, S. III.

132 GA, PPA ab: 07.09.85 bis: 25.04.87, Aktennotiz zu Gesprächen mit Vertretern aus Nicaragua am 31. Oktober 1985; vgl. o. V.: Besuch aus Nicaragua, in: Kaffeebohne & Teeblatt 5, Februar 1986.

133 In den 1980er-Jahren bekamen 42 Prozent der Kaffeebauern der nördlichen Regionen Land zur eigenen Verwaltung zugesprochen, vgl. Bacon, Christopher M.: A Spot of Coffee in Crisis. Nicaraguan Smallholder Cooperatives, Fair Trade Networks, and

Erntehelfer aus Europa

Nachdem im Oktober 1983 US-Einheiten im Karibikstaat Grenada gelandet waren, schien eine US-Invasion in Nicaragua immer wahrscheinlicher zu werden.[134] Daher forderten die Sandinisten Sympathisanten im Ausland dazu auf, nach Nicaragua zu fliegen, um unter anderem bei der Kaffee-Ernte behilflich zu sein. Die Hoffnung lag dabei aber vor allem darauf, dass die Anwesenheit von westlichen Staatsangehörigen die USA von einem Angriff abhalten würde.[135] Ende 1983 machten sich die ersten Freiwilligen auf den Weg; ihnen folgten bald weitere, da ständig ein Militärschlag durch die USA befürchtet wurde.[136] Die sogenannten Arbeitsbrigaden wurden in den folgenden Jahren zu einer der wichtigsten Formen der Nicaragua-Solidarität. Wie Förch zusammenfasst, gab es „kaum eine Nicaragua-Solidaritätsgruppe, von der nicht ein erheblicher Teil der Mitglieder als Arbeitsbrigadistin oder Arbeitsbrigadist in Nicaragua gewesen" war.[137] Unter dem Motto „Wir bauen auf, was die Contra zerstört", halfen Freiwillige aus Europa und den USA beim Neu- oder Wiederaufbau von Gebäuden, bei der medizinischen Versorgung, vor allem aber als Kaffeepflücker.[138] Für die Heimgekehrten wie für die Zurückbleibenden stellte der Kaffee aus Nicaragua damit einen ganz persönlichen Bezugspunkt zur sandinistischen Revolution dar. Marielouise Janssen-Jurreit, die Ende 1983 Arbeitsbrigaden bei der Kaffee-Ernte begleitete, beschrieb in dem Artikel „Wir pflücken schon mehr als die Nicas":

Gendered Empowerment, in: Latin American Perspectives 37, 2, 2010, S. 50–71, hier: S. 54. Wie aus den in Nicaragua geführten Gesprächen hervorging, scheint das Kooperativenwesen den Bauern in Nicaragua aber oft auch gegen ihren Willen aufgezwungen worden zu sein. Vgl. dazu auch Interview Meyer; Interview Süllow.

134 Vgl. dazu und zum Folgenden Peace: Call; Staten: History; Brands: Latin.

135 Vgl. u. a. die Aufrufe Infobüro Nicaragua: Arbeitsbrigaden nach Nicaragua, in: Forum entwicklungspolitischer Aktionsgruppen 76, Februar 1984, S. 23–24; Informationsbüro Nicaragua e. V.: Frieden für Nicaragua, in: blätter des iz3w 115, Februar 1984, S. 136–37; ferner Interview Meyer.

136 Vgl. dazu den ausführlichen Erfahrungsbericht von Reimar Paul, der bei den ersten Arbeitsbrigaden Ende 1983 dabei war: Paul: Zwischen.

137 Förch: Idealen, S. 98. Vgl. Lucas: Solidarität; Bacon: Spot, S. 55; Balsen/Rössel: Solidarität, S. 429–430; Perla Jr., Hector: The FSLN and International Solidarity, in: Close/Martí i Puig/McConnell (Hg.): Sandinistas, S. 269–285.

138 Vgl. Paul: Zwischen; Heß/Lucas: Bundesdeutsche, S. 309–312; Förch: Idealen, S. 97–98; Karges: Solidarität, S. 112–113.

Ende Februar werden sie zurück sein und jede Tasse Filterkaffee anschauen, als enthielte sie eine heilige Substanz. „In ganz anderer Andacht und Würde", bestätigen sie sich, werden sie dann ihren Kaffee trinken. Denn sie haben zentnerweise die Kaffeebohnen gepflückt [...], im Herzen die Ideale der sandinistischen Revolution und im Hinterkopf das unruhige Gefühl, ein „Contra" könnte plötzlich hinter ihnen auftauchen.[139]

Der Kaffee aus Nicaragua stellte das Medium dar, über das sich die Konsumenten unmittelbar mit Nicaragua und der Revolution verbunden fühlten. Bei der GEPA sprach man mit Sicherheit dem ein oder anderen Käufer aus der Seele, als man bei der Ankündigung von Lieferschwierigkeiten des Nicaragua-Kaffees ergänzte: „Warum mußten wir den Gruppen und Läden diesen Verzicht zumuten [...]? Wie lange sollen diese harten Zeiten noch dauern?"[140] Denn die Solidarität mit Nicaragua bedeutete nicht nur, das Land öffentlich zu unterstützen, sondern auch eine Hoffnung auf Verwirklichung der eigenen Utopien und dadurch eine als unmittelbar empfundene Teilhabe an der Revolution. Diese vielfältigen Zuschreibungen manifestierten sich in dem Nicaragua-Kaffee. Der Konsum dieses Kaffees wurde als unmittelbarer Beitrag zur Verteidigung der sandinistischen Revolution gesehen.

So wird verständlich, weshalb der Konsum des Kaffees aus Nicaragua für die meisten Solidaritätsbewegten eine fast schon existenzielle Bedeutung besaß. Die Politisierung des Kaffeekonsums zeigte sich schließlich auch darin, dass Walter Schwenninger, Abgeordneter der Grünen, im Bundestag äußerte, er sehne sich „nach einem Bundeskanzler, der [...] täglich seinen Nicaragua-Kaffee aus dem Dritte-Welt-Laden trinkt – als unterstützende kleine Maßnahme dieses hoffnungsvollen eigenen Weges eines Volkes der Dritten Welt".[141]

---

139 Janssen-Jurreit, Marielouise: „Wir pflücken schon mehr als die Nicas", in: Der Spiegel, 5/84, 30. Januar 1984, S. 113–116, hier: S. 113; vgl. auch die Schilderungen Daniel Jaffees über seine Arbeit als Brigadist in Nicaragua 1985: „we found ourselves in the very heart of the contra war zone, and during the four weeks we spent on the state-owned farm, two neighboring farms were attacked and several of their inhabitants killed by the U.S.-funded counterrevolutionary army. [...] coffee harvesting was clearly not an easy living", Jaffee: Brewing, S. 36; ähnlich auch Heß/Lucas: Bundesdeutsche, S. 311.

140 GA, PPA ab: 23. Apr. 1979 bis: 14. Dez. 1981, GEPA Information: „Nicaragua-Kaffee ist knapp!", undatiert.

141 Schwenninger, Walter, Die Grünen: Rede vor dem Dt. Bundestag, Protokoll der 56. Sitzung, Bonn, 23. Februar 1984, S. 4031f., zit. nach Balsen/Rössel: Solidarität, S. 510–514, hier: S. 514.

Abbildung 8   Plakat der Solidaritätsbewegung mit Nicaragua, undatiert.

4.5.4 Abschied vom Indio-Kaffee

Für die GEPA wurde der Kaffee aus Nicaragua folgerichtig zu einem bedeutenden Umsatzträger. Im Geschäftsjahr 1982/83 betrug der Anteil des Nicaragua-Kaffees am Gesamtumsatz der GEPA bereits 19,5 Prozent, 1985 waren es 27 Prozent.[142] Insgesamt war Kaffee in den 1980er-Jahren durchgängig für knapp die Hälfte des GEPA-Umsatzes verantwortlich.[143]

Diese Entwicklung sah man bei der GEPA aber nicht so positiv, wie vermutet werden könnte. Wie regelmäßig festgestellt wurde, war der Großteil der Produzenten, die wirtschaftlich, strukturell und politisch besonders benachteiligt schienen und die daher „am ehesten den Projektpartnerkriterien entspr[a]chen", eben nicht im Kaffeeanbau tätig, sondern viel stärker in der Herstellung von Kunsthandwerk.[144] Die Nachfrage nach Kunsthandwerk war auf Abnehmerseite inzwischen aber auf einem Tiefpunkt angelangt.

---

142 Vgl. MAA, ZA: GF HAV: GEPA Nicaragua-Kaffee, Aktennotiz zu TOP 8 der GEPA-Gesellschafterversammlung am 1. Oktober 1987; GA, PPA ab 10.09.88 bis 09.03.90, Bericht der GEPA aus Anlaß des Jahresabschlusses 1987/88, S. 10.

143 Vgl. o. V.: Umsatzboom mit Nahrungsmitteln, in: epd-Entwicklungspolitik, 7/8, 1985, S. 22; GA, PPA ab 10.09.88 bis 09.03.90, Bericht der GEPA aus Anlaß des Jahresabschlusses 1987/88.

144 GA, GEPA Grundsatz/Bildungsarbeit/Selbstdarstellung, unbetiteltes und undatiertes Schreiben.

Das Steigen des Ölpreises und des Dollarkurses hatte zu höheren Herstellungs- und Lieferkosten geführt, zugleich waren immer mehr Handwerkswaren, die denen aus dem GEPA-Sortiment vergleichbar waren, günstiger und in vermutlich besserer Qualität in Kaufhäusern verfügbar.[145] 1985 hieß es, inzwischen ließen sich nur noch kunsthandwerkliche Gegenstände verkaufen, „die der Kunde einfach mal so mitnehmen kann, ohne daß es – bei allem guten Zweck – seinem Geldbeutel zu weh tut".[146] Damit blieb aber, so Gerd Nickoleit von der GEPA, nur noch ein minimaler „Spielraum für ‚alternatives Handeln' bzw. für eine faire Behandlung der Produzenten".[147] Dies zeigt die Schwierigkeiten im Spannungsfeld zwischen der Orientierung an den Produzenten und an der Nachfrage der Konsumenten. Dieses Spannungsfeld, das sei bereits gesagt, sollte Ende der 1980er-Jahre im Zuge der Handelsausweitung noch besondere Brisanz bekommen.

Grafik 8   Umsatzentwicklung der GEPA, 1979–1985

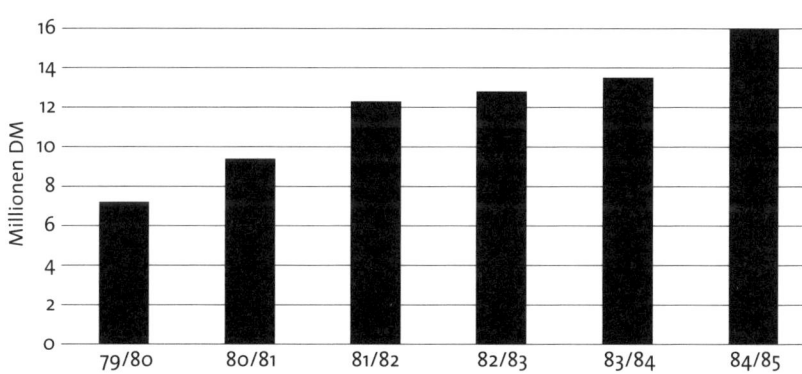

Von der Gesellschafterversammlung der GEPA war angesichts dieser Entwicklungen und angesichts der Feststellung, „daß Kaffeeanbau ‚ungesund' für die Produzentenländer" sei, schon Ende November 1981 festgelegt worden, dass der Gesamtanteil von Kaffee im GEPA-Umsatz 35 Prozent nicht

---

145 Vgl. GA, PPA ab: 19.03.1982 bis: 17.12.1983, Begründung für eine Klausurfachtagung im April 1983, 7. September 1982.

146 Warda, Jutta: Wer die GEPA beliefert, in: epd-Entwicklungspolitik 7/8, 1985, S. 21–25, hier: S. 23.

147 GA, PPA ab: 19.03.1982 bis: 17.12.1983, Begründung für eine Klausurfachtagung im April 1983, 7. September 1982.

übersteigen solle.[148] Zu diesem Zeitpunkt lag der Kaffeeanteil allerdings weit darüber. Der ohnehin umstrittene Import von Kaffee der Fedecocagua wurde im gleichen Jahr auf 1500 Sack jährlich herabgesetzt.[149] Wenngleich mehrere Stimmen bei der GEPA und bei Misereor die positiven Effekte der Fedecocagua für die Kleinbauern und für die guatemaltekische Gesellschaft unterstrichen und den Dachverband gar als „eine der Grundlagen für die Revolution" bewerteten,[150] wurde schließlich festgelegt, dass der Einkauf bei der Fedecocagua 1986/87 endgültig aufzugeben sei.[151] Die Begründung dafür zeigt die komplizierte Lage. Man gab an, keine politischen Rahmenbedingungen in die Beurteilung aufnehmen zu wollen, „da den Kleinbauern nicht die Schuld für die ihnen aufgezwungenen Rahmenbedingungen zuzuschreiben" sei. Daher wurde eine „projektpolitische Beurteilung" angeführt, die ergeben habe, dass die Fedecocagua abhängig vom Alternativen Handel sei, weshalb man es – und hier brach allem Anschein nach erneut das bereits früh verankerte paternalistische Denken im Umgang mit der Fedecocagua durch – als heilsamen Schritt bezeichnete, die Guatemalteken in die wirtschaftliche Selbstständigkeit zu überführen.[152] Allerdings wurde auch von den Verantwortlichen des guatemaltekischen Dachverbands Verständnis für den Wunsch nach Beendigung der Zusammenarbeit geäußert. Dazu trug sicherlich bei, dass das Bestellvolumen der GEPA und der action365 1986 mit 1500 Sack inzwischen auf einem Tiefpunkt angelangt war und dass die action365 darüber hinaus den freiwilligen Aufpreis nicht mehr im Voraus zahlen, sondern den Käufern selbst die Entscheidung über eine Mehrpreiszahlung

---

148 GA, PPA ab: 19.03.1982 bis: 17.12.1983, Protokoll der Sitzung des Projektpartner-Ausschusses vom 19./20. März 1982, S. 3.

149 Vgl. GA, PPA ab: 19.03.1982 bis: 17.12.1983, Protokoll der PPA-Sitzung vom 18. Oktober 1982, S. 2.

150 GA, PPA ab: 16.3.1984 bis: 15.6.1985, Aktennotiz betr. Fedecocagua, 28. Mai 1985; vgl. GA, PPA ab: 16.3.1984 bis: 15.6.1985, Bericht zur aktuellen Situation des Genossenschaftsdachverbandes Fedecocagua und einzelner Mitgliedsgenossenschaften anläßlich eines Besuchs in Guatemala vom 31.1.–8.2.1985, April 1985.

151 Vgl. GA, PPA ab: 16.3.1984 bis: 15.6.1985, PPA-Sitzung am 14./15. Juni 1985 betr. Fedecocagua; GA, PPA ab: 16.3.1984 bis: 15.6.1985, Entwurf Veröffentlichung der GEPA zu Fedecocagua, undatiert. Die S.O.S. hatte den Handel mit der Fedecocagua offensichtlich bereits 1980 aufgegeben, die österreichische EZA führte ihn allerdings bis Ende der 1980er-Jahre fort, vgl. o. V.: Betrifft: Fedecocagua und Indio-Kaffee, in: EZA-Info 9, Oktober 1987, S. 6.

152 Vgl. GA, PPA ab: 16.3.1984 bis: 15.6.1985, Protokoll der Sitzung des GEPA-Projektpartner-Ausschusses vom 14./15. Juni 1985.

überlassen wollte. Vor allem aber hatte man bei der Fedecocagua inzwischen erkannt, dass man bei dem Verkauf an Länder, die nicht am ICA teilnahmen, einen besseren Preis erzielen konnte als bei einem Verkauf an ICA-Mitglieder. Hier konnte der Dollar inoffiziell und zu einem höheren Wert in die guatemaltekische Währung getauscht werden, außerdem entfiel die Exportsteuer.[153] Diese paradoxe Situation zeichnete sich übrigens in vielen anderen Exportländern in einem ähnlichen Muster ab und trug drei Jahre später zu der Auflösung des Internationalen Kaffeeabkommens bei – worauf im nächsten Kapitel noch näher eingegangen wird.

Insgesamt klang es nach einem sehr ernüchterten Fazit, als ein Vertreter Misereors 1985 konstatierte, dass die Fedecocagua deutlich mehr hätte erreichen können und dass die Unterstützung eines vergleichbaren Projekts in der Zukunft „nur dann sinnvoll sei, wenn […] der Partner stärker mitziehe".[154] Aus der Rückschau sah man dennoch viele positive Aspekte, von denen die „‚Moralisierung' des Kaffeemarktes […] der wohl wichtigste entwicklungspolitische Effekt" gewesen sei.[155] Was dabei mit der „Moralisierung" gemeint war, wurde nicht näher ausgeführt. Doch aus der Rückschau ist festzuhalten, dass der Verkauf des Indio-Kaffees diesbezüglich mindestens zwei Effekte gehabt hat: Auf Produzentenseite half die Kooperation mit den deutschen Organisationen dem Dachverband, Zeiten der Krise zu überwinden und damit die Position der Kleinbauern zu stärken; auf Konsumentenseite wurde der Kaffeeverkauf explizit mit politischen Botschaften verbunden und der Produktionskontext thematisiert und damit wohl zum ersten Mal ein Kaffee über seine ethische Warenqualität im Markt positioniert.

---

153 Vgl. FZH Michelsen E.1, Hernández Contreras an GEPA, 31. Juli 1985; MAA, ZA: 2003/21 GF HAV: GEPA Gewürzaktion 1979–1982/Fedecocagua 1979–80, Aktennotiz zu Gespräch in GEPA-Geschäftsstelle am 14. Oktober 1985; MAA, ZA: 2003/21 GF HAV: GEPA Gewürzaktion 1979–1982/Fedecocagua 1979–80, Brief von Fedecocagua an GEPA, 29. September 1986; ICO Importing non-members Imports of all forms of coffee from all origins Calendar years 1964 to 1989; ICO Importing Members, Imports of all forms of coffee from all origins, Calendar years 1980 to 1989.

154 GA, PPA ab: 16.3.1984 bis: 15.6.1985, Aktennotiz betr. Fedecocagua, 27. März 1985.

155 GA, PPA ab: 16.3.1984 bis: 15.6.1985, Bericht zur aktuellen Situation des Genossenschaftsdachverbandes Fedecocagua und einzelner Mitgliedsgenossenschaften anläßlich eines Besuchs in Guatemala vom 31.1.–8.2.1985.

4.6 Zwischen Anti-Imperialismus und Kleinbauern

Wie erläutert wurde, ließ die Positionierung des Nicaragua-Kaffees als Mittel zur Unterstützung des kleinen Landes gegen die USA die Absatzzahlen in ungeahnte Höhen steigen. Markus Raschke urteilt zu Recht, dass erst die „politischen Vorgänge in Mittelamerika" den fair gehandelten Kaffee „auf sein späteres Bedeutungsniveau" gehoben hätten.[156] Doch zugleich hatte diese Positionierung des Kaffees als Mittel zur Unterstützung der Sandinisten zur Folge, dass der Konsum des Kaffees feldintern immer stärker im Kontext des Kalten Krieges ausgehandelt wurde.

4.6.1 Der Weg Nicaraguas: Sozialismus oder imperialistische Bedrohung?

Viele ausländische Beobachter sahen Nicaragua auf dem besten Weg, zu einem sozialistisch regierten Staat zu werden.[157] Bereits im US-Präsidentschaftswahlkampf 1980 hatte Ronald Reagan seinem Konkurrenten Carter vorgeworfen, sich zu wenig in Mittelamerika engagiert und es zugelassen zu haben, dass Nicaragua sich der Sowjetunion annäherte. Bald darauf schätzte Henry Kissinger die Sandinisten als eindeutig marxistisch-leninistisch ein.[158] In den Reihen der nicaraguanischen Regierung wiederum wurde aus Angst vor einem Angriff der USA offensichtlich in der Tat immer öfter eine Anlehnung an die Sowjetunion befürwortet.[159] Je öfter, regelmäßiger und deutlicher den Sandinisten in der dualistischen Landkarte des Kalten Krieges eine Nähe zur Sowjetunion unterstellt wurde, desto mehr wuchs im Feld des Fairen Handels vor allem in katholischen Kreisen die Ablehnung des Handels mit Nicaragua. Die kritischen Stimmen wurden dadurch gestützt, dass die katholische Kirche Nicaraguas sich nach einer anfänglichen Phase der Kooperation und Unterstützung von den Sandinisten distanzierte und spätestens seit 1981 immer mehr Meldungen umgingen, die von teils erheblichen Differenzen zwischen den christlichen Kirchen und den Sandinisten berichteten.[160] 1983 erreichte das Verhältnis zwischen der Regierung und der katholischen Kirche in Nicaragua eine Phase, die laut Heinen „die klassischen

---

156 Raschke: Fairer, S. 82.
157 Vgl. Brands: Latin, Kap. 6; Smith: Revolution.
158 Vgl. Smith: Revolution, S. 139.
159 Vgl. o. V.: „Hände weg von Nicaragua", in: Der Spiegel 25/83, 20. Juni 1983, S. 88–97.
160 Vgl. dazu und zum Folgenden Raden: Hilfswerke, S. 165ff.; Smith: Revolution; Staten: History, S. 102–103; Heinen: Christus, hier: S. 91ff.

Züge des Kirchenkampfes" trug.[161] Als der Priester und sandinistische Kulturminister Ernesto Cardenal von Papst Johannes Paul II. bei dessen Nicaragua-
Besuch am 4. März 1983 öffentlich für seine politischen Aktivitäten gerügt
wurde, wurden die Differenzen offensichtlich. Als anschließend im Sommer
1983 die allgemeine Wehrpflicht in Nicaragua eingeführt wurde, brach der
Konflikt zwischen der katholischen Kirche und den Sandinisten endgültig
aus. Dieser Konflikt wurde auch in Deutschland wahrgenommen. Der Kle-
rus, so berichtete Die Zeit im November 1983, habe bemängelt, dass es keine
Möglichkeit der Wehrdienstverweigerung gebe, schließlich müsse es jedem
selbst überlassen bleiben, „ob er ein von Tag zu Tag ‚repressiveres' Regime ‚auf
dem Pfad des Marxismus-Leninismus' verteidigen wolle". Die Amtskirche
habe „eindeutig Position gegen die Sandinisten bezogen", welche daraufhin
mit erheblichen Einschränkungen der kirchlichen Aktivitäten bis hin zur
gewaltsamen Störung kirchlicher Veranstaltungen geantwortet hätten.[162] Im
Dezember 1984 berichtete die Katholische Nachrichten-Agentur, die Sandinisten würden neben dem Marxismus keine Ideologie gelten lassen und
der nicaraguanische Geheimdienst unterwandere die Kirchen, weshalb vor
allem die katholische Kirche dort „Rückenstärkung in ihrem Kampf um
die Rückgewinnung der Menschlichkeit" brauche.[163] Einen Monat später
hieß es, sowohl die evangelische als auch besonders die katholische Kirche
würden in Nicaragua einen harten Kampf ums Überleben führen, da die
Sandinisten planten, „die Kirche langfristig zum Instrument neuer Unter-
drückungsformen zu machen".[164]

Von der positiven Identifikationsmöglichkeit, die Nicaragua noch um 1979/80
geboten hatte, war in diesen Einschätzungen nicht mehr viel übrig. Besonders
von evangelischer Seite wurde aber nach wie vor regelmäßig die Notwendigkeit weiterer Solidarität mit Nicaragua angemahnt.[165] Diese Aufforderung

---

161 Heinen: Christus, S. 95.

162 O. V.: Nicaragua: Kirche contra Sandinisten, in: Die Zeit 46, 11. November 1983, S. 8;
vgl. Werz, Nikolaus: Revolution und Konterrevolution, in: blätter des iz3w 109, Mai
1983, S. 3–9; Seiterich, Thomas: Arglose Kunden getäuscht?, in: Publik-Forum 7, 9. April
1982, S. 7.

163 Katholische Nachrichtenagentur KNA vom 5. Dezember 1984, S. 2.

164 MAA, ZA: GF HAV: GEPA Nicaragua-Kaffee, Katholische Nachrichtenagentur
KNA, Korrespondentenbericht 5, 5. Januar 1985.

165 Vgl. beispielsweise den Beschluss der EKD-Synode vom 8. November 1984, kommentiert in: Abgeschwächte Entschließung zu Nicaragua, in: epd-Entwicklungspolitik 22,
1984, S. 2; Schober, Theodor: Jetzt die richtigen Signale, in: epd-Entwicklungspolitik 1,
1984, S. 9–11; o. V.: Miskito-Indianer: „Behauptung eines Massenmords unhaltbar", in:

entsprach der Einschätzung vieler Nicaragua-Solidaritätsgruppen. Eine Gruppe prominenter Unterstützer der Sandinisten in der Bundesrepublik, darunter beispielsweise die Theologin Dorothee Sölle und der Schriftsteller Günter Grass, äußerten, von einer Unterdrückung der katholischen Kirche in Nicaragua könne „überhaupt nicht die Rede sein".[166] Erheblich zu der Emotionalisierung der Debatte trug schließlich ein Film von Werner Herzog bei, in dem dieser mit zumindest als fragwürdig zu bezeichnenden Methoden die Situation der in Nicaragua lebenden Miskitos beleuchtete und zu dem Schluss kam, dass die Sandinisten in den letzten Jahren 15.000 Indigene umgebracht sowie 30.000 in Zwangslagern und 5000 in Gefängnissen inhaftiert hätten. Die Frankfurter Rundschau veröffentlichte anschließend einen Artikel über den Film, dessen Titel schon deutlich macht, in welchen Abgründen die Diskussion inzwischen angelangt war: „Statt Sozialismus Deportationen und Konzentrationslager".[167] In der Solidaritätsbewegung anerkannte man zwar grundsätzlich die Problematik des Umgangs mit den Miskitos, wehrte sich jedoch vehement gegen die „Instrumentalisierung einer Menschenrechtsfrage" im Rahmen des Ost-West-Konflikts.[168]

4.6.2 Die GEPA im Zentrum der Konflikte im Feld

Wie bereits gezeigt wurde, hatten sich besonders in den katholischen Kreisen früh erste Kritiker an der Zusammenarbeit mit den Sandinisten gefunden. Anfang der 1980er-Jahre war Nicaragua feldintern noch fast durchweg positiv bewertet worden. Der Aufstand eines Volkes gegen einen Diktator, die Berufung der Sandinisten auf christliche und befreiungstheologische Gedanken, die positiven Einschätzungen, die dem Land einen selbstbestimmten und sozial gerechten Aufbau bescheinigten, sowie die Hoffnungen, die sich damit bei vielen Menschen in der westlichen Welt verbanden – all

---

epd-Entwicklungspolitik 12, 1984, S. 4–5; ADE, BfdW-S 61: 30. Aktion, Flyer „Fragen? Vorurteile! Argumente, Antworten", 1987/88.

166 Alt, Franz u.a.: Die Instrumentalisierung der Menschenrechte als Vorbereitung zur militärischen Intervention, in: Informationsbüro Nicaragua e.V.: Der Konflikt um die Miskito-Indianer. Zur Instrumentalisierung einer Menschenrechtsfrage, Nahua-Script 5, Wuppertal, 1985, S. 8–25, hier: S. 13.

167 Krusche, Lutz: „Statt Sozialismus Deportationen und Konzentrationslager", in: Frankfurter Rundschau 43, 25. Mai 1984; vgl. auch die zeitgenössische Reaktion auf den Film bei Zimmer, Jürgen: Gute Absichten und böse Spekulationen. Streit um Film von Werner Herzog und Denis Reichle, in: Informationsbüro (Hg.): Konflikt, S. 1–7.

168 Informationsbüro (Hg.) Konflikt; vgl. die Stellungnahmen in Forum entwicklungspolitischer Aktionsgruppen 54/55, Mai 1982, S. 11–14.

diese Faktoren hatten die sandinistische Revolution im Feld des Fairen Handels mit einer stattlichen Menge an symbolischem Kapital ausgestattet. Je stärker jedoch die Grundlagen dieser positiven Einschätzung Nicaraguas infrage gestellt wurden, desto stärker verlor Nicaragua als Dort, als räumlicher Orientierungs- und Fixpunkt im Feld des Fairen Handels für viele Akteure an Rückhalt. Wie schon im Fall des Indio-Kaffees stellte es sich als äußerst problematisch heraus, gesicherte Informationen über die Situation bei den Produzenten zu bekommen. Dadurch bildeten sich wiederum zwei Lager im Feld: eine Gruppe von Akteuren, die den Handel mit Nicaragua immer schärfer kritisierte, und eine Gruppe von Akteuren, die die Sandinisten mit Vehemenz verteidigte und die gegnerische Position als „gezielte Desinformation" brandmarkte.[169]

Bei der GEPA, die im Spannungsfeld zwischen diesen Lagern stand, positionierte man sich noch 1984 aufseiten der Unterstützer der Sandinisten. Angesichts wachsender Kritik forderte ein GEPA-Mitarbeiter 1984 von den Gesellschaftern eine klare Stellungnahme pro Nicaragua, da der Kaffee schließlich ein bedeutender Umsatzträger sei und damit eben „auch bestimmte Aussagen verbunden" seien. Er wehrte sich gegen das Bild, das „in der vorherrschenden überzogenen und teilweise verfälschenden Berichterstattung vermittelt" werde.[170] Der GEPA-Projektreferent Gerd Nickoleit stellte ebenfalls im November 1984 klar, „daß die meisten der in den Medien veröffentlichten Berichte die Wirklichkeit in Nicaragua bewußt verfälschen, weil sie interessengebunden sind […]. Wir sind Nicaragua gegenüber verpflichtet".[171] Diese Verpflichtung wurde unter anderem aus dem Anspruch der solidarischen Unterstützung und der bislang geleisteten „Aufbauhilfe" abgeleitet.

Da vielen *sandinismo*-kritischen Katholiken aber bekannt war, dass das Aachener Hilfswerk Misereor Gesellschafter der GEPA war, kamen in Aachen seit Mitte der 1980er-Jahre immer mehr Briefe an, die das indirekte Engagement Misereors in Nicaragua kritisch hinterfragten.[172] Der Vertreter

---

169 Heß/Lucas: Bundesdeutsche, S. 309.
170 MAA, ZA: GF HAV: GEPA Nicaragua-Kaffee, Hermann J. Wirtz an die GEPA-Gesellschafter, 30. November 1984.
171 MAA, ZA: GF HAV: GEPA Nicaragua-Kaffee, Gerd Nickoleit: „Nicaragua weiter unterstützen!", 30. November 1984, S. 1; vgl. GA, GEPA Grundsatz/Bildungsarbeit/Selbstdarstellung, Interview mit dem Projektreferenten der GEPA, undatiert, S. 3.
172 Vgl. mehrere Briefe in MAA, ZA: GF HAV: GEPA Allgemeine Korrespondenz 1977–1989; MAA, ZA: GF HAV: GEPA Nicaragua-Kaffee.

des Hilfswerks in der Gesellschafterversammlung der GEPA geriet dadurch in eine missliche Lage. Auf die Nachfrage, warum die GEPA eigentlich mit der staatlichen Organisation Encafé – die für den Export des Kaffees in Nicaragua zuständig war – zusammenarbeite, antwortete er im März 1985, die Encafé sei gegründet worden, „um die Interessen aller Kaffeeproduzenten in Nicaragua (auch sehr vieler Kleinbauern) [...] zu fördern". Er ergänzte,

daß Misereor in keinem Falle unmittelbar staatliche Stellen oder gar den Staat [...] mitunterstützt. Auch möchten wir betonen, daß wir der politischen Entwicklung in Nicaragua skeptisch gegenüberstehen [...]. Sollten in diesem Zusammenhang politische Aussagen mit dem Verkauf von Nicaragua-Kaffee verbunden worden sein, so nicht mit unserer ausdrücklichen Zustimmung.[173]

In einem weiteren Brief hieß es, die GEPA stünde unter dem Druck von „nicht-kirchlich gebundenen [...] Basisgruppen, die einer sozialistischen Utopie nachhängen" würden.[174] Im Gegenzug wurde von ihm in solchen Schreiben meist der Indio-Kaffee der Fedecocagua dem Nicaragua-Kaffee als positives Beispiel gegenübergestellt, da hier Kleinbauern direkt „in ihrem Existenzkampf" beigestanden werden könne.[175] Diese Antworten zeigen, wie schon in den Diskussionen um den Indio-Kaffee deutlich wurde, dass das Hilfswerk sich von der GEPA vor allem eine Hilfe für Kleinbauern versprach – und sich im Zuge dessen von der Kooperation mit den Sandinisten distanzierte.

Die Differenzen zwischen dem katholischen Hilfswerk und der Solidaritätsbewegung fanden im Oktober 1985 einen vorläufigen Höhepunkt, an dem zugleich deutlich wird, welche Bedeutung die symbolische Wertzuschreibung des Nicaragua-Kaffees für die Feldakteure besaß. Die Verpackung des von der GEPA vertriebenen Nicaragua-Kaffees hatte einen Aufdruck, in dem unter anderem zu lesen war:

Der eigenständige Weg des nicaraguanischen Volkes wird besonders von der US-Regierung nicht geduldet. Mit militärischen, politischen, wirtschaftlichen und publizistischen Mitteln versucht sie, das Modell Nicaragua in die Knie zu zwingen. Nur durch unsere aktive Solidarität hat das freie Nicaragua eine Chance[,] zu überleben.

---

173 MAA, ZA: GF HAV: GEPA Nicaragua-Kaffee, Brief von Misereor, undatiert.

174 Vgl. MAA, ZA: GF HAV: GEPA Allgemeine Korrespondenz 1977–1989, Brief von Misereor, 31. Januar 1985, S. 2.

175 MAA, ZA: GF HAV: GEPA Allgemeine Korrespondenz 1977–1989, Brief von Misereor, 31. Januar 1985, S. 2.

Wohl da die Entwicklung Nicaraguas inzwischen immer stärker im Kontext des Kalten Krieges ausgehandelt wurde, geriet dieser Teil im Herbst 1985 auf katholischer Seite ebenso plötzlich wie umfassend in die Kritik. Vor einer zu einseitigen Parteinahme scheute sich das Hilfswerk schon aus dem Grund, dass es dadurch Partner im globalen Süden gefährdet sah. Außerdem trafen bei dem Hilfswerk offensichtlich immer mehr Beschwerdebriefe ein.[176] Von dem Stammkapital der GEPA trugen der KED und Misereor mit je 728.000 DM den mit Abstand größten Anteil.[177] Dadurch besaßen die Hilfswerke also eine stattliche Menge ökonomischen Kapitals und dementsprechend Einflussmöglichkeiten bei der Handelsorganisation. Gegenüber Vertretern der GEPA machten Vertreter Misereors bald den Berichten nach unmissverständlich deutlich, dass man „eine einseitige politische Stellungnahme zum sandinistischen Regime nicht mittragen könne".[178] Bei dem Handelsunternehmen sah man sich daher offensichtlich gezwungen, schnell – und ohne vorherige Information der anderen Gesellschafter – zu handeln.[179] Nun wurde im Text auf der Verpackung des Nicaragua-Kaffees eine Passage zu „Schattenseiten der revolutionären Entwicklung" eingefügt, die Menschenrechtsverletzungen, die Unterdrückung von Kirche und Opposition und eine verstärkte Militarisierung Nicaraguas anprangerte. Außerdem hieß es nun, dass die Sowjetunion und Kuba versuchten, Einfluss in Nicaragua zu gewinnen, und das Land somit „ein Opfer des Ost-West-Konfliktes zu werden" drohe.[180]

---

176 Vgl. das Interview mit GEPA-Geschäftsführer Jan Hissel in: Wirtz, H. J.: Der „Fall Nicaragua" – Der „Fall GEPA"?, in: Alternativ Handeln 17, März/April 1986, S. 4–7, hier: S. 5. Die Diskussionen um den Verpackungstext des Nicaragua-Kaffees werden allgemein in dem Heft von GEPA-Mitarbeiter Wirtz detailliert nachgezeichnet. Zum Folgenden vgl. also stets auch dort.

177 Der Rest war unter den kirchlichen Jugendverbänden, der Arbeitsgemeinschaft der Weltläden und den A3WH-Regionalkonferenzen aufgeteilt. Vgl. o. V.: Umsatzboom mit Nahrungsmitteln, in: epd-Entwicklungspolitik 7/8, 1985, S. 22; MAA, ZA: 1998/14 EPOL: 8.40 Projekt „Fairer Kaffeehandel" Mai–Dezember 1990, KED an Misereor, 28. November 1990, S. 3.

178 MAA, ZA: GF HAV: GEPA Nicaragua-Kaffee, Auszug aus Protokoll der Sitzung des GEPA-Infoausschusses am 1./2. Oktober 1985.

179 Vgl. das Interview mit GEPA-Geschäftsführer Jan Hissel in: Wirtz, H. J.: Der „Fall Nicaragua" – Der „Fall GEPA"?, in: Alternativ Handeln 17, März/April 1986, S. 4–7, hier: S. 5.

180 Vgl. dazu auch GEPA Gesellschaft für Partnerschaft mit der Dritten Welt mbH: Kaffee aus Nicaragua, Wuppertal, undatiert.

Mit diesem Verpackungstext wurde die zuvor noch eindeutige Positionierung Nicaraguas aus ihrer dichotomen Zuordnung gelöst. Die Änderungen trafen auf den vehementen Widerstand vieler Basisgruppen. Sie kritisierten, dass damit der Anschein ständiger Menschenrechtsverletzungen in Nicaragua erweckt und der Contra-Krieg auf eine Auseinandersetzung im Rahmen des Kalten Krieges reduziert werde. Die GEPA sah sich von Briefen aus Läden und Gruppen überhäuft, deren Tonfall bereits die Emotionalisierung deutlich macht. Der Dritte-Welt-Laden Siegen forderte mehr „als halbherzige Solidaritätsbekundungen", man müsse „eindeutig Position beziehen, um der Verunsicherung und der Verleumdungskampagne gegen Nicaragua entgegenzutreten".[181] Noch pathetischer formulierte der Dritte-Welt-Laden aus Dinslaken:

> Das Modell Gepa ist ein Teil unserer Hoffnung für diese Welt. Nicaragua ist eine noch flackernde Kerze. Uns ist sehr elend zumute, wenn unsere Hoffnung sich anschickt, im Sturm gegen das Lichtlein mitzupusten.[182]

Dies zeigt eindrücklich, dass die symbolische Wertzuschreibung die wichtigste Eigenschaft des Nicaragua-Kaffees für die meisten Konsumenten war. Die Solidaritätsbewegten sahen sich in einem gemeinsamen Kampf mit den Sandinisten gegen die imperialistische Machtpolitik der USA. Dies war ihr Bezugspol. Die Tatsache, dass im November 1985 im Zuge der sogenannten Iran-Contra-Affäre bekannt wurde, dass die USA trotz eines gegenteiligen Beschlusses des Repräsentantenhauses über versteckte Kanäle die Contras weiter finanzierten, dürfte sie nur in ihrer Überzeugung gestärkt haben.[183] Das Medium der gedachten unmittelbaren Verbindung mit den Sandinisten war der Kaffee. Mit dem neuen Verpackungstext verlor der Kaffee aber diese ihm zugeschriebene Eigenschaft, da er sich im Hinblick auf den Bezugspol nicht mehr eindeutig verorten ließ – also nicht mehr eindeutig als Mittel zum Kampf gegen die USA interpretiert werden konnte. Von der Mitgliederversammlung der Arbeitsgemeinschaft der Dritte-Welt-Läden (AG3WL) kam die Beschwerde, dass mit einem solchen Aufdruck eine „Solidaritätsarbeit unmöglich"

181 MAA, ZA: GF HAV: GEPA Nicaragua-Kaffee, Brief vom Dritte-Welt-Laden Siegen, 28. Oktober 1985.

182 MAA, ZA: GF HAV: GEPA Nicaragua-Kaffee, Dritte-Welt-Laden Dinslaken an GEPA, 16. November 1985.

183 Vgl. zur Iran-Contra-Affäre beispielsweise Peace: Call; Brands: Latin.

und der Kaffee unverkäuflich sei.[184] Und von zwei Läden in Berlin hieß
es, dass die Reaktionen auf den neuen Verpackungstext „von Bestürzung
bis hin zum Entsetzen" gereicht hätten. Wenn das erste Päckchen Kaffee
mit dem neuen Text in Berlin eintreffe, sehe man die „Dauerbestellung
als fristlos gekündigt an".[185]

Angesichts der mit den Zitaten nur beispielhaft dargestellten heftigen
Reaktionen bemühte sich die GEPA um Schadensbegrenzung. Nachdem
das Aktionszentrum Arme Welt Tübingen den Bezug von Nicaragua-Kaffee
aus Protest gekündigt hatte, antwortete GEPA-Geschäftsführer Jan Hissel,
dass inzwischen längst beschlossen sei, dass die neue Verpackung nicht nach-
gedruckt werde. Er schlug als Übergangslösung sogar vor, „die Verpackung
abzuändern bzw. zu überkleben".[186] Einen ähnlichen Weg hatte offensichtlich auch eine Basisgruppe gewählt, als sie die betreffende Stelle auf der
Kaffeeverpackung mit schwarzer Farbe übermalte.[187] Auch dies zeigt, welche
Bedeutung die immaterielle Wertzuschreibung des Verpackungstextes für
die Abnehmer besaß. Von der GEPA-Gesellschafterversammlung wurde am
6. Dezember 1985 ein Text verabschiedet, der als Kompromisslösung möglichst alle Beteiligten besänftigen sollte.[188] Wenige Tage später berichteten
sowohl Der Spiegel als auch die Frankfurter Rundschau über den Konflikt
zwischen den Solidaritätsgruppen und dem katholischen Hilfswerk. Süffisant
kommentierte die Frankfurter Rundschau, dass der Konsument jetzt, da es
Nicaragua-Kaffee in drei Versionen gebe, denjenigen Kaffee kaufen könne,
der seiner Vorstellung am ehesten entspreche.[189] Einem von der GEPA später
herausgegebenen Faltzettel zum Nicaragua-Kaffee merkt man das Bemühen
an, beide Parteien zufriedenzustellen – zugleich lässt sich daran das inzwischen im Feld des Fairen Handels existierende Spannungsverhältnis ablesen:

184 MAA, ZA: GF HAV: GEPA Nicaragua-Kaffee, Im Auftrage der AG3WL-Mitglie-
     derversammlung vom 1.–3. November 1985 in Frankfurt.
185 MAA, ZA: GF HAV: GEPA Nicaragua-Kaffee, Dritte-Welt-Laden GmbH Berlin und
     Informationsladen Dritte Welt e.V. Berlin an GEPA-Geschäftsführung, 14. November
     1985, S. 1.
186 MAA, ZA: GF HAV: GEPA Nicaragua-Kaffee, Hissel an Aktionszentrum Arme Welt
     Tübingen, 29. November 1985.
187 Vgl. Wirtz, H. J.: Der „Fall Nicaragua" – Der „Fall GEPA"?, in: Alternativ Handeln 17,
     März/April 1986, S. 4–7, hier: S. 4.
188 Vgl. „Kaffee aus Nicaragua", in: Alternativ Handeln 17, März/April 1986, S. 7.
189 O. V.: Kaffee aus Nicaragua in drei Versionen, in: Frankfurter Rundschau, 16. Dezember
     1985, S. 20; vgl. o. V.: Kaffee-Krieg, in: Der Spiegel 51/85, 16. Dezember 1985, S. 14.

Als Errungenschaften betrachtete Taten der Sandinisten standen neben „Schattenseiten", und unter der Überschrift „Nicaragua und wir" war zu lesen:

> Während manche die revolutionäre Entwicklung Nicaraguas als Vorbild für die (Dritte) Welt verherrlichen, bezeichnen andere den Krieg der Contras gar als neuen Befreiungskampf von kommunistischer Diktatur. Bei der einseitigen Berichter-stattung [...] wird es immer schwerer, sich ein annähernd zutreffendes Bild von der tatsächlichen Lage in Nicaragua zu verschaffen. Aufgrund der Informationen, die der GEPA zur Verfügung stehen, sieht sie keine ernsthafte Alternative zu einer Unterstützung Nicaraguas mit friedlichen Mitteln.[190]

Die GEPA entschied sich daher, trotz aller Probleme den Kaffee aus Nicaragua weiter im Sortiment zu behalten. Doch zugleich zeigt sich: Wiederum war es die fehlende Information, die dafür sorgte, dass das Bild der Verbundenheit der Akteure zum Dort – in diesem Fall Nicaragua – unsicher wurde. Die Menschenrechtsorganisation Americas Watch sprach von den „Schwierigkeiten der Tatsachenerhebung in Nicaragua". Seit Beginn des Contra-Kriegs habe es viele Berichte über Menschenrechtsverletzungen in Nicaragua gegeben. Die schlimmsten seien widerlegt worden, doch gebe es „immer wieder Berichte über Mord, Folter und Vergewaltigung". Auf der anderen Seite stehe die Tatsache, dass viele Sandinisten eine hohe Kritik-fähigkeit gezeigt hätten.[191]

Wissenslücken wurden von den Akteuren im Feld des Fairen Handels auf beiden Seiten oftmals einfach dem eigenen Anspruch oder Idealbild entsprechend gefüllt. Das geschilderte, bei vielen Solidaritätsbewegten dominierende Gefühl einer eigenen Teilhabe an der nicaraguanischen Revolution schlug sich regelmäßig darin nieder, dass das Handeln der Sandinisten unreflektiert idealisiert und kritische Stimmen als von den Interessen der USA fehlgeleitet oder unangemessen interpretiert wurden.[192] Dem gegenüber standen Einschätzungen, die die Entwicklung in Nicaragua ebenso unreflektiert durchweg negativ beurteilten. Wie schon im Falle Guatemalas zeigt sich daran die Problematik der Leerstelle, die aus den unvollständigen Informationen der Akteure aufgrund der räumlichen Distanz resultierte.

---

190 GEPA: Kaffee.

191 Vgl. Americas Watch: Menschenrechte in Nicaragua. Ein Bericht von Americas Watch, New York, April 1984 (Auszüge), in: Informationsbüro (Hg.): Konflikt, S. 75–101, hier: S. 99–101.

192 Vgl. Förch: Idealen, S. 335–339; Smith: Revolution, S. 169.

4.6.3 Die Spaltung des Feldes und die Gründung der MITKA

Bereits 1982 hatten angesichts von Lieferschwierigkeiten der GEPA verschiedene Gruppen damit begonnen, selbst Kaffee aus Nicaragua zu verkaufen.[193] Eine Gruppe aus Lehrte bei Hannover beschwerte sich, dass die GEPA nicht ausreichend Öffentlichkeits- und Informationsarbeit zu Nicaragua betreibe, sondern sich auf die Zahlung eines Mehrpreises beschränke. Die Gruppe erhoffte sich von der eigenen Verantwortung für Vertrieb und Verkauf nicht nur als „Dritte-Welt-Bewegung neue Stärke und Gehör", sondern auch die Möglichkeit, „Ausschnitte des Handels" genauer kennenzulernen und „die Solidarität des Einzelnen und der Gruppen mit Nicaragua besonders deutlich" zu machen.[194] Neben der erhofften Unabhängigkeit von der GEPA war dafür sicherlich eines ausschlaggebend: die Sehnsucht nach möglichst unmittelbarem Kontakt zu Nicaragua.[195] Auch weitere Gruppen wie El Rojito Hamburg, Ökotopia Berlin und der Tupac-Amaru-Laden Bremen verkauften bald eigenständig Kaffee aus Nicaragua, der nicht von der GEPA stammte.[196] Sie bezogen ihn anfangs über konventionelle Großhändler, weshalb der Kaffeeverkauf von der GEPA offenbar schnell als unvereinbar mit den eigentlichen Prinzipien des Alternativen Handels erklärt wurde.[197] Allerdings muss dem entgegengehalten werden: In der Herkunft auf Produzentenseite unterschied sich der konventionell gehandelte Kaffee nicht von dem der GEPA, beide mussten schließlich über die staatliche Exportorganisation Encafé bezogen werden. Und auch die Gruppen verlangten beim Verkauf einen Mehrpreis, den sie für die Finanzierung von Informationsarbeit und zur Unterstützung von Projekten in

---

193 Da diese Gruppen dementsprechend auch nur indirekt an dem hier untersuchten Feld des Fairen Handels beteiligt waren, wird die Entwicklung nur kurz angerissen. Vgl. dazu und zum Folgenden Warda, Jutta: Streit um den „Solidaritäts-Kaffee", in: epd-Entwicklungspolitik 7/8, 1985, S. 29–31; Raschke: Fairer, S. 85–87.

194 Vgl. MAA, ZA: GF HAV: GEPA Nicaragua-Kaffee, Kaffeeaktionsgruppe an GEPA, 21. September 1982, S. 2.

195 Den Wunsch nach Direktkontakt sah auch Gerd Nickoleit von der GEPA später als wichtigen Grund für die Einrichtung der eigenen Importe, vgl. GA, GEPA Grundsatz/Bildungsarbeit/Selbstdarstellung, Gerd Nickoleit: Alternativer Handel oder alternatives Handeln am Beispiel Kaffee, 10. April 1986.

196 Vgl. FZH Michelsen E.1, Nicaragua-Kaffee. Die Solidarität liegt in der Art des Handels, undatiert [ca. 1982]; o. V.: Nicaragua bleibt spannend, in: Lateinamerika Nachrichten 205/206, Juli/August 1991, S. 48–50.

197 Vgl. GA, PPA ab: 23. Apr. 1979 bis: 14. Dez. 1981, GEPA-Information: „Nicaragua-Kaffee ist knapp!" undatiert; Raschke: Fairer, S. 86.

Nicaragua nutzten.[198] Die GEPA und die Gruppen konkurrierten also um die Definitionshoheit über die Wertzuschreibung des gerecht gehandelten Nicaragua-Kaffees, die aber eben vor allem eine Wertzuschreibung auf Abnehmerseite war. Dafür, dass die Gruppen mit dem Bezug des Kaffees über konventionelle Strukturen – wie Markus Raschke meint – eine „indirekte Teilhabe an der ‚Ausbeutung der Nicaraguaner' […] als kleineres Übel" in Kauf genommen hätten[199], lässt sich weder ein Grund noch ein Nachweis in den Quellen finden.

Nach dem Verpackungsstreit 1985 gingen schließlich immer mehr Solidaritätsgruppen auf Distanz zur GEPA, zumal an dieser inzwischen von vielen Solidaritätsbewegten generell ihre Wurzeln im kirchlichen Umfeld und die zum damaligen Zeitpunkt immer noch bestehende Zusammenarbeit mit der Fedecocagua kritisiert wurden. Mehrere Basisgruppen bezogen 1985 gemeinsam 17,5 Tonnen Kaffee direkt über die Encafé, die ab Mitte Mai 1985 in den Verkauf gingen.[200] Nach dem ersten erfolgreichen Kaffeebezug und -verkauf entschloss man sich, den Import des Kaffees fortzuführen, und gründete den Verein Adelante e.V., der 1986 alleiniger Gesellschafter der neu gegründeten Mittelamerikanischen Kaffee Im- und Export GmbH, kurz: MITKA, wurde.[201] Die MITKA vereinbarte wie die GEPA mit Encafé einen Aufschlag von zehn Prozent und einen fixierten Mindestpreis. Das bekannteste Produkt der MITKA wurde die sogenannte „Sandino Dröhnung", ein Kaffee aus Nicaragua, der bislang von einer Berliner Kaffeegenossenschaft als Abonnentenkaffee verkauft worden war. Die wichtigste Wertzuschreibung des Kaffees lag in der Opposition gegen die US-amerikanische Politik. Kurz und bündig goss die MITKA diese Wertzuschreibung in den Werbespruch: „Hoch die anti-imperialistischen Kaffeebohnen!"[202]

---

198 Vgl. MAA, ZA: 2003/21 GF HAV: GEPA Gewürzaktion 1979–1982/Fedecocagua 1979–80, Anlage für die Gesellschafterversammlung der GEPA zum 14./15. Mai 1982.

199 Raschke: Fairer, S. 86.

200 Vgl. Warda, Jutta: Streit um den „Solidaritäts-Kaffee", in: epd-Entwicklungspolitik 7/8, 1985, S. 29–31.

201 Vgl. zur Entstehung der MITKA Warda, Jutta: Streit um den „Solidaritäts-Kaffee", in: epd-Entwicklungspolitik 7/8, 1985, S. 29–31; o. V.: Direktimport aus Nicaragua, in: taz, 24. Oktober 1985, S. 3; AG3WL (Hg.): Weltladen-Handbuch, S. 174–175; Ökologische Verbraucherberatung: Mahlzeit. Verbraucherzeitung für Umwelt, Landbau und Ernährung 2, Februar 1986; Raschke: Fairer, vor allem S. 85–88; Klee, Rainer: Vom Hausbau zum Kaffeehandel. Die Frage nach dem richtigen Bewusstsein, in: Harzer/Volks (Hg.): Aufbruch, S. 137–140.

202 El rojito Info 2, April/Mai 1988.

Aus einer feldtheoretischen Perspektive werden die Gründe für diese Abspaltung einiger Gruppen vom Feld des Fairen Handels deutlich. Mit den sich zuspitzenden Konflikten trennte sich das Feld des Fairen Handels zumindest in Teilen in zwei Lager, zwischen denen erhebliches Konfliktpotenzial entstand und die sich im Habitus der Akteure unterschieden. Vor allem in den katholischen Kreisen wuchs der Widerstand gegen die Kooperation mit Akteuren, denen eine Nähe zum Sozialismus unterstellt werden konnte. In den Gruppen, die stärker dem linkspolitischen Umfeld und der Solidaritätsbewegung zuzurechnen waren, kehrte dagegen die Skepsis gegenüber kirchlichen Strukturen zurück, die in den ersten Jahren der Nicaragua-Solidarität durch die Faszination der progressiv erscheinenden Befreiungstheologie gemindert worden war.[203] Der Verpackungsstreit offenbarte dann endgültig, wie sehr die verschiedenen Lager im Feld des Fairen Handels inzwischen auseinanderstrebten. Er stellt ein Paradebeispiel der Kämpfe um die Definitionsmacht im Feld dar. Kern des Konfliktes war aus meiner Sicht der Kampf um die Definitionshoheit über den Bezugspol, also desjenigen Elements, das die gedachte Verbundenheit mit dem Dort legitimierte. Die Akteure der beiden Lager verbanden grundsätzlich voneinander zu unterscheidende Zielsetzungen mit dem Kaffeehandel und -konsum: Für die Solidaritätsbewegten war die wichtigste Wertzuschreibung des Kaffees aus Nicaragua dessen Herkunft aus dem sandinistisch regierten Land, mit dessen Bewohnern man sich im Kampf gegen den US-amerikanischen Imperialismus verbündet sah. Vor allem auf katholischer Seite distanzierte man sich jedoch von jeglicher Zusammenarbeit mit einem Staat, der auf der Landkarte des Kalten Krieges immer stärker auf der sozialistischen Seite verortet wurde, und stellte die Hilfe für Kleinbauern in den Mittelpunkt. Beide Lager sahen sich verbunden mit dem Dort und den im Dort verorteten Menschen, doch der Bezugspol, der diese Verbundenheit definierte und stabilisierte, war einmal der Kampf gegen den Imperialismus und einmal die Unterstützung von Kleinbauern. Misereor besaß als ein Hauptgesellschafter der GEPA eine erhebliche Menge soziales und ökonomisches Kapital. Wesentlich auf Betreiben des katholischen Hilfswerks hin wurden die Verpackungstexte des Nicaragua-Kaffees geändert und damit die symbolische Wertzuschreibung des Produkts aus ihrer eindeutigen Zuordnung gelöst.

---

203 Natürlich waren die Lager nicht immer klar nach den Akteuren oder Zielsetzungen zu trennen. Die scheinbar eindeutige Gegenüberstellung dient hier der Verdeutlichung und Analyse.

Das Ziel, den Imperialismus der USA abzuwehren, war auf den Kaffee mit dem neuen Verpackungstext nicht mehr übertragbar. Für die Gruppen aus der Solidaritätsbewegung verlor der Nicaragua-Kaffee mit der neuen Verpackung jegliches symbolische Kapital und damit jeglichen Wert. So blieb schließlich für viele Gruppen nur eine Lösung: die Abspaltung vom Feld und die Gründung der MITKA.

4.6.4 Zurück zu den Kleinbauern

Mitte der 1980er-Jahre befand sich das Feld des Fairen Handels in einer zwiespältigen Situation. Unter den Konsumenten fanden sich sowohl einige, die mit dem Warenkauf die Unterstützung eines politischen Systems verbanden, als auch einige, die vor allem an die Unterstützung von Kleinbauern dachten. Schon 1984 hatte man bei der GEPA selbstkritisch vermutet, dass man „ein ideologisch-entwicklungspolitischer Selbstbedienungsladen" geworden sei.[204] Die Phase der Reflexion über die eigene Ausrichtung führte schließlich dazu, dass man sich bei der GEPA wieder an die kirchlichen Hilfswerke anlehnen und Absatzmöglichkeiten über die Solidaritätsbewegung hinaus erschließen wollte, zumal mit der Gründung der MITKA ein Teil dieser Konsumenten wegzubrechen drohte.[205] Begründet wurde der Wille zur Absatzmarktausweitung damit, dass das wirtschaftliche Überleben der GEPA sichergestellt und dafür gesorgt werden sollte, dass der Handel sowohl den Produzenten als auch den Gruppen in der BRD eine sinnvolle Perspektive biete.[206] Dementsprechend bewertete man nun die Rolle des Alternativen Handels immer stärker in Auseinandersetzung mit dem konventionellen Handel. Hier habe man, so hieß es bereits 1985, Aufmerksamkeit erregt, „weil wir als kleiner Außenseiter Tabus durchbrechen und als Handelsbetrieb außer wirtschaftlichen auch moralische Kriterien zu Leitlinien unseres Handelns machen"; der Alternative Handel sei „eine ärgerliche Herausforderung für den ‚Normalhandel'".[207] Im Zuge dieser stärkeren Orientierung am konventionellen Handel rückte

204 GA, PPA ab: 16.3.1984 bis: 15.6.1985, Bernd Merzenich: Gedanken zum alternativen Konsum, 11. November 1984, S. 2.
205 Vgl. GA, GEPA Grundsatz/Bildungsarbeit/Selbstdarstellung, Plädoyer für eine verstärkte Zusammenarbeit mit den kirchlichen Hilfswerken, 12. November 1985.
206 Vgl. GA, GEPA Grundsatz/Bildungsarbeit/Selbstdarstellung, GEPA Bericht über die wichtigsten Ereignisse und Entwicklungen im Jahre 1985, 22. November 1985.
207 GA, GEPA Grundsatz/Bildungsarbeit/Selbstdarstellung, Gerd Nickoleit: 10 Jahre GEPA. Alternativer – d.h. gerechterer – Handel ist möglich, 12. November 1985, S. 2; vgl. GA, GEPA Grundsatz/Bildungsarbeit/Selbstdarstellung, GEPA Bericht über die wichtigsten Ereignisse und Entwicklungen im Jahre 1985, 22. November 1985, S. 3; GA,

auch das Ziel einer Absatzmarkterschließung jenseits der bislang erreichten Abnehmer in den Horizont. Das zeigt sich schon daran, dass das Ziel einer Umsatzsteigerung nun auch argumentativ abgesichert wurde. Der Warenverkauf wurde nicht mehr primär als Aufhänger für ein bewusstseinsbildendes Gespräch oder eine politische Botschaft gesehen, vielmehr galt der Konsum eines alternativ gehandelten Produktes selbst bereits als Auslöser eines bewusstseinsbildenden Prozesses.[208] Alternativer Handel, so hieß es im Programm, ziele darauf, „lernend zu handeln oder handelnd zu lernen", und bedeute „Lernen am Produkt".[209] Diesem Verständnis nach stellte eine Umsatzsteigerung bereits einen Erfolg in Bezug auf entwicklungspolitische Informationsarbeit dar. Es war kein Zufall, dass nun – wenngleich noch in einer Fußnote – eine Überlegung angestellt wurde, die einige Jahre später dem Alternativhandel endgültig den Weg in den Massenkonsum ebnen sollte. 1986 hieß es, dass die Anbieter von alternativ gehandeltem Kaffee die Möglichkeit prüfen würden, „den Mißbrauch des Alternativanspruches durch ein gemeinsames geschütztes Markenzeichen (einen Stempelaufdruck o.ä.) weitmöglichst zu verhindern".[210] Damit war zum ersten Mal die Idee eines Gütesiegels in die Öffentlichkeit gebracht worden.

Für eine Ausweitung der Absatzmöglichkeiten kam erneut besonders der Kaffee infrage, der nach wie vor das mit Abstand stärkste Umsatzgut im Alternativen Handel war. Für eine Positionierung außerhalb der Solidaritätsbewegung musste jedoch ein Kaffee angeboten werden, dessen ethische Wertzuschreibung auch für Käufer, die nicht aus dem Umfeld der Solidaritätsbewegung stammten, attraktiv sein konnte. Der Indio-Kaffee hatte bereits unter Beweis gestellt, dass die Positionierung als Kaffee aus kleinbäuerlicher Produktion Möglichkeiten bot, Marktanteile zu erobern. Auch bei den Hilfswerken, an die sich die GEPA wieder anlehnen wollte, stand nach wie vor die Förderung von Kleinbauern im Mittelpunkt des Interesses am Alternativen Handel. Spätestens 1986 stand die GEPA damit aber vor einem ernsthaften Problem: Weder der Kaffee aus Nicaragua noch der

---

GEPA Grundsatz/Bildungsarbeit/Selbstdarstellung, Gerd Nickoleit: Alternativer Handel oder alternatives Handeln am Beispiel Kaffee, 10. April 1986.

208 Vgl. o. V.: Die GEPA hat wichtige entwicklungspolitische Akzente gesetzt, in: epd-Entwicklungspolitik 7/8, 1985, a–l, hier: d–e.

209 GA, GEPA Grundsatz/Bildungsarbeit/Selbstdarstellung, GEPA Bericht über die wichtigsten Ereignisse und Entwicklungen im Jahre 1985, 22. November 1985, S. 3.

210 Vgl. o. V.: Kaffee in Nicaragua – Kaffee aus Nicaragua, in: Alternativ Handeln 17, März/April 1986, S. 23.

Kaffee aus Guatemala war als Projektionsfläche für die Wertzuschreibung eines Kleinbauernkaffees wirklich geeignet. Die Fedecocagua war inzwischen unter anderem aufgrund der offensichtlich mangelhaften Einbindung der Genossen erheblich in die Kritik geraten, ohnehin wollte man bei der GEPA den Bezug von Indio-Kaffee 1986 endgültig dem Ende zuführen. Ob der nicaraguanische Kaffee von Kleinbauern kam, ließ sich nicht mit Sicherheit sagen, da er von der Encafé zentral verwaltet wurde. Zwar bemühte sich die GEPA darum, deutlich zu machen, dass von den Mehrpreiszahlungen an Nicaragua vor allem die Kleinbauern profitierten,[211] doch ab Mitte der 1980er-Jahre war diese Zusicherung nur noch begrenzt vertretbar. So wurden 1985 knapp 400.000 US-Dollar aus Mehrpreiszahlungen über die Encafé an die sandinistische Bauernorganisation UNAG weitergeleitet. Mit dieser war vereinbart worden, dass das Geld vor allem in der sogenannten Region VI eingesetzt werden sollte, der wichtigsten und stark von Contra-Angriffen betroffenen Kaffeeanbauregion im Norden Nicaraguas um die Städte Jinotega und Matagalpa.[212] Gegenüber Vertretern der UNAG äußerten sich die Verantwortlichen der GEPA aber später enttäuscht, dass Berichte über die Verwendung des Mehrpreises nur spät und dürftig übermittelt und mit den Mitteln lediglich einige Fahrzeuge gekauft worden seien. Über die weitere Verwendung der Mehrpreiszahlungen bestand Unklarheit.[213]

Im November 1986 beendete die GEPA daher die Vereinbarungen mit der UNAG und entschloss sich gemeinsam mit der MITKA, die Mehrpreiszahlungen für ein konkretes Projekt zur Unterstützung von Kleinbauern zur Verfügung zu stellen.[214] Um ein solches Projekt ausfindig zu machen und gegebenenfalls aufzubauen, begannen die beiden Organisationen, mit der UNAG und der Encafé direkte Verhandlungen zu führen. Entscheidende Bedeutung kam dabei Otmar Meyer zu, einem Mitarbeiter des Wuppertaler Infobüros, der von diesem 1987 nach Nicaragua geschickt wurde, um dort

---

211 Vgl. MAA, ZA: GF HAV: GEPA Nicaragua-Kaffee, GEPA-Info Nicaragua, verschickt am 5. August 1985; ferner GEPA: Kaffee.

212 Vgl. GA, PPA ab: 07.09.85 bis: 25.04.87, Protokoll der Sitzung des GEPA-Projektpartner-Ausschusses vom 6./7. Dezember 1985; FZH Michelsen E.1, Alternative Vermarktung, undatiert; zum Kaffeeanbau im Norden Nicaraguas vgl. u.a. Matus Lazo u.a.: Cooperativismo; Kühl Arauz: Nicaragua.

213 Vgl. GA, PPA ab: 07.09.85 bis: 25.04.87, Aktennotiz Gespräche mit Byron José Corrales Martinez [u.a.] am 31. Oktober 1985; MAA, ZA: GF HAV: GEPA Nicaragua-Kaffee, Aktennotiz zu TOP 8 der GEPA-Gesellschafterversammlung am 1. Oktober 1987.

214 Vgl. FZH Michelsen E.5, Zwischenbericht über den Verbleib des 10%-Mehrpreises für Nicaragua-Kaffee, 23. Oktober 1986.

als ständiger Vertreter vor Ort zu arbeiten.[215] Sein Posten wurde schließlich von der GEPA und der MITKA mitfinanziert. Damit hatten beide Organisationen in Nicaragua einen Vertreter, der ihre Interessen gegenüber der Encafé durchsetzen sollte. Von der UNAG wurde vorgeschlagen, dass die Mehrpreiszahlungen in den Aufbau von *La Paz del Tuma*, ein geplantes urbanes Zentrum mit angeschlossener Kaffeeverarbeitungsanlage im Norden Nicaraguas, fließen könnten.[216] Bei der GEPA bestand anfangs Skepsis aufgrund der Größenordnung des Projekts und da unklar war, ob die Anlagen schließlich dem Staat oder den Kleinbauern gehören sollten.[217] Nach längerem Überlegen entschied man sich schließlich dennoch zur Zusage und stellte gemeinsam mit dem Infobüro Nicaragua in Wuppertal und der MITKA insgesamt rund 800.000 US-Dollar für das Projekt in Aussicht.[218] Damit konnte der Nicaragua-Kaffee ab 1988 explizit als Kleinbauernkaffee verkauft werden.[219] Vor allem für die GEPA war dies wichtig, da sich die Wertzuschreibung des Kaffees dadurch nicht mehr auf den politischen Kontext Nicaraguas beziehen musste. Allerdings wurde der Beschluss für die Unterstützung des Projekts La Paz del Tuma erst 1987 gefasst und erst 1988 mit den Zahlungen begonnen. In den Jahren zuvor bestand bei der GEPA noch dringender Bedarf nach einem Kaffee aus kleinbäuerlicher Produktion. Aus diesem Grund wurde aktiv nach weiteren Bezugsmöglichkeiten gesucht – und zwar angesichts der bislang gemachten Erfahrungen bewusst in anderen Ländern als in Nicaragua und Guatemala.

---

215 Otmar Meyer war im Zuge der ersten Arbeitsbrigade 1983/84 in Nicaragua zur Kaffee-Ernte gewesen und hatte danach bei dem Wuppertaler Infobüro gearbeitet. Ab 1987 wurde er von diesem als Vertreter nach Nicaragua entsandt. Vgl. Interview Meyer; Interview Nickoleit.

216 Vgl. MAA, ZA: GF HAV: GEPA Nicaragua-Kaffee, Aktennotiz zu TOP 8 der GEPA-Gesellschafterversammlung am 1. Oktober 1987; Interview Meyer.

217 Vgl. MAA, ZA: GF HAV: GEPA Nicaragua-Kaffee, Aktennotiz zu TOP 8 der GEPA-Gesellschafterversammlung am 1. Oktober 1987.

218 Vgl. GA, PPA ab 10.09.88 bis 09.03.90, GEPA an alle Mitglieder des PPA, 15. Dezember 1988.

219 Vgl. GEPA/MITKA/Informationsbüro Nicaragua Wuppertal e.V. (Hg.): Das Land denen, die es bebauen – die Gewinne denen, die den Kaffee anbauen. Informationen aus dem Projekt La Paz del Tuma, 2, Wuppertal, Juli 1989, S. 11; el rojito Info 2, April/Mai 1988.

4.7 *Café Organico* aus Mexikos Mutter Erde

Mitte der 1980er-Jahre war das Feld des Fairen Handels in einer kritischen Phase. Die Ausweitung auf das Alternativmilieu hatte Anfang der 1970er-Jahre für schnell wachsende Umsatzzahlen bei der GEPA gesorgt, drohte jedoch zu einer Zerreißprobe zu werden. Einen möglichen Ausweg erhoffte man sich bei dem Handelsunternehmen offenbar erneut in einer Ausweitung auf weitere, bisher noch wenig erreichte Konsumentenkreise. Und Mitte der 1980er-Jahre sah man bei der GEPA dieses Anschluss- und Wachstumspotenzial vor allem in einer Integration der Umweltbewegung.

Diese hatte seit ihrem Entstehen um 1970 immer mehr gesellschaftliche Relevanz und Aufmerksamkeit gewonnen.[220] Schon durch den Bericht des Club of Rome zu den „Grenzen des Wachstums" aus dem Jahr 1973 hatten ökologische Positionen im öffentlichen Bewusstsein einen immer höheren Stellenwert bekommen. Die Anti-Atomkraft-Bewegung wuchs bis Ende der 1970er-Jahre deutlich, und spätestens nach der Gründung der Grünen 1980 diffundierte Ökologie „auf breiter Front in politische, gesellschaftliche und wirtschaftliche Handlungsfelder".[221] Das so bezeichnete Waldsterben

---

220 Es gab auch zuvor schon Umweltbewegungen oder auf Umweltschutz zielende Protestaktionen in der Bundesrepublik, doch eine breite soziale Ökologiebewegung entstand erst um 1970, vgl. dazu grundsätzlich und zu vorherigen Formen des Umweltengagements in Deutschland Uekötter, Frank: Am Ende der Gewissheiten. Die ökologische Frage im 21. Jahrhundert, Frankfurt am Main/New York, 2011; Radkau, Joachim: Die Ära der Ökologie. Eine Weltgeschichte, München, 2011, vor allem S. 124ff.; Engels: Umweltschutz; Brand, Karl-Werner: Umweltbewegung, in: Roth/Rucht (Hg.): Sozialen, S. 219–244. Hasenöhrl nennt die frühen 1970er-Jahre die „Wendezeit im Mensch-Natur-Verhältnis", Hasenöhrl, Ute: Zivilgesellschaft und Protest. Eine Geschichte der Naturschutz- und Umweltbewegung in Bayern 1945–1980, Göttingen, 2011, hier: S. 507.

221 Brand: Umweltbewegung, S. 226–227; vgl. ebda., S. 224–228; Schanetzky, Tim: Ölpreisschock 1973. Wendepunkt des wirtschaftspolitischen Denkens, in: Rödder, Andreas und Elz, Wolfgang (Hg.): Deutschland in der Welt. Weichenstellungen in der Geschichte der Bundesrepublik, Göttingen, 2010, S. 67–81, hier: S. 67–69. Uekötter spricht von den „grünen achtziger Jahre[n]" und vom „bundesdeutschen Jahrzehnt der Umwelt", Uekötter: Am Ende, S. 15 und 24; zur engen Verbindung von Umwelt- und Friedensbewegung seit den späten 1970er-Jahren vgl. Mende, Silke und Metzger, Birgit: Ökopax. Die Umweltbewegung als Erfahrungsraum der Friedensbewegung, in: Becker-Schaum u.a. (Hg.): Entrüstet, S. 118–134; zur Geschichte der Grünen vgl. besonders Mende, Silke: „Nicht rechts, nicht links, sondern vorn". Eine Geschichte der Gründungsgrünen, München, 2011.

mobilisierte dann ab 1983 breite Bevölkerungsschichten.[222] Zusammenfassend stellen Uekötter und Kirchhelle fest, es hätten wohl nur wenige Themen in den 1980er-Jahren „einen derartigen Boom erfahren wie Umweltprobleme".[223]

Die bei der GEPA aufkeimende Hoffnung, über eine Integration der ökologisch orientierten Konsumenten neue Absatzmöglichkeiten erschließen zu können, lag nicht fern. Über das Alternative Milieu gab es zwischen der Umweltbewegung und dem Alternativen Handel bereits zahlreiche Überschneidungen. Ziel der „Ökos" war auch, Alternativen zur „kapitalistischen Naturausbeutung" aufzuzeigen, und die Verbindung von umweltbewusster Produktion und umweltbewusstem Handel entsprach dem Leitbild einer „alternative[n] Kultur, die zugleich als umwelt- und menschenfreundlich galt".[224] Bei der GEPA zeigte man sich überzeugt, dass der Alternative Handel für die Umweltbewegung durchaus attraktiv sein könne, schließlich lasse sich die „ganze Umweltdiskussion […] mit konkreten Produkten noch besser führen als ausschließlich mit abstrakten gesellschaftlichen Forderungen".[225] Außerdem hatten sich – und dies war für die GEPA erneut entscheidend – die Kirchen als Protagonisten und Wortführer in der Umweltthematik positioniert.[226] Dass Produkte, die die Wertzuschreibungen einer ökologischen Produktion und eines gerechteren Handels verbanden, gut verkaufbar waren, hatten bereits die Jutebeutel unter Beweis gestellt. Noch größeres Potenzial erhoffte man sich in den Reihen der GEPA von dem Angebot eines ökologisch produzierten Lebensmittels aus dem globalen Süden. Von Anfang an

---

222 An der Universität Freiburg hat sich 2006 ein Forschungsverbund zur Untersuchung der „Waldsterbensdebatte" gebildet, vgl. dazu beispielsweise die daraus hervorgegangene Untersuchung von Martin Bemmann zur Entwicklung der Debatte seit 1893: Bemmann, Martin: Beschädigte Vegetation und sterbender Wald. Zur Entstehung eines Umweltproblems in Deutschland 1893–1970, Göttingen, 2012; vgl. ferner von Detten, Roderich: Umweltpolitik und Unsicherheit. Zum Zusammenspiel von Wissenschaft und Umweltpolitik in der Debatte um das Waldsterben der 1980er Jahre, in: Archiv für Sozialgeschichte 50, 2010, S. 217–269.

223 Uekötter, Frank und Kirchhelle, Claas: Wie Seveso nach Deutschland kam. Umweltskandale und ökologische Debatte von 1976 bis 1986, in: Archiv für Sozialgeschichte 52, 2012, S. 317–334, hier: S. 317.

224 Engels: Umweltschutz, S. 420; vgl. Uekötter: Am Ende, S. 117–118.

225 GA, PPA ab: 07.09.85 bis: 25.04.87, Planungsaufgabe: Einführung, 4. Februar 1985.

226 Vgl. Gettys, Sven-Daniel und Mittmann, Thomas: „Der Tanz um das Goldene Kalb der Finanzmärkte". Konjunkturen religiöser Semantik in deutschen Kapitalismusdebatten seit den 1970er Jahren, in: Hochgeschwendner, Michael und Löffler, Bernhard (Hg.): Religion, Moral und liberaler Markt. Politische Ökonomie und Ethikdebatten vom 18. Jahrhundert bis zur Gegenwart, Bielefeld, 2011, S. 283–308, hier: S. 293.

dachte man dabei wiederum an das Produkt Kaffee. Dafür sprach schon, dass der GEPA-Geschäftsführer angesichts der Probleme mit den anderen Kaffeeproduzenten bereits 1983 dafür plädiert hatte, noch mehr Kaffeeproduzenten einzubeziehen, um eine drohende Abhängigkeit der GEPA von wenigen Exporteuren zu vermeiden.[227] Wie gezeigt wurde, suchte die GEPA ferner dringend nach neuen Bezugsmöglichkeiten für einen Kaffee, der sich als Kleinbauernkaffee verkaufen ließ. Und nicht zuletzt schien das Angebot eines ökologisch angebauten Kaffees mit den auf das Dort ausgerichteten Zielen des Alternativen Handels vereinbar zu sein. Man war sich bei der GEPA darüber im Klaren, dass der ökologische Kaffeeanbau für die Produzenten zahlreiche Vorteile hätte, da ein Bio-Kaffee bereits als Rohprodukt einen höheren Verkaufswert besitzt und da der Einsatz chemischer Mittel beim konventionellen Kaffeeanbau stark gesundheitsbelastend für die Produzenten ist.[228] Im Ergebnis bemühte sich die GEPA Mitte der 1980er-Jahre aktiv darum, neue unterstützenswerte Projekte einer kleinbäuerlichen Organisation aufzutun, über die sich Konsumenten aus der Umweltbewegung für den Alternativen Handel gewinnen ließen.[229] Fündig wurde man schließlich bei der Kaffeebauernvereinigung UCIRI im mexikanischen Bundesstaat Oaxaca.

4.7.1 Gründung und Aufbau der UCIRI

Die Abkürzung UCIRI steht für *Unión de Comunidades Indígenas de la Región del Istmo*, die so bezeichnete Organisation stellt also einen Zusammenschluss indigener Gemeinschaften der mexikanischen Isthmusregion dar. Da sie heute eine der am besten entwickelten und einflussreichsten Kleinbauernvereinigungen darstellt, wurde sie bereits Gegenstand mehrerer Untersuchungen zu fair gehandeltem Kaffee.[230] Der Entstehungskontext der Organisation soll im Folgenden näher dargestellt werden, da ihr im Feld des Fairen Handels noch mehrfach besondere Bedeutung zukommen sollte.

---

227 Vgl. GA, PPA ab: 19.03.1982 bis: 17.12.1983, Jan Hissel: Vorlage GV/PPA/PA Top 6, 16. Februar 1983.

228 GA, PPA ab: 16.3.1984 bis: 15.6.1985, Protokoll der Sitzung des GEPA-Projektpartner-Ausschusses vom 14./15. Juni 1985, S. 2.

229 Vgl. GA, GEPA Grundsatz/Bildungsarbeit/Selbstdarstellung, unbetiteltes und undatiertes Schreiben.

230 Heute gehören der UCIRI 56 Mitgliedsgemeinschaften an, in der etwa 2600 Familien vertreten sind, vgl. http://www.uciri.com/spanish/Nosotros.html (zuletzt abgerufen am 1.11.2013). Für Untersuchungen zur UCIRI vgl. beispielsweise Fridell: Fair; Jaffee: Brewing.

Damals lebte der Großteil der Kaffeeproduzenten Mexikos wie noch heute als Kleinbauern, mehr als die Hälfte von ihnen hatte indigene Wurzeln.[231] Noch Mitte der 1980er-Jahre hatten 84 Prozent der Orte, in denen Kaffee das Hauptanbauprodukt war, einen hohen oder sehr hohen Armutsstand, nur die wenigsten der im Hochland gelegenen Gemeinschaften verfügten über Zugang zu sozialer Infrastruktur.[232] Als in den 1970er-Jahren der Kaffee-Export durch die mexikanische Regierung massiv gefördert wurde, geschah dies nicht zuletzt deshalb, da sie darin ein probates und kostengünstiges Instrument zur Armutsbekämpfung sah. Doch die Förderung des Anbaus selbst griff zu kurz: Die Kleinbauern besaßen keine Mittel für den Kaffeetransport und waren so in aller Regel abhängig von den Preisen, die ihnen von den Großgrundbesitzern – den so bezeichneten Kaziken – und den Aufkäufern – *coyotes* genannt – geboten wurden. Im März 1981 trafen sich etwa hundertfünfzig Kaffeekleinbauern aus den nördlich von Tehuantepec gelegenen Siedlungen Gueva de Humboldt und Santa María Guienagatí mit einer Gruppe von Jesuiten der Diözese Tehuantepec.[233] Ziel war es, Wege aus der Abhängigkeit vom *caziquísmo* und aus der strukturell bedingten Armut zu finden. Die praktikabelste Lösung lag darin, eigene Vermarktungsmöglichkeiten für den Kaffee zu erschließen. Man stellte den Kontakt zur staatlichen Vermarktungsorganisation *Asociación Rural de Interés Colectivo* (ARIC) her, und noch im gleichen Jahr konnten von den Bauern 35 Tonnen Kaffee zu einem etwas höheren Preis verkauft werden. Der erste Erfolg ermutigte die Beteiligten dazu, die Tätigkeiten auszuweiten und eine eigene Organisation zu gründen. Dafür sprach außerdem, dass von Staatsseite inzwischen kaum mehr Unterstützung zu erwarten war. Aufgrund der massiv wachsenden Auslandsschuldenlast musste die mexikanische Regierung 1982 die Zahlungsunfähigkeit und den teilweisen

---

231 Vgl. Marshall: World, S. 69; dazu und zum Folgenden Jaffee, Daniel: ‚Better, but not great‘. The social and environmental benefits and limitations of Fair Trade for indigenous coffee producers in Oaxaca/Mexico, in: Ruben (Hg.): Impact, S. 195–222.

232 Vgl. GA, PPA ab: 16.3.1984 bis: 15.6.1985, Protokoll der Sitzung des GEPA-Projektpartner-Ausschusses vom 14./15. Juni 1985, S. 2.

233 Vgl. dazu und zum Folgenden Interview Vanderhoff Boersma; Fridell: Fair, S. 183–191; Simpson, Charles R. und Rapone, Anita: Community Development from the Ground Up. Social-Justice Coffee, in: Human Ecology Review 7, 1, 2000, S. 46–57; Vanderhoff Boersma, Francisco: The Urgency and Necessity of a Different Type of Market. The Perspective of Producers Organized within the Fair Trade Market, in: Journal of Business Ethics 86, 2009, S. 51–61.

Staatsbankrott erklären.[234] Im gleichen Jahr gründeten Vertreter von inzwischen sieben Dorfgemeinschaften die UCIRI, die 1983 offiziell anerkannt und eingetragen wurde. In der auf die Gründung folgenden Zeit hatte die Vereinigung, den Berichten der Mitglieder zufolge, einen sehr schweren Stand. Demnach wurden mehrere Mitglieder im Auftrag der Kaziken und *coyotes* erschossen, gehandelte Fracht beschlagnahmt und verbrannt. Erschwerend kam hinzu, dass die Bauern für den Kaffee bei der ARIC zwar einen geringfügig höheren Preis erhielten, sich dafür aber selbst um Transport und Verschiffung kümmern mussten und darüber hinaus meist lange auf die Bezahlung warten mussten. Offensichtlich traten angesichts der Probleme mehrere Bauern schon früh wieder aus der UCIRI aus, doch einige führten die Aktivitäten weiter. 1984 konnten in dem Dorf Lachiviza, zentral zwischen den beteiligten Gemeinden gelegen, das erste Kaffeelager der UCIRI sowie eine Trockenverarbeitungsanlage eröffnet werden. Die Möglichkeit, den Kaffee jetzt selbstständig für den Export aufzuarbeiten, bedeutete, dass mehr Verarbeitungsstufen der Wertschöpfungskette unter der Kontrolle der Kleinbauern standen.

Die Aufgaben der UCIRI waren in der ersten Zeit nach der Gründung vor allem darauf gerichtet, den Kaffee der Mitglieder zu sammeln und zu verkaufen, doch die Aktivitäten gingen schnell über die rein wirtschaftliche Ebene hinaus. Der Landbesitz wurde von den Dorfgemeinschaften, den *comunidades*, gemeinschaftlich verwaltet, den Familien abhängig von ihrer Personenzahl Land zur Bewirtschaftung zugeteilt. Im Schnitt stehen heute jeder Familie zwei bis fünf Hektar für die Kaffeekultivierung und fünf bis acht Hektar für die Subsistenzwirtschaft zur Verfügung.[235] Das Prinzip der UCIRI basierte früh auf gemeinschaftlicher Verantwortung und Beteiligung der einzelnen Mitglieder. Dafür bemühte man sich um eine Stärkung des Gemeinschaftsgefühls und um eine Rückbesinnung auf die gemeinsamen indigenen Traditionen. So wird bis heute einmal im Jahr, vor Beginn der Ernte im Oktober, ein Fest veranstaltet. Ein weiterer wichtiger Stützpfeiler war und ist die *trabajo común organizado*, womit gemeint ist, dass die Mitglieder regelmäßig Arbeit für die Gemeinschaft leisten – beispielsweise Straßen ausbessern, eine Wasserversorgung einrichten oder Schulen und medizinische

---

234 Vgl. einführend Russell, Philip L.: The History of Mexico. From Pre-Conquest to Present, New York/London, 2010, S. 477ff.

235 Vgl. dazu und zum Folgenden vor allem Fridell: Fair, S. 183–184; Simpson/Rapone: Community; Vanderhoff Boersma, Francisco: Excluidos hoy, protagonistas mañana, México, 2005.

Versorgungszentren aufbauen. Die gemeinschaftliche Mitbestimmung wird seit Gründung der UCIRI über mehrmals im Jahr stattfindende Treffen von gewählten Vertretern der Mitgliedsgemeinschaften sichergestellt.

Die Bindung der Genossen an die UCIRI war wahrscheinlich stärker, jedenfalls aber viel auffälliger als beispielsweise bei der Fedecocagua. Dazu trug bei, dass die Initiative zur Gründung eines genossenschaftlichen Zusammenschlusses hier ganz offensichtlich nicht von außen, sondern von den betroffenen Kleinbauern selbst ausgegangen war und dass die Form eines genossenschaftlichen Zusammenschlusses den traditionellen Strukturen der Indigenengemeinschaften Südmexikos vergleichbar war.[236] Bis heute sind alle Mitgliedsgemeinschaften der UCIRI *comunidades indígenas*; die größte ethnische Gruppe sind die Zapoteken, doch sind noch mehrere andere ethnische Gruppen vertreten.[237] .

4.7.2 Besuch aus Europa und die Umstellung auf Bio-Kaffee

Einer der Jesuiten bei dem ersten Treffen der mexikanischen Kleinbauern 1981 war der Niederländer Frans Vanderhoff. Dieser trat schließlich selbst der UCIRI bei und wurde offenbar schnell zum festen, in die indigenen Strukturen integrierten und mit verschiedenen Leitungsaufgaben betrauten Mitglied.[238] Wie noch zu sehen sein wird, sollte Vanderhoff – begünstigt durch seine Biografie – gewissermaßen als Katalysator zwischen Europa und Lateinamerika noch eine große Rolle spielen.

Offensichtlich bestand zwischen dem Niederländer Frans Vanderhoff und Mitgliedern des auf holländische Wurzeln zurückgehenden Felds des Fairen Handels bereits seit 1982 Kontakt.[239] 1983 berichtete der GEPA-Geschäftsführer Jan Hissel, ebenfalls gebürtiger Niederländer, von der Anfrage eines Kaffeeprojekts in Mexiko, das den GEPA-Kriterien generell entspreche. Gemeint war die UCIRI. Doch schon aufgrund der geplanten Beschränkung beim GEPA-Kaffeeimport sah Hissel keine Kapazitäten für die Aufnahme

---

236 Vgl. generell Benecke: Kooperation; Interview Nickoleit.

237 Vgl. Jaffee: Better, S. 197–199.

238 Frans Vanderhoff nennt sich mittlerweile meist Francisco Vanderhoff Boersma. Unter diesem Namen sind mehrere Publikationen von ihm erschienen. Da er im Untersuchungszeitraum noch den Namen Frans Vanderhoff trug und auch so genannt wurde, wird er im Folgenden als historischer Akteur auch so bezeichnet, seine Publikationen werden aber unter dem spanischen Namen zitiert.

239 Vgl. GA, PPA ab 16.3.1984 bis 15.6.1985, Gerd Nickoleit: Projektvorlage für die PPA-Sitzung vom 14./15. Juni 1985.

eines weiteren Kaffeehandelspartners.[240] Hinzu kam, dass bei der GEPA
Unklarheiten über die Kaffeequalität, über Aufbau und Organisation der
UCIRI und über eine mögliche Mehrpreisverwendung bestanden – und
nicht zuletzt fehlte der UCIRI schlicht eine Exportlizenz, die meist nur an
Großproduzenten vergeben wurde, sodass eine Abnahme über staatliche
Stellen hätte erfolgen müssen.[241] Zwei Jahre später, 1985, sah die Situation
allerdings grundsätzlich anders aus. Die UCIRI bekam die Exportlizenz
zugesprochen und auf deutscher Seite wuchs angesichts der Probleme mit
Nicaragua und der Fedecocagua der Wunsch nach anderen Bezugsquellen
für Kaffee aus kleinbäuerlicher Produktion.[242] Voraussetzung für die GEPA
war es allerdings, ökologisch angebauten Kaffee beziehen zu können, um
Absatzmöglichkeiten in der Umweltbewegung erschließen zu können. Aus
diesem Grund hatte die GEPA bereits im Mai 1984 einen Berater für ökologischen Landbau nach Mexiko geschickt.[243]

Im April und Mai 1985 reisten Jan Hissel und Gerd Nickoleit von der
GEPA in Begleitung von diesem Berater und einem Mitglied der niederländischen Kleinrösterei Simon Lévelt nach Mexiko.[244] Ziel der Reise war
es, Kleinproduzenten in den mexikanischen Bundesstaaten Chiapas und
Oaxaca zu besuchen und die Voraussetzungen für den Anbau und Bezug
eines ökologisch produzierten Kaffees zu erschließen.[245] Zuerst besuchte die
Reisegruppe das im Chiapas gelegene Anwesen *Finca Irlanda*. Hier betrieben europäischstämmige Siedler in Anlehnung an die Lehre des Anthro-
posophen Rudolf Steiner einen als biologisch-dynamisch bezeichneten

---

240 Vgl. GA, PPA ab: 19.03.1982 bis: 17.12.1983, Jan Hissel: Vorlage GV/PPA/PA Top 6,
16. Februar 1983, S. 2.

241 Vgl. GA, PPA Ab 16.3.1984 Bis 15.6.1985, Gerd Nickoleit: Projektvorlage für die PPA-
Sitzung vom 14./15. Juni 1985; MAA, ZA: GF HAV: GEPA laufende Korrespondenz
1985–1990, Nickoleit an Misereor, 28. Januar 1986.

242 Vgl. GA, PPA ab 16.3.1984 bis 15.6.1985, Gerd Nickoleit: Projektvorlage für die PPA-
Sitzung vom 14./15. Juni 1985, 4. Juni 1985.

243 Vgl. MAA, ZA: GF HAV: GEPA Laufende Korrespondenz 1985–1990, Gerd Nickoleit
an Misereor, 13. Februar 1986.

244 Vgl. GA, PPA ab 16.3.1984 bis 15.6.1985, Gerd Nickoleit: Projektvorlage für die PPA-
Sitzung vom 14./15. Juni 1985, S. 1.

245 Vgl. zur Bedeutung dieser Reise für die weitere Entwicklung der UCIRI Vanderhoff
Boersma, Francisco: Union of Indigenous Communities of the Isthmus Region, in: The
Centre for Bhutan Studies (Hg.): Rethinking Development. Proceedings of Second
International Conference on Gross National Happiness, Bhutan, 2007, S. 112–143, hier:
S. 119; Fridell: Fair, S. 186–187; Simpson/Rapone: Community; Interview Nickoleit;
Interview Vanderhoff Boersma; Interview Hissel.

Landbau – unter anderem mit Kaffee –, der 1967 durch die deutsche Organisation Demeter anerkannt worden war.[246] Ziel des Besuchs war es, mehr über biologischen Kaffeeanbau zu lernen und Möglichkeiten der Kooperation zwischen den noch zu besuchenden Kleinbauern und der Finca auszuloten.[247] Anschließend besuchte die Reisegruppe die Kleinbauernvereinigungen Lacandona und UCIRI. Dem Bericht Frans Vanderhoffs zufolge weckten die europäischen Besucher anfangs bei vielen UCIRI-Mitgliedern erhebliches Misstrauen.[248] Der erste Besuch endete ganz offensichtlich ergebnislos, doch zumindest zeigte sich den Vertretern der GEPA, dass hier ein Projekt bestand, das den eigenen Kriterien zu entsprechen schien. Hinzu kam die Hoffnung, die in der UCIRI vereinigten Produzenten dazu bewegen zu können, ökologischen Landbau zu betreiben. Denn der Kaffee, so hieß es in dem Abschlussbericht der Reise, werde in den indianischen Gemeinschaften ohnehin noch ohne chemische Hilfsmittel angebaut. Dies wurde vor allem mit der unter den indigenen Mitgliedern der UCIRI verbreiteten Skepsis gegenüber der chemieintensiven monokulturellen Landwirtschaft begründet, lag aber wohl auch daran, dass die Bauern nicht über chemische Mittel verfügten. Letzteres zeigt der Hinweis im Bericht der Reisegruppe, dass manche UCIRI-Mitglieder bereits über den Einsatz von Pflanzenschutzmitteln zur Ertragssteigerung nachdächten, die ihnen offensichtlich von der mexikanischen Regierung angeboten wurden.[249] Zwischen der GEPA und der UCIRI wurde vereinbart, die von der GEPA angebotene Mehrpreiszahlung von zehn Prozent Aufschlag auf den Preis des Kaffees an der New Yorker Börse zur Umstellung auf ökologischen Kaffeeanbau zu nutzen. Noch 1985 besuchten mehrere Mitglieder der UCIRI die *Finca Irlanda*, um sich dort über die Möglichkeiten zum Anbau eines Qualitätskaffees und zur Ertragssteigerung ohne Einsatz chemischer Mittel zu informieren.

---

246 Vgl. http://fincairlanda.grupopeters.com/historia.htm (zuletzt abgerufen am 1.11.2013). Die *Finca Irlanda* ist später aufgrund der Tatsache, dass sie von europäischstämmigen Siedlern geführt wurde (und wird), und aufgrund vermeintlich schlechter Arbeitsbedingungen erheblich in Kritik geraten, vgl. beispielsweise den sehr kritischen, teils populistischen Artikel Bringmann, Rosemarie: Finca Irlanda – Erfolg der Boykott-Kampagne, in: Lateinamerika Nachrichten 271, Januar 1997.

247 Vgl. GA, PPA ab 16.3.1984 bis 15.6.1985, Gerd Nickoleit: Projektvorlage für die PPA-Sitzung vom 14./15. Juni 1985.

248 Vgl. Interview Vanderhoff Boersma; Vanderhoff Boersma: Union, S. 116.

249 Vgl. GA, PPA ab 16.3.1984 bis 15.6.1985, Gerd Nickoleit: Projektvorlage für die PPA-Sitzung vom 14./15. Juni 1985, S. 2; MAA, ZA: GF HAV: GEPA Laufende Korrespondenz 1985–1990, Gerd Nickoleit an Misereor, 13. Februar 1986; Fridell: Fair, S. 177.

Auch wenn das Angebot eines Bio-Kaffees mit der Maya-Tradition der UCIRI-Mitglieder besser vereinbar gewesen sein mag als ein Kaffee aus konventioneller Produktion, so war die Umstellung auf ökologischen Anbau für die UCIRI-Bauern wohl nicht zuletzt eine Reaktion auf die Nachfrage der europäischen Abnehmer. Bei der GEPA war man sich bald darüber einig, dass es gerade für die Erschließung von Konsumenten in der Umweltbewegung nötig schien, bestimmte Kriterien zu definieren.[250] Zwar wurde von der GEPA beteuert, dass es den UCIRI-Bauern nicht darum gehe, „europäische Vorstellungen von alternativer biologischer Landwirtschaft nach ‚Schema F' zu verwirklichen", da sie dies als „Ökokolonialismus" empfänden, dennoch bemühten sich die GEPA-Vertreter darum, eine deutsche Bio-Kontrollorganisation dazu zu bewegen, den mexikanischen Kaffee zu zertifizieren.[251] Dies lag offensichtlich daran, dass man davon überzeugt war, dass erst die Zertifizierung durch eine europäische Organisation bewirken würde, dass die Abnehmer darauf vertrauten, dass der Anbau wirklich nach ökologischen Standards erfolge. Als 1986 ein weiterer Besuch von GEPA-Vertretern in Mexiko stattfand, wurden diese von einem der Gründer der deutschen Bio-Organisation Naturland begleitet. Unter den europäischen Besuchern verfügte aber niemand über mehr als nur rudimentäres Wissen über tropische Landwirtschaft, auf die sich die am mitteleuropäischen Klima ausgerichteten Kriterien des ökologischen Landbaus ohnehin kaum übertragen ließen. Offensichtlich erfolgte die Definition von Kriterien und Richtlinien daher im Dialog zwischen Zertifizierern und den Bauern der UCIRI.[252] Noch 1986 vergab Naturland an die UCIRI das Zertifikat für ökologischen Kaffeeanbau. Von nun an musste jeder *socio* eine Erklärung unterschreiben, in der er sich verpflichtete, die Kriterien zu erfüllen. Darüber hinaus wurden mehrere *centros de educación campesina* gegründet, landwirtschaftliche Ausbildungszentren, in denen junge Mitglieder der UCIRI zu Fachkräften des ökologischen Kaffeeanbaus ausgebildet wurden. Viele dieser Fachkräfte gingen dann anschließend in ihre Heimatdörfer, wo sie für die Bauern

---

250 So hieß es schon vor der Etablierung des UCIRI-Kaffees, dass die Einhaltung von Produktkriterien „am stärksten von den ‚Umwelt-Fans' unter unseren Abnehmern" gefordert werde, GA, PPA ab: 07.09.85 bis: 25.04.87, Planungsaufgabe: Einführung, 4. Februar 1985, S. 3; vgl. Interview Hissel.

251 Café Orgánico – Café Sano, in: GEPA Gesellschaft zur Förderung der Partnerschaft mit der Dritten Welt mbH (Hg.): Café Organico, November 1986; vgl. Interview Hissel; Interview Nickoleit.

252 Vgl. Interview Vanderhoff Boersma; Interview Nickoleit; Interview Hissel.

Beratungsfunktionen übernahmen. Die Ausbildungsstätten nutzten allerdings nicht nur den UCIRI-Mitgliedern: Auch aus anderen Genossenschaftsverbänden, teilweise sogar über Mexiko hinaus, wurden Vertreter ausgebildet, die in ihrer Heimat anschließend die Umstellung auf Bio-Produktion anleiteten.[253] Die UCIRI stand am Anfang einer Entwicklung: Heute produziert Mexiko etwa 60 Prozent des weltweit gehandelten Bio-Kaffees.[254]

4.7.3 Markteinführung und Bewerbung des UCIRI-Kaffees

Mit dem Kaffee von der UCIRI hatte die GEPA ein Verbrauchsgut im Sortiment, das Hoffnungen zuließ, in der Umweltbewegung neue Konsumentenkreise zu erschließen. Außerdem war der mexikanische Kaffee aus Sicht der GEPA endlich wieder ein einwandfreier Kleinbauernkaffee. Im Bericht wurde hervorgehoben, dass die UCIRI von den Kleinbauern selbst gegründet worden sei, dass diese sich umfassend „an jedem Schritt bei dem Aufbau und der Entwicklung der Organisation" beteiligten und eine große Bereitschaft zu erkennen sei, sich gemeinsam den anstehenden Problemen zu stellen.[255] Außerdem werde die UCIRI von progressiven Kirchendiözesen der Umgebung unterstützt und die Anbauflächen würden jeweils nur etwa zur Hälfte für Kaffee genutzt, während der Rest der Subsistenzwirtschaft diene. Dadurch sei die Möglichkeit einer Abhängigkeit der UCIRI vom Alternativen Handel nicht gegeben. Die fast schon enthusiastischen Rückmeldungen nach der Reise belegen die Hoffnung aufseiten der Deutschen, endlich „ein glaubwürdiges Ersatz-Projekt" gefunden zu haben, bei dem sich die Probleme des Indio- und des Nicaragua-Kaffees nicht wiederholen könnten.[256] Dementsprechend empfahl der zuständige Ausschuss der

---

253 So bekamen beispielsweise mehrere nicaraguanische Produzentengenossenschaften die Möglichkeit, auf den Anbau von Bio-Kaffee umzustellen, da sie zuvor bei der UCIRI in Mexiko eine Ausbildung absolviert hatten, vgl. GA, Reiseberichte Lateinamerika 1986–1989, Kalle Linnartz: Reisebericht über den Besuch bei UCIRI, Oaxaca, Süd-Mexico im Oktober 1989, Dezember 1989 bis Januar 1990; GA, Reiseberichte Lateinamerika 1990–1992, Reisebericht Projektreise Franz Denk, EZA, Austria, nach Nicaragua, Mexiko, Guatemala und Costa Rica im November und Dezember 1990.

254 Fridell: Fair, S. 175.

255 Vgl. GA, PPA ab 16.3.1984 bis 15.6.1985, Projektvorlage für die PPA-Sitzung vom 14./15. Juni 1985, 4. Juni 1985.

256 GA, PPA 03.08.90–23.01.92, Vorlage für den Projektpartner-Ausschuß am 21. Juni 1991, Projekt: Grupo de los 14, Guatemala, 12. Juni 1991; vgl. ferner GA, PPA ab: 16.3.1984 bis: 15.6.1985, Protokoll der Sitzung des GEPA-Projektpartner-Ausschusses vom 14./15. Juni 1985.

GEPA im Juni 1985 die Beendigung der Kooperation mit der Fedecocagua und die Aufnahme von UCIRI-Kaffee in das GEPA-Sortiment.[257] Ein Misereor-Vertreter fügte in seinen Antworten auf kritische Anfragen zur Unterstützung der Sandinisten fortan meist eine persönliche Empfehlung für den UCIRI-Kaffee aus Mexiko an.[258] Und nicht zuletzt: Die beispielsweise hinsichtlich des Indio-Kaffee geäußerte Kritik, dass dieser nicht von Indigenen stamme, kam bei der UCIRI nicht in Betracht, da es sich bei den Mitgliedern nahezu ausschließlich um Maya handelte. Zur Etablierung des alternativ gehandelten Bio-Kaffees wurde bald eine kraftvolle Metapher aus der Taufe gehoben, die bis heute im Fairen Handel fortwirkt. Man bemühte sich um die Darstellung, dass die Idee eines ökologischen Kaffeeanbaus allein dem indigenen Naturverständnis der UCIRI-Mitglieder entsprungen sei. Der Verweis sowohl auf die Natürlichkeit als auch auf die Ethnizität der Produzenten diente zur Positionierung des Kaffees im Markt und zur Erzeugung von Vertrauenswürdigkeit gegenüber den Abnehmern. Feldtheoretisch gesprochen: Die immens hohe Menge an symbolischem Kapital, die vor allem im Alternativmilieu sowohl der „Mutter Natur" als auch Indigenen zugesprochen wurde, wurde von der GEPA zur Etablierung des neuen Produkts genutzt. Der Werbeslogan lautete: „Café Organico – Café Sano", auf Deutsch: „Organischer Kaffee – Gesunder Kaffee".[259] Explizit wurde darauf hingewiesen, dass sich der Einsatz von chemischen Dünge- und Pflanzenschutzmitteln nicht mit den in der Maya-Tradition wurzelnden Vorstellungen von einem Leben im Einklang mit der Natur vertrage, die indigenen Kleinbauern wollten schließlich „nicht mehr aus dem Boden herausholen, als er hergibt".[260] Auch wenn diese Behauptung durchaus zutreffend gewesen sein mag, wurde dabei verschwiegen, dass die mexikanischen Kleinbauern den Bio-Anbau wohl den Anforderungen der Abnehmer anpassten und mit dem Angebot eines Bio-Kaffees nicht zuletzt auf die Nachfrage aus Europa reagierten.

---

257 Vgl. GA, PPA ab 10.09.88 bis 09.03.90, Überblick über PPA-Empfehlungen von Juni 85 bis Januar 88, S. 1.

258 Vgl. beispielsweise MAA, ZA: GF HAV: GEPA Allgemeine Korrespondenz 1977–1989, Brief von Misereor vom 15. Juli 1987; MAA, ZA: GF HAV: GEPA Allgemeine Korrespondenz 1977–1989, Brief von Misereor, 18. August 1987.

259 Café Orgánico – Café Sano, in: GEPA (Hg.): Café.

260 Ebda.

Grafik 9   Durchschnittspreis Kaffee, 1980–1988
ICO Composite Indicator Price, Annual Averages

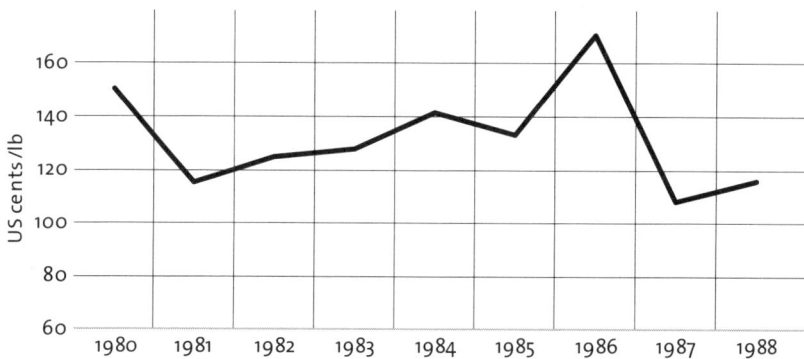

Von der bereits eingeholten Ernte der Saison 1984/85 sollten 400 Sack abgenommen werden, da diese Menge noch in Mexiko auf Lager lag, für das Kaffeejahr 1985/86 wurde aber bereits an die Abnahme von etwa 3200 Sack gedacht. Diese Kaffeelieferung traf im Mai 1986 ein.[261]

Der anlaufende Verkauf des UCIRI-Kaffees fiel zeitlich in eine Phase, in der sich der Kaffeepreis an der New Yorker Börse erneut auf eine Achterbahnfahrt begab. Nachdem 1985 eine schwere Dürre in Brasilien für massive Ernteverluste gesorgt hatte, schossen die Rohkaffeepreise bald darauf nach oben. Ab Februar 1986 musste die GEPA Preiserhöhungen für sämtliche Kaffees im Sortiment durchsetzen.[262] Aufgrund der hohen Preise hob die Internationale Kaffeeorganisation Anfang 1986 die Quotenbeschränkungen für die Erzeugerländer auf, woraufhin die Märkte mit Kaffee überschwemmt wurden. Die Preise fielen anschließend rapide, bis sie im Januar 1987 sogar die auf 1,20 US-Dollar pro Pfund festgesetzte Preisuntergrenze des Kaffeeabkommens – welches allerdings inzwischen vorübergehend außer Kraft

261 Darüber hinaus plante man die Abnahme von 800 Sack bei dem mexikanischen Genossenschaftsverband Lacandona. Vgl. GA, PPA ab 16.3.1984 bis 15.6.1985, Projektvorlage für die PPA-Sitzung vom 14./15. Juni 1985; GA, GEPA Grundsatz/Bildungsarbeit/ Selbstdarstellung, Gerd Nickoleit: Alternativer Handel oder alternatives Handeln am Beispiel Kaffee, 10. April 1986, S. 3.

262 Vgl. dazu und zum Folgenden die zahlreichen Berichte und Pressemeldungen in FZH Michelsen E.5; FZH Michelsen E.5, Brief von Jan Hissel, 15. Januar 1986; FZH Michelsen E.5, Linnartz, Kalle: GEPA Info Nr. 048/85–86, 24. Januar 1986; o. V.: Der Kaffeepreis steigt – zu wessen Gunsten?, in: Kaffeebohne & Teeblatt 5, Februar 1986.

gesetzt worden war – durchbrachen. Da sich der Kaffeeanbau in Brasilien wieder erholte, bestand keinerlei Aussicht auf Besserung der Lage.

Es ist davon auszugehen, dass die Kooperation mit der GEPA, die einen Mindestpreis und einen Bio-Aufschlag garantierte, bei der weiteren Konsolidierung der UCIRI eine entscheidende Rolle spielte. Bis in die 1990er-Jahre hinein nahm die GEPA der UCIRI etwa 70 Prozent der jährlichen Produktion ab.[263] Die mit dem *Café Organico* etablierte Verbindung der Wertzuschreibungen bio und fair war bald geläufig: Bereits 1988 hieß es, dass die von der GEPA gehandelten Produkte generell „nach entwicklungspolitischen, ökologischen Kriterien" ausgesucht würden.[264] Heute sind etwa zwei Drittel der weltweit als fair zertifizierten Lebensmittel aus ökologischer Produktion.[265]

4.8 Alternativen zur Alternative? Krisen und Neuorientierungen

Um 1987 hatte sich die Situation bei der GEPA zumindest in Bezug auf das Kaffeesortiment wieder halbwegs stabilisiert. Der Nicaragua-Kaffee konnte durch die Unterstützung von La Paz del Tuma als Kleinbauernkaffee angeboten werden, der UCIRI-Kaffee ohnehin, der Nicaragua-Kaffee sprach außerdem weiterhin die Solidaritätsbewegten an und der UCIRI-Kaffee erschloss neue Absatzmöglichkeiten in der Umweltbewegung. Damit erfüllte das Kaffeesortiment gleich drei unterschiedliche ethische Wertzuschreibungen und die GEPA war bei dem Absatz nicht mehr auf eine Gruppe von Konsumenten fixiert. Dies war insofern wichtig, als sich in der Vergangenheit sowohl bei dem Indio- als auch bei dem Nicaragua-Kaffee herausgestellt hatte, wie instabil die ethische Wertzuschreibung eines Produktes sein konnte, wie eng damit die Absatzmöglichkeiten in Verbindung standen und welche Gefahren sich daraus wiederum für die ökonomische Stabilität der GEPA ergaben. Nichtsdestotrotz zeigten sich in den späten 1980er-Jahren gleich auf mehreren Ebenen Probleme, die schließlich eine grundsätzliche Neuorientierung der Unternehmenspolitik erforderlich machten.

---

263 Vgl. Fridell: Fair, S. 189.
264 GA, PPA ab 10.09.88 bis 09.03.90, Bericht der GEPA aus Anlaß des Jahresabschlusses 1987/88, S. 4.
265 Vgl. McMichael: Development, S. 211; Fairtrade: Unlocking.

4.8.1 Probleme im Handel mit Nicaragua

Nicaraguas Wirtschaft steckte bereits seit Mitte der 1980er-Jahre in erheblichen Schwierigkeiten, doch gegen Ende des Jahrzehnts verschlimmerte sich die Rezession nochmals erheblich. Die USA hatten 1985 ein Handelsembargo für Nicaragua beschlossen. Das zentralamerikanische Land litt unter Devisenmangel und Inflation. Dazu kam, dass die Gesamtproduktion von Kaffee – dem wichtigsten Exportgut und Devisenbringer des Landes – in der zweiten Hälfte der 1980er-Jahre um fast 30 Prozent im Vergleich zur ersten Hälfte zurückgegangen war. Grund dafür war vor allem, dass die Angriffe der Contras den Kaffeeanbau und die Ernteeinfuhr immer schwieriger machten. 1988 wurden darüber hinaus durch den Wirbelsturm Joan weite Teile der Ernte vernichtet.[266]

Anfang Mai 1987 stornierte die nicaraguanische Exportorganisation Encafé einseitig den größten Teil der GEPA- und MITKA-Bestellungen für die Saison 1986/87 und teilte kurz darauf mit, dass auch für 1987/88 keine Lieferung zu erwarten sei. Dies lag offensichtlich daran, dass man angesichts der schlechten Ernteergebnisse zuerst die Verpflichtungen mit dem konventionellen Handel erfüllen wollte. 1987 lieferte die Encafé wohl nur 740 der ursprünglich vereinbarten 10.000 Sack Kaffee an MITKA und GEPA, für 1988 stellte sie dann doch noch etwa 6500 Sack in Aussicht, wenn die deutschen Unternehmen eine sofortige Zahlung zu einem vorab definierten, deutlich über dem aktuellen Weltmarktniveau liegenden Preis akzeptierten.[267] Bei den deutschen Organisationen bestanden allerdings nicht nur Bedenken, woher auf die Schnelle das Geld zu bekommen und wie die Zinslast zu tragen sei, sondern auch, ob nicht bis zum Zeitpunkt der Lieferung die Weltmarktpreise nochmals fallen könnten. Die GEPA schlug vor, den Mindestpreis des ICA plus fünf US-Dollar pro Sack für Kleinbauernkooperativen und zehn Prozent Aufschlag für La Paz del Tuma zu zahlen. Der Preis sollte wie üblich *ex Dock* New York sein, also die Frachtkosten

---

266 Vgl. Kühl Arauz: Nicaragua, S. 251.

267 Die Angaben über die Bestell- und Liefermengen unterscheiden sich allerdings in den Berichten teils deutlich. Vgl. dazu und zum Folgenden MAA, ZA: GF HAV: GEPA Laufende Korrespondenz 1985–1990, GEPA: An die Gesellschafter der GEPA, 8. August 1988; MAA, ZA: GF HAV: GEPA Laufende Korrespondenz 1985–1990, IA vom 19. August 1987; MAA, ZA: GF HAV: GEPA Laufende Korrespondenz 1985–1990, Stellungnahme der GEPA, 7. Januar 1988; ferner o. V.: Der Fall des Kaffees, in: Informationsblatt des Adelante e.V. 6, Januar 1988, S. 1–3, hier: S. 3; Marten, Florian: Dumpingpreise für Solidaritäts-Kaffee, in: taz, 26. Januar 1988, S. 19.

bis New York enthalten. Von der Encafé wurde dagegen offenbar der ICA-Mindestpreis *FOB* Corinto verlangt – das heißt, die Encafé wäre nur für die Anlieferung an den nicaraguanischen Exporthafen Corinto verantwortlich gewesen – zuzüglich eines unspezifizierten Aufschlags in Höhe von fünf US-Dollar für die Encafé und zehn Prozent für La Paz del Tuma. Da der Frachtanteil zwischen Corinto und New York etwa sieben US-Dollar pro Sack ausmachte, wäre der Kaffee aus Nicaragua für die deutschen Organisationen dadurch erheblich teurer gewesen als erwartet.[268] Wie sich später ein Vertreter der GEPA beschwerte, sei diese Preispolitik von der MITKA vorbehaltlos gebilligt worden, da Nicaragua als Staatsgebilde gestärkt werden sollte, doch sei dabei „darüber hinweggesehen [worden], daß die begehrten US$ anonym innerhalb der ENCAFE" verblieben seien.[269] Obwohl auch der GEPA-Geschäftsführer die Fortführung des Kaffeehandels mit Nicaragua aus diesen Gründen kritisch sah, entschied sich die Gesellschafterversammlung eben hierfür.[270]

Dies zeigt die Komplexität der Situation. Da das wichtigste Verkaufsargument für den Kaffee aus Nicaragua im Alternativen Handel eben seine Herkunft aus dem sandinistisch regierten Land war, gab es keine Möglichkeit, den Engpass mit anderem Kaffee zu überbrücken. Ganz auf ihn verzichten konnte man auch nicht: Für die GEPA war der Nicaragua-Kaffee trotz der Konkurrenz durch die MITKA nach wie vor das wichtigste Verkaufsgut, in der zweiten Hälfte der 1980er-Jahre war er allein für mehr als ein Viertel des gesamten GEPA-Umsatzes verantwortlich.[271]

---

268 Vgl. die Nachweise aus der vorherigen Fußnote. Zu den im Kaffeehandel üblichen Vereinbarungen der Anlieferung und Übernahme vgl. Marshall: World, S. 161–162; Glania, Guido: Das Welthandelsgut Kaffee. Eine wirtschaftsgeographische Studie, Frankfurt am Main, 1997, S. 83–90.

269 MAA, ZA: GF HAV: GEPA Laufende Korrespondenz 1985–1990, GEPA: An die Gesellschafter der GEPA, 8. August 1988.

270 Vgl. MAA, ZA: GF HAV: GEPA Laufende Korrespondenz 1985–1990, AG3WL-Bericht zur GEPA Gesellschafterversammlung 1987.

271 In den Geschäftsjahren 1985/86 und 1986/87 erzielte die GEPA insgesamt knapp 18 Millionen DM Umsatz, wovon etwa 5 Millionen DM aus dem Verkauf des Nicaragua-Kaffees stammten, vgl. MAA, ZA: GF HAV: GEPA Nicaragua-Kaffee, Aktennotiz zu TOP 8 der GEPA-Gesellschafterversammlung am 1. Oktober 1987; GA, PPA ab 10.09.88 bis 09.03.90, Bericht der GEPA aus Anlaß des Jahresabschlusses 1987/88, S. 6 und 10; vgl. auch MAA, ZA: GF HAV: GEPA Laufende Korrespondenz 1985–1990, Aktennotiz zu TOP 8 der GEPA-GV am 1. Oktober 1987.

Angesichts der Probleme mit der Encafé ist aus der Rückschau zu konstatieren, dass die deutschen Organisationen von den nicaraguanischen Stellen
abhängiger waren als umgekehrt. Bei der Encafé schien man sich durchaus über
die Abhängigkeit des Alternativen Handels vom Nicaragua-Kaffee bewusst
zu sein und nutzte dies nicht nur dazu, um eigene Preisziele durchzusetzen,
sondern bald wohl auch dazu, qualitativ minderwertigen Kaffee loszuwer-
den. Zu dieser Zeit beschäftigten weder GEPA noch MITKA ausgewiesene
Kaffee-Experten. Bei der Encafé war ebenfalls nur begrenzt Fachwissen zum
Kaffeeanbau vorhanden, da die erfahrenen Kaffeeleute nach 1979 zu einem
großen Teil in die Vereinigten Staaten ausgewandert waren. Der aus Nicaragua gelieferte Kaffee war somit wohl ohnehin nur von eingeschränkter
geschmacklicher Qualität – wenngleich man sich bei der GEPA bemühte, die
Bohnen aus Nicaragua als besonders ergiebige „Arabica-Qualitätskaffees erster
Güte" darzustellen, die in vergleichbarer Qualität von der konventionellen
Konkurrenz „bedeutend teurer" angeboten würden.[272] Doch da von deutscher
Seite keine weiteren Vorgaben gemacht oder Kontrollen durchgeführt wurden,
schwankte die von der Encafé gelieferte Qualität ständig. Sie verschlechterte
sich schließlich rapide, als Probleme bei Anbau und Ernte das nicaraguanische Kaffeekontingent in der zweiten Hälfte der 1980er-Jahre begrenzten
und die besten Qualitäten an die konventionelle Wirtschaft verkauft wurden.
Daran zeigt sich schon der Unterschied in der Wertzuschreibung des Kaffees
bei Produzenten und Konsumenten. Auf Abnehmerseite hatte der Kaffee
als unvermischter Solidaritätskaffee ein Alleinstellungsmerkmal und daher
keine Konkurrenz aus der konventionellen Wirtschaft, da dort Nicaragua-
Kaffee fast ausschließlich in Kaffeemischungen verwendet wurde. Zugleich
sah man sich bei GEPA und MITKA aufgrund des Solidaritätsanspruchs
offenbar nicht dazu berechtigt, Kontrollen auf Produzentenseite durchzuführen, sondern vertraute darauf, dass auf nicaraguanischer Seite die Solidarität
erwidert und daher ein guter Kaffee geliefert werde. Doch für die Encafé war
der Alternative Handel vor allem ein Absatzsegment.

Wie berichtet wird, roch schließlich Ende der 1980er-Jahre eine Lieferung aus Nicaragua durch Überfermentierung der Bohnen so übel, dass
GEPA und MITKA sich mit Beschwerden der Konsumenten überhäuft
sahen. Auf Nachfrage bei der Encafé habe diese die Gegenfrage gestellt, an
wen man den verschimmelten Kaffee denn sonst hätte liefern sollen.[273] Der

---

272 MAA, ZA: GF HAV: GEPA Nicaragua-Kaffee, Hissel an Misereor, 27. August 1984, S. 1.
273 Vgl. z. B. Interview Nickoleit.

Wahrheitsgehalt dieser Anekdote kann nicht mehr überprüft werden, doch unzweifelhaft ist, dass der schlechte Geschmack des Nicaragua-Kaffees im Alternativen Handel schon bald legendär war.[274] Von der GEPA wurde trotzig argumentiert, Kaffee aus Nicaragua sei „schon immer ein Kaffee mit einem stärkeren, kräftigeren Aroma, Charakter und Körper gewesen" und werde „immer etwas sauer sein".[275] Selbst in der Tageszeitung taz, deren Entstehung eng mit der Nicaragua-Solidaritätsbewegung verbunden ist, wurde 1988 die Umstellung des in der Kantine verwendeten nicaraguanischen Kaffees „auf magenschonendere Sorten" diskutiert, woraufhin die Diskussion bald – wie ironisch angemerkt wurde – um die Frage gekreist sei, ob „das persönliche Wohlbefinden wichtiger als die internationale Solidarität" sei. Die Diskussion erreichte schließlich die Encafé in Nicaragua und sorgte dort für erhebliche Aufregung. Doch letztlich wurde kommentiert, man könne „die Kaffeequalität nicht für oder gegen die Revolution verändern".[276] Die nachträgliche, immer wieder auftretende Beteuerung, wie scheußlich der Nicaragua-Kaffee doch geschmeckt habe, scheint aber auch Züge einer zusätzlichen Selbstvergewisserung zu beinhalten: Das klaglose Ertragen des Nicaragua-Kaffees wurde offensichtlich als zusätzliche Prüfung dafür angesehen, wie ernst es einem mit der Solidarität war.

In der zweiten Hälfte der 1980er-Jahre begann die Solidaritätsbewegung mit Nicaragua allerdings bereits zu zerfasern. In den blättern des iz3w wurden im September 1988 die Brigadeneinsätze generell kritisiert und als „Abenteuerurlaub mit politischem Anspruch" bezeichnet.[277] Wenige Monate später wurde die Solidarität mit Nicaragua auf einer Diskussionsveranstaltung selbst infrage gestellt.[278] Im März 1988 hatten die Sandinisten schließlich in direkten Verhandlungen mit den Contras eine Einstellung der Kriegshandlungen erreichen können, wodurch dem Bürgerkrieg ein Ende gesetzt wurde. Für die Solidaritätsbewegung war das Ende des Bürgerkriegs eine erfreuliche

---

274 Vgl. zur Diskussion um den Geschmack des Nicaragua-Kaffees von Appen, Kai: Immer Ärger mit „Sandino-Dröhnung", in: taz, 27. September 1988; Interview Nickoleit; Interview Piepel; Interview Burkhardt; Interview Hissel; MAA, ZA: GF HAV: GEPA Laufende Korrespondenz 1985–1990, Brief an GEPA Geschäftsführung, 3. November 1989.

275 FZH Michelsen E.1, Linnartz, Kalle: Info Nr. 012/88–89, 10. Juni 1988.

276 O. V.: Heißer Kaffee. Sandinisten reagieren auf taz-interne Kaffee-Diskussion, in: taz, 14. Mai 1988; vgl. o. V.: Kalter Kaffee, in: taz, 5. Mai 1988.

277 O. V.: Brigadenbewegung: Kalter Kaffee?, in: blätter des iz3w 152, September 1988, S. 27–34, hier: S. 30.

278 Vgl. o. V.: Heiße Debatte um die Solidarität mit Nicaragua, in: blätter des iz3w 156, März/April 1989, S. 54.

Nachricht, doch schwächte dies zugleich das wichtigste Argument für den Kauf des Nicaragua-Kaffees: die Unterstützung der Sandinisten im Kampf gegen die Imperialmacht USA. Im Sommer 1989 hieß es in dem von der MITKA und der GEPA herausgegebenen Informationsblatt zu La Paz del Tuma, in den nächsten Monaten entscheide „sich die Revolution nicht mehr auf dem Schlachtfeld, sondern in der wirtschaftlichen Überlebensfähigkeit und der politischen Unterstützung durch das Volk".[279] Mit Letzterem waren die nicaraguanischen Parlamentswahlen angedeutet, die für 1990 angesetzt worden waren. Doch mit einer Niederlage der Sandinisten rechnete dabei ohnehin kaum jemand.

4.8.2 Die GEPA drängt nach vorn

Bei der GEPA wurde die aktuelle Lage inzwischen kritischer gesehen. Der Absatz beschränkte sich fast ausschließlich auf das Alternative Milieu, der Nicaragua-Kaffee war der wichtigste Umsatzträger, doch zugleich stellte sich die Zusammenarbeit mit Nicaragua als immer problematischer dar. Daher wurde GEPA-intern offensichtlich die zu starke Anbindung an die Solidaritätsbewegung zunehmend als unbefriedigend empfunden. Dazu kam, dass – wie schon Ende der 1970er-Jahre – unklar geworden war, worauf der Handel eigentlich zielte. Auf einer Tagung des Entwicklungspolitischen Ausschusses der kirchlichen Jugendverbände im September 1987 wurde geschildert, der ursprüngliche Enthusiasmus sei „einer gewissen Ernüchterung gewichen", da es „keine einheitliche Theorie" gebe, „die die Ursachen von Unterentwicklung erklären" könne.[280] GEPA-Mitarbeiter Gerd Nickoleit schrieb an einen Weltladen, der die jüngste Entwicklung der GEPA sehr kritisch kommentiert hatte, dass man immer größere Schwierigkeiten habe, „graue' Realitäten denjenigen zu vermitteln, die nach eindeutigen Lösungen suchen".[281] Die Orientierungslosigkeit sorgte erneut dafür, dass sich im Feld des Fairen Handels dynamische Prozesse abzeichneten. Dazu kam, dass die GEPA in der zweiten Hälfte der 1980er-Jahre – trotz des inzwischen verfügbaren UCIRI-Kaffees – in wirtschaftliche Schwierigkeiten geriet. Unter anderem durch die schlechten Verkaufszahlen bei den handwerklichen Waren summierten sich die Verluste bis 1987 auf 383.000 DM. Für

---

279 GEPA/MITKA/Infobüro (Hg.): Land, S. 1.
280 MAA, FH 26, EPA-Sitzung 4./5. September 1987, TOP 4.3: Thesen zu den Rahmenbedingungen entwicklungspolitischer und entwicklungspädagogischer Bildungsarbeit.
281 MAA, ZA: GF HAV: GEPA Allgemeine Korrespondenz 1977–1989, GEPA an Dritte Welt Laden Freudenstadt, 3. Mai 1988, S. 2.

das Geschäftsjahr 1987/88 konnte schließlich berichtet werden, dass sich die Finanzlage der GEPA wieder verbessert habe. Dafür waren unter anderem zusätzliche Darlehen der Hilfswerke in Höhe von mehreren Millionen Euro verantwortlich.[282]

Mit der weiteren Unterstützung des Alternativen Handels folgten die Hilfswerke den damaligen Zeichen der Zeit. 1988 hatte die ökumenische Arbeitsgemeinschaft Christlicher Kirchen in der Bundesrepublik ein „Forum für Gerechtigkeit, Frieden und Bewahrung der Schöpfung" ausgerichtet, das sich in Stuttgart und Königstein zusammengefunden hatte. Die Stuttgarter Erklärung des Forums ist für die weitere Entwicklung des Alternativen Handels bezeichnend. Darin hieß es:

> Aufgrund ihres Auftrages und ihrer weltweiten Verpflichtung zur Solidarität [...] ergibt sich für die Kirchen und die Christen immer wieder die Notwendigkeit, sich mit Fragen der Entwicklungspolitik des Staates und der Weltwirtschaft auseinanderzusetzen und sich zum Anwalt der Menschen in Afrika, Asien und Lateinamerika zu machen, deren Stimme nicht gehört wird. In diesem Zusammenhang sind die Auswirkungen des weltwirtschaftlichen Prozesses ein zentrales Problem. [...] Deshalb ist eine Änderung dieses Weltwirtschaftssystems unbedingt notwendig. Ziel muß sein, die Vorteile des freien Austausches zu verbinden mit internationalen Vereinbarungen zum Schutz der schwächeren Partner und zur gemeinsamen Entwicklung ihrer wirtschaftlichen Möglichkeiten. Die Leistungsfähigkeit unserer eigenen Wirtschaft dafür einzusetzen, ist ein Gebot der Solidarität.[283]

Wie noch Ende der 1960er-Jahre beanspruchte man in den Kirchen die Rolle als Repräsentant und Interessenvertreter der Menschen im globalen Süden. Begründet wurde dies mit der aus christlicher Überzeugung hervorgehenden „weltweiten Verpflichtung zur Solidarität". Hier lassen sich erneut Parallelen zu Diskussionen der späten 1960er-Jahre finden, in denen aus dem Gefühl einer sich verkleinernden Welt speziell für Christen eine Weltverantwortung abgeleitet worden war. Wie zwei Jahrzehnte zuvor wurde auf Anpassungen

---

282 Vgl. GA, PPA ab 10.09.88 bis 09.03.90, Bericht der GEPA aus Anlaß des Jahresabschlusses 1987/88, S. 1–2; Geßler: Konkurrenz, S. 33–34; Kleinert: Inlandswirkungen, S. 45.

283 Stuttgarter Erklärung, abrufbar über http://oikoumene.net/regional/stuttgart/stuttgart.2.2/index.html (zuletzt abgerufen am 7.10.2013). Vgl. auch Kemnitzer: Nächste, S. 85–92.

der weltwirtschaftlichen Strukturen gedrängt. Eine entscheidende Neuorientierung – erst recht, wenn man den Blick auf die weitere Entwicklung des Alternativen Handels richtet – ergibt sich aber schließlich aus dem letzten Teil des Zitates. Ziel war offensichtlich nicht mehr eine Opposition zur Wirtschaftspolitik der Industrienationen, wie sie noch in den 1970er-Jahren bestanden hatte, sondern vielmehr eine Anpassung an die ökonomischen Strukturen: Man beabsichtigte nun, die „Vorteile des freien Austausches" und die „Leistungsfähigkeit unserer eigenen Wirtschaft" zu nutzen.

Damit war im Feld des Fairen Handels der argumentative Boden für eine Handelsausweitung über das Alternative Milieu hinaus geebnet. Diese schien schon deshalb nötig zu sein, da der Umsatz der GEPA zum Ende der 1980er-Jahre spürbar rückläufig war. Darüber hinaus ließ sich nicht mehr ignorieren, dass alle hehren Ziele bislang nur begrenzt Erfolg gehabt hatten. In den 1970er- und 1980er-Jahren war der Anteil des alternativ gehandelten Kaffees am Gesamtkaffeeumsatz der Bundesrepublik nie über 0,3 Prozent hinausgegangen. GEPA-intern wurden nun mehrere Weichen in Richtung Handelsausweitung gestellt. Vor allem wurde geplant, in den Versandhandel einzusteigen und mit der Verteilung von Katalogen an Privathaushalte neue Abnehmer zu erreichen. Dies allerdings bedeutete einen Umbruch: Eine „Bewusstseinsbildung" oder Informationsarbeit im persönlichen Gespräch war damit nur noch begrenzt möglich.

Grafik 10   Umsatzentwicklung der GEPA, 1984–1989

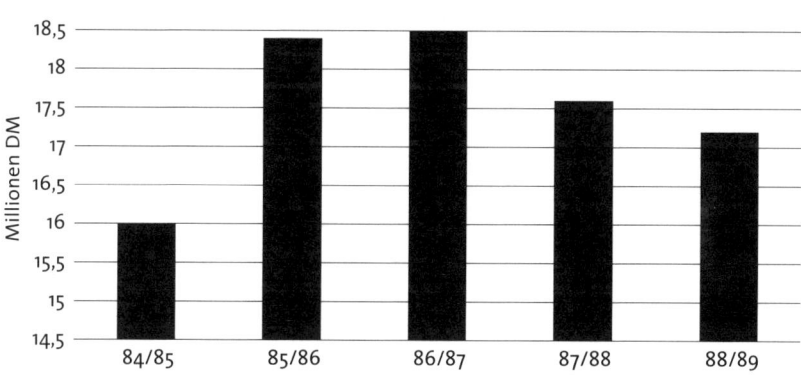

In enger Anlehnung an die vom „Forum Gerechtigkeit" herausgegebene Erklärung plädierten GEPA-Vertreter – die in einer stärkeren Zusammenarbeit mit den kirchlichen Werken bereits eine Möglichkeit gesehen hatten, der Krise zu entkommen – gegenüber den Hilfswerken für die Unterstützung einer möglichen „Handelsförderung". Erst dadurch erhalte „die (Hilfe zur) Selbsthilfe eine wirtschaftliche Basis", wodurch „das zumeist einseitige Geber-Nehmer-Verhältnis in Richtung auf mehr gleichberechtigte Partnerschaft" verändert werden könne. Allerdings seien dazu konkurrenzfähige Produkte sowie eine Vermarktungsförderung durch Organisationen nötig, die Mindeststandards und Rechte der Produzenten anerkennen und sie gegenüber ihren Abnehmern vertreten würden. Es ist wenig überraschend, dass die GEPA-Vertreter in diesem Zusammenhang die mögliche Rolle ihres Unternehmens betonten. Bei der GEPA, so hieß es, verstehe man die Handelsförderung „als notwendige Dienstleistung zugunsten von Produzentengruppen in der Dritten Welt".[284] Darin deutet sich ein Argumentationsmuster an, das bald im Feld des Fairen Handels besonderen Stellenwert bekam: Die GEPA positionierte sich als Repräsentant der Produzenten und konnte dadurch das symbolische Kapital nutzen, das den Interessen derselben zukam, um gegenüber den bisherigen Abnehmern eine Ausweitung des Handels zu legitimieren. Von dem Unternehmen wurde in Rundbriefen an die Verkaufsgruppen betont, wenn bei Gruppen und Läden nichts laufe, dann laufe eben „auch bei der GEPA nichts und demzufolge auch entsprechend nichts an Aufträgen an Projektpartner".[285] Wichtig war in diesen Argumentationen schließlich, dass in der Tat von Produzentenvertretern selbst immer stärker auf die Notwendigkeit einer Handelsausweitung gepocht wurde. In den Niederlanden lief ab 1987 eine Werbekampagne unter dem Namen „Zuivere Koffie", auf Deutsch: „Sauberer Kaffee", die in enger Zusammenarbeit mit Vertretern der UCIRI entwickelt und angestoßen worden war und aus der 1988 ein Gütesiegel hervorging. Auf diese Entwicklung wird aus thematischen Gründen erst im nächsten Kapitel detailliert eingegangen, doch ist hier bereits festzuhalten, dass diese Kampagne zur Legitimation der Neuorientierung genutzt wurde. Der GEPA-Geschäftsführer drängte darauf, dass im Interesse der Produzenten eine Absatzmarktausweitung gesucht werden müsse, und insistierte: „Ideeller Handel darf nicht symbolisch bleiben."[286] Es gab noch weitere Beispiele. So waren 1988 mehrere Produzentenvertreter in Deutschland zu Gast und besuchten unter anderem einen Weltladen in Berlin-Spandau. Ihre Reaktion war dem Bericht zufolge von Enttäuschung geprägt: Für die

284 GA, PPA ab 10.09.88 bis 09.03.90, Handelsförderung als Bestandteil der kirchlichen Entwicklungsarbeit. Ein Diskussionsbeitrag, 30. November 1989, S. 8.

285 GA, PPA ab 10.09.88 bis 09.03.90, Bericht der GEPA aus Anlaß des Jahresabschlusses 1987/88, S. 8.

286 FZH Michelsen E.4, Jan Hissel: Aktion „Sauberer Kaffee", Juli 1987.

Produzenten kam es scheinbar einer Beleidigung gleich, dass die Produkte in einem aus ihrer Sicht völlig verwahrlosten Umfeld angeboten wurden, weshalb sie infrage stellten, ob der Verkauf über Weltläden überhaupt der richtige Weg sei.[287] Die GEPA berief sich anschließend in einer Erklärung gegenüber dem Weltladen-Dachverband folgerichtig auf „Rückmeldungen von Produzentengruppen, […die] weder mit unserem Abnahmevolumen noch mit unseren fachlichen Rückmeldungen und der Art der Präsentation ihrer Produkte in den GEPA-Regionalstellen und den Dritte Welt Läden zufrieden" gewesen seien. Für die GEPA sei allerdings klar, dass man sich „in dem Spannungsfeld zwischen Produzentengruppen und Abnehmergruppen […] als Dienstleistungsorganisation für die Produzenten und nicht so sehr der ‚Basisgruppen' hier" verstehe.[288] Daraus folgte schließlich ein immer deutlicher artikulierter Wille zur Emanzipation vom Alternativen Milieu. Als Antwort auf einen kritischen Brief eines Weltladens hieß es, dass man bei der GEPA „in den vergangenen zehn Jahren erheblich dazugelernt" habe und unbedingt der Meinung sei, dass die Orientierung über das Alternativmilieu hinaus konsequent sei. Begründet wurde dies wiederum mit der Klarstellung, dass man sich „im Zweifelsfall an den Interessen der Partner" orientiere.[289]

Es wird erkennbar, wie sehr sich das Selbstverständnis bei der GEPA seit der Anfangszeit gewandelt hatte. Die Existenz des Unternehmens wurde nun nicht mehr damit legitimiert, dass durch den Handel bewusstseinsbildende Arbeit oder die Unterstützung von Aktionsgruppen erreicht werde, sondern mit der Funktion als Dienstleister für die Produzenten. Die Ausrichtung der Unternehmenspolitik verlagerte sich immer stärker vom Hier auf das Dort. Dieses neue Selbstverständnis diente als Legitimation und Begründung dafür, dass man „im Interesse der Produzentengruppen" den Handel über das Alternative Milieu hinaus ausweiten wollte.[290]

Ein Zeichen dafür, dass sich die GEPA nun stärker anderen Konsumentenschichten als bislang zuwenden wollte, war die Einführung des „AHA-Kaffees" im November 1988 – AHA stand für „Alternativ Handel(n)". Dieser

287 Vgl. MAA, ZA: GF HAV: GEPA Laufende Korrespondenz 1985–1990, Bericht der PPA-Sitzung am 15./16. Januar 1988.

288 GA, PPA ab 10.09.88 bis 09.03.90, GEPA an die Mitarbeiter/innen der AG3WL-Mitgliedsläden, 14. Februar 1989, S. 1; vgl. auch Raschke: Fairer, S. 97–99.

289 GA, PPA ab 10.09.88 bis 09.03.90, GEPA an Partnerschaft Dritte Welt/Herrenberg, 14. Februar 1989.

290 GA, PPA ab 10.09.88 bis 09.03.90, GEPA an die Mitarbeiter/innen der AG3WL-Mitgliedsläden, 14. Februar 1989, S. 2.

Kaffee war eine Mischung aus Bohnen aus Costa Rica, Bolivien und Tansania.[291] Die GEPA hatte damit zum ersten Mal einen Kaffee im Sortiment, bei dem die Herkunft nicht eindeutig auf ein einzelnes Land bezogen war. Einerseits wollte man damit gerade solchen Produzentengruppen eine Chance geben, deren Kaffee nur vermischt angeboten werden konnte. Andererseits belegt das Angebot einer Kaffeemischung die stärkere Orientierung am Massenmarkt. Dadurch, dass der AHA-Kaffee kein Länderkaffee war, kamen Solidaritätsgruppen als Konsumenten nur noch begrenzt infrage. Im herkömmlichen Kaffeeabsatzmarkt wurden vor allem Kaffees nachgefragt, die einen vollmundigen und möglichst gleichbleibenden Geschmack boten. Dieser Nachfrage kann ein Röster am besten mit Mischungen von Kaffees aus unterschiedlichen Regionen nachkommen, da er so geschmackliche Besonderheiten bestimmter Sorten kombinieren und Qualitätseinbußen aufgrund von Ernte- oder Wetterproblemen kaschieren kann.[292] Über das Mischen verschiedener Sorten und das Anpassen von Röstzeiten lässt sich ein relativ konstanter Geschmack trotz Schwankungen der Qualität erreichen. Die bundesdeutschen Kaffeekonsumenten, so hieß es bei der GEPA, seien „geradezu auf Kaffeemischungen gepolt", daher kämen „immer wieder Klagen, der GEPA-Kaffee schmecke nicht so gut".[293]

Ein weiteres Zeichen dafür, dass die GEPA sich über die Grenzen des Alternativmilieus hinaus orientierte, war die Tatsache, dass nun auch die Bezeichnung des Handelsmodells in Kritik geriet. Auf einer Sitzung im August 1988 wurde der Begriff Alternativer Handel grundsätzlich infrage gestellt; er sei eine „nichtssagende Bezeichnung" und könne „für alle möglichen unterschiedlichen Absichten eingesetzt" werden. Auf europäischer Ebene habe sich dagegen inzwischen viel stärker das Schlagwort „fair" durchgesetzt.[294]

---

291   Vgl. dazu und zum Folgenden GA, PPA ab 10.09.88 bis 09.03.90, Text für Mischkaffee, undatiert; o. V.: Neu: AHA-Kaffee, in: Kaffeebohne & Teeblatt 12, November 1988, S. 9; FZH Michelsen E.1, Linnartz, Kalle: GEPA Info Nr. 047/88–89, 10. November 1988.

292   Vgl. dazu u. a. Marshall: World, S. 185–187; Daviron/Ponte: Coffee, S. 53; zur Entstehung der standardisierten Kaffeemischungen vgl. Rischbieter, Julia Laura: Röster. Die Geburt eines neuen Wirtschaftszweiges. Globaler Wettbewerb und lokale Konsumentenwünsche im Deutschen Kaiserreich, in: Berth/Wierling/Wünderich (Hg.): Kaffeewelten, S. 35–55.

293   O. V.: Neu: AHA-Kaffee, in: Kaffeebohne & Teeblatt 12, November 1988, S. 9.

294   GA, PPA ab 10.09.88 bis 09.03.90, Zur Diskussion in …, 6. September 1988. Vom „fairen Handel" spricht aber beispielsweise auch schon ein Mitarbeiter des Kirchlichen Entwicklungsdienstes im Jahr 1985, vgl. GA, GEPA Grundsatz/Bildungsarbeit/Selbstdarstellung, Antworten auf Fragen der Redaktion von epd-Entwicklungspolitik, 22. März 1985, S. 1.

GEPA-intern waren Mitte 1989 offensichtlich alle Weichen auf eine Ausweitung gestellt. Man hatte einen Mischkaffee im Sortiment, einen neuen Begriff für das Handelsmodell gefunden, mit dem Versandhandel eine neue Vertriebsmöglichkeit ins Auge gefasst und vor allem durch die Berufung auf die Produzenteninteressen das neue Ziel feldintern mit einer erheblichen Menge an symbolischem Kapital ausgestattet. Doch der Weg in die Handelsausweitung stockte plötzlich. Der GEPA stand im Feld eine größere Zahl von Akteuren – vor allem von der Basis – entgegen. Sie verweigerten sich dem Ziel der Handelsausweitung, da sie eine solche als unvereinbar mit den aus ihrer Sicht konstitutiven Elementen des Alternativen Handels ansahen.[295] Feldtheoretisch gesehen handelte es sich dabei um einen klassischen Kampf verschiedener Akteure um die Definitionsmacht im Feld. Aus dem Verweis auf die schlechte ökonomische Situation der GEPA konnte kein Kapital geschlagen werden, denn dieses Argument besaß im Feld keine symbolische Bedeutung. Doch immerhin konnte die GEPA das symbolische Kapital der Produzenteninteressen als Argument für eine Handelsausweitung in die Waagschale werfen. Die Gegner der Handelsausweitung profitierten aber ganz offensichtlich von ihrem sozialen Kapital: Vor allem ihre guten Kontakte zu Zeitungen wie der Frankfurter Rundschau und der taz ließen anscheinend in den Hilfswerken die Befürchtungen vor Rufschädigung durch schlechte Presse wachsen[296], außerdem waren die Gruppen über den Dachverband der Weltläden Gesellschafter der GEPA. So wurde die Handelsausweitung 1989 zu einem jähen und plötzlichen Stopp gebracht. Jan Hissel, langjähriger Geschäftsführer der GEPA, zog daraus die Konsequenzen. Offensichtlich auch deshalb, weil der Weg in die Handelsausweitung versperrt zu sein schien, reichte er zu Ende Juli 1989 seine Kündigung ein.[297]

---

295 Vgl. beispielsweise GA, PPA ab 10.09.88 bis 09.03.90, Andreas Seeberg: Versuch einer Beschreibung der Entwicklungen innerhalb der AG3WL im Jahre 1988 unter besonderer Berücksichtigung des Verhältnisses zur GEPA, 23. Februar 1989; Obertreis, Rolf: GEPA im Schwebezustand, in: epd-Entwicklungspolitik 16/17, 1989, S. 2–3; Sommerfeld, Michael und Stahl, Rainer: Von der Politik zum Kommerz. Zum entwicklungsbezogenen Handel, in: blätter des iz3w 159, August 1989, S. 31–33; vgl. zur Basiskritik an der Handelsausweitung der GEPA auch Raschke: Fairer, S. 96–102.

296 Vgl. Interview Hissel.

297 Vgl. Interview Hissel; Obertreis, Rolf: GEPA im Schwebezustand, in: epd-Entwicklungspolitik 16/17, 1989, S. 2–3; Interview Nickoleit; Interview Piepel.

4.9 Revolutionen, Kleinbauern und Konsumenten: Zusammenfassung und Fazit

Am Übergang von den 1970er- zu den 1980er-Jahren steckte das Feld des Fairen Handels in einer tief greifenden Krise. Ende der 1970er-Jahre suchte vor allem die GEPA nach Möglichkeiten, weitere Abnehmerkreise zu integrieren. Dies fiel mit dynamischen Prozessen zusammen, die sich aus der lokalen Aushandlung globaler Prozesse ergaben. Die wachsende Angst vor einem Atomkrieg, die Aufmerksamkeit für Umweltprobleme und andere Faktoren hatten eine rasche Ausbreitung des Alternativen Milieus zur Folge. Das um sich greifende Gefühl einer Entfremdung vom Hier ging zusammen mit der Sehnsucht nach utopischen Entwürfen im Dort. Vor allem das zentralamerikanische Nicaragua wurde ab 1979 für viele Alternative zur räumlichen Projektionsfläche zahlreicher Utopien. Der GEPA gelang es, in diesem Zusammenhang einem ihrer Produkte ein Alleinstellungsmerkmal zu geben: Der ab 1979 verkaufte, unvermischte Kaffee aus Nicaragua wurde für viele Konsumenten zu einem Medium der unmittelbaren Teilhabe an der sandinistischen Revolution und erreichte ungeahnte Absatzzahlen. Das Dort, das gedachte Gegenüber, war also in diesem Fall nicht mehr allgemein die Dritte Welt, sondern Nicaragua. Der Bezugspol der Abnehmer in der gedachten Verbundenheit mit dem Dort war die Unterstützung eines im Aufbau befindlichen Landes und seines politischen Systems. Dieser Bezugspol wurde von vielen Basisgruppen auf den Indio-Kaffee aus Guatemala übertragen. Allerdings hatte der Indio-Kaffee seine Wertzuschreibung stets nur daraus gezogen, dass Kleinbauern beim Aufbau einer Existenz beigestanden werden konnte. Als Projektionsfläche für die mit dem Nicaragua-Kaffee verbundene Wertzuschreibung eignete er sich nicht. Im Gegenteil: An der Basis ging die Befürchtung um, dass durch die Exportsteuer die diktatorische Regierung Guatemalas mitfinanziert würde. Für viele Basisgruppen wurde der Indio-Kaffee damit untrinkbar.

Mit dem Indio-Kaffee und dem Nicaragua-Kaffee verbanden sich unterschiedliche Zielsetzungen, was dazu führte, dass bald zwei Lager im Feld des Fairen Handels entstanden. Beide Lager trennte ein grundsätzlich unterschiedliches Entwicklungshilfeverständnis und damit auch eine jeweils anders gelagerte Zielsetzung. Die eine Gruppe von Akteuren, zu denen viele Basisgruppen zu rechnen waren, verband mit dem Kaffeekonsum die Teilhabe an dem Aufbau eines mit Utopien verbundenen Staatsgebildes. Dementsprechend war es für diese Gruppe auch kein Problem, dass der Kaffee über staatliche Stellen importiert werden musste. Bei der anderen Gruppe, zu der viele kirchliche Organisationen und Gruppen zu rechnen waren, sah dies anders aus. Sie verbanden mit dem Kaffee vor allem die Unterstützung von Kleinbauern. Besonders auf katholischer Seite kam noch die grundsätzliche Skepsis gegenüber dem Sozialismus hinzu; ein Import über staatliche Stellen war damit nicht zu vereinbaren. Die Kritik an der Kooperation mit den Sandinisten wuchs in dem Maße, in dem Nicaragua gedanklich immer näher an den Ostblock gerückt und als sozialistisch klassifiziert wurde. Zugleich bestand aber für viele Basisgruppen der Wert des Nicaragua-Kaffees vor allem in der Unterstützung Nicaraguas gegen den Imperialismus der USA. Beide Lager drifteten also besonders in Bezug auf die mit dem Kaffee verbundenen Zielsetzungen auseinander. Die Konfliktlinien im Feld fanden schließlich ihren Höhepunkt im Streit um die Verpackung des Nicaragua-Kaffees und in der Abspaltung der MITKA.

Es war sicher kein Zufall, dass in dieser Zeit die GEPA bewusst nach einer Kaffeegenossenschaft suchte, mit der sich die Wertzuschreibung des Kleinbauernkaffees wieder einwandfrei verbinden ließ. Um Teile der Umweltbewegung als Abnehmer gewinnen zu können, legte die GEPA ferner Wert darauf, einen Bio-Kaffee beziehen zu können. Fündig wurde man schließlich bei dem mexikanischen Verband UCIRI. Zur Plausibilisierung der Wertzuschreibung eines ökologischen Anbaus wurde auf die traditionell naturnahe Lebensweise der indigenen Kleinbauern verwiesen. Die mit dem mexikanischen *Café Organico* erfolgreich getestete Ausweitung auf weitere Abnehmerkreise schien daher auch den Königsweg darzustellen, als schließlich das Modell des Alternativen Handels und die Kooperation mit Nicaragua immer fragwürdiger wurden. Außerdem hoffte man, mit einem Kleinbauernkaffee weitere Abnehmer zu erreichen, die nicht im Alternativen Milieu verortet waren. Der bisherige Absatzmarkt schien ausgereizt, die Konflikte zwischen den kirchlichen Akteuren und den Solidaritätsgruppen hatten das Feld des Fairen Handels an den Rand des Zusammenbruchs geführt und die GEPA konnte nur noch stagnierende, teils rückläufige Umsätze verzeichnen. Ende der 1980er-Jahre schien eine Umorientierung ebenso nötig wie dringend. Viele Akteure im Feld setzten auf eine Ausweitung des Handels auf den konventionellen Markt – doch dieses Vorhaben wurde vor allem von den Basisgruppen blockiert.

5 Kleinbauernkaffee im Supermarkt: Der Faire Handel und die Einführung des Gütesiegels

Ende der 1980er-Jahre deutete sich zunehmend an, dass das Feld des Fairen Handels in zwei Lager gespalten war. Auf der einen Seite standen die Akteure, die auf ein in sich geschlossenes Handelsmodell pochten, das möglichst keine Überschneidungen mit den konventionellen Wirtschaftsstrukturen aufweisen sollte, um sich nicht selbst zu delegitimieren. Ihnen gegenüber stand eine wachsende Zahl von Akteuren, die darauf drängten, weitere Konsumentenkreise über das Alternative Milieu hinaus zu erschließen und den Weg in den Massenmarkt zu suchen. Erstere konnten die Handelsausweitung der GEPA Anfang 1989 noch verhindern. Ab Ende 1989 sollte ihre Position im Feld des Fairen Handels jedoch schlagartig schwächer werden. Damit stand dem Fairen Handel der Weg in den Massenkonsum offen.[1] Diese Entwicklung und die Vorbereitung eines Eintritts des Fairen Handels in den Massenmarkt werden im folgenden – letzten – Hauptkapitel der Arbeit untersucht.

Wie ich zeigen möchte, lagen die Gründe dafür, dass die Handelsausweitung möglich wurde, vor allem in der lokalen Rezeption und Aushandlung von Ereignissen auf globaler Ebene um 1989/90. Diese Ereignisse und ihre Bedeutung für das Feld des Fairen Handels werden anfangs in den Blick genommen. Im anschließenden Teil wird untersucht, weshalb und auf welche Weise das Handelsunternehmen GEPA ab Ende 1989 die Unternehmenspolitik umstellte und die Ausweitung in Angriff nahm. Der Weg des Fairen Handels in den Massenkonsum wurde aber nicht nur durch die GEPA vorangetrieben. Ebenfalls Ende 1989 wurde eine sogenannte Arbeitsgemeinschaft Kleinbauernkaffee ins Leben gerufen, deren Aufgabe darin lag, ein Gütesiegel zu kreieren, mit dem der Kaffee von konventionellen Großröstereien als fair gehandelt ausgezeichnet werden konnte. Dieses Siegel kam schließlich 1992 als Trans-Fair-Siegel auf den Markt. Mit der Markteinführung des Gütesiegels endet der Untersuchungszeitraum der Arbeit. Der Schwerpunkt des folgenden Kapitels liegt auf der Vorbereitung dieses Gütesiegels, denn die Planungen bewirkten zahlreiche Umbrüche und Veränderungen im Feld, die für die anschließende Entwicklung des Fairen Handels

---

1 Der Begriff Fairer Handel setzte sich ab 1989 erst allmählich durch, wird aber in diesem Kapitel zur klareren Abgrenzung durchgehend verwendet.

eine große Rolle spielten. Die Gründung der AG Kleinbauernkaffee und die ersten Reaktionen darauf werden eingehend analysiert. Der Wille, im Massenmarkt neue Absatzmöglichkeiten zu erschließen, machte zahlreiche inhaltliche Anpassungen im bisherigen Konzept des Fairen Handels nötig, die bis heute fortwirken. Diese werden beleuchtet, außerdem wird kurz auf einen Prozess eingegangen, der vor 1992 erst in den Anfängen steckte, aber in den nächsten Jahren immer mehr Bedeutung gewann: die Internationalisierung des Fairen Handels. Mit einer Zusammenfassung schließt das Kapitel.

5.1 Globale Ereignisse und das Ende der Utopien

Mehrere Ereignisse um die Jahrzehntwende der 1980er- zu den 1990er-Jahren hatten in ihrer Kombination umwälzende Auswirkungen auf das Feld des Fairen Handels und sollten schließlich dafür sorgen, dass der Weg des Fairen Handels in die Handelsausweitung frei wurde. Vor allem waren dies das Ende des Kalten Krieges, die deutsche Wiedervereinigung, die Wahlniederlage der Sandinisten in Nicaragua und die Aussetzung des Internationalen Kaffeeabkommens. Hinzu kamen Ereignisse, die in der Umgebung des Felds des Fairen Handels stattfanden und intensiv rezipiert wurden: die Einrichtung des „Max Havelaar"-Gütesiegels in den Niederlanden und erste Verkaufsaktionen mit GEPA-Kaffee in deutschen Supermärkten.

5.1.1 Orientierungslosigkeit und Auflösungserscheinungen

Im Herbst 1989 fiel die Berliner Mauer, der Kalte Krieg stand vor seinem Ende. Die Gefahr eines alles vernichtenden Atomkrieges verlor schlagartig an Wahrscheinlichkeit und damit an Drohpotenzial. Dies hatte zur Folge, dass sich in dem Alternativmilieu erste Auflösungserscheinungen zeigten. Die Friedensbewegung, vor dem Hintergrund der Atomkriegsangst groß geworden, verlief sich. Auch der Umweltbewegung bescherten die Ereignisse von 1989, wie Uekötter es ausdrückt, „einen eleganten Abgang".[2] Die Erosion des Alternativmilieus wurde durch eine um sich greifende Orientierungslosigkeit verstärkt, die sich besonders in der Dritte-Welt-Bewegung und damit auch in den Basisgruppen des Fairen Handels abzeichnete. Einen Grund dafür zeigt Claudia Olejniczak auf: Die „Implosion des sozialistischen Machtgefüges"

---

2 Uekötter: Am Ende, S. 25; vgl. dazu und zum Folgenden Hierlmeier: Internationalismus, Kap. 4.

ging für viele Dritte-Welt-Bewegte mit dem „Verlust von Utopie und Visionen" einher.[3] Darüber hinaus mangelte es mittlerweile an Entwürfen, die ernsthaft die Perspektive eröffneten, das globale Wohlstandsgefälle langfristig überwinden zu können.[4] Inzwischen hatte sich schon durch die entstandenen Umweltprobleme herauskristallisiert, dass ein auf ständiges Wirtschaftswachstum ausgelegtes Entwicklungsmodell kaum global tragfähig war. Außerdem war in vielen Ländern des globalen Südens eine immer deutlichere Kluft zwischen armen und reichen Bevölkerungsschichten entstanden. Von einer Wohlstandsverteilung im Sinne eines *trickle-down*-Effekts, auf den beispielsweise die US-Politik unter Präsident Reagan noch gezielt hatte, konnte keine Rede sein. Auch die Dependenztheorie hatte längst an Rückhalt verloren. Dies lag unter anderem daran, dass das massive und rasante Wirtschaftswachstum der asiatischen Tigerstaaten wie Südkorea, Taiwan, Singapur und Hongkong mit den Dependenzmodellen nicht in Einklang zu bringen war.[5] Ein adäquater Ersatz, eine neue Leitlinie der Entwicklungspolitik stand aber nicht in Aussicht. Im Gegenteil, die Schuldenkrise, die in den 1980er-Jahren viele Länder des globalen Südens erfasst hatte, hatte fraglich werden lassen, ob Entwicklungshilfe überhaupt jemals langfristige Erfolge zeitigen könne. Daraus ergab sich für die Dritte-Welt-Bewegung schließlich eine völlige Unklarheit darüber, worauf man mit dem Engagement eigentlich zielte. So äußerte sich beispielsweise der Dachverband der Weltläden resigniert, dass eine „Hilfe zur Selbsthilfe" inzwischen kaum mehr

---

3 Olejniczak: Dritte-Welt-Bewegung, S. 189. Wie Olejniczak später präzisierte, bedeutete der sich abzeichnende Zerfall der Sowjetunion zwar „weniger einen Verlust realer Utopie, denn eine konkrete Vorbildfunktion besaß der Realsozialismus seit Mitte der 80er Jahre für immer weniger Linke", doch habe es seitdem „an Visionen für einen alternativen Gesellschaftsentwurf" gemangelt, Olejniczak, Claudia: Dritte-Welt-Bewegung, in: Roth/Rucht (Hg.): Sozialen, S. 319–346, hier: S. 333. Eine Skizze der Umbrüche, die das Jahr 1989 für die Wahrnehmung der globalen räumlichen Zusammenhänge und -ordnungen bedeutete, findet sich auch bei Schlögel, Karl: Im Raume lesen wir die Zeit. Über Zivilisationsgeschichte und Geopolitik, München/Wien, 2003, S. 25–30. Dort heißt es unter anderem: Die „bald hoffnungsfrohen, bald verängstigten Zeitgenossen […] wurden Augenzeugen, wie die Welt aus dem einen in einen anderen Zustand, aus dem Davor in ein Danach überging", ebda., S. 25.

4 „Die Beantwortung der Frage ‚Wohin soll, will oder darf der Süden sich entwickeln?' erwies sich als immer schwieriger", Oejniczak: Dritte-Welt-Bewegung (2008), S. 334; vgl. Ziai: Entwicklung, S. 114–117; Hierlmeier: Internationalismus, S. 104–107; Kuhn: Solidarität, S. 397–398.

5 Vgl. Kesselring: Ehtik, S. 138.

als realistisches Ziel gelten könne.[6] Wie Konrad Kuhn – zwar mit Blick auf die schweizerische Dritte-Welt-Bewegung, doch ebenso gültig für die in der Bundesrepublik – beschreibt, schienen um die Jahrzehntwende der 1980er- zu den 1990er-Jahren die weltweiten Probleme so komplex geworden zu sein, „dass sie sich einfachen Lösungen verweigerten".[7] Daraus resultierte, dass sich diese Probleme nicht mehr so leicht in dichotome Muster wie Gut, Arm und Unterdrückt gegenüber Böse, Reich und Mächtig einordnen ließen. Diese Tatsache war aus meiner Sicht einer der wichtigsten Gründe dafür, dass das Dort – das gedankliche Bild eines Gegenübers im globalen Süden – erheblich an Bindungs- und Motivationspotenzial einbüßte. Dafür sprach auch, dass angesichts der Auflösung von Erster und Zweiter Welt und angesichts der völlig unterschiedlichen Entwicklungen asiatischer, afrikanischer oder lateinamerikanischer Länder das Konzept einer Dritten Welt als politische oder ökonomische Entität nicht mehr vertretbar schien.[8] In einem seinerzeit viel beachteten Buch konstatierte Ulrich Menzel das „Ende der Dritten Welt und das Scheitern der großen Theorie" – ein Buch, das den Auflösungserscheinungen in der Dritte-Welt-Bewegung erheblichen Vorschub leistete.[9] Menzel warnte in dem Buch unter anderem davor, dass sich die öffentliche Aufmerksamkeit in der Bundesrepublik völlig auf die Umbrüche in den Gesellschaften des ehemaligen Ostblocks richte und dass dadurch ein anderer Teil der Welt „mit sehr viel düsterer Perspektive" aus dem Blickfeld verschwinde – gemeint war die Dritte Welt.[10] In der Rückschau wird diese Warnung von der Entwicklung der Dritte-Welt-Bewegung bestätigt. Vertreter des Bundeskongresses entwicklungspolitischer Aktionsgruppen (BUKO)

---

6 Glöge, Michael: 15 Jahre AG3WL – und so weiter?, in: Forum entwicklungspolitischer Aktionsgruppen 150, 1991, S. 16–20, hier: S. 17; für die Rezeption der Schuldenkrise und des „verlorenen Jahrzehnts" der Entwicklungshilfe, als das die 1980er-Jahre auch bezeichnet wurden, in der Dritte-Welt-Bewegung vgl. Hierlmeier: Internationalismus, Kap. 3; Kunz: Läden, S. 80–86.

7 Kuhn: Solidarität, S. 415.

8 Vgl. Westad: Cold War, S. 387; Willems: Entwicklung, S. 379–380; Ziai: Entwicklung, S. 116; grundsätzlich Prashad: Poorer.

9 Vgl. Menzel, Ulrich: Das Ende der Dritten Welt und das Scheitern der großen Theorie, Frankfurt am Main, 1992; zur öffentlichen Debatte und den Reaktionen auf seine Thesen vgl. ebda., S. 214–224; ferner in Bezug auf die Dritte-Welt-Bewegung von Braunmühl, Claudia: Geschichte und Perspektiven der Solidaritätsbewegung in der BRD, in: Gerlach, Olaf u.a. (Hg.): Globale Solidarität und linke Politik in Lateinamerika, Berlin, 2009, S. 33–43, hier: S. 39.

10 Menzel: Ende, S. 7; vgl. Förch: Idealen, S. 100–101.

sahen beispielsweise im Januar 1990 die „Solidaritätsarbeit" für den globalen Süden durch „die aktuellen Entwicklungen in Osteuropa erschwert".[11] Rolf Bräuer, bis Ende 1988 Geschäftsführer des BUKO, beschrieb den Umbruch der Zeit um 1989/90 wie folgt:

> Die Entwicklung der Bewegung und ihres „Gegenstandes", des Nord-Süd-Verhältnisses in den 80er Jahren, sowie der Zusammenbruch des „nominalsozialistischen" Blocks, der eine Diskreditierung des gesamten linken und sozialistischen Projekts zu beinhalten scheint, haben die bisherigen Orientierungspunkte der DWB [der Dritte-Welt-Bewegung, *Anm. RQ*] erschüttert. Das gesamte Selbstverständnis der Akteure [...] scheint in Frage gestellt. Es herrscht allgemeine Ratlosigkeit, und mit großen Anstrengungen entwickelte Organisationsformen der Bewegung erwecken den Anschein, von (Selbst-)Auflösung bedroht zu sein.[12]

Das Zitat deutet an, wie umfassend der Boden der Dritte-Welt-Bewegung aus Sicht der damaligen Beteiligten ins Wanken geraten war. Dieser Befund lässt sich auf die Basis im Feld des Fairen Handels übertragen. Hier kam noch besonders erschwerend hinzu, dass die Solidarität mit Nicaragua ab 1990 in ihren Grundfesten erschüttert wurde.

5.1.2   Die Wahlniederlage der Sandinisten
Ende der 1980er-Jahre sah sich Nicaragua mit gravierenden Problemen konfrontiert: Der Bürgerkrieg hatte tiefe Spuren hinterlassen, Berichte gehen von über 30.000 Toten und ebenso vielen Verletzten aus;[13] die Wirtschaftsleistung hatte einen neuen Tiefpunkt erreicht; die ökonomischen Auswirkungen des Bürgerkriegs, der wirtschaftlichen Repressionen der USA und des Hurrikans Joan von 1988 waren besonders in den ländlichen Regionen zu spüren.[14] Dies alles trug dazu bei, dass sich offensichtlich viele Nicaraguaner nach einem Wandel sehnten. In den Parlamentswahlen vom 25. Februar 1990

---

11 MAA, FH 27, Notiz zu Gespräch zwischen VertreterInnen des EPA und BUKO am 26. Januar 1990, S. 1.

12 Bräuer: Zwischen, S. 33; vgl. auch ebda., S. 38–39.

13 Vgl. Kinloch Tijerino: Historia, S. 305; ähnliche Zahlen nennt auch Westad: Cold War, S. 347; bei Förch: Idealen, S. 89, ist dagegen von über 60.000 Toten die Rede.

14 Vgl. beispielsweise o. V.: Nicaragua nach dem Hurrikan, in: blätter des iz3w 156, März/April 1989, S. 33–34; ferner auch zu den Auswirkungen des Bürgerkriegs Krämer, Raimund: Das sandinistische Nicaragua. Eine historische Bilanz, in: Harzer/Volks (Hg.): Aufbruch, S. 19–28.

gewann überraschend das Oppositionsbündnis *Unión Nacional Opositora*
unter Führung von Violeta Chamorro mit über der Hälfte der abgegebe-
nen Stimmen, während die Sandinisten nur knapp 40 Prozent erreichten.[15]
Dieses Wahlergebnis, so resümierte Der Spiegel im März 1990, sei nicht nur
für „die siegesgewissen Revolutionäre" unfassbar gewesen, sondern „schockte
Linke in aller Welt".[16] Klaus Heß und Barbara Lucas schildern aus der Rückschau, man habe vor 1990 in der Solidaritätsbewegung schlicht „die Augen
vor der Kriegsmüdigkeit der Nicaraguaner" verschlossen: „Wir wollten nur
Helden sehen und übersahen dabei die Heterogenität der Bevölkerung."[17]
Viele Solidaritätsbewegte, für die das sandinistische Nicaragua eine raum-
bezogene Utopie dargestellt hatte, wandten sich ab. Die blätter des iz3w
verkündeten unmittelbar nach der Wahl das „Ende einer Utopie".[18] Als dann
noch bekannt wurde, dass in den als *La Piñata* bekannt gewordenen zwei
Monaten zwischen dem Wahltag und der Amtsübergabe am 25. April 1990
offenbar etliche führende Sandinisten das Machtvakuum zur hemmungs-
losen Bereicherung genutzt hatten, indem sie sich Eigentumstitel ausge-
stellt oder Staatseigentum privatisiert hatten, bot Nicaragua kaum mehr
Identifikationspotenzial.[19] 1990 erlebte die Nicaragua-Solidaritätsbewegung
Einbrüche in nie geahntem Ausmaß.[20]

Die Entwicklung in Nicaragua war ein weiterer Grund für die sich ausbreitende „Rat- und Hoffnungslosigkeit" in der Dritte-Welt-Bewegung
und im Feld des Fairen Handels, aus der schließlich bei vielen spürbare
Resignation wurde.[21] In einem von Misereor 1989 veröffentlichten Rück-

---

15 Die Zahlenangaben unterscheiden sich, teils werden auch 42 Prozent für die FSLN
genannt. Vgl. zu der Wahl speziell McConnell: Uncertain, S. 130ff.; ferner Staten: History, S. 116ff.

16 O. V.: Heute Daniel, morgen Fidel, in: Der Spiegel 10/90, 5. März 1990, S. 166–167;
vgl. auch o. V.: „Wir haben schon gewonnen", in: Die Zeit 9, 23. Februar 1990, S. 10; o.
V.: „Wir als Solidaritätsgruppen haben einen Sieg der UNO genauso für unmöglich
gehalten, wie die FSLN selbst": Diskussionsergebnisse vom Koordinations-Treffen der
Nicaragua-Solidaritätsbewegung, in: Forum entwicklungspolitischer Aktionsgruppen
143, 1990, S. 19.

17 Heß/Lucas: Bundesdeutsche, S. 315.

18 Flaig, Stefan: Das Ende einer Utopie, in: blätter des iz3w 164, März/April 1990, S. 3.

19 Vgl. dazu McConnell: Uncertain, S. 135.

20 Vgl. Förch: Idealen, S. 100; Perla Jr.: FSLN, S. 281ff.; Heß, Klaus und Volks, Willi: Die
Auswirkungen des Mauerfalls 1989. Wie sich die Solidaritätsarbeit für Nicaragua in
Ost und West weiterentwickelte, in: Harzer/Volks (Hg.): Aufbruch, S. 180–188.

21 Kuhn: Solidarität, hier: S. 398; Olejniczak: Dritte-Welt-Bewegung; von Braunmühl:
Geschichte. Deutlich wird die Orientierungslosigkeit von Friedhelm Raden im Vorwort

blick auf die bisherige entwicklungsbezogene Bildungsarbeit hieß es, dass diese leider kaum „zu befriedigenden Ergebnissen geführt" habe, denn das Problem sei „nicht ein Mangel an Information, sondern angesichts der komplexen Probleme die Resignation, die Lethargie, das Gefühl, nichts machen und bewegen zu können". Daran zeigt sich, dass angesichts der vermeintlichen Unmöglichkeit großer Änderungen die Utopien verblassten. Deshalb habe man sich, so hieß es weiter, „als Konsequenz dem Alltag zugewandt, um im Kleinen sog. ‚Gegenmachtserfahrungen' zu erproben und zu entwickeln".[22] Damit deutet sich eine Verschiebung an, die im Feld des Fairen Handels entscheidende Bedeutung bekommen sollte. Durch das offensichtlich scheinende Ende utopischer Zukunftsentwürfe zogen sich die Gegner einer Handelsausweitung immer mehr zurück oder fügten sich in das scheinbar Unvermeidbare.

5.1.3 Die Konstruktion von Notwendigkeit

Die globalen Ereignisse um 1989/90 entzogen den Zielsetzungen derjenigen, die mit dem Fairen Handel Hoffnungen auf revolutionäre Umwälzungen verbanden, symbolisches Kapital. Die Befürworter einer Handelsausweitung auf den konventionellen Markt sollten dagegen durch die Ereignisse an symbolischem Kapital gewinnen. Wie Klaus Piepel, späterer Vorstandsvorsitzender des Trans-Fair-Vereins, aus der Rückschau beschreibt, habe um 1990 niemand noch ernsthaft „behauptet, dass es eine seriöse Alternative zur Marktwirtschaft" gebe, diese sei schlicht wie eine Tatsache erschienen, „zu der man sich verhalten" müsse.[23] Das Zitat drückt eine Stimmung aus, die damals offensichtlich zahlreiche Menschen und auch im Feld des Fairen Handels den größten Teil der ehemals entschiedenen Gegner einer Handelsausweitung erfasst hatte. Nach dem Ende des Kalten Krieges erschien der westliche Mix aus Demokratie und freier Marktwirtschaft wie der konkurrenzlose Sieger im Systemwettstreit und der globale, freie Markt wie

---

seiner Untersuchung geschildert: „zu Beginn der neunziger Jahre […] lag die politische Solidaritätsbewegung, der ich mich zugehörig fühlte, in der BRD bereits in den letzten Zügen. In Diskussionen, an denen ich teilnahm, wurde unterdessen nur noch diskurstheoretisch geplappert, wurde Begrifflichkeit vorgetäuscht, wo kaum mehr als sprachliche Verwirrung und intellektuelle Armut herrschten […]. Ich hätte gegen die sich ausbreitende Orientierungslosigkeit, gegen die Verwässerung moralischer Standpunkte anschreiben müssen", Raden: Hilfswerke, S. 7.

22 Misereor (Hg.): Weg, S. 104.
23 Interview Piepel, 31:45–33:00.

eine alternativlose Größe.[24] Eine Anpassung an diesen wurde also schon durch diese so veränderte Wahrnehmung legitimiert: Wenn der freie Markt unhintergehbar war, musste man wenigstens versuchen, auf ihn einzuwirken. Doch es kam noch ein Faktor hinzu, der im Feld schließlich endgültig den Weg in die Handelsausweitung frei machte: Es setzte sich immer mehr die Überzeugung durch, dass eine Handelsausweitung nicht mehr länger nur möglich, sondern vielmehr dringend notwendig sei. Dies hatte wiederum mehrere Gründe. So wurde beispielsweise die schwindende Aufmerksamkeit für die Dritte Welt von zahlreichen Akteuren im Feld als erhebliche Gefahr für den Fairen Handel gesehen. Man befürchtete sinkende Absatzzahlen, gar die völlige Bedeutungslosigkeit des Handelsmodells und damit schließlich die Unmöglichkeit der weiteren Unterstützung von Kleinbauern.[25] Auch die Wahlniederlage der Sandinisten ließ in diesem Zusammenhang nichts Gutes erwarten. In der Tat ging die Nachfrage nach Solidaritätskaffee im Allgemeinen und nach Nicaragua-Kaffee im Besonderen – dem wichtigsten Verkaufsgut des Alternativen Handels in den 1980er-Jahren – ab 1990 spürbar zurück.[26] Daran änderte auch nichts, dass MITKA und GEPA daran

---

24 Vgl. beispielsweise Abelshauser, Werner, Gilgen, David und Leutzsch, Andreas: Kultur, Wirtschaft, Kulturen der Weltwirtschaft, in: Abelshauser, Werner, Gilgen, David und Leutzsch, Andreas (Hg.): Kulturen der Weltwirtschaft, Göttingen, 2012, S. 9–28, hier: S. 10–14; Ziai: Entwicklung, S. 115; Mignolo, Walter D.: Die Erfindung Amerikas. Das koloniale Erbe der europäischen Diaspora, in: Charim, Isolde und Auer Borea, Gertraud (Hg.): Lebensmodell Diaspora. Über moderne Nomaden, Bielefeld, 2012, S. 75–82, hier: S. 80; Hierlmeier spricht in Bezug auf die Dritte-Welt-Bewegung treffenderweise von dem „Liberalismus der Erschöpften", Hierlmeier: Internationalismus, S. 112.

25 Vgl. u. a. MAA, ZA: 2011/15 JUST: AG Kleinbauernkaffee 1990–1992, Aktennotiz betr. Informationsgespräch über das Projekt „Fairer Kaffeehandel" … am 16. Januar 1991; Angel: Misereor, S. 86; Interview Piepel. In den Quellenbeständen zeigt sich ferner, dass dort, wo der globale Süden Aufmerksamkeit bekam, es vor allem um das nahe Ende der Apartheid in Südafrika ging. Daran konnte der Faire Handel aber wegen nur sporadisch vorhandener Handelskontakte nur schwer ansetzen.

26 Vgl. Bärliner Kaffeegenossenschaft: Sandino-Dröhnung – zum letzten!?, in: Lateinamerika Nachrichten 205/206, Juli/August 1991, S. 45–48; GA, Kaffee und Programm Fairer Kaffeehandel Transfair e. V., Protokoll der Kaffeetreffens vom 28. September 1991. Einige Solidaritätsgruppen stellten auf den Konsum von Kaffee aus El Salvador um, was jedoch in dieser Arbeit nicht weiter verfolgt wird. Erst ab Mitte der 1990er-Jahre bekam Kaffee als Solidaritätsprodukt wieder eine wachsende Bedeutung: Der sogenannte Zapatistenkaffee diente zur Unterstützung der zapatistischen Aufstandsbewegung in Südmexiko. An die Bedeutung und den Stellenwert des Nicaragua-Kaffees reichte jedoch auch dieser nicht heran. Von Philipp Gerber stammt eine lesenswerte, ethnologisch orientierte Monografie zu diesem Thema, in der er sowohl die Seite der

erinnerten, dass das Volk von Nicaragua weiterhin – und „unabhängig vom politischen ‚Vorzeichen' – das Angebot gerechteren Handels" benötige.[27] Es zeigt sich an der Argumentation bereits, dass in den Warnungen vor dem absehbaren Umsatzrückgang auf die befürchteten Gefahren für die Produzenten verwiesen wurde. Und durch dieses Argumentationsmuster gelang es schließlich, die Handelsausweitung im Feld nicht nur zu legitimieren, sondern nahezu unangreifbar zu machen. Verantwortlich dafür war wiederum ein Ereignis auf globaler Ebene: der Zusammenbruch des Internationalen Kaffeeabkommens (ICA) im Juli 1989.

Das Ende des Internationalen Kaffeeabkommens und der Absturz der Kaffeepreise

Die von Michail Gorbatschow eingeleiteten Programme *Glasnost* und *Perestroika* hatten seit Mitte der 1980er-Jahre zur Entspannung und Annäherung zwischen den USA und der Sowjetunion geführt. Der von Reagan und Gorbatschow 1987 unterzeichnete INF-Vertrag sah den Abbau aller Mittelstreckenraketen in Europa vor, die Sowjetunion reduzierte ihre Aktivitäten in vielen Ländern des globalen Südens und zog sich aus Afghanistan zurück. Mit dem abnehmenden Bedrohungspotenzial schwand offensichtlich in den USA die Furcht davor, dass sich wirtschaftlich instabile Entwicklungsländer der Sowjetunion zuwenden könnten.[28] Damit verlor – zumindest aus US-amerikanischer Sicht – das ICA an Bedeutung, das unter anderem zur Stabilisierung der vom Kaffeepreis abhängigen Länder eingerichtet worden war.[29] Die meisten Exportländer setzten inzwischen einen erheblichen Teil

---

zapatistischen Bauernfamilien als auch die Seite der europäischen Konsumenten ausleuchtet und dadurch zu einem vielschichtigen Bild der Zapatisten und ihrer Solidaritätsbewegungen gelangt, vgl. Gerber, Philipp: Das Aroma der Rebellion. Zapatistischer Kaffee, indigener Aufstand und autonome Kooperativen in Chiapas/Mexiko, Münster, 2005.

27 GA, PPA ab 10.09.88 bis 09.03.90, Wirtz, Hermann-Josef: Nicaragua und der Alternative Handel; vgl. MITKA: Abwarten und weiter Nica-Kaffee trinken …, in: Lateinamerika Nachrichten 191, April 1990, S. 36–37; FZH Michelsen E.1, Kaffee aus Nicaragua – wie geht es weiter? Eine Stellungnahme der GEPA, Mai 1990.

28 Vgl. Westad: Cold War, S. 372–387; Nolan, Mary: The Transatlantic Century. Europe and America, 1890–2010, Cambridge, 2012, S. 317–318.

29 Vgl. Dejung: Staatliche, S. 221ff.; Daviron/Ponte: Coffee, S. 87–88. Das Kaffeeabkommen war Talbot zufolge auch bei seinen Neuauflagen regelmäßig mit geostrategischen Überlegungen vor allem der Vereinigten Staaten verbunden gewesen, vgl. Talbot: Grounds, S. 73; ferner dazu und zum Folgenden Jaffee: Brewing, S. 41ff.; Pendergrast: Kaffee, S. 394–396; Johnson: International, S. 45.

ihrer Produktion in dem wachsenden Markt der Nicht-ICA-Mitglieder ab, da die weltweit produzierte Menge Kaffee die Nachfrage längst bei Weitem übertraf.[30] Angesichts der Tatsache, dass dieses Ungleichgewicht nun bereits seit mehreren Jahren Bestand hatte, schien inzwischen das Risiko plötzlicher Preissteigerungen nur noch gering zu sein – womit aus Sicht der Importländer ein weiterer Grund für das ICA nicht mehr existent war. Bei zahlreichen Konsumentennationen, die angesichts des ständigen Überangebots auf sinkende Einkaufspreise hofften, wuchs daher die Unzufriedenheit mit dem Abkommen. Hinzu kam, dass die Nachfrage nach hochwertigen Arabica-Kaffeebohnen weltweit stieg und kaum erfüllt werden konnte, während die Nachfrage nach den geschmacklich meist minderwertigeren Robusta-Bohnen rückläufig war. Kolumbien als größter Arabica-Produzent hätte weit mehr ausführen können, als die dem Land von der Internationalen Kaffeeorganisation (ICO) zugestandene Quote zuließ. Es wollte die Quotenverteilung daher grundsätzlich neu festsetzen. Dagegen sprach sich aber Brasilien aus, das vor allem Robusta-Bohnen produzierte und als Land mit dem größten Exportvolumen in der ICO mehr Stimmen als Kolumbien besaß. Kolumbien und Brasilien konnten sich in der Folge nicht über die Verteilung der Quoten einig werden; die USA als Land mit dem bedeutendsten Absatzmarkt waren an der Weiterführung des ICA ohnehin nicht mehr interessiert. Im Juli 1989 wurde das Abkommen ausgesetzt. Unmittelbar im Anschluss daran wurden Kaffee-Terminverträge begehrte Spekulationsobjekte. Dem folgte ein rasanter Sturz der Kaffeepreise: Der Durchschnittsbörsenpreis für Kaffee fiel von 1,34 US-Dollar (1984–1988) auf 0,77 US-Dollar (1990–1994), wobei er den tiefsten Stand im Jahr 1992 erreichte.[31] Zum Vergleich: Die

---

30 Vgl. ICO Importing Members, Imports of all forms of coffee from all origins, Calendar years 1980 to 1989; ICO Total Exports to all Destinations Crop Years 1980/81 to 1989/90. Dazu kam, dass viele Unternehmen in Mitgliedsstaaten ihre Bestände aus Nichtmitgliedsstaaten importierten und so das Kaffeeabkommen umgingen, vgl. ICO Importing non-members Imports of all forms of coffee from all origins Calendar years 1964 to 1989; ICO Importing non-members Re-exports of all forms of coffee to all destinations Calendar years 1990 to 1999; zur ständigen Überproduktion in den 1980er-Jahren und zu den Problemen, die sich aus dem Markt der Nichtsignatarstaaten für das ICA ergaben, vgl. Talbot: Grounds, S. 75–81; Baum/Offenhäußer: Kaffee, S. 52ff.; Pendergrast: Kaffee, S. 323ff.

31 Vgl. Daviron/Ponte: Coffee, hier: S. 88–89; Topik, Steven, Talbot, John M. und Samper, Mario: Introduction. Globalization, Neoliberalism, and the Latin American Coffee Societies, in: Latin American Perspectives 37, 2, 2010, S. 5–20. Wie Talbot zeigt, wurden Termingeschäfte mit Kaffee Ende der 1980er-Jahre immer mehr zu Spekulationsobjekten.

Untergrenze des ICA hatte bei 1,20 US-Dollar pro englisches Pfund Kaffee gelegen. Für viele Kaffeeproduzenten, vor allem für Kleinbauern, wurde die Preiskrise existenzbedrohend.

Grafik 11   Durchschnittspreis Kaffee, 1988–1993
ICO Composite Indicator Price, Annual Averages

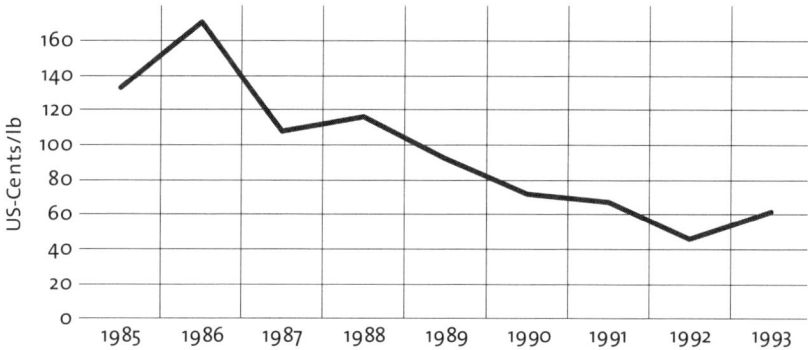

Fairer Handel als „Überlebenshilfe"

Auch wenn der rasante Fall der Kaffeepreise im Feld des Fairen Handels sicherlich von niemandem begrüßt wurde – diese Entwicklung war verantwortlich dafür, dass der Weg in die Handelsausweitung schließlich endgültig frei wurde. Ein Mitglied einer Aktionsgruppe, die eine Ausweitung des Fairen Handels auf den konventionellen Markt unbedingt befürwortete, äußerte 1989 in den blättern des iz3w, wer fair gehandelten Kaffee „breiten Verbraucherschichten" vorenthalte, boykottiere damit „die Bemühungen von Kleinbauern", da er „die Marktstellung von Großgrundbesitzern, Zwischenhändlern und Kaffeekonzernen" sichere.[32] Die Handelsausweitung wurde also damit legitimiert, dass sie im Interesse der Produzenten sei. Regelmäßig wurde inzwischen von den Befürwortern der Handelsausweitung darauf hingewiesen, dass bei verschiedenen Organisationen wie Brot für die Welt

---

Dadurch, dass nun verstärkt Käufer auftraten, die nicht selbst an der Kaffeewirtschaft beteiligt waren, nahm die Volatilität erheblich zu und war weniger vorhersehbar. Vgl. Talbot: Grounds, S. 109–112.

32 Muller, Claude P.: Für die Kommerzialisierung von ‚Sauberem Kaffee', in: blätter des iz3w 160, September 1989, S. 51; vgl. ähnlich beispielsweise Herbst, Ingo u.a.: Gemeinsam gegen die Nutznießer der Ungerechtigkeit. Die Antwort der GEPA, in: blätter des iz3w 170, Dezember/Januar 1990/91, S. 46–47.

oder der GEPA immer mehr Anfragen von Produzenten einträfen, in denen dringend um weitere Fördermöglichkeiten gebeten werde.[33] Zwar hatten sich die Akteure im Feld des Fairen Handels in der Vergangenheit immer wieder auf die Produzenteninteressen berufen und diese zur Stärkung der eigenen Position zu nutzen versucht – daher war stets umstritten gewesen, was den Interessen der Produzenten entspreche –, doch setzte sich nun bei nahezu allen Akteuren im Feld des Fairen Handels die Überzeugung durch, dass eine Handelsausweitung wirklich dem Willen der Produzenten entspreche. Das zeigt sich daran, dass nun das Ziel einer Vergrößerung der Marktanteile grundsätzlich auch bei denjenigen begrüßt wurde, die zuvor mit deutlicher Ablehnung darauf reagiert hatten – und dass diese zur Begründung stets die Bedeutung eines steigenden Umsatzes auf Produzentenseite betonten.[34]

Entscheidend für diese diskursive Veränderung war, dass sich durch den Absturz der Kaffeepreise nach dem Zusammenbruch des ICA ein neues Argumentationsmuster durchsetzte. Man berief sich darauf, dass die Produzenten ohne den Fairen Handel in Lebensgefahr schwebten. Ein Vertreter des KED drängte auf die Handelsausweitung, da der Faire Handel angesichts der Notlage der Kaffeebauern schlicht über „deren Leben oder Tod" entscheide.[35] Ein Vertreter des Dachverbands der Weltläden äußerte mehrfach, dass es inzwischen „nur noch um die ‚Hilfe zum Überleben'" gehe.[36]

Das zeigt, wie sehr sich die Argumentation inzwischen verschoben hatte. Während in der Vergangenheit stets langfristige Ziele den Handel legitimiert hatten – beispielsweise eine Änderung der Politik der Industrienationen oder

---

33 Vgl. beispielsweise ADE, BfdW-S103: Mitteilungsblatt „Der ferne Nächste", Der ferne Nächste 3, 1990; Herbst, Ingo, Nickoleit, Gerd u. a.: A3WH – Im Spannungsfeld zwischen Politik und Selbstzerfleischung, in: AG3WL-Rundbrief 41, Oktober 1990, S. 32–37.

34 Vgl. o. V.: Sauber und doch nicht rein. Kritische Anmerkungen zum Start der Kampagne „Fairer Kaffee-Handel", in: Lateinamerika Nachrichten 210, Dezember 1991, S. 24–25; GA, Kaffee und Programm Fairer Kaffeehandel Transfair e. V., Protokoll der Kaffeetreffens vom 28. September 1991; MAA, ZA: 1998/14 EPOL: 8.40 Projekt „Fairer Kaffeehandel" Mai–Dezember 1990, Seminargruppe Kampagne ‚Sauberer Kaffee', 5. November 1990, S. 1; MAA, ZA: 2011/15 JUST: AG Kleinbauernkaffee 1990–1992, Ökumenische Werkstatt Frankfurt an Arbeitsgemeinschaft Kleinbauernkaffee, 16. Februar 1991.

35 MAA, ZA: 2011/15 JUST: AG Kleinbauernkaffee 1990–1992, Brief eines KED-Mitglieds an Mitglieder der Arbeitsgemeinschaft Kleinbauernkaffee, 4. Oktober 1990, S. 3.

36 Glöge, Michael: 15 Jahre AG3WL – und so weiter?, in: Forum entwicklungspolitischer Aktionsgruppen 150, 1991, S. 16–20, hier: S. 17; vgl. auch seine fast gleichlautende Äußerung in ders.: Viel Pflege, in: Der Spiegel 34, 1993, S. 88.

eine Unterstützung der Revolution in Nicaragua –, ging es nun vor allem um die kurzfristige und direkte wirtschaftliche Unterstützung von Kleinbauern. Immer mehr Akteure im Feld des Fairen Handels waren offensichtlich der Überzeugung, die Verantwortung für das Überleben der Produzenten zu tragen, da diese dazu nicht mehr selbst in der Lage zu sein schienen. Für das Feld des Fairen Handels bedeutete dies eine entscheidende Wendung. Denn die wichtigste und stets umkämpfte Quelle symbolischen Kapitals – die Berufung auf die Interessen der Produzenten – sprudelte nun angesichts der fallenden Kaffeepreise nahezu ausschließlich für diejenigen, die auf eine Handelsausweitung drängten. Wie bedeutend dieses Argumentationsmuster war, zeigt sich schon daran, dass auch in der Forschung regelmäßig und ohne nähere Überprüfung der Faktenlage betont wird, dass die Ausweitung des Fairen Handels in den 1990er-Jahren vor allem eine „Antwort auf die Anfragen der Produzenten" gewesen sei.[37]

Eingangs wurde die Vermutung aufgestellt, dass die Vermittlung einer globalen Verbundenheit zwischen Produzenten und Konsumenten stets auf einem im Hintergrund stehenden Bezugspol basierte, in Bezug auf den sich die Abnehmer mit den Produzenten einig sahen. Im Zuge der Handelsausweitung wurde dieser Bezugspol zunehmend darin gesehen, den Produzenten das Überleben zu sichern. Ursachen für diese angenommene Not der Produzenten wurden aber nur noch diffus benannt und meist in anonym bleibenden „Welthandelsstrukturen" gesehen.[38] Wie sehr man sich inzwischen von den Hoffnungen auf große und umfassende Veränderungen entfernt hatte, zeigt auch die später erstellte so genannte „politische Begründung" des Gütesiegels. Darin findet sich nur die knappe Formulierung:

> Zum gegenwärtigen Zeitpunkt leben viele Länder der 2/3-Welt vom Export ihrer Rohstoffe, wie dem Kaffee. Entgegen der Situation in den Industrieländern bringt der Handel den sogenannten Entwicklungsländern aber keinen nationalen Wohlstand, sondern es bleibt bei anwachsender Armut. Neben vielen Hintergründen liegt einer der Gründe dieser Armut in den Handelsbedingungen. An diesem Punkt setzt die Kaffeekampagne an.[39]

---

37 Raschke: Fairer, S. 97; vgl. ähnlich beispielsweise Hockerts: CaféDirect, S. 197; Wright: Fairtrade, S. 142; Frundt: Fair, S. 31.

38 Vgl. beispielsweise MAA, ZA: 2011/15 JUST: AG Kleinbauernkaffee 1990–1992, Projekt: Fairer Kaffeehandel. Einführung zu dem Gespräch ... am 16. Januar 1991, S. 3.

39 MAA, ZA: 2011/15 JUST: AG Kleinbauernkaffee 1990–1992, Pädagogisch-politisches Konzept für die Kaffeekampagne, 5. September 1990, S. 1.

Es war keine Rede mehr davon, die weltwirtschaftlichen Strukturen insgesamt ändern zu wollen oder eine politische Arbeit in den Mittelpunkt zu stellen. Im August 1991 wurde in einem Artikel bereits wie selbstverständlich berichtet, der GEPA und den Weltläden sei klar,

> daß sie [...] nicht den Weltmarkt verändern können. Aber sie leisten mit ihrem Alternativ-Angebot einen Beitrag zum Überleben von Bauern- und Handwerkerfamilien in 33 Ländern der Dritten Welt.[40]

Und drei Jahre nach der Markteinführung des Gütesiegels hieß es, man sei sich bewusst, dass es nicht möglich sei,

> die ungerechten Weltwirtschaftsstrukturen nur durch das Segment Fairen Handel zu verändern, aber ein klein wenig können alle Verbraucherinnen und Verbraucher [...] mithelfen für einen etwas gerechteren Austausch zwischen Nord und Süd.[41]

An Ausdrücken wie „ein klein wenig" oder „etwas gerechter" zeigt sich, wie sehr der Faire Handel augenscheinlich inzwischen von großen und umfassenden Zielsetzungen entfernt war, die noch seine Vorgänger in den 1970er- und 1980er-Jahren getragen hatten. Zwar wurde in der Planung zur Öffentlichkeitsarbeit des Gütesiegels gesagt, man müsse darstellen, dass der Faire Handel „zum Prototyp einer neuen Form von entwicklungsbezogenen Handelsbeziehungen zwischen Süd und Nord" oder *„das* entwicklungspolitische Instrument und Ziel der Zukunft" werden könne.[42] Doch schon angesichts dessen, dass im Feld langfristig niemand mit einem Marktanteil des Fairen Handels von mehr als drei bis fünf Prozent rechnete[43], wirken derlei Äußerungen eher wie hochtrabende Worthülsen.

---

40 MAA, FH 27, Jaenicke, Ulla: Panflöten und Jutetaschen aus Fairem Handel mit der Dritten Welt. Entwurf für epd ZA 162 vom 23. August 1991.

41 Hammelehle: Transfair, S. 158.

42 MAA, ZA: 2011/15 JUST: AG Kleinbauernkaffee 1990–1992, Fairer Kaffee-Handel – ein Programm zur Unterstützung von Kleinbauern, undatiert, S. 3; GA, Kaffee und Programm Fairer Kaffeehandel Transfair e.V., Kampagnenplanung der Öffentlichkeitsarbeit, ‚TransFair' und fair gehandelter Kaffee, 15. Juli 1992 [Hervorhebung im Original].

43 Vgl. MAA, ZA: 2011/15 JUST: AG Kleinbauernkaffee 1990–1992, Briefing zur Kaffee-Kampagne, 7. Januar 1990; MAA, ZA: 2011/15 JUST: AG Kleinbauernkaffee 1990–1992, Bestandsaufnahme, Strategieempfehlung und Maßnahmenübersicht für die Marketingarbeit für TransFair e.V., präsentiert am 4. Dezember 1992, S. 11 und 20.

Und so deutete sich an, dass das neue Bemühen um eine Ausweitung des Marktanteils das bisherige, seit den 1970er-Jahren dominierende Ziel des Fairen Handels in den Hintergrund drängte. Im Mittelpunkt stand, anders als früher, immer weniger eine Problematisierung beispielsweise der weltwirtschaftlichen Zusammenhänge. Vielmehr, so meine ich, setzte der Faire Handel eine solche Problematik implizit voraus und positionierte sich dann als Lösungsangebot. Ende 1989 war von der GEPA das Ziel einer Handelsausweitung unter anderem damit begründet worden, dass man dem Konsumenten die Möglichkeit geben wolle, „konkret und nicht nur symbolisch – solidarisch zu sein".[44] Anders als früher sah man nun also den Sinn des Fairen Handels offenbar nicht mehr darin, auf den Konsumenten einzuwirken – beispielsweise durch Bewusstseinsbildung –, sondern darin, ihm ein Angebot zu sein. Im Hintergrund der weltpolitischen Umbrüche vollzog sich im Feld des Fairen Handels eine Rochade: Aus der Alternative *zum* konventionellen Markt wurde nun die Alternative *im* konventionellen Markt – und damit aus dem *Alternativen* endgültig der *Faire* Handel.

5.1.4 „Sauberer Kaffee" aus den Niederlanden

Diejenigen, die auf eine weitere Ausweitung des Handels drängten, hatten noch einen weiteren Trumpf in der Hand: Sie konnten auf die Entwicklung des Fairen Handels in den Niederlanden verweisen. Hier war inzwischen – in enger Kooperation mit der mexikanischen Kaffeebauernvereinigung UCIRI – unter dem Namen „Max Havelaar" ein Gütesiegel etabliert worden.[45] Mit diesem konnte Kaffee aus kleinbäuerlicher Produktion als gerecht gehandelt gekennzeichnet und in Supermärkten verkauft werden. Aufgrund der Bedeutung und Vorbildfunktion von Max Havelaar für die weitere Entwicklung des Fairen Handels ist darauf näher einzugehen.

Um 1987 hatte die mexikanische Kleinbauernvereinigung UCIRI endgültig die Gründungsphase hinter sich gelassen. Immer mehr Dorfgemeinschaften baten um Aufnahme, der angebaute Kaffee war von der deutschen Organisation Naturland als ökologisch zertifiziert worden und mit der GEPA (und

---

44 GA, PPA ab 10.09.88 bis 09.03.90, Handelsförderung als Bestandteil der kirchlichen Entwicklungsarbeit. Ein Diskussionsbeitrag, 30. November 1989, S. 8.

45 „Max Havelaar" ist der Titel eines Buches, das Mitte des 19. Jahrhunderts in den Niederlanden erschien und dort große Popularität erlangte. Darin wird die fiktive Biografie und Karriere von Max Havelaar, einem niederländischen Kolonialbeamten auf Java, nacherzählt. Bekannt wurde das romanartig aufgebaute Buch vor allem als Anklage gegen die Kolonialherrschaft.

inzwischen auch der niederländischen S.O.S.) waren langfristige Handels-verträge geschlossen worden, die stabile Preise für den Kaffee garantierten. Allerdings zeichnete sich bereits früh ab, dass die UCIRI-Mitglieder mehr Kaffee produzierten, als die alternativen Absatzmärkte in der Bundesrepublik und in den Niederlanden aufnehmen konnten. Dazu kam, dass nach einem kurzzeitigen Hoch im Jahr 1986 wie beschrieben der Kaffeepreis im Jahr 1987 nach unten gesackt war. Mit diesem Wissen im Hinterkopf reisten im Oktober 1987 vier Mitglieder der UCIRI auf Einladung der niederländischen kirchlichen Organisation *Solidaridad* zu einem Besuch in die Niederlande.[46] Einer der vier Gäste aus Mexiko war der aus den Niederlanden stammende Jesuit Frans Vanderhoff, der an der Gründung der UCIRI beteiligt gewe-sen und inzwischen festes Mitglied der indigenen Gemeinschaft geworden war. Aus der Rückschau wird meist berichtet, dass den Gästen aus Mexiko im Rahmen des Besuchs in den Niederlanden deutlich geworden sei, dass der Faire Handel viele Absatzmöglichkeiten ungenutzt ließ, da er sich – in den Niederlanden ebenso wie in Deutschland – auf die alternativen Kon-sumenten beschränkte. Allerdings war die eigentliche Intention der Reise offensichtlich schon vorher klar: Es ging darum, für eine Ausweitung des Fairen Handels auf den konventionellen Markt zu werben. Dies lässt sich unter anderem daran ablesen, dass die mexikanische Delegation mehrere niederländische Großröstereien besuchte.[47] Das Ziel der Handelsausweitung wurde anschließend vor allem von besagtem Frans Vanderhoff und von Niko Roozen, dem Direktor der Organisation „Solidaridad", vorangetrieben.[48] Die beiden kontaktierten niederländische Großröstereien und bemühten sich, selbige zur Kooperation zu bewegen. Die damit verbundene Zielsetzung lag offensichtlich weniger darin, die Großröster allgemein zu gerechteren Han-delsbedingungen zu überreden, als vielmehr darin, den Marktanteil des fair gehandelten Kaffees zu erhöhen und damit weitere Absatzmöglichkeiten zu erschließen. Auffällig zeigt sich dies an dem von Fridell geschilderten,

---

46 Der Plan dieser Reise findet sich komplett in FZH Michelsen E.4. Vgl. dazu, zur Bedeutung der Reise und zum Folgenden u.a.o.V.: UCIRI-Delegation zu Besuch, in: Kaffeebohne & Teeblatt 11, Juni 1988, S. 6–9; Fridell: Fair; Vanderhoff Boersma: Union; Interview Vanderhoff Boersma; Interview Hissel; Interview Nickoleit.

47 Vgl. FZH Michelsen E.4, o.V.: Kaffeeröster empfingen UCIRI, undatiert. Dass vorher klar war, dass auf eine Ausweitung der Absatzmöglichkeiten zu fairen Bedingungen gedrängt werden sollte, geht in meinen Augen aus einem Brief von GEPA-Mitarbeiter Jens Michelsen hervor, vgl. FZH Michelsen E.3, Brief von Jens Michelsen vom 6. Oktober 1987.

48 Das Folgende basiert auf der Schilderung der Vorgänge durch Fridell, vgl. Fridell: Fair, S. 54 und 187.

paradox scheinenden Versuch, die Großröstereien zu überzeugen, zumindest zwölf Prozent ihrer Einfuhren unter fairen Handelsbedingungen vorzunehmen. Die Röstereien reagierten allerdings auf derlei Angebote dem Bericht zufolge ablehnend, da sie eine Schwächung ihrer preislichen Wettbewerbsfähigkeit und ein Abwandern der Konsumenten befürchteten. Roozen und Vanderhoff entschieden sich schließlich dazu, eine Kampagne unter dem Namen „Zuivere Koffie" (auf Deutsch: „Sauberer Kaffee") zu starten. Ziel war es, durch Öffentlichkeitsarbeit die Nachfrage bei den Konsumenten nach fair gehandeltem Kaffee und darüber den Druck auf die Händler zu erhöhen. Aus der *Zuivere-Koffie*-Kampagne ging bald darauf das Gütesiegel Max Havelaar hervor, das am 15. November 1988 über eine groß angelegte Pressekampagne auf den Markt gebracht wurde. Es ging dabei nicht darum, eine geschmackliche Qualität, sondern die ethische Wertzuschreibung zu signalisieren: Das Siegel sollte sicherstellen, dass die Konsumenten einen Kaffee unmittelbar als gerecht gehandelt erkennen konnten. Das Funktionsprinzip von Max Havelaar wirkte vorbildhaft für die später in anderen Ländern etablierten Gütesiegel – unter anderem für die in Deutschland – und soll vorab kurz erläutert werden.

Max Havelaar: Das erste Gütesiegel für Fairen Handel

Interessierte Röstereien konnten das Max Havelaar-Siegel auf ihren Kaffeepackungen abdrucken, wenn sie nachprüfbar eine vorab vereinbarte Menge Kaffee von bestimmten Produzentengruppen bezogen und dafür mindestens den von Max Havelaar festgelegten Mindestpreis bezahlten.[49] Dieser war für Arabica-Bohnen auf 1,15 US-Dollar *ex Dock* New York je englisches Pfund Rohkaffee festgelegt (bei Robusta-Bohnen waren es 1,12 US-Dollar), dazu kam ein Aufschlag von maximal zehn Prozent, der mit steigendem Weltmarktpreis abnehmend war. Das heißt, die Produzenten erhielten mindestens 1,26 US-Dollar pro Pfund Arabica. Wenn der Preis der New Yorker Börse das Niveau von 1,65 US-Dollar je Pfund überschritt, wurde keine Prämie mehr ausgezahlt. In ein sogenanntes Produzentenregister wurden Genossenschaften eingetragen, die aus Sicht der Max Havelaar-Organisatoren als Handelspartner infrage kamen. Die Entscheidung darüber blieb also weiterhin auf der Abnehmerseite – eine Regelung, die auch

---

49 Vgl. dazu und zum Folgenden GA, Fair Trade International Vorbereitung Juni 91–Juni 92, Max Havelaar conditions for the purchase of coffee, undatiert; GA, Fair Trade International Vorbereitung Juni 91–Juni 92, Stichting Max Havelaar: By-law defining the relationship between the Foundation and the organizations …, 1. Dezember 1992.

beim Trans-Fair-Gütesiegel übernommen werden sollte. Doch an den Max Havelaar-Sitzungen nahmen auch Vertreter von Produzentengenossenschaften teil. In der Anfangszeit waren dies je ein Repräsentant einer Genossenschaft aus Zaire und einer Genossenschaft aus Costa Rica (auf die unten noch näher eingegangen wird) sowie UCIRI-Mitglied Frans Vanderhoff. In der Anfangszeit bestand das Produzentenregister vor allem aus bisherigen Kaffeelieferanten der S. O. S. und der GEPA. Aus dem Produzentenregister wiederum wählten die konventionellen Röstereien dann Handelspartner aus, von denen sie Kaffee beziehen wollten.[50] Vereinbart wurde außerdem, dass die kaufende Organisation 60 Prozent des vereinbarten Preises als Vorauszahlung vorab überweisen sollte. Max Havelaar konnte Einsicht in die Bücher der Röstereien nehmen und so sicherstellen, dass die vereinbarte Menge bezahlt und geliefert wurde. Die Gütesiegelorganisation finanzierte sich, indem von den Lizenznehmern – den Röstereien, die das Siegel auf die von ihnen verkauften Kaffeepackungen drucken durften – vier Prozent des Verkaufspreises als Lizenzgebühr bezahlt wurden.

Der Verkauf des Kaffees mit dem Gütesiegel wurde schnell zum Erfolg, bis 1992 konnten etwa zwei bis drei Prozent Marktanteil gewonnen und damit gegenüber den Vorjahren der Absatz von fair gehandeltem Kaffee fast verzehnfacht werden.[51] Den bedeutendsten Schub an öffentlicher Aufmerksamkeit und in Bezug auf die Absatzzahlen bekam Max Havelaar, als das niederländische Parlament auf den Konsum von fair gehandeltem Kaffee umstieg.[52] Für 1989 plante Max Havelaar die Internationalisierung in die anderen Beneluxstaaten, nach Skandinavien, in die deutschsprachige Alpenregion und in die Bundesrepublik.

GEPA-Kaffee in deutschen Supermärkten

In Deutschland waren die Entwicklungen in den Niederlanden allerdings bereits aufmerksam verfolgt worden. Schon ab 1987 gab es erste Überlegungen, auch in Deutschland die Ausweitung des Fairen Handels

---

50 Vgl. GA, PPA ab 10.09.88 bis 09.03.90, European Fair Trade Association to Managers of EFTA institutions, Februar 1989, hier: S. 3. Das Produzentenregister von 1992 findet sich abgedruckt bei Transfair – Verein zur Förderung des Fairen Handels mit der ‚Dritten Welt' e. V. (Hg.): Kaffee. Materialien für Bildungsarbeit und Aktionen, Neuss, 2003.

51 Vgl. Transfair (Hg.): Kaffee.

52 Vgl. o. V.: Die Aktion „Sauberer Kaffee" in den Niederlanden, in: Kaffeebohne & Teeblatt 11, Juni 1988, S. 9–11.

voranzutreiben.[53] Sogar erste Überlegungen zur Einführung eines Markenzeichens für gerecht gehandelten Kaffee waren, wie im letzten Kapitel beschrieben, schon vor der Einführung des Max Havelaar-Siegels in Deutschland angestellt worden. Vonseiten der GEPA hieß es, ihr gefalle „die selbstbewußte Art, mit der die Niederländer ihr Anliegen vortragen".[54] Interesse war also durchaus da, doch vor 1989 kam es auf deutscher Seite nur zu zwanglosen Treffen, auf denen Pro und Kontra einer Handelsausweitung diskutiert wurden. Im Dezember 1988 fand ein erstes Infotreffen in Hannover statt, am 12. September 1989 wurde in Erkrath eine Podiumsdiskussion zu dem möglichen Angebot von „Sauberem Kaffee" in Deutschland durchgeführt.[55] Ansonsten tat sich vorerst nur wenig.

Ab Frühjahr 1988 begann allerdings die Tübinger Basisgruppe Aktion Arme Welt (AAW) in Eigeninitiative damit, Möglichkeiten einer Übertragung der *Zuivere Koffie*-Kampagne auf den deutschen Markt zu erörtern. Im März 1988 fragten sie bei der GEPA an, was das Unternehmen davon halte, „GEPA-Kaffee in einen ‚normalen' Lebensmittelhandel einzuschleusen".[56] In den nächsten Monaten kontaktierten die Mitglieder der AAW außerdem mehrere konventionelle Röstereien und Kaffeefirmen, um herauszufinden, wie diese zu einem fair gehandelten Kaffee stünden.[57] Laut dem Bericht eines AAW-Mitglieds wurde ihnen durchweg – auch von der GEPA – entgegengehalten, dass ein solcher sich „nicht gegen die attraktive Aufmachung und gegen die intensive Werbung der kommerziellen Konkurrenten durchsetzen könne". Mit dieser Antwort gaben sich die Mitglieder der AAW aber offensichtlich angesichts des Erfolgs der Kampagne in den Niederlanden nicht zufrieden.

---

53 Vgl. mehrere Dokumente in FZH Michelsen E.4; Clos, Rainer: „Sauberer Kaffee". Nachahmenswerte Kampagne in den Niederlanden, in: epd-Entwicklungspolitik 17, 1987, S. 21–22; o. V.: Aktion „Sauberer Kaffee", in: Kaffeebohne & Teeblatt 7, November 1986; Kaffeebohne & Teeblatt 9, September 1987; Arbeitsgemeinschaft Dritte-Welt-Läden e. V. (Hg.): Zuivere Koffie. Materialien zur Diskussion über die Aktion Sauberer Kaffee, 1988.

54 O. V.: Perspektiven für den alternativen Kaffeehandel, in: Kaffeebohne & Teeblatt 9, September 1987, S. 6–7.

55 Vgl. MAA, ZA: 2011/15 JUST: AG Kleinbauernkaffee 1990–1992, Anhang zur Aktennotiz zum Gespräch über „Kleinbauernkaffee" am 13. November 1989.

56 FZH Michelsen E.2, Brief an Jens Michelsen, 25. März 1988.

57 Vgl. dazu und zum Folgenden FZH Michelsen E.2, Brief an Jens Michelsen, 2. Mai 1988; MAA, ZA: 2011/15 JUST: AG Kleinbauernkaffee 1990–1992, Aktion Arme Welt: Diskussions- und Informationspapier zum Problem Angebot und Nachfrage von fair gehandeltem Kaffee, undatiert, S. 1–2; Raschke: Fairer, S. 105–106.

Nach einem längeren Briefwechsel erklärte sich schließlich, dem Bericht der AAW zufolge, der Geschäftsführer der GEPA „unter Vorbehalten bereit, einen zeitlich und örtlich begrenzten Versuch im kommerziellen Handel mitzutragen".[58] Der Leiter von drei Filialen der Supermarktkette Gottlieb in Tübingen signalisierte ebenfalls Kooperationsbereitschaft. Ab dem 3. Juni 1989 wurde der AHA-Kaffee, der erste Mischkaffee im GEPA-Sortiment, in diesen Filialen verkauft. Die Pilotversuche stellten sich bald als Erfolg heraus: Der Kaffee war regelmäßig ausverkauft, Filialleiter anderer Lebensmittelketten erkundigten sich nach Liefermöglichkeiten, in manchen Filialen erreichte die GEPA-Kaffeemischung bis zu 25 Prozent Marktanteil am Gesamtkaffeeverkauf. Der durchschnittliche Anteil des AHA-Kaffees lag bei 4,9 Prozent. Dies war schon deshalb als Erfolg gewertet worden, da der AHA-Kaffee nur in 250-Gramm-Packungen verfügbar war, während der Großteil der Kunden 500-Gramm-Packungen bevorzugte.[59] Damit schien erwiesen, dass fair gehandelter Kaffee auch in deutschen Supermärkten verkäuflich war.

5.1.5 Zwischen Aufbruch und Abkehr: Dynamik im Feld

Die Verkaufsaktionen in Süddeutschland wurden ebenso wie Max Havelaar im Feld des Fairen Handels wahrgenommen. Sie festigten die Position derer, die auf eine Handelsausweitung drängten. Der Umbruch, der sich 1989/90 im Feld des Fairen Handels abzeichnete, stellt sich aus einer feldtheoretischen Perspektive noch deutlicher dar. Im Folgenden werden zur Verdeutlichung – und ohne dass damit eine Wertung verbunden wäre – die Befürworter der Handelsausweitung als Pragmatiker und die Gegner der Handelsausweitung als Utopisten bezeichnet.

Ab 1987 ließen sich im hier untersuchten Feld des Fairen Handels in Deutschland erste Bestrebungen erkennen, die darauf zielten, eine Ausweitung der Handelstätigkeiten über das Alternativmilieu hinaus voranzutreiben. Die Versuche scheiterten jedoch am Widerstand der Utopisten, die jede Annäherung an den konventionellen Handel als Verrat an den aus ihrer Sicht grundlegenden Spielregeln des Handelsmodells ablehnten. Die Utopisten

---

58 MAA, ZA: 2011/15 JUST: AG Kleinbauernkaffee 1990–1992, Aktion Arme Welt: Diskussions- und Informationspapier zum Problem Angebot und Nachfrage von fair gehandeltem Kaffee, undatiert, S. 1.

59 Vgl. Ufit Zentrum für Umweltpsychologie Tübingen: Kaffee-Studie. Verkauf von Kleinbauernkaffee im Lebensmitteleinzelhandel, Tübingen, undatiert; Sigmund: Genuss, S. 209.

fanden sich zum großen Teil an der Basis. Durch die lokale Rezeption und Aushandlung verschiedener Ereignisse auf globaler Ebene wurde die Position der Utopisten im Feld allerdings ab Mitte 1989 erheblich geschwächt. Das Ende des Kalten Krieges und die Öffnung des Ostblocks bewirkten, dass sich die öffentliche Aufmerksamkeit vom globalen Süden ab- und dem Osten zuwandte. Außerdem führten diese Ereignisse und die Wahlniederlage der Sandinisten dazu, dass sich die Hoffnungen und Zielsetzungen der Utopisten schlagartig auflösten. Dadurch machte sich im Alternativmilieu – und im Feld des Fairen Handels – eine allerorts zu spürende Orientierungslosigkeit breit, gepaart mit Auflösungserscheinungen. Die Pragmatiker im Feld des Fairen Handels konnten sich gleichzeitig angesichts der nach unten stürzenden Kaffeepreise auf die Verantwortung für das Überleben der Produzenten berufen. Wie Gettys und Mittmann konstatieren, waren es vor allem die „kirchlichen Kapitalismuskritiker", die sich nach 1989 als „alternativlose Instanzen zur Interessenvertretung der ,Verlierer' einer moralvergessenen neoliberalen Marktwirtschaft" positionieren konnten.[60] Im Feld des Fairen Handels lässt sich diese Tendenz ablesen: Wie noch zu zeigen sein wird, waren es vor allem die Akteure aus dem kirchlichen Bereich, die auf die Handelsausweitung drängten.

Ihre Position wurde im Feld darüber hinaus dadurch gestärkt, dass in den Niederlanden das Max Havelaar-Gütesiegel ein erfolgreiches Vorbild darstellte und dass dieses Siegel auf die Initiative mexikanischer Kleinbauern zurückführbar war. In den Diskussionen spielte Frans Vanderhoff, in den Niederlanden geboren und Mitglied der UCIRI, eine besondere Rolle. Durch seine enge Einbindung in die kleinbäuerlichen Strukturen konnte er einerseits gegenüber den europäischen Akteuren als Produzentenvertreter auftreten, andererseits bewegte er sich durch seine europäischen Wurzeln auch im europäischen Umfeld sehr sicher und verfügte in Deutschland und den Niederlanden über zahlreiche Kontakte. Er erhob selbstbewusst Forderungen und berief sich dabei auf seine Position als Repräsentant der Kleinbauern. Unter anderem wies er gegenüber deutschen Aktionsgruppen darauf hin, dass aus seiner Sicht der Faire Handel bislang nur symbolischen Charakter gehabt habe und als solcher keine Partnerschaft bedeute. Er forderte die Gruppen auf, mehr Anstrengungen zu unternehmen und die Kleinbauern in ihrem Ziel der Handelsausweitung zu unterstützen.[61] Vanderhoff berief

---

60 Gettys/Mittmann: Tanz, S. 303.

61 Vgl. Vanderhoff, Frans: Symbolischer Handel ist keine Partnerschaft. Erwartungen an den Dritte Welt Handel, in: Alternativ Handeln 19, März 1987, S. 23–24. Die Rolle Vanderhoffs als Mittler wird beispielsweise dadurch illustriert, dass die GEPA bei den Hilfswerken

sich bei dem Ziel einer Handelsausweitung auf die Produzenteninteressen und besaß dabei durch seine Einbindung in die UCIRI-Strukturen im Feld des Fairen Handels eine besondere Glaubwürdigkeit und damit symbolisches Kapital. Der Text von Vanderhoff wurde im Heft „Alternativ Handeln" – dem Mitteilungsblatt der GEPA – veröffentlicht. Das Wuppertaler Handelsunternehmen beabsichtigte also offenbar, das mit der Person Frans Vanderhoff verbundene symbolische Kapital für sich zu nutzen.

Doch zugleich zeigt sich daran erneut, welcher Umbruch im Feld des Fairen Handels 1989/90 stattfand: Der Artikel von Frans Vanderhoff erschien 1987, ein Jahr später kam das niederländische Gütesiegel Max Havelaar auf den Markt. Doch noch Mitte 1989 verhinderten die Utopisten im Feld erfolgreich eine Handelsausweitung der GEPA. Dann allerdings stellten die Ereignisse der Jahre 1989/90 die Verhältnisse auf den Kopf. Erst jetzt bekam die Entwicklung in den Niederlanden wachsende Aufmerksamkeit im Feld des Fairen Handels, die Übertragbarkeit des Modells auf den bundesrepublikanischen Markt belegten dann wiederum die von der Tübinger AAW angestoßenen Verkaufsaktionen in Süddeutschland. Die positiven Rückmeldungen führten allen Beobachtern vor Augen, welche Absatzmöglichkeiten im nicht-alternativen Markt schlummerten.[62] Trotz der absolut gesehen nach wie vor marginalen Bedeutung – der Marktanteil von Max Havelaar-Kaffee blieb in den Niederlanden im niedrigen einstelligen Prozentbereich – konnten sich die Befürworter der Handelsausweitung darauf berufen, dass durch die gestiegenen Absatzzahlen etwa zehnmal so vielen Produzenten wie bisher die Existenz gesichert werden könne. In einer Ankündigung des Trans-Fair-Gütesiegels hieß es später ähnlich, die Rechnung sei „einfach. Ein Prozent Marktanteil bedeutet jeweils 10 Millionen Mark für die Kleinproduzenten im Süden".[63] Diese quantitative Begründung zählte umso mehr, als die qualitativen Begründungen der Gegner der Handelsausweitung, der Utopisten, nach den Umbrüchen von 1989/90 an symbolischem Kapital eingebüßt hatten. In einem Artikel im Rundbrief der

---

beantragte, dass Vanderhoff auf Zeit angestellt werde, damit er in seiner Rolle als Mitbegründer und langjähriger Partner der UCIRI die Kleinbauern beraten und unterstützen könne, vgl. MAA, ZA: GF HAV: GEPA Laufende Korrespondenz 1985–1990, Antrag vom 17. November 1986; vgl. ferner Interview Vanderhoff Boersma; Interview Nickoleit.

62 Vgl. MAA, ZA: 2011/15 JUST: AG Kleinbauernkaffee 1990–1992, Fairer Kaffee-Handel – ein Programm zur Unterstützung von Kleinbauern, undatiert, S. 3.

63 Vgl. Röscheisen, Roland: Kaffee? Kaffee fair!, in: Nord-Süd Info-Dienst 57, Dezember 1992, S. 12–14, hier: S. 14.

entwicklungspolitischen Aktionsgruppen verkündete ein Mitarbeiter eines Berliner Weltladens, dass „die Illusion, daß Gerechtigkeit durch unseren Handel möglich werden" könne, überflüssig geworden sei und „nach dem Wegfall konkurrierender, über das System hinausweisender Utopien [auch] nicht mehr gebraucht" werde. Er plädierte für die Anpassung an das neue Ziel der Handelsausweitung.[64] Zusammenfassend lässt sich sagen: Während die Utopisten nach neuen Zielen und Orientierung suchten, ergriffen die Pragmatiker die Gunst der Stunde und trieben den Weg des Fairen Handels in den Massenkonsum voran.

5.2   Die Handelsausweitung der GEPA

Die ersten Schritte in Richtung Handelsausweitung ging man bei der GEPA. Der von der Tübinger Gruppe AAW angestoßene erfolgreiche Verkauf von GEPA-Kaffee in den süddeutschen Gottlieb-Filialen weckte Hoffnungen, denn das Wuppertaler Unternehmen befand sich Ende der 1980er-Jahre in einer festgefahrenen Situation. Die Fixierung auf das Alternative Milieu schien zu einengend und wirtschaftlich zu riskant, vor allem, da die GEPA Ende der 1980er-Jahre in erheblichen finanziellen Schwierigkeiten steckte und einen erheblichen Umsatzrückgang verzeichnete. Die Hilfswerke als wichtigste Gesellschafter drängten auf mehr wirtschaftliche Eigenständigkeit des Unternehmens. Bis Mitte 1989 stießen jedoch alle Bestrebungen, die auf eine Ausweitung des GEPA-Absatzes über das Alternativmilieu hinaus zielten, auf den Protest der Basis und konnten daher nicht durchgesetzt werden. Ab Herbst 1989 sah die Situation jedoch plötzlich anders aus. Am 29. September 1989 wurde von der Gesellschafterversammlung der Grundsatzbeschluss einer Handelsausweitung gefasst. Im Januar und September 1990 wurde dieser Beschluss durch den Aufsichtsrat bekräftigt. Darüber hinaus wurde beschlossen, GEPA-Kaffee in Supermärkten und über den Versandhandel anzubieten. Der GEPA-Geschäftsführung war ein Aufsichtsrat an die Seite gestellt worden, der beraten und die Professionalisierung vorantreiben sollte.[65] In einer Presseerklärung gaben der KED und Misereor

---

64 Lampe, Thomas: A3WH – das Ende einer Illusion, in: Forum entwicklungspolitischer Aktionsgruppen 157, 1991, S. 34–36. hier: S. 34–35; vgl. dazu auch die Reaktionen auf diesen Artikel in: Forum entwicklungspolitischer Aktionsgruppen 159, 1992, S. 24–28.

65 Vgl. MAA, ZA: GF HAV: GEPA Laufende Korrespondenz 1991–1993, Antrag auf Erhöhung der GEPA-Betriebsmittel vom 22. Februar 1991, S. 8.

als wichtigste Gesellschafter der GEPA zu Protokoll, dass sie den Weg in die Handelsausweitung trotz aller Proteste aus den Weltläden beschritten hätten, da für sie die wirtschaftlichen Maßnahmen als Hilfe zur Selbsthilfe für die Produzenten einen hohen Eigenwert besäßen.[66] Diese Berufung auf Produzenteninteressen stellte für diejenigen, die die Handelsausweitung vorantreiben wollten, die wichtigste Argumentations- und Legitimationsgrundlage dar. Wie aus der Rückschau betont wurde, hatte das Umdenken in der GEPA vor allem unter dem Eindruck der „sich zuspitzenden Lage der Kleinproduzenten und der gleichzeitigen Einsicht in die beschränkte Aufnahmefähigkeit des alternativen Marktes" eingesetzt.[67] Entsprechend betonte man bei der GEPA inzwischen – wie gezeigt –, dass man sich in erster Linie als Dienstleister für die Produzenten verstehe. Der Umbruch zeigte sich auch personell. Jan Hissel, seit 1975 Geschäftsführer der GEPA, hatte Ende Juli 1989 seinen Posten verlassen, unter anderem, da der Weg in die Handelsausweitung zu diesem Zeitpunkt blockiert wurde. Als am 1. Januar 1990 Hissels Nachfolger Ingo Herbst offiziell sein Amt bei der GEPA antrat, hatten die Bemühungen seines Vorgängers quasi Früchte getragen: Der Weg der GEPA zur Ausweitung der Handelstätigkeit war frei.

Eine Möglichkeit zur Ausweitung der Absatzmöglichkeiten bot sich der GEPA Anfang der 1990er-Jahre in den neuen Bundesländern. 1990 wurde eine GEPA-Regionalstelle in Göttingen eingerichtet, die schnell wirtschaftlichen Erfolg hatte, und mehrfach der Plan diskutiert, den Hauptsitz des Unternehmens nach Göttingen zu verlegen. Dies begründete man unter anderem mit der zentralen Lage der Stadt im wiedervereinigten Deutschland.[68] Bereits unmittelbar nach der Wiedervereinigung öffneten Gruppen des „INKOTA"-Netzwerks erste Weltläden in ostdeutschen Städten, in denen vor allem GEPA-Waren verkauft wurden. Diese wurden, da die DDR zur so bezeichneten Zweiten Welt gerechnet worden war, als Zweidrittel-Welt-Läden bezeichnet.[69] Allerdings zeichnete sich früh ab, dass die anfänglich aller-

---

66 Vgl. MAA, ZA: GF HAV: GEPA Laufende Korrespondenz 1985–1990, Presseerklärung von Misereor und GEPA, undatiert; vgl. ferner zahlreiche Protestbriefe aus Weltläden in MAA, ZA: GF HAV: GEPA Laufende Korrespondenz 1985–1990; Obertreis, Rolf: „GEPA im Schwebezustand", in: epd-Entwicklungspolitik 16/17, 1989, S. 2–3.

67 MAA, ZA: GF HAV: GEPA Laufende Korrespondenz 1991–1993, Antrag auf Erhöhung der GEPA-Betriebsmittel vom 22. Februar 1991, S. 7.

68 Vgl. MAA, FH 27, Protokoll der A3WH-Projektgruppe von aej und BDKJ vom 19./20. Mai 1990, S. 2; MAA, FH 27, Aktenvermerk zur GV der GEPA am 10. Oktober 1990.

69 Vgl. MAA, ZA: GF HAV: GEPA Laufende Korrespondenz 1991–1993, Antrag auf Erhöhung der GEPA-Betriebsmittel vom 22. Februar 1991, S. 6; MAA, ZA: 2011/15

orts zu erkennende Euphorie bei den west- und ostdeutschen Weltladen- und Dritte-Welt-Bewegungen in den frühen 1990er-Jahren einer Ernüchterung und Skepsis in Ost und West Platz machte.[70] Eine ostdeutsche Dritte-Welt-Aktivistin äußerte bezeichnenderweise die Angst, „vereinnahmt zu werden und eine Geschichte aufgestülpt zu bekommen, die nicht die eigene ist".[71] Und von der Geschäftsstelle der GEPA hieß es im März 1990, dass man bezüglich Anfragen aus der DDR vorsichtig sei. Man wolle „nicht zu sehr in DDR-Strukturen eingreifen", sondern höchstens helfen, dass sich „DDR-Gruppen [...] eigene Strukturen erarbeiten".[72]

Letztlich musste die GEPA konstatieren, dass die Wiedervereinigung zwar eine Vergrößerung des Absatzmarktes bewirkt hatte, dass dies allein jedoch nicht ausreichend war. Die größten Hoffnungen lagen darauf, Konsumentenkreise ansprechen zu können, die bislang noch nicht mit dem Fairen Handel in Kontakt gekommen waren. Auch wenn intern gegen die Ausweitung der Kaffeesparte das Argument angeführt wurde, dass Probleme mit diesem Produkt die Existenz der gesamten GEPA gefährdeten, setzte das Handelsunternehmen bei dem Plan der Ausweitung voll auf Kaffee.[73] Dieser war schließlich seit 1973 mit Abstand für den meisten Umsatz

---

JUST: AG Kleinbauernkaffee 1990–1992, KED an Misereor, 28. November 1990, S. 5; Verburg: Ostdeutsche, S. 111; Borszik, Hans-Joachim: DDR-weites Dritte Welt-Laden-Seminar in Karl-Marx-Stadt vom 6.–8. April 1990, in: Forum entwicklungspolitischer Aktionsgruppen 144/145, 1990, S. 17–19. Wie sich der Absatz fair gehandelter Waren in den ersten Jahren nach der Wiedervereinigung speziell in den neuen Bundesländern entwickelte, ließ sich leider mangels Material nicht befriedigend rekonstruieren.

70 Vgl. Verburg: Ostdeutsche, S. 130–135 und 188–194. Verburg erkennt in Bezug auf die frühen 1990er-Jahre „Unterlegenheitsgefühle sowie die Angst vor Belehrung und Vereinnahmung auf ostdeutscher Seite. Die westdeutschen Dritte-Welt-Initiativen ihrerseits waren von der fehlenden Bereitschaft zur Zusammenarbeit und der in ihren Augen geringen entwicklungspolitischen Sachkompetenz der ostdeutschen Pendants enttäuscht. Für beide Seiten erwies sich ein sehr verschiedenartiger Kommunikations- und Umgangsstil als störend", ebda., S. 192; vgl. auch Seipel, Bernward: Eigenständiger Zweidrittelwelthandel in der deutschen DDR – eine Fata Morgana?, in: Forum entwicklungspolitischer Aktionsgruppen 144/145, 1990, S. 19–20. Olejniczak konstatiert für die ersten Jahre nach der Wiedervereinigung, dass die „Arbeit im Sprecherrat der Dritte-Welt-Läden der DDR [...] bereits im Laufe des gleichen Jahres" (gemeint war 1990) eingeschlafen sei, Olejniczak: Dritte-Welt-Bewegung, S. 240; vgl. ebda., S. 239–240, 257–265.

71 Zit. nach Verburg: Ostdeutsche, S. 192–193.

72 GA, PPA ab 10.09.88 bis 09.03.90, Protokoll der Sitzung des GEPA-Projektpartner-Ausschusses vom 9. März 1990.

73 Vgl. MAA, ZA: GF HAV: GEPA Laufende Korrespondenz 1991–1993, Antrag auf Erhöhung der GEPA-Betriebsmittel vom 22. Februar 1991, S. 7.

verantwortlich gewesen, außerdem hatte sich die GEPA-Kaffeemischung schon in den durch die Tübinger Gruppe angestoßenen Verkaufsaktionen in süddeutschen Supermärkten als erfolgreich erwiesen. Um die bei diesen Verkaufsaktionen gemachten Erfahrungen gezielt zu bündeln, gab die GEPA eine wissenschaftliche Studie in Auftrag. Die Ergebnisse waren aus Sicht des Wuppertaler Unternehmens mehr als Mut machend. Im Fall einer Handelsausweitung wurden Marktanteile des fair gehandelten Kaffees von bis zu zehn Prozent des Gesamtkaffeeumsatzes einer Supermarktfiliale für „durchaus realistisch" gehalten.[74]

Die Handelsausweitung sorgte bei der GEPA zwar für kritische Diskussionen, da viele Mitarbeiter befürchteten, dass die eigentlichen, entwicklungspolitisch ausgerichteten Ziele aus den Augen verloren werden könnten. Dennoch wurde in den nächsten Jahren auf mehreren Ebenen eine Umstrukturierung des Unternehmens durchgesetzt. Die GEPA stand, so Geschäftsführer Ingo Herbst, bald darauf endgültig vor der „Umwandlung von einer alternativen Insiderorganisation in ein aktives, marketingorientiertes Fair-Trade-Unternehmen".[75] In der Tat hatte sich der Begriff Marketing, zuvor in der Alternativbewegung noch als Schimpfwort gehandelt, als unbedingter Bestandteil einer Öffnung zum Massenmarkt etabliert. Die ersten Bemühungen um Professionalisierung und um eine deutlichere Ausrichtung an der Nachfrage im Massenmarkt trugen schnell Früchte. Nach einer längeren Phase der Stagnation konnte die GEPA von 1990 bis 1992 den Gesamtumsatz um mehr als 60 Prozent steigern. Im Geschäftsjahr 1992/93 erreichte die GEPA einen Umsatz von 38,9 Millionen DM und strebte für die nächsten fünf Jahre gar eine Umsatzsteigerung auf etwa 85 Millionen DM an.[76]

---

74 Ufit: Kaffeestudie, S. 78.

75 GA, Kaffee und Programm Fairer Kaffeehandel Transfair e.V., Ingo Herbst/gepa an den Vorstand von Transfair e.V., 25. Juni 1992.

76 Vgl. GA, Kaffee und Programm Fairer Kaffeehandel Transfair e.V., Ingo Herbst/gepa an den Vorstand von Transfair e.V., 25. Juni 1992; GA, PPA 03.08.90–23.01.92, Verantwortliches Einkaufen und Fairer Handel mit der Dritten Welt, Referat anläßlich der Verbraucherkonferenz vom 11.–13. Oktober 1991 in Bonn.

Grafik 12   Umsatzentwicklung der GEPA, 1987–1993

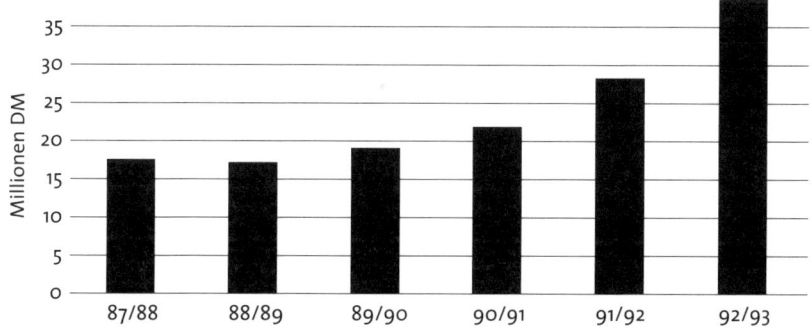

Umstellung auf Qualitätskaffee

Kaffee war bei der GEPA allein für mehr als die Hälfte des Gesamtumsatzes verantwortlich und sollte dies weiterhin sein.[77] Allerdings gab es bei dem Ziel einer Handelsausweitung mit Kaffee ein erhebliches Problem: Ganz offensichtlich hatte sich der fair gehandelte Kaffee über den Kreis der bisherigen Abnehmer hinaus den Ruf der Unverträglichkeit erworben. So wurde nach den Verkaufsaktionen in Süddeutschland konstatiert, der GEPA-Kaffee habe bei vielen Konsumenten „ein Negativ-Image: bitter, unverträglich, stark".[78] Dies bestätigte sich in der Auswertungsstudie dieser Verkaufsaktionen: Diejenigen, die den GEPA-Kaffee bewusst nicht gekauft hatten, begründeten ihre ablehnende Haltung meist mit dem vermeintlich schlechten Geschmack – offenbar allerdings ohne ihn probiert zu haben.[79] Welche unterschiedlichen Reaktionen der Kaffee seinerzeit hervorrufen konnte, zeigt sich beispielhaft in einem Bericht des Erkrather Stadtparlaments,

---

77 Vgl. Herbig: TransFair, S. 34; Kleinert: Inlandswirkungen, S. 45; GA, Kaffee und Programm Fairer Kaffeehandel Transfair e.V., Ingo Herbst/gepa an den Vorstand von Transfair e.V., 25. Juni 1992.

78 MAA, ZA: 2011/15 JUST: AG Kleinbauernkaffee 1990–1992, Aktion Arme Welt: Überlegungen zum Marketing und zur Öffentlichkeitsarbeit der AG Kleinbauernkaffee e.V. für fair gehandelten Kaffee im Lebensmitteleinzelhandel, undatiert, S. 3. Auch in den Niederlanden musste der fair gehandelte Kaffee offensichtlich mit ähnlichen Vorurteilen kämpfen, vgl. GA, Kaffee und Programm Fairer Kaffeehandel Transfair e.V., Ingo Herbst/gepa an den Vorstand von Transfair e.V., 25. Juni 1992; GA, Kaffee und Programm Fairer Kaffeehandel Transfair e.V., Geschäftsstelle der Arbeitsgemeinschaft Kleinbauernkaffee an Ingo Herbst, 24. Februar 1992.

79 Vgl. Ufit: Kaffee-Studie, S. 26.

das im Herbst 1990 beschlossen hatte, fortan nur noch „„gerechten' Kaffee zu verzehren". Während der Bürgermeister, der sich selbst als „sachkundiger Kaffeetrinker" vorgestellt habe, dem AHA-Kaffee der GEPA öffentlich sein Lob aussprach, habe sich ein anderes Parlamentsmitglied über den „scheußlichen Geschmack" sowie über „Ohrensausen als Folgen des Genusses" beschwert.[80]

Das Ergebnis war aus Sicht der Auswertungsstudie klar: Erst wenn der GEPA-Kaffee in Bezug auf Geschmack und Verträglichkeit – den laut Untersuchung für die meisten Käufer wichtigsten Kriterien – konkurrenzfähig sei, werde „der Dritte-Welt-Aspekt zunehmend mehr den Kaufentscheid [...] bestimmen".[81] Voraussetzung dafür war allerdings, dass der Kaffee wirklich geschmacklich hochwertig war. Bei allen bislang von der GEPA verkauften Sorten war es kaum nötig gewesen, besonderes Augenmerk auf die geschmackliche Qualität zu legen. Während von der Fedecocagua und der UCIRI den Berichten nach meist ohnehin ein guter – oder zumindest kein schlechter – Kaffee geliefert worden war, war für die meisten Käufer beim Kaffee aus Nicaragua die Herkunft das eigentlich entscheidende Kaufargument gewesen.

Hinzu kam, dass von deutscher Seite keinerlei Vorgaben für die Produktqualität an die Produzenten weitergegeben worden waren. Dies wiederum war dadurch begründet, dass man aufgrund des solidarischen Anspruchs den Produzenten nur begrenzt Vorschriften machen wollte und dass in den Reihen der GEPA offensichtlich keine Kaffee-Experten angestellt waren.[82] Auf Produzentenseite wiederum war durch den mangelhaften Informationsaustausch und aufgrund fehlender Ausbildungsmöglichkeiten nur selten Wissen über die Produktion von Qualitätskaffee vorhanden. Dies betraf Anbau, Ernte und Weiterverarbeitung des Kaffees und die Selektion der Bohnen nach festgelegten Standards, die für die Bewertung und somit für den Preis entscheidend sind. Um diese Voraussetzungen auf Abnehmer- wie auf Produzentenseite überhaupt erst zu schaffen, wurde

---

80 MAA, ZA: 2011/15 JUST: AG Kleinbauernkaffee 1990–1992, o. V.: „Ohrensausen durch ‚gerechten Kaffee'?", undatierter Zeitungsartikel ohne Herkunftsangabe, Anhang zu Brief von Ökumenischer Arbeitskreis Dritte Welt Erkrath, 21. November 1990.

81 Ufit: Kaffee-Studie, S. 78; vgl. MAA, ZA: 2011/15 JUST: AG Kleinbauernkaffee 1990–1992, Aktion Arme Welt, Überlegungen zum Marketing und zur Öffentlichkeitsarbeit der AG Kleinbauernkaffee e. V. für fair gehandelten Kaffee im Lebensmitteleinzelhandel, undatiert, S. 3.

82 Vgl. Interview Wozniak; Interview Hissel.

bei der GEPA ab 1992 nach einem „Produktberater für Kaffee" gesucht.[83]
Fündig wurde man schließlich in Hans-Jürgen Wozniak, der zuvor lange
in der konventionellen Kaffeewirtschaft gearbeitet und mehrere Jahre in
Südamerika gelebt hatte.[84] Wozniak stellte die Importpolitik der GEPA
grundsätzlich um. Während zuvor fast alle Lieferungen akzeptiert worden
waren, wurde nun ein neues Prüfverfahren eingeführt. Von den Produzenten
mussten Vorabmuster verschickt werden, auf deren Basis die GEPA über
die Annahme oder Ablehnung des Kaffees entschied. Teils wurden ganze
Lieferungen ausgeschlagen, wenn sie den neuen Qualitätsrichtlinien nicht
entsprachen. Wozniaks Aufgabe bestand aber auch darin, Produzentengenossenschaften zu besuchen und dort die neu eingeführten Kriterien und
Richtlinien zu erläutern. Außerdem wurden Kurse und Weiterbildungs-
maßnahmen der Produzenten durchgeführt und finanziert, die auf die Produktion eines hochwertigen Kaffees zielten. Letztlich ist zu konstatieren,
dass das Unternehmen damit zwar bestimmte Ansprüche durchgesetzt
hatte, aber zugleich auch dem Ziel einer gleichberechtigten Handelspartnerschaft einen Schritt näher gekommen war. Schließlich waren die Produzenten nun nicht nur in der Lage, selbst besser den Verkaufswert ihres
Kaffees einzuschätzen, sondern hatten darüber hinaus Kaffee zur Verfügung, der auf Abnehmerseite die Kriterien eines qualitativ hochwertigen
Kaffees erfüllte und ihnen daher eine bessere Wettbewerbsposition und eine
geringere Abhängigkeit von der GEPA verschaffte. Die von Hans-Jürgen
Wozniak eingeführten Maßstäbe entfalteten europaweit im Fairen Handel
beispielhafte Wirkung und sind der Grund dafür, dass der fair gehandelte
Kaffee der GEPA heute den Ruf der untrinkbaren Solidaritätsbohne wohl
endgültig hinter sich gelassen hat.[85]

---

83 GA, PPA 23.01.91–2.12.94, Protokoll der PPA-Sitzung vom 25. Juni 1992.

84 Vgl. dazu und zum Folgenden u. a. Interview Wozniak; Interview Meyer; GA, PPA
    23.01.91–2.12.94, Entwurf Kaffee Qualitätskontrolle und Produktverbesserung 1993–1994.

85 Allerdings ist dabei anzumerken, dass das nicht generell auf jeden fair gehandelten
    Kaffee zutreffen muss, da das Fairtrade-Gütesiegel bis heute keine Kontrolle über die
    geschmackliche Qualität des Kaffees beinhaltet.

5.3 Türöffner des Fairen Handels: Vorbereitung eines Gütesiegels

Bereits um 1989 waren sich viele Akteure im Feld einig, dass man die Handelsausweitung nicht allein über die bisherigen Kanäle – beispielsweise die GEPA und die Weltläden – vorantreiben, sondern bewusst Supermärkte und konventionelle Röstereien zur Kooperation bewegen wollte. Ein Grund dafür lag darin, dass das Eigenkapital der GEPA nicht ausreichend zu sein schien, um ein Wachstum der Marktanteile absichern zu können. Von der Beteiligung anderer Röstereien erhoffte man sich daher auch eine Risikoverteilung.[86] Vor allem aber sollte über den Verkauf von Kaffee in Supermärkten eine breitere Schicht von Konsumenten erreicht werden, die bislang nicht im Weltladen eingekauft hatten – sei es, weil sie die Läden nicht kannten, weil ihnen der Weg dorthin zu weit war, weil die Öffnungszeiten zu unregelmäßig waren oder weil sie einen Weltladen nicht betreten wollten.[87] In Anlehnung an das niederländische Vorbild Max Havelaar wurde die Etablierung eines Gütesiegels für den deutschen Markt ins Auge gefasst. Wie im Folgenden gezeigt werden soll, lag die wichtigste Funktion des Gütesiegels darin, den Fairen Handel überhaupt kompatibel mit dem Massenmarkt zu machen. Zugleich bedeutete die Einführung des Siegels, dass sich der Faire Handel dadurch – wie es von den Initiatoren des Siegels beabsichtigt war – für die konventionellen Unternehmen öffnete. Feldtheoretisch gesehen stellte das Siegel eine Tür zwischen dem konventionellen Markt und dem Feld des Fairen Handels dar. Was damit gemeint ist, wie es dazu kam und welche Auswirkungen dies hatte, wird im Folgenden erläutert und untersucht.

Zum besseren Verständnis des Folgenden soll vorab ein kurzer Überblick über die Entwicklung des deutschen Gütesiegels bis zu seiner Markteinführung gegeben werden. Zur Organisation und Durchführung der Vorarbeiten, die für die Kreation eines Gütesiegels nötig waren, wurde die „Arbeitsgemeinschaft Kleinbauernkaffee" gegründet. Diese nahm 1989 ihre Arbeit auf, wurde aber erst im Juni 1991 offiziell als Verein eingetragen. Der eigentliche Startschuss für das deutsche Gütesiegel fiel dann mit der Umbenennung der AG Kleinbauernkaffee im Jahr 1992: Zum Zwecke der internationalen

---

86 Vgl. MAA, ZA: 2011/15 JUST: AG Kleinbauernkaffee 1990–1992, Briefing zur Kaffee-Kampagne, 7. Januar 1990.

87 Vgl. u. a. MAA, ZA: 2011/15 JUST: AG Kleinbauernkaffee 1990–1992, Vorlage für die Sitzung des GKKE-Arbeitsausschusses am 11. Dezember 1989.

Anwendbarkeit und da man langfristig neben dem Kaffee andere Produkte in das Programm aufzunehmen gedachte, entschied man sich für den Namen „Trans Fair".[88] Interessierte Röstereien durften als Lizenznehmer das Trans-Fair-Siegel auf Kaffeepackungen drucken, wenn sie überprüfbar bestimmte Kriterien erfüllten. So musste der Kaffee von Kleinbauernvereinigungen bezogen werden, die in einem entsprechenden Produzentenregister gelistet waren. Dieses Register war in den ersten Jahren identisch mit dem von Max Havelaar. Auch sonst glichen die Kriterien dem niederländischen Vorbild.[89] Die Röstereien verpflichteten sich, 60 Prozent der abzunehmenden Kaffee-menge im Voraus zu bezahlen und einen festgelegten Mindestpreis einzu-halten. Dieser Mindestpreis war auf 1,26 US-Dollar je englisches Pfund Arabica-Kaffee und 1,12 US-Dollar je Pfund Robusta-Kaffee festgelegt.

Beim Folgenden ist stets im Hinterkopf zu behalten, dass die Untersu-chung sich auf die Planungen für das Gütesiegel *vor* dessen Markteinfüh-rung 1992 und die daraus resultierenden Anpassungsprozesse im Feld des Fairen Handels konzentriert – Reaktionen von Konsumenten werden also nur begrenzt auftauchen.

5.3.1 Die AG Kleinbauernkaffee: Organisatorische und inhaltliche Vorbereitungen

Die Berichte über den Erfolg des niederländischen Max Havelaar-Gütesiegels machten unter den Akteuren im Feld des Fairen Handels in Deutschland schnell die Runde. Die Einführung eines Gütesiegels schien die ersehnte Möglichkeit zu bieten, die bisherigen „eigenen Grenzen [...] zu überwinden" und den Kreis der Abnehmer auszuweiten.[90] Dazu waren aber zahlreiche Vorbereitungen nötig: einerseits auf organisatorischer Ebene, beispielsweise in Bezug auf die Beteiligung von Organisationen und die Finanzierung,

---

88 Vgl. die Überlegungen zur Namensfindung in MAA, ZA: 2011/15 JUST: AG Kleinbau-ernkaffee 1990–1992, Protokoll der Sitzung der AGKK am 28.5.1991. Zur begrifflichen Klarheit wird die Planungsgruppe stets als AG Kleinbauernkaffee bezeichnet, auch wenn in den Quellen bereits der ab Mitte 1992 geltende Name Trans Fair verwendet wurde. Das deutsche Gütesiegel wird jedoch von Anfang an als Trans-Fair-Siegel bezeichnet.

89 Vgl. dazu auch GA, FLO I, The Basic Criteria of TransFair International; Herbig: TransFair; Lütke Wöstmann, Christian: Was ist ein gerechter Preis? Zur Bestimmung eines angemessenen Produzentenpreises am Beispiel von Coocafé/Costa Rica, Bonn, 1994; Transfair (Hg.): Kaffee.

90 MAA, ZA: GF HAV: AG Kleinbauernkaffee 1989–1992, Konzept Kaffee-Kampagne in der Bundesrepublik Deutschland, Februar 1990, S. 8.

andererseits auf inhaltlicher Ebene in Bezug auf Zweck und Botschaften des Gütesiegels.

Das organisatorische Fundament des Gütesiegels

Um Möglichkeiten einer Ausweitung des Fairen Handels in Deutschland zu diskutieren, lud ein KED-Mitarbeiter zum 13. November 1989 weitere Vertreter des KED, des Evangelischen Jugendverbandes, von Misereor, der GEPA sowie den ehemaligen Geschäftsführer der GEPA, Jan Hissel, zu einem ersten Infogespräch ein.[91] Alle Teilnehmenden kamen darin überein, dass ein Gütesiegel für Fairen Handel auf den deutschen Markt gebracht und konventionelle Unternehmen zur Kooperation bewegt werden sollten. Der Niederländer Jan Hissel wurde beauftragt, auszuarbeiten, inwiefern das Max Havelaar-Modell auf den deutschen Markt übertragbar sei. Klaus Wilkens vom KED sollte Gespräche mit dem Deutschen Kaffeeverband als dem Sprachrohr der konventionellen Kaffeewirtschaft führen. Zugleich warben die Teilnehmer des ersten Infotreffens in ihren eigenen Organisationen um Unterstützung und hatten Erfolg: Im Dezember 1989 wurde von den Hilfswerken Misereor und KED offiziell beschlossen, die Etablierung eines Gütesiegels in der Bundesrepublik zu fördern.[92] Für die nötigen Vorarbeiten wurde eine Arbeitsgruppe eingerichtet, deren Benennung bereits die Annäherung an den konventionellen Markt verdeutlicht. Da die aus den Niederlanden bekannte Bezeichnung Sauberer Kaffee für problematisch gehalten wurde, entschied man sich bald für den neutraleren Titel Aktion Kleinbauernkaffee, woraus bald die Arbeitsgemeinschaft Kleinbauernkaffee wurde.[93] Mitglieder der AG Kleinbauernkaffee wurden vor allem Vertreter der Hilfswerke Misereor und KED, der Tübinger Aktionsgruppe Aktion Arme Welt, der A3WH-Regionalkonferenzen, des Weltladen-Dachverbands sowie – auf die Gründe dafür wird noch eingegangen – der Friedrich-Ebert-Stiftung. Als beratende Teilnehmer nahmen an den Sitzungen der AG meist auch Vertreter der GEPA und in den ersten Monaten Jan Hissel teil. Letzterer kam allerdings nicht mehr in seiner Funktion als ehemaliger

---

91 Vgl. zum Folgenden MAA, ZA: 2011/15 JUST: AG Kleinbauernkaffee 1990–1992, Aktennotiz zu Gespräch über „Kleinbauernkaffee" am 13. November 1989.

92 Vgl. MAA, ZA: 2011/15 JUST: AG Kleinbauernkaffee 1990–1992, Vorlage für die Sitzung des GKKE-Arbeitsausschusses am 11. Dezember 1989; MAA, ZA: 2011/15 JUST: AG Kleinbauernkaffee 1990–1992, Vorschlag von Misereor-Mitarbeiter, 14. Dezember 1989.

93 Vgl. MAA, ZA: 2011/15 JUST: AG Kleinbauernkaffee 1990–1992, Ergebnisprotokoll des Gesprächs über die Aktion ‚Sauberer Kaffee' am 22. Februar 1990, S. 1.

GEPA-Geschäftsführer, sondern vor allem aufgrund seiner vielfältigen Kontakte, unter anderem in die Niederlande, sowie aufgrund seiner langjährigen Erfahrungen im Alternativen Handel. Gemeinsam mit Klaus Wilkens vom KED war er dafür verantwortlich, ein Konzeptpapier für die Planung des Gütesiegels zu erstellen, welches im Februar 1990 fertiggestellt wurde und der AG als Basis der weiteren Konzeption diente.[94]

Von der Beteiligung mehrerer Organisationen profitierte die Planungsgruppe erheblich. Die meisten Mitglieder der AG waren von den Organisationen, in welchen sie hauptamtlich beschäftigt waren, für die Arbeit in der AG Kleinbauernkaffee eingeteilt worden. Erster Vorsitzender von Trans Fair e. V. (dem Verein, der 1992 aus der AG Kleinbauernkaffee hervorging und später für die Koordination des Trans-Fair-Siegels verantwortlich war) wurde der Misereor-Mitarbeiter Klaus Piepel. Bis zur Einrichtung einer eigenen Geschäftsstelle lief die Finanzverwaltung über das katholische Hilfswerk.[95] Mindestens ebenso wichtig war die ökonomische Unterstützung. Zwar lautete das Ziel, dass das Gütesiegel sich möglichst bald selbst finanzieren sollte, doch gerade in der Initiierungsphase vermutete man zu Recht eine hohe Kostenintensität für eine professionelle Vorbereitung, insbesondere in Bezug auf die Marktforschung und konsequente Öffentlichkeitsarbeit zur Marktpositionierung. Der Finanzbedarf allein für das erste Jahr wurde auf etwa eine halbe Million DM geschätzt.[96]

Dieser im Voraus nötige finanzielle Aufwand brachte die Planungen der AG Kleinbauernkaffee allerdings vor 1992 regelmäßig ins Stocken. Immer wieder war fraglich, ob die Träger wirklich bereit waren, entsprechende Summen in ein Projekt mit unklaren Erfolgsaussichten zu investieren. In der Tat befürchteten die kirchlichen Hilfswerke anscheinend nicht nur, dass das Trans-Fair-Siegel scheitern könnte, sondern auch, dass sich die „aus der GEPA bekannten langwierigen Diskussionen" mit den Basisgruppen fortsetzen könnten.[97] Dennoch entschied der KED schließlich, sich mit

94 MAA, ZA: GF HAV: Arbeitsgemeinschaft Kleinbauernkaffee 1989–1992, Konzept Kaffee-Kampagne in der Bundesrepublik Deutschland, Februar 1990.

95 Vgl. MAA, ZA: 1998/14 EPOL: Transfair 1.2 Vorstand Protokolle 1991–1993, Protokoll der Vorstandssitzung der Arbeitsgemeinschaft Kleinbauernkaffee am 4. Juli 1991, S. 1.

96 Vgl. MAA, ZA: 2011/15 JUST: AG Kleinbauernkaffee 1990–1992, Fairer Kaffee-Handel – ein Programm zur Unterstützung von Kleinbauern, undatiert, S. 7; MAA, ZA: 2011/15 JUST: AG Kleinbauernkaffee 1990–1992, KED: Aktion Kleinbauernkaffee – Aktuelle Lage, 8. Januar 1991.

97 MAA, ZA: 2011/15 JUST: AG Kleinbauernkaffee 1990–1992, Besprechung zur Initiative „Fairer Kaffeehandel" am 14. März 1991.

100.000 DM an der Einrichtung einer Fachstelle zu beteiligen – allerdings unter der Voraussetzung, dass andere Partner, vor allem Misereor, ebenfalls eine Finanzierungszusage geben würden. Ähnlich äußerte sich die Friedrich-Ebert-Stiftung. Das katholische Hilfswerk wiederum zeigte sich anfangs zögerlich.[98] Nicht zuletzt das regelmäßige Drängen und der persönliche Einsatz der AG-Kleinbauernkaffee-Vertreter führten schließlich dazu, dass das Gütesiegel trotz aller Schwierigkeiten 1992 eingeführt werden konnte. Bis es sich aus den Lizenzgebühren selbst trug, wurde es vor allem durch Mittel von KED und Misereor finanziert.[99]

Die AG Kleinbauernkaffee profitierte also auf organisatorischer Ebene erheblich von der Einbindung in ein Netzwerk mehrerer Organisationen des kirchlichen und politischen Umfelds und von dem sozialen und ökonomischen Kapital der Trägerorganisationen. Ebenso nötig war es aber, das Gütesiegel vorab mit symbolischem Kapital in Form von Glaubwürdigkeit auszustatten.

Das Siegel mit Inhalt füllen: Die Erzeugung von Glaubwürdigkeit

Die geplante Handelsausweitung zielte in erster Linie darauf, Konsumentenschichten jenseits der bisherigen Abnehmerkreise ansprechen zu können. Bei den Verkaufsaktionen in süddeutschen Supermärkten hatten sich jedoch zwei wesentliche Probleme herauskristallisiert: Viele Konsumenten hatten infrage gestellt, ob der Mehrpreis des AHA-Kaffees wirklich den Produzenten zugutekomme; außerdem war der Kaffee nicht explizit als fair gehandelt erkennbar gewesen.[100] Diesen Problemen wollte man mit der Einführung des Gütesiegels begegnen. Es sollte dazu dienen, dass die Konsumenten auf den ersten Blick überzeugt sein konnten, dass die damit zertifizierten Waren

---

98 Vgl. MAA, ZA: 2011/15 JUST: AG Kleinbauernkaffee 1990–1992, Besprechung zur Initiative „Fairer Kaffeehandel" am 14. März 1991; MAA, ZA: 2011/15 JUST: AG Kleinbauernkaffee 1990–1992, KED an Misereor, 11. Januar 1991; MAA, ZA: 2011/15 JUST: AG Kleinbauernkaffee 1990–1992, Brief eines KED-Mitglieds an Mitglieder der Arbeitsgemeinschaft Kleinbauernkaffee, 4. Oktober 1990; MAA, ZA: 2011/15 JUST: AG Kleinbauernkaffee 1990–1992, Zur Situation der Kaffeekampagne, 19. Februar 1991, S. 2.

99 Vgl. MAA, ZA: 2011/15 JUST: AG Kleinbauernkaffee 1990–1992, Bestandsaufnahme, Strategieempfehlung und Maßnahmenübersicht für die Marketingarbeit für TransFair e.V., präsentiert am 4. Dezember 1992, S. 8.

100 Vgl. MAA, ZA: 2011/15 JUST: AG Kleinbauernkaffee 1990–1992, Aktion Arme Welt: Überlegungen zum Marketing und zur Öffentlichkeitsarbeit der AG Kleinbauernkaffee e.V. für fair gehandelten Kaffee im Lebensmitteleinzelhandel, undatiert, S. 6; Ufit: Kaffee-Studie.

wirklich fair gehandelt waren und dass der Faire Handel auch wirklich ein gerechterer Handel war. Dazu musste das Siegel aber vorab mit der nötigen Glaubwürdigkeit versehen werden.

Eine solche Notwendigkeit hatte im Feld des Fairen Handels bisher nicht existiert, denn das Feld bestand in der Vergangenheit immer aus einem relativ stabilen Kern von Akteuren, zwischen denen – trotz aller auftretenden Differenzen – Einigkeit darüber bestand, dass man auf einen gerechteren Handel ziele sowie welche Akteure zum Feld des Fairen Handels gehörten und welche nicht. Beispielsweise warfen sich Vertreter der MITKA und der GEPA zwar immer mal wieder gegenseitig vor, nicht die richtigen Schwerpunkte zu setzen, doch bei beiden Organisationen zog man nicht in Zweifel, dass die jeweils andere Organisation grundsätzlich ebenfalls an einem gerechteren Handel interessiert war. Aus der in sich geschlossenen Struktur des Feldes ergab sich das Vertrauen der Käufer in die Zuverlässigkeit des ethischen Warenwerts. Eine wesentliche Rolle spielte dabei der Ort des Konsums: Die Waren wurden in ehrenamtlich betriebenen Weltläden oder an Aktionsständen verkauft, was allein schon für ihre Glaubwürdigkeit zu sprechen schien.

Mit der geplanten Ausweitung des Fairen Handels auf den Massenkonsum änderte sich dies alles jedoch grundlegend. Die Produkte sollten nun auch in Supermärkten erhältlich sein, wo den meisten Konsumenten Organisationen wie die GEPA und das Modell des Fairen Handels unbekannt waren. Das bedeutete, dass die ethische Wertzuschreibung des gerechteren Handels nicht mehr durch den Kontext des Warenverkaufs mit Glaubwürdigkeit ausgestattet wurde. Dafür musste also das Gütesiegel sorgen, denn nur so konnte für die Konsumenten die ethische Wertzuschreibung des gerechten Handels zu einem relevanten Kaufkriterium werden.

Der einfachste Weg, dem Siegel Vertrauenswürdigkeit zu geben, lag darin, weitere Personen oder Organisationen des öffentlichen Lebens als Unterstützer zu gewinnen und das ihnen in der Öffentlichkeit in Form von Prestige zugeschriebene symbolische Kapital für die Etablierung des Siegels zu nutzen. Die Erfahrungen aus den Niederlanden zeigten den Nutzen dieses Vorgehens: Wie berichtet wurde, erschwerte die Mitgliedschaft von mehreren kirchlichen und gesellschaftspolitischen Organisationen am Max Havelaar-Siegel zwar die Entscheidungsprozesse, für „die gesellschaftliche Repräsentanz und Unterstützung" jedoch war sie sehr wichtig.[101] Außerdem

---

101 MAA, ZA: 2011/15 JUST: Transfair (Ex AG Kleinbauernkaffee) 1991–1992, Protokoll der Vorstandssitzung der AGKK am 24. September 1991, S. 2.

war der Umsatz von Max Havelaar, wie allen in der AG Kleinbauernkaffee bewusst war, deutlich angestiegen, als das niederländische Parlament auf den Konsum von zertifiziertem Kaffee umgestellt hatte.[102] Die AG Kleinbauernkaffee bemühte sich dementsprechend früh um eine breite Beteiligung von unterschiedlichen Organisationen und Akteuren.[103] Bei einem Treffen mit Vertretern von mehreren westdeutschen Landesregierungen signalisierten diese ihre grundsätzliche Bereitschaft zur Unterstützung des Trans-Fair-Siegels.[104] Darüber hinaus wurden Verbraucher-, Gewerkschafts- und Umweltverbände kontaktiert.[105] Die in der AG vertretene Aktion Arme Welt Tübingen forderte ein Kuratorium mit Personen des öffentlichen Lebens als Sympathie- und Vertrauensträger. Darüber hinaus sammelten Mitglieder der Tübinger Gruppe im November 1990 bei mehreren Prominenten wie Erhard Eppler und Herta Däubler-Gmelin Unterschriften, mit denen diese ihre Unterstützung des Gütesiegels signalisierten.[106]

Die Bemühungen trugen Früchte: Als Gründungsmitglieder des Trans-Fair-Siegels konnten neben den in der AG Kleinbauernkaffee vertretenen Organisationen unter anderem das Bildungswerk des Deutschen Gewerkschaftsbunds, die Verbraucherinitiative, die Christliche Initiative Romero, die Quäkerhilfe, die Wirtschaftsstelle Evangelischer Missionsgesellschaften

---

102 Vgl. MAA, ZA: GF HAV: Arbeitsgemeinschaft Kleinbauernkaffee 1989–1992, Konzept Kaffee-Kampagne in der Bundesrepublik Deutschland, Februar 1990, S. 3–4; MAA, ZA: GF HAV: Arbeitsgemeinschaft Kleinbauernkaffee 1989–1992, Jan Hissel an die Teilnehmer des vorbereitenden Gesprächs zur Aktion „Sauberer Kaffee" in der Bundesrepublik, 6. Dezember 1989.

103 Vgl. MAA, ZA: 2011/15 JUST: AG Kleinbauernkaffee 1990–1992, Aktennotiz zu Gespräch über ‚Kleinbauernkaffee' am 13. November 1989; MAA, ZA: 1998/14 EPOL 8.40 Projekt „Fairer Kaffeehandel" Mai–Dezember 1990, Vermerk zu Besprechung über die Kleinbauernkaffee-Kampagne am 20. Juni 1990, S. 2; MAA, ZA: 1998/14 EPOL: 8.40 Projekt „Fairer Kaffeehandel" Mai–Dezember 1990, Konzept „Kaffee-Kampagne in der Bundesrepublik", Februar 1990.

104 MAA, ZA:2011/15 JUST: AG Kleinbauernkaffee 1990–1992, Aktennotiz betr. Informationsgespräch über das Projekt „Fairer Kaffeehandel" mit Vertretern des Bund/Länder-Ausschusses für wirtschaftliche Zusammenarbeit am 16. Januar 1991.

105 Vgl. MAA, ZA: 1998/14 EPOL 8.40 Projekt „Fairer Kaffeehandel" Mai–Dezember 1990, Vermerk zu Besprechung über die Kleinbauernkaffee-Kampagne am 20. Juni 1990, S. 2; vgl. auch die zahlreichen Briefe in MAA, ZA: 1998/14 EPOL: 8.40 Projekt „Fairer Kaffeehandel" Mai–Dezember 1990.

106 Vgl. MAA, ZA: 2011/15 JUST: AG Kleinbauernkaffee 1990–1992, Aktion Arme Welt: Überlegungen zum Marketing und zur Öffentlichkeitsarbeit der AG Kleinbauernkaffee e.V. für fair gehandelten Kaffee im Lebensmitteleinzelhandel, undatiert, S. 6 und 9.

sowie die Produzentenvereinigung *Frente Solidario* gewonnen werden. Mehrere weitere gesellschaftspolitische Organisationen wie der Umweltverband BUND hatten ihren Willen zur Unterstützung signalisiert.[107] Das Gütesiegel erhielt durch die breite Beteiligung von gesellschaftspolitischen Organisationen – die sich meist gar nicht aktiv einbrachten, sondern nur mit ihrem Namen die Kampagne unterstützten – einen erheblichen Vertrauensvorschuss. Auf die Frente Solidario muss allerdings kurz näher eingegangen werden, denn deren Beteiligung als Gründungsmitglied des Trans-Fair-Siegels bedeutete für die AG Kleinbauernkaffee in vielerlei Hinsicht einen Glücksfall.

Die Beteiligung der Frente Solidario am Gütesiegel

Schon früh hatten sich die Mitglieder der AG Kleinbauernkaffee um eine direkte Beteiligung von Produzentenvertretern in ihren Gremien bemüht. Problematisch war dabei jedoch immer gewesen, dass Vertreter einzelner Verbände kaum als Repräsentanten aller Produzenten auftreten konnten. Die Frente Solidario, so die Kurzform für die *Frente de Cafetaleros Solidarios de América Latina*, war erst 1989 als internationaler Zusammenschluss von mehreren Kleinbauernvereinigungen aus verschiedenen Ländern Lateinamerikas gegründet worden. Eine Beteiligung der Frente bedeutete somit für die AG Kleinbauernkaffee, dass man sich darauf berufen konnte, eine große Zahl von Produzenten zu repräsentieren. Namentlich Carlos Murillo Solano, der Generalsekretär der Frente Solidario, wandte sich immer wieder schriftlich an die AG Kleinbauernkaffee oder nahm persönlich an Sitzungen teil. Dies lag unter anderem an dem persönlichen Kontakt, den er zu einigen Mitgliedern der deutschen AG hatte. Murillo Solano war neben seiner Tätigkeit als Frente-Generalsekretär Geschäftsführer des costa-ricanischen Genossenschaftsverbands „Coocafé", und dieser wiederum war mit wesentlicher Unterstützung der deutschen Friedrich-Ebert-Stiftung aufgebaut worden. Vermutlich nicht zuletzt aus diesem Grund nahmen von Beginn an Vertreter der Friedrich-Ebert-Stiftung an der AG Kleinbauernkaffee teil.

Da sowohl die Frente Solidario als auch Coocafé eine wichtige Rolle im weiteren Verlauf des Fairen Handels spielten, wird im Folgenden kurz der Hintergrund dieser beiden Organisationen skizziert.

---

107 Vgl. u. a. MAA, ZA: 1998/14 EPOL: 8.40 Projekt „Fairer Kaffeehandel" Mai–Dezember 1990, BUND an Misereor, 10. August 1990. Alle Mitgliedsorganisationen von 1992 finden sich aufgelistet bei Transfair (Hg.): Kaffee. Die Integration von Verbänden wurde in den kommenden Jahren konsequent vorangetrieben. 1996 fungierten bereits 36 Organisationen als Träger des Trans-Fair-Siegels, vgl. Olejniczak: Dritte-Welt-Bewegung, S. 187.

Der costa-ricanische Genossenschaftsverbund Coocafé
Das *Consorcio de Cooperativas de Caficultores de Guanacaste y Montes de Oro,*
abgekürzt Coocafé, wurde im Jahr 1988 in Costa Rica gegründet.[108] Ähnlich
wie die Fedecocagua oder die UCIRI war es ein Dachverband von einzelnen
Kleinbauerngenossenschaften in verschiedenen Regionen des Landes. Die
etwa 2500 beteiligten Kleinbauern wollten sich über den Zusammenschluss
besseren Zugang zu Krediten und eine Stärkung ihrer Wettbewerbsposition
verschaffen und durch den Aufbau einer eigenen Verarbeitungsanlage mehr
Stufen der Wertschöpfungskette des Kaffees kontrollieren.[109] Ähnlich wie
beispielsweise die Fedecocagua profitierte auch die Coocafé erheblich von
der finanziellen und organisatorischen Unterstützung einer westlichen Ent-
wicklungshilfeorganisation, in diesem Fall der *Consultoría Agro-Económica.*
Diese war 1984 von der deutschen Friedrich-Ebert-Stiftung in Costa Rica
installiert worden und hatte den Aufbau verschiedener, später in der Coocafé vereinigter Genossenschaften gefördert.

Der Kaffee von Coocafé war der wichtigste Bestandteil des ab November
1988 von der GEPA verkauften AHA-Kaffees.[110] Der Kontakt zur deutschen
Organisation war möglicherweise über die Friedrich-Ebert-Stiftung erfolgt –
oder über niederländische Akteure. Bereits im Jahr 1981 hatte Frans Suntjens
als Vertreter der niederländischen Handelsorganisation S.O.S. (der ersten
Importorganisation der A3WH in den 1970er-Jahren) in Costa Rica eine
Kooperative kleinbäuerlicher Kaffeeproduzenten gesucht, die als Handelspartner infrage käme. Zur Erinnerung: Die S.O.S. hatte den Quellen zufolge
ein Jahr zuvor den Handel mit der Fedecocagua aus Guatemala aufgehoben
und benötigte dringend neue Bezugsquellen für Kleinbauernkaffee.[111] Fündig
wurde Suntjens schließlich in der Kooperative *Coope Cerro Azul* im schwer

---

108 Vgl. dazu und zum Folgenden GA, 2. Asamblea Frente 31.3.–5.4.91, Consorcio de Coope-
rativas de Caficultores de Guanacaste y Montes de Oro R. L. Coocafé: Proyecto de
Comercialización de Café Procesado, September 1990; Martinez Merino, Javier (Hg.):
Siete años … por el desarrollo campesino, ohne Ortsangabe, 1992; Orozco, Jorge: Cómo
Nace el Consorcio de Cooperativas de Guanacaste y Montes de Oro, in: Martinez
Merino (Hg.): Siete, S. 39–56; Luetchford, Peter: Fair Trade and a Global Commodity.
Coffee in Costa Rica, London/Ann Arbor, 2008; Interview Zuñiga.
109 Vgl. zur Vorwärtsintegration bei Kaffee Talbot: Grounds, S. 12–14.
110 Vgl. FZH Michelsen E.1, Projektvorlage für den PPA am 10./11. Juni 1988, S. 2; FZH
Michelsen E.1, GEPA-Info, Nr. 008/91–92, 24. April 1991.
111 Vgl. z.B. MAA, ZA: 2003/21 GF HAV: GEPA Gewürzaktion 1979–1982, Fedecocagua 1979–80, Fedecocagua an S.O.S., 29. August 1980; o. V.: Betrifft: Fedecocagua und
Indio-Kaffee, in: EZA-Info 9, Oktober 1987, S. 6.

zugänglichen Süden der costa-ricanischen Provinz Guanacaste. Die Kooperative schickte ab 1983 Kaffee in die Niederlande.[112] Und die Coope Cerro Azul gehörte wenige Jahre später auch zu den Gründungsmitgliedern von Coocafé.

Die Frente Solidario und der Kontakt zur AG Kleinbauernkaffee
Gemeinsam mit anderen Genossenschaftsverbänden gründeten Vertreter von Coocafé die Frente Solidario, um eine effektivere Vertretung der kleinbäuerlichen Interessen zu ermöglichen.[113] Die Gründungsversammlung fand im Juli 1989 in Costa Rica statt, offiziell anerkannt wurde die Organisation im April 1991. Beteiligt waren die Vertreter von mehreren Kleinbauernorganisationen mit insgesamt etwa 250.000 Mitgliedern aus acht lateinamerikanischen Ländern: Mexiko, Guatemala, Costa Rica, Panama, Venezuela, Peru, der Dominikanischen Republik und Haiti. Außerdem bestand Kontakt nach Honduras, Nicaragua, Ecuador und Bolivien. An der Spitze der Frente Solidario stand ein Generalsekretär, der von der Generalversammlung gewählt wurde. In den ersten Jahren war dies der Geschäftsführer von Coocafé, Carlos Murillo Solano. Als Frente-Vertreter wurde er bald in den Aufsichtsrat von Max Havelaar berufen und war dort anfangs neben einem Vertreter aus Zaire und dem UCIRI-Mitbegründer Frans Vanderhoff einer von drei Produzentenvertretern.

Auch wenn die zahlreichen Produzenten kaum adäquat von drei Vertretern repräsentiert werden konnten, zeigt sich daran doch, dass der Faire Handel im Zuge der Handelsausweitung zumindest nicht mehr ausschließlich durch die Akteure auf der Abnehmerseite bestimmt wurde. Carlos Murillo Solano drängte regelmäßig auf eine Ausweitung der Absatzmöglichkeiten im Fairen Handel, da die Produktion der Frente-Mitgliedsorganisationen die Aufnahmekapazitäten des Fairen Handels überstieg.[114] Über die Kontakte

---

112 Ab Juli 1983 wurden dann erstmals zwei Container Kaffee in die Niederlande verschifft. Dies geht aus verschiedenen Dokumenten und Briefen hervor, die ich bei der Coope Cerro Azul vor Ort einsehen konnte, vgl. u.a. Brief von Frans Suntjens an Cooperative Caficultores de Cerro Azul R. L. vom 7. Juli 1983; FZH Michelsen E.1, Projektvorlage für den PPA am 10./11. Juni 1988.

113 Vgl. hierzu und zum Folgenden GA, Kaffee und Programm Fairer Kaffeehandel Transfair e.V., Doris Köhn: Frente Solidario, undatiert; GEPA Informationsdienst 6, 1989, S. 5; Interview Zuñiga; Interview Orozco; Luetchford: Fair; Orozco: Cómo; Martinez Merino (Hg.): Siete; MAA, ZA: 1998/14 EPOL: 8.40 Projekt „Fairer Kaffeehandel" Mai–Dezember 1990, KED an Misereor, 28. November 1990, S. 11.

114 Viele der im Produzentenregister aufgelisteten Genossenschaften setzten um 1991 nur ca. fünf Prozent ihrer Ausfuhren über den Fairen Handel ab, vgl. Peyko, Dorothee:

zur Friedrich-Ebert-Stiftung sowie zu Max Havelaar bekam Murillo Solano früh mit, dass auch in Deutschland ein Gütesiegel geplant war. In seiner Funktion als Generalsekretär und Repräsentant von etwa einer Viertelmillion Kleinbauern äußerte er im September 1990 in einem Brief an die AG Kleinbauernkaffee die dringende Bitte, die Planungen für ein deutsches Gütesiegel Realität werden zu lassen, und signalisierte seine Bereitschaft zur Unterstützung und Mitarbeit.[115] Einen Monat später bot er im Namen der Frente Solidario sogar an, mit 30.000 DM die Einrichtung des Trans-Fair-Siegels zu unterstützen. Auch wenn man bei der AG Kleinbauernkaffee dieses Angebot nicht annahm – mit der Begründung, dass der gezahlte Mehrpreis schließlich nicht am Ende nach Deutschland zurückfließen dürfe –, ging man auf das Angebot der Mitarbeit gerne ein.[116] Zunächst wurde der Frente Solidario eine beratende Stimme im Vorstand der AG zugesprochen. Bei einem Besuch in Deutschland im Frühsommer 1991 machte Carlos Murillo Solano allerdings offenbar deutlich, dass es für ihn „eine Frage des Prestiges" sei, dass die Beteiligung der Frente „nicht nur mit einer beratenden Stimme honoriert" werde. Die Frente Solidario erhielt daraufhin einen Sitz im Vorstand der AG, zumal damit – wie es aus den Reihen der AG hieß – „der zentralen Rolle und dem Bewußtsein der Produzenten Rechnung getragen" wurde.[117] Daran zeigt sich, dass man in der AG Kleinbauernkaffee durchaus daran interessiert war, Interessenvertreter der Produzenten zu beteiligen. Doch in Deutschland war man sich zugleich darüber im Klaren, dass an „eine tatsächliche Mitarbeit im Vorstand allein wegen

---

Kaffeebauern wollen neue Impulse, in: epd-Entwicklungspolitik 7, 1991, S. 8–9; GA, Kaffee und Programm Fairer Kaffeehandel Transfair e.V., Doris Köhn: Frente Solidario, undatiert, S. 3.

115 Original: „Les instamos a hacer de esta iniciativa una realidad y les manifestamos nuestro interés en ser participes de la misma, ofreciendo el mayor apoyo posible", GA, 2. Asamblea Frente 31.3.–5.4.91, Carlos Murillo Solano an Arbeitskreis Kaffee, 7. September 1990.

116 Vgl. MAA, ZA: 1998/14 EPOL 8.40 Projekt „Fairer Kaffeehandel" Mai–Dezember 1990, Carlos Murillo Solano an Ingo Herbst, 31. Oktober 1990; MAA, ZA: 2011/15 JUST: Transfair (Ex AG Kleinbauernkaffee) 1991–1992, Protokoll der Vorstandssitzung am 27. Juli 1991; zur Ablehnung des Vorschlags von Murillo Solano vgl. MAA, ZA: GF HAV: GEPA Laufende Korrespondenz 1991–1993, Protokoll der Vorstandssitzung von TransFair, 8. Mai 1993.

117 MAA, ZA: 2011/15 JUST: AG Kleinbauernkaffee 1990–1992, AGKED an Mitglieder der Arbeitsgemeinschaft Kleinbauernkaffee, 10. Juni 1991.

der Distanz nicht zu denken" war.[118] In der Tat wurde die Frente Solidario bei vielen Sitzungen der ersten Jahre durch eine deutsche Mitarbeiterin der Friedrich-Ebert-Stiftung vertreten, die am Aufbau von Coocafé in Costa Rica beteiligt gewesen war.[119] Noch im Januar 1993 wurde im Vorstand des Trans-Fair-Siegels beklagt, dass es angesichts der räumlichen Distanz kaum eine Möglichkeit zur Beteiligung der Produzenten gebe, ohne dass dies „de facto eine Feigenblattfunktion" habe.[120]

Dass an der offiziellen Vorstandsmitgliedschaft der Frente Solidario dennoch festgehalten wurde, lag nicht nur daran, dass man den Produzenten wenigstens formell Einflussmöglichkeiten zugestehen wollte, sondern auch daran, dass sich die Mitglieder der AG Kleinbauernkaffee davon Vorteile für das eigene Vorhaben erhofften. Denn dadurch konnte bei der Öffentlichkeitsarbeit auf „die bewußte und von uns gewollte politische Interessenvertretung der Kaffee-KleinproduzentInnen" verwiesen werden. Durch die Einbindung der Frente Solidario konnte außerdem das Argument angeführt werden, dass in der AG Kleinbauernkaffee die unmittelbaren Produzenteninteressen vertreten seien, was für die Legitimation der Handelsausweitung entscheidende Bedeutung besaß.[121] Als das Gütesiegel in einer Broschüre vorgestellt wurde, wurde folgerichtig besonders betont, dass mit der Frente Solidario ein Dachverband kleinbäuerlicher Kaffeeproduzenten aus mehreren Ländern Lateinamerikas im Vorstand vertreten sei und dadurch „eine enge Kooperation mit Organisationen der Kleinbauern sichergestellt" werde.[122] Diese Argumentation diente der AG Kleinbauernkaffee zur Legitimation der

---

118 MAA, ZA: 2011/15 JUST: AG Kleinbauernkaffee 1990–1992, AGKED an Mitglieder der Arbeitsgemeinschaft Kleinbauernkaffee, 10. Juni 1991.

119 Vgl. MAA, ZA: 2011/15 JUST: Transfair (Ex AG Kleinbauernkaffee) 1991–1992, Protokoll der Vorstandssitzung der AGKK am 24. September 1991, S. 1; vgl. auch die Anwesenheitslisten in verschiedenen Protokollen der Vorstandssitzungen, MAA, ZA: 1998/14 EPOL: Transfair 1.2 Vorstand Protokolle 1991–1993. Die Funktion der FES-Mitarbeiterin als Vertrerin der Frente Solidario lässt sich beispielsweise aus den Protokollen vom 21.11. und 13.12. 1991 ablesen. Vgl. auch deren eigene Kritik an ihrer Beraterrolle in MAA, ZA: GF HAV: GEPA Laufende Korrespondenz 1991–1993, Protokoll der Mitgliederversammlung vom 7. Juni 1993; vgl. ferner Interview Piepel.

120 MAA, ZA: 1998/14 EPOL Transfair 1.2 Vorstand Protokolle 1991–1993, Protokoll der Vorstandssitzung TransFair am 29. Januar 1993, vgl. GA, PPA 23.01.91–2.12.94, Martin Kunz an Initiativgruppe Caputh, 21. November 1993.

121 MAA, ZA: 1998/14 EPOL: Transfair 1.2 Vorstand Protokolle 1991–1993, Protokoll der Vorstandssitzung der AG Kleinbauernkaffee am 21. November 1991, S. 1.

122 Transfair (Hg.): Kaffee.

Handelsausweitung einerseits gegenüber kritischen Stimmen aus dem Feld des Fairen Handels, andererseits gegenüber den Konsumenten. So wurde in der Zeitschrift epd-Entwicklungspolitik ein Artikel abgedruckt, in dem dargestellt wurde, dass sich der Frente-Generalsekretär Carlos Murillo Solano direkt „an die engagierten Gruppen in der Bundesrepublik" gewandt und diese aufgefordert habe, die Ausweitung des Fairen Handels mitzutragen.[123] Und wie ein Mitglied der AG Kleinbauernkaffee unterstrich, sei es speziell für „die Öffentlichkeitsarbeit des Vereins in der Bundesrepublik" hilfreich, wenn darauf verwiesen werden könne, „welche prominente Rolle die Produzenten in dem Verein einnehmen".[124]

Die Beteiligung der Frente Solidario diente also einerseits zur Einbindung der Interessenvertreter der Kleinbauern, andererseits aber auch dazu, das Ziel der Handelsausweitung mit symbolischem Kapital auszustatten und dadurch möglichst wenig angreifbar zu machen.

Das Gütesiegel als Türöffner zum konventionellen Markt

Der Faire Handel unterschied sich schon in einem Punkt von seinen Vorgängern: dem Absatzmarkt. Während der Dritte-Welt-Handel und vor allem der Alternative Handel in der Vergangenheit einen eigenen, nahezu geschlossenen Konsumentenkreis besaßen, suchte man nun mit der Kreation eines Gütesiegels den Eintritt in den konventionellen Massenmarkt. Dies war auch der Untersuchung eines Marktforschungsinstituts von 1992 zu entnehmen. Das Institut versuchte im Auftrag der AG Kleinbauernkaffee, den zukünftigen Absatzmarkt für den Fairen Handel genauer zu definieren. Im Ergebnis hieß es, der anvisierte Markt sei

> schwer oder gar nicht zu beschreiben. Er ist zum einen […] als ethischer Markt zu verstehen. Die Produkte, die auf diesem Markt gehandelt werden, sind als Waren mit ethischem Mehrwert zu verstehen […]. Anbieter und Nachfrager treffen sich bisher vor allem in speziellen, ausschließlich solchen Produkten vorbehaltenen Vertriebskanälen (z.B. Öko- oder Bioläden, Dritte-Welt-Läden etc.). […] Zum anderen ist der Markt von TransFair der etablierte Markt für das jeweilige, mit

---

123 Peyko, Dorothee: Kaffeebauern wollen neue Impulse, in: epd-Entwicklungspolitik 7, 1991, S. 8–9; vgl. ähnlich auch das Interview mit Carlos Murillo Solano in: Baginski, Katja und Kowalczyk, Charly: Bald gibt es hierzulande „Café justo" im Supermarkt, in: Forum entwicklungspolitischer Aktionsgruppen 158, 1991/92, S. 24–25.

124 MAA, ZA: 2011/15 JUST: AG Kleinbauernkaffee 1990–1992, Brief an Mitglieder der Arbeitsgemeinschaft Kleinbauernkaffee, 10. Juni 1991.

dem TransFair-Gütesiegel ausgestattete, Produkt (z.B. der Kaffeemarkt). […]
Am besten läßt sich der Markt, den TransFair bearbeiten will, wohl dadurch
beschreiben, daß wir für den etablierten Markt ein ethisches Segment annehmen.[125]

Dieser Einschätzung ist aus der Rückschau zuzustimmen. Indem einem
Produkt – dem Kaffee – ein ethischer Wert zugeschrieben wurde, versuchte
der Faire Handel, aus einem eigenen, separaten Markt heraus ein Segment
des gesamtdeutschen Konkurrenzmarkts zu erobern.[126] Allerdings war die
Argumentation des Fairen Handels vielen Konsumenten allem Anschein
nach unverständlich und fremd. Wie die Auswertung der Verkaufsaktionen
in süddeutschen Supermärkten ergab, war eine ethische Wertzuschreibung
einer Ware bis dato nur wenigen Konsumenten bekannt und eine „gedankliche Verbindung' von Kaffee und Dritte-Welt-Problematik […] nahezu nicht
vorhanden".[127] Die Tatsache, dass die Wertzuschreibung eines gerechteren
Handels wenigen Konsumenten ein Begriff war, beinhaltete aber zugleich,
dass kaum Konkurrenz existierte. Das schon zitierte Markforschungsinstitut
konstatierte, dass es zwar „im traditionellen Lebensmitteleinzelhandel bereits
eine Reihe von Produkten mit immateriellem und/oder materiellem Mehr-
wert (z.B. Öko-Produkte)" gebe, allerdings seien diese „bisher sehr eindeutig mit einem (vom TransFair-Mehrwert) gut zu unterscheidenden Nutzen
positioniert".[128] Damit bestand für das Trans-Fair-Siegel die Aussicht, mit
der ethischen Wertzuschreibung des gerechteren Handels ein *First Mover* auf
dem bundesdeutschen Kaffeemarkt zu sein.[129] Dem Fairen Handel wurden im

---

125 MAA, ZA: 2011/15 JUST: AG Kleinbauernkaffee 1990–1992, Bestandsaufnahme, Strate-
     gieempfehlung und Maßnahmenübersicht für die Marketingarbeit für TransFair e.V.,
     präsentiert am 4. Dezember 1992, S. 10–11.

126 Vgl. auch die Einschätzung Bräuers, der 1994 aus der Perspektive eines Dritte-Welt-
     Bewegten schrieb, durch das Trans-Fair-Siegel sei es gelungen, „Kaffee über den kon-
     ventionellen Lebensmittelhandel zu vertreiben bzw. in diesen Bereich einzubrechen",
     Bräuer: Zwischen, S. 35.

127 Ufit: Kaffee-Studie, S. 73; vgl. MAA, ZA: 2011/15 JUST: AG Kleinbauernkaffee 1990–1992,
     Aktion Arme Welt: Überlegungen zum Marketing und zur Öffentlichkeitsarbeit der
     AG Kleinbauernkaffee e.V. für fair gehandelten Kaffee im Lebensmitteleinzelhandel,
     undatiert, S. 6.

128 MAA, ZA: 2011/15 JUST: AG Kleinbauernkaffee 1990–1992, Bestandsaufnahme, Strate-
     gieempfehlung und Maßnahmenübersicht für die Marketingarbeit für TransFair e.V.,
     präsentiert am 4. Dezember 1992, S. 12.

129 Als *First Mover* werden in den Wirtschaftswissenschaften Unternehmen bezeichnet,
     die ein Produkt zur Marktreife bringen, dem zum Zeitpunkt der Markteinführung kein
     entsprechendes Konkurrenzprodukt gegenübersteht. Durch diesen zeitlichen Vorteil

Vorfeld der Handelsausweitung dementsprechend „ausgezeichnete Marktchancen" prognostiziert.[130] Dennoch rechnete – wie gezeigt – auch langfristig kaum jemand mit einem Marktanteil des Fairen Handels von über drei bis fünf Prozent am Gesamtkaffeeumsatz in der Bundesrepublik.

Ein fair gehandeltes Produkt setzt sich vor allem aus zwei Elementen zusammen: aus der materiellen Ware selbst, beispielsweise den Kaffeebohnen, und aus der immateriellen Wertzuschreibung des gerechten Handels. Erst die Kombination aus beidem bildet den Verkaufswert des Produktes. Das Gütesiegel sorgte dafür, dass die ethische Wertzuschreibung des gerechten Handels für den Käufer vertrauenswürdig und erkennbar wurde.[131] Es stellte damit die Tür des Fairen Handels in den konventionellen Markt dar und sollte zu einem elementaren Bestandteil des fair gehandelten Produkts werden.

Gründe für die Wahl des Kaffees

Wie sich schon an der Bezeichnung AG Kleinbauernkaffee ablesen lässt, war von Anfang an klar, dass Möglichkeiten zu einer Ausweitung des Fairen Handels über den Kreis der bisherigen Konsumenten hinaus zuerst mit Kaffee getestet werden sollten. Später wurde zwar klargestellt, dass Kaffee bloß „das zuerst eingeführte Produkt" sei, dem noch weitere folgen sollten,[132] doch erst ab 1995 sollten auch andere Waren mit dem Trans-Fair-Gütesiegel ausgezeichnet werden können – in den Jahren zuvor lag der Fokus allein auf dem Kaffee. Dafür sprachen aus Sicht der Verantwortlichen mehrere Gründe. Ein Grund war, dass das Risiko eines Scheiterns mit Kaffee am geringsten zu sein schien. Kaffee war schließlich seit 1973 das umsatzstärkste

---

gegenüber Konkurrenten stehen für die Pionierunternehmen erhebliche Wachstums- und Gewinnchancen in Aussicht.

130 Ufit: Kaffee-Studie, S. 78.

131 Indem das Siegel „das Produkt einer bestimmten Form von Kommunikation zwischen Hersteller und Verbraucher über ein bestimmtes Produkt" (Hellmann, Kai-Uwe: Die Ethik der Marke? Soziologische Anmerkungen zu einem paradoxen Phänomen, in: Koslowski/Priddat (Hg.): Ethik, S. 179–197, hier: S. 187) darstellt, erfüllt es Kriterien einer Marke, an die das Vertrauen der Konsumenten gekoppelt ist. Vgl. zur Verbindung von Ethik und Marken ferner Berghoff: Vertrauen; Gries, Rainer: Produkte als Medien. Kulturgeschichte der Produktkommunikation in der Bundesrepublik und der DDR, Leipzig, 2003; Pratt, Jeffrey: Food Values. The Local and the Authentic, in: De Neve/ Luetchford/Pratt (Hg.): Hidden, S. 53–70, hier besonders S. 64; Foltin/Wachowiak: Vertrauen, vor allem S. 216–220.

132 GA, Kaffee und Programm Fairer Kaffeehandel Transfair e. V., Kampagnenplanung der Öffentlichkeitsarbeit, ‚TransFair' und fair gehandelter Kaffee, 15. Juli 1992.

Produkt im Feld des Fairen Handels gewesen und stellte daher am ehesten
wirtschaftlichen Erfolg in Aussicht. Dies war schon insofern wichtig, als die
Finanzierung der AG Kleinbauernkaffee zwar vor allem von den kirchlichen
Hilfswerken getragen wurde, diese aber wie geschildert deutlich gemacht
hatten, nicht unbegrenzt Mittel zur Verfügung stellen zu können. Außerdem
waren die Vorbildaktionen in den Niederlanden und in Süddeutschland mit
Kaffee durchgeführt worden. Damit war bereits unter Beweis gestellt worden,
dass sich im Fall des Kaffees die ethische Wertzuschreibung eines gerechten
Handels erfolgreich als Wettbewerbselement einsetzen ließ. Kaffee machte
außerdem nur vergleichsweise geringe organisatorische Vorarbeiten im Vorfeld der Handelsausweitung nötig. Die Kaffeeproduzenten, vor allem die
zentralamerikanischen, besaßen bereits einen stabilen Verwaltungsapparat.
Verlässlichkeit war aus Sicht der Verantwortlichen in Europa gerade in der
Anfangsphase der Handelsausweitung für die geplante Kooperation mit
konventionellen Röstereien immens wichtig, damit der Faire Handel sich
nicht selbst beispielsweise durch ausbleibende Lieferungen diskreditierte.
Die in der Frente Solidario zusammengefassten Kaffeeproduzenten und vor
allem die großen Kaffeegenossenschaften wie Coocafé und UCIRI waren
außerdem in der Lage, größere Mengen an Kaffee zu liefern. Dies war eine
wichtige Voraussetzung für das erhoffte sprunghafte Wachstum der Marktanteile des Fairen Handels, schließlich war es aus Sicht der AG Kleinbauernkaffee unbedingt zu verhindern, dass eine Nachfrage bei den Konsumenten
erzeugt würde, die dann aufgrund von Warenmangel nicht erfüllt werden
könnte.[133] Außerdem ließ sich der anfängliche Verwaltungsaufwand für die
AG Kleinbauernkaffee durch den Fokus auf Kaffee so gering wie möglich
halten, denn angesichts der intakten genossenschaftlichen Organisation
der größeren Kaffeevereinigungen konnte davon ausgegangen werden, dass
die Produzenten auf längere Sicht den Kriterien des Fairen Handels entsprechen würden. Welches Risiko für die Glaubwürdigkeit der ethischen
Wertzuschreibung entstehen konnte, wenn die Vertrauenswürdigkeit der
Produzenten fraglich wurde, hatten schließlich die die Diskussionen um
den Indio- und den Nicaragua-Kaffee in der Vergangenheit gezeigt. Mit
Kaffee verbanden die Akteure also zahlreiche organisatorische Vorteile. Es
gab aber noch einen weiteren – letztlich wohl den wichtigsten – Grund für
den Fokus auf Kaffee: Er bot die Möglichkeit, Ziele und Inhalte des Fairen

133 Vgl. MAA, ZA: 2011/15 JUST Transfair (Ex AG Kleinbauernkaffee) 1991–1992, Protokoll der Vorstandssitzung der AG Kleinbauernkaffee am 16. Juni 1992.

Handels prägnant darzustellen. Auf diesen Punkt wird später noch zurück-
zukommen sein.

5.3.2 Zwischen Dialog und Ablehnung

Das Gütesiegel diente vor allem einem Zweck: Es sollte dem Fairen Handel
den Einstieg in den konventionellen Kaffeemarkt und die Eroberung von
Marktanteilen ermöglichen. Allerdings hatte dieses Vorhaben etwas Para-
doxes an sich, schließlich verdankte der Faire Handel seine Existenz unter
anderem der in der Vergangenheit artikulierten Gegnerschaft zu ebendiesem
konventionellen Markt und den Großröstereien. Vor diesem Hintergrund
verwundert es nicht, dass die Vorarbeiten zur Etablierung des Trans-Fair-
Siegels keineswegs konfliktfrei abliefen, sondern im Gegenteil mit zahlreichen
Differenzen und Verwerfungen auf verschiedenen Ebenen verbunden waren.
Konflikte ergaben sich vor allem mit den Unternehmen im konventionellen
Markt und mit dem Kreis der bisherigen Akteure im Feld des Fairen Handels.

Kooperation unter Gegnern: Der Faire Handel und die konventionelle Kaffeewirtschaft

Als 1987 in Deutschland die ersten Berichte über Max Havelaar veröffentlicht wurden, wurde stets besonders hervorgehoben, dass das niederländische
Gütesiegelprojekt nicht auf Konfrontation mit der kommerziellen Kaffeeindustrie aus sei und nicht „marktwirtschaftliche Mechanismen aushebeln",
sondern diese für sich nutzen wolle.[134] Das bedeutete zugleich, dass ein Eintritt
in den konventionellen Markt es erforderlich machen würde, sich den darin
herrschenden Spielregeln – den „marktwirtschaftliche[n] Mechanismen" –
anzupassen. Bei der AG Kleinbauernkaffee wurde der konstruktive Dialog
mit der Kaffeeindustrie als eines der ersten und wichtigsten Ziele formuliert,
schließlich zielte man darauf, konventionelle Röstereien als Lizenznehmer
zu gewinnen.[135]

Die konventionelle Kaffeewirtschaft begegnete der AG Kleinbauernkaffee allerdings zwiespältig. Auf der einen Seite gab es bei vielen Röstereien
grundsätzlich den Willen zur Kooperation, auf der anderen Seite aber eine
deutliche Skepsis bis hin zur Ablehnung des Gütesiegels. Der Wille zur
Kooperation lässt sich nachvollziehen, wenn man sich vor Augen hält, dass

---

134 Clos, Rainer: „Sauberer Kaffee". Nachahmenswerte Kampagne in den Niederlanden,
in: epd-Entwicklungspolitik 17, 1987, S. 21–22, hier: S. 22.

135 Vgl. MAA, ZA: 1998/14 EPOL: 8.40 Projekt „Fairer Kaffeehandel" Mai–Dezember
1990, Protokoll Sitzung der AG Kleinbauernkaffee am 16. Mai 1990, S. 1.

der konventionelle Kaffeemarkt der Bundesrepublik unter wenigen Großröstereien wie beispielsweise Tchibo und Jacobs relativ stabil aufgeteilt war.
Wachstumsmöglichkeiten standen nur begrenzt in Aussicht, die Gewinn-
margen der Röstereien waren durch den harten Konkurrenzkampf gering.[136]
Der Faire Handel stellte den konventionellen Unternehmen die Möglichkeit
in Aussicht, in dem umkämpften Markt über die ethische Produktqualität
Marktanteile zu gewinnen beziehungsweise – bei zu spätem Tätigwerden – an
die Konkurrenz zu verlieren. Carlos Murillo Solano von der Frente Solidario
konnte dementsprechend im Juli 1991 berichten, dass mehrere Großröstereien
ihm gegenüber großes Interesse an dem Fairen Handel gezeigt hätten, da sie
sich der wachsenden Nachfrage bewusst seien.[137] Von dem niederländischen
Gütesiegel Max Havelaar verlautete, dass sich die Vertreter der konventionellen Kaffeeindustrie, darunter Unternehmen aus der Bundesrepublik, „die
Klinke in die Hand" gäben.[138] In der AG Kleinbauernkaffee wiederum wurde
zwar mit leichter Irritation der Bericht vernommen, dass ein Vertreter von
Max Havelaar gegenüber den Vertretern des Deutschen Kaffeeverbands
behauptet habe, dass man „im Grunde ja das selbe Ziel" verfolge. Andererseits wurde den konventionellen Unternehmen gegenüber betont, dass der
Faire Handel „eine tolle Chance" sei, „eine Marktnische auszufüllen und
sogar enorme Zuwachsraten einzuheimsen".[139] Dieses Argument erscheint
zwar aus Sicht des Fairen Handels paradox, andererseits belegt es, dass man
sich in den Reihen der Gütesiegelorganisation bewusst war, dass das Ziel
einer Steigerung von Marktanteilen bedeutete, sich den Spielregeln des
Wettbewerbs grundsätzlich anpassen zu müssen. Anschaulicher formuliert:
Wollte der Faire Handel konventionelle Unternehmen zur Mitarbeit überreden, musste er ihre Sprache sprechen.

---

136 Vgl. Sigmund: Genuss, S. 128ff.; Baum/Offenhäußer: Kaffee, S. 78ff.; Dejung: Staatliche; Marshall: World, S. 135.

137 Vgl. MAA, ZA: GF HAV: Arbeitsgemeinschaft Kleinbauernkaffee 1989–1992, Vor-
standssitzung am 27. Juli 1991, S. 2; vgl. ferner Glöge, Michael: Vom „Sauberen Kaffee"
zur „Arbeitsgemeinschaft Kleinbauernkaffee". Trotz Streits in der Soliszene in den
Startlöchern, in: Forum entwicklungspolitischer Aktionsgruppen 158, 1991/92, S. 23–24;
Belz, Frank-Martin: Wachsen mit Werten in gesättigten Märkten, in: Koslowski/Priddat
(Hg.): Ethik, S. 215–234; Glania: Welthandelsgut, S. 189–193; Herbig: Transfair, S. 21–32.

138 GA, Kaffee und Programm Fairer Kaffeehandel Transfair e.V., Geschäftsstelle der
Arbeitsgemeinschaft Kleinbauernkaffee an GEPA, 24. Februar 1992.

139 MAA, ZA: 2011/15 JUST: Transfair (Ex AG Kleinbauernkaffee) 1991–1992, TransFair
an Misereor, 6. März 1992.

Trotz aller Kooperationsbereitschaft bestand jedoch sowohl bei der konventionellen Kaffeewirtschaft als auch bei der AG Kleinbauernkaffee erhebliches Misstrauen gegenüber der jeweiligen Gegenseite. In der konventionellen Kaffeeindustrie war man sich durchaus darüber im Klaren, dass der Faire Handel seine Existenz nicht zuletzt der Tatsache verdankte, dass sich die Akteure in der Vergangenheit gegen die Handelspolitik der konventionellen Unternehmen ausgesprochen hatten. Vertreter des Deutschen Kaffeeverbands signalisierten in Gesprächen zwar den Willen zur Zusammenarbeit, warnten jedoch eindringlich davor, dass die AG Kleinbauernkaffee „sich zunächst an die Öffentlichkeit wende, ohne die Kaffeewirtschaft zu informieren, und dadurch moralischen Druck erzeuge".[140] Eben in der Erzeugung eines solchen Drucks lag allerdings eines der wichtigsten Ziele des Fairen Handels: Über die „Konsumentenmacht", so die regelmäßig geäußerte Hoffnung, werde die Kaffeeindustrie zu gerechteren Handelsbedingungen gezwungen.[141] Die Antwort des Vertreters der AG Kleinbauernkaffee an den Deutschen Kaffeeverband verdeutlicht das Dilemma zwischen Kooperation und Abgrenzung. Auf der einen Seite sicherte er zu, dass man den aus den Niederlanden bekannten Begriff „Sauberer Kaffee" nicht verwenden wolle, da dieser die anderen Kaffeesorten von vornherein diffamiere. Auf der anderen Seite musste er jedoch anfügen, dass in der Abgrenzung von der Handelspolitik der konventionellen Unternehmen schließlich das eigentliche Unterscheidungsmerkmal des Fairen Handels liege. Ganz ohne Negativurteile über die Kaffeewirtschaft gehe es daher eben auch nicht.[142] Der Deutsche Kaffeeverband wiederum bemühte sich offenbar trotz der

---

140 GA, Kaffee und Programm Fairer Kaffeehandel Transfair e.V., Aktennotiz zur Teilnahme an der Sitzung der AG Öffentlichkeitsarbeit des Deutschen Kaffeeverbands am 5. Dezember 1991.

141 Vgl. MAA, ZA: GF HAV: Arbeitsgemeinschaft Kleinbauernkaffee 1989–1992, Jan Hissel an die Teilnehmer des vorbereitenden Gesprächs zur Aktion ‚Sauberer Kaffee' in der Bundesrepublik, 6. Dezember 1989; MAA, ZA: 2011/15 JUST: AG Kleinbauernkaffee 1990–1992, Fairer Kaffee-Handel – ein Programm zur Unterstützung von Kleinbauern, undatiert, S. 3; MAA, ZA: 1998/14 EPOL: 8.40 Projekt „Fairer Kaffeehandel" Mai–Dezember 1990, Betr. Machbarkeitsstudie zur Vorbereitung einer Kaffeekampagne, 21. September 1990, S. 3; GA, Kaffee und Programm Fairer Kaffeehandel Transfair e.V., Kampagnenplanung der Öffentlichkeitsarbeit, ‚TransFair' und fair gehandelter Kaffee, 15. Juli 1992.

142 Vgl. GA, Kaffee und Programm Fairer Kaffeehandel Transfair e.V., Aktennotiz zur Teilnahme an der Sitzung der AG Öffentlichkeitsarbeit des Deutschen Kaffeeverbands am 5. Dezember 1991.

anvisierten Kooperation um die Klarstellung, dass der Faire Handel in die falsche Richtung ziele. Ein beliebtes Mittel bestand darin, die Argumente des Fairen Handels umzukehren und gegen diesen selbst zu wenden.[143] In einem Gespräch hielten die Vertreter des Kaffeeverbands den Vertretern der AG Kleinbauernkaffee – wohl nicht ganz zu Unrecht – vor, die Einführung eines Produzentenregisters sei „Neokolonialismus", da damit bloß „bestimmte politisch konforme Kooperativen oder Länder bevorzugt" würden.[144] Im August 1990 wurde in den Reihen der AG Kleinbauernkaffee kolportiert, man habe „sichere Informationen, daß in der Kaffeeindustrie bereits an Gegenmaßnahmen (Werbung) gearbeitet" werde.[145] Dies aber hätte aus Sicht der AG Kleinbauernkaffee das Risiko bedeutet, dass in der Öffentlichkeit schon vor der Markteinführung des Trans-Fair-Siegels eine in Bezug auf fair gehandelten Kaffee negative Grundstimmung verbreitet würde. Aufgrund dieser Befürchtung wollte man in der AG Kleinbauernkaffee vor der Markteinführung des Trans-Fair-Siegels im Jahr 1992 „die ‚Nachfrage' nach der AG Kleinbauernkaffee und dem Kaffee nicht weiter anheizen" und möglichst wenig Zeitungsartikel und Pressemitteilungen herausgeben, um die öffentliche Aufmerksamkeit und damit den Druck auf die Kaffeeindustrie nicht weiter zu erhöhen.[146]

Angst um das „Silberbesteck": Das bisherige Feld des Fairen Handels und das Trans-Fair-Siegel

Wie beschrieben wurde, war die Handelsausweitung der GEPA durchaus erfolgreich. Der Umsatz konnte zwischen 1989 und 1992 fast verdoppelt werden. Mitverantwortlich dafür war nicht nur die deutsche Wiedervereinigung, sondern auch der stetig wachsende Bekanntheitsgrad des Fairen Handels, unter anderem hervorgerufen durch die Berichterstattungen über Max Havelaar in den Niederlanden und die ersten Aktivitäten der

---

143 Vgl. beispielsweise Rotzoll, Frieder: Profite oder Gewinne?, in: Kaffee & Tee Markt XXXV/22, S. 3–6; o. V.: Interview mit Jacobs Suchard, in: Forum entwicklungspolitischer Aktionsgruppen 168, 1992, S. 6–9.

144 MAA, ZA: 2011/15 JUST: Transfair (Ex AG Kleinbauernkaffee) 1991–1992, TransFair an Misereor, 6. März 1992.

145 MAA, ZA: 1998/14 EPOL: 8.40 Projekt „Fairer Kaffeehandel" Mai–Dezember 1990, Brief an Mitglieder der Arbeitsgemeinschaft Kleinbauernkaffee, 30. August 1990, S. 2; vgl. ähnlich GA, Kaffee und Programm Fairer Kaffeehandel Transfair e. V., GEPA an den Vorstand von Transfair e. V., 25. Juni 1992.

146 MAA, ZA: 1998/14 EPOL: Transfair 1.2 Vorstand Protokolle 1991–1993, Protokoll der Vorstandssitzung der AG Kleinbauernkaffee am 21. November 1991, S. 2–3.

AG Kleinbauernkaffee. Mit der Orientierung über den Kreis der bisherigen Konsumenten hinaus ergab sich aber für die GEPA das Problem der Glaubwürdigkeit. GEPA-Geschäftsführer Ingo Herbst stellte fest, dass man immer mehr erkannt habe, zur „Verifizierung unserer Marketingaussagen eine neutrale Kontrollinstanz präsentieren" zu müssen, je mehr man „den traditionellen Solidaritätsbereich" verlasse.[147] Die Planungen zur Einrichtung des Trans-Fair-Siegels kamen der GEPA in diesem Zusammenhang durchaus entgegen, die GEPA unterstützte die AG Kleinbauernkaffee regelmäßig. Geschäftsführer Herbst forderte im Dezember 1990 nachdrücklich dazu auf, „alle verfügbaren Kräfte […] auf einen Erfolg des Kaffeehandels zu Fairen Bedingungen zu konzentrieren".[148] Trotz dieser vermeintlich eindeutigen Aussage wurde die geplante Einführung eines Gütesiegels bei der GEPA aber als großes Risiko für die eigene Existenz gesehen. Dies lag vor allem an der Sorge vor der Konkurrenz durch konventionelle Röstereien: Die geplante Einführung des Gütesiegels bedeutete für die GEPA, dass die ethische Wertzuschreibung eines gerechten Handels, auf die das Unternehmen bislang fast ein Monopol besessen hatte, auch von anderen Unternehmen genutzt werden konnte. Bei der GEPA sah man sich vor allem durch die Situation in den Niederlanden gewarnt, die mit der in Deutschland durchaus vergleichbar war: Das seit 1959 bestehende Handelsunternehmen S.O.S. sah sich seit 1989 der massiv wachsenden Präsenz von Max Havelaar gegenüber. Wie der Geschäftsführer der GEPA berichtete, zeichneten sich aus Sicht der S.O.S. dabei erhebliche Probleme ab: die Vereinnahmung von Max Havelaar durch konventionelle Röstereien sowie die Reduzierung des Fairen Handels auf das Argument eines höheren Preises für die Produzenten. Das Siegel habe unter den Lizenznehmern von Max Havelaar einen starken Preiskampf ausgelöst, bei dem die S.O.S. nicht mithalten könne. Für den kommerziellen Handel habe sich die Handelsausweitung ausgezahlt, doch für die S.O.S. sei der „Preis (Autoritätsverlust) […] zu hoch" gewesen.[149]

Die Ablösung der ethischen Wertzuschreibung vom Feld des Fairen Handels
Die Bedeutung dessen, was Ingo Herbst hier knapp als „Autoritätsverlust" bezeichnete, wird verständlicher, wenn man sich die Veränderungen aus einer

---

147 GA, Kaffee und Programm Fairer Kaffeehandel Transfair e.V., GEPA an KED, 19. September 1991, S. 3.
148 GA, PPA 03.08.90–23.01.92, Stellungnahme der GEPA-Geschäftsstelle, Dezember 1990.
149 MAA, ZA: 2011/15 JUST: AG Kleinbauernkaffee 1990–1992, Briefing zur Kaffee-Kampagne, 7. Januar 1990.

feldtheoretischen Perspektive vor Augen führt. Im Feld des Fairen Handels hatte die GEPA stets eine dominante Position besessen. In der Vergangenheit war die Wertzuschreibung des gerechteren Handels an diese Feldstrukturen gebunden gewesen, war von den Feldakteuren entwickelt und ausgearbeitet worden. Die Konzeption des Handelsmodells und dessen Glaubwürdigkeit basierten auf der ehrenamtlichen Arbeit vieler Unterstützer und auf der Tätigkeit von Mitarbeitern der GEPA, der Hilfswerke oder anderer Organisationen. So waren beispielsweise die Kriterien zur Produzentenauswahl in zahlreichen Diskussionen entwickelt und ausdifferenziert, Produzentengenossenschaften gefunden oder aufgebaut, geeignete Produkte zur Marktreife gebracht und das Vertrauen auf Produzenten- wie auf Abnehmerseite stabilisiert worden. Diese Vorarbeiten zirkulierten als akkumuliertes Kapital im Feld des Fairen Handels und waren bislang daran gebunden gewesen. Nun allerdings plante die AG Kleinbauernkaffee, dieses Kapital zur Etablierung des Gütesiegels zu nutzen. Beispielsweise waren in dem Produzentenregister von Max Havelaar (welches identisch mit dem des Trans-Fair-Siegels war) anfangs vor allem Kleinbauernvereinigungen eingetragen, die bislang mit der GEPA und der S.O.S. zusammengearbeitet hatten. Der Kriterienkatalog zur Auswahl weiterer Produzentenvereinigungen, der vom Gütesiegel übernommen werden sollte, war offenbar unter wesentlicher Mitwirkung von Mitarbeitern der GEPA erstellt worden.[150] Und ganz allgemein baute das Gütesiegel natürlich auf dem Konzept des Fairen Handels auf, wie es von den Akteuren im bisherigen Feld des Fairen Handels – nicht zuletzt der GEPA – erarbeitet worden war. Auch das symbolische Kapital, das sich die Feldakteure in der Vergangenheit in Form von Glaubwürdigkeit erarbeitet hatten, sollte zur Etablierung des Gütesiegels genutzt werden. Beispielhaft lässt sich das daran erkennen, dass als eine der wichtigsten Kommunikationsbotschaften für das Trans-Fair-Siegel vorab formuliert wurde, dieses sei Teil der Dritte-Welt-Bewegung und werde „getragen von denjenigen, die sich schon immer für die Belange der Menschen in der Dritten Welt einsetzten".[151] Der Verweis auf die Verwurzelung des Gütesiegels im ursprünglichen Feld des Fairen Handels und in der Dritte-Welt-Bewegung sollte bewirken, dass die Konsumenten auf die Glaubwürdigkeit des Fairen Handels vertrauten.

---

150 Vgl. u.a. MAA, ZA: 2011/15 JUST: AG Kleinbauernkaffee 1990–1992, Entwurf eines pädagogisch-politischen Konzepts für die Kaffeekampagne, 5. September 1990, S. 1.
151 MAA, ZA: 2011/15 JUST: AG Kleinbauernkaffee 1990–1992, Bestandsaufnahme, Strategieempfehlung und Maßnahmenübersicht für die Marketingarbeit für TransFair e.V., präsentiert am 4. Dezember 1992, S. 23.

Das mit dem ehrenamtlichen Engagement der Akteure verbundene symbolische Kapital in Form von Glaubwürdigkeit sollte also auf das Gütesiegel übertragen werden. Das aus Sicht der GEPA eigentlich Kritische daran war, dass durch das Siegel das bislang an die Feldstrukturen gebundene Kapital nach außen getragen wurde. Indem konventionelle Unternehmen sich mit dem Siegel auszeichnen ließen und dies für die Konsumenten erkennbar auf ihre Packungen druckten, profitierten sie von dem symbolischen Kapital, das daran gebunden war – und damit profitierten sie zugleich indirekt von den Vorarbeiten der Akteure im Feld des Fairen Handels. Indem die Röstereien Lizenzgebühren zahlten, sollte die Verwendung des Gütesiegels zwar mit ökonomischem Kapital aufgewogen werden – doch die Gebühren sollten an die Organisation des Trans-Fair-Gütesiegels gehen. Die GEPA hingegen erhielt davon anscheinend nichts. Im Gegenteil: Nach der Vorstellung der AG Kleinbauernkaffee sollten die GEPA-Produkte selbst schnellstmöglich mit dem Trans-Fair-Siegel ausgezeichnet werden und die GEPA Lizenzgebühren an die Gütesiegelorganisation zahlen. Verständlicherweise sorgte diese Forderung regelmäßig für Irritation bei der GEPA, schließlich habe man, so hieß es, erstens den Fairen Handel selbst mitentwickelt und zweitens schon vor der Existenz des Gütesiegels Fairen Handel betrieben.[152] Bei der AG Kleinbauernkaffee wurde die Forderung aber damit begründet, dass verbindliche, einheitliche und für die Konsumenten klar erkennbare Regeln gelten müssten. Da die wichtigsten Gründungsorganisationen der AG Kleinbauernkaffee auch Gesellschafter der GEPA waren, konnte schließlich durchgesetzt werden, dass die GEPA-Produkte ebenfalls das Trans-Fair-Siegel tragen mussten.[153]

Die GEPA und der marktwirtschaftliche Wettbewerb
Bei der GEPA befürchtete man darüber hinaus, dass mit dem Gütesiegel gewissermaßen gleiche Spielregeln für ungleiche Konkurrenten etabliert würden. Vor allem befürchtete man bei der GEPA einen Preiswettkampf, bei

152 Vgl. u. a. GA, Kaffee und Programm Fairer Kaffeehandel Transfair e. V., GEPA an den Vorstand von Transfair e. V., 25. Juni 1992.
153 Vgl. MAA, ZA: 1998/14 EPOL Transfair 1.2 Vorstand Protokolle 1991–1993, Protokoll der Vorstandssitzung TransFair am 23. Juni 1993, S. 3. Als Kompromiss wurde festgelegt, dass der größte Teil der von der GEPA in den ersten Jahren gezahlten Lizenzgebühren dazu genutzt werden sollte, die Wettbewerbsfähigkeit der Weltläden zu stärken, vgl. ebda.; Raschke: Fairer, S. 114ff.

dem man nicht würde mithalten können.[154] Die vermutete unzureichende
Konkurrenzfähigkeit in einem Preiswettbewerb mit den konventionellen
Unternehmen lag nicht nur daran, dass die Großröstereien beispielsweise
durch die meist viel höheren Umsatzzahlen geringere Stückkosten hatten,
sondern vor allem an dem Selbstverständnis der GEPA. Beispielsweise
hatte man sich bei der GEPA früh entschieden, die Partnerauswahl nicht
nur anhand standardisierter Kriterien vorzunehmen – wie dies beim Trans-
Fair-Siegel gehandhabt werden sollte –, sondern die individuelle Situation
der Produzenten in Betracht zu ziehen. Das hatte aber höhere Kosten zur
Folge, da die GEPA selbst für Auswahl, Kontrolle und Mitsprachemöglichkeiten der Produzenten verantwortlich war und dies – anders als die
konventionelle Konkurrenz – nicht der Gütesiegelorganisation überlassen
konnte.[155] Ingo Herbst, der Geschäftsführer der GEPA, wies gegenüber
der AG Kleinbauernkaffee in einem längeren Brief auf weitere Zusatzkos-
ten für sein Unternehmen hin. Anders als bei der GEPA könne von den
konventionellen Lizenznehmern beispielsweise „kaum eine Beteiligung an
dem bewußtseinsbildenden Prozess erwartet werden" – gemeint war Informationsarbeit zum Fairen Handel –, schon weil diese damit „ihre anderen
Umsatzsegmente selbst diskreditieren würden". Bei der GEPA wolle man
eine solche Informationsarbeit allerdings nicht aufgeben, da das Ziel eben
nicht nur in einer Steigerung der Marktanteile liege. Auch bei der Pro-
duktpalette sah Herbst für die GEPA andere Verpflichtungen als für die
Konkurrenz. Angesichts der Tatsache, dass die eigentliche Zielgruppe der
benachteiligten und schlecht organisierten Produzenten meist im Handwerk tätig sei, sei eine Abkehr von diesem „entwicklungspolitisch nicht zu
vertreten". Andererseits habe die GEPA bei Handwerkswaren ein erhöhtes
Investitionsrisiko, da die Produkte oft erst zur Marktreife gebracht werden
müssten und nur vergleichsweise niedrige Umsatzzahlen erwarten ließen.
Eine Abkehr von ökonomisch erfolgreichen Produkten wie dem Kaffee und
damit verbunden ein Fokus auf die „kostenintensiven und risikobehafteten

154 Vgl. GA, Kaffee und Programm Fairer Kaffeehandel Transfair e.V., GEPA an den
     Vorstand von Transfair e.V., 25. Juni 1992.
155 Vgl. beispielsweise die erläuterte Kalkulation des GEPA-Endverbraucherpreises im
     Vergleich zum konventionellen Handel bei Herbig: Transfair, S. 39–40. Die von Herbig
     verwendeten GEPA-Studien von 1992 gehen von einem um 3,20 DM höheren Endver-
     braucherpreis für die GEPA aus. Vgl. ferner Glania: Welthandelsgut, S. 93–99; GA, PPA
     23.01.91–2.12.94, Erweiterung der Zielgruppe auf „Primärproduzenten", 12. November
     1993, Interview Nickoleit.

Handwerksangebote" sei allerdings schon „betriebswirtschaftlich nicht darstellbar".[156]

Die Furcht der GEPA vor Wettbewerbsnachteilen speiste sich vor allem aus der Vermutung, dass die eigenen Produkte von den Konsumenten nicht von den Produkten der konventionellen Unternehmen unterschieden werden könnten, da schließlich alle das Trans-Fair-Siegel tragen würden.[157] Die GEPA befürchtete daher, dass schließlich der Unterschied im Verkaufspreis der fair gehandelten Produkte zum entscheidenden Kaufkriterium werden würde – wobei die GEPA sich wie geschildert kaum konkurrenzfähig sah. Das zeigt: Die GEPA drohte durch das Gütesiegel in die Zwickmühle zu geraten, zwischen den nicht-marktwirtschaftlichen Unternehmenszielen und dem marktimmanenten Wettbewerb entscheiden zu müssen – und das vor dem Hintergrund der Gefahr, dass der Wettbewerbsdruck schließlich die nicht-marktwirtschaftlichen Ziele gefährden könnte. Auf diesen Zielen basierten jedoch sowohl die Existenz des Unternehmens als auch das Vertrauen der GEPA-Stammkonsumenten. Wohl zu Recht sah sich die GEPA daher vor einer erheblichen Glaubwürdigkeitskrise, wenn das Unternehmen voll auf Wettbewerbsfähigkeit umstrukturiert würde.[158] Andererseits war eine solche Wettbewerbsfähigkeit nötig, um im konventionellen Markt – dem man sich durch die geplante Einführung des Gütesiegels nicht mehr entziehen konnte – bestehen zu können. Die geplante Markteinführung des Gütesiegels wurde aus Sicht der GEPA somit zur Existenzbedrohung. Schließlich, so Geschäftsführer Ingo Herbst, müsse der „entwicklungsbezogene Handel […] von der zu erzielenden Handelsspanne ‚leben'", während das Angebot eines fair gehandelten Kaffees für konventionelle Unternehmen „nur ein Segment unter mehreren" sei.[159]

Verzögerungsversuche

Angesichts der Erkenntnis aber, dass sich die Einführung des Gütesiegels kaum mehr würde verhindern lassen, verfolgte man bei der GEPA

---

156 GA, Kaffee und Programm Fairer Kaffeehandel Transfair e.V., GEPA an den Vorstand von Transfair e.V., 25. Juni 1992.

157 Vgl. u.a. MAA, 2011/15 JUST: AG Kleinbauernkaffee 1990–1992, Brief an Misereor, 23. Januar 1990.

158 Vgl. GA, Kaffee und Programm Fairer Kaffeehandel Transfair e.V., GEPA an den Vorstand von Transfair e.V., 25. Juni 1992.

159 MAA, ZA: 2011/15 JUST: AG Kleinbauernkaffee 1990–1992, Briefing zur Kaffee-Kampagne, 7. Januar 1990, S. 3–4.

offensichtlich die Strategie, seine Markteinführung wenigstens so weit wie möglich hinauszuzögern. Anfangs pochte der GEPA-Geschäftsführer darauf, dass die Markteinführung nicht vor 1992 erfolgen dürfe.[160] 1992 hieß es dann in den Reihen der AG Kleinbauernkaffee, die GEPA habe „unmißverständlich zu verstehen gegeben, daß sie einen Start der Kampagne in diesem Jahr für verfrüht" halte. Sie habe auf eine Fristverlängerung bis 1993 gedrängt, um bis dahin „ihr Profil als Exclusiv-Fairhandelsunternehmen als Ausgangspunkt und Garant für diesen Handel ausbauen und eine unumstößliche Marktmacht sein" zu können.[161] Das Ziel der GEPA lag also augenscheinlich darin, sich zuerst im konventionellen Markt einen Namen zu machen, und darin, die ethische Wertzuschreibung des gerechten Handels frühzeitig zu besetzen und sich so eine bessere Position für den anstehenden Konkurrenzkampf zu verschaffen.

Auf eine Stärkung der Position im konventionellen Markt zielten wohl auch die Versuche der GEPA, eine Sonderrolle unter den Trans-Fair-Lizenznehmern zugesprochen zu bekommen. Derlei Forderungen wurden meist mit den skizzierten Vorarbeiten der letzten Jahrzehnte begründet.[162] Doch die Besitzansprüche hierauf waren aus Sicht der GEPA nur schwer zu vertreten – erstens, da es nicht nur die GEPA gewesen war, die diese Vorarbeiten geleistet hatte, zweitens, da die GEPA von ebenden Organisationen finanziert worden war, die nun die Gründung des Gütesiegels vorantrieben und ebenfalls diese Vorarbeiten für sich in Anspruch nahmen, drittens, da die Vorarbeiten vor allem in Form von nicht-materiellem, symbolischem Kapital existierten, und viertens, da sich die AG Kleinbauernkaffee bei dem Plan der Einführung eines Gütesiegels auf die Interessen der Produzenten an einer Ausweitung der Marktanteile berufen konnte. Dem letzten Argument konnte die GEPA nur wenig entgegensetzen, da sie selbst dieses Argument zur Legitimation der eigenen Handelsausweitung nutzte.

Die Konfrontation mit der AG Kleinbauernkaffee
Bei der AG Kleinbauernkaffee reagierte man dementsprechend mit wachsendem Unverständnis. Die Stimmung gegenüber der GEPA sei, so hieß es

---

160 Vgl. MAA, ZA: 2011/15 JUST: AG Kleinbauernkaffee 1990–1992, Briefing zur Kaffee-Kampagne, 7. Januar 1990, S. 4–5.

161 MAA, ZA: GF HAV: GEPA Laufende Korrespondenz 1991–1993, Gesprächsnotiz Telefonat am 29. Juli 1992.

162 Vgl. GA, Kaffee und Programm Fairer Kaffeehandel Transfair e. V., GEPA an den Vorstand von Transfair e. V., 25. Juni 1992.

kurz vor der Einführung des Trans-Fair-Siegels, geprägt von der Verwun-
derung darüber, dass diese „erst ein Kind mitzeugt und dann die Vaterschaft
anfechtet [sic!]".[163] In der Tat war der Ton vonseiten der GEPA-Vertreter
inzwischen schärfer geworden. Es gebe im Umgang mit der AG Kleinbauernkaffee „keine Kompromißmöglichkeiten" – entweder arbeite man sehr eng
zusammen, was Sonderrechte für die GEPA bedeute, oder das Handelsunternehmen müsse sich abseits des Trans-Fair-Siegels positionieren und ein
eigenes Profil erarbeiten.[164] Worin dieses liegen könne, hatte man vonseiten
der GEPA bereits kurz zuvor klargemacht. Wenn die AG Kleinbauernkaffee
einen ähnlichen Weg wie Max Havelaar in den Niederlanden einschlage,
werde man das Gütesiegel notgedrungen „aktiv boykottieren" und ihm „eine
eigene Konzeption" entgegensetzen, die auf dem „wechselseitigen Support
der A3WH und deren Weiterentwicklung" gründe.[165] Die GEPA versuchte
also, ihr soziales und symbolisches Kapital im Feld des Fairen Handels zu
nutzen und dadurch Druck auf die AG Kleinbauernkaffee auszuüben. Dementsprechend pochte die GEPA gegenüber der AG Kleinbauernkaffee auch
immer wieder auf eine stärkere Einbindung der Basis sowie auf die Stärkung
und Professionalisierung der bisherigen Vertriebsstrukturen, vor allem der
Weltläden.[166] Dies lag sicherlich zum einen an der gefühlten Zugehörigkeit
der GEPA-Mitarbeiter zum Feld des Fairen Handels. Doch angesichts dessen, dass um 1989 viele GEPA-Vertreter vehement darauf gedrängt hatten,
den Absatz über den Kreis der bisherigen Konsumenten hinaus zu erweitern,
scheint der Rückzug auf diese Basis zum anderen auch der Furcht vor den
Konsequenzen des Gütesiegels geschuldet gewesen zu sein. Dafür spricht,
dass das Verhältnis zwischen der Basis und der GEPA teilweise alles andere
als rosig war: Während sich Vertreter des Weltladen-Dachverbands AG3WL
beschwerten, dass das Verhalten der GEPA bei der Handelsausweitung „selbst
die friedlichsten und kompromißbereitesten Leute" radikalisiere, fühlte sich

---

163 MAA, ZA: 1998/14 EPOL: Transfair 1.2 Vorstand Protokolle 1991–1993, Protokoll der
     Vorstandssitzung vom 10. September 1992, S. 2.
164 Vgl. MAA, ZA: 1998/14 EPOL: Transfair 1.2 Vorstand Protokolle 1991–1993, Prokoll
     der Vorstandssitzung vom 10. September 1992, S. 3.
165 GA, Kaffee und Programm Fairer Kaffeehandel Transfair e.V., GEPA an den Vorstand
     von Transfair e.V., 25. Juni 1992.
166 Vgl. MAA, ZA: 2011/15 JUST: AG Kleinbauernkaffee 1990–1992, Protokoll der Bespre-
     chung zur Initiative ‚Fairer Kaffeehandel' am 14. März 1991; GA, PPA 23.01.91–2.12.94,
     Ablauf- und Ergebnisprotokoll der gemeinsamen PPA- und PPI-Klausur vom
     04./05. Dezember 1992; GA, PPA ab 10.09.88 bis 09.03.90, Protokoll der Sitzung des
     GEPA-Projektpartner-Ausschusses vom 9. März 1990.

der Geschäftsführer vom AG3WL-Vorstand „schlecht behandelt".[167] Nichtsdestotrotz war die GEPA auf die Basis weiterhin angewiesen. Bei den Konsumenten in den Weltläden konnte das Wuppertaler Handelsunternehmen
davon ausgehen, dass die Unterschiede zwischen dem Fairen Handel der
GEPA und dem der konventionellen Unternehmen bekannt waren. Und in
der Tat stellte der Absatz über Weltläden und Aktionsgruppen in den Jahren
der Handelsausweitung weiterhin das wirtschaftliche Rückgrat der GEPA dar.

Grafik 13   Umsatz der GEPA nach Vertriebswegen, 1989–1994

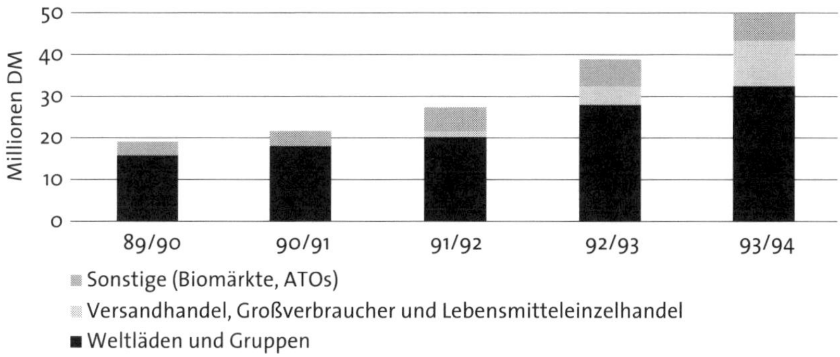

■ Sonstige (Biomärkte, ATOs)
▨ Versandhandel, Großverbraucher und Lebensmitteleinzelhandel
■ Weltläden und Gruppen

Die Basis: Saubere Strukturen für sauberen Kaffee?
Da man in den Weltläden das Ziel einer Umsatzsteigerung inzwischen
grundsätzlich anerkannte, setzte sich immer stärker die Erkenntnis durch,
dass eine Professionalisierung nötig sei. Bereits 1988 lancierte ein Vertreter
des Weltladen-Dachverbands AG3WL Überlegungen, wie die Weltläden
den Verkauf „effektiver als bisher erfüllen" könnten. Er wies darauf hin,
dass es zumindest notwendig sei, „einigermaßen übliche Öffnungszeiten"
anzubieten und „Standardwaren" wie Kaffee oder Tee ständig verfügbar zu
haben.[168] Die Tatsache, dass dies explizit betont wurde, lässt vermuten, dass
diese Standards von vielen Weltläden zu diesem Zeitpunkt nicht erfüllt
wurden. Zugleich zeigt sich daran, dass bei Weltladenvertretern grundsätzlich der Wille vorhanden war, für eine Steigerung der Marktanteile Anpassungen vorzunehmen.

167 Vgl. die Beiträge in: Forum entwicklungspolitischer Aktionsgruppen 150, 1991, S. 8–15.
168 GA, PPA ab 10.09.88 bis 09.03.90, Martin Rust: Dritte Welt Laden Profil, Anlage zum
     FA-Protokoll, 1. Juli 1988, S. 7.

Allerdings wurde befürchtet, dass der Faire Handel mit einer Fokussierung auf die wirtschaftliche Unterstützung der Produzenten das eigentliche und langfristige Ziel eines gerechteren Welthandelssystems vernachlässigen könnte. Regelmäßig pochten Basisvertreter darauf, dass die Handelsausweitung von einem vernünftigen pädagogisch-politischen Konzept
getragen werden müsse.[169] Auch wenn sich in den Niederlanden und im
Zusammenhang mit den Verkaufsaktionen in süddeutschen Supermärkten
herausgestellt hatte, dass die niederländischen Weltläden durch die erhöhte
öffentliche Aufmerksamkeit ebenfalls fast immer eine erhebliche Umsatzsteigerung hatten erreichen können,[170] bedeutete die Neuausrichtung des
Fairen Handels – weg von politisch-wirtschaftlichen Gegenentwürfen, hin
zu einem auf Steigerung der Marktanteile ausgelegten Pragmatismus – für
viele ehrenamtliche Unterstützer einen erheblichen Dämpfer der Motivation.
Ungläubig wurde in einem Artikel der Lateinamerika Nachrichten berichtet,
eine Marketing-Organisation habe dazu geraten, beim Warenverkauf jede
Information wegzulassen, die die Konsumenten betroffen machen könnte.[171]
Daran zeigt sich, welches Problem sich für die Basis aus der Handelsausweitung ergab: Für mehr Umsatz war es nötig, die Spielregeln des konventionellen Marktes zu befolgen und sich an der Nachfrage der Konsumenten
zu orientieren; für die Motivation der Basis war aber stets und vor allem die
Verfolgung langfristiger und nicht in erster Linie umsatzorientierter Zielsetzungen die Grundlage der Mitarbeit gewesen.

Bereits im März 1988 hatten sich Vertreter der AG3WL über die niederländische Kampagne Zuivere Koffie ausgetauscht. Zwar erkannte man
grundsätzlich das Ziel einer Steigerung der Marktanteile als sinnvoll an,
forderte aber „saubere Strukturen für sauberen Kaffee".[172] 1990 setzte sich
das iz3w sehr kritisch mit der Verfügbarkeit von fair gehandeltem Kaffee

---

169 Vgl. beispielsweise AG3WL (Hg.): Zuivere; MAA, ZA: 2011/15 JUST: AG Kleinbauernkaffee 1990–1992, Ökumenische Werkstatt Frankfurt an Arbeitsgemeinschaft
Kleinbauernkaffee, 16. Februar 1991.

170 Vgl. beispielsweise MAA, ZA: GF HAV: Arbeitsgemeinschaft Kleinbauernkaffee
1989–1992, Protokoll der Sitzung ‚Kleinbauernkaffee' vom 28. Februar 1990, S. 1.

171 Öktopia und El Rojito: Sauber und doch nicht rein. Kritische Anmerkungen zum Start
der Kampagne „Fairer Kaffee-Handel", in: Lateinamerika Nachrichten 210, Dezember
1991, S. 24–25.

172 Glöge: Kaffee-Kamapgnen, S. 236; vgl. AG3WL (Hg.): Zuivere; vgl. ferner die Beschlüsse
der Mitgliederversammlung der AG3WL zum Konflikt um die Handelsausweitung in:
Forum entwicklungspolitischer Aktionsgruppen 157, 1991, S. 33.

in Supermärkten auseinander.[173] Das Importunternehmen MITKA unterstützte zwar das Ziel der Handelsausweitung und signalisierte den Willen, beratend bei der AG Kleinbauernkaffee mitzuarbeiten, verweigerte sich aber vehement der Zusammenarbeit mit Supermarktketten.[174] Die Basisgruppen pochten also darauf, wenigstens die konventionellen Unternehmen außen vor zu lassen und eine Handelsausweitung möglichst über eine Stärkung der bisherigen Strukturen, in erster Linie der Weltläden, anzugehen.[175] Feldtheoretisch gesehen heißt dies, dass die Basis im Feld des Fairen Handels die Handelsausweitung als Ziel inzwischen zwar grundsätzlich anerkannte, aber die anderen Akteure dazu bringen wollte, die aus ihrer Sicht konstitutiven Spielregeln des Feldes – die Nichtkooperation mit konventionellen Unternehmen – zu befolgen, auch um dadurch die eigene Existenz und die Existenz des Feldes selbst zu sichern.

Auf die Forderungen der Basis wollte man sich allerdings bei der AG Kleinbauernkaffee offenbar nicht einlassen. Es wurde befürchtet, dass das Gütesiegel zu einem reinen „Dritte-Welt-Laden-Siegel" werden und die Basis die Beteiligung der konventionellen Unternehmen am Fairen Handel ständig infrage stellen könnte.[176] Auf die Beteiligung der konventionellen Unternehmen wollte man nicht verzichten, denn über die bisherigen Absatzkanäle schien eine signifikante Umsatzsteigerung schlicht unmöglich zu sein.[177] So wurde als eines der wichtigsten Argumente für ein Gütesiegel genannt, dass

---

173 Vgl. Köstlin, Konstanze und Müller, Roland: Im Spannungsfeld zwischen Politik und Profit, in: blätter des iz3w 167, August 1990, S. 46–50.

174 Vgl. Ökotopia GmbH: Fairer Kleinbauernkaffee – eine Stellungnahme, in: Lateinamerika Nachrichten, 217/218, Juli/August 1992, S. 99–101; Anders, Uli: MITKA blickt skeptisch zu TransFair, in: Forum entwicklungspolitischer Aktionsgruppen, 167, 1992, S. 32–33.

175 Vgl. beispielsweise MAA, ZA: 1998/14 EPOL: 8.40 Projekt „Fairer Kaffeehandel" Mai–Dezember 1990, Seminargruppe Kampagne „Sauberer Kaffee", 5. November 1990, S. 1; MAA, ZA: 2011/15 JUST: AG Kleinbauernkaffee 1990–1992, Ökumenische Werkstatt Frankfurt an Arbeitsgemeinschaft Kleinbauernkaffee, 16. Februar 1991, S. 2; Info-Markt 3. Welt Würzburg: GEPA-Kaffee-Verkaufsaktion in KUPSCH-Lebensmittelmärkten …, in: AG3WL-Rundbrief, 41, Oktober 1990; die Beiträge in dem Heft Forum entwicklungspolitischer Aktionsgruppen, 168, 1992. Die Kritik der Basisvertreter an der Handelsausweitung zeichnet Raschke detailliert nach, vgl. Raschke: Fairer, vor allem S. 96–113; ferner Kleinert: Inlandswirkungen, S. 28f.

176 MAA, ZA: 2011/15 JUST: Transfair (Ex AG Kleinbauernkaffee) 1991–1992, Protokoll der Vorstandssitzung der AG Kleinbauernkaffee am 25. April 1992.

177 MAA, ZA: GF HAV: Arbeitsgemeinschaft Kleinbauernkaffee 1989–1992, Jan Hissel an die Teilnehmer des vorbereitenden Gesprächs zur Aktion „Sauberer Kaffee" in der

zwar bei sehr vielen Konsumenten die Bereitschaft bestehe, ethisch einzu-
kaufen, dass es aber für die meisten einfach „zuviel verlangt" sei, „auf Dritte
Welt-Läden zuzugehen".[178] Auch die Vermutung des Geschäftsführers der
GEPA, dass die konventionellen Unternehmen wohl eher zur Kooperation
bereit seien, „wenn alles Alternativ-Kritische möglichst weit draußen" bleibe,
ist in dieser Hinsicht bezeichnend.[179] Andererseits war es für die AG Kleinbauernkaffee wichtig, den Rückhalt im Feld des Fairen Handels nicht zu
verlieren. Der Grund hierfür war, dass man eine erhebliche Schwächung der
Glaubwürdigkeit befürchtete, wenn die bisherigen Unterstützer sich öffentlich
gegen das Trans-Fair-Siegel aussprächen und den fair gehandelten Kaffee als
unfair brandmarkten.[180] Welche Bedeutung der notwendigen Überwindung
des Spannungsfeldes zwischen den Wurzeln im Feld des Fairen Handels
und der Orientierung hin zum konventionellen Markt zugemessen wurde,
zeigt sich bereits in der ersten Konzeption des Gütesiegels. In martialischem
Ton hieß es darin, die „,Schlacht' um ,sauberen Kaffee'" sei verloren, wenn es
nicht gelinge, die bisherigen Abnehmerkreise zu integrieren, aber zugleich
die eigenen Grenzen zu überwinden: Dann hätte man eine der „wichtigsten
Waffen, die Konsumentenmacht, verloren".[181] Letztlich erwies sich wiederum der Verweis auf die Interessen der Produzenten als verantwortlich dafür,
dass die Basis ihre Blockadehaltung aufgab: Im September 1991 fasste der
Dachverband der Weltläden den Beschluss, sich an dem Trans-Fair-Siegel
zu beteiligen und auch bei der Handelsausweitung der GEPA konstruktiv

Bundesrepublik, 6. Dezember 1989; MAA, ZA: 2011/15 JUST: AG Kleinbauernkaffee
1990–1992, Vorlage für die Sitzung des GKKE-Arbeitsausschusses am 11. Dezember 1989.

178   MAA, ZA: GF HAV: Arbeitsgemeinschaft Kleinbauernkaffee 1989–1992, Konzept
Kaffee-Kampagne in der Bundesrepublik Deutschland, Februar 1990, S. 7; vgl. MAA,
ZA: 2011/15 JUST: AG Kleinbauernkaffee 1990–1992, Fairer Kaffee-Handel – ein Pro-
gramm zur Unterstützung von Kleinbauern, undatiert, S. 1.

179   GA, Kaffee und Programm Fairer Kaffeehandel Transfair e. V., GEPA an den Vorstand
von Transfair e. V., 25. Juni 1992.

180   Vgl. MAA, ZA: 2011/15 JUST: AG Kleinbauernkaffee 1990–1992, Besprechung zur
Initiative ,Fairer Kaffeehandel' am 14. März 1991; MAA, ZA: 1998/14 EPOL: 8.40 Projekt „Fairer Kaffeehandel" Mai–Dezember 1990, Protokoll der Sitzung der Arbeitsgemeinschaft Kleinbauernkaffee am 16. Mai 1990, S. 1; MAA, ZA: 2011/15 JUST: AG
Kleinbauernkaffee 1990–1992, Bestandsaufnahme, Strategieempfehlung und Maßnahmenübersicht für die Marketingarbeit für TransFair e. V., präsentiert am 4. Dezember
1992, S. 13.

181   MAA, ZA: GF HAV: Arbeitsgemeinschaft Kleinbauernkaffee 1989–1992, Konzept
Kaffee-Kampagne in der Bundesrepublik Deutschland, Februar 1990, S. 8.

mitzuwirken, da eine Umsatzsteigerung den Produzenten zugutekomme und von diesen gefordert werde.[182]

Der Verlust der Definitionshoheit
Sowohl die GEPA als auch die Basisbewegung waren angesichts der bevorstehenden Markteinführung des Trans-Fair-Siegels hin- und hergerissen zwischen Unterstützungswille und Ablehnung. Für die Unterstützung des Siegels sprach, dass ein Schub an öffentlicher Aufmerksamkeit mehr Bekanntheit des Fairen Handels und steigenden Umsatz für die Läden, für die GEPA und vor allem für die Produzenten bedeutete. Außerdem erhoffte man sich, so weiterhin Einfluss auf die Konzeption des Siegels nehmen zu können. Gegen eine Unterstützung sprach vor allem die geplante Kooperation mit mit konventionellen Unternehmen. Für die Basisbewegung war die Integration von gewinnorientierten Supermarktketten unvereinbar mit dem Ideal eines auf allen Ebenen gerechten Handelsmodells. Und aus Sicht der GEPA bedeutete die drohende Konkurrenz durch die konventionellen Röstereien darüber hinaus ein immenses Risiko für die eigene Existenz. Allerdings zeichnete sich inzwischen eine erhebliche Verschiebung gegenüber früher ab: Durch das Ziel der Ausweitung des Fairen Handels auf den konventionellen Markt verloren die bisherigen Akteure im Feld des Fairen Handels immer mehr an Bedeutung. Durch die Orientierung hin auf Supermärkte und konventionelle Röstereien war der Faire Handel nicht mehr zwingend auf die GEPA und die Weltläden angewiesen. Sowohl die GEPA als auch die Basis verloren durch diese Verschiebung erheblich an symbolischem und ökonomischem Kapital und konnten somit immer weniger Einfluss auf die Gestaltung und Konzeption des Fairen Handels nehmen. Dies macht verständlich, warum der langjährige GEPA-Mitarbeiter Gerd Nickoleit aus der Rückschau festhält, dass die GEPA an das Trans-Fair-Siegel das „Silberbesteck weggegeben" und vor allem „die Definitionshoheit – was ist Fairer Handel – dann sozusagen verloren" habe.[183] Dieser Punkt deutet auf eine Veränderung hin, die dem Feld des Fairen Handels durch die geplante Einführung des Gütesiegels bevorstand: Der Faire Handel war als Konzept nicht mehr an die Feldstrukturen gebunden, sondern wurde durch das Gütesiegel auch Nicht-Feldakteuren zugänglich und so von den ursprünglichen Strukturen losgelöst. Damit blieb die Definitionsmacht über Gestalt

---

182 Vgl. o. V.: Dritte Welt im Supermarkt, in: blätter des iz3w 178, Dez. 1991/Jan. 1992, S. 56.
183 Interview Nickoleit, 1:38:15–1:39:45.

und Zweck eines Fairen Handels in der Tat nicht mehr in den Händen der ursprünglichen Akteure – der Faire Handel wurde zu einem weit über die Grenzen des Feldes hinausgehenden diskursiven Phänomen.

5.4 Zwischen Kleinbauern und Konsumenten

Über das Gütesiegel suchte der Faire Handel Eintritt in den konventionellen Massenmarkt, doch damit musste er sich den Spielregeln dieses Marktes anpassen. Das bedeutete zugleich, dass noch stärker als zuvor eine Orientierung an der Nachfrage der Konsumenten nötig zu sein schien. Allerdings bestand die eigentliche Zielsetzung des Fairen Handels darin, benachteiligte Produzenten zu unterstützen. Wie zu zeigen sein wird, gerieten die Akteure im Fairen Handel durch die Handelsausweitung immer stärker in ein Spannungsfeld zwischen der Orientierung an Konsumenten und Wettbewerb einerseits und Produzenten und Unterstützungswillen andererseits.

5.4.1 Die Vereinheitlichung der Botschaften und
die Reduzierung der Komplexität

Da das Verkaufsumfeld in Supermärkten kaum Möglichkeiten zu einer wie auch immer gearteten intensiven Öffentlichkeits- oder Informationsarbeit bot, schien es den Verantwortlichen in der AG Kleinbauernkaffee unmöglich, darin ein „erklärungsbedürftiges, […] beratungsintensives Produkt" anzubieten.[184] Damit das Attribut fair im Massenmarkt wirklich zu einem Kaufargument werden könne, sei unbedingt – so war man überzeugt – eine „stringente Vereinheitlichung der Botschaften" nötig.[185]

---

184 MAA, ZA: 1998/14 EPOL: 8.40 Projekt „Fairer Kaffeehandel" Mai–Dezember 1990, Betr. Machbarkeitsstudie zur Vorbereitung einer Kaffeekampagne, 21. September 1990, S. 2.

185 MAA, ZA: 2011/15 JUST: AG Kleinbauernkaffee 1990–1992, Aktion Arme Welt: Überlegungen zum Marketing und zur Öffentlichkeitsarbeit der AG Kleinbauernkaffee e. V. für fair gehandelten Kaffee im Lebensmitteleinzelhandel, undatiert, S. 9; vgl. MAA, ZA: 2011/15 JUST: AG Kleinbauernkaffee 1990–1992, Aktion Arme Welt: Diskussions- und Informationspapier zum Problem Angebot und Nachfrage von fair gehandeltem Kaffee, undatiert.

Kaffee und Kleinbauern: Projektionsflächen und Botschaftsträger

In dem Wunsch nach einer Vereinheitlichung der Botschaften ist der wohl wichtigste Grund dafür zu sehen, dass man den Weg in die Handelsausweitung vorerst nur mit dem Produkt Kaffee gehen wollte. Es wurden bereits organisatorische Gründe genannt, die das Produkt Kaffee für den Fairen Handel attraktiv erscheinen ließen. Doch noch wichtiger war meines Erachtens, dass sich aus Sicht der Organisatoren an diesem Produkt die „Idee und Zielsetzung des fairen Handels exemplifiziert" darstellen ließ.[186] Schon bei ersten Überlegungen zur Einrichtung des Trans-Fair-Siegels wurde die Hoffnung ausgedrückt, dass eine „Öffentlichkeitsarbeit am Beispiel Kaffee" in der Lage sei, „völlig neue Kreise der Bevölkerung anzusprechen".[187] Und auch Vertreter der AG3WL forderten, dass man sich bei der Handelsausweitung ausschließlich auf den Kaffee konzentrieren solle, da sich an keinem anderen Produkt die „Notwendigkeit praktischer Solidarität" so gut aufzeigen lasse.[188]

Was den Kaffee für die Handelsausweitung so reizvoll erscheinen ließ, war die Hoffnung, über ihn plakative und schnell verständliche Botschaften vermitteln zu können. Dies hatte mehrere Ursachen. Kaffee besaß immense weltwirtschaftliche Bedeutung, vor allem im Nord-Süd-Handel. Deutschland war der weltweit zweitgrößte nationale Kaffee-Absatzmarkt nach den USA.[189] Mit Kaffee ließen sich somit die weltwirtschaftlichen Zusammenhänge besonders in Bezug auf Deutschland darstellen. Noch wichtiger als diese Exemplarität für makroökonomische Zusammenhänge war, dass Kaffee die Möglichkeit zu bieten schien, den Blick auf die Mikroebene zu richten. In dem ersten Konzept der AG Kleinbauernkaffee hieß es, dass es sehr schwierig sei, „breite Konsumentenschichten durch eine abstrakte Zielsetzung wie ‚das Zustandebringen einer gerechteren Welthandelsstruktur' zu mobilisieren". Deshalb beabsichtige man, die „Sympathie und Aktionsbereitschaft auf konkrete Zielsetzungen und Gruppen zu richten [...], die die größten Lasten der zu niedrigen Preise und ungerechten Handelsstrukturen" trügen. Aus

186 GA, Kaffee und Programm Fairer Kaffeehandel Transfair e.V., Kampagnenplanung der Öffentlichkeitsarbeit, ‚TransFair' und fair gehandelter Kaffee, 15. Juli 1992.

187 MAA, ZA: 1998/14 EPOL: 8.40 Projekt „Fairer Kaffeehandel" Mai–Dezember 1990, KED an Misereor, 28. November 1990, S. 19.

188 GA, Kaffee und Programm Fairer Kaffeehandel Transfair e.V., Antrag an die Mitgliederversammlung der AG Kleinbauernkaffee am 10. Juni 1992 zu TOP 2 der Tagesordnung.

189 Vgl. ICO Importing Members, Imports of all forms of coffee from all origins, Calendar years 1980 to 1989; ICO Importing Members, Imports of all forms of coffee from all origins, Calendar years 1990 to 1999.

diesem Grund habe man sich „für den kleinen Kaffeebauern entschieden".[190]
Dass dabei aus dem Kleinbauern der kleine Bauer wurde, war sicher unbeabsichtigt, verweist aber auf ein wichtiges Element der Handelsausweitung:
Das Bild des kleinen Kaffeebauern, vermeintlich hilf- und wehrlos angesichts
der Talfahrt der Kaffeepreise nach dem Ende des Internationalen Kaffeeabkommens, schien als Medium für die prägnante und knappe Vermittlung
der Botschaft des Fairen Handels besonders geeignet zu sein.

Die mit dieser Botschaft verbundene Hoffnung war, dass sich mit Kaffee
das Bild einer globalen Verbundenheit evozieren und eine emotionale Beziehung der Konsumenten zu den Produzenten herstellen ließe. Über das Produkt Kaffee schien das Ziel erreichbar, den Fokus der Konsumenten direkt,
wie zitiert, „auf konkrete Zielsetzungen und Gruppen zu richten" und eine
emotionale Beziehung der Konsumenten zu den Produzenten zu erreichen.[191]
Im Jahresbericht von Brot für die Welt für das Jahr 1992 wurde betont, das
Hilfswerk sei deswegen an dem Trans-Fair-Siegel beteiligt, weil man darin
einen „Brückenschlag zwischen Kleinbauern-Kooperativen der ‚Dritten
Welt' und den Konsumenten in Deutschland" sehe.[192]

Zugleich wurde die gedachte Verbundenheit in der Darstellung grundsätzlich dichotom unterteilt. Auf der einen Seite standen die reichen Konsumenten, denen die Möglichkeit zugesprochen wurde, etwas zu ändern. Auf der
anderen Seite standen die Produzenten, die in der Rolle der unverschuldet
hilfsbedürftigen und notgedrungen passiven Opfer verortet wurden. In der
Konzeption des Trans-Fair-Siegels wurde angeführt, die kleinbäuerliche
Landwirtschaft sei die „ursprüngliche und angepaßte Produktionsform der
Entwicklungsländer".[193] Die Kleinbauern seien außerdem, so hieß es an
anderer Stelle, die „schwächsten und verletzlichsten Glieder in der Kette der
Welthandelsstrukturen".[194] Eine Nähe zu dependenztheoretischen Argumen-
tationsmustern des frühen Dritte-Welt-Handels ist dabei kaum zu übersehen.

---

190 MAA, ZA: GF HAV: Arbeitsgemeinschaft Kleinbauernkaffee 1989–1992, Konzept
Kaffee-Kampagne in der Bundesrepublik Deutschland, Februar 1990, S. 2.

191 MAA, ZA: GF HAV: Arbeitsgemeinschaft Kleinbauernkaffee 1989–1992, Konzept
Kaffee-Kampagne in der Bundesrepublik Deutschland, Februar 1990, S. 2.

192 Brot für die Welt (Hg.): Jahresbericht 1992, Stuttgart, 1993, S. 12–13.

193 MAA, ZA: 2011/15 JUST: AG Kleinbauernkaffee 1990–1992, Fairer Kaffee-Handel –
ein Programm zur Unterstützung von Kleinbauern, undatiert, S. 1–2.

194 MAA, ZA: 2011/15 JUST: AG Kleinbauernkaffee 1990–1992, Projekt: Fairer Kaffee-
handel. Einführung zu dem Gespräch mit den Länderbeauftragen für wirtschaftliche
Zusammenarbeit am 16. Januar 1991, S. 3; vgl. die ähnlich klingende Begründung einer
Festlegung auf die „Förderung von Kleinbauern" in MAA, ZA: 2011/15 JUST: AG

Die Darstellung war meines Erachtens insofern problematisch, als der Faire Handel den Kleinbauern den Platz der „schwächsten Glieder" zuwies und ihnen darin zudem eine repräsentative Rolle zuwies. Dadurch wurden die Kaffeekleinbauern diskursiv am vermeintlich äußersten Ende der „Kette der Welthandelsstrukturen" positioniert – und andere, noch stärker benachteiligte Produzenten und Arbeiter schlicht ausgeblendet. In einem Artikel der Lateinamerika Nachrichten hieß es im Dezember 1991, dass die Verbesserung der Lebenssituation bei den Kleinbauern zwar dringend erforderlich und eine Stärkung ihrer Lage mehr als wünschenswert sei, dass man aber nicht darüber hinwegtäuschen dürfe, dass sie in der Regel über Land verfügten – im Gegensatz zu den zahlreichen Landlosen und Plantagenarbeitern, die vom Fairen Handel kaum berücksichtigt würden, da sie nicht in Kooperativen organisiert seien.[195] An diesem Punkt zeigt sich eine aus der Repräsentation entstehende Problematik, denn durch diese Darstellung existierte für Produzentengruppen, die gewissermaßen „hinter" den Kleinbauern standen, diskursiv kein Raum mehr.[196] Außerdem schien in dieser Darstellung nicht mehr entscheidend zu sein, wie und in welchem Maße die Produzenten benachteiligt waren. Vielmehr wurden offenbar schlicht alle Kleinbauern *per se* als hilfsbedürftig aufgefasst. Dass erhebliche Unterschiede zwischen verschiedenen Kleinbauerngenossenschaften in unterschiedlichen Regionen der Welt bestehen konnten – beispielsweise was die Stabilität der Organisation oder die wirtschaftliche Situation betraf –, wurde dabei nur begrenzt thematisiert. Bei der GEPA wurde dementsprechend die Befürchtung laut, dass die Umsatzausweitung – die aufgrund der

---

Kleinbauernkaffee 1990–1992, Fairer Kaffee-Handel – ein Programm zur Unterstützung von Kleinbauern, undatiert, S. 2.

195 Öktopia und El Rojito: Sauber und doch nicht rein. Kritische Anmerkungen zum Start der Kampagne „Fairer Kaffee-Handel", in: Lateinamerika Nachrichten 210, Dezember 1991, S. 24–25.

196 In einer Trans-Fair-Broschüre aus den frühen 1990er-Jahren findet sich zwar ein Hinweis auf „Tagelöhner" und darauf, dass diese „am untersten Ende der ‚Kaffeekette'" stünden, doch werden daraus keine Schlussfolgerungen für den Fairen Handel gezogen: Transfair (Hg.): Kaffee. Vgl. zu meiner These auch die Argumentation Gayatri Spivaks in: Spivak: Subaltern. Dieser Punkt wird auch in der Untersuchung von Luetchford zur gegenwärtigen Situation einer costa-ricanischen Kooperative vorgetragen, der dabei gerade auf die Situation der nicaraguanischen Wanderarbeiter auf Kleinbauernhöfen verweist, vgl. Luetchford: Hands; vgl. dazu auch Luetchford, Peter G.: Consuming Producers. Fair Trade and Small Farmers, in: Carrier/Luetchford (Hg.): Ethical, S. 60–80. Vgl. auch Wright: Fairtrade, S. 145; Raynolds/Long: Fair, S. 28.

Wettbewerbssituation „notwendigerweise Effizienz, Professionalisierung, Arbeitsteilung und Erschließung neuer Kundenkreise" erfordere – letztlich bewirken könne, dass weniger effiziente Partner außen vor bleiben müssten.[197]

Dass den Produzenten im Fairen Handel die Rolle der Unterdrückten zugewiesen wurde, verdankte sich nicht zuletzt dem Bemühen um die Vereinheitlichung und Vereinfachung der Botschaften. Wie sich schon in den zurückliegenden Kapiteln dieser Arbeit gezeigt hat, waren der Dritte-Welt- und der Alternative Handel stets dann ökonomisch am erfolgreichsten, wenn sich die damit vermittelte Botschaft aus Sicht der Abnehmer in dichotome Muster wie Arm, Hilflos und Unterdrückt gegenüber Reich und Mächtig einpassen ließ. Meiner Ansicht nach war Kaffee vor allem deshalb so attraktiv für den Fairen Handel, weil das Produkt Kaffee die Tendenz zur Dichotomie von vornherein in sich trägt. Die Produktion von Kaffee findet nahezu ausschließlich in den wirtschaftlich nachrangigen, landwirtschaftlich geprägten Ländern des globalen Südens statt; konsumiert wird Kaffee dagegen vor allem in den reichen Industriegesellschaften des globalen Nordens. Da der Faire Handel bei dem Eintritt in den Massenmarkt auf möglichst plakative und schnell verständliche Botschaften zielte, lassen sich solche dichotomen Zuordnungen regelmäßig finden. In einer Ankündigung des Trans-Fair-Siegels hieß es, am Beispiel von Kaffee werde besonders deutlich, „daß ein Teil der Welt auf Kosten des anderen" lebe.[198] Zur Begründung, warum man vorerst nur mit Kaffee den Weg in die Handelsausweitung gehe, wurde im Jahresbericht von Brot für die Welt für das Jahr 1992 angeführt, Kaffee sei einfach das „schlagendste Beispiel dafür, wie wir zu Nutznießern der skandalösen Handelsbedingungen zwischen Nord und Süd" würden.[199] Und in der Konzeption des Gütesiegels findet sich die Feststellung, Kaffee wecke „als fester Bestandteil unserer Kultur […] Assoziationen wie Gemütlichkeit, Gastfreundschaft, Entspannung und Genuß". Er sei für die Konsumenten ein Produkt, mit dem sie „in so vielfältiger Weise Gutes und Erfreuliches" verbänden, welches aber „auf der anderen Seite den kleinen Produzenten so wenig Lebensfreude zu bescheren in der Lage" sei.[200]

---

197 GA, PPA 23.01.91–2.12.94, Ablauf- und Ergebnisprotokoll der gemeinsamen PPA- und PPI-Klausur vom 4./5. Dezember 1992.

198 Vgl. Röscheisen, Roland: Kaffee? Kaffee fair!, in: Nord-Süd Info-Dienst 57, Dezember 1992, S. 12–14, hier: S. 13.

199 BfdW (Hg.): Jahresbericht, S. 12–13.

200 MAA, ZA: 2011/15 JUST: AG Kleinbauernkaffee 1990–1992, Fairer Kaffee-Handel – ein Programm zur Unterstützung von Kleinbauern, undatiert, S. 1–2; vgl. Hammelehle:

Die positiven Emotionen auf der Konsumentenseite wurden mit negativen Emotionen aufseiten der Produzenten kontrastiert. Kaffee war das Medium, das die Verbundenheit zwischen den beiden scheinbar so gegensätzlichen Polen herstellen sollte.

Zusammengefasst: Kaffee war plakativ, exemplarisch und bot die Möglichkeit, das Bild einer direkten und dichotom geordneten Beziehung zwischen Produzenten und Konsumenten zu vermitteln. Dies waren meiner Ansicht nach die wichtigsten Gründe dafür, dass Kaffee besonders dafür geeignet zu sein schien, Ziele und Inhalte des Fairen Handels griffig darzustellen, eine emotionale Anteilnahme der Konsumenten am Schicksal der Produzenten zu bewirken und dadurch wiederum einen Kaufanreiz zu schaffen.

Die Problematik der als notwendig erachteten Vereinheitlichung und Vereinfachung zeigt sich ferner daran, dass der Kaffee aus genossenschaftlicher Produktion stammen sollte.[201] An diesem Kriterium wurde immer wieder Kritik geäußert. Eine Genossenschaft sei schließlich kein Garant für eine gemeinschaftliche Teilhabe, außerdem entspreche der Zusammenschluss in einer Genossenschaft in vielen Regionen, aus denen ebenfalls potenzielle Handelspartner kommen könnten (hier vor allem Regionen in Afrika und Asien), gar nicht den dort gelebten Traditionen.[202] Dennoch wurde der Fokus auf Genossenschaften grundsätzlich beibehalten, wofür nicht zuletzt die Kommunizierbarkeit verantwortlich war: Für die meisten Konsumenten war es entscheidend, dass sie davon ausgehen konnten, dass der gezahlte Aufpreis wirklich bei den Produzenten ankam und gemeinschaftlich verwaltet wurde.[203] Das ursprünglich europäische Modell eines genossenschaftlichen Zusammenschlusses war vielen Konsumenten bekannt und verständlich.

Wie sehr der Faire Handel – wohl unbeabsichtigt – in schnell verständliche und daher vereinfachende, oft dichotome Muster der Zuordnung eingepasst

---

Transfair, S. 156.

201 Vgl. zu dem Schwerpunkt auf Genossenschaften bzw. auf demokratisch organisierte Organisationen MAA, ZA: 2011/15 JUST: AG Kleinbauernkaffee 1990–1992, Fairer Kaffee-Handel – ein Programm zur Unterstützung von Kleinbauern, undatiert, S. 2; MAA, ZA: 2011/15 JUST: AG Kleinbauernkaffee 1990–1992, Entwurf eines pädagogisch-politischen Konzepts für die Kaffeekampagne, 5. September 1990, S. 1; Lütke Wöstmann: Preis, S. 13.

202 Vgl. u. a. GA, PPA 23.01.91–2.12.94, Erweiterung der Zielgruppe auf „Primärproduzenten", 12. November 1993; Interview Nickoleit.

203 Vgl. MAA, ZA: 2011/15 JUST: AG Kleinbauernkaffee 1990–1992, Aktion Arme Welt: Überlegungen zum Marketing und zur Öffentlichkeitsarbeit der AG Kleinbauernkaffee e. V. für fair gehandelten Kaffee im Lebensmitteleinzelhandel, undatiert, S. 3.

Abbildung 9   Erstes Logo des Trans-Fair-Gütesiegels, 1992.

wurde, zeigt meines Erachtens auch das Logo des Trans-Fair-Siegels. In der Mitte des vollständig schwarz-weißen Bildes steht eine Person, die in jeder Hand eine Tasse hält. Zwar kommen beide Farben in der Person und in den Tassen vor, sie sind aber stets klar voneinander getrennt. Weitere Farbtöne tauchen darüber hinaus nicht auf.

Der Mehrpreis als ethisches Argument

Die Vereinheitlichung und Vereinfachung der Botschaften spiegelt sich in der frühen Berichterstattung über die Markteinführung des fair gehandelten Kaffees wider. Als einzigen nennenswerten Unterschied des fair gehandelten Kaffees im Vergleich zu dem konventionell gehandelten Kaffee führte die Zeitschrift Der Spiegel kurz nach dem Start des Trans-Fair-Siegels im Jahr 1992 an: „Mit etwa zwei Mark pro Pfund hilft der Kaffeetrinker notleiden-den Kleinbauern in der Dritten Welt.“[204] Diese Aussage trägt gleich mehrere Vereinheitlichungen und Vereinfachungen in sich: Der „Kleinbauer“, anonym bleibend und aus einem nicht näher abgegrenzten räumlichen Gebilde – der „Dritten Welt“ – stammend, wird durch das Attribut „notleidend“ in der Opferrolle verortet. Ihm gegenüber steht der „Kaffeetrinker“, der die Mög-lichkeit zur Hilfeleistung hat. Beide Personen sind offensichtlich männlichen Geschlechts, der eine konsumiert, der andere arbeitet.

---

204 O. V.: Bohne mit Bonus, in: Der Spiegel 36, 31. August 1992, S. 71–73, hier: S. 71.

Die Vereinheitlichung der Geschlechterrollen und der ihnen zugeschriebenen Tätigkeiten zeigte sich im Übrigen auch in der Planung der Öffentlichkeitsarbeit für das Gütesiegel. Darin hieß es, der Schwerpunkt der Öffentlichkeitsarbeit müsse auf „Frauenmagazine und Frauenverbände" gelegt werden, schließlich komme „den Frauen besondere Bedeutung zu, weil sie innerhalb der Familie für den Kaffee-Kauf verantwortlich" seien.[205] Die Rolle der Frauen wurde darin offensichtlich grundsätzlich auf den häuslichen Bereich beschränkt.

In dem zuvor zitierten Artikel aus der Zeitschrift Der Spiegel wird aber auch deutlich, dass nicht nur die Personenkonstellation vereinheitlicht dargestellt wurde, sondern dass auch die dem Kaffeetrinker angebotene Möglichkeit der Hilfeleistung auf das ökonomische Element eines höheren Preises reduziert wurde. Der Preis für Gerechtigkeit, im Artikel später als „Moral-Obolus" bezeichnet, liegt der Schilderung gemäß bei „zwei Mark pro Pfund".[206] Für diese argumentative Reduktion war der Faire Handel durchaus mitverantwortlich, denn das Argument des höheren Preises war in der Zeit der nach unten stürzenden Kaffeepreise nach der Aussetzung des Kaffeeabkommens besonders leicht zu führen und wurde als erste und wichtigste Legitimation des Fairen Handels genutzt. So verwundert es nicht, dass die symbolische Warenqualität der „gerechteren Handelskette" gewissermaßen ihr ökonomisches Äquivalent fand: In Kundenbefragungen kam regelmäßig heraus, dass für die meisten Käufer der Aufpreis eines fair gehandelten Kaffees im Vergleich zu konventionellem Kaffee die Grenze von 2–3 DM nicht übersteigen dürfe.[207] Hier lag allem Anschein nach eine ökonomische Schwelle der ethischen Wertzuschreibung von gerechtem Handel.

Um die Konsumenten zur Bezahlung eines höheren Preises zu bewegen, musste dieser auch in der Höhe argumentativ zu begründen sein. Von der Friedrich-Ebert-Stiftung wurde in den frühen 1990er-Jahren eine Studie in Auftrag gegeben, deren Ziel darin lag, bei costa-ricanischen Produzenten vor Ort möglichst allgemeingültige Kriterien eines gerechten Preises zu eruieren.

205 GA, Kaffee und Programm Fairer Kaffeehandel Transfair e.V., Kampagnenplanung der Öffentlichkeitsarbeit, ‚TransFair' und fair gehandelter Kaffee, 15. Juli 1992.
206 O. V.: Bohne mit Bonus, in: Der Spiegel, 36 31. August 1992, S. 71–73, hier: S. 71.
207 Vgl. Hammelehle: Transfair, S. 156; Herbig: Transfair, S. 1; vgl. ferner Untersuchungen, die für verschiedene Länder und Produkte die jeweils maximal möglichen Preisaufschläge bei ethischer Wertzuschreibung herausarbeiten, beispielsweise De Pelsmacker u.a.: Marketing, S. 114–115 mit weiteren Verweisen.

Eines der wichtigsten Ergebnisse der Studie war ein Satz, der bald in das Standardrepertoire der Rhetorik des Fairen Handels übernommen wurde:

> Ein gerechter Preis für ein Produkt ist ein Preis, der einer von diesem Produkt abhängigen Familie ein würdiges Leben ermöglicht.[208]

Diese Definition ließ sehr viel Spielraum bei der Interpretation – was von dem Verfasser der Studie mit Blick auf die unterschiedlichen Voraussetzungen bei den unterschiedlichen Produzenten allerdings auch so gewollt war.[209] Schon die Fixierung auf Genossenschaften in Costa Rica stellte eine Vereinfachung dar, schließlich hatte das Land Anfang der 1990er-Jahre die niedrigsten Arbeitslosen- und Analphabetenraten Lateinamerikas; auch die Sozialversorgung der Landesbürger war vergleichsweise gut ausgebaut.[210] Die Ergebnisse einer Untersuchung von costa-ricanischen Genossenschaften waren mithin nur sehr begrenzt auf andere Länder und Regionen übertragbar.[211] Doch auch im Land selbst gab es gewaltige Unterschiede. In der Studie wurde konstatiert, dass der vom Trans-Fair-Siegel festgeschriebene Mindestpreis von 1,26 US-Dollar je englisches Pfund Kaffee nur für drei von sechs untersuchten Kooperativen als gerecht – gemäß der oben genannten Definition – bezeichnet werden könne, während andere Kooperativen einen teils deutlich höheren Preis bräuchten.[212] Für die AG Kleinbauernkaffee war allerdings – wie gezeigt wurde – klar, dass man zur Positionierung im Markt einheitliche Botschaften brauchte. Mit zahlreichen unterschiedlichen Mindestpreisen für zahlreiche unterschiedliche Produzenten hätte sich wohl nur schlecht eine klare Positionierbarkeit erreichen lassen. Das zentrale Ergebnis der genannten Studie, dass ein gerechter Preis einer „von diesem Produkt abhängigen Familie ein würdiges Leben" ermöglichen müsse, wurde in der Folge immer wieder genutzt, um den Mindestpreis des Trans-Fair-Siegels diskursiv als generell gerechten Preis zu verankern. Die gewählte Preisuntergrenze von 1,26 US-Dollar basierte noch darauf, dass die GEPA wie gezeigt

---

208 Lütke Wöstmann: Preis, S. 11.
209 Lütke Wöstmann: Preis.
210 Vgl. Rankin, Monica A.: The History of Costa Rica, Santa Barbara/Denver/Oxford, 2012, hier: S. 127.
211 Vgl. auch die teils deutlich erkennbaren Unterschiede in den je nach Land an die Produzenten gezahlten Preisen in: ICO Prices Paid to Growers in Current Terms, Calendar year average 1990 to 1999.
212 Vgl. Lütke Wöstmann: Preis, S. 13 und 32.

in den späten 1970er-Jahren mit der Fedecocagua einen Mindestpreis definiert und sich dabei an der Preisspanne des Internationalen Kaffeeabkommens von 1976 orientiert hatte. Diese Festlegung des Mindestpreises sollte im Fairen Handel weltweit bis 2008 Gültigkeit behalten, obwohl daran immer wieder Kritik laut wurde.[213] In meinen Augen ist auch dies ein Beispiel für pfadabhängige Entwicklungen im Fairen Handel.

Die Vereinheitlichung der Botschaften und die Kritik der Produzenten

Insgesamt lässt sich festhalten, dass die Ausweitung auf den Massenmarkt bewirkte, dass der Faire Handel sich stärker den Spielregeln dieses Marktes anpasste. Das wiederum machte aus Sicht der AG Kleinbauernkaffee die Vereinheitlichung und Vereinfachung der Botschaften erforderlich. Nur so, davon scheint man überzeugt gewesen zu sein, ließ sich der Faire Handel wirklich als Wettbewerbselement im Markt positionieren und nutzen. Die Vereinfachung und Vereinheitlichung bewirkte aber zugleich, dass Komplexität und Vielschichtigkeit – vor allem auf Produzentenseite – nur noch begrenzt zu transportieren waren und dass das Bild der Produzenten oft auf deren wirtschaftliche Benachteiligung reduziert wurde. Gegenüber einem Vertreter der GEPA forderten die Bauern der UCIRI, bei der Erstellung eines Info-Blattes für die deutschen Konsumenten mitarbeiten zu können, da sie zeigen wollten, dass sie mehr „als nur Kaffeeproduzenten" seien und viel mehr „bewirken wollen[,] als nur BIO-Kaffee an[zu]bauen".[214] Sie wehrten sich also gegen die Reduzierung auf die Eigenschaft als Kaffeebauern im doppelten Wortsinn. Noch deutlicher wurden die UCIRI-Vertreter in einem weiteren Brief, in dem sie die Vermutung äußerten, dass „die tieferen Gründe unseres Kampfes" auf Konsumentenseite nicht verstanden würden. Bei der UCIRI wolle man sich keinesfalls Zielen wie Wachstum, Fortschritt oder Reichtum unterwerfen, sondern die eigenen Traditionen und Werte hochhalten. In dem auf Deutsch übersetzten Brief hieß es weiter:

---

213 Vgl. beispielsweise MAA, ZA: 1998/14 EPOL: Transfair 1.2 Vorstand Protokolle 1991–1993, Protokoll der Vorstandssitzung vom 10. September 1992, S. 2; GA, PPA 03.08.90–23.01.92, Die entwicklungspolitische Wirkung des fairen Handels bei Uciri in Mexiko, 11. Dezember 1991, S. 2; Lütke Wöstmann: Preis.

214 GA, Reiseberichte Lateinamerika 1990–1992, Kalle Linnartz' Mexikoreise vom 17. Oktober 1991 bis 27. Oktober 1991.

UCIRI will auf kritische Weise solidarisch sein mit der Situation in Europa, die für uns schwierig zu verstehen ist […]. [W]ir respektieren die Kultur der modernen Welt, der Säkularisierung und des Postmodernismus ohne Verpflichtung, ohne Religion, ohne Ethik. Wir bitten einfach darum, unsere Kultur zu respektieren, unsere Hoffnung, unsere Suche nach einer anderen Welt, wo wir alle bescheiden, aber in Würde und ohne Not leben können. […] „Fairer und solidarischer Handel" […] ist nicht einfach und bedeutet schon gar nicht, daß die Produzent(inn)en alles akzeptieren müßten, was der Markt des Norden[s] ihnen vorschreibt.[215]

Dieser Brief verdeutlicht früh das Spannungsfeld, in das sich der Faire Handel mit dem Ziel der Handelsausweitung begab. Die Vertreter der UCIRI pochten darauf, dass die Vielschichtigkeit der von ihnen gelebten Traditionen respektiert werde, reduzierten aber ihrerseits selbst die Seite der Konsumenten auf bestimmte, den eigenen Traditionen diametral entgegenstehende Elemente. Die eigentliche Dominanz ging für sie von dem „Markt des Nordens" aus, doch die Vorwürfe richteten sie an den Fairen Handel. Die Akteure im Fairen Handel wiederum sahen es als nötig an, die Botschaften zu vereinheitlichen, um im vermeintlichen Interesse der Produzenten den Umsatz auf dem „Markt des Nordens" zu erhöhen. Dem Bewusstsein für Komplexität stand die vermeintliche Notwendigkeit der Vereinfachung gegenüber. Die räumliche und gedankliche Differenz zwischen dem Umfeld der Produzenten und dem der Konsumenten war eine nur schwer zu überbrückende Kluft, die sich im Massenkonsum noch verstärkt darstellte. Denn nun lautete das Ziel vor allem: Steigerung von Marktanteilen. Dafür schien es allerdings nötig zu sein, dass sich der Faire Handel immer stärker an die Gesetze des Wettbewerbs anpasste und klar erkennbar positionierte. Der Wille zur möglichst klaren Positionierung resultierte dann darin, dass Vielschichtigkeit vereinheitlicht und Komplexität reduziert wurde.

5.4.2 Die Problematik der Stellvertreterschaft
Im Vorfeld der Markteinführung des Trans-Fair-Siegels entstand ein regelrechter Wettstreit darum, wer die Definitionsmacht über die ethische Wertzuschreibung eines gerecht gehandelten Kleinbauernkaffees für sich erobern

---

215 GA, PPA 03.08.90–23.01.92, Zur Information + Diskussion im PPA. Briefausschnitt v. UCIRI v. 10. Dezember 1991. Vgl. zu den bei UCIRI gelebten Traditionen Vanderhoff Boersma: Excluidos; vgl. ferner zu den Traditionen in den dörflichen indigenen Gemeinschaften Mexikos Ruiz Medrano, Ethelia: Mexico's Indigenous Communities. Their Lands and Histories, 1500–2010, Boulder, 2010.

könne. Die GEPA und die MITKA beispielsweise betonten, dass sie die Kriterien des Gütesiegels freiwillig übererfüllten und daher noch gerechter handeln würden als die mit dem Trans-Fair-Siegel zertifizierte konventionelle Konkurrenz.[216] Auf der anderen Seite versuchte die konventionelle Kaffeewirtschaft offenbar frühzeitig, die ethische Wertzuschreibung des Kleinbauernkaffees zu besetzen. In der AG Kleinbauernkaffee machte im April 1991 das Gerücht die Runde, der Kaffeeverband plane, ein Kleinbauernprojekt in Peru zu unterstützen. Gerade angesichts der Tatsache, dass Peru in der Bevölkerung den Ruf besonderer Hilfsbedürftigkeit besitze, wolle der Verband darüber einen Zugzwang für die deutsche Kaffeewirtschaft frühzeitig abwehren und das „Thema ‚Kleinbauern-Kaffee' rechtzeitig […] belegen".[217] Kurz darauf hieß es, auch in den Niederlanden sei der größte kommerzielle Röster bereits dabei, einen als Kleinbauernkaffee gelabelten Kaffee auf den Markt zu bringen.[218] In der AG Kleinbauernkaffee wurde daher befürchtet, dass man den „eigentliche[n] Auftrag" einer Steigerung des Marktanteils von Kleinbauernkaffee von den konventionellen Großröstereien „unter die Nase gerieben" bekäme.[219]

Damit zeigt sich zum einen, wie stark die ethische Wertzuschreibung des gerechten Handels daran gebunden war, dass der Kaffee aus kleinbäuerlicher Produktion stammte oder sich zumindest als Kleinbauernkaffee verkaufen ließ. Der Produktionskontext wurde zum entscheidenden Wettbewerbselement im Kampf um die Verfügungsmacht der ethischen Wertzuschreibung.[220]

---

216 Vgl. beispielsweise o. V.: Interview mit MITKA: „Wir sind radikaler als TransFair", in: Forum entwicklungspolitischer Aktionsgruppen 168, 1992, S. 13–16; GA, PPA 03.08.90–23.01.92, Die entwicklungspolitische Wirkung des fairen Handels bei Uciri in Mexiko, 11. Dezember 1991

217 MAA, ZA: GF HAV: AG Kleinbauernkaffee 1989–1992, Peru-Kaffee – ein Produkt der Dritten Welt. Analyse und Konzept für die PR-Arbeit des Deutschen Kaffee-Verbandes 1991, 18. April 1991, S. 3; vgl. zu den Aktivitäten der konventionellen Kaffeewirtschaft in dem Zusammenhang ferner MAA, ZA: 2011/15 JUST: AG Kleinbauernkaffee 1990–1992, Protokoll der Sitzung der Arbeitsgemeinschaft Kleinbauernkaffee am 28. Mai 1991; GA, Kaffee und Programm Fairer Kaffeehandel Transfair e. V., Aktennotiz zur Teilnahme an der Sitzung der AG Öffentlichkeitsarbeit vom Deutschen Kaffeeverband am 5. Dezember 1991; MAA, ZA: 2011/15 JUST: AG Kleinbauernkaffee 1990–1992, Protokoll der Besprechung zur Initiative ‚Fairer Kaffeehandel' am 14. März 1991.

218 Vgl. MAA, ZA: 2011/15 JUST: Transfair (Ex AG Kleinbauernkaffee) 1991–1992, Protokoll der Vorstandssitzung der AG Kleinbauernkaffee am 24. September 1991, S. 3–4.

219 GA, Kaffee und Programm Fairer Kaffeehandel Transfair e. V., Geschäftsstelle der Arbeitsgemeinschaft Kleinbauernkaffee an GEPA, 24. Februar 1992.

220 Vgl. zur Bedeutung von „Authentizität" beim Konsum globaler Waren Breidenbach/Zukrigl: Tanz, S. 183–186, speziell mit Bezug auf fairen Handel ebda., S. 199–200; Inglis/

Zum anderen zeigt sich aber auch, wie sehr man in der AG Kleinbauernkaffee darum besorgt war, dass die Definitionsmacht über den gerecht gehandelten Kleinbauernkaffee an die Konkurrenz verloren gehen könnte. Wenn
das Attribut fair erst einmal besetzt sei, so wurde gewarnt, gehe „die (möglicherweise letzte) Chance für die Förderung der Marktanteile von Kleinbauern verloren".[221] Hier bot der Faire Handel seine aus Sicht der Akteure
riskanteste Angriffsfläche. Wie es aus den Reihen der GEPA hieß, sei der
beliebteste „Hebel, uns vom Markt fernzuhalten [...], das in Frage stellen
unserer Legitimation".[222] Der Grund für diese Angreifbarkeit lag darin, dass
die Legitimation und damit die Existenz des Fairen Handels allein darauf
basierte, dass ihm in der Öffentlichkeit die Rolle als Repräsentant kleinbäuerlicher Interessen zugeschrieben wurde.

Pläne zur Einrichtung einer produzenteneigenen Handelsorganisation

Welche Probleme sich ergeben konnten, wenn die Rolle des Fairen Handels
als Repräsentant der Kleinbauern fraglich wurde, zeigt sich besonders an
den um 1990 aufkommenden Überlegungen, eine so bezeichnete *Comercializadora* einzurichten.[223] Gemeint war damit eine in Europa angesiedelte
Organisation, deren Gesellschafter anfangs zur Hälfte, später ausschließlich
Produzentengenossenschaften sein sollten. Die Comercializadora würde
dann – nach den Vorstellungen der Planer – als direkter Verhandlungspartner
gegenüber den Röstereien in Europa auftreten und den Kaffee mindestens
zum jeweils an der New Yorker Börse geltenden Preis verkaufen. Dadurch,
dass bei der Comercializadora keine anderen Organisationen zwischenge-
schaltet würden, versprach man sich ein höheres Einkommen für die Produzenten, ohne dass die Konsumenten einen höheren Preis für ihren Kaffee
bezahlen müssten.

Gimlin: Food Globalizations, S. 29–30.
221 MAA, ZA: 2011/15 JUST: AG Kleinbauernkaffee 1990–1992, Fairer Kaffee-Handel –
ein Programm zur Unterstützung von Kleinbauern, undatiert, S. 4.
222 GA, Kaffee und Programm Fairer Kaffeehandel Transfair e.V., GEPA an KED, 19. September 1991.
223 Vgl. dazu und zum Folgenden MAA, ZA: GF HAV: Arbeitsgemeinschaft Kleinbauernkaffee 1989–1992, Protokoll der Sitzung ‚Kleinbauernkaffee' vom 28. Februar 1990, S. 1;
MAA, ZA: 1998/14 EPOL: 8.40 Projekt „Fairer Kaffeehandel" Mai–Dezember 1990,
KED an Misereor, 28. November 1990, vor allem S. 10–14; MAA, ZA: 2011/15 JUST:
Transfair (Ex AG Kleinbauernkaffee) 1991–1992, Protokoll der Vorstandssitzung der
AG Kleinbauernkaffee am 13. März 1992, S. 3; Interview Hissel.

Europäische Fürsprecher einer solchen Organisation fanden sich später vor allem in den Niederlanden und in Großbritannien, zuerst allerdings in der Bundesrepublik. Jan Hissel, ehemaliger Geschäftsführer der GEPA, war von der Wirtschaftsstelle Evangelischer Missionsgesellschaften (WEM) mit einer Studie über die Realisierbarkeit einer solchen Organisation beauftragt worden. Carlos Murillo Solano, Generalsekretär der Frente Solidario, gab bekannt, diese Pläne unterstützen zu wollen.[224] Auch ein Vertreter eines Genossenschaftsverbands aus Guatemala äußerte gegenüber der AG Kleinbauernkaffee, dass es viele Organisationen gebe, „die etwas für die Kleinbauern tun" wollten, während „Initiativen, die gemeinsam mit den Kleinbauern geplant und durchgeführt würden", seltener seien.[225] Von den Produzentenvertretern wurde die Einrichtung einer solchen Handelsorganisation also offensichtlich durchaus als Möglichkeit gesehen, um mehr Einfluss- und Kontrollmöglichkeiten auf Abnehmerseite zu bekommen.

Vor allem in der GEPA und der AG Kleinbauernkaffee weckten derlei Pläne aber anscheinend alles andere als Begeisterung. Es schien aus ihrer Sicht fraglich, ob Produzentenvertreter aufgrund der räumlichen Distanz wirklich Einfluss auf die Comercializadora nehmen könnten, ob die europäischen Befürworter mit der Einrichtung der Organisation nicht letztlich doch eigene Interessen verfolgten und ob eine produzenteneigene Handelsorganisation wirtschaftlich langfristig Bestand haben würde. Und nicht zuletzt hätte die Comercializadora eine ernsthafte Bedrohung für die Organisationen des Fairen Handels dargestellt, denn es drohte der Verlust des wichtigsten Arguments: der Repräsentation der Produzenten. Missmutig hieß es in einem Brief der GEPA an die AG Kleinbauernkaffee, dass es „interessierte Kreise" gebe, „die die Kleinbauern zu einer eigenen Kaffeemarke ermutigen" wollten, da die Vermarktung von Kleinbauernkaffee „eben für alle interessant" sei. Für die deutschen Organisationen des Fairen Handels sei „das nicht sehr günstig".[226] Denn die Existenz der Comercializadora hätte auch bewirkt, dass die Argumentationsbasis des Fairen Handels brüchig geworden wäre. Die Akteure im Feld des Fairen Handels beriefen sich schließlich auf die Notwendigkeit eines

224 Vgl. GA, PPA 03.08.90–23.01.92, Protokoll des GEPA-Projektpartner-Ausschusses vom 21. Juni 1991.

225 MAA, ZA: 2011/15 JUST: Transfair (Ex AG Kleinbauernkaffee) 1991–1992, Protokoll der Vorstandssitzung der AG Kleinbauernkaffee am 24. September 1991, S. 6 [Hervorhebung im Original].

226 MAA, ZA: 2011/15 JUST: AG Kleinbauernkaffee 1990–1992, GEPA an Misereor, 10. April 1991; vgl. angehängtes Fax, 12. März 1991.

stabilen Mindestpreises für Kaffee, da der Weltmarktpreis zu niedrig und zu starken Schwankungen ausgesetzt sei. Die Comercializadora sollte den Kaffee aber zum Weltmarktpreis anbieten. Da noch dazu die Hauptgesellschafter der Comercializadora Kleinbauerngenossenschaften sein sollten, hätte sich aus Sicht der bisherigen Akteure im Feld des Fairen Handels das Argument eines Mindestpreises nur noch schwer über einen Kleinbauernkaffee vermitteln lassen. In den Reihen der AG Kleinbauernkaffee äußerte man die Sorge, dass die Einrichtung einer Comercializadora mit Sicherheit „zur Kollision mit der geplanten Kaffee-Kampagne [d. h. dem Gütesiegel, *Anm. RQ*] führen und ihren Erfolg schon im Vorfeld gefährden" würde. Denn schließlich sei

> der Unterschied zwischen ethisch wertvollem Kaffee (Kleinbauern-Kaffee) und ethisch noch wertvollerem Kaffee (Kleinbauern-Kaffee zu fairerem Preis) kaum deutlich zu machen.[227]

Daher sei die bloße Existenz der Comercializadora bereits „eine gravierende Gefährdung aller Bemühungen [...], Kaffee von Kleinbauern zu fairen Preisen zu vermarkten".[228]

Offensichtlich wollten die deutschen Organisationen also die Einrichtung der produzenteneigenen Handelsorganisation verhindern, befanden sich dabei allerdings auf einem schmalen argumentativen Grat. Die Glaubwürdigkeit des Fairen Handels hing schließlich davon ab, dass ihm die Position als Repräsentant der Produzenten zugeschrieben wurde. Ein Verlust dieser Position hätte wohl den Verlust der wichtigsten Legitimationsgrundlage bedeutet und damit die Existenz der Organisationen auf Abnehmerseite gefährdet. Intern wurde daher dazu geraten, „den Kleinbauern anzukündigen, daß sich in der Bundesrepublik etwas bewegt, ohne dabei vorzeitig allzu viel Hoffnung zu wecken". Wenn man es erreichen könne, dass sich die Produzentenvertreter an dem Trans-Fair-Siegel beteiligten, werde dies – so die Hoffnung – „ein paralleles Tätigwerden auf eigene Faust möglicherweise erübrigen".[229] Auch darin ist also sicher ein Grund dafür zu sehen, dass der

---

227 GA, PPA 03.08.90–23.01.92, Protokoll des GEPA-Projektpartner-Ausschusses vom 21. Juni 1991; vgl. GA, Kaffee und Programm Fairer Kaffeehandel Transfair e. V., Doris Köhn: Frente Solidario, undatiert, S. 6–7.

228 MAA, ZA: 2011/15 JUST: Transfair (Ex AG Kleinbauernkaffee) 1991–1992, Protokoll der Vorstandssitzung der AG Kleinbauernkaffee am 13. März 1992, S. 3.

229 MAA, ZA: 1998/14 EPOL 8.40 Projekt „Fairer Kaffeehandel" Mai–Dezember 1990, GEPA an Misereor, 15. Oktober 1990.

Frente Solidario wie geschildert ein Sitz im Vorstand der AG Kleinbauernkaffee angeboten wurde.

Angesichts der Proteste aus den Reihen der deutschen Organisationen und
angesichts der Tatsache, dass ein vergleichbares Projekt offenbar in England
bereits anlief, signalisierte Carlos Murillo Solano von der Frente Solidario
schließlich, die Gründung der Comercializadora nicht weiter voranzutreiben
zu wollen. Allerdings stellte er dabei selbstbewusst die Forderungen auf, dass
das Trans-Fair-Siegel dann so schnell wie möglich auf den Markt gebracht
werden müsse und dass die Mitglieder der Frente Solidario als Lieferanten
bevorzugt würden.[230] Darin wiederum zeigt sich, dass die Produzentenvertreter im Feld inzwischen durchaus mit Forderungen auftreten konnten
und dass die wachsende Nachfrage nach Kleinbauernkaffee ihre Position
gegenüber den Abnehmerorganisationen stärkte.

Letztlich verliefen die Planungen zur Einrichtung der Comercializadora
ergebnislos. Die Gründe dafür lassen sich nicht zweifelsfrei ausmachen.
Möglicherweise war die unzureichende Planungssicherheit ausschlaggebend, möglicherweise organisatorische oder juristische Schwierigkeiten bei
der Einrichtung einer solchen Organisation, mit Sicherheit spielten aber
die erheblichen Proteste aus den Abnehmerorganisationen eine Rolle. In
der Einleitung wurde vermutet, dass erst die Distanz zwischen Produktions-
und Konsumptionssphäre dem Fairen Handel seine Existenz ermöglichte,
da er dadurch die Rolle als Mittler zwischen beiden Sphären einnehmen
konnte. Dies wird durch das Geschilderte bestätigt: Erst dadurch, dass die
Produzenten aufgrund der räumlichen Distanz nicht selbst ihre Position
vertreten konnten, konnte der Faire Handel sich als Repräsentant der Produzenten positionieren. Doch zugleich bedeutete dies, dass die Existenz des
Fairen Handels selbst auf dem Spiel stand, wenn die Legitimation dieser
Rolle in der Öffentlichkeit fraglich wurde. Die Diskussionen um die Einrichtung der Comercializadora und die Angst vor einem Kleinbauernkaffee
aus der konventionellen Kaffeewirtschaft zeigen, wie wichtig die Position
der glaubhaften Repräsentation der Produzenten für die Marktetablierung
des Fairen Handels war – und wie sich die Organisationen darum bemühten, diese Position behalten zu können.[231]

---

230 Vgl. GA, PPA 03.08.90–23.01.92, Protokoll des GEPA-Projektpartner-Ausschusses
vom 21. Juni 1991, GA, Kaffee und Programm Fairer Kaffeehandel Transfair e.V., Doris
Köhn: Frente Solidario, undatiert.

231 Überspitzt, aber in der Tendenz treffend kritisiert Jean-Pierre Boris, der Faire Handel
habe „einen regelrechten Taschenspielertrick" ausgeführt, indem er „einen Mittelsmann

5.5 Existenzsicherung und Neubeginn: Wirkungen des Fairen Handels auf Produzentenseite

Trotz aller Kritik, die im Feld des Fairen Handels an der Ausweitung des Fairen Handels laut wurde: Es war vor allem der steigende Absatz von fair gehandeltem Kaffee, der dafür sorgte, dass viele Kleinbauernvereinigungen die Zeit nach dem rasanten Sturz der Kaffeepreise ab 1989 überstehen konnten.[232] Coocafé in Costa Rica konnte schon in der Saison 1989/90 etwa ein Viertel der Ernte zu Konditionen des Fairen Handels exportieren, das bedeutete: zu einem fast doppelt so hohen Preis wie im konventionellen Markt.[233] Von der Ernte der Saison 1990/91 waren es dann bereits knapp 40 Prozent. Die Mehrpreiszahlungen des Fairen Handels hatten große Bedeutung für den Aufbau des Verbandes.[234]

Auch für die mexikanische UCIRI erwies sich die Möglichkeit, einen großen Teil des geernteten Kaffees zu höheren Preisen zu exportieren, als Hilfe sowohl zur Existenzsicherung als auch zum weiteren Aufbau der Vereinigung. Laut einer Zusammenfassung der GEPA hatte die UCIRI im Dezember 1991 bereits etwa 4000 Mitglieder aus 42 Dörfern, die im zurückliegenden Kaffeejahr etwa 15.000 Sack exportfähigen Kaffees, überwiegend aus ökologischem Anbau, produziert hatten. Insgesamt wurden den Quellen zufolge

---

durch einen anderen ersetzt" habe, Boris, Jean-Pierre: (Un)fair Trade. Das profitable Geschäft mit unserem schlechten Gewissen, München, 2006, S. 208.

232 Da sich diese Untersuchung nicht als Wirkungsstudie versteht und da der Fokus auf der lokalen Aushandlung des Fairen Handels auf Abnehmerseite liegt, ist das Folgende nur als Exkurs zu sehen. Es gibt allerdings mehrere Untersuchungen zu den Wirkungen des Fairen Handels auf Produzentenseite (wenngleich die meisten von Wissenschaftlern aus dem globalen Norden erstellt wurden und kaum eine davon historisch ausgerichtet ist). Auf einige wird in den folgenden Fußnoten verwiesen, vgl. darüber hinaus als Beispiele Bacon, Christopher M. u. a. (Hg.): Confronting the Coffee Crisis. Fair Trade, Sustainable Livelihoods and Ecosystems in Mexico and Central America, Cambridge (Mass.)/London, 2008; Frundt: Fair; Ruben (Hg.): Impact.

233 Vgl. ICO Prices Paid to Growers in Current Terms, Calendar year average 1990 to 1999.

234 Vgl. dazu und zu den Wirkungen des Fairen Handels bei Coocafé Orozco: Cómo, S. 54–56; GA, Kaffee und Programm Fairer Kaffeehandel Transfair e. V., Doris Köhn: Frente Solidario, undatiert; Interview Zuñiga; Interview Orozco; Ronchi, Loraine: The Impact of Fair Trade on Producers and their Organizations. A Case Study with Coocafé in Costa Rica, PRUS Working Paper, 11, 2002; Luetchford: Fair, vor allem S. 25–28; Sick, Deborah: Coffee, Farming Families, and Fair Trade in Costa Rica. New Markets, Same Old Problems?, in: Latin American Research Review 43, 3, 2008, S. 193–208.

seit Mitte der 1980er-Jahre von den Fair-Handelsorganisationen Mehrpreise und Zusatzleistungen in Höhe von fast zwei Millionen US-Dollar nach Südmexiko geschickt, die in den Dörfern beispielsweise zur Verbesserung der Infrastruktur, der medizinischen Versorgung oder der Bildungsangebote eingesetzt wurden.[235] Außerdem hatte die Existenz der UCIRI Wirkung über den Dachverband hinaus. Viele Vertreter anderer Vereinigungen lernten in den Ausbildungsstätten die Grundlagen des Bio-Kaffeeanbaus und die Kriterien der Zertifizierungsstellen auf Abnehmerseite kennen. Ein Vertreter der GEPA berichtete, die zwischen der GEPA und der UCIRI ausgehandelten Konditionen seien darüber hinaus „zum Maßstab für alternative Handelsbedingungen geworden, die die Kaffee-Kleinbauern aus Zentralamerika jetzt generell fordern" würden.[236]

Kooperation statt Wettbewerb:
Die Wirkungen des Fairen Handels in Nicaragua

Am deutlichsten lassen sich die Wirkungen des Fairen Handels und zugleich die Problematik des Spannungsfeldes zwischen dem Willen zur gezielten Unterstützung und der Orientierung an der Nachfrage allerdings am Beispiel Nicaraguas zeigen. Die unmittelbar auf die Wahlniederlage der Sandinisten folgende Zeit brachte dem zentralamerikanischen Staat ein Machtvakuum, hinzu kamen die immensen Wirtschaftsprobleme, die nun nicht mehr durch Sozialprogramme der Regierung aufgefangen wurden und am härtesten die Landbevölkerung trafen.[237] Das von den Sandinisten an die Kleinbauern verteilte Land wurde nach dem Regierungswechsel zum großen Teil wieder den vorherigen Besitzern zurückgegeben. An mehreren Orten gründeten Kleinbauern Selbsthilfevereinigungen und kämpften dafür, das Land behalten

---

235 Vgl. GA, PPA 03.08.90–23.01.92, Die entwicklungspolitische Wirkung des fairen Handels bei UCIRI in Mexiko, 11. Dezember 1991; Vanderhoff Boersma: Urgency; Interview Vanderhoff Boersma; für die Auswirkungen der Preiskrise nach 1989 speziell auf die mexikanischen Kaffeeproduzenten vgl. Renard, Marie-Christine: The Mexican Coffee Crisis, in: Latin American Perspectives 37, 2, 2010, S. 21–33; ferner Jaffee: Brewing.

236 GA, PPA 03.08.90–23.01.92, 15 Jahre Projektarbeit: eine Erfolgsstory?; vgl. GA, Reiseberichte Lateinamerika 1990–1992, Reisebericht Projektreise Franz Denk, EZA, Austria, nach Nicaragua, Mexiko, Guatemala und Costa Rica im November und Dezember 1990.

237 Die Rückständigkeit Nicaraguas im internationalen Wettbewerb verdeutlichen beispielsweise die Kaffee-Exportzahlen, die 1990 einen Tiefstand erreichten und sich in den folgenden Jahren nur langsam erholten, vgl. dazu Flores, Margarita u.a.: Centroamérica. El impacto de la caída de los precios del café, México, 2002, besonders S. 24; generell auch Blanco: Wirtschaftspolitik, vor allem S. 205ff.

zu können.[238] Völlig ungeklärt waren die Eigentumsverhältnisse auch bei dem halbstaatlichen Projekt La Paz del Tuma, das Ende der 1980er-Jahre wie gezeigt vor allem durch Gelder der MITKA und der GEPA finanziert worden war.[239] Der noch im März 1989 veröffentlichte Zeitplan sah ein Ende der Bauarbeiten und die Inbetriebnahme der Kaffeeverarbeitungsanlage für Ende 1991 vor.[240] Der Regierungswechsel von 1990 hatte aber zur Folge, dass die Arbeiten kurz vor der Fertigstellung der Kaffeeverarbeitungsanlage eingestellt werden mussten und die Anlagen nicht in Betrieb genommen werden konnten.[241]

Dennoch wandten sich die Organisationen aus dem Feld des Fairen Handels nicht von Nicaragua ab. Sowohl bei der GEPA als auch bei der MITKA entschloss man sich dazu, die neu gegründeten Kooperativen in ihren Selbsthilfebestrebungen zu unterstützen. Der Projektreferent der GEPA hoffte, wenn man den Kaffeeverkauf „mit der eindeutigen politischen Aussage" verbinde, die von der sandinistischen Regierung durchgesetzten „Reformen zugunsten der Kleinbauern und Landarbeiter im Kaffeesektor zu sichern", könne man „möglicherweise auch die vielen Nicaragua-Solidaritätsgruppen erneut mobilisieren".[242] Diese Hoffnung erfüllte sich jedoch nur begrenzt, denn nach der Wahlniederlage der Sandinisten gab es für die

---

238 Vgl. dazu und zum Folgenden Staten: History, S. 137–139; Bacon, Christopher M. u.a.: Are Sustainable Coffee Certifications Enough to Secure Farmers Livelihoods? The Millenium Development Goals and Nicaragua's Fair Trade Cooperatives, in: Globalizations 5, 2, 2008, S. 259–274; Rojas Meza: Cooperativismo, S. 49–51; Matus Lazo u.a.: Cooperativismo; Heß, Klaus-Dieter und Weyland, Thomas: Kaffee aus der „Arbeitsaktiengesellschaft". Arbeiterselbstverwaltung – ein Weg aus dem neoliberalen Desaster?, in: ila 161, Dezember 1992, S. 10–13; Meyer, Otmar: Schlaglichter aus dem Hinterhof. Nicaragua im dritten Jahr postsandinistischer Herrschaft, in: ila 161, Dezember 1992, S. 4–7; GA, IFAT 10/89–12/91, the IFAT information flow on Nicaragua, undatiert, S. 6ff.; Interview Nickoleit.

239 Allerdings stieg die GEPA 1989 nach Zahlung der Verpflichtungen für 1989/90 offenbar aus dem Projekt aus, vgl. GA, PPA ab 10.09.88 bis 09.03.90, GEPA an Informationsbüro Nicaragua, 8. März 1989; Bärliner Kaffeegenossenschaft: Sandino-Dröhnung – zum letzten!?, in: Lateinamerika Nachrichten 205/206, Juli/August 1991, S. 45–48.

240 Vgl. GA, PPA ab 10.09.88 bis 09.03.90, Briefe von Otmar Meyer von März 1989.

241 Vgl. GA, Reiseberichte Lateinamerika 1990–1992, Reisebericht Projektreise Franz Denk, EZA, Austria, nach Nicaragua, Mexiko, Guatemala und Costa Rica im November und Dezember 1990, S. 9; GA, PPA 03.08.90–23.01.92, Gerd Nickoleit: Nicaragua – Vorschläge für das GEPA-Engagement im Kaffee-Sektor, 29. November 1990.

242 GA, PPA 03.08.90–23.01.92, Gerd Nickoleit: Nicaragua – Vorschläge für das GEPA-Engagement im Kaffee-Sektor, 29. November 1990.

Solidaritätsbewegung kaum mehr einen Grund, Nicaragua-Kaffee zu konsumieren.[243]

Zwar gaben die ökonomischen Erfolge der GEPA in der Handelsausweitung Grund zu der Hoffnung, dass langfristig wachsende Absatzzahlen auch in Nicaragua zu besseren Verkäufen führen würden. Allerdings wurde dies dadurch erschwert, dass die nicaraguanischen Kaffeebauern kaum auf die Wettbewerbssituation in der freien Marktwirtschaft vorbereitet waren. Vor 1990 waren die organisatorischen Aufgaben fast durchweg unter dem Dach inzwischen aufgelöster staatlicher oder halbstaatlicher Organisationen durchgeführt worden. Das bedeutete, dass kaum jemand auf Produzentenseite mit den unterschiedlichen Stufen des Kaffeeanbaus, mit den Erfordernissen von Rechnungsstellung und Buchführung und mit der eigenverantwortlichen Organisation, dem Aufbau und dem Erhalt von Kooperativen im globalen Konkurrenzmarkt vertraut war. Den nicaraguanischen Kleinbauern sei nach den Wahlen, so ein Bericht, kaum Zeit geblieben, „sich an das rauhe Klima der jetzt wieder eingeführten Marktwirtschaft zu gewöhnen".[244] Ganz ähnlich klangen die Schlussfolgerungen bei der GEPA.[245] Erschwerend kam hinzu, dass die Voraussetzungen für die Produktion von Qualitätskaffee – nach dem die Nachfrage am höchsten war – nur begrenzt vorhanden waren. Während der Zeit der sandinistischen Regierung war die Bevölkerung der nicaraguanischen Kaffeeanbauregionen einer erheblichen Fluktuation unterworfen gewesen, nur noch wenige Bewohner verfügten über ein seit Generationen weitergegebenes Wissen über Kaffeeanbau und -verarbeitung. Die Contra-Angriffe, von denen besonders die nördlichen Kaffeeregionen Nicaraguas

---

243 Vgl. beispielsweise Bärliner Kaffeegenossenschaft: Sandino-Dröhnung – zum letzten!?, in: Lateinamerika Nachrichten 205/206, Juli/August 1991, S. 45–48; zum Schwund der Bedeutung der Ländersolidarität nach der Wiedervereinigung Olejniczak: Dritte-Welt-Bewegung (2008), S. 337–338.

244 GA, Reiseberichte Lateinamerika 1990–1992, Reisebericht Projektreise Franz Denk, EZA, Austria, nach Nicaragua, Mexiko, Guatemala und Costa Rica im November und Dezember 1990, S. 8. Vgl. dazu auch Süllow: Abschlussbericht; Enríquez, Laura J.: Reactions to the Market. Small Farmers in the Economic Reshaping of Nicaragua, Cuba, Russia, and China, University Park, 2010, vor allem Kap. 3 und 4; Stamm, Andreas: Políticas e Instituciones Cafetaleras en Centroamérica, San José/Costa Rica, 1998, hier: S. 25. Auf die zahlreichen Probleme, die mit der unerwarteten Umstellung nach 1990 auf die Kleinbauern zukamen, wiesen auch die Kleinbauern in den von mir in Nicaragua geführten Gesprächen immer wieder hin.

245 Vgl. GA, PPA 03.08.90–23.01.92, Gerd Nickoleit: Einschätzungen von einer Reise nach Nicaragua im November 1990, 4. Dezember 1990.

betroffen gewesen waren, hatten einen qualitätsorientierten Kaffeeanbau ohnehin erschwert. Und sehr oft war der Kaffee durch den Anbau von Kartoffeln ersetzt worden – für die aber nach der Öffnung der Märkte ab 1990 kaum mehr Absatzmöglichkeiten bestanden.

Zusammengefasst bedeutete dies: Mit der Wahlniederlage der Sandinisten 1990 schien auf Produzentenseite die Notwendigkeit eines Absatzes über den Fairen Handel dringender zu sein als je zuvor, zugleich waren die Voraussetzungen für eine Wettbewerbsfähigkeit im globalen Markt aber denkbar schlecht. An dieser Stelle zahlte sich der Vorteil einer Zusammenarbeit zwischen Abnehmerorganisationen und Produzenten aus, die weniger an standardisierten Kriterien orientiert war, als vielmehr den Einzelfall im Blick hatte.[246] Akteure der GEPA, der MITKA und des Infobüros Wuppertal auf der bundesrepublikanischen und mehrere engagierte Produzentenvertreter auf der nicaraguanischen Seite wurden bald nach der Wahlniederlage der Sandinisten aktiv, um den Selbsthilfebewegungen in Nicaragua zu einer besseren Wettbewerbsfähigkeit zu verhelfen. Eine wichtige Schnittstelle stellte Otmar Meyer dar, ein Mitarbeiter des Infobüros Wuppertal, der bereits seit Mitte der 1980er-Jahre in Nicaragua war und wie gezeigt schon mehrfach als Mittler aufgetreten war.[247] Meyers Aufgabe bestand darin, die Kooperativen darin zu unterstützen, Kaffee mit Blick auf die Wettbewerbsfähigkeit in den Absatzmärkten der Industrienationen zu produzieren und die Anforderungen der GEPA und MITKA, die sich aus der notwendigen Orientierung am Marktwettbewerb ergaben, nicht nur zu vermitteln, sondern auch bei deren Umsetzung behilflich zu sein. Er kooperierte eng mit Akteuren aus Nicaragua, die selbst den Aufbau der Kooperativen in die Hand nahmen.[248] In Jinotega, Matagalpa und mehreren anderen Orten Nicaraguas entstanden Kleinbauernkooperativen, viele von Frauen geleitet, die bis heute in der nicaraguanischen Kleinbauernkaffeewirtschaft eine zentrale Rolle spielen.[249] Die Bemühungen waren von Erfolg gekrönt:

---

246 Dass dies durchaus der Fall war, wurde in den geführten Gesprächen von mehreren nicaraguanischen Produzenten regelmäßig unterstrichen.

247 Vgl. GA, PPA 03.08.90–23.01.92, Gerd Nickoleit: Nicaragua – Vorschläge für das GEPA-Engagement im Kaffee-Sektor, 29. November 1990.

248 Vgl. u.a. GA, PPA 23.01.91–2.12.94, Protokoll der PPA-Sitzung vom 25. Juni 1992; Interview Nickoleit; Interview Meyer.

249 Vgl. Bacon: Spot; Bacon, Christopher M.: Confronting the Coffee Crisis. Can Fair Trade, Organic, and Specialty Coffees Reduce the Vulnerability of Small-Scale Farmers in Northern Nicaragua?, in: Bacon u.a. (Hg.): Confronting, S. 155–178; zur Rolle der Frauen in der nicaraguanischen Kooperativenentstehung vgl. Valle, Martha Heriberta:

Die meisten der Kooperativen waren bald imstande, hochwertigen Qualitätskaffee, oft aus organischem Anbau, zu produzieren und so Anschluss
an den globalen Konkurrenzmarkt zu finden.

5.6 Ausblick: Eintritt in den Markt und Globalisierung des Fairen Handels

Im Juni 1992 gab Dieter Overath, der Geschäftsführer der Gütesiegelorganisation, in einem Interview mit dem WDR die Umbenennung der
AG Kleinbauernkaffee in „Trans Fair – Verein zur Überwindung ungerechter
Strukturen im internationalen Handel e.V." bekannt. Am 7. Oktober 1992
wurde der Start des Gütesiegels über eine offizielle Presseinformation bekannt
gegeben.[250] Die vielen Konsumenten noch unbekannte Wertzuschreibung
eines gerechteren Handels bewirkte ein breites Medienecho, in zahlreichen
regionalen und überregionalen Tageszeitungen fanden sich Berichte zu Trans
Fair.[251] Die GEPA wurde erster Lizenznehmer des Gütesiegels – nach außen
hin einmütig unterzeichneten die Geschäftsführer Ingo Herbst und Dieter
Overath gemeinsam am 7. Oktober 1992 den Lizenzvertrag. Der erste Kaffee
mit dem Gütesiegel kam jedoch von der Rösterei Schirmer und wurde als
VIVA-Kaffee in Mindener Supermärkten angeboten.[252] Bald folgten weitere Unternehmen, denn die Nachfrage nach fair gehandeltem Kaffee stieg
schnell. 1993 waren bereits über eine Million zertifizierte Kaffeepackungen

---

Women Cooperative Members in Nicaragua. The Struggle for Autonomy, in: Deere,
Carmen Diana und Royce, Frederick S. (Hg.): Rural Social Movements in Latin America. Organizing for Sustainable Livelihoods, Gainesville u.a., 2009, S. 221–228.

250 Vgl. Trans Fair e.V.: Presseinformation. Der Kaffee mit dem gewissen Extra, 1992,
online verfügbar unter: http://www.fairtrade-deutschland.de (zuletzt abgerufen am
23.10.2013); vgl. ferner dazu und zum Folgenden http://www.fairtrade-deutschland.de/
ueber-fairtrade/was-macht-transfair/transfair-chronik/ (zuletzt abgerufen am 4.11.2013).

251 Zahlreiche Presseberichte, beispielsweise aus Die Zeit, Frankfurter Rundschau, Der
Spiegel u.a., finden sich gesammelt in MAA, ZA: GF HAV: GEPA Laufende Korrespondenz 1991–1993.

252 Vgl. MAA, ZA: 2011/15 JUST: Transfair (Ex AG Kleinbauernkaffee) 1991–1992, Pro-
tokoll der Vorstandssitzung Transfair am 26. November 1992, S. 2; MAA, ZA: 1998/14
EPOL Transfair 1.2 Vorstand Protokolle 1991–1993, Protokoll der Vorstandssitzung
TransFair am 25. Februar 1993.

Abbildung 10   Unterzeichnung des Lizenzvertrags zwischen Ingo Herbst (links) und Dieter Overath (rechts), 7. Oktober 1992.

verkauft und ein Marktanteil von etwa einem Prozent erreicht worden.[253] Damit konnte der Faire Handel erfolgreich eine Nische im konventionellen Kaffeemarkt der Bundesrepublik Deutschland besetzen.

Fairer Handel und freier Markt

Aus der Rückschau betrachtet scheint es nur konsequent, dass sich der Faire Handel Anfang der 1990er-Jahre anschickte, in den Massenmarkt vorzudringen. Während im Dritte-Welt-Handel der 1970er- und im Alternativen Handel der 1980er-Jahre noch darauf gezielt worden war, auf die Politik Einfluss zu nehmen, infiltrierte der Faire Handel nun den konventionellen, freien Markt, der wie eine unhintergehbare Entität dazustehen schien, um diesen von innen heraus zu verändern.[254] Diese Umorientierung zeigt sich schon in der Tatsache, dass man Personen und Organisationen der politischen Sphäre als Bündnispartner gewinnen wollte, um die Botschaft des

---

253 Vgl. Herbig: Transfair, S. I; o. V.: Viel Pflege, in: Der Spiegel 34, 23. August 1993, S. 88.

254 Gavin Fridell unterscheidet etwas zu starr, aber in der Tendenz korrekt zwei Phasen in der Geschichte des Fairen Handels: Eine erste, die er 1988 enden lässt und die er mit „Promoting Alternative Markets" überschreibt, sowie eine zweite von 1988 bis heute, die er als „Reforming Conventional Markets" fasst, s. Fridell: Fair.

Fairen Handels zu unterstützen. In den Niederlanden konnte das Parlament zum Konsum von Max Havelaar-Kaffee bewegt werden, und auch in der Bundesrepublik war – wie gezeigt wurde – das Werben um die Unterstützung politischer und gesellschaftlicher Verbände ein wichtiger Teil der Etablierung des Fairen Handels. Am 29. April 1993 stellte das Restaurant des Deutschen Bundestags auf fair gehandelten Kaffee um. Und als bereits im Jahr 1993 die Marke von einer Million verkaufter Kaffeepakete mit Trans-Fair-Siegel erreicht war, wurden Vertreter der Gütesiegelorganisation zum Empfang bei Bundespräsident Richard von Weizsäcker eingeladen.

Dass überhaupt Akteure der politischen Sphäre als Unterstützer des Fairen Handels auftreten konnten, lag meiner Ansicht nach nicht zuletzt daran, dass der Faire Handel keine präzisen Zuweisungen über die vermeintlichen Ursachen der ökonomischen Ungleichheiten auf globaler Ebene abgab. Es ging dem Fairen Handel nicht mehr – wie noch dem Dritte-Welt- und dem Alternativen Handel – um Kritik an der Wirtschaftspolitik der Industrienationen, an den Großröstereien oder an der US-amerikanischen Machtpolitik. Der Faire Handel richtete sich in erster Linie gegen unbestimmt und anonym bleibende, als ungerecht klassifizierte Welthandelsstrukturen. Der Bezugspol des Fairen Handels – also dasjenige Element, das die vermittelte Beziehung der Konsumenten zu den Produzenten bestimmte – bestand vor allem darin, dass den Produzenten Hilfe zum Überleben geleistet werden sollte. Diese Positionierung des Fairen Handels ermöglichte es, dass Institutionen wie der Bundestag oder der Bundespräsident ihm ihre Unterstützung aussprechen konnten. Ein Kaffee aus Nicaragua, dessen Konsum eine Kritik an den USA implizierte, wäre vermutlich nicht auf der Speisekarte der Bundestagskantine aufgetaucht.

Mit dieser in meinen Augen massenkompatibleren Neuorientierung – gegen eine „Überlebenshilfe" hatte wohl kaum jemand etwas einzuwenden – erreichte der Faire Handel allerdings weit über die Grenzen der bisherigen Abnehmerkreise hinaus das Ziel der „Verbreitung einer Idee".[255] Auch wenn der Faire Handel nur einen geringen Anteil des gesamten Kaffeemarktes einnehmen konnte, hatten seine bloße Existenz und die damit verbundene Berichterstattung indirekten Einfluss auf den gesamten Markt. Zwei Jahre nach der Markteinführung des Gütesiegels war das Konzept des Fairen Handels offenbar bereits

---

255 MAA, ZA: 2011/15 JUST: AG Kleinbauernkaffee 1990–1992, Bestandsaufnahme, Strategieempfehlung und Maßnahmenübersicht für die Marketingarbeit für TransFair e.V., präsentiert am 4. Dezember 1992, S. 6. Vgl. zu den Inlandswirkungen der Öffentlichkeitsarbeit Kleinert: Inlandswirkungen.

einem Viertel aller Bundesbürger bekannt.[256] Indem der Kaffee mit dem Trans-Fair-Gütesiegel explizit als gerecht gehandelt gekennzeichnet wurde, wurde zugleich eine Aussage über die anderen, nicht mit dem Siegel ausgezeichneten Kaffees getroffen und wurden diese *ex negativo* als „nicht fair gehandelt" klassifiziert. Durch das Gütesiegel wurde somit bewirkt, dass die ethische Wertzuschreibung eines gerechteren Handels überhaupt als Bewertungskategorie in den Kaufentscheidungsprozess einfloss, dass sie auch die konventionell gehandelten Waren betraf und dass die Debatte um Gerechtigkeit und Ungerechtigkeit der Handelsbeziehungen in die öffentliche Diskussion gelangte.

Die Globalisierung des Fairen Handels

Damit allerdings wurde der Faire Handel zu einem diskursiven Phänomen, das nicht mehr an die ursprünglichen Strukturen im Feld des Fairen Handels gebunden war. Die Definitionsmacht über Form und Gestalt des Fairen Handels ging nun auf ein neu entstehendes soziales Feld über, das mit dem vorherigen zwar in Verbindung stand, sich aber vor allem dadurch von ihm unterschied, dass es nicht mehr national abgegrenzt, sondern international besetzt war. Erste Anzeichen einer europäischen Koordination der verschiedenen Organisationen hatten sich schon in den 1970er-Jahren angedeutet. So waren 1976 Vertreter der österreichischen EZA, der deutschen GEPA, der schweizerischen OS3 und der niederländischen S.O.S zusammengetroffen, um die Aktivitäten zu koordinieren. Sie mussten aber letztlich wohl erkennen, dass unter allen Organisationen das Konkurrenzdenken zu groß war; eine Kooperation entwickelte sich nur begrenzt.[257] Zwar traf man in der Folge in unregelmäßigen Abständen zusammen, bald auch mit Vertretern von Oxfam aus Großbritannien, doch die meisten Organisationen konzentrierten sich – wie auch im hier untersuchten Feld des Fairen Handels zu sehen war – vor allem auf ihren nationalen Absatzmarkt.[258] Ende der 1980er-Jahre nahm die Internationalisierung des Fairen Handels jedoch langsam an Fahrt auf.[259] Im Jahr 1987 trafen in Berlin Vertreter der EZA Österreich, der Oxfam

---

256 Vgl. Hammelehle: Transfair, S. 156.

257 Vgl. MAA, ZA: GF HAV: GEPA II, Harry Haas: Bericht über die europäische Konferenz über ‚alternative marketing organisations', Belgien, 27. und 28. April 1976; rückblickend GA, IFAT ATO Meetings 84–87 Schriftwechsel, Proposal with regard to establishing a Federation of selected ATO's, April 1987.

258 Vgl. AG3WL (Hg.): Weltladen-Handbuch, S. 281; Raschke: Fairer, S. 151–154.

259 Vgl. zum Folgenden GA, Fair Trade International Vorbereitung Juni 91–Juni 92, Draft for the Funding Application for Fair Trade International; Interview Nickoleit.

Wereldwinkels Belgien, der *Artisans du Monde* Frankreich, der deutschen GEPA, der *Cooperazione Terzo Mondo* Italien, der S. O. S. Niederlande, der OS3 Schweiz, der *Traidcraft* England und der *Stiftelsen Alternativ Handel* Norwegen zusammen und gründeten die *European Fair Trade Association* (EFTA). Ziel war zum einen, die Aktivitäten zu koordinieren und ein gemeinsames Verständnis eines Fairen Handels zu entwickeln – also weiterhin Einfluss auf den Diskurs ausüben zu können. Weitere Kooperationsmöglichkeiten sah man bei der Verbreitung der Idee des Fairen Handels sowie der Kriteriendefinition und -kontrolle.[260] Außerdem wollten die Organisationen es erreichen, größtmögliche Kontrolle über die weitere Entwicklung des Fairen Handels zu behalten.[261] Dies lag darin begründet, dass die traditionellen Fair-Handels-Unternehmen sich durch die drohende Konkurrenz aus der konventionellen Wirtschaft gefährdet sahen – wie es am Beispiel der GEPA deutlich wurde.

Mit der EFTA deutete sich bereits an, dass inzwischen stärker auf die internationale Kooperation gesetzt wurde. Auch die niederländische Gütesiegelorganisation Max Havelaar drängte früh auf Möglichkeiten der europäischen Kooperation.[262] Auf deutscher Seite befürchtete man allerdings, dass Max Havelaar keine internationale Organisation anstrebe, sondern als nationale Organisation weiterhin die Kontrolle behalten wolle. Außerdem sah man es kritisch, dass der Name „Max Havelaar" ausschließlich in den Niederlanden ein Begriff war und die Organisation sich langfristig nur auf die Zertifizierung von Kaffee festlegen wollte. Daher entschied man sich bei Trans Fair und der EFTA dazu, einen gemeinsamen, international besetzten Verein als Koordinationsstelle der unterschiedlichen nationalen Fair-Handels-Organisationen zu gründen: Am 12. Juni 1992 wurde in Göttingen der Verein *Trans Fair International* e. V. (TFI) ins Leben gerufen.[263] Max Havelaar äußerte den Quellen zufolge daran Kritik und bestand offenbar darauf, dass TFI sich zumindest aus dem Markt der Beneluxstaaten heraushalten solle, die man vermutlich als eigenes Hoheitsgebiet ansah.[264]

260 Vgl. GA, PPA 23.01.91–2.12.94, Protokoll der PPA-Sitzung vom 25. Juni 1992.
261 Vgl. GA, Fair Trade International Vorbereitung Juni 91–Juni 92, To: Managers participating in meeting, 1. März 1993, S. 3; AG3WL (Hg.): Weltladen-Handbuch, S. 281.
262 Vgl. MAA, ZA: 2011/15 JUST: Transfair (Ex AG Kleinbauernkaffee) 1991–1992, Protokoll der Vorstandssitzung der AG Kleinbauernkaffee am 24. September 1991.
263 Vgl. GA, Fair Trade International Vorbereitung Juni 91–Juni 92, To: Managers participating in meeting, 1. März 1993.
264 Vgl. GA, Fair Trade International Vorbereitung Juni 91–Juni 92, Stichting Max Havelaar an AG Kleinbauernkaffee, 24. April 1992; GA, Fair Trade International Vorbereitung Juni

In der Folgezeit entwickelte sich geradezu ein Wettstreit zwischen Max Havelaar und TFI um Einflussmöglichkeiten in den Ländern des globalen Nordens, die auf der Landkarte der Gütesiegelinitiativen noch weiße Flecken waren. In Belgien, der Schweiz, Dänemark, Norwegen und Frankreich wurde das Max Havelaar-Gütesiegel eingeführt, in Österreich, Luxemburg, Italien, den USA und Japan das Trans-Fair-Siegel. Erst 1997 wurde das Konkurrenzverhältnis beigelegt und eine Vereinigung der weltweiten Gütesiegelorganisationen gegründet: *Fair Trade Labelling Organizations International* (FLO) mit Sitz in Bonn. Die globale Verbreitung des Fairen Handels und die Gründung von FLO bewirkten, dass sich das Konzept des Fairen Handels und seine Argumentationsmuster auf globaler Ebene durchsetzten und dass wohl viele Konsumenten zuerst an Kleinbauern und Kaffee denken, wenn von einem gerechten Handel die Rede ist. Die Vereinigung FLO war ab ihrer Gründung derjenige Akteur im globalen Feld des Fairen Handels, der die Definitionshoheit über die Konzeption des Fairen Handels besaß – so beispielsweise über die Kriterien, die von den Produzenten erfüllt werden mussten.

Es gab aber früh Bestrebungen, den Produzenten mehr Mitsprache im Fairen Handel zu ermöglichen. So wurde angesichts der Erkenntnis, dass nach wie vor kaum Austausch zwischen den Produzenten und den Fair-Handels-Organisationen bestand, 1989 in den Niederlanden von verschiedenen Akteuren des europäischen Fairen Handels die *International Federation for Alternative Trade* (IFAT) gegründet.[265] Das größte Problem bei der angestrebten Kooperation war schlicht die Finanzierung: Von den Produzentenorganisationen konnten die Kosten für Flug, Unterkunft und Mitgliedschaft in der IFAT nur selten übernommen werden, doch in den europäischen Organisationen war dafür ebenfalls nur sehr begrenzt Geld verfügbar.

91–Juni 92, GEPA an EFTA und SOS, 15. Dezember 1991; GA, Fair Trade International Vorbereitung Juni 91–Juni 92, Brief von Martin Kunz, 11. Februar 1992; Interview Piepel.

265 Später hieß die Organisation *International Fair Trade Association*, dann *World Fair Trade Organization* (WFTO). Vgl. dazu und zum Folgenden GA, IFAT 10/89–12/91, Minutes of the IFAT Committee Meeting 9 & 10 December 1989; GA, IFAT 10/89–12/91, the IFAT information flow, undatiert; GA, IFAT 10/89–12/91, Annual Report 1989; GA, IFAT 10/89–12/91, Annual Report of the IFAT 1990; GA, IFAT 10/89–12/91, Marlike Kocken an Gerd Nickoleit, 21. März 1991; GA, IFAT 10/89–12/91, Annual Report of the IFAT, 1991; GA, PPA ab 10.09.88 bis 09.03.90, Protokoll der Sitzung des PPA vom 23. Juni 1989; zur weiteren Entwicklung der IFAT bzw. WFTO vgl. einführend Davenport/Low: World, wenngleich der Text einige historische Ungenauigkeiten und Falschinformationen liefert.

Durch die finanzielle Unterstützung von Oxfam konnten 1990 erstmals drei Produzentenvertreter eingeladen werden: einer aus Indien, einer aus Nicaragua und einer aus Tansania, die jeweils ihren Kontinent repräsentieren und dort für eine bessere Vernetzung der Produzenten untereinander sorgen sollten.[266] Diese erste Zusammenkunft resultierte darin, dass alle Beteiligten den Wunsch nach mehr Austauschmöglichkeiten äußerten. Für die nächste IFAT-Konferenz im Jahr 1991 konnten dann bereits 44 Produzentenvertreter eingeladen werden, außerdem wurde beschlossen, dass die interessierten Produzentenorganisationen gleichberechtigte Mitglieder der IFAT werden sollten. Die IFAT bildete damit ein erstes Forum für Dialog und Kooperation der Produzenten- und Konsumentenorganisationen.

5.7 Der Weg in den Massenkonsum: Zusammenfassung und Fazit

Im Feld des Fairen Handels bildeten sich Ende der 1980er-Jahre zwei Lager heraus, die um die Definitionsmacht über die Zielsetzung des Fairen Handels und damit über den Bezugspol in der gedachten Verbundenheit mit den Produzenten kämpften. Während die einen Akteure – hier als Utopisten bezeichnet – ein komplett alternatives Handelssystem befürworteten und sich dabei mit den Menschen im globalen Süden einig sahen, wollten die anderen – als Pragmatiker bezeichnet – mehr ökonomische Unterstützung für die Kleinbauern erreichen und die Absatzmöglichkeiten ausweiten. Die Spielregeln, die beide Lager mit dem Feld des Fairen Handels verbanden, unterschieden sich vor allem in einem Punkt: in der Frage, ob man mit konventionellen Unternehmen, beispielsweise Großröstereien und Supermärkten, zusammenarbeiten dürfe. Durch die lokale Aushandlung globaler Prozesse verloren die Utopisten um 1989/90 massiv an symbolischem und sozialem Kapital und damit an Einflussmöglichkeiten. Der Sozialismus stand vor seinem offensichtlichen Ende, die Mischung aus freiem Markt und Demokratie schien siegreich und unhintergehbar, in Nicaragua verloren die Sandinisten die Wahl. Aus diesen Faktoren resultierte ein umfassender Verlust utopischer

---

266 Insofern geht die Behauptung Frundts, dass die IFAT von „southern and northern producers and traders" ins Leben gerufen worden sei, aber an den Tatsachen vorbei, vgl. Frundt: Fair, S. 35.

Ziele. Dadurch konnten die Pragmatiker, die sich vor allem in den Reihen der kirchlichen Organisationen fanden, ihr soziales und ökonomisches Kapital ausspielen und die Ausweitung des Fairen Handels vorantreiben. Durch den Fall der Kaffeepreise nach der Aussetzung des Internationalen Kaffeeabkommens konnten sich die Pragmatiker darüber hinaus darauf berufen, dass die Produzenten selbst auf eine Ausweitung der Absatzmöglichkeiten drängten und dass den Produzenten das Überleben gesichert werden müsse. Eine Ausweitung der Marktanteile ließ sich damit nun auch quantitativ legitimieren: Es konnte darauf verwiesen werden, dass mehr Umsatz mehr Überlebenshilfe für Kleinbauern in der Dritten Welt bedeute. Dadurch wurde die Handelsausweitung mit einer so immensen Menge an symbolischem Kapital ausgestattet, dass sie kaum mehr angreifbar war.

Die GEPA startete ab 1989 in die Handelsausweitung und hatte damit schnell Erfolg. Die Absatzzahlen stiegen, die höheren Preise ermöglichten vielen Produzentengenossenschaften – beispielsweise in Zentralamerika – die weitere Existenz. Ebenfalls 1989 wurden die Planungen zur Einrichtung eines Gütesiegels in Deutschland konkreter. Ziel des Gütesiegels war es, das Konzept des Fairen Handels im konventionellen Markt zu positionieren. Für die Glaubwürdigkeit des Siegels – für das symbolische Kapital – sorgten die Beteiligung vieler gesellschaftspolitischer Organisationen und die Vermittlung einer Notsituation aufseiten der Produzenten. Durch den Sturz der Kaffeepreise schienen das Produkt Kaffee und die Kaffeekleinbauern geeignete Botschaftsträger und Projektionsflächen für die Ziele des Fairen Handels zu sein. Auf der einen Seite der Kaffeewarenkette wurden die Konsumenten im globalen Norden als Nutznießer der niedrigen Preise verortet, für die Kaffee Genussmittel und Sinnbild positiver Empfindungen war. Ihnen wurden die Produzenten im globalen Süden gegenübergestellt, für die Kaffee die Grundlage einer entbehrungsreichen und unsicheren Existenz darstellte. Kaffee diente als Medium der Verbundenheit zwischen dem Hier und dem Dort, und durch den Fall der Kaffeepreise hatte der Faire Handel zugleich seine wichtigste Legitimation gefunden.

Der bevorstehende Eintritt des Fairen Handels in den konventionellen Kaffeemarkt führte sowohl im konventionellen Markt als auch im Feld des Fairen Handels zu Kontroversen. Für die konventionellen Röstereien bot eine Kooperation einerseits Aussicht auf Gewinn von Marktanteilen, andererseits sah man die Gefahr, dass der Faire Handel die konventionelle Kaffeeindustrie in Zugzwang bringen könnte. Die GEPA sah durch das Gütesiegel eine ungewollte Konkurrenzsituation und besondere Wettbewerbsnachteile auf sich zukommen. Für eine Konkurrenzfähigkeit des Gütesiegels schien es nötig, sich den Spielregeln des Wettbewerbs anzupassen; dadurch schienen aber die nicht-marktwirtschaftlichen Unternehmensziele und damit auch die Grundlage der Glaubwürdigkeit der GEPA gefährdet zu sein. Viele Basisgruppen drängten darauf, dass mit konventionellen Unternehmen nicht kooperiert werden dürfe. Allerdings hatten sie mit den Protesten nur noch begrenzt Erfolg. Das Gütesiegel wurde zum Türöffner zwischen dem konventionellen Markt und dem Feld des Fairen Handels. Damit verloren die bislang bestimmenden Akteure im Feld immer mehr die Definitionsmacht darüber, was einen Fairen Handel auszumachen habe. Das Ziel einer Steigerung von Marktanteilen schien es erforderlich zu machen, dass sich der Faire Handel den Bedingungen im konventionellen Markt anpasste und stärker als zuvor an der Nachfrage orientierte. Dies hatte eine Vereinheitlichung der Aussagen zur Folge. Die Kleinbauern wurden grundsätzlich in einer scheinbar notgedrungen passiven Rolle verortet und auf ihre ökonomische Rückständigkeit reduziert. Zugleich konnten die Vertreter der Kleinbauern aufgrund der wachsenden Nachfrage nach Kleinbauernkaffee und aufgrund der besseren Kommunikationsmöglichkeiten zunehmend selbstbewusster auftreten. Dies wiederum führte dazu, dass der Faire Handel sich darum bemühen musste, die Rolle als Repräsentant der Produzenten zu behalten, da diese seine eigentliche Existenzgrundlage war.

Der Bezugspol des Fairen Handels war nur noch diffus erkennbar und wurde besonders darin gesehen, eine Überlebenshilfe für die Kleinbauern zu bieten. Dadurch wurde der Faire Handel erst wirklich massenmarktkompatibel, denn eine Unterstützung von Kleinbauern, die sich ihre eigene Existenz aufbauen, bot als Zielsetzung kaum Angriffsfläche und fand umso mehr Unterstützer. Das Spannungsfeld zwischen marktwirtschaftlichem Wettbewerb und nicht-marktwirtschaftlichen Zielsetzungen zeichnete sich bereits früh ab und sollte in den folgenden Jahren eine ganz eigene Sprengkraft entwickeln. Mit der Markteinführung des Trans-Fair-Siegels im Jahr 1992 war der Faire Handel im Massenkonsum angelangt.

6 Wertzuschreibungen zwischen Globalität und Lokalität: Ergebnisse und Ausblick

Im Mittelpunkt dieser Arbeit standen Entstehung und Entwicklung des Fairen Handels – oder konkreter: eines sozialen Feldes, das als Feld des Fairen Handels gefasst wurde. Ein spezieller Fokus wurde auf die Ware Kaffee gelegt. Die Untersuchung diente dazu, mikrogeschichtlich die Wechselwirkungen von Lokalität und Globalität und die lokale Repräsentation und Aushandlung globaler Prozesse zu untersuchen. Im Folgenden sollen die Entwicklung des Feldes, die sich wandelnden Wertzuschreibungen des gehandelten Kaffees und wichtige Ergebnisse der Arbeit noch einmal aufgegriffen und zusammengefasst werden. Dazu erfolgt zuerst ein kurzer Gesamtüberblick, anschließend werden einzelne Elemente der Analyse gezielt einzeln in den Blick genommen. Das Kapitel schließt mit einem Ausblick und persönlichen Prognosen und Einschätzungen zur Zukunft des Fairen Handels.

6.1 Ergebnisse

6.1.1 Vom Dritte-Welt- zum Fairen Handel

Der Faire Handel in seiner heutigen Form blickt auf eine Geschichte zurück, die sich anhand der beteiligten Akteure zurückverfolgen lässt. Je nachdem, wann und womit man den Start ansetzt, lässt sich von einer über fünfzig Jahre währenden Geschichte des Fairen Handels sprechen: Die Gründung der niederländischen S.O.S. erfolgte im Jahr 1959, die deutsche Aktion Dritte Welt Handel wurde 1970 gegründet. Das Verständnis dessen, was gerechten Handel ausmache, blieb allerdings über die Jahre hinweg keineswegs einheitlich. Das zeigt sich bereits an der Bezeichnung des Handelsmodells, in der sich die jeweilige Schwerpunktsetzung und Konzeption widerspiegelte. In den 1970er-Jahren war vom Dritte-Welt-Handel die Rede, um zu verdeutlichen, dass man auf eine verstärkte Einbindung der Dritten Welt in den Welthandel zielte. In den 1980er-Jahren dominierte der Begriff des Alternativen Handels, der nicht nur für die Integration in das Alternative Milieu stand, sondern auch dafür, dass von vielen eine wirkliche Alternative zum herkömmlichen Massenmarkt gesucht wurde. Nach 1989/90 setzte man mit dem Fairen Handel auf eine Integration in den Massenmarkt und wollte den Kunden im Supermarkt die Möglichkeit geben, sich anstelle der konventionell gehandelten Produkte bewusst für die als gerecht beziehungsweise fair beworbene Variante entscheiden zu können. Doch nicht nur die Zielsetzungen und Bezeichnungen änderten sich. Der in den 1980er-Jahren so wichtige Nicaragua-Kaffee beispielsweise würde den heutigen Kriterien des Fairen Handels nicht mehr entsprechen, da er von einer halbstaatlichen Organisation exportiert wurde und da über die Beteiligung von Kleinbauern sowie die Verwendung der Mehrpreiszahlungen Unklarheit bestand. Dennoch lassen sich einige Gemeinsamkeiten ausmachen, die die Handelsmodelle und Konzeptionen verbanden. So war es stets eines ihrer Kernelemente, Produzenten im globalen Süden einen höheren und als gerechter verstandenen Preis zu zahlen, wenngleich die damit verbundenen Zielsetzungen unterschiedlich sein konnten: Mal ging es um Aufbauhilfe für Kleinbauern, mal um Unterstützung von Befreiungsbewegungen und mal um Bewusstseinsbildung für Welthandelsprobleme. Damit wurden der höhere Preis und der Handel ethisch begründet. Verbindendes Element des Dritte-Welt-, des Alternativen und des Fairen Handels war außerdem, dass diese ethische Begründung explizit zur Bewerbung und Marktpositionierung genutzt wurde. Die wichtigste Gemeinsamkeit der Modelle lag allerdings in dem Akteurszusammenhang, der in dieser Arbeit als soziales Feld des Fairen Handels gefasst wurde. Erst durch den Blick auf die Akteure lässt sich von einer zusammenhängenden Geschichte des Fairen Handels sprechen.

6.1.2   Das Feld des Fairen Handels

Ende der 1950er-Jahre wurden in Aachen das deutsche katholische Hilfswerk Misereor und in Kerkrade die niederländische Handelsorganisation S.O.S. gegründet. Die S.O.S. importierte Waren von genossenschaftlich organisierten Produzenten aus dem globalen Süden und verkaufte diese in den Niederlanden. Die Niederländer kamen früh in Kontakt mit Misereor im nahen Aachen, und in der Kooperation dieser beiden Organisationen lässt sich die Keimzelle des in dieser Arbeit untersuchten Felds des Fairen Handels sehen. Sowohl die S.O.S. als auch Misereor fassten eine Ausweitung des Absatzmarktes auf die Bundesrepublik Deutschland ins Auge. Dieses Vorhaben ergänzte sich mit dem Plan der bundesdeutschen Jugendverbände der evangelischen und der katholischen Kirche, eine entwicklungspolitische Aktionsform für die Jugendgruppen zu entwickeln. Vertreter der Jugendverbände gründeten im Jahr 1970 die Aktion Dritte Welt Handel. Die Importe der A3WH liefen über die niederländische S.O.S., die Verkäufe über sporadische Verkaufsaktionen kirchlicher Jugendgruppen in der Bundesrepublik.

Ab 1973 war mit dem Indio-Kaffee aus Guatemala das erste Lebensmittel im Sortiment.

Der erfolgreiche Kaffeeverkauf führte dazu, dass sich die Strukturen im Feld des Fairen Handels stabilisierten. Mit der Gründung des Handelsunternehmens GEPA im Jahr 1975 löste sich das Feld des Fairen Handels von seinen niederländischen Wurzeln. In der folgenden Zeit spielte sich die weitere Entwicklung vor allem in der Bundesrepublik Deutschland ab. Parallel dazu entstanden oder entwickelten sich ähnliche, hier nicht näher untersuchte Felder des Fairen Handels in anderen Ländern, beispielsweise in der Schweiz, in den Niederlanden oder in Österreich. Auch wenn zwischen den Akteuren immer wieder Kooperationen und Austausch stattfanden – beispielsweise wurden der Indio-Kaffee oder die in den 1980er-Jahren gehandelte Jutetasche in mehreren Ländern erfolgreich verkauft –, lässt sich zumindest für die Zeit von etwa 1975 bis zum Ende des Untersuchungszeitraums im Jahr 1992 von national abgegrenzten und in diesem Fall von einem spezifisch deutschen Feld des Fairen Handels sprechen. Damit zeigt sich, dass sich über das Konzept der sozialen Felder ein Akteurszusammenhang als Untersuchungsgegenstand fassen lässt, ohne dass von vornherein auf eine nationalstaatliche Abgrenzung zurückgegriffen werden muss. Dass der Nationalstaat aber für die Akteure eine große Bedeutung besaß, ist in diesem Fall ein wichtiges Ergebnis der Untersuchung.

In den späten 1970er-Jahren geriet der Dritte-Welt-Handel in eine tief greifende Legitimations- und Orientierungskrise. Das Konzept der Bewusstseinsbildung war in die Kritik geraten. Daraus entstand schließlich der Alternative Handel, der den Dritte-Welt-Handel ersetzte und in den 1980er-Jahren dominierte. Während der Dritte-Welt-Handel vor allem auf sporadische Verkäufe von Aktionsgruppen der kirchlichen Jugendverbände beschränkt gewesen war, stabilisierten sich die Strukturen im Alternativen Handel zunehmend. Dazu trugen wesentlich die zahlreicher werdenden Weltläden bei, die vergleichsweise kontinuierliche Absatzmöglichkeiten boten. Wichtigstes und umsatzstärkstes Verkaufsgut der 1980er-Jahre war der Nicaragua-Kaffee.

Zum Ende des Jahrzehnts kam der Alternative Handel in eine Krise, aus der er schließlich als Fairer Handel heraustrat. Die wichtigste Veränderung war, dass nun über den Verkauf in Supermärkten auch solche Konsumenten erreicht werden sollten, die zuvor nicht mit dem Alternativen Handel in Kontakt gekommen waren. Dafür schien es nötig, die ethische Wertzuschreibung des gerecht gehandelten Kleinbauernkaffees leicht erkennbar zu machen und mit Glaubwürdigkeit auszustatten. Diesem Zweck diente das

Trans-Fair-Gütesiegel, das 1992 auf den Markt gebracht wurde. Mit diesem
Gütesiegel wurde gewissermaßen die Tür *in* das Feld und *aus ihm heraus*
geöffnet: Es führte dazu, dass Konsumenten im Supermarkt fair gehandelten Kaffee kaufen konnten, dass die ethische Warenqualität des gerechteren
Handels damit nicht mehr an die bisherigen Akteure des Feldes gebunden
war und von außerhalb des Feldes stehenden Akteuren wie Großröstereien
genutzt werden konnte. Dies wiederum führte dazu, dass die Definitionshoheit über das Handelsmodell und die damit verbundenen Zielsetzungen
nicht mehr allein in den Händen der Akteure des Feldes lag, da sich nun
über die Grenzen des Feldes hinaus ein bestimmtes Verständnis dessen,
was Fairer Handel bedeutet, etablierte. In den 1990er-Jahren breitete sich
der Faire Handel international aus. Nach und nach entstanden in fast allen
Ländern des globalen Nordens Gütesiegel für Fairen Handel, die meist auf
den in dieser Arbeit untersuchten Entwicklungen in den Niederlanden und
der Bundesrepublik Deutschland basierten.

6.1.3 Die lokale Aushandlung von Globalität und die Dynamik im Feld

Die Entwicklung des hier untersuchten Felds des Fairen Handels lässt sich als
eine Abfolge von Aufbruchstimmung, Stabilisierung und durch Ernüchterung
ausgelöste Dynamik interpretieren. Die Gründe dafür werden verständlich,
wenn man die Entwicklung von Dritte-Welt-Handel, Alternativem Handel
und Fairem Handel als Ergebnis einer lokalen Aushandlung von globalen
Prozessen begreift.

Die S. O. S. und Misereor entstanden Ende der 1950er-Jahre im Zuge
einer in Europa wachsenden öffentlichen Aufmerksamkeit für die Vorgänge im globalen Süden. Dafür war vor allem der Prozess der Dekolonisation verantwortlich, der im Jahr 1960 einen Höhepunkt erreichte. Um
1970 herum nahm das Interesse am globalen Süden nochmals zu. Ähnlich
wie in anderen Industrienationen rückte die Dritte Welt in der Bundesrepublik Deutschland vor allem für junge Menschen immer stärker in
den Fokus der Aufmerksamkeit. Hierfür sorgten die Wahrnehmung einer
zusammenrückenden, sich verkleinernden Welt und eine sich ändernde
Bewertung der globalen Zusammenhänge. Durch die Dependenztheorie,
die UNCTAD-Konferenzen und den Pearson-Bericht wurde ein neues
Deutungsmuster etabliert: Die Nachrangigkeit der Entwicklungsländer wurde nicht mehr mit internen Faktoren erklärt, sondern mit extern
fortbestehenden Abhängigkeiten von den Industrienationen. Diese
neue Bewertung provozierte Fragen nach der eigenen Mitverantwort-
lichkeit. Vor allem unter jungen Christen verbreitete sich der Wunsch,

auf Veränderungen in den Industrienationen hinzuarbeiten. Sie wollten Bewusstseinsbildung für die Probleme der Entwicklungshilfe und für die weltwirtschaftlichen Zusammenhänge betreiben, um dadurch politische Veränderungen herbeizuführen.

Anfangs herrschte im Feld des Fairen Handels die Überzeugung, dass eine entwicklungspolitische Bewusstseinsbildung aus sich heraus erfolgreich sein müsse. Diese Überzeugung trug den Dritte-Welt-Handel in den 1970er-Jahren. Gegen Ende des Jahrzehnts machte sich unter den Akteuren des Feldes jedoch Ernüchterung breit. Die Bewusstseinsbildung hatte nicht die erhofften Erfolge erzielt, die Dependenztheorie war in die Kritik geraten und die Entwicklungshilfe schien in den 1970er-Jahren kaum dazu beigetragen zu haben, die globalen ökonomischen Ungleichheiten zu beseitigen. Diese Krise, ausgelöst durch die Ernüchterung über das bislang Erreichte, sorgte dafür, dass dynamische Prozesse im Feld einsetzten und die bislang fest gefügten Strukturen instabil wurden.

Die einsetzenden Veränderungen im Feld lassen sich wiederum als lokale Aushandlung globaler Prozesse deuten. Die Angst vor einem alles vernichtenden Atomkrieg, der nach dem NATO-Doppelbeschluss 1979 erheblich an Wahrscheinlichkeit gewonnen hatte, sorgte bei vielen Bundesbürgern für Entfremdungserfahrungen und Ohnmachtsgefühle und dadurch für eine Sehnsucht nach Lebensentwürfen, die als authentisch, gerecht, friedlich und selbstbestimmt angesehen wurden. Diese Sehnsucht fand ihr Ziel in der Solidarität mit Nicaragua. Nach der sandinistischen Revolution von 1979 wurde Nicaragua zu einer mit zahlreichen Utopien verbundenen Chiffre.

Das Feld des Fairen Handels überstand die Phase der Krise, da es im Alternativmilieu aufging. Mehrere Waren aus dem Sortiment der GEPA, beispielsweise der Jutebeutel und vor allem der Nicaragua-Kaffee, wurden zu bestimmenden Stilelementen des Alternativmilieus. Dadurch wurde das Feld des Fairen Handels zugleich, anders als noch in den 1970er-Jahren, immer weniger von kirchlichen Gruppen dominiert. Mit den eher linkspolitisch ausgerichteten Unterstützern gewann eine neue Zielsetzung im Feld des Fairen Handels an Rückhalt: die Unterstützung von Befreiungsbewegungen im globalen Süden und der Kampf gegen einen US-amerikanischen Imperialismus. Diese Zielsetzung wurde dadurch verstärkt, dass immer mehr Meldungen darauf hindeuteten, dass die USA direkt in Kampfhandlungen in Zentralamerika verwickelt waren.

Ende der 1980er-Jahre geriet das Feld des Fairen Handels erneut in eine tief greifende Krise, die vor allem durch globale Veränderungen ausgelöst wurde. Der Mauerfall weckte die Befürchtung, dass sich die öffentliche

Aufmerksamkeit auf die Aufbruchsbewegungen des ehemaligen Ostblocks richten und der Handel mit Waren aus Ländern des globalen Südens dadurch bedeutungslos werden könnte. Die Auflösung der Sowjetunion und die Wahlniederlage der Sandinisten in Nicaragua hatten für viele Mitglieder des Alternativmilieus ein Ende der Utopien zur Folge. Diese Phase der Ernüchterung führte erneut dazu, dass dynamische Prozesse im Feld einsetzten. Ab 1989 wurde die Handelsausweitung in Angriff genommen, der Faire Handel entstand. Dieser zielte nicht mehr auf große politische Änderungen, an deren Realisierbarkeit ohnehin kaum mehr jemand glaubte. Man fügte sich nun in das scheinbar Unvermeidliche und arbeitete daran, angesichts der fallenden Kaffeepreise nach der Aussetzung des Internationalen Kaffeeabkommens wenigstens so vielen Kleinbauern wie möglich das Überleben zu sichern.

Das Feld des Fairen Handels verdankte seine Existenz stets wesentlich dem ehrenamtlichen Engagement vieler Unterstützer in Aktionsgruppen und Weltläden. Allerdings ist festzuhalten: Dass die Geschichte des Fairen Handels nun schon über Jahrzehnte andauert, liegt nicht zuletzt daran, dass mehrere Organisationen bestimmte Interessen mit ihm verbanden. Die A3WH der 1970er-Jahre war meines Erachtens keine sich selbst tragende soziale Bewegung, sondern basierte darauf, dass die Vertreter der kirchlichen Jugendverbände in ihr ein Aktionsangebot für die Jugendgruppen sahen und daher den Dritte-Welt-Handel ins Leben riefen und vorantrieben. Spätestens mit Gründung der GEPA wurden die kirchlichen Hilfswerke KED und Misereor – die über die Hälfte der GEPA-Gesellschaftsanteile besaßen – zu wichtigen Trägern und Förderern des Konzepts eines gerechten Handels, wenngleich anfangs meist nur über das Engagement einzelner Vertreter. Die Hilfswerke sorgten für die finanzielle und organisatorische Absicherung des Handels, stellten die Kontakte zu den Produzentengenossenschaften her und trieben schließlich auch die Handelsausweitung und die Etablierung des Gütesiegels voran. Für sie war nicht zuletzt entscheidend, dass durch die GEPA und später durch das Gütesiegel für die von den Hilfswerken unterstützten Produzenten Absatzmöglichkeiten erschlossen wurden. Dass die verschiedenen Phasen inhaltlicher Krisen und Orientierungslosigkeit, beispielsweise Ende der 1970er- und Ende der 1980er-Jahre, nicht zur Auflösung des Felds des Fairen Handels führten, lag zum einen an den inzwischen stabilen Strukturen, zum anderen daran, dass von bestimmten Akteuren wie der GEPA immer wieder eine Neuorientierung – beispielsweise auf das Alternativmilieu, auf die Umweltbewegung oder auf den Massenkonsum – konzipiert und durchgesetzt wurde. Das heißt: Das Feld des Fairen Handels entstand und bestand nicht von selbst. Es wurde aufgebaut und am Leben erhalten. Dennoch wäre es verfehlt, den Fairen Handel und seine Vorgänger ausschließlich als „von oben aufgesetzte" Projekte zu verstehen, denn die Basisgruppen und -akteure hatten großen Einfluss und übten diesen auch aus.

Die Entwicklung des Felds des Fairen Handels lässt sich nur nachvollziehen, wenn man den ständigen Kampf der Feldakteure um die Definitionshoheit beachtet. Feldtheoretisch gesehen sorgten die Ereignisse und Prozesse auf globaler Ebene insofern für Dynamik im Feld, als sie bestimmte Zielsetzungen entstehen ließen, manche mit symbolischem Kapital ausstatteten und andere delegitimierten. So hatte beispielsweise die Rezeption von Dependenztheorie und Pearson-Bericht zur Folge, dass das Ziel der Bewusstseinsbildung in den frühen 1970er-Jahren ebenso wichtig wie unangreifbar schien. Später verband die nicaraguanische Revolution linkspolitische und christliche Utopien und legitimierte die Unterstützung eines ganzen Landes auf dem erhofften Weg in die Selbstbestimmung. Der Zusammenbruch des Kaffeeabkommens gab dem Ziel einer Handelsausweitung Dringlichkeit und stattete die Befürworter somit mit symbolischem Kapital aus, denn angesichts fallender Kaffeepreise schien kaum mehr bestreitbar zu sein, dass eine Handelsausweitung im Interesse der Produzenten dringend geboten war.

6.1.4 Globale Verbundenheit und die Rolle der Produzenten

Der Berufung auf die vermeintlichen Produzenteninteressen kam stets große Bedeutung und viel symbolisches Kapital im Fairen Handel zu. Dies lag daran, dass letztlich alle Aktivitäten darauf ausgerichtet waren (oder zumindest zur Legitimation darauf ausgerichtet wurden), die Situation der Produzenten im globalen Süden zu verbessern. Die Produzenten hatten also theoretisch große Handlungsmacht, allerdings erschwerte schon die räumliche Distanz zwischen Produzenten und Abnehmern eine aktive Interessenvertretung der Produzenten. Letztlich ist zu konstatieren, dass die Produzenten im Untersuchungszeitraum zwischen 1970 und 1992 keine institutionalisierte Position im Feld besaßen. Sie hatten daher nur wenig unmittelbare Einflussmöglichkeiten auf die Entwicklung und Ausgestaltung des Handelsmodells. Dennoch wirkten die Produzenten erheblich auf die Entwicklung des Fairen Handels ein. Das konnte beispielsweise dadurch geschehen, dass sie sich anders verhielten, als es von ihnen erwartet wurde, was zu Anpassungsprozessen auf Abnehmerseite führte. Das zeigt sich beispielsweise an der Verwirrung bei vielen Akteuren im Feld des Fairen Handels, als Mitte der 1970er-Jahre deutlich wurde, dass viele guatemaltekische Kleinbauern direkt an freie Zwischenhändler verkauften und dadurch den Dachverband Fedecocagua in erhebliche

Probleme brachten. Einflussmöglichkeiten bekamen Produzentenvertreter außerdem dann, wenn diese ihnen von den Feldakteuren verliehen wurden. So beriefen sich Ende der 1980er-Jahre die Feldakteure, die eine Handelsausweitung befürworteten, auf die Anfragen von Produzenten, um damit die Erschließung weiterer Absatzkreise jenseits des Alternativmilieus zu legitimieren und durchzusetzen.

Die Distanz zwischen Produzenten und Abnehmern sorgte zum einen dafür, dass sich die Akteure im Feld des Fairen Handels als Mittler zwischen Produzenten und Konsumenten und als Repräsentanten der Produzenteninteressen positionieren konnten. Zum anderen erlaubte sie ethische Wertzuschreibungen: Dadurch, dass Abnehmer und Produzenten eben nicht in denselben Regionen lebten, entstand eine Leerstelle, die mit bestimmten Vorstellungen der Abnehmer gefüllt werden konnte. Die Produzenten und die Räume, in denen diese verortet wurden, wurden dadurch oft zur Projektionsfläche eigener Wert- und Zielvorstellungen der Abnehmer. Eingangs wurde vermutet, dass im Dritte-Welt-Handel, im Alternativen und im Fairen Handel stets das Bild einer globalen Verbundenheit mit den Menschen im globalen Süden oder mit Räumen, in denen diese verortet wurden, entscheidend war. Um die Relationalität und Konstruiertheit der Raumvorstellungen fassen zu können, wurden in der Arbeit die Bezeichnungen „das Hier" und „das Dort" verwendet. Das Hier, der Raum, aus dem heraus der Akteur sprach und dem er sich zugehörig fühlte, war ebenso wenig einheitlich wie das Dort, der gedachte Raum, in dem die Produzenten als Gegenüber verortet wurden. In den 1970er-Jahren dominierte das Gefühl einer sich verkleinernden Welt, in der die Menschen im globalen Süden plötzlich näher zu rücken schienen. Den Verantwortlichen in den kirchlichen Jugendverbänden erschien der Verkauf von Waren aus der Dritten Welt für das Ziel der Bewusstseinsbildung besonders reizvoll, ließ sich aus ihrer Sicht damit doch ein direkter Zusammenhang zwischen den Konsumenten und den Produzenten herstellen. In Anlehnung an die Dependenztheorie basierte der Dritte-Welt-Handel auf dem dichotomen Weltbild von reichen und dominanten Industrienationen sowie armen, abhängigen Entwicklungsländern. Damit verbunden war das Bild, das von den Menschen im Süden vermittelt wurde. Auf der einen Seite bemühte man sich, diese als Erbringer von Leistungen darzustellen, um das Bild der reinen Hilfeempfänger zu umgehen. Auf der anderen Seite sprach man den Menschen im Süden ausschließlich eine abwartende und passive Rolle zu. Aus dieser Wahrnehmung heraus entstand die Motivation für viele der früh Aktiven, die den Dritte-Welt-Handel als Reaktion auf ein Gefühl der so bezeichneten christlichen Weltverantwortung sahen. In den 1980er-Jahren sahen sich viele Akteure unmittelbar mit den Sandinisten in Nicaragua verbunden und waren überzeugt, direkt an der Revolution und am Aufbau des Landes beteiligt zu sein. Ein wichtiges Medium dieser vermeintlichen Unmittelbarkeit war der unvermischte Kaffee aus Nicaragua. In den 1990er-Jahren bemühte sich der Faire Handel um die Darstellung einer direkten Verbundenheit der Konsumenten mit den Produzenten, indem darauf verwiesen wurde, dass das Überleben der Kaffeebauern direkt und unmittelbar vom Kauf des fair gehandelten Kaffees abhängig sei. Produzenten und Konsumenten schienen nun über einen alles dominierenden globalen Markt verbunden zu sein, wobei die einen als Nutznießer und die anderen als Unterlegene dargestellt wurden.

Zu dem Bild einer vermeintlich direkten Verbundenheit zwischen Abnehmern und Produzenten gehörte stets ein drittes Element, das in dieser Arbeit als Bezugspol bezeichnet wurde. Es stand im Hintergrund der gedachten Beziehung der Abnehmer zum Dort und den Produzenten und gab ihr Sinn. Der Kampf um die Definitionshoheit über diesen Bezugspol war zugleich immer wieder der Kern der Konflikte im Feld des Fairen Handels. In den 1970er-Jahren beispielsweise drängte ein Teil der Feldakteure darauf, in den Industrienationen durch Bewusstseinsbildung politische Änderungen zu bewirken und dafür zu sorgen, dass die Entwicklungsländer stärker am Welthandel partizipieren können. Ihnen stellten sich Akteure entgegen, die eine Umsatzsteigerung als eigentliches Interesse der Produzenten ausmachten. In den 1980er-Jahren war die primäre Zielsetzung für einen Teil der Akteure die Unterstützung von Befreiungsbewegungen in der Dritten Welt, für einen anderen Teil war es die Unterstützung von Kleinbauern in ihrem Existenzkampf. Ab den späten 1980er-Jahren setzte sich das Ziel einer Unterstützung von Kleinbauern schließlich durch. Umstritten war aber, ob man bei dem Ziel einer Handelsausweitung mit konventionellen Unternehmen zusammenarbeiten dürfe oder ob man auf ein eigenes, in sich geschlossenes und gerechtes Handelssystem bauen sollte. Entscheidend war bei dem Bezugspol, dass sich die Abnehmer dabei auf einer gedachten Linie mit den Produzenten sahen. Je klarer der Bezugspol hervortrat, je eindeutiger die Zielsetzungen des Handels mit den Vorstellungen der Abnehmer übereinstimmten und je deutlicher sich die Abnehmer mit den Produzenten einig sahen, desto einfacher fiel die Identifikation.

Als Problem erwies sich jedoch stets, dass aufgrund der räumlichen Distanz die Informationen über die Verhältnisse auf Produzentenseite bei den Abnehmern niemals vollständig waren. Wenn fraglich wurde, ob die Produzenten im globalen Süden mit den bei den Abnehmern dominanten Zielsetzungen übereinstimmten, dann wurden die Identifikation dieser Abnehmer mit dem

Dort und damit die Unterstützung des Handelsmodells brüchig. Anders gesagt: Der Bezugspol schrieb dem Dort und den Produzenten bestimmte Erwartungen zu, denen diese sich aber immer wieder verweigerten. Ein Beispiel stellen die Diskussionen über den Indio-Kaffee in den 1980er-Jahren dar, als Gruppen aus der Solidaritätsbewegung die mit der Revolution in Nicaragua verbundene Zuschreibung einer Unterstützung von Befreiungsbewegungen auf die guatemaltekische Fedecocagua übertrugen. Da sich die guatemaltekischen Kleinbauern nicht mit diesem Bezugspol in Einklang bringen ließen, verlor für viele Basisgruppen der Verkauf von Indio-Kaffee massiv an Legitimation. Ein weiteres Beispiel ist der um 1985 wachsende Widerstand vor allem aus den Reihen der katholischen Akteure, weiter aus Nicaragua Kaffee zu importieren, da sie das Land auf dem Weg zum Sozialismus sahen.

Im Zuge der Handelsausweitung bekam das Spannungsfeld zwischen Anspruch und Wirklichkeit neue Brisanz, denn für die Positionierung im Massenmarkt schien es nötig, einfache, einheitliche und möglichst wenig angreifbare Bilder der Produzenten zu vermitteln. Für die Vermittlung von Komplexität blieb auf der Rückseite der Kaffeeverpackungen kaum Platz. Das Bild der Produzenten stand also stets in engem Zusammenhang mit den auf der Abnehmerseite dominierenden Vorstellungen und Wertzuschreibungen und war damit relational konstruiert. Die vermeintliche Verbundenheit war im Wesentlichen eine lokale Projektion.

6.1.5 Plausibilisierungsstrategien und die Frage des Vertrauens

Eng mit der Repräsentation der Produzenten verbunden war die Frage der Glaubwürdigkeit. Indem die Akteure im Feld des Fairen Handels die Waren mit einer ethischen Wertzuschreibung ausstatteten, gelang es, eine Marktnische zu besetzen. Zugleich entstanden dadurch besondere Risiken, denn der Erfolg des Handels hing elementar davon ab, dass die Konsumenten dem Handel in Bezug auf die ethische Wertzuschreibung Glaubwürdigkeit zusprachen. Durch die Distanz zu den Produzenten war das Vertrauen der Konsumenten fast immer ein Vertrauen zweiten Grades: Sie vertrauten der A3WH, den kirchlichen Hilfswerken, den Weltläden oder dem Trans-Fair-Gütesiegel, die sich wiederum für die Vertrauenswürdigkeit beispielsweise der Produzenten oder der Handelsbedingungen verbürgten. Im Hintergrund stand aber immer die Möglichkeit, dass das Vertrauen plötzlich entzogen werden konnte, wenn die Zuverlässigkeit des Handelsmodells oder der Produzenten fraglich wurde. Insofern war es für die Akteure im Feld des Fairen Handels stets entscheidend, Glaubwürdigkeit zu erzeugen und zu behalten. Die wohl wichtigste Strategie bei der Erzeugung von Glaubwürdigkeit lag in dem Verweis darauf, dass man die Interessen der Produzenten vertrete. Eine weitere Strategie war der Verweis auf die kirchlichen Wurzeln des Feldes. Dadurch, dass man den Dritte-Welt-Handel beispielsweise als Pflicht der Christen darstellte, wurde dem Handelsmodell symbolisches Kapital in Form von Glaubwürdigkeit verliehen. Häufig diente außerdem der Verweis auf die Ethnizität der Produzenten zur Plausibilisierung: Von 1973 bis Mitte der 1980er-Jahre wurde der Indio-Kaffee verkauft und damit auf die indigenen Wurzeln der Produzenten hingewiesen – erst später stellte sich heraus, dass nur wenige der Produzenten Indigene waren; der Verkauf des ersten ökologisch angebauten Kaffees ab 1985 wurde damit begründet, dass die Produzenten, zum größten Teil Maya, aufgrund ihres Naturverständnisses keine chemieintensive Landwirtschaft betreiben wollten.

6.1.6 Die Bedeutung des Kaffees und die ethische Wertzuschreibung von Waren

Ein Schwerpunkt der Untersuchung lag auf der Ware Kaffee. Der erste explizit als gerechter gehandelt beworbene Kaffee wurde 1973 als Indio-Kaffee auf den Markt gebracht; seitdem war und blieb Kaffee stets das wichtigste Verkaufsgut im Fairen Handel. Es muss hervorgehoben werden, dass der Grund dafür nicht etwa darin lag, dass der Kaffeehandel ungerechter wäre als der Handel mit anderen globalen Gütern. Die Gründe dafür, dass Kaffee das bekannteste Fair-Handels-Gut war (und ist), liegen, so konnte gezeigt werden, vielmehr in den Vorteilen, die die Ware Kaffee auf Abnehmerseite bot. Zum einen zeigte sich früh, dass Kaffee Verkaufszahlen erreichte, die beispielsweise mit Kunsthandwerksprodukten nicht möglich waren. Als Verbrauchsgut versprach Kaffee außerdem einen kontinuierlichen Absatz. Der allerdings wohl wichtigste Grund dafür, dass Kaffee in der Entwicklung des Felds des Fairen Handels stets eine so zentrale Rolle spielte, liegt darin, dass er sich als Projektionsfläche einer unmittelbaren globalen Verbundenheit eignete. Das lag schon daran, dass die Warenkette des Kaffees im Vergleich mit anderen Produkten vergleichsweise kurz und direkt ist. Das Endprodukt Kaffee basiert auf nur einem Ausgangsprodukt, der Kaffeebohne. Ernte, Selektion und Aufarbeitung – die Verarbeitungsstufen der Warenkette in den Erzeugerländern – finden meist in einem Genossenschaftsverband statt. Dadurch konnte der Verkauf von Kaffee in einen unmittelbaren Zusammenhang mit den Menschen und den Räumen im Dort gebracht werden.

Eine herausragende Rolle spielte Kaffee schließlich, da er zu jeder Zeit besonders geeignet zu sein schien, die jeweils mit dem Handel verbundenen primären Zielsetzungen zu erfüllen oder zu tragen. In den 1970er-Jahren wurde er als das ideale Mittel zur Bewusstseinsbildung angesehen, da sich am Kaffee die Aussagen der Dependenztheorie deutlich machen ließen. In den 1980er-Jahren war Kaffee deshalb wichtig, weil er direkt aus dem Kriegsgebiet in Nicaragua kam und weil viele der europäischen Arbeitsbrigadisten an der Kaffee-Ernte beteiligt waren – unvermischter Kaffee aus Nicaragua stellte für die Solidaritätsbewegung das Medium der unmittelbaren und direkten Verbundenheit mit der Revolution dar. Und in den 1990er-Jahren erhoffte man sich von dem Verkauf von Kaffee, die Ziele des Fairen Handels schnell und leicht verständlich deutlich machen zu können: Durch die fallenden Kaffeepreise nach dem Zusammenbruch des Kaffeeabkommens konnten die Kleinbauern leicht als unverschuldet Notleidende dargestellt werden.

Dazu kam, dass Kaffee dichotome Zuordnungen bereits in sich trug. Er wurde auf der Abnehmerseite mit Gemütlichkeit, Freizeit und Entspannung, auf der Produzentenseite aber mit Existenzkampf, Abhängigkeit und Armut in Verbindung gebracht und bildete somit die vom Fairen Handel beton- ten Gegensätze zwischen dem globalen Norden und dem globalen Süden und den daraus folgenden moralischen Handlungsbedarf für die Akteure als Produkt ab. All diese Faktoren haben dazu beigetragen, dass der Kaffee seit 1973 stets das wichtigste Verkaufsgut im Feld des Fairen Handels war.

In der Einleitung wurde bereits dargestellt, dass die Wertzuschreibung von Waren stets abhängig von den „Wertregimen" und damit vom soziokultu- rellen Kontext ist. Im Fall des als gerecht gehandelt beworbenen Kaffees lässt sich dieser Befund an mehreren Stellen ablesen. So zeigt sich schon auf Abnehmerseite, dass oft völlig unterschiedliche Wertzuschreibungen mit dem Konsum von Kaffee verbunden waren. Während der Kaffee beispielsweise für die einen das Medium der direkten Teilhabe an politischen Auseinander- setzungen und revolutionärer Erneuerung in Zentralamerika war, stellte er für die anderen vor allem ein Mittel zur Unterstützung von Kleinbauern im globalen Süden dar. Noch deutlicher zeigen sich die unterschiedlichen Wert- zuschreibungen, wenn man die Produzenten- und Abnehmerseiten vergleicht. Auf der Abnehmerseite war die ethische Wertzuschreibung oft der wichtigste Bestandteil des Kaffees, eine Vermischung mit Kaffees aus anderen Quel- len verbot sich, da sonst die mit dem Kaffee verbundene Wertzuschreibung gefährdet worden wäre. Auf Produzentenseite war die von den Abnehmern mit dem Kaffee verbundene ethische Wertzuschreibung allerdings kaum vorhanden, oftmals sogar kaum bekannt. Für die Produzenten bedeutete die Möglichkeit eines Verkaufs beispielsweise an die GEPA schlicht, einen Teil der Kaffee-Ernte zu höheren Preisen absetzen zu können. Dadurch wird verständlich, warum viele Produzenten bei Lieferengpässen zuerst an die konventionellen Vertragspartner lieferten, die aufgrund der Abnahmemengen in der Regel nicht nur die ökonomisch wichtigeren Handelspartner waren, sondern bei Vertragsbruch mit Konsequenzen drohten – was die Organisationen des Felds des Fairen Handels aufgrund ihres Selbstverständnisses in der Regel nicht taten. Auf Abnehmerseite sorgte dies allerdings für erhebliche Verwirrung, ging man doch regelmäßig davon aus, dass die Solidarität, die man den Produzenten entgegenbrachte, von diesen erwidert würde wohl.

Die Entstehung und Geschichte des Fairen Handels lässt sich nur nachvollziehen, wenn man die Wechselwirkungen von Globalität und lokaler Aushandlung in den Blick nimmt. Das bezieht sich auf viele sich überschneidende Phänomene. Bilder und Vorstellungen von Räumen und den darin verorteten Menschen beeinflussten die Handlungen der Akteure im Feld des Fairen Handels. Handlungen oder Nichthandlungen der Produzenten führten dazu, dass das Handelskonzept angepasst oder der Kurs korrigiert wurde. Ereignisse in anderen Teilen der Welt, jenseits der Grenzen des Hier, führten zu Aushandlungsprozessen auf Abnehmerseite und dazu, dass sich Deutungsmuster veränderten. Sich ändernde Deutungsmuster resultierten in sich ändernden Konsum- und Nachfragemustern, die zur Folge hatten, dass auf Produzentenseite bestimmte Prozesse stattfanden oder durchgesetzt wurden. Im Ergebnis lässt sich festhalten: Globalität und Lokalität sind ebenso vielschichtig wie schwer zu fassen. Das Globale existiert nur durch die lokale Aushandlung, die lokale Aushandlung wiederum erklärt sich erst durch den Rückbezug auf das Globale. Globalität und Lokalität sind nur in ihrer gegenseitigen, zeit- und kontextgebundenen Relationalität zu fassen und zu verstehen.

6.2 Die weitere Entwicklung: Risiken und Chancen im Fairen Handel

Zum Abschluss der Arbeit möchte ich einen kurzen Ausblick auf die weitere Entwicklung des hier untersuchten Felds des Fairen Handels nach 1992 geben.[1] Daran schließen sich Einschätzungen und Prognosen über mögliche

---

1 Auch die Entwicklung des Fairen Handels seit der Einführung der Gütesiegel ist noch nicht von Historikern untersucht worden, wird allerdings von mehreren Studien

Entwicklungen in der Zukunft an, die auf meinen Forschungen der letzten Jahre sowie auf zahlreichen persönlichen Gesprächen mit Akteuren des Fairen Handels auf Abnehmer- und Produzentenseite basieren.

6.2.1 Ausblick auf die Gegenwart

Ab 1993 hatte der Kaffeemarkt die Preiskrise nach der Aussetzung des Internationalen Kaffeeabkommens überwunden, die Preise begannen wieder zu steigen. Für die Produzenten war diese Entwicklung erfreulich, doch sie hatte zur Folge, dass die bislang wichtigste Legitimation des Fairen Handels wegfiel: der Verweis darauf, dass dieser für das Überleben der Produzenten sorgen müsse. Hinzu kam, dass der Faire Handel sich zumindest in Bezug auf den gezahlten Preis nicht länger vom konventionellen Handel unterschied. Das Preismodell von Max Havelaar und dem Trans-Fair-Gütesiegel sah vor, dass der an die Produzenten gezahlte Mehrpreis bei Anstieg des Weltmarktpreises prozentual abnahm und dass ab einer bestimmten Schwelle nur noch der übliche Weltmarktpreis gezahlt würde. Dies wurde damit begründet, dass der Faire Handel ja keine ständige Mehrbezahlung, sondern einen gerechten Preis erwirken wolle. Von den Röstereien als Lizenznehmern des Gütesiegels wurden die zertifiziert fairen Kaffeemischungen häufig dennoch teurer als die konventionellen Mischungen angeboten und der Preisaufschlag offensichtlich als Gewinn verbucht. Viele Konsumenten griffen allerdings weiterhin zu dem als fair gehandelt gekennzeichneten Kaffeeprodukt in dem Glauben, dass der Aufpreis den Produzenten zugutekomme. Aufgrund von Protesten, vor allem aus den Reihen der Weltläden, wurde das Preismodell bei Trans Fair schließlich so angepasst, dass bei fair gehandeltem Kaffee immer ein Aufpreis von mindestens fünf Prozent auf den Weltmarktpreis an die Produzenten zu zahlen war.[2]

Dass die im letzten Hauptkapitel geschilderte Furcht der GEPA vor Konkurrenz und Preisdruck nicht ganz grundlos war, zeigte sich bald nach der Markteinführung des Trans-Fair-Gütesiegels. Noch 1993 brachte eine Großrösterei einen Kaffee mit Trans-Fair-Siegel auf den Markt, dessen Verkaufspreis aufgrund verschiedener Faktoren mit knapp 8 DM pro 500 Gramm offenbar etwa 3 DM unter dem Preis der GEPA-Kaffees veranschlagt werden

---

grundsätzlich in den Blick genommen. Vgl. für die weitere Entwicklung des Fairen Handels in Deutschland vor allem Raschke: Fairer; mit internationaler Ausrichtung Fridell: Fair; überblicksartig Bennett: Short; Nicholls/Opal: Fair; Linton: Fair.

2 Vgl. Herbig: Transfair, S. 47–48; Glania: Welthandelsgut, S. 98; Baum/Offenhäußer: Kaffee, S. 98ff.

konnte.[3] Die GEPA geriet ab Mitte der 1990er-Jahre in eine schwerwiegende wirtschaftliche Krise. Das lag nicht nur an der neuen Konkurrenz und dem Preiswettbewerb, sondern auch daran, dass die rasanten Umsatzsteigerungen zum Eigenkapital des Unternehmens in keinem Verhältnis mehr standen. Das Unternehmen musste sich wohl eingestehen, bei der Handelsausweitung zu forsch vorausgestürmt zu sein.[4]

Im Feld des Fairen Handel war regelmäßig die Befürchtung geäußert worden, dass die öffentliche Aufmerksamkeit nach dem Markteintritt des Trans-Fair-Gütesiegels wieder abnehmen könnte. Und in der Tat zeigte sich, dass nach einer ersten Wachstumsphase die Umsatzzahlen des Fairen Handels ab Mitte der 1990er-Jahre stagnierten. Dennoch – oder auch deshalb – wurden Ausweitungen beschlossen und ab 1995 weitere Produkte mit dem Trans-Fair-Siegel zertifiziert: anfangs Tee, dann Schokolade, Honig, Bananen und Orangen – also Produkte aus landwirtschaftlichem Anbau und mit wenig Weiterverarbeitungsstufen. Das wichtigste Produkt blieb allerdings der Kaffee. Und hier bekam der Faire Handel bald doch wieder eine existenzsichernde Funktion. Um die Jahrtausendwende fiel der Kaffeepreis erneut dramatisch und sogar noch unter das Niveau der Preiskrise ab 1989. Ohne den im Fairen Handel garantierten Mindestpreis hätten viele Kleinbauernkooperativen nicht weiterexistieren können.[5] Erst ab 2005 ließ der Faire Handel eine fast zehn Jahre während Phase der Stagnation hinter sich. Der Grund dafür ist unter anderem darin zu sehen, dass immer mehr Großunternehmen einen Teil ihrer Produkte mit dem Trans-Fair-Siegel auszeichnen ließen. Auf globaler Ebene war einer der wichtigsten Meilensteine die Kooperation des Fairen Handels mit der US-amerikanischen Cafébarkette *Starbucks*. In Deutschland verkaufte ab 2006 der Discounter *Lidl* einen als fair zertifizierten Kaffee. Die Tatsache, dass damit ein Unternehmen am Fairen Handel beteiligt war, das vorher oft aufgrund seiner Lohn- und Beschäftigungspolitik in der Kritik gestanden hatte, sorgte für Entrüstung bei vielen langjährigen Unterstützern des Fairen Handels.[6] Auch die Kooperation mit Starbucks wurde kritisiert,

---

3 Vgl. dazu und zu den verschiedenen Gründen für diese Preisdifferenz Herbig: Transfair.

4 Vgl. dazu Raschke: Fairer, S. 143 ff.

5 Zu den Auswirkungen der Krise von 2001 und der Bedeutung des Fairen Handels für die Kooperativen gibt es mehrere Untersuchungen, vgl. beispielsweise die Beiträge bei Bacon u. a. (Hg.): Confronting; Topik/Talbot/Samper: Introduction; Renard: Mexican; Luetchford: Fair.

6 Vgl. beispielsweise Raschke: Fairer, S. 148–151; zur Protestkampagne gegen Lidl vgl. Baringhorst, Sigrid, Kneip, Veronika und Niesyto, Johanna: Wandel und Kontinuität

da bekannt wurde, dass das Unternehmen offensichtlich nur einen geringen Teil seines Sortiments zu fairen Bedingungen einkaufte, es in der Werbung jedoch aus Sicht der meisten Fair-Handels-Aktivisten so darstellte, als wäre man aus Überzeugung am Fairen Handel beteiligt.[7] Diejenigen, die einer Kooperation des Fairen Handels mit gewinnorientierten Großunternehmen skeptisch gegenüberstanden, argumentierten, dass große Konzerne wie Lidl oder Starbucks sich durch das Angebot eines fair gehandelten Kaffees ein besseres Image verschafften und dass die ungerechten Handelspraktiken so erst recht verschleiert würden. Wie schon im Zuge der Handelsausweitung ab 1989 konnten sich die Befürworter einer Kooperation mit Großunternehmen jedoch darauf berufen, durch Umsatzsteigerungen noch mehr Kleinbauern bessere Lebensbedingungen ermöglichen zu können. Außerdem wuchs die Angst davor, dass vonseiten der konventionellen Unternehmen eigene Gütesiegel mit weniger strikten Kriterien auf den Markt gebracht werden könnten, was die Konsumenten verwirren würde. Im Jahr 2006 entschied Trans Fair, in die Kooperation mit Lidl einzusteigen. Seit diesem Jahr gehen die Umsatzzahlen des Fairen Handels in Deutschland steil nach oben.

Grafik 14   Umsatzentwicklung mit fair gehandelten Produkten in Deutschland, 1993–2012

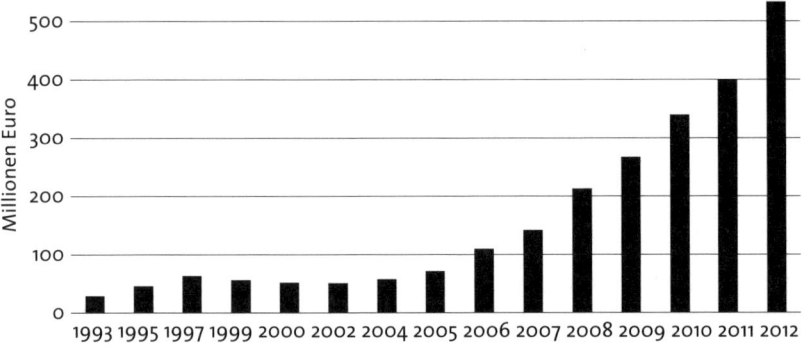

von Protestkulturen seit den 1960er Jahren. Eine Analyse ausgewählter Anti-Corporate-Campaigns, in: Baringhorst, Sigrid, Kneip, Veronika, März, Annegret und Niesyto, Johanna (Hg.): Politik mit dem Einkaufswagen. Unternehmen und Konsumenten als Bürger in der globalen Mediengesellschaft, Bielefeld, 2007, S. 109–135.

7 Vgl. zur Beteiligung von Starbucks am Fairen Handel und zu den daraus entstehenden Konflikten einführend Jaffee: Brewing, S. 15–17 und 199ff.; Talbot: Grounds, S. 209–210; Pendergrast: Kaffee, S. 401–422.

6.2.2 Der Erfolg des Fairen Handels und die
Moralisierung der Märkte: alternative Interpretationen

Der Faire Handel hat viel Positives erreicht.[8] Er hat zahlreichen kleinbäuerlichen Familien und Gemeinschaften im globalen Süden zu einem höheren Lebensstandard sowie zu mehr Mitbestimmungsmöglichkeiten verholfen. Er hat gegenüber den Konsumenten die Produktionsbedingungen beispielsweise beim Kaffee aus der Anonymität geholt. Und der Faire Handel ist wohl ein wesentlicher Grund dafür, dass die Frage nach gerechten Handelsbedingungen zwischen Produzenten im globalen Süden und Abnehmern im globalen Norden in das Blickfeld der Konsumenten gerückt wurde und dass Themen wie Handelstransparenz, Preisgerechtigkeit sowie Dialog und Gleichberechtigung unter Handelspartnern mit grundsätzlich unterschiedlichen Ausgangspositionen in den marktwirtschaftlichen Wettbewerb eingingen.

Die steigenden Umsatzzahlen werden dementsprechend regelmäßig als Beleg dafür gewertet, dass immer mehr Konsumenten bereit seien, kritisch zu konsumieren.[9] Ich halte dieses Urteil nicht für falsch, möchte aber im Folgenden eine alternative oder ergänzende Interpretation des vor allem seit 2008 wachsenden ökonomischen Erfolgs zur Diskussion stellen.

Ich sehe den wichtigsten Grund für den wachsenden Erfolg des Fairen Handels darin, dass er – wie schon seine Vorgänger – den Konsumenten im globalen Norden das Bild einer direkten Verbundenheit mit den Menschen im globalen Süden vermittelt. Die inzwischen zahlreichen Berichte über Lebensmittelskandale, unmenschliche Arbeitsbedingungen und vor allem über die Finanzkrise, die im Sommer 2007 als Krise des US-Immobilienmarkts begann und spätestens mit der Insolvenz der Investmentbank „Lehman Brothers" im Jahr 2008 globale Ausmaße bekam, haben dazu geführt, dass viele Konsumenten im globalen Norden dem kapitalistischen Weltwirtschaftssystem zunehmend skeptisch bis ablehnend gegenüberstehen. Zugleich haben viele Menschen das Gefühl, diesem weltumspannenden Wirtschaftssystem nicht entgehen zu können – zu engmaschig scheinen die Verflechtungen inzwischen geworden zu sein. Der Faire Handel bietet, so meine ich, eine scheinbare Antwort auf die daraus resultierenden Entfremdungsgefühle, indem er erstens bestimmten Produkten wie dem Kaffee eine

---

8 Das Folgende basiert zum großen Teil auf subjektiven Einschätzungen und nicht immer belegbaren Hypothesen. Nachweise werden daher nur begrenzt geführt.

9 Vgl. als Beispiele Wheeler: Fair Trade; Holler, Simon: Fairtrade als subpolitisches Konzept. Ziele, Strukturen, Herausforderungen und Strategien, in: Baringhorst u.a. (Hg.): Politik, S. 335–352; Nicholls/Opal: Fair.

Biografie verleiht und das Gegenüber auf der Produzentenseite kenntlich macht, und indem er zweitens darstellt, dass dieses Gegenüber glücklich ist. Die Verpackungen der fair gehandelten Produkte jedenfalls zeigen in aller Regel lächelnde Produzenten. Damit bedient der Faire Handel meiner Ansicht nach – wie schon zu Beginn der 1980er-Jahre mit dem Nicaragua-Kaffee – in der momentanen Krisenstimmung ein Bedürfnis nach Nähe, nach menschlichem Zusammenhalt und positioniert sich als Antwort auf die Anonymität der weltwirtschaftlichen, auf Wettbewerb ausgerichteten Strukturen.[10] Ich sehe also die Ursachen einer „Moralisierung der Märkte" (sofern diese überhaupt angenommen werden kann) nicht wie Nico Stehr in einer Zunahme von Wohlstand und Wissen.[11] Erst recht nicht, wenn man Wohlstand und Wissen als absolut fasst: Im Dritte-Welt-, im Alternativen und im Fairen Handel war stets die relationale Bewertung von Wohlstand und Wissen entscheidend, beispielsweise wenn die Akteure überzeugt waren, dass es anderen Menschen schlechter gehe, dass man selbst möglicherweise Nutznießer dieses Missverhältnisses sei oder dass das eigene, vermeintliche Wissen richtig sei. Ich glaube, dass die durch die Globalisierung zunehmende Anonymität der weltwirtschaftlichen Strukturen den Erfolg von ethischen Wertzuschreibungen begründet. Diese Anonymität erzeugt in meinen Augen auf Konsumentenseite ein Vertrauensdefizit und damit eine Leerstelle, in der sich der Faire Handel als besonders vertrauenswürdig positionieren kann. Für den Boom von Bio-Produkten vermute ich ähnliche Ursachen.

Wenn die Vermutung zutrifft, dass der Faire Handel ein Bedürfnis nach Nähe und Zusammenhalt erfüllt, ließe sich dadurch außerdem erklären, warum viele Konsumenten von fair gehandelten Produkten als Grund für den Kauf angeben, sie wollten *sich selbst* etwas Gutes tun.[12] Außerdem wäre dann verständlich, warum der Faire Handel vor allem im Verkauf von landwirtschaftlichen Erzeugnissen so erfolgreich ist. Kaffee, Bananen, Tee oder Schnittblumen erreichen den Konsumenten in ihrer fast ursprünglichen

---

10 Vgl. die Hypothese Vramos: „a yearning for connectedness with the world, for closeness to production and producers, is an important driving force behind ethical purchases and the overall trade. The wish to bridge the gap between Us and Them is kept alive by ideas of direct trade and of receiving goods through ethical channels", Vramo: Trade, S. 82.

11 Vgl. Stehr: Moralisierung, u. a. S. 18ff.

12 Dies gaben beispielsweise auf einer 2010 in Göttingen stattfindenden Podiumsdiskussion zum Fairen Handel die meisten Konsumenten als Antwort, als sie nach dem Grund für den Kauf fair gehandelter Produkte befragt wurden.

Form und eignen sich dadurch besser als andere, weiterverarbeitete Produkte als Medium einer vermeintlich direkten Verbundenheit mit einem globalen Gegenüber. Da es sich dabei um landwirtschaftlich erzeugte Produkte handelt, können die Produzenten darüber hinaus zur Projektionsfläche von Sehnsüchten nach einem einfachen, aber glücklichen Leben im Einklang mit der Natur werden.[13]

Blickt man auf die in dieser Arbeit untersuchte Geschichte des Dritte-Welt-, Alternativen und Fairen Handels, lässt sich erkennen, dass die ethische Wertzuschreibung dann am erfolgreichsten als Wettbewerbselement eingesetzt werden konnte, wenn sie bestimmte Bedürfnisse der Abnehmer erfüllte. Davon ausgehend sehe ich den gegenwärtigen Erfolg des Fairen Handels in einem engen Zusammenhang mit der Krisenstimmung auf Abnehmerseite. Meiner Ansicht nach ist das im Fairen Handel regelmäßig hervorgehobene Phänomen, dass die Konsumenten offensichtlich *trotz* der Krise mehr fair gehandelte Produkte kaufen, dadurch erklärbar, dass sie es *gerade wegen* der Krise tun.

6.2.3 Subjektive Einschätzungen zur möglichen Zukunft des Fairen Handels

Wachsende Umsatzzahlen entwickeln eine eigene Dynamik. Sie bilden wirtschaftlichen Erfolg ebenso klar wie leicht verständlich ab und erhöhen den Druck, diesen Erfolg in der Zukunft zu wiederholen. Doch im Zuge der Konzentration auf wachsende Umsatzzahlen begab sich der Faire Handel auf einen spannungsreichen Weg, der von Daniel Jaffee treffend als „Dancing with the Devil" bezeichnet wird:[14] Die globalisierte, kapitalistische Weltwirtschaft, die der Faire Handel implizit kritisiert, ist zugleich die Grundlage seiner Existenz.[15] Auf dieses Spannungsfeld und auf aus meiner Sicht bestehende Risiken und Chancen für die weitere Entwicklung des Fairen Handels möchte ich im Folgenden eingehen.

---

13 Dies würde erklären, warum es beispielsweise keine fair gehandelten Computer gibt – eine Frage, die Frein und Santarius aufwerfen, vgl. Frein, Michael und Santarius, Tilman: Modell für einen gerechten Welthandel. Eine kritische Würdigung des Fairen Handels, in: Brot für die Welt/Evangelischer Entwicklungsdienst (Hg.): Perspektiven im Fairen Handel. Dossier 9, Frankfurt am Main, 2009, S. 18–21.
14 Jaffee: Brewing.
15 Dieses Spannungsfeld wurde bereits mehrfach in den Blick genommen. Sehr intensiv und aufschlussreich setzt sich beispielsweise Gavin Fridell damit auseinander, vgl. Fridell: Fair.

Die fehlende Problematisierung

Der Dritte-Welt-Handel und der Alternative Handel hatten klare Gegner und Ziele. In den 1970er-Jahren wurde die Wirtschaftspolitik der Industrienationen scharf kritisiert, in den 1980er-Jahren große Unternehmen und die Machtpolitik der USA. Allerdings stellte sich den Akteuren im Feld des Fairen Handels später meist dar, dass die Verhältnisse nie so eindeutig waren, wie es anfangs den Anschein gehabt haben mag. Daraus resultierte unter anderem, dass der in den 1990er-Jahren aus dem Alternativen Handel hervorgegangene Faire Handel bis heute meines Erachtens keine klaren Ziele und Gegner mehr benennt. Dies zeigt sich auch in der heutigen Definition des Fairen Handels. Darin heißt es, mit dem Fairen Handel werde auf „mehr Gerechtigkeit im internationalen Handel" gezielt.[16] Diese Formulierung impliziert offensichtlich etwas Ungerechtes, macht es jedoch weder kenntlich noch werden mögliche Ursachen dafür benannt. Eine eindeutigere Kritik wäre wohl nur noch schwer zu führen, denn die vom Dritte-Welt- oder Alternativen Handel ausgemachten Gegner gehören inzwischen zu den wichtigsten Kooperationspartnern des Fairen Handels. Konventionelle Großunternehmen schmücken sich mit dem Gütesiegel und freuen sich vermutlich über höhere Gewinne,[17] Vertreter der Politik signalisieren ihre Unterstützung und Kommunen lassen sich als „Fair-Trade-Städte" auszeichnen.[18]

Ich halte dies für eine zweischneidige Entwicklung. Einerseits steigt dadurch die Bekanntheit des Fairen Handels und damit der öffentliche Druck, für gerechtere Handelsbedingungen auf globaler Ebene zu sorgen. Andererseits findet dieser Druck, so meine ich, kein Ziel, er geht ins Leere, denn wenn beispielsweise Politik oder Handelsunternehmen mit dem Fairen Handel kooperieren, werden sie aus der Pflicht genommen, die Handelsbedingungen generell anzupassen oder für langfristige Veränderungen in der politischen Landschaft zu sorgen. Die Aussage scheint zu sein: Wer „mehr Gerechtigkeit" will, muss fair gehandelte Produkte kaufen. Ich sehe darin die Gefahr, dass der Faire Handel zu einem Instrument der Wohlgefälligkeit wird und sich zunehmend als vermeintliche Lösung für Probleme präsentiert, die er nur ungenau benennt und alleine gar nicht zu lösen vermag.

---

16 WFTO/FLO e. V.: Grundsatz-Charta, S. 6.

17 Die Gewinnmarge für die konventionellen Unternehmen liegt im Fairen Handel meist höher als im konventionellen Handel, vgl. Glania: Welthandelsgut, S. 98; Herbig: Trans-Fair, S. 47–50.

18 Vgl. http://www.fairtrade-towns.de/ (zuletzt abgerufen am 4.11.2013).

Der Druck des Wettbewerbs und die Reduzierung
auf ökonomische Aspekte

Unter dem Dach des Fairen Handels sammeln sich unterschiedliche Akteure mit unterschiedlichen Zielsetzungen. Neben – vor allem kleineren – Unternehmen, die aus einer ideologischen Überzeugung der Mitarbeiter heraus auf einen engen Dialog mit den Produzenten setzen, finden sich – vor allem große – Unternehmen, für die der Faire Handel in erster Linie ein marktwirtschaftliches Wettbewerbselement darstellt.[19]

Wenn heutzutage in Tageszeitungen über den Fairen Handel berichtet wird, dann wird meist auf die nach oben zeigenden Umsatzzahlen verwiesen. Die wohl beachtenswertesten Erfolge auf Produzentenseite haben die Akteure des Dritte-Welt-, des Alternativen und des Fairen Handels in der Vergangenheit allerdings dann erreicht, wenn nicht nur auf den ökonomischen Erfolg geblickt und nach Standards vorgegangen, sondern auf Probleme im Einzelfall reagiert wurde, wenn Produzentenvertreter und Handelsunternehmen in den Dialog traten, gemeinsam nach Lösungen suchten, wenn gezielt kleine und benachteiligte Produzentengruppen beim Aufbau unterstützt wurden und wenn Umwege in der Entwicklung möglich waren. Diese Leistungen spiegeln sich aber nicht in den Erfolgsmeldungen steigender Absatzzahlen. Im Gegenteil: Der Fokus auf ökonomischen Erfolg beschneidet zunehmend die Freiräume für Prozesse, bei denen nicht der standardisierte, direkte Weg gewählt wird. Denn durch den Fokus auf den wirtschaftlichen Erfolg erhöht sich der Konkurrenzdruck, wodurch die Gefahr besteht, dass stabile und bereits etablierte Produzentengenossenschaften bevorzugt werden.

Das grundlegende Prinzip des marktwirtschaftlichen Austausches ist der Wettbewerb. Wettbewerbsdruck hat dort Einsparungen und Kürzungen zur Folge, wo der geringste ökonomische Nutzen in Aussicht steht. Ziele wie Kooperation und Dialog haben nicht – oder zumindest nicht direkt – ökonomischen Nutzen. Je stärker das Prinzip des Wettbewerbs in den Fairen Handel eindringt, desto stärker werden Unternehmen wohl langfristig Kooperationsbemühungen einschränken müssen, um im Markt bestehen zu können.

---

19 Ich möchte daher dafür plädieren, zumindest aus der wissenschaftlichen Perspektive den Fairen Handel nicht mehr von vornherein als Bewegung zu bezeichnen, sondern diesen Begriff nur sehr differenziert zu benutzen. Denn sonst werden meines Erachtens allen Akteuren im Fairen Handel semantisch scheinbar altruistische und nicht in erster Linie gewinnorientierte Zielsetzungen unterstellt.

Es handelt sich bei dem Prinzip der Gemeinsamkeit aber um ein grundlegendes Element des Fairen Handels, das seine Glaubwürdigkeit bei den Konsumenten begründet. Schwindet die Glaubwürdigkeit des Fairen Handels, dann gehen wohl auch die Umsatzzahlen nach unten. Für die konventionellen Unternehmen ist dies weniger ein Problem: Wenn die Konsumenten sich von den fair gehandelten Produkten abwenden, greifen sie schließlich wieder zu den konventionell gehandelten Produkten. Existenzbedrohend wird der Wettbewerb daher vor allem für diejenigen Unternehmen, die voll auf Fairen Handel setzen. Denn das Gütesiegel bewirkt, dass die unterschiedlichen Zielsetzungen nach außen hin auf ein standardisiertes Maß reduziert werden.

Die Problematik der Repräsentation

Die fortschreitende Reduzierung auf ökonomische Aspekte betrifft auch das Bild, das von den Produzenten vermittelt wird. Für die möglichst leichte Verständlichkeit der Botschaften werden die Produzenten meines Erachtens zunehmend auf ihre wirtschaftliche Rückständigkeit reduziert und wird vermittelt, dass man ihnen als Konsument durch den Kauf eines fair gehandelten Produkts beistehen könne. Unterschiede zwischen verschiedenen Produzentengruppen oder Genossenschaften finden nur selten Platz auf der Verpackung. Damit kann der Faire Handel dazu beitragen, dass das Bild der Menschen im globalen Süden immer stärker vereinfachte Züge bekommt. Und so würde der Faire Handel langfristig das Gegenteil dessen bewirken, was er eigentlich als Ziel ausgibt – nämlich, dass sich die gedankliche Distanz zwischen Produzenten und Abnehmern noch vergrößert. Da der Faire Handel in der Öffentlichkeit als Repräsentant der am stärksten benachteiligten Produzenten auf breiter Basis akzeptiert zu sein scheint, trägt er in meinen Augen außerdem dazu bei, dass die genossenschaftlich organisierten Kleinbauern zunehmend in der Position dieser am stärksten benachteiligten Produzenten verortet werden. Dadurch besteht für noch stärker benachteiligte Gruppen diskursiv kein Raum mehr. Beispielsweise landlose Wanderarbeiter werden dadurch wohl erst recht sprachlos gemacht. Hier zeigt sich die Problematik der Repräsentation, die in diesem Fall besonders schwierig zu hintergehen ist, da sie wohlwollend auftritt.[20]

---

20 Vgl. dazu beispielsweise auch die Kritik Gayatri Chakarvorty Spivaks am westlichen Feminismus in Spivak: Subaltern.

Zukunftsszenarien

Den genannten Kritikpunkten lässt sich der ökonomische Erfolg des Fairen Handels entgegenhalten. Er scheint ihm Recht zu geben und lässt sich auch ethisch begründen: Mehr Umsatz bedeutet mehr Unterstützung für benachteiligte Kleinbauern im globalen Süden. Legt man den Fokus auf die Verkaufszahlen, werden möglichst eindeutige Botschaften – das zeigt schon der Blick in die Vergangenheit – sicher förderlich sein. Eine klare Trennung der Produzenten und Konsumenten in dichotome Muster von Arm und Reich, Unterdrückt und Handlungsfähig werden dem Fairen Handel weiterhin eine Nische im Markt sichern – sofern der Faire Handel weiterhin glaubwürdig die Position als Vertreter der Produzenten besetzen kann. Doch auch dies zeigt der Blick in die Geschichte des Fairen Handels: Auf Phasen der Stabilität folgten meist Phasen, in denen die ethische Wertzuschreibung angezweifelt wurde.

Darauf ließe sich frühzeitig aus der momentanen Phase von Stabilität und wirtschaftlichem Erfolg reagieren, indem der Faire Handel sich bewusst auf die Ziele besinnt, die im Dritte-Welt- und im Alternativen Handel bestimmend waren. Meines Erachtens ist für eine langfristig fortbestehende Glaubwürdigkeit des Fairen Handels eine stärkere Transparenz und Problematisierung nötig. Von den Akteuren im Fairen Handel könnten bewusst Diskussionen gesucht werden, sodass der Faire Handel wieder „ungemütlicher" wird, auf Probleme hinweist und damit sich auch selbst infrage zu stellen vermag. Der Reduzierung des Fairen Handels auf die wirtschaftliche Unterstützung von Produzenten ließe sich dadurch begegnen, dass gezielt Meldungen nach außen getragen werden, die Erfolge jenseits wachsender Umsatzzahlen thematisieren.

Es wäre für das Fortbestehen der Glaubwürdigkeit weiter hilfreich, wenn ein Kontroll- und Steuerungsgremium eingerichtet würde. Dieses könnte von Vertretern aus dem globalen Süden – und hier nicht nur von Vertretern von Kooperativen, die bereits zertifiziert sind – und dem globalen Norden besetzt sein. Die Existenz des Gremiums müsste außerdem möglichst unabhängig von der ökonomischen Entwicklung des Fairen Handels sein.[21] Dieses Gremium könnte sicherstellen, dass auf Kooperation und Dialog aufbauende Prozesse nicht dem Druck des marktwirtschaftlichen Wettbewerbs

---

21 Dazu wäre es sicher hilfreich, wenn die Finanzierung von nicht-gewinnorientierten Organisationen getragen würde. Vgl. die Anmerkungen bei Jaffee: Brewing, S. 208ff.; Raschke: Scheideweg.

zum Opfer fallen, sondern langfristig erhalten bleiben. Außerdem ließe sich durch den Einfluss von Vertretern aus dem globalen Süden erreichen, dass die Repräsentation ihrer Interessen nicht von ihnen losgelöst ausgehandelt wird und dass das im Fairen Handel vermittelte Bild der Produzenten nicht nur den Vorstellungen der Konsumenten angepasst wird.

Durch noch mehr Transparenz könnte schließlich deutlich gemacht werden, was der Faire Handel erreichen will, aber zugleich auch, was er eben nicht erreichen kann. Und es ließen sich die unterschiedlichen mit dem Fairen Handel verbundenen Zielsetzungen herausarbeiten und als Stärke begreifen.

Darüber kann meines Erachtens bestmöglich sichergestellt werden, dass der Faire Handel weiterhin diejenigen Ziele verfolgt und verfolgen kann, die seit 1959 wesentliches Antriebsmoment der Akteure im Feld des Fairen Handels waren: bestehende Ungerechtigkeiten auf globaler Ebene kenntlich zu machen und langfristig zu beseitigen sowie die gedankliche Distanz zwischen Produzenten und Abnehmern zu verringern.

Caminante, no hay camino, se hace camino al andar.
Antonio Machado, 1912

„Wanderer, es gibt keinen Weg, der Weg entsteht beim Gehen": Während meiner Forschungsreise zu Kleinbauernkooperativen in Zentralamerika traf ich immer wieder auf dieses Gedichtzitat. Es war auf Wände gemalt, hing in Bilderrahmen, wurde auf T-Shirts getragen. Und es sprach mich vor allem aus zwei Gründen unmittelbar an. Erstens, weil bei der Etablierung des Fairen Handels viele Menschen auf Abnehmer- wie auf Produzentenseite mit Überzeugung und Ausdauer Neuland beschritten, um anderen Menschen ein besseres Leben zu ermöglichen. Und zweitens, weil das Zitat zugleich den Kern wissenschaftlicher Forschung erfasst. Das Wissen darum, dass ein Weg erst entsteht, wenn er gegangen wird, half mir oft, in dem Dickicht von Quellen, Literatur und möglichen Herangehensweisen nicht zu verzweifeln. Und glücklicherweise war ich auf meinem Weg nie allein unterwegs. Dieses Buch hätte nicht entstehen können ohne die Hilfe und Unterstützung vieler Menschen, von denen ich im Folgenden ein paar herausgreifen möchte.

Mein Weg zu diesem Buch begann, als ich mich nach meinem Studienabschluss dazu entschloss, in einem mir unbekannten Gebiet ein Promotionsthema zu suchen und dabei meiner Begeisterung für den Kaffee zu folgen. Ich stieß nach längerer Recherche auf das Thema Fairer Handel. Angelika Epple, die ich in dieser Phase um Expertenrat bat, half mir nicht nur, meine Ideen zu konkretisieren, sondern bot schließlich auch die Erstbetreuung an. Ihrer Unvoreingenommenheit und wissenschaftlichen Neugierde verdankt dieses Buch zu einem wesentlichen Anteil seine Existenz. Ihre Fähigkeit, kritisches Denken zu fördern und zu fordern, bewusst wissenschaftliche Freiheiten zu lassen und zugleich dort Hilfestellungen zu geben, wo sie nötig sind, war mir stets eine unschätzbare Hilfe.

Dorothee Wierling, von deren umfangreichem Fachwissen zum Thema Kaffee ich ebenfalls früh profitieren durfte, erklärte sich dankenswerterweise bereit, die Zweitbetreuung zu übernehmen. Es war mir eine ebenso große Ehre wie Hilfe, dass sie mir die Teilnahme an der Konferenz „Kaffee global, regional, lokal" in Hamburg ermöglichte, bei der zahlreiche Experten der Geschichte des Kaffees zusammentrafen. All diesen danke ich für kritische und anregende Diskussionen.

Es hat mich sehr gefreut, dass Klaus Weinhauer als Experte für Globalgeschichte und bundesdeutsche Zeitgeschichte ebenfalls Teil der Prüfungskommission war. Ebenso erfreulich war für mich, dass David Gilgen sich spontan dazu bereit erklärte, die Kommission vollzählig zu machen. Im Verlauf meiner Forschungen profitierte ich immer wieder von seiner Unterstützung – und von der von Klaus Nathaus. Vor allem brachten beide mir wirtschaftssoziologische Ansätze und das Konzept von Märkten und sozialen Feldern näher. Auf der von ihnen organisierten Tagung zu diesem Thema bekam mein Projekt früh entscheidende Impulse.

Bei zahlreichen Besuchen zur Quellenauswertung genoss ich die angenehme Arbeitsatmosphäre bei Misereor in Aachen und fühlte mich dort stets als gern gesehener Gast. Stellvertretend für alle Mitarbeiter und Mitarbeiterinnen möchte ich Stephan Stricker und Valentin Moser danken, die mir immer wieder mit Material und vielen entscheidenden Hinweisen weiterhalfen.

Bei der GEPA ermöglichten mir Tom Speck und Andrea Spade Zugang zu noch nicht erschlossenen Quellen im Unternehmensarchiv und ebenso produktive wie schöne Arbeitsstunden in Wuppertal.

Viele Menschen nahmen sich die Zeit, mit mir ein Gespräch zu führen und ließen mich so an ihrem Wissen zu Fairem Handel und/oder Kaffee teilhaben. All diesen bin ich zu Dank verpflichtet, insbesondere aber Harry Neyer und Gerd Nickoleit, da beide über die Jahrzehnte ihrer Tätigkeit im Fairen Handel unermüdlich Akten und Material sammelten und diese zur Archivierung an Misereor und die GEPA übergaben.

Ein spezieller Dank gilt den Vertretern und Mitgliedern der Produzentenvereinigungen und meinen Gesprächspartnern in Zentralamerika. Die Gastfreundschaft, Herzlichkeit und Unterstützung, die mir auf meiner Forschungsreise begegneten, gehören zu meinen schönsten Erinnerungen der letzten Jahre.

Nicht nur diese Reise, sondern überhaupt die gesamte Promotion wurde ermöglicht durch ein großzügiges Stipendium der Gerda Henkel Stiftung, bei der Anna Kuschmann mein Projekt stets umsichtig betreute. Das Rektorat der Universität Bielefeld unterstützte die Fertigstellung durch ein Abschluss-Stipendium.

Bei dem Vorhaben, das Manuskript zur Druckreife zu führen, standen mir Elena Mohr und Julia Beenken vom Böhlau-Verlag ebenso tatkräftig wie geduldig zur Seite.

Viele Freunde und Kollegen unterstützten mich in meiner Kaffeeleidenschaft nicht nur theoretisch, sondern auch praktisch und halfen mir damit oft über Durststrecken der Promotion hinweg. Einige möchte ich herausgreifen, da sie sich Zeit für mein Projekt nahmen, wichtige Hinweise gaben und Teile der Arbeit korrigierten: Felix Brahm, Julia Breittruck, Christian Möller, Markus Raschke, Anna Fenner, Clemens Dume und Christian Retkowski. Dankbar für Anregungen bin ich auch den Teilnehmern der Forschungswerkstatt an der Universität Bielefeld sowie den Mitgliedern und Mitarbeitern der *Bielefeld Graduate School in History and Sociology*, die mir ebenso wie Jutta Wiegmann und Martina Fronk halfen, so manchen fachlichen oder organisatorischen Stolperstein zu umgehen.

Der Weg entsteht beim Gehen. Mein besonderer Dank gilt Luise Runge, die mich auf diesem Weg von Anfang bis Ende begleitete, und meiner Familie, vor allem meinem Vater Hans-Christoph Nothdurft, der mir nicht nur die Faszination für wissenschaftliche Arbeit vermittelte, sondern oft auch eigene Projekte zurückstellte, um mir zu helfen, meines zum Ziel zu führen.

Ich würde mich freuen, wenn manche Leser in diesem Buch alte Wege wiederentdecken und es anderen hilft, neue Wege aufzutun. Und so gilt mein letzter Dank all denen, die sich an der langjährigen Geschichte des Fairen Handels auf Abnehmer- wie auf Produzentenseite aktiv beteiligt haben und ohne deren Engagement dieses Buch nicht existierte.

Hamburg, im Februar 2015
Ruben Quaas

8 Abkürzungsverzeichnis

A3WH	Aktion Dritte Welt Handel, gegründet 1970
A3WH e. V.	Aktion Dritte Welt Handel e. V., „pädagogischer Arm" der A3WH, gegr. 1974
AAW	Aktion Arme Welt, Tübingen
Abschn.	Abschnitt
ADE	Archiv für Diakonie und Entwicklung, Berlin
AEJ	Arbeitsgemeinschaft der Evangelischen Jugend Deutschland
AG3WL	Arbeitsgemeinschaft der Dritte-Welt-Läden Deutschland, gegr. 1975
Anacafé	Asociación Nacional del Café, Guatemala
ARIC	Asociación Rural de Interés Colectivo, Mexico
BDKJ	Bund der Katholischen Jugend Deutschland
BfdW	Brot für die Welt
BMZ	Bundesministerium für wirtschaftliche Zusammenarbeit
CELAM	Consejo Episcopal Latinoamericano
CIA	Central Intelligence Agency, USA
CIF	Cost, Insurance, Freight
Coocafé	Consorcio de Cooperativas de Caficultores de Guanacaste y Montes de Oro, Costa Rica
DED	Deutscher Entwicklungsdienst
DKV	Deutscher Kaffeeverband
EFTA	European Fair Trade Association
EPA	Entwicklungspädagogischer Arbeitskreis der kirchlichen Jugendverbände, gegr. 1969
EZA	Entwicklungszusammenarbeit mit der Dritten Welt GmbH, Österreich, gegr. 1975
Fedecocagua	Federación de Cooperativas Agrícolas de Productores de Café de Guatemala, gegr. 1969
FES	Friedrich-Ebert-Stiftung
FLO	Fairtrade Labelling Organizations, gegr. 1997
FOB	Free on Board
Frente/Frente Solidario	Frente de Cafetaleros Solidarios de América Latina, gegr. 1989
FSLN	Frente Sandinista de Liberación Nacional
FTO	Fair Trade Original, Niederlande, vormals ↑S. O. S.
FZH	Archiv der Forschungsstelle für Zeitgeschichte in Hamburg
GA	Archiv der GEPA – Gesellschaft zur Förderung der Partnerschaft mit der Dritten Welt mbH, Wuppertal
GEPA	Gesellschaft zur Förderung der Partnerschaft mit der Dritten Welt mbH, Wuppertal, gegr. 1975

GFP	Gesellschaft für Partnerschaft mit der Dritten Welt mbH, gegr. 1972
GV	Gesellschafterversammlung
ICA	International Coffee Agreement
ICO	International Coffee Organization, London
IFAT	International Federation for Alternative Trade, gegr. 1989 (später: International Fair Trade Association, dann ↑World Fair Trade Organization)
INKOTA	Information, Koordination und Tagungen, gegr. 1971
iz3w	Informationszentrum Dritte Welt, Freiburg
KED	Kirchlicher Entwicklungsdienst
KNA	Katholische Nachrichten-Agentur
KVP	Katholieke Volkspartij, Niederlande
KZE	Katholische Zentralstelle für Entwicklungshilfe e. V.
MAA	Misereor Archiv Aachen
MISURASATA	Miskito Sumo Rama Sandinista Asla Takanka
MITKA	Mittelamerika Kaffee Im- und Export GmbH, gegr. 1986
o. V.	ohne Verfasser
ÖRK	Ökumenischer Rat der Kirchen
OS3	Organisation Schweiz Dritte Welt/Organisation Suisse Tiers Monde/Organizzazione Svizzera Terzo Mondo, gegr. 1973/1977
Oxfam	Oxford Committee for Famine Relief, gegr. 1942
PPA	Projektpartner-Ausschuss der ↑GEPA
S. O. S.	Stichting Steun voor Onderontwikkelde Streken, später Stichting Ontwikkelings-Samenwerking, Kerkrade, gegr. 1959
taz	Die Tageszeitung, Berlin
TFI	Trans Fair International e. V., gegr. 1992
UCIRI	Unión de Comunidades Indígenas de la Región del Istmo, Mexico, gegr. 1982
UNAG	Unión Nacional de Agricultores y Ganaderos, Nicaragua
UNCTAD	United Nations Conference on Trade and Development
UNESCO	United Nations Educational, Scientific and Cultural Organization
WEM	Wirtschaftsstelle der Evangelischen Missionsgesellschaften, Hamburg
WFTO	World Fair Trade Organization, vormals ↑IFAT

9 Quellenverzeichnis

9.1 Bestände in Archiven

9.1.1 Misereor Archiv, Aachen (MAA)

Bestand Fairer Handel FH 1–29
Bestand Projektförderung
* Neuanträge Projekt Nr. 213–0/16 und 213–0/16 A

Bestände Zwischenarchiv (ZA)
* AA: 516 Niederlande 1959–1978 S. O. S. Kerkrade
* SR: Organisationen 284 S. O. S. Kerkrade, 1969–1976
* GF HAV: GEPA 1975–1993
* GF HAV: AG Kleinbauernkaffee 1989–1992
* 1998/14 EPOL: 8.40 Fairer Handel Kaffee 1990–1991
* 1998/14 EPOL: Transfair 1.2 Vorstand Protokolle 1991–1993
* 2011/15 JUST: Transfair/AG Kleinbauernkaffee 1990–1992
* 2012/4: Aktion Dritte Welt Handel A3WH 1970–1975

9.1.2 Archiv der GEPA – Gesellschaft zur Förderung der Partnerschaft mit der Dritten Welt mbH, Wuppertal (GA)

Bestand: Unerschlossenes Material aus Privatbestand Gerd Nickoleit (Zitation der Ordnerbezeichnungen)
* PPA 1976 bis 6.10.1978
* PPA ab: 23. Apr. 1979 bis: 14. Dez. 1981
* PPA 19.03.1982 bis 17.12.1983
* PPA ab: 16.3.1984 bis: 15.6.1985
* PPA ab: 07.09.85 bis: 25.04.87
* PPA ab 10.09.88 bis 09.03.90
* PPA 03.08.90–23.01.92
* PPA 23.01.91–2.12.94
* IFAT ATO Meetings 84–87 Schriftwechsel
* IFAT 10/89–12/91
* Reiseberichte Lateinamerika 1986–1989
* Reiseberichte Lateinamerika 1990–1992
* 2. Asamblea Frente 31.3.–5.4.91
* Fair Trade International Vorbereitung Juni 91–Juni 92
* GEPA Grundsatz/Bildungsarbeit/Selbstdarstellung
* Kaffee und Programm Fairer Kaffeehandel Transfair e. V.

9.1.3   Archiv für Diakonie und Entwicklung, Berlin (ADE)

Bestand: BfdW-S Brot für die Welt – Sammlung
- BfdW S-97: Arbeitsgemeinschaft „Miteinander teilen – gemeinsam handeln"
- BfdW S-98: Arbeitsgemeinschaft „Miteinander teilen – gemeinsam handeln"
- BfdW S-103: Mitteilungsblatt „Der Ferne Nächste"

Bestand: Hauptgeschäftsstelle des Diakonischen Werkes der EKD
- HGSt 3379: Brot für die Welt/Presse- und Informationsreferat: Korrespondenz A–K
- HGSt 3381: Brot für die Welt/Presse- und Informationsreferat: Korrespondenz A–Z

9.1.4   Archiv3

online zugänglich unter: http://www.archiv3.org

9.1.5   Archiv der Forschungsstelle für Zeitgeschichte in Hamburg (FZH)

Bestand: Teilnachlass Jens Michelsen
- Michelsen E.1, Aktionen, Info 1977–1991
- Michelsen E.2, Aktionen, Basisgruppen, Seminare 1981–1999
- Michelsen E.3, Korrespondenz, Protokolle 1987–1990
- Michelsen E.4, Internationale Kontakte, UCIRI, Zuviere Koffie, Amsterdam-Reise 1987–1988
- Michelsen E.5, Weltmarktpreis 1983–1990

9.1.6   International Coffee Organization (ICO)

- Disappearance (Consumption) in importing countries, Calendar years 1964 to 1979
- ICO Composite Indicator Price, Annual and Monthly Averages, 1965 to 1979
- ICO Composite Indicator Price, Annual and Monthly Averages, 1980 to 1989
- ICO Composite Indicator Price, Annual and Monthly Averages, 1990 to 2009
- Importing Members, Imports of all forms of coffee from all origins, Calendar years 1964 to 1969
- Importing Members, Imports of all forms of coffee from all origins, Calendar years 1970 to 1979
- Importing Members, Imports of all forms of coffee from all origins, Calendar years 1980 to 1989
- Importing Members, Imports of all forms of coffee from all origins, Calendar years 1990 to 1999

- Importing non-members Re-exports of all forms of coffee to all destinations Calendar years 1990 to 1999
- Importing non-members Imports of all forms of coffee from all origins Calendar years 1964 to 1989
- Prices Paid to Growers in Current Terms, Calendar year average 1970 to 1975
- Prices Paid to Growers in Current Terms, Calendar year average 1975 to 1989
- Prices Paid to Growers in Current Terms, Calendar year average 1990 to 1999
- Total Exports to all Destinations Crop Years 1970/71 to 1979/80
- Total Exports to all Destinations Crop Years 1980/81 to 1989/90

9.2 Veröffentlichte Quellen

9.2.1 Monografien, Sammelbände, Mitteilungen

Aktion Dritte Welt Handel/Gesellschaft für Handel mit der Dritten Welt mbH (Hg.): „Kennen Sie die Geschichte vom Indio-Kaffee aus Guatemala?", Wuppertal, 2. Aufl. 1974.

Alt, Franz, Frenz, Helmut, Grass, Günter, Greinacher, Norbert, Scherf, Henning, Sölle, Dorothee und Strasser, Johanno: Die Instrumentalisierung der Menschenrechte als Vorbereitung zur militärischen Intervention, in: Informationsbüro Nicaragua e. V.: Der Konflikt um Nicaraguas Miskito-Indianer. Zur Instrumentalisierung einer Menschenrechtsfrage, Nahua Script 5, Wuppertal, 1985, S. 8–25.

Americas Watch: Menschenrechte in Nicaragua. Ein Bericht von Americas Watch, New York, April 1984 (Auszüge), in: Informationsbüro Nicaragua e. V.: Der Konflikt um Nicaraguas Miskito-Indianer. Zur Instrumentalisierung einer Menschenrechtsfrage, Nahua Script 5, Wuppertal, 1985, S. 75–101.

Arbeitsgemeinschaft Dritte-Welt-Läden e. V. (Hg.): Fedecocagua/Indio-Kaffee, Informationen/Dokumente, 2. Aufl. Januar 1982.

Arbeitsgemeinschaft Dritte Welt Läden e. V. (Hg.): Weltladen-Handbuch. Ein Wegweiser für MitarbeiterInnen von Weltläden und andere entwicklungspolitisch Interessierte, Wuppertal, 2. Aufl. 1989.

Arbeitsgemeinschaft Dritte-Welt-Läden e. V. (Hg.): Zuviere Koffie. Materialien zur Diskussion über die Aktion Sauberer Kaffee, 1988.

Benecke, Dieter W.: Kooperation und Wachstum in Entwicklungsländern. Eine Analyse des Beitrags der Genossenschaften zur wirtschaftlichen Entwicklung, Tübingen, 1972.

Brot für die Welt (Hg.): Jahresbericht 1992, Stuttgart, 1993.

Biechler, Michael J.: The Coffee Industry of Guatemala: A Geographical Analysis, Diss. phil., Mikrofilm (reproduziert 1981), Michigan State University, Dep. of Geography, 1970.

Bosse, Hans und Hamburger, Franz: Friedenspädagogik und Dritte Welt. Voraussetzungen einer Didaktik des Konflikts, Stuttgart/Berlin u. a., 1973.

Bundesministerium für wirtschaftliche Zusammenarbeit (BMZ), Brot für die Welt, Misereor und Informationszentrum Dritte Welt Dortmund (Hg.): Aktionshandbuch für alle, die etwas für die Dritte Welt tun wollen, Troisdorf, 4. Aufl. 1977.

Club of Rome: Die Grenzen des Wachstums. Bericht des Club of Rome zur Lage der Menschheit, Stuttgart, 1972.

EFTA European Fair Trade Association (Hg.): Fair Trade in Europe. Facts and Figures on the Fair Trade Sector in 14 European Countries, ohne Ortsangabe, 1995.

Fairtrade International: Unlocking the Power. Annual Report 2012–13, online verfügbar unter: http://www.fairtrade.net/fileadmin/user_upload/content/2009/resources/2012–13_AnnualReport_FairtradeIntl_web.pdf (zuletzt abgerufen am 17.10.2013).

Fals Borda, Orlando: El Reformismo por dentro en América Latina, México/Madrid/Buenos Aires, 1972.

Frank, André Gunder: Die Entwicklung der Unterentwicklung, in: Echeverrí, Bolívar und Kurnitzky, Horst (Hg.): Kritik des bürgerlichen Anti-Imperialismus. Entwicklung der Unterentwicklung, Berlin, 1969, S. 30–45.

Freire, Paulo: Pädagogik der Unterdrückten, Stuttgart/Berlin, 2. Auflage 1972.

Frings, Joseph Kardinal: Abenteuer im Heiligen Geist. Rede vor der Vollversammlung der deutschen Bischöfe in Fulda, 15.–21. August 1958, in: Bischöfliche Kommission für Misereor (Hg.): Misereor – Zeichen der Hoffnung. Beiträge zur kirchlichen Entwicklungsarbeit, München, 1976, S. 13–34.

GEPA Gesellschaft für Partnerschaft mit der Dritten Welt mbH: Kaffee aus Nicaragua, Wuppertal, undatiert.

GEPA Gesellschaft zur Förderung der Partnerschaft mit der Dritten Welt (Hg.): Café Organico, ohne Ortsangabe, November 1986.

GEPA/Jan Hissel: Guatemala Kaffee Information, Wuppertal, Juli 1977.

GEPA/MITKA/Informationsbüro Nicaragua Wuppertal e.V. (Hg.): Das Land denen, die es bebauen – die Gewinne denen, die den Kaffee anbauen. Informationen aus dem Projekt La Paz del Tuma, Nr. 2, Wuppertal, Juli 1989.

Glöge, Michael: Kaffee-Kampagnen. Gegen die Macht der Kaffeekonzerne – Die Gewinne denen, die den Kaffee anbauen!, in: Arbeitsgemeinschaft Dritte Welt Läden e.V. (Hg.): Weltladen-Handbuch. Ein Wegweiser für MitarbeiterInnen von Weltläden und andere entwicklungspolitisch Interessierte, Wuppertal, 1989, S. 232–237.

Hasselmann, Erwin: Welt-Kaffeemarkt – Welt-Kaffeemisere, in: Gewerkschaftliche Monatshefte 6, 1962, S. 345–347.

Hernández Contreras, Alfredo Bartolome: El cooperativismo cafetalero guatemalteco federado. Una experiencia en el ambito de la cooperación económica externa, Tesis Lic., Universidad Rafael Landívar, Guatemala de la Asunción, 1987.

Informationsbüro Nicaragua e.V. (Hg.): Der Konflikt um Nicaraguas Miskito-Indianer. Zur Instrumentalisierung einer Menschenrechtsfrage, Nahua Script 5, Wuppertal, 1985.

International Coffee Organization: International Coffee Agreement, London, 1976.

International Coffee Organization: International Coffee Agreement, London, 1968.

International Coffee Organization: International Coffee Agreement, London, 1962.

Kommission für Internationale Entwicklung: Der Pearson-Bericht. Bestandsaufnahme und Vorschläge zur Entwicklungspolitik, Wien/München/Zürich, 1969.

Misereor Bischöfliches Hilfswerk e. V. (Hg.): Der Weg entsteht beim Gehen. Beispiele und Erfahrungen kirchlicher Entwicklungsarbeit, Aachen, 1989.

Ökumenischer Rat der Kirchen (Hg.): Appell an die Kirchen der Welt. Dokumente der Weltkonferenz für Kirche und Gesellschaft, Stuttgart/Berlin, 3. Aufl. 1968.

Osner, Karl: Kirchen und Entwicklungshilfe. Ziele, Leistungen und Arbeitsweise kirchlicher Organisationen in Deutschland, Bonn, 2. Aufl. 1967.

Paul PP. VI.: Enzyklika Populorum progressio über die Entwicklung der Völker, 26. März 1967, in: AAS 59, 1967, S. 257–299, online verfügbar unter : http://www.vatican.va/holy_father/paul_vi/encyclicals/documents/hf_p-vi_enc_26031967_populorum_ge.html (zuletzt abgerufen am 27. 9. 2013).

Paul, Reimar: Zwischen den Jahren. Mit den Arbeitsbrigaden in Nicaragua, Göttingen, 1984.

Prebisch, Raúl Secretary General of the United Nations Conference on Trade and Development: Towards a New Trade Policy for Development: Report, Genf, 1964.

Rostow, Walt W.: The Stages of Economic Growth. A non-communist manifesto, Cambridge, 1960.

Schmied, Ernst: Die ‚Aktion Dritte Welt Handel‘ als Versuch der Bewußtseinsbildung. Ein Beitrag zur Diskussion über Handlungsmodelle für das politische Lernen, Aachen, 1977.

Schneider, Hermann: Genossenschaftswesen in Guatemala, in: Zeitschrift für das gesamte Genossenschaftswesen 20, 1, 1970, S. 165–177.

Senft, Josef: Entwicklungshilfe oder Entwicklungspolitik. Ein interessenpolitisches Spannungsfeld – dargestellt am Kirchlichen Hilfswerk Misereor, Münster, 1978.

Senghaas, Dieter: Imperialismus und strukturelle Gewalt. Analysen über abhängige Reproduktion, Frankfurt am Main, 1972.

Trans Fair e. V.: Presseinformation: Der Kaffee mit dem gewissen Extra, 1992, online verfügbar unter: http://www.fairtrade-deutschland.de (zuletzt abgerufen am 23. 10. 2013).

Transfair – Verein zur Förderung des Fairen Handels mit der ‚Dritten Welt‘ e. V. (Hg.): Kaffee. Materialien für Bildungsarbeit und Aktionen, Neuss, 2003.

ufit Zentrum für Umweltpsychologie Tübingen: Kaffee-Studie. Verkauf von Kleinbauernkaffee im Lebensmitteleinzelhandel, Tübingen, undatiert.

UNESCO: Education for International Understanding. Examples and Suggestions for Class-Room Use, Tournai, 1959.

Weber, Hartwig: Schalom – Schalom. Eine Einführung in Theorie und Praxis der Schalomarbeit, Freiburg i. Ue., 1972.

WFTO und FLO e. V.: Eine Grundsatz-Charta für den Fairen Handel, 2009, online verfügbar unter: http://www.fairtrade.de/cms/media/pdf/was_ist_fairer_handel/fairtrade_Grundsatz_Charta_des_fairen_Handels.pdf (zuletzt abgerufen am 28. 10. 2013).

Zimmer, Jürgen: Gute Absichten und böse Spekulationen. Streit um Film von Werner Herzog und Denis Reichle, in: Informationsbüro Nicaragua e. V. (Hg.): Der Konflikt um Nicaraguas Miskito-Indianer. Zur Instrumentalisierung einer Menschenrechtsfrage, Nahua Script 5, Wuppertal, 1985, S. 1–7.

9.2.2 Zeitschriften und Zeitungen

- AG3WL-Rundbrief
- Alternativ Handeln
- BDKJ-Informationsdienst
- blätter des iz3w
- Materialien des Bundesministeriums für wirtschaftliche Zusammenarbeit, Referat Öffentlichkeitsarbeit und Entwicklungspolitik
- Der Ferne Nächste
- Der Spiegel
- Die Zeit
- die tageszeitung – taz
- E+Z – Entwicklung und Zusammenarbeit
- eji – Evangelische Jugend Information
- el rojito Info
- epd-Entwicklungspolitik
- EZA-Info
- Forum entwicklungspolitischer Aktionsgruppen
- Frankfurter Rundschau
- GFP-Informationsdienst
- IDES – Informationsdienst El Salvador
- ila – Informationsstelle Lateinamerika
- Informationsblatt des Adelante e. V.
- Junge Stimme
- Kaffee & Tee Markt
- Kaffeebohne & Teeblatt
- Katholische Nachrichten-Agentur – KNA
- Lateinamerika Nachrichten
- Nord-Süd Info-Dienst
- Ökologische Verbraucherberatung (Hg.): Mahlzeit. Verbraucherzeitung für Umwelt, Landbau und Ernährung
- Pax Christi
- Publik-Forum
- Sonntag im Bild
- Süddeutsche Zeitung
- Unsere Dritte Welt

9.2.3 Filmdokumente

* Norddeutscher Rundfunk NDR: Guatemala 1. Sorte. Die Versuche des Alfredo H., 1973 (verfügbar im Misereor Archiv, Aachen, DVD Nr. 278).

9.3 Aufgezeichnete Interviews

* *Interview Burkhardt*: Persönliches Einzelinterview mit Berthold Burkhardt, geführt vom Verfasser am 16. November 2010 in Murrhardt (elektron. Audiodatei).
* *Interview Bruns*: Persönliches Einzelinterview mit Richard Bruns, geführt vom Verfasser am 16. April 2010 in Nordstemmen (elektron. Audiodatei).
* *Interview Hissel*: Persönliches Einzelinterview mit Jan Hissel, geführt vom Verfasser am 29. Juni 2010 in Zeist, Niederlande (elektron. Audiodatei).
* *Interview Meyer*: Persönliches Einzelinterview mit Otmar Meyer, geführt vom Verfasser am 26. April 2011 in Managua, Nicaragua (elektron. Audiodatei).
* *Interview Mock*: Persönliches Einzelinterview mit Erwin Mock, geführt vom Verfasser am 22. Februar 2010 in Aachen (elektron. Audiodatei).
* *Interview Neyer*: Persönliches Einzelinterview mit Harry Neyer, geführt vom Verfasser am 21. April 2010 in Meckenheim (elektron. Audiodatei).
* *Interview Neckenig*: Persönliches Einzelinterview mit Horst Neckenig, geführt vom Verfasser am 23. Februar 2010 in Aachen (elektron. Audiodatei).
* *Interview Nickoleit*: Persönliches Einzelinterview mit Gerd Nickoleit, geführt vom Verfasser am 7. Dezember 2010 in Wuppertal (elektron. Audiodatei).
* *Interview Orozco*: Persönliches Einzelinterview mit Jorge Orozco Sánchez, geführt am 15. April 2011 in San José, Costa Rica (elektron. Audiodatei).
* *Interview Piepel*: Persönliches Einzelinterview mit Klaus Piepel, geführt vom Verfasser am 14. April 2010 in Aachen (elektron. Audiodatei).
* *Interview Pioch*: Persönliches Einzelinterview mit Ernst-Erwin Pioch, geführt vom Verfasser am 17. Februar 2010 in Hamburg (elektron. Audiodatei).
* *Interview Stelck*: Persönliches Einzelinterview mit Edda Stelck, geführt vom Verfasser am 14. März 2012 in Frankfurt am Main (elektron. Audiodatei).
* *Interview Stricker*: Persönliches Einzelinterview mit Stephan Stricker, geführt vom Verfasser am 15. April 2010 in Aachen (elektron. Audiodatei).
* *Interview Süllow*: Persönliches Einzelinterview mit Angelika Süllow, geführt vom Verfasser am 4. April 2011 in Estelí, Nicaragua (elektron. Audiodatei).
* *Interview Vanderhoff Boersma*: Persönliches Einzelinterview mit Francisco Vanderhoff Boersma, geführt vom Verfasser am 15. Juli 2011 in Breda, Niederlande (elektron. Audiodatei).
* *Interview Wozniak*: Persönliches Einzelinterview mit Hans-Jürgen Wozniak, geführt vom Verfasser am 15. August 2011 in Wuppertal (elektron. Audiodatei).
* *Interview Zuñiga*: Persönliches Einzelinterview mit William Zuñiga, geführt vom Verfasser am 13. April 2011 in Nandayure, Costa Rica (elektron. Audiodatei).

9.4 Besuchte Kooperativen und Kooperativenvereinigungen

- *Cafénica Asociación de Pequeños/as Productores/as de Café de Nicaragua*, Matagalpa, Nicaragua
- *Cecocafen Central de Cooperativas Cafetaleras del Norte*, Matagalpa, Nicaragua
- *Coope Cerro Azul R. L.*, Nandayure, Costa Rica
- *Cooperativa de Servicios Agropecuarios Tierra Nueva*, Boaco, Nicaragua
- *Coopesarapiquí R. L.*, Costa Rica
- *Unión de Cooperativas Agropecuarias Augusto Cesar Sandino*, San Ramón, Nicaragua
- *Unión de Cooperativas Agropecuarias Miraflor*, Estelí, Nicaragua
- *Unión de Cooperativas Agropecuarias Sopexxca*, Jinotega, Nicaragua
- *Uciri Unión de Comunidades Indígenas de la Región del Istmo*, Oaxaca, Mexiko (Kontakt über Telefon und E-Mail)
- *Fedecocagua Federación de Cooperativas Agrícolas de Productores de Café de Guatemala R. L.*, Ciudad de Guatemala, Guatemala (Kontakt über Telefon und E-Mail)
- *Coocafé Consorcio de Cooperativas de Cafetaleros de Guanacaste y Montes de Oro*, Heredia, Costa Rica

10 Literaturverzeichnis

Abelshauser, Werner, Gilgen, David A. und Leutzsch, Andreas: Kultur, Wirtschaft, Kulturen der Weltwirtschaft, in: Abelshauser, Werner, Gilgen, David A. und Leutzsch, Andreas (Hg.): Kulturen der Weltwirtschaft, Göttingen, 2012, S. 9–28.

Ackermann, Andreas: Das Eigene und das Fremde: Hybridität, Vielfalt und Kulturtransfers, in: Jaeger, Friedrich und Rüsen, Jörn (Hg.): Handbuch der Kulturwissenschaften, Band 3: Themen und Tendenzen, Stuttgart/Weimar, 2004, S. 139–154.

Amin-Khan, Tariq: The Post-Colonial State. Historical, Political and Theoretical Approaches to State Formation, New York/London, 2012.

Anderson, Benedict: Imagined Communities. Reflections on the Origin and Spread of Nationalism, London, 1983.

Angel, Hans-Gerd: Christliche Weltverantwortung. Misereor: Agent kirchlicher Sozialverkündigung, Münster/Hamburg/London, 2002.

Appadurai, Arjun: Introduction: Commodities and the Politics of Value, in: Appadurai, Arjun (Hg.): The Social Life of Things. Commodities in Cultural Perspective, Cambridge u. a., 1986, S. 3–63.

Appadurai, Arjun: Modernity at Large. Cultural Dimensions of Globalization, Minneapolis/London, 1996.

Arnold, Paul: ,Went v‹r jet dunt dan dunt v‹r ›t jot!‘ De geschiedenis van de Kerkraadse Stichting Steun onderontwikkelde Streken, later S. O. S. Wereldhandel, 1959–1986, in: Knotter, Ad und Rutten, Willibrord (Hg.): Studies over de sociaal-economische geschiedenis van Limburg XLVI, Maastricht, 2001, S. 3–43.

ASB Aktion Selbstbesteuerung e. V. (Hg.): Festschrift 40 Jahre Aktion Selbstbesteuerung. Friede durch gerechte Entwicklungspolitik, Stuttgart, 2009.

Aslanian, Sebouh David: From the Indian Ocean to the Mediterranean. The Global Trade Networks of Armenian Merchants from New Julfa, Berkeley/New York/London, 2011.

Aspers, Patrik und Beckert, Jens: Value in Markets, in: Beckert, Jens und Aspers, Patrik (Hg.): The Worth of Goods. Valuation & Pricing in the Economy, New York, 2011, S. 3–38.

Baberowski, Jörg, Kaelble, Hartmut und Schriewer, Jürgen (Hg.): Selbstbilder und Fremdbilder. Repräsentation sozialer Ordnung im Wandel, Frankfurt am Main/New York, 2008.

Bachinger, Karl und Matis, Herbert: Entwicklungsdimensionen des Kapitalismus. Klassische sozioökonomische Konzeptionen und Analysen, Köln/Weimar/Wien, 2009.

Bachmann-Medick, Doris: Cultural Turns. Neuorientierungen in den Kulturwissenschaften, Reinbek bei Hamburg, 2006.

Bacon, Christopher M.: Confronting the Coffee Crisis. Can Fair Trade, Organic, and Specialty Coffees Reduce the Vulnerability of Small-Scale Farmers in Northern Nicaragua?, in: Bacon, Christopher M., Méndez, V. Ernesto, Gliessman, Stephen R., Goodman, David und Fox, Jonathan A. (Hg.): Confronting the

Coffee Crisis. Fair Trade, Sustainable Livelihoods and Ecosystems in Mexico and Central America, Cambridge (Mass.)/London, 2008, S. 155–178.

Bacon, Christopher M., Méndez, V. Ernesto, Gliessman, Stephen R., Goodman, David und Fox, Jonathan A. (Hg.): Confronting the Coffee Crisis. Fair Trade, Sustainable Livelihoods and Ecosystems in Mexico and Central America, Cambridge (USA)/London, 2008.

Bacon, Christopher M.: A Spot of Coffee in Crisis: Nicaraguan Smallholder Cooperatives, Fair Trade Networks, and Gendered Empowerment, in: Latin American Perspectives 37, 2, 2010, S. 50–71.

Bacon, Christopher M., Méndez, V. Ernesto, Flores Gómez, María Eugenia, Stuart, Douglas und Díaz Flores, Sandro Raúl: Are Sustainable Coffee Certifications Enough to Secure Farmer Livelihoods? The Millenium Development Goals and Nicaragua's Fair Trade Cooperatives, in: Globalizations 5, 2, 2008, S. 259–274.

Bacon, Christopher M., Méndez, V. Ernesto, Gliessman, Stephen R., Goodman, David und Fox, Jonathan A. (Hg.): Confronting the Coffee Crisis. Fair Trade, Sustainable Livelihoods and Ecosystems in Mexico and Central America, Cambridge (Mass.)/London, 2008.

Balsen, Werner und Rössel, Karl: Hoch die internationale Solidarität. Zur Geschichte der Dritte-Welt-Bewegung in der Bundesrepublik, Köln, 1986.

Balz, Hanno, Jan-Henrik Friedrichs (Hg.): „All We Ever Wanted ..." Eine Kulturgeschichte europäischer Protestbewegungen der 1980er Jahre, Berlin, 2012.

Balz, Hanno und Friedrichs, Jan-Henrik: Individualität und Revolte im neoliberalen Aufbruch. Annäherungen an eine Kultur- und Sozialgeschichte der europäischen Protestbewegungen der 1980er Jahre, in: Balz, Hanno und Friedrichs, Jan-Henrik (Hg.): „All We Ever Wanted ..." Eine Kulturgeschichte europäischer Protestbewegungen der 1980er Jahre, Berlin, 2012, S. 13–35.

Baringhorst, Sigrid, Kneip, Veronika und Niesyto, Johanna: Wandel und Kontinuität von Protestkulturen seit den 1960er Jahren: Eine Analyse ausgewählter Anti-Corporate-Campaigns, in: Baringhorst, Sigrid, Kneip, Veronika, März, Annegret und Niesyto, Johanna (Hg.): Politik mit dem Einkaufswagen. Unternehmen und Konsumenten als Bürger in der globalen Mediengesellschaft, Bielefeld, 2007, S. 109–135.

Baringhorst, Sigrid, Kneip, Veronika, März, Annegret und Niesyto, Johanna (Hg.): Politik mit dem Einkaufswagen. Unternehmen und Konsumenten als Bürger in der globalen Mediengesellschaft, Bielefeld, 2007.

Barlösius, Eva: Kämpfe um soziale Ungleichheit. Machttheoretische Perspektiven, Wiesbaden, 2004.

Barlösius, Eva: Die Macht der Repräsentation. Common Sense über soziale Ungleichheiten, Wiesbaden, 2005.

Barrientos, Stephanie, Conroy, Michael E. und Jones, Elaine: Northern Social Movements and Fair Trade, in: Raynolds, Laura T., Murray, Douglas L. und Wilkinson, John (Hg.): Fair Trade. The Challenges of Transforming Globalization, London/New York, 2007, S. 51–62.

Baum, Holger und Offenhäußer, Dieter: Kaffee: Armut – Macht – Märkte. Ein Produkt und seine Folgen, Unkel, 1994.

Baumann, Cordia, Gehrig, Sebastian und Büchse, Nicolas (Hg.): Linksalternative Milieus und Neue Soziale Bewegungen in den 1970er Jahren, Heidelberg, 2011.

Baumeister, Eduardo: The Politics of Land Reform, in: Close, David, Martí i Puig, Salvador und McConnell, Shelley A. (Hg.): The Sandinistas and Nicaragua Since 1979, Boulder/London, 2012, S. 245–268.

Bayly, Christopher A.: Die Geburt der modernen Welt. Eine Globalgeschichte 1780–1914, Frankfurt am Main/New York, 2006.

Beck, Ulrich: Was ist Globalisierung? Irrtümer des Globalismus – Antworten auf Globalisierung, Frankfurt am Main, Nachdruck 2007.

Becker-Schaum, Christoph, Gassert, Philipp, Klimke, Martin, Mausbach, Wilfried und Zepp, Marianne (Hg.): „Entrüstet Euch!" Nuklearkrise, NATO-Doppelbeschluss und Friedensbewegung, Paderborn u. a., 2012.

Beckert, Jens: How Do Fields Change? The Interrelations of Institutions, Networks, and Cognition in the Dynamics of Markets, in: Organization Studies 31, 2010, S. 605–627.

Beckert, Jens: Die soziale Ordnung von Märkten, in: Beckert, Jens, Diaz-Bone, Rainer und Ganßmann, Heiner (Hg.): Märkte als soziale Strukturen, Frankfurt am Main/New York, 2007, S. 43–62.

Beckert, Jens: The Great Transformation of Embeddedness: Karl Polanyi and the New Economic Sociology, MPIfG Discussion Paper, 07/1, ohne Ortsangabe, 2007.

Beckert, Jens und Deutschmann, Christoph (Hg.): Wirtschaftssoziologie, Wiesbaden, 2009.

Beckert, Jens und Aspers, Patrik (Hg.): The Worth of Goods. Valuation & Pricing in the Economy, New York, 2011.

Belina, Bernd und Michel, Boris (Hg.): Raumproduktionen. Beiträge der Radical Geography. Eine Zwischenbilanz, Münster, 3. Auflage 2011.

Belz, Frank-Martin: Wachsen mit Werten in gesättigten Märkten, in: Koslowski, Peter und Priddat, Birger P. (Hg.): Ethik des Konsums, München, 2006, S. 215–234.

Bemmann, Martin: Beschädigte Vegetation und sterbender Wald: Zur Entstehung eines Umweltproblems in Deutschland 1893–1970, Göttingen, 2012.

Bennett, Elizabeth Anne: A Short History of Fairtrade Certification Governance, in: Granville, Brigitte und Dine, Janet (Hg.): The Processes and Practices of Fair Trade. Trust, Ethics, and Governance, London/New York, 2013, S. 43–78.

Berghoff, Hartmut: Moderne Unternehmensgeschichte. Eine themen- und theorieorientierte Einführung, Paderborn, 2004.

Berghoff, Hartmut: Vertrauen und soziales Kapital als Schlüsselkategorien der Wirtschaftsgeschichte, in: Essen, Karsten (Hg.): Vertrauen und das soziale Kapital unserer Gesellschaft, Freiburg, 2011, S. 30–41.

Berghoff, Hartmut und Vogel, Jakob (Hg.): Wirtschaftsgeschichte als Kulturgeschichte. Dimensionen eines Perspektivenwechsels, Frankfurt am Main/New York, 2004.

Berking, Helmuth: Die Macht des Lokalen in einer Welt ohne Grenzen. Frankfurt am Main/New York, 2006.

Berth, Christiane, Wierling, Dorothee und Wünderich, Volker: Einleitung, in: Berth, Christiane, Wierling, Dorothee und Wünderich, Volker (Hg.): Kaffeewelten. Historische Perspektiven auf eine globale Ware im 20. Jahrhundert, Göttingen, 2015, S. 7–19.

Berth, Christiane, Wierling, Dorothee und Wünderich, Volker (Hg.): Kaffeewelten. Historische Perspektiven auf eine globale Ware im 20. Jahrhundert, Göttingen, 2015.

Bevir, Mark und Trentmann, Frank: Markets in Historical Contexts. Ideas, Practices, and Governance, in: Bevir, Mark und Trentmann, Frank (Hg.): Markets in Historical Contexts. Ideas and Politics in the Modern World, Cambridge u. a., 2004, S. 1–24.

Birchall, Johnston: The International Co-Operative Movement, Manchester/New York, 1997.

Blanco, Myriam: Die Wirtschaftspolitik der Sandinisten, Anspruch und Wirklichkeit, Berlin, 1996.

Blaschke, Olaf und Raphael, Lutz: Im Kampf um Positionen. Änderungen im Feld der französischen und deutschen Geschichtswissenschaft nach 1945, in: Eckel, Jan und Etzemüller, Thomas (Hg.): Neue Zugänge zur Geschichte der Geschichtswissenschaft, Göttingen, 2007, S. 69–109.

Boris, Jean-Pierre: (Un)fair Trade. Das profitable Geschäft mit unserem schlechten Gewissen, München, 2006.

Bösch, Frank: Umbrüche in die Gegenwart. Globale Ereignisse und Krisenreaktionen um 1979, in: Zeithistorische Forschungen (Online-Ausgabe) 9, 1, 2012.

Bourdieu, Pierre: Ökonomisches Kapital, kulturelles Kapital, soziales Kapital, in: Kreckel, Reinhard (Hg.): Soziale Ungleichheiten, Göttingen, 1983, S. 183–198.

Bourdieu, Pierre: Principles of an Economic Anthropology, in: Smelser, Neil J. und Swedberg, Richard (Hg.): The Handbook of Economic Sociology, Princeton u. a., 2. Aufl. 2005, S. 75–89.

Bourdieu, Pierre und Wacquant, Loïc J. D.: Reflexive Anthropologie, Frankfurt am Main, 1996.

Bowes, John: Introduction. A Brilliant Idea, in: Bowes, John (Hg.): The Fair Trade Revolution, London/New York, 2011, S. 1–18.

Bowes, John (Hg.): The Fair Trade Revolution, London/New York, 2011.

Brahm, Felix: Wissenschaft und Dekolonisation. Paradigmenwechsel und institutioneller Wandel in der akademischen Beschäftigung mit Afrika in Deutschland und Frankreich, 1930–1970, Stuttgart, 2010.

Brahm, Felix, Epple, Angelika und Habermas, Rebekka (Hg.): Lokalität und transnationale Verflechtungen. in: Historische Anthropologie, 21. Jahrgang, Heft 1, 2013.

Brand, Karl-Werner: Umweltbewegung, in: Roth, Roland und Rucht, Dieter (Hg.): Die sozialen Bewegungen in Deutschland seit 1945. Ein Handbuch, Frankfurt am Main/New York, 2008, S. 219–244.

Brand, Karl-Werner: Kontinuität und Diskontinuität in den neuen sozialen Bewegungen, in: Roth, Roland und Rucht, Dieter (Hg.): Neue soziale Bewegungen in der Bundesrepublik Deutschland, Frankfurt am Main/New York, 1987, S. 30–44.

Brands, Hal: Latin America's Cold War, Cambridge (Mass.)/London, 2010.

Bräuer, Rolf: Zwischen Provinzialität und Globalismus. Die westdeutsche Dritte-Welt-Bewegung in den 80er und 90er Jahren, in: Forschungsjournal Neue Soziale Bewegungen 7, 3, 1994, S. 32–48.

Breidenbach, Joana und Zukrigl, Ina: Tanz der Kulturen. Kulturelle Identität in einer globalisierten Welt, Reinbek bei Hamburg, 2000.

Breitinger, Jan C.: „Ujamaa Revisited". Zur entwicklungstheoretischen Verankerung und politischen Wahrnehmung eines spezifisch tansanischen Entwicklungsmodells, in: Comparativ 23, 1, 2013, S. 89–111.

Brückweh, Kerstin: Perspectives for a History of Market Research, Consumer Movements, and the Political Public Sphere, in: Brückweh, Kerstin (Hg.): The Voice of the Citizen Consumer. A History of Market Research, Consumer Movements, and the Political Public Sphere, Oxford/New York, 2011, S. 3–26.

Brückweh, Kerstin (Hg.): The Voice of the Citizen Consumer. A History of Market Research, Consumer Movements, and the Political Public Sphere, Oxford/New York, 2011.

Bruns, Claudia (Hg.): Bilder der ‚eigenen' Geschichte im Spiegel des kolonialen ‚Anderen' – Transnationale Perspektiven um 1900, Comparativ 5, Leipzig, 2009, S. 7–14.

Bujard, Otker und Wirper, Ulrich (Hg.): Die Revolution ist ein Buch und ein freier Mensch. Die politischen Plakate des befreiten Nicaragua 1979–1990 und der internationalen Solidaritätsbewegung, Köln, 2007.

Burke, Roland: Decolonization and the Evolution of International Human Rights, Philadelphia, 2010.

Buro, Andreas: Friedensbewegung, in: Roth, Roland und Rucht, Dieter (Hg.): Die sozialen Bewegungen in Deutschland seit 1945. Ein Handbuch, Frankfurt am Main/New York, 2008, S. 267–292.

Büschges, Christian und Pfaff-Czarnecka, Joanna: Die Ethnisierung des Politischen. Identitätspolitiken in Lateinamerika, Asien und den USA, Frankfurt am Main/New York, 2007.

Carrier, James G. und Luetchford, Peter G. (Hg.): Ethical Consumption. Social Value and Economic Practice, New York/Oxford, 2012.

Carrier, James G.: Introduction, in: Carrier, James G. und Luetchford, Peter G. (Hg.): Ethical Consumption. Social Value and Economic Practice, New York/Oxford, 2012, S. 1–36.

Caryl, Christian: Strange Rebels. 1979 and the Birth of the 21st Century, New York, 2013.

Castro Varela, María do Mar und Dhawan, Nikita: Postkoloniale Theorie: Eine kritische Einführung, Bielefeld, 2005.

Chakrabarty, Dipesh: Europa als Provinz. Perspektiven postkolonialer Geschichtsschreibung, Frankfurt am Main/New York, 2010.

Chakrabarty, Dipesh: Provincializing Europe. Postcolonial Thought and Historical Difference, Princeton, Erweiterte Neuauflage 2008.

Clarence-Smith, William Gervase und Topik, Steven (Hg.): The Global Coffee Economy in Africa, Asia, and Latin America, 1500–1989, Cambridge u. a., 2003.

Close, David, Martí i Puig, Salvador und McConnell, Shelley A. (Hg.): The Sandinistas and Nicaragua since 1979, Boulder/London, 2012.

Connelly, Matthew: Future Shock. The End of the World as They Knew It, in: Ferguson, Niall, Maier, Charles S., Manela, Erez und Sargent, Daniel J. (Hg.): The Shock of the Global. The 1970s in Perspective, Cambridge (USA)/London, 2010, S. 337–350.

Conrad, Sebastian und Eckert, Andreas: Globalgeschichte, Globalisierung, multiple Modernen: Zur Geschichtsschreibung der modernen Welt, in: Conrad, Sebastian, Eckert, Andreas und Freitag, Ulrike (Hg.): Globalgeschichte. Theorien, Ansätze, Themen, Frankfurt am Main/New York, 2007, S. 7–49.

Conrad, Sebastian, Eckert, Andreas und Freitag, Ulrike (Hg.): Globalgeschichte. Theorien, Ansätze, Themen, Frankfurt am Main/New York, 2007.

Conrad, Sebastian und Randeria, Shalini: Einleitung. Geteilte Geschichten – Europa in einer postkolonialen Welt, in: Conrad, Sebastian und Randeria, Shalini (Hg.): Jenseits des Eurozentrismus. Postkoloniale Perspektiven in den Geschichts- und Kulturwissenschaften, Frankfurt am Main/New York, 2002, S. 9–49.

Cooper, Frederick: Kolonialismus denken. Konzepte und Theorien in kritischer Perspektive, Frankfurt am Main/New York, 2012.

Coote, Belinda: Der UnFaire Handel. Die „3. Welt" in der Handelsfalle und mögliche Auswege, Stuttgart, 1994.

Cullather, Nick: Secret History. The CIA's Classified Account of its Operations in Guatemala, 1952–1954, Stanford, 1999.

Davenport, Eileen und Low, William: The World Fair Trade Organization. From Trust to Compliance, in: Reed, Darryl, Utting, Peter und Mukherjee-Reed, Ananya (Hg.): Business Regulation and Non-State Actors. Whose Standards? Whose Development?, London/New York, 2012, S. 288–299.

Davies, Iain A., Doherty, Bob und Knox, Simon: The Rise and Stall of a Fair Trade Pioneer: The Cafédirect Story, in: Journal of Business Ethics 92, 2010, S. 127–147.

Daviron, Benoit und Ponte, Stefano: The Coffee Paradox. Global Markets, Commodity Trade and the Elusive Promise of Development, London/New York, 2005.

Davis, Belinda: A Whole World Opening Up. Transcultural Contact, Difference, and the Politicization of 'New Left' Activists, in: Davis, Belinda, Mausbach, Wilfried, Klimke, Martin und MacDougall, Carla (Hg.): Changing the World, Changing Oneself. Political Protest and Collective Identities in West Germany and the U. S. in the 1960s and 1970s, New York/Oxford, 2010, S. 255–273.

De Pelsmacker, Patrick, Janssens, Wim, Mielants, Caroline und Sterckx, Ellen: Marketing Ethical Products: What can we learn from Fair Trade Consumer Behaviour in Belgium?, in: Zaccaï, Edwin (Hg.): Sustainable Consumption, Ecology and Fair Trade, London/New York, 2007, S. 109–126.

DeBlasio, Donna M., Ganzert, Charles F., Mould, David H., Paschen, Stephen H. und Sacks, Howard L. (Hg.): Catching Stories. A Practical Guide to Oral History, Athens, Ohio, 2009.

Dejung, Christof: Oral History und kollektives Gedächtnis. Für eine sozialhistorische Erweiterung der Erinnerungsgeschichte, in: Geschichte und Gesellschaft 34, 2008, S. 96–115.

Dejung, Christof: Staatliche Interventionen und multinationale Handelsfirmen. Der globale Kaffeehandel nach 1945, in: Berth, Christiane, Wierling, Dorothee und Wünderich, Volker (Hg.): Kaffeewelten. Historische Perspektiven auf eine globale Ware im 20. Jahrhundert, Göttingen, 2015, S. 201–224.

De Neve, Geert, Luetchford, Peter und Pratt, Jeffrey (Hg.): Hidden Hands in the Market: Ethnographies of Fair Trade, Ethical Consumption, and Corporate Social Responsibility, Bingley (UK), 2008.

Deutsche UNESCO Kommission e. V. (Hg.): 60 Jahre deutsche Mitarbeit in der UNESCO, Hachenburg, 2011.

Dienste in Übersee/Klaus Wilkens: Weltweite Partnerschaft. Zehn Jahre Kirchlicher Entwicklungsdienst, Frankfurt am Main, 1979.

Dietrich, Wolfgang: Nicaragua. Entstehung, Charakter und Hoffnung eines neuen Weges, Heidelberg, 1985.

Doering-Manteuffel, Anselm und Raphael, Lutz: Nach dem Boom. Perspektiven auf die Zeitgeschichte seit 1970, Göttingen, 2008.

Doherty, Bob und Huybrechts, Benjamin: Connecting Producers and Consumers through Fair and Sustainable Value Chains, in: Social Enterprise Journal 9, 1, 2013, S. 4–10.

Döring, Jörg und Thielmann, Tristan (Hg.): Spatial Turn: Das Raumparadigma in den Kultur- und Sozialwissenschaften, Bielefeld, 2. Aufl. 2009.

Dülffer, Jost und Loth, Wilfried (Hg.): Dimensionen internationaler Geschichte, München, 2012.

Eckert, Andreas: Spätkoloniale Herrschaft, Dekolonisation und internationale Ordnung. Einführende Bemerkungen, in: Archiv für Sozialgeschichte 48, 2008, S. 3–20.

Eitler, Pascal: „Gott ist tot – Gott ist rot": Max Horkheimer und die Politisierung der Religion um 1968, Frankfurt am Main/New York, 2009.

Eitler, Pascal: Konziliare Aufbrüche und kontestative Umbrüche. Die Politisierung des Katholizismus um 1968 – eine diskurshistorische Perspektive, in: Fitschen, Klaus, Siegfried Hermle, Katharina Kunter u. a. (Hg.): Die Politisierung des Protestantismus. Entwicklungen in der Bundesrepublik Deutschland während der 1960er und 70er Jahre, Göttingen, 2011, S. 249–271.

Engel, Alexander: Farben der Globalisierung. Die Entstehung moderner Märkte für Farbstoffe 1500–1900, Frankfurt am Main/New York, 2009.

Engels, Jens Ivo: Umweltschutz in der Bundesrepublik – von der Unwahrscheinlichkeit einer Alternativbewegung, in: Reichardt, Sven und Siegfried, Detlef (Hg.): Das Alternative Milieu. Antibürgerlicher Lebensstil und linke Politik in der Bundesrepublik Deutschland und Europa, 1968–1983, Göttingen, 2010, S. 405–422.

Enríquez, Laura J.: Reactions to the Market: Small Farmer in the Economic Reshaping of Nicaragua, Cuba, Russia, and China, University Park, 2010.

Epple, Angelika: Lokalität und die Dimensionen des Globalen. Eine Frage der Relationen, in: Historische Anthropologie, 21. Jahrgang, Heft 1: Lokalität und transnationale Verflechtungen, hrsg. von Brahm, Felix, Epple, Angelika und Habermas, Rebekka, 2013, S. 4–25.

Epple, Angelika: Das Unternehmen Stollwerck. Eine Mikrogeschichte der Globalisierung, Frankfurt am Main/New York, 2010.

Epple, Angelika: Globale Mikrogeschichte. Auf dem Weg zu einer Geschichte der Relationen, in: Hiebl, Ewald und Langthaler, Ernst (Hg.): Im Kleinen das Große suchen. Mikrogeschichte in Theorie und Praxis, Innsbruck/Wien/Bozen, 2012, S. 37–47.

Epple, Angelika und Wierling, Dorothee: Editorial: Globale Waren, in: Globale Waren. Themenheft von WerkstattGeschichte 45, 2007, S. 3–4.

Epple, Angelika, Kaltmeier, Olaf und Lindner, Ulrike (Hg.): Entangled Histories. Reflecting on Concepts of Coloniality and Postcoloniality, Comparativ 21, 1, 2011.

Erbar, Ralph: Zeugen der Zeit? Zeitzeugengespräche in Wissenschaft und Unterricht, in: Geschichte für heute 5, 3, 2012, S. 5–20.

Ernst, Jörg: Die entwicklungspolitische Öffentlichkeitsarbeit der evangelischen Kirchen in Deutschland und der Schweiz, Münster/Hamburg/London, 1999.

Ferguson, Niall, Maier, Charles S., Manela, Erez und Sargent, Daniel J. (Hg.): The Shock of the Global: The 1970s in Perspective, Cambridge (USA), 2010.

Ferrero Blanco, Dolores: La Nicaragua de los Somoza 1936–1979, Huelva, 2010.

Fiedler, Martin: Vertrauen ist gut, Kontrolle ist teuer: Vertrauen als Schlüsselkategorie wirtschaftlichen Handelns, in: Geschichte und Gesellschaft 27, 2001, S. 576–592.

Fisch, Jörg: Das Selbstbestimmungsrecht der Völker. Die Domestizierung einer Illusion, München, 2010.

Fitschen, Klaus, Siegfried Hermle, Katharina Kunter u. a. (Hg.): Die Politisierung des Protestantismus. Entwicklungen in der Bundesrepublik Deutschland während der 1960er und 70er Jahre, Göttingen, 2011.

Fligstein, Neil: Die Architektur der Märkte, Wiesbaden, 2011.

Flores, Margarita, Bratescu, Adrian, Martínez, José Octavio, Oviedo, Jorge A. und Acosta, Alicia: Centroamérica: El impacto de la caída de los precios del café, México, 2002.

Foltin, Oliver und Wachowiak, Marta: Vertrauen aus Sicht der Institutionenökonomik, in: Weingardt, Markus (Hg.): Vertrauen in der Krise. Zugänge verschiedener Wissenschaften, Baden-Baden, 2011, S. 205–222.

Förch, Michael: Zwischen utopischen Idealen und politischer Herausforderung. Die Nicaragua-Solidaritätsbewegung in der Bundesrepublik. Eine empirische Studie, Frankfurt am Main u. a., 1995.

Fourcade, Marion: Theories of Markets and Theories of Society, in: American Behavioral Scientist 50, 2007, S. 1015–1031.

Frein, Michael und Santarius, Tilman: Modell für einen gerechten Welthandel. Eine kritische Würdigung des Fairen Handels, in: Brot für die Welt/Evangelischer Entwicklungsdienst (Hg.): Perspektiven im Fairen Handel. Dossier 9, Frankfurt am Main, 2009, S. 18–21.

Frevert, Ute (Hg.): Vertrauen. Historische Annäherungen, Göttingen, 2003.

Freytag, Nils: „Eine Bombe im Taschenbuchformat"? Die „Grenzen des Wachstums" und die öffentliche Resonanz, in: Zeithistorische Forschungen (Online-Ausgabe) 3, 3, 2006.

Fridell, Gavin: Fair Trade Coffee. The Prospects and Pitfalls of Market-Driven Social Justice, Toronto/Buffalo/London, 2007.

Frieling, Reinhard: Die Aufbrüche von Uppsala 1968, in: Hermle, Siegfried, Lepp, Claudia und Oelke, Harry (Hg.): Umbrüche. Der deutsche Protestantismus und die sozialen Bewegungen in den 1960er und 70er Jahren, Göttingen, 2007, S. 176–188.

Frundt, Henry J.: Fair Bananas! Farmers, Workers, and Consumers Strive to Change an Industry, Tucson, 2009.

Funke, Kira: Paulo Freire: Werk, Wirkung und Aktualität, Münster, 2010.

Gabriel, Karl: Entkirchlichung und (neue) Religion, in: Raithel, Thomas, Rödder, Andreas und Wirsching, Andreas (Hg.): Auf dem Weg in eine neue Moderne? Die Bundesrepublik Deutschland in den siebziger und achtziger Jahren, München, 2009, S. 99–111.

Gabriel, Leo: Aufstand der Kulturen. Konflikt-Region Zentralamerika: Guatemala, El Salvador, Nicaragua, Hamburg, 1987.

Gammerl, Benno: Gefühlte Entfernungen, in: Frevert, Ute u. a. (Hg.): Gefühlswissen. Eine lexikalische Spurensuche in der Moderne, Frankfurt am Main/New York, 2011, S. 179–200.

Gassert, Philipp, Geiger, Tim und Wentker, Hermann (Hg.): Zweiter Kalter Krieg und Friedensbewegung. Der NATO-Doppelbeschluss in deutsch-deutscher und internationaler Perspektive, München, 2011.

Gasteiger, Nepomuk: Der Konsument. Verbraucherbilder in Werbung, Konsumkritik und Verbraucherschutz 1945–1989, Frankfurt am Main/New York, 2010.

Gawora, Dieter: Lateinamerika hier. Zur Entwicklung der internationalen Solidaritätsarbeit in der Bundesrepublik, Kassel, 1983.

GEPA Gesellschaft zur Förderung der Partnerschaft mit der Dritten Welt mbH: FAIRissimo! – Gut gemacht! – 40 Jahre Fairer Kaffee in Deutschland, Wuppertal, 14. Februar 2013.

Gerber, Philipp: Das Aroma der Rebellion. Zapatistischer Kaffee, indigener Aufstand und autonome Kooperativen in Chiapas, Mexiko, Münster, 2005.

Gerlach, Olaf, Hahn, Marco, Kalmring, Stefan, Kumitz, Daniel und Nowak, Andreas (Hg.): Globale Solidarität und linke Politik in Lateinamerika, Berlin, 2009.

Gerster, Daniel: Von Pilgerfahrten zu Protestmärschen? Zum Wandel des katholischen Friedensengagements in den USA und der Bundesrepublik Deutschland 1945–1990, in: Archiv für Sozialgeschichte 51, 2011, S. 311–342.

Geßler, Katrin Simone: Zwischen Konkurrenz und Konzertierung – Entwicklung und Perspektiven der deutschen Fair-Handels-Akteure, Politikwissenschaftliche Diplomarbeit an der Universität Passau, 2001.

Gettys, Sven-Daniel und Mittmann, Thomas: „Der Tanz um das Goldene Kalb der Finanzmärkte". Konjunkturen religiöser Semantik in deutschen Kapitalismusdebatten seit den 1970er Jahren, in: Hochgeschwendner, Michael und Löffler, Bernhard (Hg.): Religion, Moral und liberaler Markt. Politische Ökonomie und Ethikdebatten vom 18. Jahrhundert bis zur Gegenwart, Bielefeld, 2011, S. 283–308.

Giddens, Anthony: Konsequenzen der Moderne, Frankfurt/Main, 1996.

Glania, Guido: Das Welthandelsgut Kaffee: Eine wirtschaftsgeographische Studie, Frankfurt am Main, 1997.

González, Miguel und Figueroa, Dolores: Regional Autonomy on the Caribbean Coast, in: Close, David, Salvador Martí i Puig, Shelley A. McConnell (Hg.): The Sandinistas and Nicaragua Since 1979, Boulder/London, 2012, S. 161–184.

Goodman, Michael K., Goodman, David und Redclift, Michael (Hg.): Consuming Space. Placing Consumption in Perspective, Farnham/Burlington, 2010.

Gourevitch, Peter: The Value of Ethics: Monitoring Normative Compliance in Ethical Consumption Markets, in: Beckert, Jens und Aspers, Patrik (Hg.): The Worth of Goods. Valuation & Pricing in the Economy, New York, 2011, S. 86–105.

Grabbe, Katharina, Köhler, Sigrid G. und Wagner-Egelhaaf, Martina (Hg.): Das Imaginäre der Nation. Zur Persistenz einer politischen Kategorie in Literatur und Film, Bielefeld, 2012.

Granovetter, Mark: Economic Action and Social Structure: The Problem of Embeddedness, in: The American Journal of Sociology 91, 3, 1985, S. 481–510.

Granville, Brigitte und Dine, Janet (Hg.): The Processes and Practices of Fair Trade. Trust, Ethics, and Governance, London/New York, 2013.

Greiner, Bernd: Kalter Krieg und „Cold War Studies", Version 1.0, in: Docupedia-Zeitgeschichte, 11.2.2010, URL: http://docupedia.de/zg/Cold_War_Studies?oldid=84591 (zuletzt abgerufen am 17.10.2013).

Greiner, Bernd, Müller, Christian T. und Walter, Dierk (Hg.): Angst im Kalten Krieg, Hamburg, 2009.

Gries, Rainer: Produkte als Medien. Kulturgeschichte der Produktkommunikation in der Bundesrepublik und der DDR, Leipzig, 2003.

Grimes, Kimberly M.: Changing the Rules of Trade with Global Partnerships: The Fair Trade Movement, in: Nash, June (Hg.): Social Movements. An Anthropological Reader, Malden (USA), 2005, S. 237–248.

Großbölting, Thomas: Der verlorene Himmel. Glaube in Deutschland seit 1945, Göttingen/Bristol, 2013.

Günzel, Stefan (Hg.): Raumwissenschaften, Reinbek bei Hamburg, 2009.

Haas, Gerhard: Dem Fremden begegnen. Die „Dritte Welt" im Deutschunterricht, in: Praxis Deutsch 138, 23, 1996, S. 10–18.

Hager, Angela: Westdeutscher Protestantismus und Studentenbewegung, in: Hermle, Siegfried, Lepp, Claudia und Oelke, Harry (Hg.): Umbrüche. Der deutsche Protestantismus und die sozialen Bewegungen in den 1960er und 70er Jahren, Göttingen, 2007, S. 111–130.

Hall, Stuart: The Spectacle of the 'Other', in: Hall, Stuart (Hg.): Representation. Cultural Representations and Signifying Practices, London, 1997, S. 225–279.

Hammelehle, Jürgen: Transfair – ein Gütesiegel findet seinen Platz am Markt, in: Landeszentrale für politische Bildung Baden-Württemberg und Wirtschaftsministerium Baden-Württemberg (Hg.): UmweltGerechte Zukunft. Entwicklung und Wandel in Nord und Süd, Stuttgart, 1995, S. 156–159.

Handy, Jim: Revolution in the Countryside. Rural Conflict and Agrarian Reform in Guatemala, 1944–1954, Chapel Hill/London, 1994.

Hannig, Nicolai: Die Religion der Öffentlichkeit. Kirche, Religion und Medien in der Bundesrepublik, 1945–1980, Göttingen, 2010.

Harvey, David: The Condition of Postmodernity. An Enquiry into the Origins of Cultural Change, Cambridge/Oxford, Nachdruck 1992.

Harzer, Erika und Volks, Willi (Hg.): Aufbruch nach Nicaragua. Deutsch-deutsche Solidarität im Systemwettstreit, Berlin, 2008.

Hasenöhrl, Ute: Zivilgesellschaft und Protest. Eine Geschichte der Naturschutz- und Umweltbewegung in Bayern 1945–1980, Göttingen, 2011.

Haslam, Pedro und Hoskyns, Nicholas: Nicaragua. The Road to Freedom, in: Bowes, John (Hg.): The Fair Trade Revolution, London/New York, 2011, S. 55–70.

Haupt, Heinz-Gerhard und Torp, Claudius (Hg.): Die Konsumgesellschaft in Deutschland 1890–1990. Ein Handbuch, Frankfurt am Main/New York, 2009.

Hauschild, Wolf-Dieter: Evangelische Kirche in der Bundesrepublik Deutschland zwischen 1961 und 1979, in: Hermle, Siegfried, Lepp, Claudia und Oelke, Harry (Hg.): Umbrüche. Der deutsche Protestantismus und die sozialen Bewegungen in den 1960er und 70er Jahren, Göttingen, 2007, S. 51–90.

Hein, Bastian: Entwicklungshilfe, internationale Solidarität oder Weltinnenpolitik? Der Umgang mit der „Dritten Welt" als Gradmesser des Reformklimas, in: Wengst, Udo (Hg.): Reform und Revolte. Politischer und gesellschaftlicher Wandel in der Bundesrepublik vor und nach 1968, München, 2011, S. 31–44.

Hein, Bastian: Die Westdeutschen und die Dritte Welt. Entwicklungspolitik und Entwicklungsdienste zwischen Reform und Revolte 1959–1974, München, 2006.

Hein, Wolfgang: André Gunder Frank (1929–). Metropolen, Satelliten und das Weltsystem in: E+Z 3, 2000, S. 80–83.

Heinemann, Isabel: Wertewandel, Version 1.0, 22. 10. 2012, in: Docupedia-Zeitgeschichte, http://docupedia.de/zg/ (zuletzt abgerufen am 28. 8. 2013).

Heinen, Guido: „Mit Christus und der Revolution". Geschichte und Wirken der „iglesia popular" im sandinistischen Nicaragua (1979–1990), Stuttgart/Berlin/Köln, 1995.

Hellema, Duco: Die langen 1970er Jahre – eine globale Perspektive, in: Hellema, Duco, Wielenga, Friso und Wilp, Markus (Hg.): Radikalismus und politische

Reformen. Beiträge zur deutschen und niederländischen Geschichte in den 1970er Jahren, Münster, 2012, S. 15–32.

Hellmann, Kai-Uwe: Die Ethik der Marke? Soziologische Anmerkungen zu einem paradoxen Phänomen, in: Koslowski, Peter und Priddat, Birger P. (Hg.): Ethik des Konsums, München, 2006, S. 179–197.

Hengartner, Thomas und Merki, Christoph Maria: Einleitung. Für eine Geschichte der Genußmittel, in: Hengartner, Thomas und Merki, Christoph Maria (Hg.): Genußmittel. Eine Kulturgeschichte, Frankfurt am Main/Leipzig, 2001, S. 9–26.

Herbig, Jutta: TransFair im deutschen Kaffeehandel, Berlin, 1995.

Hermle, Siegfried, Lepp, Claudia und Oelke, Harry (Hg.): Umbrüche. Der deutsche Protestantismus und die sozialen Bewegungen in den 1960er und 70er Jahren, Göttingen, 2007.

Heß, Klaus und Lucas, Barbara: Die bundesdeutsche Solidaritätsbewegung, in: Bujard, Otker und Wirper, Ulrich (Hg.): Die Revolution ist ein Buch und ein freier Mensch. Die politischen Plakate des befreiten Nicaragua 1979–1990 und der internationalen Solidaritätsbewegung, Köln, 2007, S. 306–322.

Heß, Klaus und Volks, Willi: Die Auswirkungen des Mauerfalls 1989. Wie sich die Solidaritätsarbeit für Nicaragua in Ost und West weiterentwickelte, in: Harzer, Erika und Volks, Willi (Hg.): Aufbruch nach Nicaragua. Deutsch-deutsche Solidarität im Systemwettstreit, Berlin, 2008, S. 180–188.

Hierlmeier, Josef: Internationalismus: Eine Einführung in die Ideengeschichte des Internationalismus; von Vietnam bis Genua, Stuttgart, 2002.

Higonnet, Estelle (Hg.): Quiet Genocide. Guatemala 1981–1983, New Brunswick/London, 2009.

Hilton, Matthew: Prosperity for all. Consumer Activism in an Era of Globalization, Ithaca/London, 2009.

Hilton, Matthew: Consumer Activism: Rights or Duties?, in: Brückweh, Kerstin (Hg.): The Voice of the Citizen Consumer. A History of Market Research, Consumer Movements, and the Political Public Sphere, Oxford/New York, 2011, S. 99–116.

Hochmuth, Christian: Globale Güter – lokale Aneignung. Kaffee, Tee, Schokolade und Tabak im frühneuzeitlichen Dresden, Konstanz, 2008.

Hockerts, Kai: CaféDirect: Fair Trade as Social Entrepreneurship, in: Perrini, Francesco (Hg.): The New Social Entrepreneurship. What Awaits Social Entrepreneurial Ventures?, Cheltenham u. a., 2006, S. 192–209.

Hogendorn, Jan und Johnson, Marion: The Shell Money of the Slave Trade, Cambridge, 1986.

Hohensee, Jens: Der erste Ölpreisschock 1973/74. Die politischen und gesellschaftlichen Auswirkungen der arabischen Erdölpolitik auf die Bundesrepublik Deutschland und Westeuropa, Stuttgart, 1996.

Holler, Simon: Fairtrade als subpolitisches Konzept. Ziele, Strukturen, Herausforderungen und Strategien, in: Baringhorst, Sigrid, Kneip, Veronika, März, Annegret und Niesyto, Johanna (Hg.): Politik mit dem Einkaufswagen. Unternehmen und Konsumenten als Bürger in der globalen Mediengesellschaft, Bielefeld, 2007, S. 335–352.

Holzbrecher, Alfred: Dritte Welt – Öffentlichkeitsarbeit als Lernprozeß. Zur politischen und pädagogischen Praxis von Aktionsgruppen, Frankfurt am Main, 1978.

Hopkins, Anthony G.: Introduction. Interactions Between the Universal and the Local, in: Hopkins, Anthony G. (Hg.): Global History. Interactions Between the Universal and the Local, Basingstoke/New York, 2006, S. 1–38.

Hötzel, Peter: Die Aktion Dritte Welt Handel, Kiel, 1986.

Hradil, Stefan: Arbeit, Freizeit, Konsum: Von der Klassengesellschaft zu neuen Milieus?, in: Raithel, Thomas, Rödder, Andreas und Wirsching, Andreas (Hg.): Auf dem Weg in eine neue Moderne? Die Bundesrepublik Deutschland in den siebziger und achtziger Jahren, München, 2009, S. 69–82.

Immerman, Richard H. und Goedde, Petra (Hg.): The Oxford Handbook of the Cold War, Oxford, 2013.

Inglehart, Ronald: The Silent Revolution. Changing Values and Political Styles among Western Publics, Princeton, 1977.

Inglis, David und Gimlin, Debra: Food Globalizations: Ironies and Ambivalences of Food, Cuisine and Globality, in: Inglis, David und Gimlin, Debra (Hg.): The Globalization of Food, Oxford/New York, 2009, S. 3–42.

Inglis, David und Gimlin, Debra (Hg.): The Globalization of Food, Oxford/New York, 2009.

Jaffee, Daniel: 'Better, but not great': the social and environmental benefits and limitations of Fair Trade for indigenous coffee producers in Oaxaca, Mexico, in: Ruben, Ruerd (Hg.): The Impact of Fair Trade, Wageningen, Reprint 2009, S. 195–222.

Jaffee, Daniel: Brewing Justice. Fair Trade Coffee, Sustainability, and Survival, Berkeley/Los Angeles/London, 2007.

Johnson, David Conrad: The International Coffee Agreement and the Production of Coffee in Guatemala, 1962–1989, in: Latin American Perspectives 37, 2, 2010, S. 34–49.

Juchler, Ingo: Die Studentenbewegungen in den Vereinigten Staaten und der Bundesrepublik Deutschland der sechziger Jahre. Eine Untersuchung hinsichtlich ihrer Beeinflussung durch Befreiungsbewegungen und -theorien aus der Dritten Welt, Berlin, 1996.

Jureit, Ulrike: Das Ordnen von Räumen. Territorium und Lebensraum im 19. und 20. Jahrhundert, Hamburg, 2012.

Kaelble, Hartmut, Kirsch, Martin und Schmidt-Gernig, Alexander (Hg.): Transnationale Öffentlichkeiten und Identitäten im 20. Jahrhundert, Frankfurt am Main/New York, 2002.

Kalden, Sebastian und Wiechmann, Jan Ole: Kirchen, in: Becker-Schaum, Christoph, Gassert, Philipp, Klimke, Martin, Mausbach, Wilfried und Zepp, Marianne (Hg.): „Entrüstet Euch!" Nuklearkrise, NATO-Doppelbeschluss und Friedensbewegung, Paderborn u. a., 2012, S. 247–261.

Kalt, Monica: Tiersmondismus in der Schweiz der 1960er und 1970er Jahre. Von der Barmherzigkeit zur Solidarität, Bern u. a. 2010.

Kaltmeier, Olaf: Politische Räume jenseits von Staat und Nation, Göttingen, 2012.

Karges, Rosemarie: Solidarität oder Entwicklungshilfe? Nachholende Entwicklung eines Lernprozesses am Beispiel der bundesdeutschen Solidaritätsbewegung mit Nicaragua, Münster/New York, 1995.

Kemnitzer, Konstanze Evangelia: Der ferne Nächste. Zum Selbstverständnis der Aktion ‚Brot für die Welt‘, Stuttgart, 2008.

Kesselring, Thomas: Ethik der Entwicklungspolitik. Gerechtigkeit im Zeitalter der Globalisierung, München, 2003.

Kessler, Wolfgang: Wie handeln andere?, in: epd-Entwicklungspolitik 7/8, 1985, S. 32–34

Kießling, Friedrich: (Welt-)Öffentlichkeit, in: Dülffer, Jost und Loth, Wilfried (Hg.): Dimensionen internationaler Geschichte, München, 2012, S. 85–105.

Kinloch Tijerino, Frances: Historia de Nicaragua, Managua, 3. Aufl. 2008.

Klee, Rainer: Vom Hausbau zum Kaffeehandel. Die Frage nach dem richtigen Bewusstsein, in: Harzer, Erika und Volks, Willi (Hg.): Aufbruch nach Nicaragua. Deutsch-deutsche Solidarität im Systemwettstreit, Berlin, 2008, S. 137–140.

Klein, Markus und Pötschke, Manuela: Gibt es einen Wertewandel hin zum „reinen" Postmaterialismus? Eine Zeitreihenanalyse der Wertorientierungen der westdeutschen Bevölkerung zwischen 1970 und 1997, in: Zeitschrift für Soziologie 29, 3, 2000, S. 202–216.

Kleinert, Uwe: Inlandswirkungen des Fairen Handels, in: Misereor, Brot für die Welt und Friedrich-Ebert-Stiftung (Hg.): Entwicklungspolitische Wirkungen des Fairen Handels. Beiträge zur Diskussion, Aachen, 2000, S. 21–110.

Kleinschmidt, Christian: Konsumgesellschaft, Göttingen, 2008.

Knöbl, Wolfgang: Die Kontingenz der Moderne. Wege in Europa, Asien und Amerika, Frankfurt am Main/New York, 2007.

Koberstein, Gerhard (Hg.): Nicaragua: Revolution und christlicher Glaube, Frankfurt/Main, 1982.

Koch, Ulrich: Meine Jahre bei Misereor 1959–1995, Aachen, 2003.

Koch, Ulrich: Misereor: Geschichte – Struktur und Organisation, in: Bischöfliche Kommission für Misereor (Hg.): Misereor – Zeichen der Hoffnung. Beiträge zur kirchlichen Entwicklungsarbeit, München, 1976, S. 129–162.

Kocka, Jürgen: History, the Social Sciences and Potentials for Cooperation. With Particular Attention to Economic History, in: InterDisciplines, 1, 2010, S. 43–63.

Kocken, Marlike: Sixty Years of Fair Trade. A Brief History of the Fair Trade Movement, 2006, online verfügbar unter: http://www.european-fair-trade-association. org/efta/Doc/History.pdf (zuletzt abgerufen am 10.02.2015).

Konefal, Betsy: For Every Indio Who Falls. A History of Maya Activism in Guatemala, 1960–1990, Albuquerque, 2010.

König, Wolfgang: Kleine Geschichte der Konsumgesellschaft. Konsum als Lebensform der Moderne, Stuttgart, 2008.

Koslowski, Peter und Priddat, Birger P. (Hg.): Ethik des Konsums, München, 2006.

Kößler, Reinhart und Melber, Henning: „Hoch die ..." Zur Geschichte, Aktualität und Problematik internationaler Solidarität, in: Gerlach, Olaf, Hahn, Marco, Kalmring, Stefan, Kumitz, Daniel und Nowak, Andreas (Hg.): Globale Solidarität und linke Politik in Lateinamerika, Berlin, 2009, S. 19–32.

Krämer, Raimund: Das sandinistische Nicaragua. Eine historische Bilanz, in: Harzer, Erika und Volks, Willi (Hg.): Aufbruch nach Nicaragua. Deutsch-deutsche Solidarität im Systemwettstreit, Berlin, 2008, S. 19–28.

Kreis, Reinhild: „Eine Welt, ein Kampf, ein Feind"? Amerikakritik in den Protesten der 1980er Jahre, in: Balz, Hanno und Friedrichs, Jan-Henrik (Hg.): „All We Ever Wanted ..." Eine Kulturgeschichte europäischer Protestbewegungen der 1980er Jahre, Berlin, 2012, S. 136–155.

Krippner, Greta R. und Alvarez, Anthony S.: Embeddedness and the Intellectual Projects of Economic Sociology, in: Annual Review of Sociology 33, 2007, S. 219–240.

Kron, Stefanie: Guatemala: Paramilitarismus und sozialer Widerstand, in: Kaltmeier, Olaf, Kastner, Jens und Tuider, Elisabeth (Hg.): Neoliberalismus – Autonomie – Widerstand. Soziale Bewegungen in Lateinamerika, Münster, 2004, S. 101–119.

Kühl Arauz, Eddy: Nicaragua y su café, Managua, 2004.

Kuhn, Konrad J.: Fairer Handel und Kalter Krieg. Selbstwahrnehmung und Positionierung der Fair-Trade-Bewegung in der Schweiz 1973–1990, Lizentiatsarbeit an der Philosophischen Fakultät der Universität Zürich, Bern, 2005.

Kuhn, Konrad J.: Entwicklungspolitische Solidarität. Die Dritte-Welt-Bewegung in der Schweiz zwischen Kritik und Politik (1975–1992), Zürich, 2011.

Kunkel, Sönke: Zwischen Globalisierung, Internationalen Organisationen und „global governance". Eine kurze Geschichte des Nord-Süd-Konflikts in den 1960er und 1970er Jahren, in: Vierteljahreshefte für Zeitgeschichte 60, 4, 2012, S. 555–577.

Kunz, Martin: Dritte Welt-Läden. Einordnung und Überprüfung eines entwicklungspolitischen Bildungsmodells anhand der Fallbeispiele der Leonberger und Ludwigsburger Ladeninitiativen, Darmstadt, 1987.

Langewiesche, Dieter: Gefühlsraum Nation, in: Zeitschrift für Erziehungswissenschaft 15, 1, 2012, S. 195–215.

Latour, Bruno: Eine neue Soziologie für eine neue Gesellschaft, Frankfurt am Main, 2010.

Lehnert, Gertrud (Hg.): Raum und Gefühl. Der Spatial Turn und die neue Emotionsforschung, Bielefeld, 2011.

Lepp, Claudia: Zwischen Konfrontation und Kooperation: Kirchen und soziale Bewegungen in der Bundesrepublik (1950–1983), in: Zeithistorische Forschungen (Online-Ausgabe) 7, 3, 2010.

Levi, Scott C.: Objects in Motion, in: Northrop, Douglas (Hg.): A Companion to World History, Oxford u. a., 2012, S. 321–338.

Lingelbach, Gabriele: Spenden und Sammeln. Der westdeutsche Spendenmarkt bis in die 1980er Jahre, Göttingen, 2009.

Linton, April: Fair Trade from the Ground up. New Markets for Social Justice, Seattle, 2012.

Lipp, Karlheinz, Lütgemeier-Davin, Reinhold und Nehring, Holger: Frieden und Friedensbewegungen in Deutschland 1892–1992. Ein Lesebuch, Essen, 2010.

Loth, Wilfried: Angst und Vertrauensbildung, in: Dülffer, Jost und Loth, Wilfried (Hg.): Dimensionen internationaler Geschichte, München, 2012, S. 29–46.

Lucas, Barbara: „Die Solidarität ist die Zärtlichkeit der Völker". Überblick über die bundesdeutsche Solidaritätsbewegung, in: Harzer, Erika und Volks, Willi (Hg.): Aufbruch nach Nicaragua. Deutsch-deutsche Solidarität im Systemwettstreit, Berlin, 2008, S. 56–62.

Luetchford, Peter: Fair Trade and a Global Commodity. Coffee in Costa Rica, London/Ann Arbor, 2008.

Luetchford, Peter: The Hands that Pick Fair Trade Coffee: Beyond the Charms of the Family Farm, in: De Neve, Geert, Luetchford, Peter und Pratt, Jeffrey (Hg.): Hidden Hands in the Market: Ethnographies of Fair Trade, Ethical Consumption, and Corporate Social Responsibility, Bingley (UK), 2008, S. 143–169.

Luetchford, Peter G.: Consuming Producers: Fair Tade and Small Farmers, in: Carrier, James G. und Luetchford, Peter G. (Hg.): Ethical Consumption. Social Value and Economic Practice, New York/Oxford, 2012, S. 60–80.

Lühring, Mareike: Befreiungstheologie, in: Huffschmid, Anne und Rauchecker, Markus (Hg.): Kontinent der Befreiung? Auf Spurensuche nach 1968 in Lateinamerika, Berlin, 2010, S. 28–31.

Lütke Wöstmann, Christian: Was ist ein gerechter Preis? Zur Bestimmung eines angemessenen Produzentenpreises am Beispiel von Coocafe/Costa Rica, Bonn, 1994.

Maddux, Thomas und Labrosse, Diane (Hg.): H-Diplo Roundtable Review: Niall Ferguson u. a. (Hg.): The Shock of the Global: The 1970s in Perspective, in: www.h-net.org/~diplo/ XI, 49, 2010.

Maier, Hans: Die Kirchen im Diskurs mit den Dissidentenbewegungen und die Rolle des Papstes, in: Veen, Hans-Joachim, Mählert, Ulrich und März, Peter (Hg.): Wechselwirkungen Ost-West. Dissidenz, Opposition und Zivilgesellschaft 1975–1989, Köln/Weimar/Wien, 2007, S. 97–109.

Marshall, C. F.: The World Coffee Trade. A Guide to the Production, Trading and Consumption of Coffee, Cambridge, 1983.

Martinez Merino, Javier (Hg.): Siete años … por el desarrollo campesino, ohne Ortsangabe, 1992.

März, Michael: Linker Protest nach dem Deutschen Herbst. Eine Geschichte des linken Spektrums im Schatten des ‚starken Staates', 1977–1979, Bielefeld, 2012.

Massey, Doreen: Keine Entlastung für das Lokale, in: Berking, Helmuth (Hg.): Die Macht des Lokalen in einer Welt ohne Grenzen, Frankfurt am Main/New York, 2006, S. 25–31.

Matus Lazo, Javier, Capietto, Francois und Cerrato, Marisol: El Cooperativismo Agropecuario en Nicaragua, Managua, 1990.

Mausbach, Wilfried: Von der ‚zweiten Front' in die friedliche Etappe? Internationale Solidaritätsbewegungen in der Bundesrepublik 1968–1983, in: Reichardt, Sven und Siegfried, Detlef (Hg.): Das Alternative Milieu. Antibürgerlicher Lebensstil und linke Politik in der Bundesrepublik Deutschland und Europa, 1968–1983, Göttingen, 2010, S. 423–444.

McAnany, Emile G.: Saving the World. A Brief History of Communication for Development and Social Change, Urbana/Chicago/Springfield, 2012.

McConnell, Shelley A.: The Uncertain Evolution of the Electoral System, in: Close, David, Martí i Puig, Salvador und McConnell, Shelley A. (Hg.): The Sandinistas and Nicaragua Since 1979, Boulder/London, 2012, S. 121–135.

McCreery, David: Coffee and Indigenous Labor in Guatemala, 1871–1980, in: Clarence-Smith, William Gervase und Topik, Steven (Hg.): The Global Coffee Economy in Africa, Asia, and Latin America, 1500–1989, Cambridge u. a., 2003, S. 191–208.

McLeod, Hugh: The 1960s and 1970s as a Period of Basic Change, in: Kunter, Katharina und Schjørring, Jens Holger (Hg.): Europäisches und Globales Christentum. Herausforderungen und Transformationen im 20. Jahrhundert, Göttingen, 2011, S. 42–61.

McMichael, Philip: Development and Social Change. A Global Perspective, Thousand Oaks, USA, 5. Auflage 2012.

McNeill, William Hardy: The Rise of the West. A History of the Human Community, Chicago, 1963.

Mende, Silke: „Nicht rechts, nicht links, sondern vorn". Eine Geschichte der Gründungsgrünen, München, 2011.

Mende, Silke und Metzger, Birgit: Ökopax. Die Umweltbewegung als Erfahrungsraum der Friedensbewegung, in: Becker-Schaum, Christoph, Gassert, Philipp, Klimke, Martin, Mausbach, Wilfried und Zepp, Marianne (Hg.): „Entrüstet Euch!" Nuklearkrise, NATO-Doppelbeschluss und Friedensbewegung, Paderborn u. a., 2012, S. 118–134.

Menninger, Annerose: Genuss im kulturellen Wandel. Tabak, Kaffee, Tee und Schokolade in Europa (16.–19. Jahrhundert), Stuttgart, 2004.

Menzel, Ulrich: Das Ende der Dritten Welt und das Scheitern der großen Theorie, Frankfurt/Main, 1992.

Merki, Christoph Maria: Zwischen Luxus und Notwendigkeit: Genußmittel, in: Reith, Reinhold und Meyer, Torsten (Hg.): „Luxus und Konsum" – eine historische Annäherung, Münster, 2003, S. 83–95.

Micheletti, Michele, Follesdal, Andreas und Stolle, Dietlind (Hg.): Politics, Products, and Markets. Exploring Political Consumerism Past and Present, New Brunswick/London, 2004.

Middell, Matthias und Naumann, Katja: Global History and the Spatial Turn: From the Impact of Area Studies to the Study of Critical Junctures of Globalization, in: Journal of Global History 5, 2010, S. 149–170.

Mignolo, Walter D.: Die Erfindung Amerikas. Das koloniale Erbe der europäischen Diaspora, in: Charim, Isolde und Auer Borea, Gertraud (Hg.): Lebensmodell Diaspora. Über moderne Nomaden, Bielefeld, 2012, S. 75–82.

Mintz, Sidney W.: Die süße Macht: Kulturgeschichte des Zuckers, Frankfurt am Main/New York, 1987.

Misereor, Brot für die Welt und Friedrich-Ebert-Stiftung (Hg.): Entwicklungspolitische Wirkungen des Fairen Handels. Beiträge zur Diskussion, Aachen, 2000.

Bischöfliche Kommission für Misereor (Hg.): Misereor – Zeichen der Hoffnung.
Beiträge zur kirchlichen Entwicklungsarbeit, München, 1976.

Möhle, Heiko: Kolonial-Spaziergang, in: Hamburg: 20 thematische Spaziergänge,
Hamburg, 2009, S. 174–189.

Möhring, Maren: Fremdes Essen. Die Geschichte der ausländischen Gastronomie
in der Bundesrepublik Deutschland, München, 2012.

Möhring, Maren: Ethnizität und Konsum, in: Haupt, Heinz-Gerhard und Torp,
Claudius, (Hg.): Die Konsumgesellschaft in Deutschland 1890–1990. Ein Handbuch, Frankfurt am Main/New York, 2009, S. 172–189.

Möhring, Maren und Nützenadel, Alexander: Einleitung, in: Comparativ 17, 3,
2007, S. 7–11.

Mohrmann, Ruth-Elisabeth (Hg.): Audioarchive: Tondokumente digitalisieren,
erschließen und auswerten, Münster, 2013.

Murray, Douglas L. und Raynolds, Laura T.: Globalization and its Antinomies:
Negotiating a Fair Trade Movement, in: Raynolds, Laura T., Murray, Douglas
L. und Wilkinson, John (Hg.): Fair Trade. The Challenges of Transforming
Globalization, London/New York, 2007, S. 3–14.

Nathaus, Klaus: Turning Values into Revenue: The Markets and the Field of Popular Music in the US, the UK, and West Germany (1940s to 1980s), in: Historical
Social Research 36, 3, 2011, S. 136–163.

Nathaus, Klaus und Gilgen, David: Analysing the Change of Markets, Fields and
Market Societies: An Introduction, in: Historical Social Research 36, 3, 2011,
S. 7–16.

Nehring, Holger: Debatten in der medialisierten Gesellschaft. Bundesdeutsche
Massenmedien in den globalen Transformationsprozessen der siebziger und
achtziger Jahre, in: Raithel, Thomas, Rödder, Andreas und Wirsching, Andreas
(Hg.): Auf dem Weg in eine neue Moderne? Die Bundesrepublik Deutschland
in den siebziger und achtziger Jahren, München, 2009, S. 45–65.

Nicholls, Alex und Opal, Charlotte: Fair Trade. Market Driven Ethical Consumption, London u. a., Nachdruck 2005.

Nolan, Mary: The Transatlantic Century. Europe and America, 1890–2010, Cambridge, 2012.

North, Douglass Cecil: Institutionen, institutioneller Wandel und Wirtschaftsleistung, Tübingen, 1992.

Nuscheler, Franz, Gabriel, Karl, Keller, Sabine und Treber, Monika: Christliche
Dritte-Welt-Gruppen. Praxis und Selbstverständnis, Mainz, 1995.

O'Brien, Thomas F.: Making the Americas. The United States and Latin America
from the Age of Revolutions to the Era of Globalization, Albuquerque, 2007.

Ohne Verfasser: En het begon in Breukelen … De geschiedenis van Wereldwinkel Breukelen 1969–2009, undatiert, online verfügbar unter: http://www.
wereldwinkel-breukelen.nl/downloads/geschiedenis.pdf (zuletzt heruntergela-
den am 16. 8. 2013).

Olejniczak, Claudia: Dritte-Welt-Bewegung, in: Roth, Roland und Rucht, Dieter (Hg.): Die sozialen Bewegungen in Deutschland seit 1945. Ein Handbuch, Frankfurt am Main/New York, 2008, S. 319–346.

Olejniczak, Claudia: Die Dritte-Welt-Bewegung in Deutschland. Konzeptionelle und organisatorische Strukturmerkmale einer neuen sozialen Bewegung, Wiesbaden, 1999.

Opitz, Claudia: Geschlechtergeschichte, Frankfurt am Main, 2010.

Orgad, Shani: Media Representation and the Global Imagination, Cambridge, 2012.

Orozco, Jorge: Cómo Nace el Consorcio de Cooperativas de Guanacaste y Montes de Oro, in: Martinez Merino, Javier (Hg.): Siete años … por el desarrollo campesino, ohne Ortsangabe, 1992, S. 39–56.

Osterhammel, Jürgen: Die Verwandlung der Welt. Eine Geschichte des 19. Jahrhunderts, München, 3. Aufl. 2009.

Osterhammel, Jürgen und Petersson, Niels P.: Geschichte der Globalisierung. Dimensionen, Prozesse, Epochen, München, 2003.

Paige, Jeffrey M.: Coffee and Power. Revolution and the Rise of Democracy in Central America, Cambridge (Mass.)/London, Nachdruck 1999.

Peace, Roger C.: A Call to Conscience. The Anti-Contra War Campaign, Amherst/Boston, 2012.

Pendergrast, Mark: Kaffee. Wie eine Bohne die Welt veränderte, Bremen, 3. Aufl. 2006.

Perla Jr., Hector: The FSLN and International Solidarity, in: Close, David, Martí i Puig, Salvador und McConnell, Shelley A. (Hg.): The Sandinistas and Nicaragua Since 1979, Boulder/London, 2012, S. 269–285.

Petersson, Niels P.: Globalisierung, in: Dülffer, Jost und Loth, Wilfried (Hg.): Dimensionen internationaler Geschichte, München, 2012, S. 271–291.

Pfaff-Czarnecka, Joanna: Zugehörigkeit in der mobilen Welt. Politiken der Verortung, Göttingen, 2012.

Pirotte, Gautier: Consumption as a Solidarity-Based Commitment: The Case of Oxfam Worldshops' Customers, in: Zaccaï, Edwin (Hg.): Sustainable Consumption, Ecology and Fair Trade, London/New York, 2007, S. 127–143.

Pomeranz, Kenneth und Topik, Steven: The World that Trade Created. Society, Culture, and the World Economy, Armonk/London, 2. Aufl. 2006.

Prashad, Vijay: The Darker Nations. A People's History of the Third World, New York/London, 2007.

Prashad, Vijay: The Poorer Nations. A Possible History of the Global South, London/New York, 2012.

Pratt, Jeffrey: Food Values: the Local and the Authentic, in: De Neve, Geert, Luetchford, Peter und Pratt, Jeffrey (Hg.): Hidden Hands in the Market: Ethnographies of Fair Trade, Ethical Consumption, and Corporate Social Responsibility, Bingley (UK), 2008, S. 53–70.

Preston, Andrew: Introduction: The Religious Cold War, in: Muehlenbeck, Philip E. (Hg.): Religion and the Cold War. A Global Perspective, Nashville, 2012, S. XI–XXII.

Priddat, Birger P.: Moral als Kontext von Gütern, in: Koslowski, Peter und Priddat, Birger P. (Hg.): Ethik des Konsums, München, 2006, S. 9–22.

Quaas, Ruben: Der Kaffee der Gerechtigkeit. Wertzuschreibungen des fair gehandelten Kaffees zwischen 1973 und 1992, in: Berth, Christiane, Wierling, Dorothee und Wünderich, Volker (Hg.): Kaffeewelten. Historische Perspektiven auf eine globale Ware im 20. Jahrhundert, Göttingen, 2015, S. 249–266.

Quaas, Ruben: Selling Coffee to Raise Awareness for Development Policy. The Emerging Fair Trade Market in Western Germany in the 1970s, in: Historical Social Research 36, 3, 2011, S. 164–181.

Raden, Friedhelm: Christliche Hilfswerke im Kalten Krieg, Herbolzheim, 2000.

Radkau, Joachim: Die Ära der Ökologie. Eine Weltgeschichte, München, 2011.

Raithel, Thomas, Rödder, Andreas und Wirsching, Andreas (Hg.): Auf dem Weg in eine neue Moderne? Die Bundesrepublik Deutschland in den siebziger und achtziger Jahren, München, 2009.

Raithel, Thomas, Rödder, Andreas und Wirsching, Andreas: Einleitung, in: Raithel, Thomas, Rödder, Andreas und Wirsching, Andreas (Hg.): Auf dem Weg in eine neue Moderne? Die Bundesrepublik Deutschland in den siebziger und achtziger Jahren, München, 2009, S. 7–14.

Rankin, Monica A.: The History of Costa Rica, Santa Barbara/Denver/Oxford, 2012.

Raschke, Joachim: Soziale Bewegungen. Ein historisch-systematischer Grundriß, Frankfurt am Main/New York, 2. Aufl. 1988.

Raschke, Markus: Fairer Handel am Scheideweg? Standortbestimmung zwischen Nischenexistenz und Massenmarkt, in: Stimmen der Zeit 11, 2010, S. 743–752.

Raschke, Markus: Fairer Handel. Engagement für eine gerechte Weltwirtschaft, Ostfildern, 2. Aufl. 2009.

Rau, Susanne: Räume. Konzepte, Wahrnehmungen, Nutzungen, Frankfurt am Main/New York, 2013.

Raynolds, Laura T.: Consumer/Producer Links in Fair Trade Coffee Networks, in: Sociologia Ruralis 42, 4, 2002, S. 404–424.

Raynolds, Laura T. und Long, Michael A.: Fair/Alternative Trade: Historical and Empirical Dimensions, in: Raynolds, Laura T., Murray, Douglas L. und Wilkinson, John (Hg.): Fair Trade. The Challenges of Transforming Globalization, London/New York, 2007, S. 15–32.

Raynolds, Laura T., Murray, Douglas L. und Wilkinson, John (Hg.): Fair Trade. The Challenges of Transforming Globalization, London/New York, 2007.

Reichardt, Sven: Soziales Kapital „im Zeitalter materieller Interessen". Konzeptionelle Überlegungen zum Vertrauen in der Zivil- und Marktgesellschaft des langen 19. Jahrhunderts (1780–1914), Veröffentlichung der Arbeitsgruppe „Zivilgesellschaft: historisch-sozialwissenschaftliche Perspektiven" des Wissenschaftszentrums Berlin für Sozialforschung, Discussion Paper, SP IV 2003–503, ohne Ortsangabe, 2003.

Reichardt, Sven und Siegfried, Detlef: Das Alternative Milieu. Konturen einer Lebensform, in: Reichardt, Sven und Siegfried, Detlef (Hg.): Das Alternative

Milieu. Antibürgerlicher Lebensstil und linke Politik in der Bundesrepublik Deutschland und Europa, 1968–1983, Göttingen, 2010, S. 9–24.

Reichardt, Sven und Siegfried, Detlef (Hg.): Das Alternative Milieu. Antibürgerlicher Lebensstil und linke Politik in der Bundesrepublik Deutschland und Europa, 1968–1983, Göttingen, 2010.

Reisch, Lucia A.: Symbols for Sale: Funktionen des symbolischen Konsums, in: Deutschmann, Christoph (Hg.): Die gesellschaftliche Macht des Geldes, Wiesbaden, 2002, S. 226–248.

Renard, Marie-Christine: The Mexican Coffee Crisis, in: Latin American Perspectives 37, 2, 2010, S. 21–33.

Ringshausen, Gerhard: Zwischen Weltveränderung und Innerlichkeit. Denken, Glauben und Handeln in den achtziger Jahren, in: Faulstich, Werner (Hg.): Die Kultur der achtziger Jahre, München, 2005, S. 21–37.

Rinke, Stefan: Lateinamerika und die USA. Eine Geschichte zwischen Räumen – von der Kolonialzeit bis heute, Darmstadt, 2012.

Rischbieter, Julia Laura: Mikro-Ökonomie der Globalisierung. Kaffee, Kaufleute und Konsumenten im Kaiserreich 1870–1914, Köln/Weimar/Wien, 2011.

Rischbieter, Julia Laura. Röster. Die Geburt eines neuen Wirtschaftszweiges. Globaler Wettbewerb und lokale Konsumentenwünsche im Deutschen Kaiserreich, in: Berth, Christiane, Wierling, Dorothee und Wünderich, Volker (Hg.): Kaffeewelten. Historische Perspektiven auf eine globale Ware im 20. Jahrhundert, Göttingen, 2015, S. 35–55.

Robbins, Bruce: Commodity Histories, in: Publications of the Modern Language Association of America 120, 2, 2005, S. 454–463.

Robertson, Emma: Chocolate, Women and Empire. A Social and Cultural History, Manchester/New York, 2009.

Rodríguez, Antonio Niño und Montero Jiménez, José Antonio (Hg.): Guerra fría y propaganda. Estados Unidos y su cruzada cultural en Europa y América Latina, Madrid, 2012.

Rojas Meza, Jairo: Cooperativismo y desarrollo humano. Una propuesta metodológica para su medición, Managua, 2009.

Ronchi, Loraine: The Impact of Fair Trade on Producers and their Organisations: A Case Study with Coocafé in Costa Rica, PRUS Working Paper 11, 2002.

Rossfeld, Roman (Hg.): Genuss und Nüchternheit. Geschichte des Kaffees in der Schweiz vom 18. Jahrhundert bis zur Gegenwart, Baden, 2002.

Roth, Roland und Rucht, Dieter: Einleitung, in: Roth, Roland und Rucht, Dieter (Hg.): Die sozialen Bewegungen in Deutschland seit 1945. Ein Handbuch, Frankfurt am Main/New York, 2008, S. 9–36.

Roth, Roland und Rucht, Dieter (Hg.): Die sozialen Bewegungen in Deutschland seit 1945. Ein Handbuch, Frankfurt am Main/New York, 2008.

Roth, Roland und Rucht, Dieter (Hg.): Neue soziale Bewegungen in der Bundesrepublik Deutschland, Frankfurt am Main/New York, 1987.

Ruben, Ruerd: The development impact of Fair Trade: from discourse to data, in: Ruben, Ruerd (Hg.): The Impact of Fair Trade, Wageningen, Nachdruck 2009, S. 19–47.

Ruben, Ruerd (Hg.): The Impact of Fair Trade, Wageningen, Nachdruck 2009.

Rucht, Dieter: Linksalternatives Milieu und Neue Soziale Bewegungen in der Bundesrepublik: Selbstverständnis und gesellschaftlicher Kontext, in: Baumann, Cordia, Gehrig, Sebastian und Büchse, Nicolas (Hg.): Linksalternative Milieus und Neue Soziale Bewegungen in den 1970er Jahren, Heidelberg, 2011, S. 35–59.

Rucht, Dieter: Das alternative Milieu in der Bundesrepublik. Ursprünge, Infrastruktur und Nachwirkungen, in: Reichardt, Sven und Siegfried, Detlef (Hg.): Das Alternative Milieu. Antibürgerlicher Lebensstil und linke Politik in der Bundesrepublik Deutschland und Europa, 1968–1983, Göttingen, 2010, S. 61–86.

Rucht, Dieter: Modernisierung und neue soziale Bewegungen. Deutschland, Frankreich und USA im Vergleich, Frankfurt am Main/New York, 1994.

Ruiz Medrano, Ethelia: Mexico's Indigenous Communities. Their Lands and Histories, 1500–2010, Boulder, 2010.

Russell, Philip L.: The History of Mexico. From Pre-Conquest to Present, New York/London, 2010.

Sachsenmaier, Dominic: Global Perspectives on Global History. Theories and Approaches in a Connected World, Cambridge u. a., 2011.

Said, Edward W.: Orientalism, New York, 1978.

Samper, Mario und Fernando, Radin: Appendix: Historical Statistics of Coffee Production and Trade from 1700–1960, in: Clarence-Smith, William Gervase und Topik, Steven (Hg.): The Global Coffee Economy in Africa, Asia, and Latin America, 1500–1989, Cambridge u. a., 2003, S. 411–462.

Sander, Tobias: Der Wertewandel der 1960er und 1970er Jahre und soziale Ungleichheit – Neue Befunde zu widersprüchlichen Interpretamenten, in: Comparativ 17, 1, 2007, S. 101–118.

Saupe, Achim: Authentizität, Version: 2.0, in: Docupedia-Zeitgeschichte, 22.10.2012, URL: http://docupedia.de/zg/ (zuletzt abgerufen am 19.8.2013).

Schanetzky, Tim: Ölpreisschock 1973. Wendepunkt des wirtschaftspolitischen Denkens, in: Rödder, Andreas und Elz, Wolfgang (Hg.): Deutschland in der Welt. Weichenstellungen in der Geschichte der Bundesrepublik, Göttingen, 2010, S. 67–81.

Scheer, Monique: Catholic Piety in the Early Cold War Years; Or, How the Virgin Mary Protected the West from Communism, in: Vowinckel, Annette, Payk, Marcus M. und Lindenberger, Thomas (Hg.): Cold War Cultures. Perspectives on Eastern and Western European Societies, New York/Oxford, 2012, S. 129–151.

Schildt, Axel und Siegfried, Detlef: Deutsche Kulturgeschichte. Die Bundesrepublik – 1945 bis zur Gegenwart, München, 2009.

Schildt, Axel und Siegfried, Detlef (Hg.): Between Marx and Coca-Cola. Youth Cultures in Changing European Societies, 1960–1980, New York/Oxford, 2006.

Schivelbusch, Wolfgang: Das Paradies, der Geschmack und die Vernunft. Eine Geschichte der Genußmittel, Frankfurt/Main, 6. Auflage 2005.

Schlögel, Karl: Im Raume lesen wir die Zeit. Über Zivilisationsgeschichte und Geopolitik, München/Wien, 2003.

Schrage, Dominik: Die Verfügbarkeit der Dinge. Eine historische Soziologie des Konsums, Frankfurt am Main/New York, 2009.

Schramm, Manuel: Konsum und regionale Identität in Sachsen 1880–2000, Stuttgart, 2002.

Schregel, Susanne: Der Atomkrieg vor der Wohnungstür. Eine Politikgeschichte der neuen Friedensbewegung in der Bundesrepublik 1970–1985, Frankfurt am Main/New York, 2011.

Schwingel, Markus: Pierre Bourdieu zur Einführung, Hamburg, 5. Aufl. 2005.

Scott, David: Kipling, the Orient, and Orientals: "Orientalism" Reoriented?, in: Journal of World History 22, 2, 2011, S. 299–328.

Seibert, Niels: Vergessene Proteste. Internationalismus und Antirassismus 1964–1983, Münster, 2008.

Sick, Deborah: Coffee, Farming Families, and Fair Trade in Costa Rica. New Markets, Same Old Problems?, in: Latin American Research Review 43, 3, 2008, S. 193–208.

Siegfried, Detlef: Politisierungsschübe in der Bundesrepublik 1945–1980, in: Fitschen, Klaus, Siegfried Hermle, Katharina Kunter u. a. (Hg.): Die Politisierung des Protestantismus. Entwicklungen in der Bundesrepublik Deutschland während der 1960er und 70er Jahre, Göttingen, 2011, S. 31–50.

Siegfried, Detlef: Time Is On My Side. Konsum und Politik in der westdeutschen Jugendkultur der 60er Jahre, Göttingen, 2006.

Sigmund, Monika: Genuss als Politikum. Kaffeekonsum in beiden deutschen Staaten, Berlin/München/Boston, 2015.

Simpson, Charles R. und Rapone, Anita: Community Development From The Ground Up: Social-Justice Coffee, in: Human Ecology Review 7, 1, 2000, S. 46–57.

Slobodian, Quinn: Foreign Front. Third World Politics in Sixties West Germany, Durham/London, 2012.

Sluga, Glenda: The Transformation of International Institutions. Global Shock as Cultural Shock, in: Ferguson, Niall, Maier, Charles S., Manela, Erez und Sargent, Daniel J. (Hg.): The Shock of the Global. The 1970s in Perspective, Cambridge (Mass.)/London, 2010, S. 223–236.

Smith, Calvin L.: Revolution, Revival, and Religious Conflict in Sandinista Nicaragua, Leiden/Boston, 2007.

Smith, Peter H.: Talons of the Eagle. Latin America, the United States, and the World, New York/Oxford, 4. Aufl. 2013.

Solaún, Mauricio: U. S. Intervention and Regime Change in Nicaragua, Lincoln/London, 2005.

Spalding, Rose J.: Poverty Politics, in: Close, David, Martí i Puig, Salvador und McConnell, Shelley A. (Hg.): The Sandinistas and Nicaragua Since 1979, Boulder/London, 2012, S. 215–225.

Spiekermann, Uwe: From Neighbour to Consumer. The Transformation of Retailer-Consumer Relationships in Twentieth-Century Germany, in: Trentmann, Frank

(Hg.): The Making of the Consumer. Knowledge, Power and Identity in the Modern World, Oxford/New York, 2006, S. 147–174.

Spittler, Gerd: Globale Waren – lokale Aneignungen, in: Hauser-Schäublin, Brigitta und Braukämper, Ulrich (Hg.): Die Sprache der Dinge – kulturwissenschaftliche Perspektiven auf die materielle Kultur, Berlin 2002, S. 15–30.

Spivak, Gayatri Chakravorty: Can the Subaltern Speak?, in: Nelson, Cary und Grossberg, Lawrence (Hg.): Marxism and the Interpretation of Culture, Urbana/Chicago, 1988, S. 271–313.

Spliesgart, Roland: Theologie und ‚Dritte Welt‘, in: Hermle, Siegfried, Lepp, Claudia und Oelke, Harry (Hg.): Umbrüche. Der deutsche Protestantismus und die sozialen Bewegungen in den 1960er und 70er Jahren, Göttingen, 2007, S. 189–209.

Stamm, Andreas: Políticas e Instituciones Cafetaleras en Centroamérica, San José, Costa Rica, 1998.

Stamm, Karl-Heinz: Alternative Öffentlichkeit. Die Erfahrungsproduktion neuer sozialer Bewegungen, Frankfurt am Main/New York, 1988.

Staten, Clifford L.: The History of Nicaragua, Santa Barbara (Cal.) u. a., 2010.

Stehr, Nico: Die Moralisierung der Märkte. Eine Gesellschaftstheorie, Frankfurt am Main, 2007.

Schlesinger, Stephen und Kinzer, Stephen: Bananen-Krieg. CIA-Putsch in Guatemala, Hamburg, 1984.

Streeter, Stephen M.: Managing the Counterrevolution. The United States and Guatemala, 1954–1961, Athens, Ohio, 2000.

Süllow, Angelika: Abschlussbericht Deutscher Entwicklungsdienst Zentralamerika, Kooperation mit: UCA Miraflor, Zeitraum 1. September 1991 bis 31. August 1997, Estelí, 1997.

Surak, Kristin: Making Tea, Making Japan: Cultural Nationalism in Practice, Stanford, 2013.

Süß, Dietmar und Woyke, Meik: Schimanskis Jahrzehnt? Die 1980er Jahre in historischer Perspektive, in: Archiv für Sozialgeschichte 52, 2012, S. 3–20.

Talbot, John M.: Grounds for Agreement. The Political Economy of the Coffee Commodity Chain, Lanham (USA) u. a., 2004.

Thrift, Nigel: Intensitäten des Fühlens: Für eine räumliche Politik des Affekts, in: Berking, Helmuth (Hg.): Die Macht des Lokalen in einer Welt ohne Grenzen, Frankfurt am Main/New York, 2006, S. 216–251.

Tietmeyer, Elisabet, Hirschberger, Claudia, Noack, Karoline und Redlin, Jane (Hg.): Die Sprache der Dinge – kulturwissenschaftliche Perspektiven auf die materielle Kultur, Münster u. a., 2010.

Topik, Steven und Wells, Allen: Warenketten in einer globalen Wirtschaft, in: Irye, Akira und Osterhammel, Jürgen (Hg.): Geschichte der Welt, München, 2012, S. 589–814.

Topik, Steven und Samper, Mario: The Latin American Coffee Commodity Chain: Brazil and Costa Rica, in: Topik, Steven, Marichal, Carlos und Frank, Zephyr (Hg.): From Silver to Cocaine. Latin American Commodity Chains and the Building of the World Economy, 1500–2000, Durham u. a., 2006, S. 118–146.

Topik, Steven und Clarence-Smith, William Gervase: Introduction: Coffee and Global Development, in: Clarence-Smith, William Gervase und Topik, Steven (Hg.): The Global Coffee Economy in Africa, Asia, and Latin America, 1500–1989, Cambridge u. a., 2003, S. 1–17.

Topik, Steven, Talbot, John M. und Samper, Mario: Introduction. Globalization, Neoliberalism, and the Latin American Coffee Societies, in: Latin American Perspectives 37, 2, 2010, S. 5–20.

Torp, Claudius: Wachstum, Sicherheit, Moral. Politische Legitimationen des Konsums im 20. Jahrhundert, Göttingen, 2012.

Toulat, Jean: Helder Camara: Zeichen der Hoffnung und Stein des Anstoßes, München/Zürich/Wien, 1990.

Trentmann, Frank (Hg.): The Making of the Consumer. Knowledge, Power and Identity in the Modern World, Oxford/New York, 2006.

Trentmann, Frank: Multiple Spaces of Consumption: Some Historical Perspectives, in: Goodman, Michael K., Goodman, David und Redclift, Michael (Hg.): Consuming Space. Placing Consumption in Perspective, Farnham/Burlington, 2010, S. 41–56.

Trentmann, Frank: Before "Fair Trade": Empire, Free Trade, and the Moral Economies of Food in the Modern World, in: Environment and Planning 25 D, 2007, S. 1079–1102.

Trentmann, Frank: Free Trade Nation. Commerce, Consumption, and Civil Society in Modern Britain, Oxford, 2008.

Tripp, Sebastian: Die Weltkirche vor Ort. Die Globalisierung der Kirchen und die Entstehung christlicher „Dritte-Welt"-Gruppen, in: Damberg, Wilhelm (Hg.): Soziale Strukturen und Semantiken des Religiösen im Wandel. Transformationen in der Bundesrepublik Deutschland 1949–1989, Essen, 2011, S. 123–136.

Uekötter, Frank: Am Ende der Gewissheiten. Die ökologische Frage im 21. Jahrhundert, Frankfurt am Main/New York, 2011.

Uekötter, Frank und Kirchhelle, Claas: Wie Seveso nach Deutschland kam. Umweltskandale und ökologische Debatte von 1976 bis 1986, in: Archiv für Sozialgeschichte 52, 2012, S. 317–334.

Ulbricht, Otto: Mikrogeschichte. Menschen und Konflikte in der Frühen Neuzeit, Frankfurt am Main/New York, 2009.

Valle, Martha Heriberta: Women Cooperative Members in Nicaragua. The Struggle for Autonomy, in: Deere, Carmen Diana und Royce, Frederick S. (Hg.): Rural Social Movements in Latin America. Organizing for Sustainable Livelihoods, Gainesville u. a., 2009, S. 221–228.

Van der Stelt, Judith: Since 59. 50 Jaar Fair Trade Original (gekürzte Übersetzung aus dem Niederländischen von Stephan Stricker und Erika Rasp), Aachen, 2009 (2011).

Vanderhoff Boersma, Francisco: Union of Indigenous Communities of the Isthmus Region, in: The Centre for Bhutan Studies (Hg.): Rethinking Development. Proceedings of Second International Conference on Gross National Happiness, Bhutan, 2007, S. 112–143.

Vanderhoff Boersma, Francisco: Excluidos hoy, protagonistas mañana, México, 2005.

Vanderhoff Boersma, Francisco: The Urgency and Necessity of a Different Type of Market: The Perspective of Producers Organized Within the Fair Trade Market, in: Journal of Business Ethics 86, 2009, S. 51–61.

Veen, Hans-Joachim, März, Peter und Schlichting, Franz-Josef (Hg.): Kirche und Revolution. Das Christentum in Ostmitteleuropa vor und nach 1989, Köln/ Weimar/Wien, 2009.

Verburg, Maria Magdalena: Ostdeutsche Dritte-Welt-Gruppen vor und nach 1989/90, Göttingen, 2012.

Vernon, James: Hunger. A Modern History, Cambridge (Mass.)/London, 2007.

Vesper, Michael: Misereor und die Dritte Welt. Zur entwicklungspolitischen Ideologie der katholischen Kirche, Saarbrücken, 1978.

Vester, Michael: Alternativbewegungen und neue soziale Milieus. Ihre soziale Zusammensetzung und ihr Zusammenhang mit dem Wandel der Sozialstruktur, in: Reichardt, Sven und Siegfried, Detlef (Hg.): Das Alternative Milieu. Antibürgerlicher Lebensstil und linke Politik in der Bundesrepublik Deutschland und Europa, 1968–1983, Göttingen, 2010, S. 27–59.

von Braunmühl, Claudia: Geschichte und Perspektiven der Solidaritätsbewegung in der BRD, in: Gerlach, Olaf, Hahn, Marco, Kalmring, Stefan, Kumitz, Daniel und Nowak, Andreas (Hg.): Globale Solidarität und linke Politik in Lateinamerika, Berlin, 2009, S. 33–43.

von Detten, Roderich: Umweltpolitik und Unsicherheit. Zum Zusammenspiel von Wissenschaft und Umweltpolitik in der Debatte um das Waldsterben der 1980er Jahre, in: Archiv für Sozialgeschichte 50, 2010, S. 217–269.

von Hauff, Michael und Claus, Katja: Fair Trade. Ein Konzept nachhaltigen Handels, Köln/Weimar/Wien, 2012.

Vowinckel, Annette, Payk, Marcus M. und Lindenberger, Thomas (Hg.): Cold War Cultures. Perspectives on Eastern and Western European Societies, New York/Oxford, 2012.

Vramo, Lill: 'Trade, not Aid': Imagining Ethical Economy, in: Carrier, James G. und Luetchford, Peter G. (Hg.): Ethical Consumption. Social Value and Economic Practice, New York/Oxford, 2012, S. 81–98.

Wagner, Regina: The History of Coffee in Guatemala, Bogotá, 2001.

Weckel, Ludger und Ramminger, Michael: Dritte-Welt-Gruppen auf der Suche nach Solidarität, Münster, 1997.

Weitbrecht, Dorothee: Aufbruch in die Dritte Welt. Der Internationalismus der Studentenbewegung von 1968 in der Bundesrepublik Deutschland, Göttingen, 2012.

Weltladen-Dachverband (Hg.): Generation Weltladen. 30 Jahre Weltladenbewegung in Deutschland, Mainz, 2005.

Werner, Michael und Zimmermann, Bénédicte: Beyond Comparison. Histoire Croisée and the Challenge of Reflexivity, in: History and Theory 45, 2006, S. 30–50.

Westad, Odd Arne: The Global Cold War. Third World Interventions and the Making of Our Times, Cambridge (Mass.), 2005.

Wheeler, Kathryn: Fair Trade and the Citizen-Consumer. Shopping for Justice?, Basingstoke/Hampshire, 2012.

Widmann, Christian A.: Der ‚Linksprotestantismus' und die evangelischen Kirchen in den 1960er und 1970er Jahren, in: Baumann, Cordia, Gehrig, Sebastian und Büchse, Nicolas (Hg.): Linksalternative Milieus und Neue Soziale Bewegungen in den 1970er Jahren, Heidelberg, 2011, S. 211–236.

Wiedemann, Felix: Orientalismus, Version 1.0, 19.4.2012, in: Docupedia-Zeitgeschichte, URL: http://docupedia.de/zg/ (zuletzt abgerufen am 28.8.2013).

Wielenga, Friso: Geschichte der Niederlande, Stuttgart, 2012.

Wierling, Dorothee: Oral History, in: Maurer, Michael (Hg.): Aufriß der Historischen Wissenschaften, Band 7: Neue Themen und Methoden der Geschichtswissenschaft, Stuttgart, 2003, S. 81–151.

Wild, Antony: Black Gold. A Dark History of Coffee, London, Nachdruck 2005.

Wilkinson, John und Mascarenhas, Gilberto: Southern Social Movements and Fair Trade, in: Raynolds, Laura T., Murray, Douglas L. und Wilkinson, John (Hg.): Fair Trade. The Challenges of Transforming Globalization, London/New York, 2007, S. 125–137.

Willems, Ulrich: Entwicklung, Interesse und Moral. Die Entwicklungspolitik der Evangelischen Kirche in Deutschland, Opladen, 1998.

Winterberg, Lars: Die Not der Anderen? Armut und Fairer Handel im globalisierten Alltag. Zur Ethnografie von Kulturen sozialer Ungleichheit (Arbeitstitel), lfd. Dissertationsprojekt, Universität Regensburg.

Wright, Caroline: Fairtrade Food. Connecting Producers and Consumers, in: Inglis, David und Gimlin, Debra (Hg.): The Globalization of Food, Oxford/New York, 2009, S. 139–157.

Wünderich, Volker: Sandino: Eine politische Biographie, Wuppertal, 1995.

Young, Crawford: The Postcolonial State in Africa. Fifty Years of Independence, 1960–2010, Madison, Wisconsin, 2012.

Zaccaï, Edwin (Hg.): Sustainable Consumption, Ecology and Fair Trade, London/New York, 2007.

Zander, Helmut: Die Christen und die Friedensbewegungen in beiden deutschen Staaten. Beiträge zu einem Vergleich für die Jahre 1978–1987, Berlin, 1989.

Zepp, Marianne: Ratio der Angst. Die intellektuellen Grundlagen der Friedensbewegung, in: Becker-Schaum, Christoph, Gassert, Philipp, Klimke, Martin, Mausbach, Wilfried und Zepp, Marianne (Hg.): „Entrüstet Euch!" Nuklearkrise, NATO-Doppelbeschluss und Friedensbewegung, Paderborn u.a., 2012, S. 135–150.

Ziai, Aram: Entwicklung als Ideologie? Das klassische Entwicklungsparadigma und die Post-Development-Kritik. Ein Beitrag zur Analyse des Entwicklungsdiskurses, Hamburg, 2004.

Zick Varul, Matthias: Ethical Consumption: The Case of Fair Trade, in: Beckert, Jens und Deutschmann, Christoph (Hg.): Wirtschaftssoziologie, Wiesbaden, 2009, S. 366–385.

Ziemann, Benjamin: Säkularisierung und Neuformierung des Religiösen. Religion und Gesellschaft in der zweiten Hälfte des 20. Jahrhunderts, in: Archiv für Sozialgeschichte 51, 2011, S. 3–36.

Literaturverzeichnis

Ziemann, Benjamin: Zwischen sozialer Bewegung und Dienstleistung am Individuum. Katholiken und katholische Kirche im therapeutischen Jahrzehnt, in: Archiv für Sozialgeschichte 44, 2004, S. 357–393.

11 Verzeichnis der Abbildungen und Grafiken

11.1 Abbildungen

Abbildung 1, Quelle: Wagner, Regina: The History of Coffee in Guatemala, Villegas Editores, Bogotá, 2001, S. 198

Abbildung 2, Quelle: GEPA – The Fair Trade Company

Abbildung 3, Quelle: Misereor

Abbildung 4, Quelle: Misereor

Abbildung 5, Quelle: GEPA – The Fair Trade Company/A. Welsing

Abbildung 6, Quelle: Bujard, Otker und Ulrich Wirper (Hg.): Die Revolution ist ein Buch und ein freier Mensch. Die politischen Plakate des befreiten Nicaragua 1979–1990 und der internationalen Solidaritätsbewegung, PapyRossa Verlag Köln, 2007, S. 337

Abbildung 7, Quelle: Misereor

Abbildung 8, Quelle: Bujard, Otker und Ulrich Wirper (Hg.): Die Revolution ist ein Buch und ein freier Mensch. Die politischen Plakate des befreiten Nicaragua 1979–1990 und der internationalen Solidaritätsbewegung, PapyRossa Verlag Köln, 2007, S. 331

Abbildung 9, Quelle: TransFair e. V.

Abbildung 10, Quelle: TransFair e. V.

11.2 Grafiken

Grafik 1, Datenquelle: MAA, ZA: SR: Organisationen 284 S. O. S. Kerkrade, Paul Meijs/Harry Haas: Developing Policy of S. O. S. Stichting Ontwikkelings Samenwerking fort he Period 1970–1980, undatiert

Grafik 2, Datenquelle: MAA, ZA: SR: Organisationen 284 S. O. S. Kerkrade, Moret & Limperg aan Stichting Ontwikkelings Samenwerking, 25. September 1975; Arnold, Paul: ,Went vɛr jet dunt dan dunt vɛr ›t jot!' De geschiedenis van de Kerkraadse Stichting Steun onderontwikkelde Streken, later S. O. S. Wereldhandel, 1959–1986, in: Knotter, Ad und Willibrord Rutten (Hg.): Studies over de sociaal-economische geschiedenis van Limburg XLVI, Maastricht, 2001, S. 3–43, hier: S. 30

Grafik 3, Datenquelle: Samper, Mario und Radin Fernando: Appendix: Historical Statistics of Coffee Production and Trade from 1700–1960, in: Clarence-Smith, William Gervase und Steven Topik (Hg.): The Global Coffee Economy in Africa, Asia, and Latin America, 1500–1989, Cambridge u. a., 2003, S. 411–462, hier: S. 453

Grafik 4, Datenquelle: International Coffee Organization

Grafik 5, Datenquelle: GEPA – The Fair Trade Company

12   Register

Begriffe, die im Text häufig auftauchen, werden im Register kursiv dargestellt. Zu diesen Begriffen werden die aus Sicht des Autors relevantesten Fundstellen gelistet. Begriffe, zu denen sich die wichtigsten Fundstellen über das Inhaltsverzeichnis erschließen lassen, wurden nicht zusätzlich im Register aufgenommen (z. B. „GEPA"). Institutionen, Verbände u. ä. werden als juristische Personen im Personenregister geführt.

12.1   Sachregister

12.2 Personen- und Ortsregister